Janko Tišler
Christian Tessier

Das Loibl-KZ

Die Geschichte des Mauthausen-Außenlagers
am Loiblpass/Ljubelj

Mit einem Vorwort von Univ.-Prof. Dr. Peter Gstettner

Schriftenreihe der KZ-Gedenkstätte Mauthausen, Dokumentation

Herausgeber
Bundesministerium für Inneres

Mitherausgeber der Schriftenreihe
Christian Dürr, Ralf Lechner, Stephan Matyus

Mitherausgeber dieses Bandes
Stephan Matyus

Übersetzung und Bearbeitung
Hans Pfeiffer

Lektorat
Erika Krammer

Grafik
Rainer Dempf

Herstellung
Books on Demand GmbH, Norderstedt

Verlag
Bundesministerium für Inneres, Abt. IV/7
Postfach 100, A-1014 Wien
http://www.mauthausen-memorial.at
mauthausen-memorial@mail.bmi.gv.at

Titel der französischen Vorlage:
De Mauthausen au Ljubelj (Loibl-Pass)
Edition revue, corrigée et augmentée de nouveaux documents
L'Harmattan, 2005, 5–7, rue de l'École-Polytechnique, 75005 Paris
(http://www.librairieharmattan.com)

Janko Tišler/Christian Tessier: Das Loibl-KZ. Die Geschichte des
Mauthausen-Außenlagers am Loiblpass/Ljubelj
Wien: Bundesministerium für Inneres, 2007
(Schriftenreihe der KZ-Gedenkstätte Mauthausen, Dokumentation)

ISBN: 3-9502183-6-X / 978-3-9502183-6-7

Janko Tišler/Christian Tessier

DAS LOIBL-KZ
Die Geschichte des Mauthausen-Außenlagers am Loiblpass/Ljubelj

INHALTSVERZEICHNIS

Zum Geleit	9
Vorwort des Herausgebers und des Übersetzers	11
Vorwort von Peter Gstettner	15
Vorwort zur französischen Ausgabe	24

Kapitel I Die Anfänge — **27**
Einleitung — 27
Die Wiener Firma „Universale" — 31
Das leitende Personal der Firma Universale — 33
Die Staatliche Bauleitung — 38
Die Rekrutierung der Zivilarbeiter — 39
Die Hochspannungsleitung — 43
Die beiden Zivillager — 44
Die Rolle der Lastwagenchauffeure — 56
Die Bauverträge — 59
Der Fortschritt der Arbeiten — 64
Gauleiter Rainer bei der Feier zum Tunneldurchstich — 65
Die Fortsetzung der Arbeiten — 67
Arbeitsbedingungen und sanitäre Betreuung — 68
Dr. Ramsauer amputiert ein Bein mit der Säge — 71
Die Küche im Schloss des Barons Born — 73

Kapitel II Lagerbewachung — **77**
Polizei und Gendarmerie — 77
Das SS-Lager und seine Kommandanten — 80
Das Leben der SS-Leute im Südlager — 84
Das SS- und Polizeilager auf der Nordseite — 87
Der SS-Mann Vavpotič — 92
Das Bewachungssystem — 94

Kapitel III Die Ankunft der Häftlinge — **99**
Der erste Transport — 99
Der zweite Häftlingstransport — 104
Nationalität der Häftlinge — 107

Weitere Häftlingstransporte 112
Rücktransporte der Kranken und Invaliden 116

Kapitel IV Das Häftlingslager Süd **121**
Lagerältester, Stubenälteste, Schreiber, Kapos 121
Weitere Kapos 127
Die Lagerküche 129
Das medizinische Personal 133
Machtmissbrauch gegenüber den Häftlingen 138
Die Corrida Jean Sauvage 144
Berichte französischer Häftlinge 156
Berichte jugoslawischer Häftlinge an Janko Tišler 159
Berichte von Zivilarbeitern 163
Die Arbeit der Facharbeiter unter den Häftlingen 164

Kapitel V Das Häftlingslager Nord **173**
Lagerältester, Stubenälteste, Schreiber und Kapos 179
Übergriffe gegen Häftlinge 191
Die Corrida François Chaffin 202
Auszüge von Aussagen beim Prozess 1947 203

Kapitel VI Leben und Sterben im Lager **207**
Fotografieren im Lager 207
Sportveranstaltungen und andere Unterhaltungen 210
Der Schwarzmarkt 214
Verbotene Kontakte 218
Zahnziehen und Zwiebelessen 231
Getötete und eingeäscherte Häftlinge 234
Vorsätzlicher Mord an zwei Häftlingen 237
Zeugenaussagen 242
Ein unbekanntes Opfer 253

Kapitel VII Die politische Tätigkeit der Häftlinge **261**
Im Südlager 261
Im Nordlager 262

INHALTSVERZEICHNIS

Kapitel VIII Fluchtversuche **271**
Flucht des russischen Häftlings Vostrikov (29. Juli 1943) 271
Flucht des ersten Franzosen (28. Oktober 1943) 280
Gescheiterter Fluchtversuch zweier Franzosen (22. November 1943) 281
Berichte von Zivilarbeitern 284
Gescheiterter Fluchtversuch des Polen Scislowski (19. April 1944) 284
Berichte von Zeugen 286
Flucht dreier russischer Häftlinge (20. April 1944) 288
Zeugenberichte 290
Die Suche nach den Flüchtigen 291
Die drei Geflüchteten 293
Fluchtversuch eines österreichischen Kapos 296
Flucht dreier französischer Häftlinge 297
Die Geschichte von Georges Huret 298
Die Reaktion der SS-Leute 308
Die Gastfreundschaft der Kärntner Slowenen 310
Der Weg durch Gorenjska 311
Flucht von Jean Chevallier (7. Oktober 1944) 314
Flucht von sechs Häftlingen (14. Oktober 1944) 318
Die Erinnerungen von Alojz Čede 322
Flucht eines italienischen Häftlings (21. Oktober 1944) 328
Flucht von vier französischen Häftlingen (23. November 1944) 328
Der weitere Weg 333
Das Schicksal von Ménard 334
Flucht des Slowenen Odar und des Polen Turunski
 (1. Dezember 1944) 335
Was wurde aus Odar? 338
Der Fluchtplan von Ivan Ivanoff 339
Die letzte Flucht 340

Kapitel IX Die Slowenen und das Lager am Loiblpass **343**
Mici Mally 343
Die Bäckerei Romih 344
Mein Aufbruch zu den Partisanen 348
Verbindung mit der Befreiungsfront 353
Mobilisierung der Zivilarbeiter 353
Beginn der Festnahmen 356
Fluchtversuch jugoslawischer SS-Leute 360

Die Gendarmerieposten 364
Der letzte Transport 367
Zurückgeschickte Transporte 373

Kapitel X Zusammenbruch **377**
Verlegung nach Tržič 377
Die letzten Tage des Lagers 386
Die Freilassung von fünf Monarchisten, ehemaligen Mitgliedern
 der Landwehr 388
Häftlinge aus dem Lager Klagenfurt 393
Das Ende des Lagers 396
Der Bürgermeister von Tržič und die SS-Führer verlassen die Stadt 404
Die Kranken in der Hölle der Landwehr 407
Aufstellung und Demobilisation der Brigaden Liberté und Stary 417
Dank an die Bevölkerung von Tržič 426
Festnahme von Dr. Ramsauer 433
Der Kriegsverbrecherprozess 437
Epilog 444

Anhang **449**
Zahl der Deportierten nach Herkunftsland 449
Rede und Proklamation des Gauleiters und Reichsstatthalters
 Dr. Rainer 450
Querschnitt des Tunnels unter dem Loiblpass
 in den verschiedenen Baustufen 452
Sigbert Ramsauer 454
Promemoria gegen den Angeklagten Dr. Ramsauer 456
Mordgeständnis, aber dennoch Freispruch 459
Bibliografie 461
Weitere Quellen 462
Bildverzeichnis 463
Namensverzeichnis 465

ZUM GELEIT

Jahrzehntelang kaum beachtet und vergessen, bildete das Konzentrationslager Loiblpass/Ljubelj, ein Außenlager von Mauthausen, einen Teil der Ausbeutungs- und Vernichtungspolitik des Dritten Reiches. Nur wenige wissen, dass am Loiblpass unzählige Deportierte und Gefangene von den Nationalsozialisten als Arbeitssklaven missbraucht und zu Tode geschunden wurden, um den Interessen des grausamen und menschenverachtenden NS-Systems zu dienen.

Mit diesem Band der vom Bundesministerium für Inneres herausgegebenen Mauthausen-Schriftenreihe soll die Lücke, die durch die Verdrängung bzw. Nicht-Aufarbeitung der Geschichte dieses Außenlagers von Mauthausen entstand, geschlossen werden. Janko Tišlers Buch über das KZ am Loiblpass erscheint hiermit erstmals in deutscher Sprache und soll künftig als Basis für weitere deutschsprachige wissenschaftliche Arbeiten zu diesem Thema dienen.

Der Autor, der selbst als 17-jähriger Schüler von der SS als Zwangsarbeiter am Loiblpass eingesetzt worden war, ist einer der wichtigsten diesbezüglichen Zeitzeugen: Durch seinen intensiven Kontakt mit den KZ-Häftlingen und der Führung eines Tagebuchs ist er im Besitz von Informationen und Dokumenten, die für die Nachkriegsgeneration von nahezu unschätzbarem Wert sind.

Da ich es als einen entscheidenden Teil der Erinnerungspolitik der Republik sehe, die permanente Aufarbeitung der nationalsozialistischen Vergangenheit Österreichs voranzutreiben, ist es mir ein besonderes Anliegen, nicht nur die Verbreitung des Wissens um dieses – nahezu unbekannte – Konzentrationslager, sondern auch die Dokumentation des nationalsozialistischen Terrors sowie die Forschung auf diesem Gebiet zu intensivieren. Dies umfasst auch die Geschichte der Außenlager von Mauthausen – die bisher in der historischen Aufarbeitung wenig berücksichtigt wurden –, auf die das Archiv der KZ-Gedenkstätte Mauthausen sein besonderes Augenmerk richtet.

In Anbetracht der Tatsache, dass es immer weniger Zeitzeugen gibt, ist es umso wichtiger, dass diejenigen, die noch leben, ihre Erinnerungen aufzeichnen und veröffentlichen; aus diesem Grund wünsche ich diesem Buch viel Erfolg und der Schriftenreihe noch zahlreiche Bände.

Günther Platter
Bundesminister für Inneres

VORWORT DES HERAUSGEBERS UND DES ÜBERSETZERS

Zweiundsechzig Jahre sind vergangen, seit die letzten Häftlinge das Mauthausen-Außenlager am Loiblpass/Ljubelj verlassen haben und seit die britischen Besatzungstruppen die Holzbaracken auf der österreichischen Seite des Lagers abtransportierten. Der Slowene Janko Tišler, der im Alter von siebzehn Jahren von den NS-Machthabern gezwungen wurde, als technischer Assistent am Bau dieses Tunnels mitzuwirken, hat diese zweiundsechzig Jahre unermüdlich dazu genutzt, die Geschichte des Lagers zu rekonstruieren. Er hatte bereits in den Kriegsjahren begonnen, Originaldokumente zu sammeln, die Informationen über das Lager und seine Insassen enthielten. Dank seiner außerordentlichen Sprachfähigkeiten hat er – was in Kriegszeiten strengstens untersagt war – Kontakte zu französischen, jugoslawischen und deutschsprachigen Häftlingen unterhalten und diese Kontakte nach Ende des Krieges weiter ausgebaut. Er sammelte Materialien, traf mit ehemaligen Häftlingen, Zivilarbeitern und Ortsbewohnern zusammen, suchte ehemalige SS-Leute auf und studierte aufmerksam die Literatur, die in anderen Ländern zum Loibl-KZ entstand.

Im Jahr 1995 veröffentlichte Tišler – gemeinsam mit Jože Rovšek – erstmals die Ergebnisse dieser umfassenden Arbeit in einem in slowenischer Sprache verfassten Buch: »Mauthausen na Ljubelju«.

In Österreich blieb die Erforschung der Geschehnisse rund um den Loibl ein Desiderat der Zeitgeschichte. Bis zu diesem Zeitpunkt hatten sich kaum österreichische Historiker mit den NS-Verbrechen am Loibl oder mit den Konzentrationslagern in Kärnten beschäftigt.

So ist es nicht verwunderlich, dass die einzige in Österreich entstandene wissenschaftliche Veröffentlichung, die sich mit dem Loibl-Nordlager beschäftigt, nicht von einem Historiker stammt, sondern von einem Pädagogen: „Der Loibl-Tunnel" von Josef Zausnig. Untertitel: „Das vergessene KZ an der Südgrenze Österreichs" (Klagenfurt/Celovec 1995). Das Buch war als Diplomarbeit an der Universität Klagenfurt unter der Betreuung von Prof. Gstettner entstanden. Neben einigen überlebenden französischen Häftlingen, die interviewt wurden, war Hauptreferent für die Arbeit – wie könnte es anders sein – Janko Tišler.

Mit der Veröffentlichung von »Mauthausen na Ljubelju« war für Janko Tišler die Arbeit an der Rekonstruktion der Geschichte des Loibllagers keineswegs zu Ende. Er sammelte weiterhin Material und brachte im Jahr 2005 – gemeinsam mit Christian Tessier, dem Enkel eines ehemaligen Loibl-Häftlings – im französischen Verlag «L'Harmattan» ein Buch mit dem Titel «De Mauthausen au Ljubej (Loibl-Pass)» heraus. Die französische Fassung – die in der zweiten Auflage der vorliegenden Übersetzung zugrunde liegt – ist von der Dokumentation her umfassender und vom Stil her nüchterner und distanzierter als die slowenische aus dem Jahr 1995. Sie entstand in enger Zusammenarbeit mit dem französischen Überlebenden-Verband «Amicale de Mauthausen, Paris», der seit Jahrzehnten intensive Forschungen zur Rekonstruktion der Geschichte des Konzentrationslagers Mauthausen und seiner diversen Außenstellen durchführt.

Zweiundsechzig Jahre mussten also vergehen, bevor die umfassende Geschichte der beiden „Loibl-KZs" – dem Nordlager auf der österreichischen und dem Südlager auf der slowenischen Seite – erstmals in deutscher Sprache in Buchform vorliegt. Der vorliegende Band in der Mauthausen-Schriftenreihe erfüllt einen doppelten Zweck: Es soll deutschsprachigen Lesern einerseits das lebenslange Engagement Janko Tišlers näher bringen, der die Geschichte des Loibllagers – zuerst als „Zivilarbeiter", dann als Partisan – nicht als distanzierter Beobachter, sondern als direkt Betroffener erzählt, als jemand, der „mit Leib und Seele" oft unter Einsatz des eigenen Lebens in die Geschehnisse in und um das Lager involviert war. Andererseits soll es mit seiner Fülle genau recherchierter Informationen und authentischer Dokumente eine Unterstützung für all jene sein, die durch künftige Forschungen dazu beitragen wollen, diesen blinden Fleck der österreichischen KZ-Geschichtsschreibung mit – wissenschaftlich fundierten – Inhalten auszufüllen.

„Das Loibl-KZ" ist aber auch als das Vermächtnis eines Überlebenden zu betrachten, der die furchtbaren Ereignisse in und um das „Mauthausen-Außenlager am Loiblpass/Ljubelj" nicht verdrängen oder vergessen will, sondern ganz im Gegenteil – zuweilen mit protokollarischer Akribie – umfassend darstellt. „Das Loibl-KZ" ist kein Werk eines Romanciers, der seinen Erinnerungen literarische Form verleiht, es ist, trotz der zahlreich angeführten authentischen Dokumente und Zeugenaussagen, kein im strengen Sinne wissenschaftliches Werk. Es ist der sicher nicht leicht lesbare Bericht eines am Geschehen Beteiligten, der gegen die – insbesondere nördlich des Loiblpasses weit verbreitete – (Un-)Kultur des Vergessens und Verdrängens mit einer Überfülle von Daten, Fakten und Zahlen gegen die Gleichgültigkeit der Nachkriegsgenerationen mit zutiefst persönlichen Wertungen und moralischen Verurteilungen anschreiben will.

In der Übersetzung aus dem Französischen wurde daher einerseits darauf geachtet, die Handschrift des Autors, der ja die Situation im Lager aus eigener Anschauung kannte (z. B. „*… war im wahrsten Sinne des Wortes eine Bestie in Menschengestalt*"), nicht unnötig zu glätten, andererseits stand das Bemühen um eine möglichst authentische Sprache, in der offizielle – von den Nazis verwendete – Bezeichnungen (z. B. „Berufsverbrecher" oder „Asoziale") oft zitierend verwendet werden. Dokumente, die in deutscher Sprache vorliegen, werden nach Möglichkeit im Original zitiert; einige Quellenangaben wurden gegenüber der französischen Vorlage präzisiert. Außerdem wurde der Text durch ein umfassendes Namensverzeichnis am Ende des Buches erweitert.

Als Publikation des österreichischen Bundesministeriums für Inneres ist der Text von der Wortwahl her eindeutig als österreichische Veröffentlichung erkennbar („Jänner" und nicht „Januar", die alternierende Verwendung von „Spital" und „Krankenhaus", von „Erdäpfel" und „Kartoffeln"). Hingegen wurde weitgehend auf den Gebrauch von Regionalausdrücken verzichtet (z. B. „Zockel" für „Holzschuhe bzw. „Holzpantoffel"), gegebenenfalls wurden solche Ausdrücke zitierend verwendet und in der Folge näher erläutert (z. B. „Fuchsschwanz" oder „Trage"). Ortsnamen im zweisprachigen Kärntner Gebiet werden beim ersten Mal, wenn sie im Text aufscheinen, zweisprachig wiedergegeben (z. B. Ferlach/Borovlje), in der Folge dann aus Gründen der Textökonomie nur in der deutschsprachigen Bezeichnung.

Dass das Lebenswerk von Janko Tišler zweiundsechzig Jahre nach Kriegsende schließlich doch noch in einer deutschsprachigen Buchausgabe erscheinen konnte, ist auch der Hilfe und Mitarbeit von Personen und Einrichtungen zu verdanken, denen wir an dieser Stelle unseren besonderen Dank aussprechen wollen:
zunächst Janko Tišler selbst, der den gesamten deutschen Text in ständigem gedanklichen Austausch mit dem Übersetzer aufmerksam durchgelesen, korrigiert und autorisiert hat und durch seine unvergleichliche Fachkenntnis zur Lösung zahlreicher Übersetzungsprobleme beitrug;

dem französischen Verlag «L'Harmattan», der problemlos der deutschsprachigen Übersetzung des Werkes von Janko Tišler zustimmte;

dem Co-Autor Christian Tessier, der bei der Auffindung von Bildmaterial wertvolle Hilfe leistete;

dem Museum »Muzej novejše zgodovine Slovenije« in Ljubljana, das unkompliziert und kostenlos die im Buch veröffentlichten Originalfotos zur Verfügung stellte;

und nicht zuletzt Univ.-Prof. Dr. Peter Gstettner, der auf österreichischer Seite jahrzehntelang – oft unter erheblichen Schwierigkeiten – zur Entwicklung und Vertiefung einer Gedenkkultur rund um das Loibllager beigetragen und an der Entstehung des vorliegenden Buches regen Anteil genommen hat und sich bereit erklärte, einführende Worte zu diesem Band zu verfassen.

In diesem Sinne bleibt die Hoffnung, dass diese Veröffentlichung – zweiundsechzig Jahre nach Abbau des Lagers – insbesondere in Österreich keinen Endpunkt, sondern einen Neuanfang in der Rekonstruktion der Geschichte des Loibl-KZ darstellt, dass Forscherinnen und Forscher, die die nun vorliegenden Kenntnisse über dieses Lager erweitern und vertiefen wollen, darin ein unverzichtbares Referenzwerk vorfinden, und dass das Buch eine glaubhafte Antwort auf den letzten Wunsch des französischen Häftlings Georges Sarrazin darstellt, der am Loiblpass sein Leben verlor:

Also, du versprichst mir, überall zu erzählen, was sie mit uns gemacht haben ... Du willst, sag mir?"

„Ja, versprochen, mein alter Freund!"

Hans Pfeiffer, Stephan Matyus

VORWORT VON PETER GSTETTNER

Tote Geschichte oder lebendige Erinnerung? Was gilt es zu vermitteln, wenn die NS-Zeit zum Thema gemacht und die Jugend dafür interessiert werden soll? Für den Autor des vorliegenden Buches, für den Zeitzeugen Janko Tišler, ist dies keine Frage. Es geht ihm ganz zentral um die Verlebendigung von Geschichte. Ständige Aktualisierung und Kommunikation des zeitgeschichtlich aufgeklärten kulturellen Gedächtnisses sind weitere Anliegen des Autors. Seine eigenen Erinnerungen und Tagebuchaufzeichnungen sind ihm Grundlage und Ausgangspunkt für den Nachweis, dass die NS-Geschichte weder tot noch begraben ist. Im Gegenteil: „Das Nachleben von Geschichte", wie Th. W. Adorno dies nennt, ist bei genauerem Hinsehen evident. Es besteht im permanenten Hineinwirken in die Gegenwart, auch und vor allem dann, wenn dies im Untergrund oder gleichsam „hinter dem Rücken der Gesellschaft" geschieht. Mit ihren unterirdischen Wirkkräften formt die gesellschaftlich unerwünschte Geschichte auch die Schatten, die die Vergangenheit auf die Zukunft wirft.

Der Autor arbeitet aber nicht nur seine Erinnerungen auf und schreibt auf dieser Grundlage ein zeitgeschichtlich höchst bemerkenswertes Buch. Er sammelt auch Geschichten und Dokumente, die andere hinterlassen haben. Bis zum heutigen Tag ist der Autor unermüdlich unterwegs, Zeitgenossen aufzufordern, ihm jene Versionen und Sichtweisen der Vergangenheit zu erzählen, die bisher ungesagt und ungehört blieben. Durch die akkumulierte Eigen- und Fremderfahrung wird die „historische Wahrheit" der Geschichte vom Loibl-KZ verifiziert, ausgeformt, angereichert, erweitert und so transparent gemacht, dass nun in der Niederschrift dieses komplexen Datenverarbeitungsprozesses eine bisher nie da gewesene reiche dokumentarische Erzählung vorliegt.

Das ist der Stoff, aus dem lebendige Erinnerung gemacht ist: Empirisch belegte Erfahrungen, komprimiert in Form einer erzählbaren Geschichte, in der die handelnden Personen, Täter wie Opfer, Namen und „Gesichter" erhalten; eine dokumentarische Geschichte, die sich nachlesen, nachprüfen und über Generationen hinweg weitererzählen lässt; eine Geschichte, die vermutlich noch Jahrzehnte später im Gespräch sein wird, weil sie in der persönlichen Handschrift des Autors ihre Glaubwürdigkeit hat; eine Geschichte, die die Authentizität des Geschehens verbürgt und die in gleicher Weise aufklärt und betroffen macht.

Die Geschichte des Loibl-KZ stellte bisher einen „weißen Fleck" in der Erforschung des Mauthausen-Kosmos dar; zwar nicht den einzigen weißen Fleck, aber doch im Verhältnis zur Größe und grenzüberschreitenden Bedeutung des Lagers einen in seinem Umfang erstaunlich auffälligen weißen Fleck. Diese Auffälligkeit zu ignorieren, was in Österreich über fünfzig Jahre lang geschah, band einen erheblichen Anteil an gesellschaftlicher Verdrängungsarbeit. Mit diesem Buch erfährt der weiße Fleck nicht nur eine bedeutsame Verkleinerung, sondern er erhält auch eine andere Farbe. Sofern die Deckfarbe „Weiß" stets dort aufgetragen wurde, wo „Unschuld" signalisiert werden sollte, ist diese Farbe nicht mehr als Deckfarbe tauglich; sie ist abgeblättert und der Eindruck der Unschuld hat sich in sein Gegenteil verkehrt.

Der Ort der Geschichte, der mit diesem Buch dem Vergessen und Verdrängen entrissen wird, ist in der Tat seiner natürlichen Unschuld beraubt. Was nach der Lektüre bleibt, ist die Einsicht: Die Natur ist unschuldig, der Herrenmensch, der ihr gewaltsam seinen Gestaltungswillen aufzwang, indem er sich die Natur und die unbotmäßigen widerständigen Mitmenschen unterwarf, ist es nicht. Deshalb macht es Sinn, den Loibl/Ljubelj als einen moralisch verkommenen, als einen gesellschaftlich tabuisierten Ort schrecklicher Nazi-Verbrechen zu „dekonstruieren"; dieser an die Technik angelehnte Ausdruck aus dem Repertoire der wissenschaftlichen Erforschung gesellschaftlicher Prozesse passt wie kein anderer zu dem Vorhaben des Autors, die NS-Konstruktionen der damaligen Zeit als Dekonstruktionen wieder erstehen zu lassen. Der Autor tut dies, indem er z. B. die technischen Absichten des Bauvorhabens „Loibltunnel" mit den militärischen Angriffs- und Eroberungszielen des Deutschen Reiches verbindet und diese wiederum mit der mörderischen Absicht der SS verknüpft, den politischen Gegner zu demütigen, zu versklaven, seine Widerstandskraft zu brechen, um ihn letztendlich, wenn er dem 3. Reich und seinen Herrschern nicht mehr nützlich ist, aus dem Weg zu schaffen.

Zu Beginn der Lektüre sollte man sich also vergewissern, über welchen Ort hier gesprochen wird. Der Loibl/Ljubelj, dieser alte Übergang über den Karawankenhauptkamm, forderte den Menschen, die ihn bezwingen wollten, immer schon viel ab. Körperliche und geistige Anstrengungen, Spekulationen und Pläne, wie dieser Übergang möglichst gefahrlos zu meistern wäre, waren von Anbeginn des Waren- und Menschenverkehrs

VORWORT

mit Überlegungen gekoppelt, wie denn diese wichtige Nord-Süd-Verbindung zu einer Heeresstraße ausgebaut werden könnte. Aber erst die Nazis haben aus den bisherigen Versuchen, dem Loiblpass seine Spitze zu nehmen, ein Projekt des gewaltsamen und tödlichen Einsatzes der menschlichen Arbeitskraft gemacht. Indem sie die Häftlinge des KZ Mauthausen in ihre größenwahnsinnigen Vorhaben der Eroberung des Ostens einbezogen, wurde das NS-Tunnelbauprojekt zu einem mit der Terrormaschine Mauthausen kombinierbaren Instrument, das unter dem internen Code „Tod durch Arbeit" rangierte.

Heute, mehr als sechzig Jahre später, ist es in jeder Beziehung immer noch eindrucksvoll, die Karawanken über die Loiblpassstraße zu überqueren. Auch wenn man die Geschichte der Untertunnelung der Passhöhe nicht kennt und unbefangen durch die erst jüngst wieder sanierte Tunnelröhre gegen Süden fährt, kann man sich dem Eindruck des imposanten Bergpanoramas kaum entziehen. Wer freilich die Geschichte kennt, wird im Loibl/Ljubelj weder einen Ort der erbaulichen Naturbetrachtung noch einen Ort sehen, an dem sich der technische Fortschritt der Menschheit manifestiert hat. Um sich „ein wahres Bild" von der damaligen Situation in der NS-Zeit zu machen, wird der Geschichtskundige vielleicht versuchen, den Ort so zu sehen, wie ihn der ehemalige Loibl-KZ-Internierte André Lacaze in seinem Buch „Der Tunnel" literarisch beschrieben hat:[1] Möglich, schreibt Lacaze, dass das KZ und die Baustelle aus der Luft wie ein kleines Dorf am Talschluss ausgesehen haben: zerfurchter Boden, aufgegraben und aufgeschüttet, kleine Hügel aus Schotter neben den großen Bergen der Karawanken. Aus der Luft, schreibt Lacaze weiter, hätte man vielleicht an die tausend winzig kleine Menschen umherkrabbeln sehen können, wie Ameisen, die an ihrem Ameisenhaufen bauen. Auf der Südseite der Karawanken konnte man sogar eine kleine Kirche ausmachen, die zwischen Baustelle und Barackendorf lag. All das mag von der Weite ausgesehen haben wie eine gewöhnliche Baustelle, mit einem gewöhnlichen Barackenlager und ganz normalen Arbeitsvorgängen: vermessen, Wald roden, Straßen bauen, Beton mischen, Verschalungen zimmern, ein Loch in den Berg sprengen, neues Material bringen und Aushubmaterial abtransportieren usw. Etwas jedoch sah man weder von hoch aus der Luft noch vom Boden aus: den hohen doppelten Stacheldrahtzaun, der einen Teil des „Dorfes" umgab, und die schwer bewaffneten Posten, die auf den Wachtürmen saßen. Lacaze merkt an, dass der fiktive Beobachter aus der Luft noch etwas vermisst haben mag: Das Dorf hatte keinen Friedhof. Und doch wurde hier, in diesem ungewöhnlichen Dorf, gestorben. Was machte man also mit den Toten? Wo begrub man sie? Wer waren sie?

Heute wissen wir: „Die Gestreiften" bewegten sich lediglich gezwungenermaßen wie „Ameisen". Faktisch waren sie reale Menschen aus Fleisch und Blut, fast könnte man sagen: Menschen wie du und ich. Allerdings waren damals die Gestreiften, die „Zebras", schlechter gestellt als die niedrigsten Tiere. Als gefangene Arbeitssklaven und als potenzielle Todeskandidaten waren sie im KZ Mauthausen für das Loibl-Kommando ausgesucht worden. Wenn die Arbeitskraft der Deportierten ausgebeutet war, wurden die abgearbeiteten und verbrauchten Reste nach Mauthausen zurückgebracht. Oder sie wurden gleich hier an Ort und Stelle getötet. Die Häftlinge starben am Loibl/Ljubelj an Erschöpfung, an tödlichen Unfällen oder Krankheiten, sie starben unter den Schlägen der Kapos, sie starben durch die Kugeln der SS-Bewacher, sie starben durch die tödliche Spritze des SS-Arztes. Es gab für sie weder ein Grab noch ein schlichtes Kreuz an der Stelle, wo sie den Tod fanden, denn zur Verbrennung der Leichen diente ein provisorisches „Krematorium".

Es war eben kein gewöhnliches Dorf, das mit einer Begräbnisstätte ausgestattet gewesen wäre. Es war auch kein gewöhnliches Krematorium. Es war eine Grube mit einem Eisenrost darüber. Darunter wurde ein Scheiterhaufen errichtet. Unter freiem Himmel wurden die Leichen verbrannt, geschützt wurde das makabre Schauspiel nur von den angeschwärzten Bäumen, die den Graben bzw. das ausgetrocknete Bachbett säumten. Nicht zuletzt waren es der Rauch, der vom Scheiterhaufen aufstieg, und der Geruch nach verbranntem Menschenfleisch, den die KZ-Häftlinge auch aus anderen Konzentrationslagern kannten. Diese Anzeichen deuteten darauf hin, dass die Nazis im Begriff waren, die „Endlösung" europaweit umzusetzen. Die KZ-Häftlinge am Loibl/Ljubelj mussten sich sagen: „Das ist das Ende, wir sind geliefert, wir werden alle krepieren."[11]

Der Loibl/Ljubelj war auch keine gewöhnliche Baustelle, sondern ein Ort, der einer tödlichen Falle glich. Auf der Baustelle wurden die Häftlinge nach Belieben über die Linie der Wachpostenkette getrieben, um dann „auf der Flucht" erschossen zu werden, richtiger gesagt, sie wurden von den SS-Wachmannschaften kaltblütig abgeknallt, aus Spaß oder aus Langeweile. Keiner der Häftlinge konnte wissen, wann es wen und weshalb traf. Was war das Leben eines KZ-Häftlings für einen deutschen

Herrenmenschen wert? Nichts. Das Leben eines Häftlings war eine Nummer, eine Zahl auf einer Liste. Ein Arbeitssklave hatte keine Rechte, er war ein Spielball in den Händen der Herrenmenschen.

Deshalb ist der Loibl/Ljubelj eigentlich auch kein passender Ort für das, was wir hier seit Jahren versuchen: Wir erinnern an die Unantastbarkeit der Menschenwürde und ehren den Widerstand der Nazi-Opfer. Nur wer die Geschichte dieses Ortes kennt – und der Autor dieses Buches macht uns damit in einer Weise bekannt, dass wir gleichsam literarische Zeugen des Geschehens vor Ort werden –, wird wissen, weshalb diese Orte dennoch wichtige „Erinnerungsorte" sind und weshalb sie als Mahnmale rekonstruiert und erhalten bleiben müssen. Deutlich wird auch, weshalb die lebendige Geschichte dieser Orte in einem doppelten Sinn in die Zukunft weist: Orte wie der Loibl/Ljubelj mahnen an das „Nie wieder" und erinnern an die fatalen Folgen von kollektivem Unwissen, von Gedächtnisverlust und von bedingungslosem Gehorsam den „falschen Göttern" gegenüber.[III]

In Kärnten wird man sich vielleicht skeptisch fragen, ob dieses Buch nicht von einem „slowenischen Standpunkt" aus geschrieben wurde, also „einseitig" ist. Allen, die so fragen, sei zur Beruhigung versichert: Es gibt weder heute noch damals einen verbindlichen oder einheitlichen „slowenischen Standpunkt". Es gab und gibt in Slowenien, wie in allen Ländern, in denen die Bevölkerung Zielscheibe der deutschen Naziaggression wurde, viele verschiedene Standpunkte, die man zu der Landesobrigkeit beziehen konnte, je nach dem, ob man in ihr den Unterdrücker und Eroberer sah oder den nationalen Befreier und Blutsverwandten. Oft waren und sind es deshalb konträre Standpunkte, unter denen die historischen Ereignisse betrachtet und analysiert werden. Das Gemeinsame ist ihnen, dass alle diese Standpunkte eine bestimmte Priorität ausdrücken. Keiner der Standpunkte kann für sich beanspruchen, neutral oder wertfrei zu sein.

Über den Standpunkt des Autors kann es eigentlich keinen Zweifel und keine Diskussion geben. Er war kein unbeteiligter Augenzeuge. Was er gesehen und erlebt hat, hat er mit allem, was ihm zur damaligen Zeit an Körpersinnen, Geisteskräften und Seelengröße zur Verfügung stand, teilnehmend wahrgenommen und gelebt. Er war nicht nur nahe am Geschehen, er war in das Geschehen involviert, zunächst als Zivilarbeiter bei einer Baufirma, die mit der Planung und dem Bau des Straßen- und Tunnelprojekts beauftragt war, dann als Mitglied einer Partisaneneinheit, die unter anderem in diesem Gebiet operative und militärische Ziele zur Befreiung von der Naziherrschaft verfolgte. Das eine ist nicht ohne das andere zu sehen. Die Verbindung zwischen beiden Identitäten, auf der einen Seite Zivilarbeiter zu sein und auf der anderen Seite Partisan, ist nicht nur in der räumlichen Nähe zum Ort des Geschehens begründet, sondern ergibt sich aus der schlichten Tatsache, dass der Autor während des Krieges auf „beiden Seiten" gelebt hat. Er hatte als Vermessungsgehilfe engen Kontakt im Baubüro und auf der Baustelle sowohl zu Repräsentanten der Tätergesellschaft als auch zu den politisch aktiven Repräsentanten der Häftlingsgesellschaft, die auf dieser „Baustelle des Todes" schuften mussten, weil sie in ihren Heimatländern in den Widerstand gegen die Nazibesatzer involviert waren.

Der Autor kann also bezeugen, was sich am Loibl/Ljubelj abgespielt hat, was auf beiden Seiten gesprochen, gebrüllt, geflüstert, geflucht, gebetet, geplant, verraten, vereitelt, gehofft und beargwöhnt wurde und was sich von den Befürchtungen erfüllt oder nicht erfüllt hat. Wer das Buch liest, weiß, worum es hier geht: um die unhintergehbare Komplexität des Lebens und Überlebens am Loibl/Ljubelj in den Jahren 1943 bis 1945. Nicht alle Mitglieder der Tätergesellschaft waren auch moralisch verkommene Naziverbrecher. Und nicht alle Mitglieder der Häftlingsgesellschaft waren moralisch intakte Persönlichkeiten oder „reine Opfer". Der Standpunkt des Autors ist der des Zeitzeugen, der beide Seiten kennen gelernt und dabei Partei ergriffen hat, Partei für den antifaschistischen Widerstand und Partei für die Opfer des Widerstandskampfes. Dieser Standpunkt ist der Solidarität verpflichtet, er ist ein Lebensprinzip, das jenen Hilfe und Unterstützung zukommen lässt, die in Konzentrationslager eingeliefert wurden und die dort das weitermachten, wofür sie inhaftiert worden waren: den Widerstand organisieren und für die Freiheit kämpfen. Janko Tišler teilte diesen ehrenwerten Standpunkt mit Kameraden innerhalb und außerhalb des Lagers.[IV]

Es war eine für den Autor konsequentenreiche Parteiergreifung; eine Option für einen Standpunkt, die in zweierlei Hinsicht erstaunlich ist: hinsichtlich des offenkundigen Risikos dieser Option und hinsichtlich der Nachhaltigkeit des Standpunktes. Die damalige Jugend des Autors und seine nationale Zugehörigkeit zu einer Volksgruppe, deren Angehörige von den Nazis den slawischen Untermenschen zugeordnet wurden, mögen vielleicht die persönliche Affinität zum Widerstand und den Mut zum Risiko erklären. Viele seiner Zeitgenossen haben jedoch eine andere

Option gewählt und/oder ihren Standpunkt geändert, sobald es opportun erschien. Wie viele von ihnen verhalten sich heute wieder opportunistisch, wenn sie nur die damalige Zeit durch die Brille der revisionistischen Historiker betrachten können? Auch das ist kein typisch „slowenischer Standpunkt", denn die Revisionisten strengen sich europaweit an, die Naziverbrechen dadurch zu relativieren, dass sie angeblich die „Verbrechen auf beiden Seiten" wertfrei und objektiv betrachten, um sie in eine systemvergleichende Opferstatistik zu bringen.[V]

Während es keinen Sinn macht, von einem „slowenischen Standpunkt" zu sprechen, macht es sehr wohl Sinn, von einer „slowenischen Betroffenheit" zu sprechen. Dass der Autor davon nicht frei ist, ist evident und mag gerade für den Kreis deutschsprachiger LeserInnen etwas Provozierendes an sich haben. Verwundern dürfen solche Irritationen nicht. Groß ist hierzulande das Unwissen über die deutsche Besatzungszeit und über die Naziverbrechen diesseits und jenseits der Karawanken. Ebenso groß ist die schon seit Jahren zu vernehmende Klage über den „Wertewandel" bei der Jugend, über die postmoderne Beliebigkeit von Standpunkten und über die neoliberale Kommerzialisierung von allem und jedem. Darüber zu befinden und Moralurteile zu fällen, ist des Autors Sache nicht. Sein Buch gibt über Fakten Auskunft. Es ist z. B. ein Fakt, dass die Zahl der Mutigen, die damals Werte wie Menschenwürde und Mitmenschlichkeit hochhielten, klein war. Es gab damals nur wenig Menschen, die den Mut hatten, sich für die heimliche Informationsweitergabe, für Versorgungsleistungen oder für das Verstecken von geflohenen KZ-Häftlingen einzusetzen, oft genug mit dem ganzen Risiko ihres Lebens. Aber es gab sie, diese LebensretterInnen. Dass die meisten von ihnen SlowenInnen und PartisanInnen waren, ist ebenfalls ein Faktum. Und wer heute immer noch die slowenischen Partisaninnen und Partisanen als Mörderbande zu diffamieren versucht, der sollte einmal dieses Buch lesen und dann dem Autor und seiner dokumentarischen Erinnerungsarbeit danken. Wie stünde es um unsere Erinnerungskultur ohne solche Zeitzeugen, die mit ihrem unermüdlichen Ringen um die Durchsetzung der historischen Wahrheit rund um die verschwiegenen NS-Tatorte Prozesse der Aufklärung und politischen Bildung initiieren, die für die Weiterentwicklung des demokratischen Bewusstseins unerlässlich sind?

So viel zu meiner Einschätzung, dass dieses Buch als ein Meilenstein in unserem Bemühen angesehen werden muss, den Loiblpass/Ljubelj zu einem österreichischen Erinnerungsort zu machen, zu einem Ort, an dem wir bewusst an die Haltung jener anschließen können, die damals gegen das Naziregime gekämpft und für die Befreiung Österreichs und Kärntens große Opfer gebracht haben. Denn eines steht unleugbar fest: Die Geschichte des Loibltunnels ist mit dem Blut von KZ-Häftlingen geschrieben worden. Der Ort kann von dem Blut der Geschundenen und Ermordeten nicht gereinigt werden. Ebenso wie die Knochenasche der Opfer verweht ist, ist dieses Blut ein zwar unsichtbares, aber gegenwärtiges Zeichen dafür, dass solche verrufenen Orte nur dann in das kulturelle Gedächtnis der Gesellschaft eingehen können, wenn wir dem Geschehen, den Toten und den Überlebenden eine Stimme geben oder zumindest auf die Stimme hören, die Janko Tišler ihnen in diesem Buch verliehen hat. Wahrscheinlich ist dies die einzige Möglichkeit, die wir als Nachgeborene haben, um den großen Ballast an Legenden und Mythen, an ideologischen Verirrungen und Verwirrungen etwas abzutragen.[VI]

Die Aufgabe besteht also darin, die Arbeit an der Erinnerung zu einem generationenübergreifenden Erzählprojekt zu machen, zu einem Gespräch, das die dunkle Vergangenheit als eine gegenwärtige Geschichte kommuniziert, das dekonstruiert und tradiert, ganz so, wie es Primo Levi von uns gefordert hat: „Ihr, die ihr sicher wohnt in euren gewärmten Häusern, und ihr, die ihr bei der Heimkehr am Abend warmes Essen und Freunde vorfindet, denkt daran, was hier an diesem Ort geschehen ist – und sprecht davon, wieder und immer wieder, sprecht davon zu euren Söhnen und Töchtern, zu euren Kindern und Kindeskindern. Sonst sollen eure Häuser zerbersten, Krankheiten über euch kommen, eure Nachgeborenen ihr Gesicht von euch wenden."[VII]

Klagenfurt/Celovec, Ende März 2007

Univ.-Prof. Dr. Peter Gstettner
Mauthausen-Komitee Kärnten/Koroška

VORWORT

I André Lacaze: Der Tunnel. Roman. München 1987, S. 109 ff.
II Ebd., S. 135
III Arno Gruen: Falsche Götter. Über Liebe, Haß und die Schwierigkeit des Friedens. München 1993
IV Vgl. die großartige humanitäre Einstellung des tschechischen Häftlingsarztes vom Loibl-KZ Süd, dokumentiert in: František Janouch: Selbst der Teufel würde erröten. Briefe meines Vaters aus der Hölle von Auschwitz und aus dem KZ am Loiblpass. Wien 2006
V Zur revisionistischen Geschichtsumschreibung in Slowenien vgl. Oto Luthar/ Breda Luthar: Historische Darstellung oder/als Vergangenheitspolitik? Zur Entstehung einer radikalen Umdeutung der Kriegs- und Nachkriegsgeschichte Sloweniens. In: Zeitgeschichte 2006, Heft 3, S. 135–146
VI Vgl. dazu beispielhaft: Peter Gstettner: Die Legende von der Selbstbefreiung Kärntens. Alte Töne und neue Varianten am Rande des „Gedankenjahres 2005". In: Erinnerungskultur. DÖW Jahrbuch Wien 2006, S. 80–105
VII Dies ist kein wörtliches Zitat, sondern ein für diesen Zusammenhang umgeschriebener Ausschnitt aus dem Gedicht „Sch'ma" von Primo Levi (Jänner 1946), veröffentlicht in seinem Gedichtband „Zu ungewisser Stunde", München 2002, S. 15

VORWORT ZUR FRANZÖSISCHEN AUSGABE

Dieses Buch hat eine Geschichte, eine komplizierte Geschichte, die für die Veröffentlichung des Buches von Bedeutung ist und daher kurz rekonstruiert werden soll:

Das Kommando „Loiblpass" befand sich in den Karawanken, einer alpinen Gebirgskette zwischen Drau und Sava, die beide in die Donau fließen, Übergang zwischen Kärnten und Slowenien, zwischen Österreich und dem ehemaligen Jugoslawien, zwischen dem deutschsprachigen Norden und dem mediterranen Süden, man könnte fast sagen, zwischen zwei Welten.

Von den Außenlagern Mauthausens war es am weitesten vom Zentrallager entfernt, es war das einzige, das außerhalb der Grenzen des „Großdeutschen Reiches" entstand, und daher das einzige, wo die lokale Bevölkerung nicht mit den Nazi-Unterdrückern zusammenarbeitete, sondern flüchtige Häftlinge, die sich dann in zahlreichen Fällen den Partisanen anschlossen, bei sich aufnahm und ihnen weiterhalf.

Es ging bei diesem Kommando um ein einziges Bauwerk, einen Straßentunnel, dessen Errichtung von zwei Seiten aus in Angriff genommen wurde, weshalb zwei Lager – Nord und Süd – entstanden. Die Arbeiten wurden von einer einzigen Baufirma geleitet, der „Universale Hoch- und Tiefbau AG".

Die Ersten, die im Juni 1943 in diesem Kommando arbeiteten, waren – von wenigen Ausnahmen abgesehen – Franzosen. Unter den Ziviltechnikern der Baustelle fanden sie recht bald eine Art Berichterstatter und Komplizen, der einige Jahre später zum gewissenhaften, oft peinlich genauen Chronisten und Geschichtsschreiber dieses Lagers werden sollte: Janko Tišler.

Hier liegt der Ursprung dieses Buches, der Beginn seiner Geschichte.

Fünfzig Jahre nach dem Ende des Nazismus könnte man leicht den Eindruck gewinnen, alles Wesentliche über das Konzentrationslager Mauthausen und seine Außenlager sei bereits bekannt bzw. schriftlich festgehalten. Hans Maršalek, Florian Freund und Bertrand Perz in deutscher, Michel Fabréguet, Jean Gavard und Serge Choumoff in französischer Sprache hatten – jeder auf seine Weise, in seinem Stil – mit ganz unterschiedlichen Ambitionen Beiträge geliefert, die ein Gesamtbild entstehen ließen. Was fehlte, war der „Loiblpass", denn dieses Wort hatte sich als Bezeichnung für das Kommando am Südrand der Alpen – in vielerlei Hinsicht einzigartig – durchgesetzt.

Und dann griff Janko Tišler zur Feder und verfasste im Jahr 1995 ein Buch mit dem Titel *Mauthausen na Ljubelju*, das sowohl von der Baustelle handelte, die er gut kannte, denn er hatte dort als technischer Assistent gearbeitet, als auch vom Konzentrationslager, zu dem er monatelang Verbindungen unterhielt, von den Kontakten mit der lokalen Bevölkerung und insbesondere mit den slowenischen Partisanen, denen er selbst angehörte, und nicht zuletzt vom Schicksal der Franzosen, denn er konnte unsere Sprache.

Auf österreichischer Seite wurde sein Buch sehr bald von Verantwortlichen in Klagenfurt ins Deutsche übersetzt. Sie fanden in ihrem Kampf gegen die extreme Rechte Argumente, die den Inhalt des 1995 in Klagenfurt entstandenen Buches „Der Loibl-Tunnel. Das vergessene KZ an der Südgrenze Österreichs" ergänzten. Dieses kleine Buch handelt nur vom Nordlager, dessen Spuren heute praktisch verschwunden sind. Eine große Gedenktafel wurde aufgestellt, die die zahlreichen Autofahrer daran erinnert, dass der Tunnel, durch den sie fahren wollen, von Häftlingen unterschiedlicher Herkunft, Sklaven des „Großdeutschen Reiches", gegraben wurde.

Als Christian Tessier, der Enkel eines Loibl-Häftlings, vor einigen Monaten die Erinnerungen an das Lager niederschreiben wollte, ließ er zunächst die deutschsprachige Fassung ins Französische übersetzen. Aber er sah bald, dass die verschiedenen Übersetzungen den Originaltext verfälscht hatten, und beschloss gemeinsam mit dem Autor, auf den slowenischen Text zurückzugreifen und sich der Übersetzung aus dem Deutschen nur als Arbeitsgrundlage zu bedienen.

In langer und mühevoller Arbeit entstand schließlich ein genau durchgesehener und verbesserter Text, der durch bis dahin unveröffentlichte Dokumente erweitert wurde.

Diese Fassung legen wir dem Leser heute vor und hoffen, dass sie bei all jenen, die das Gedenken an den „Loibl" aufrechterhalten, die größte Zustimmung findet.

Pierre Saint Macary
Häftlingsnummer 63.125
Ehrenpräsident der «Amicale de Mauthausen»
*18.11.1920, †18.7.2006

Abb. 1: Panoramablick über die verschiedenen, auf der Südseite (slowenische Seite) befindlichen Lager; links der Straße das Zivilarbeiterlager, rechts der Straße das SS-Lager und das KZ-Lager Süd. Das KZ ist noch nicht vollständig errichtet; Aufnahme aus dem Jahr 1943.

I DIE ANFÄNGE

Einleitung

Über das Konzentrationslager am Loiblpass, eine Außenstelle des Konzentrationslagers Mauthausen in Oberösterreich, liegen von französischer Seite zahlreiche Studien, Berichte und Zeugenaussagen vor, denn zu den Lagerinsassen gehörten überwiegend Franzosen. Allerdings waren diese Aussagen und viele der Berichte manchmal widersprüchlich.

Über das Leben am Loibl, über die Leiden und Entbehrungen der Häftlinge wurden auch Bücher geschrieben, aber diese kamen aus Polen, aus Luxemburg, ja sogar aus Norwegen.

Die Perspektive dieser Beschreibungen war daher eng an die landesspezifische Sichtweise gebunden. Auf Grund der Haftbedingungen (Trennung der Häftlinge, eingeschränkte Kontakte zwischen ihnen, Sprachbarrieren) wird klar, dass die Autoren nichts über das Verhältnis zwischen den verschiedenen Volksgruppen berichten konnten. So verstehen wir besser, warum in diesem Schreckenslager 144 jugoslawische Häftlinge (darunter 113 Slowenen) bisher überhaupt nicht erwähnt wurden.

Im Jahr 1943 wurde an beiden Seiten der Karawanken, einer Gebirgskette, die heute die Grenze zweier Staaten, Österreich im Norden und Slowenien im Süden, bildet, je ein Konzentrationslager eingerichtet.

Von nun an wird das Lager auf der slowenischen Seite als Südlager, das Lager auf der österreichischen Seite, in Kärnten, als Nordlager bezeichnet.

Das Südlager wurde im Mai 1943 fertiggestellt, die ersten Häftlinge kamen Anfang Juni. Das Lager erstreckte sich um ein kleines Anwesen namens „Jur" auf einer Höhe von 920 bis 940 Metern. Auf der rechten Seite des Konzentrationslagers lagen, nur durch eine Straße getrennt, die Baracken der Zivilarbeiter und der Polizisten. Die Beamten und das technische Personal wohnten in den Gebäuden, die der Baron Born[1] hatte errichten lassen.

Im Nordlager begann die ständige Unterbringung der Häftlinge Ende Oktober 1943. Das Lager war hinter einem Fichtenwald versteckt. Es

---

1 Baron Born war Großgrundbesitzer in der Gemeinde Tržič, ein jugoslawischer Jude, der zum Katholizismus übergetreten war. Bei der Besetzung Sloweniens durch die Deutschen flüchtete er nach Ljubljana. Dort wurde er festgenommen, ins Gefängnis Begunje gebracht und anschließend ins Konzentrationslager, wo sich seine Spuren verlieren.

Abb. 2: Postkarte aus dem Jahr 1940, welche die alte Loiblstraße mit dem Grenzübergang auf der Passhöhe in Blickrichtung Slowenien zeigt.

lag am Fuß der Selenitza/Zelenica auf einer Höhe von ungefähr 1100 Metern.

Zwischen dem Lager der Zivilarbeiter, das dem Tunnel am nächsten lag, und dem Konzentrationslager befand sich das Lager der SS.[2] Die Baracken der SS-Leitung standen oberhalb des Konzentrationslagers, die SS-Truppen und die Polizei waren unterhalb untergebracht.

Bis zum 29. November 1943 erreichte man das Nordlager vom Südlager aus nur über eine damals schwer bewachte Straße, die eine Seehöhe von 1367 Metern erreichte. Die Straße[3] führte an der Kirche Sveta Ana (St. Anna) vorbei, die heute noch besucht wird, und war mit ihren dreizehn extrem gefährlichen Serpentinen äußerst beschwerlich. An manchen Stellen hatte sie eine Steigung von 28% und zählte damit zu den gefährlichsten Straßen Europas. Alle anderen befahrbaren, nicht minder gefährlichen Straßen über die Karawanken erreichen eine Höhe von 1500 Metern. Erst nach dem feierlichen Durchstich des unteren Tunnelstollens durch den Gauleiter[4] konnten die Zivilarbeiter, aber auch SS-Leute und Polizisten, die die Häftlinge bewachten, in zwanzig Minuten von einem Lager zum andern gelangen, und nicht mehr, wie früher, in einer Stunde und fünfundzwanzig Minuten.

Dank dieses Tunnels ist das Gebiet, auf dem die beiden Lager standen, heute von touristischer Bedeutung. Die Länder Mittel- und Nordeuropas bekamen damit freie Fahrt in Richtung Adria. Die Asphaltstraße, die nach dem Krieg gebaut wurde und die Österreich und Slowenien miteinander verbindet, hat eine Steigung von 12% und durchquert einen Tunnel von 1561 Metern Länge, 11,86 Metern Breite und 7,70 Metern Höhe. Im Osten erheben sich die 1968 Meter hohe Loibler Baba und das fast senkrecht abfallende Massiv der Koschuta/Košuta, deren Gipfel 2085 Meter erreicht. Im Westen reicht das Tal bis an den Nordhang der Begunjščica, die 2063 Meter hoch ist.

Die Straße, die sich zwischen den steilen Abhängen der Begunjščica und der Koschuta durch das schmale Tal schlängelt, folgt dem Fluss

---

2   Die SS (Schutzstaffel) wurde im Jahr 1925 gegründet.
3   Die Straße stellte die schnellste Verbindung zwischen der slowenischen Stadt Tržič mit Klagenfurt dar. Sie führte von Tržič aus über den Loiblpass und weiter nach Ferlach/Borovlje.
4   Der „Gau Kärnten" umfasste die Gebiete des heutigen Kärntens und der slowenischen Region Gorenjska (damals: Oberkrain)

Abb. 3: Postkarte aus dem Jahr 1943, welche den Grenzübergang auf der Passhöhe in Blickrichtung Österreich zeigt

Mošenik und erreicht im Süden die Industriestadt Tržič (Seehöhe 515 Meter). Diese Stadt, deren deutsche Bezeichnung Neumarktl lautete, bleibt fest im Gedächtnis der Häftlinge eingeprägt, denn hier war die Endstelle der Eisenbahn, die sie von Mauthausen an den Loibl brachte. Hier wurden sie von den SS-Leuten mit Schlagstöcken und Gewehrkolben erwartet und über die einzige Straße, die damals von Tržič auf den Loiblpass führte, ins Konzentrationslager gebracht.

Das Klima entspricht der alpinen Lage des Lagers. Die Berge um den Loibl sind bis Mai mit Schnee bedeckt, manchmal auch bis Juni. Im Herbst schneit es bereits wieder. Wiesen und Bäume werden erst im Mai grün. In mein Tagebuch hatte ich[5] eingetragen, dass am 5. November 1943 erstmals Schnee fiel. Am nächsten Tag war Tržič mit Schnee bedeckt. Auf dem Loibl schneite es zum letzten Mal am 9. Mai 1944, während es in Tržič regnete und hagelte. Erst am 29. Mai wurde es so warm, dass man keinen Mantel mehr benötigte.

Anfang Mai 1944 wurde die Straße in der Nähe von Lajba von Lawinen verschüttet, die von der Begunjščica und der Koschuta heruntergekommen waren. Die Häftlinge mussten zunächst einen Tunnel durch die

---

5   Janko Tišler

Schneemassen graben, um die Straße vom Lager nach Tržič von den Verschüttungen freizulegen.

Die Wiener Firma „Universale"

Auf slowenischer Seite begannen die Arbeiten im Jänner 1943 mit der Aufstellung von Strommasten für die Hochspannungsleitung von Kovor auf den Loibl. Im Februar und März wurden Handwerker und Techniker aus der Gegend von den diversen Arbeitsämtern in Gorenjska (Oberkrain) zwangsrekrutiert und an den Loibl geschickt, damit die Arbeiten unverzüglich beginnen konnten. Es handelte sich vor allem um Zimmerleute, Tischler und Maurer, aber auch um Mineure.

Sämtliche Arbeitskräfte, die vorher für das Klagenfurter Unternehmen Adolf Raubal gearbeitet hatten, wurden nun von der Firma „Universale Hoch- und Tiefbau AG"[6] angestellt. Die Firma Universale unterzeichnete am 11. März 1943 in Klagenfurt einen Vertrag mit der „Staatlichen Bauleitung für den Bau des Loibltunnels". Im Vertrag wurden Bauweise und Zufahrtswege festgelegt, aber auch die Stundenlöhne: 60 Pfennig für Hilfsarbeiter, 80 Pfennig für Facharbeiter, 105 Pfennig für Vorarbeiter.

Am Anfang wohnten die meisten Arbeiter in Baracken auf der Hochebene Zali rovt in Tržič. Von dort wurden sie täglich mit Lastwagen auf die Baustelle am Loibl gebracht. Um die Einrichtung des Barackenlagers zu ermöglichen, mussten Waldbäume gefällt und der Boden geebnet werden.

Im April und Mai ließ die Firma Baracken aus Spittal an der Drau, aus St. Veit an der Glan, ja sogar aus Mallnitz mit der Eisenbahn nach Tržič bringen.

Auf dem Gelände, wo das Zivillager entstehen sollte, errichteten die Arbeiter zunächst zwei Baracken für die Polizei. Der Standort auf der linken Seite der Straße von Tržič auf den Loiblpass war für das Konzentrationslager bestimmt.

Im Lager der „Organisation Todt"[7] auf Zali rovt (genannt „Wohnlager Neumarktl" oder RSBL/Reichsstrassenbaulager) wohnten vor allem Arbeiter von Adolf Raubal. Der Lagerkommandant hieß Amandus Smolle. Er war 1907 geboren und wurde „Mandi" genannt. Er hinkte, hatte eine dunkle Stimme und einen unangenehmen Gesichtsausdruck. Geboren in

---

6   Mit Firmensitz in Wien, Renngasse 6
7   Fritz Todt, geboren 1891 in Pforzheim, war ausgebildeter Ingenieur. Er wurde 1933 Generalinspektor für das deutsche Straßenwesen. Im März 1940 wird er Reichsminister für Bewaffnung und Munition und ist Mitverantwortlicher für Zwangsarbeit in der Kriegswirtschaft. Er findet im Februar 1942 bei einem Flugzeugunglück den Tod.

der kleinen Ortschaft Sittich bei Feldkirchen in Kärnten, kam er gleich nach der Invasion Sloweniens durch die Deutschen 1941 in Tržič zum Einsatz. Er war zunächst für einen Teil des Lagers und für die Küchen verantwortlich. Bereits ab Herbst 1942 war er Lagerkommandant. Am 23. Dezember desselben Jahres heiratete er in Tržič eine willensstarke Frau, Marija Čarman aus Sveta Ana[8], von Beruf Küchenhilfe. Nachdem sich die Firma Universale am Loibl niedergelassen hatte, war sie es, die das Zivillager leitete, und von dort aus dirigierte sie auch Amandus Smolle. Am Ende des Krieges kehrte Smolle nach Feldkirchen zurück.

Die Staatliche Bauleitung überließ der Firma kostenlos die Barackenlager, das Straßenwärterhaus und das Jagdhaus. Das erklärt, warum die Angestellten der Universale in Häusern wohnten, während die Arbeiter im Zivillager untergebracht waren.

Am Anfang wurden die Mahlzeiten im Schlossgebäude[9] des Barons Born eingenommen, später wurde der Speisesaal ins Zivillager verlegt.

Am 29. März begannen die Tunnelbohrungen auf slowenischer Seite. Auf österreichischer Seite konnten die Arbeiten wegen Schneelage und erschwertem Zugang zum Tunnelportal erst am 6. Juni aufgenommen werden.

Ende April 1943 überwachte der Kommandant, SS-Obersturmführer Julius Ludolph, die Arbeiten zur Errichtung des Konzentrationslagers. Sein Verhalten gegenüber den Arbeitern war brutal und aggressiv.

Bauleiter bei der Errichtung der Baracken war der Österreicher Zankel aus Villach, von Beruf Schmied.

Bis Ende Mai 1943 stellten die Arbeiter auf dem Gelände des Konzentrationslagers sechs Baracken auf: drei für die Häftlinge, eine für die Küche mit Keller und Speisekammer, eine Sanitätsbaracke, dazwischen zwei Aborte und schließlich die Waschbaracke.

Rund um das Lager errichteten sie um eine Fläche von 10.000 Quadratmetern einen drei Meter hohen, tief im Boden verankerten Holzzaun mit doppeltem Stacheldraht. Die Beleuchtung war sehr stark, denn an jedem der sechs Wachtürme waren Scheinwerfer angebracht. All das wurde von einer Gruppe von Zimmerleuten unter der Leitung des slowenischen Vorarbeiters Janez Markič gebaut.

---

8   Der slowenische Ort Sveta Ana (deutsch: St. Anna) am südlichen Loibl wurde nach dem Krieg in Podljubelj umbenannt. Er ist nicht zu verwechseln mit dem österreichischen Ort Unterloibl/Podljubelj im zweisprachigen Kärntner Gebiet auf der Nordseite des Loiblpasses (Anmerkung des Übersetzers)
9   Bürgerhaus bei der Kirche Sveta Ana, zwischen dem Südlager und dem Tunnelportal

Genau unterhalb des Lagers, das für die Häftlinge vorgesehen war, errichteten sie zwei weitere Baracken zur Unterbringung der SS-Leute. Sie stellten weiters eine Waschbaracke mit Aborten auf und nicht weit davon einen Hundezwinger sowie einen Speise- und Klubraum.

In der Nähe stand eine kleinere Baracke, deren Benutzung ausschließlich dem Lagerkommandanten, seinem Stellvertreter und seinem Sekretär vorbehalten war.

An manchen Stellen des Lagers konnte man Schilder mit der Aufschrift lesen: „Photographieren strengstens verboten".

Nach der Ankunft der Häftlinge mussten sämtliche Arbeiter, die an der Errichtung des Konzentrationslagers beteiligt waren, schwarze Armbinden mit weißen Nummern und einen Ausweis mit sich tragen. Wenn sie das Lager verlassen wollten, mussten sie anfänglich ihre Kopfbedeckung abnehmen, ihre Dokumente vorweisen und sie benötigten eine eigene, vom SS-Kommandanten unterzeichnete Genehmigung. Der Zwang, die Mütze abzunehmen, fiel später weg.

Das leitende Personal der Firma Universale

Firmenleiter und gleichzeitig Leiter der Arbeiten am Loibl war der Österreicher Anton Göbl. Er war 40 Jahre alt, Mitglied der NSDAP[10] und sprach auch Französisch. Er blieb bis zum Ende am Loibl.

Mit ihm arbeitete der Techniker Otto Karpischek aus Wien.

Baustellenleiter war auf slowenischer Seite der Wiener Ingenieur Josef Seidenglanz. Auch er war Mitglied der Nazipartei. Er war sehr ehrgeizig und überwachte die Arbeiten selbst.

Als er an den Loiblpass kam, hörte er Slowenisch sprechen. Er fragte die Angestellte Marija Gorjanc: *„Was ist das für eine Schweinesprache?"*

Im Herbst 1944 hörte August Erat, der im Lohnbüro beschäftigt war, folgendes Gespräch zwischen Ing. Seidenglanz und SS-Rapportführer[11] Sebastian Binder: Seidenglanz wollte wissen, wie viele kranke Häftlinge es gab. Als er hörte, dass ihre Anzahl ziemlich hoch war, verlor er die Fassung und meinte, die Firma würde das nicht dulden, sie könne nicht für Kranke aufkommen, die nicht arbeiteten.

---

10   Nationalsozialistische Deutsche Arbeiterpartei
11   Der SS-Rapportführer überwachte das Lager und nahm an den Appellen sowie an den Disziplinarverfahren unter der Leitung des Lagerkommandanten teil. Es gab je einen Rapportführer im Südlager und im Nordlager.

Abb. 4: Inspizierung des Tunnels auf der Nordseite (österreichische Seite) durch die leitenden Ingenieure der Firma Universale im Sommer 1943. Der Erste von links ist Ing. Seidenglanz, der Vierte Ing. Wöhrer.

In der Folge wurde eine erhebliche Anzahl kranker und entkräfteter Häftlinge nach Mauthausen gebracht, von wo sie nie mehr zurückkamen.

Seidenglanz hatte einen Stellvertreter, Ingenieur Franz Roither, ein starker, gedrungener Mann, der bis zum Ende am Loibl blieb. Auch Roither war Mitglied der NSDAP. Auf der Südseite war der Ingenieur Anton Waldhauser tätig, dessen Frau Aloisia ebenfalls bei der Universale angestellt war. Beide wurden später auf die österreichische Seite versetzt.

Es gab auch einen slowenischen Ingenieur, Bojan Grčar aus Ljubljana. Er flüchtete im Sommer 1944 mit falschen Papieren nach Deutschland.

Leiter der Buchhaltung war der Wiener Friedrich Adamek, von Beruf Kaufmann. Er arbeitete in der Baracke oberhalb des Tunnels und wohnte im Jagdhaus. Er sprach sehr gut Tschechisch.

Die Verantwortlichen des Lohnbüros waren der Deutsche Rudolf Woldrich[12] und der Wiener Leopold Marwall, beide Mitglieder der NSDAP.

Jelena Vilman[13] aus Jesenice arbeitete ab 1943 in der Buchhaltung. Sie wurde in der Folge in die Kanzlei des Kommandanten des Zivillagers versetzt und behielt diesen Platz bis zu ihrer Verhaftung im Oktober 1944. Sie wurde von August Erat aus Bled ersetzt, der bis Mai 1945 blieb.

Ilse Wörtmann arbeitete in der Korrespondenzabteilung. Sie war ungefähr vierzig Jahre alt. Mit ihr arbeiteten Frau Knoblauch und Frau Dickkopf. Die beiden waren jung, aber unfreundlich und boshaft. Auch das Fräulein Till arbeitete in dieser Abteilung. Es handelte sich um eine ältere Angestellte, die gegen die Nazis eingestellt war und später nach Salzburg versetzt wurde.

1943 arbeitete noch ein weiterer Wiener in der Buchhaltung. Er hatte bereits ein gewisses Alter erreicht. Einmal sah er, wie SS-Leute brutal gegen Häftlinge vorgingen, und fotografierte diese Szene. Diese Art von Fotos war offiziell verboten und so stürzten die SS-Männer ins Büro und verlangten unverzüglich den Fotoapparat, was ihnen der Angestellte verweigerte. Er vernichtete selbst den Film und musste in der Folge den Loibl verlassen. 1943 arbeitete eine junge Ungarin in der Buchhaltung, die die SS-Männer mit ihrer Gunst verfolgten, aber sie blieb nicht lang.

Materialverantwortlicher war der Österreicher Franz Kortan aus Kaprun. Er besorgte die Ausrüstungsgegenstände, die Materialien und die Werkzeuge für die Baustelle. Seine knapp 17 Jahre alte Tochter Inge arbeitete mit ihm.

Im Statistikbüro arbeitete der Wiener Kaspar Ebner. Am Samstag oder Sonntag abends hörte Ebner im Schloss von Born manchmal Radio, oft hörte er ausländische Sender. Das Radio stand im Büro von Ing. Wöhrer. Ich konnte in Kontakt mit ihm treten und er gab mir jeden Tag die SS-Berichte über die Anzahl der Häftlinge im Lager.

Diese Berichte dienten der Firma Universale dazu, die Geldbeträge festzulegen, die sie an das Zentrallager Mauthausen zu überweisen hatten. Der Slowene Ignac Ankele aus Sveta Ana war bei der Firma als Dolmet-

---

12 Seine Tochter Leonore, geboren 1922, wurde 1943 Lehrerin an der Hauptschule in Tržič.
13 Siehe Kapitel VIII

scher angestellt. Er war für seine deutschfreundliche Haltung bekannt. In den Büroräumen der Firma arbeitete auch der Grieche Bruggnaro.

Im Haus des Straßenwärters, das direkt an der Straße lag, wohnten Leopold Kralj und seine Frau Rosa[14]. In den Jahren 1943 und 1944 waren dort auch fünf Vorarbeiter aus Deutschland untergebracht.

Für die Betonarbeiten im Tunnel war der Grazer Alfons Zeilinger verantwortlich. Seinen Platz übernahm nach einiger Zeit der Sudetendeutsche Georg Schmidt. Dieser widersetzte sich dem SS-Untersturmführer Hanke, den die Slowenen »Crnogorec« (Montenegriner) nannten und die Franzosen «Haricot vert» (grüne Bohne). Für die SS kamen die Häftlinge mit der Armierung des Tunnels zu wenig schnell voran, und Hanke wollte mit aller Strenge vorgehen. Schmidt sagte zu »Crnogorec«, er wolle sich selbst um die Bestrafung der Häftlinge kümmern, wenn ihre Arbeit als ungenügend angesehen würde. Kaum war »Crnogorec« gegangen, holte Schmidt Tabak aus seiner Tasche und gab ihn den Häftlingen, damit sie sich Zigaretten drehen und rauchen konnten. In der Folge gingen die Häftlinge tatkräftiger ans Werk und die Arbeit wurde rasch fertiggestellt.

Chef der Zimmerleute und der Tischler war ein gewisser Muchitsch aus Klagenfurt. Er sprach ein bisschen Slowenisch, aber er verstand nichts von Tischlerei.

Vorarbeiter bei den Zimmerleuten war Janez Markič aus Strahinj. Unter seiner Leitung arbeiteten vor allem Zimmerer und Tischler aus Gorenjska. Unter ihnen befand sich ein Österreicher, Ferdinand Woschitz, der das Abzeichen der NSDAP trug.

Die Zimmerleute und Tischler, die im Jahr 1943 die ersten Baracken bauten, sägten Holzstücke, bauten Stühle und Tische zusammen, stellten die Brücke auf, über die Materialien in den Bereich oberhalb des Schlosses gebracht werden konnten, und errichteten einen fünfundzwanzig Meter hohen Turm, der zum Brechen der Steine diente. Sie richteten eine Baracke ein, wo Betonstücke für die Tunnelwand bereitgestellt wurden. Sie bauten eine weitere Baracke, die als Sägewerk diente. Hier wurden Balken, Planken und Verschalungsbretter hergestellt. Das gesamte Holz für die Einrichtung des Zivillagers und des Konzentrationslagers wurde in dieser Baracke zugeschnitten. Als die ersten Häftlinge im Lager ankamen, errichteten die Zimmerer und Tischler mit ihnen die Barackenunterkünfte 4 und 5.

---

14 Die beiden wurden nach dem Krieg nach Österreich ausgewiesen.

Einige Tischler verwendeten das Holz auf der Baustelle heimlich für Schnitzereien und verkauften ihre Arbeiten dann zum eigenen Vorteil in der Gegend.

Der Österreicher Zankel arbeitete in der Schmiede. Mit Hilfe von weiteren Schmieden aus Gorenjska stellte er die Bohrmaschinen her. Marko Močnik aus Kamnik war für ihre Wartung und Reparatur zuständig.

Nach der Flucht von drei Franzosen am 17. September 1944[15] musste er eine zwei Meter lange und zwei Zentimeter dicke Eisenstange herstellen, mit der die SS-Leute den Inhalt der Waggons überprüften, die Steine und Schutt aus dem Tunnel brachten.

Sprengmeister war der Österreich Hermann Santar. Mit ihm waren die Slowenen Rudolf Smolnikar und Anton Poglajen.

Erster Vorarbeiter auf der Südseite war der Österreicher Karl Poschenreiter. Mitte 1944 wurde er auf die Kärntner Seite versetzt, wo er auch nach Kriegsende noch lange weiterarbeitete. Im Südlager nahm der Kroate Rudolf Ifković seinen Platz ein, ein frustrierter Mensch mit herablassendem Gehabe, den die französischen Deportierten „Nimbus" nannten. Er bedrohte sowohl die Zivilarbeiter als auch die Häftlinge mit Vorwürfen, insbesondere im Frühjahr 1945, als diese Schützengräben ausheben und Schutzmauern errichten mussten. Wenn er nur seinen Finger gegen die Stirn eines Zivilarbeiters richtete und sagte „*Dir fehlt Blei in deinem Hirn*", dann konnte sich der Arbeiter noch glücklich schätzen.

1947 verlangten die Franzosen, dass er vor ein Kriegsgericht gestellt wird, denn sie hatten bemerkt, dass sich Ifković die Nummern der Häftlinge aufschrieb, mit deren Arbeit er unzufrieden war, und sie der SS bekannt gab. Die Unglücklichen wurden im Allgemeinen geschlagen oder bekamen keine Nahrung. Ifković blieb nach Kriegsende in Österreich.

Für die drei Stromgeneratoren in der Baracke auf dem ehemaligen Tennisplatz des Barons Born war ein Deutscher aus München zuständig. Seine Schwester kümmerte sich ab Juni 1944 um die Küche des Zivillagers.

Lokomotivführer war bis Kriegsende der Österreicher Franz Moritz aus Eisenkappel/Železna kapla.

Verantwortlich für den Steinbrecher war auf der Südseite der Österreicher Max Spitzer aus Klagenfurt. Er war groß und hatte ein Glasauge, vermutlich infolge einer Kriegsverletzung an der russischen Front. Er war ein sehr gutherziger Mensch und half den Häftlingen oft. Er fotografierte sie

---

15 Siehe Kapitel VIII

sogar und schickte ihnen nach dem Krieg die Fotos. Dem französischen Häftling Murat rettete er das Leben. Er blieb bis Kriegsende am Loibl.

Der Verantwortliche für die Elektro-, Schlosser-, Schweiß- und Schmiedewerkstatt hieß Anton Eder. Er war in München oder in Oberösterreich geboren. Er kam aus dem österreichischen Edling an den Loiblpass und brachte einige Facharbeiter mit, die schon in Edling unter seiner Leitung gearbeitet hatten, unter ihnen der Maschinenschlosser Franc Bertoncelj. Obwohl er kein schlechter Mensch war, tat er den Häftlingen, die mit ihm in der Werkstatt arbeiteten, niemals irgendeinen Gefallen. Jedenfalls respektierte er gut gemachte Arbeit und half den Slowenen, die mit ihm bereits in Edling gearbeitet hatten, indem er ihnen Lebensmittel und Zigaretten gab. 1943 fotografierte er vier französische Häftlinge, die am Kompressor arbeiteten, und schickte ihnen nach Kriegsende die Fotos.

Im März 1943 kamen die Kunstschmiede Anton Dvoržak und Janez Krajnik aus Bistrica (ein Ort in der Nähe von Tržič) an den Loibl. Noch im selben Jahr wurden sie auf die Nordseite versetzt. Aus Gesundheitsgründen meldete sich Dvoržak erst am 5. Mai 1945 bei der »Narodno Osvobodilna Vojska« (NOV)[16] und erreichte Klagenfurt mit der Partisaneneinheit Kokra.[17] Krajnik hingegen rückte im Juli 1944 ein und fiel bei Hotavlje im Poljane-Tal im Kampf.

Im Hauptdepot auf der Hochebene arbeitete Anton Župančič aus Jesenice, genannt „Toni". Er half den Häftlingen, während sein Chef, der Österreicher Dobringer, ein sehr unangenehmer Mensch war.

Die Zivilarbeiter waren vor allem Slowenen. Sie arbeiteten unter der Aufsicht der SS Seite an Seite mit den Häftlingen. Außer ihrem Personalausweis mussten sie ein Dokument mit sich tragen, das vom Lagerkommandanten unterzeichnet war.

Die Staatliche Bauleitung

Für die Überwachung des Gesamtprojekts war die „Ortsbauleitung Süd der staatl. Bauleitung f. d. Bau Loibltunnel, Neumarktl/Oberkrain" mit Sitz in Klagenfurt, Tarviserstraße 39, zuständig. Generaldirektor war Oberingenieur Schmid.

Chef der lokalen Bauleitung war der im österreichischen Schwanberg geborene Ingenieur Franz Urban. Er rückte 1943 in die Wehrmacht ein

---

16 Nationale Befreiungsarmee
17 Nach dem Namen eines Flusses in Gorenjska

und wurde von Ing. Wöhrer aus Spittal an der Drau ersetzt. Beide waren Mitglieder der NSDAP.

Wöhrer, der beim Gehen hinkte, blieb bis zum Ende am Loibl. Am Wochenende fuhr er über den Loiblpass nach Hause und kam Montag früh wieder zurück.

Oft kamen aus Klagenfurt technische Inspektionen. Bis Dezember 1943 überprüfte Ingenieur Gaudernak aus Wien mit seinem Theodolit[18] die Bohrrichtung, insbesondere im Kurvenbereich.

Professor Styni führte vor allem geologische Beobachtungen durch und beschrieb sie detailliert, wie sein Bericht vom 25. April 1944 zeigt.

Auch der Ingenieur Vinko Čerin aus Kranj[19] war in der regionalen Bauleitung tätig. Mit ihm arbeiteten die Techniker Cedilnik aus Tacen, Janez Kožuh aus Podkoren, Metod Ahačič aus Tržič (1943 zur Wehrmacht eingezogen), der technische Assistent Slavko Primožič (eingezogen im August 1943) und meine Person. Ich[20] arbeitete damals als technischer Assistent und schloss mich am 1. Juli 1944 den Partisanen an. Wir waren alle Slowenen.

Die Büros der technischen Leitung waren im Schloss des Barons Born untergebracht, ebenso die Zimmer und die Küche für das technische Personal. Auch einige Büroangestellte der Firma Universale wohnten hier. Eine Zeit lang nahmen auch der SS-Kommandant und der Polizeichef ihre Mahlzeiten im Schloss ein.

Für die Instandhaltung des Schlosses und des Jagdhauses auf der Nordseite zahlte die Staatliche Bauleitung bis Mai 1944 monatlich 660 Reichsmark an die Firma Universale, später wurde dieser Betrag reduziert.

Die Rekrutierung der Zivilarbeiter

Wie bereits erwähnt, wurden die Facharbeiter der Kreise Kranj, Radovljica und Kamnik über das Arbeitsamt an den Loibl geschickt. Alle waren bereits um die vierzig, denn die jüngeren Arbeitskräfte waren bereits im Reichsarbeitsdienst[21] zwangsrekrutiert.

---

18   Topographisches Messinstrument
19   Hauptstadt von Gorenjska, etwa 24 Kilometer vom Loibl entfernt
20   Janko Tišler
21   Junge Deutsche im Alter von 18 bis 25 Jahren waren auf Grund eines Gesetzes vom 26. Juni 1935 zu sechs Monaten Arbeitsdienst verpflichtet. Nach der Besetzung Sloweniens durch die Deutschen im Jahr 1941 wurde dieser Dienst auch in Gorenjska eingeführt, und zwar für die Jugendlichen im Alter von 14 bis 17 Jahren. Sie mussten

Am 6. April 1943 erhielt die Firma Universale von der Gemeindeverwaltung Tržič eine Liste mit zweiundvierzig Namen. Die Arbeiter auf der Liste mussten sich am 13. April um 7.30 Uhr auf dem Gemeindeamt präsentieren. Es handelte sich um junge Leute, die zwischen 1916 und 1925 geboren waren. Die meisten kamen aus Gorenjska, es gab aber auch neun Bürger des „unabhängigen" – tatsächlich aber von Hitlerdeutschland unterstützten – kroatischen Staates »NDH«.[22] Viele Arbeiter aus Gorenjska, die zuvor bei der Regulierung der Sava am Fuß des Hügels Mežaklja in Jesenice mitgearbeitet hatten, wurden nach Ende dieser Arbeiten am 25. März ganz einfach von den Deutschen rekrutiert, nach Tržič geschickt und an den Loibl gebracht, wo sie der Firma Universale zur Verfügung standen. Bereits 1941 suchten junge Kroaten Arbeit auf österreichischen Baustellen, um Geld zu verdienen. In der Folge kamen weitere Kroaten hinzu, insbesondere aus der sehr armen kroatischen Region Lika. Sie ersetzten am Loibl die Leute aus Gorenjska, die entweder zur Wehrmacht eingezogen wurden oder sich den Partisanen anschlossen.

Für das Laden und Entladen der Waggons und der Lastwagen am Bahnhof von Tržič waren vor allem neun Arbeiter aus dieser Stadt zuständig, Vorarbeiter war der Österreicher Cenc. Abgeladen wurden Beton und Stahl für die Armierung des Tunnels, aber – bis Juni 1943 – keine Lebensmittel.

Dieser Trupp von Zivilarbeitern kam manchmal auch auf den Loiblpass, um Lastwagen zu entladen. Einige Arbeiter wurden später nach Jesenice geschickt, wo die meisten von ihnen am 19. Juli 1944 zur Partisanenbrigade Prešeren stießen.

Von Zeit zu Zeit arbeiteten auf dem österreichischen Bahnhof Unterbergen/Podgora auch Italiener und Slowenen. Diese Arbeiter wurden ab 1943 von französischen Zwangsarbeitern ersetzt, die über das «Service du Travail Obligatoire»[23] (STO) nach Österreich kamen.

Da der Zugang zum Bauplatz auf der Nordseite für Lastwagen noch unbefahrbar war, beschäftigte die Firma ab Frühjahr 1943 Bauern, die für die Wehrmacht zu alt waren, sowie deren ganz junge Söhne. Sie führten

---

nach Österreich gehen und arbeiteten dort ein Jahr lang ohne Bezahlung, nur für Kost und Quartier, auf einem Bauernhof.
22 Nezavisna država Hrvatska
23 Der obligatorische Arbeitsdienst «STO» wurde am 16. Februar von der französischen Vichy-Regierung eingeführt.

den Materialtransport zwischen dem Gasthaus Raidenwirt und der Baustelle auf Ochsenwagen durch.

Im Mai 1943 wurden einige slowenische politische Gefangene vom Arbeitslager Krieselsdorf in Kärnten an den Loiblpass gebracht. Unter ihnen war Peter Jamnik aus Reteče bei Škofja Loka. Vor ihrer Abfahrt mussten sie mit ihrer Unterschrift für Disziplin und Loyalität gegenüber dem „Reich" bürgen. Diese Leute besaßen keinen amtlichen Ausweis; wenn sie nach Hause fahren wollten oder nach Tržič, dann mussten sie um eine Sondergenehmigung ansuchen.

Im Sommer 1943 nahmen die Deutschen in Kamnik Männer fest und brachten sie zum Gendarmerieposten. Da die Zellen überfüllt waren, wurden einige von ihnen im Badezimmer untergebracht. Am nächsten Tag verfrachtete man sie auf Lastwagen und führte sie auf den Loibl. Nach einer Stunde Wartezeit wurden sie über den Pass auf die Nordseite gebracht und man fragte sie nach ihrem Beruf. Bevor sie den deutschen Werkmeistern übergeben wurden, stellte sich ein großer, schlanker SS-Mann vor ihnen auf und befahl ihnen, bei der Arbeit jeglichen Kontakt mit den Häftlingen zu vermeiden; sie müssten verstehen, dass man von ihnen nichts als gute Arbeit erwarte, als Lohn bekämen sie Kost und Quartier, aber sie müssten die Ordnung und Disziplin im Lager unbedingt einhalten.

Diese Arbeiter begannen mit der Aufstellung der Baracken für die Wachen und für die Häftlinge auf der Nordseite.

Am 2. August schickte das Arbeitsamt weitere Handwerker und Vorarbeiter.

Am 15. August schickte die Verwaltung des Kohlebergwerks Holmec – über Vermittlung des Arbeitsamtes Klagenfurt – neun Mineure auf den Loibl.

Als die Partisanen im August im Sägewerk Stahovica bei Kamnik Feuer legten, wurden die dort beschäftigten Arbeiter an den Loibl versetzt, obwohl das Lager zu diesem Zeitpunkt noch nicht komplett fertiggestellt war.

Am 30. August 1943 wählte die Gestapo in Begunje dreiunddreißig Partisanen aus, versammelte sie im Gefängnishof und führte sie unter strengster Aufsicht im Lastwagen auf den Loibl. Unter diesen Gefangenen befanden sich achtundzwanzig Kämpfer des Bataillons Savinja, die die Deutschen am 21. August auf dem Hügel Murovica zwischen Sava und Moravče im Kampf gefangen genommen hatten.

Ein Slowene, Mitglied der slowenischen Gestapo, bedrohte die Gefangenen auf diese Weise:

„Wehe euch, wenn ihr noch einmal nach Begunje zurückkommt!"

Als der Konvoi auf der Fahrt zum Loibl in Kranj stehen blieb, kamen zwei weitere Gefangene aus Moravče hinzu. Am Bestimmungsort angekommen, mussten sie sich vor den Baracken versammeln, in denen die Küche und das Büro des Leiters des Zivillagers untergebracht waren. Hier wurden sie zuerst gezählt, dann gab ihnen das Küchenpersonal zu essen. Sie waren hungrig und schlecht gekleidet. Eine Stunde danach stiegen sie wieder auf die Lastwagen und wurden über den Pass auf die Nordseite gebracht. Sie hatten keine Ausweise und trugen noch immer dieselben Kleider wie zum Zeitpunkt der Gefangennahme. Das war ungefähr zur selben Zeit, als vier Techniker aus der Slowakei kamen, um die Arbeiten zu kontrollieren und die erforderliche Tunnelabstützung an Ort und Stelle zu planen. Im September 1943 wurden etwa zehn bis fünfzehn Mineure zweiter Klasse auf Baustellen in Vorarlberg rekrutiert.

Ab Sommer wurden sechzehn Franzosen über STO rekrutiert. Sie arbeiteten vor allem als Chauffeure. In derselben Zeit waren viele italienische Zivilarbeiter am Loibl tätig. Zur Entschädigung der italienischen Firmen unterzeichnete die Universale am 6. Juli 1944 einen Vertrag: Für jeden Facharbeiter erhielten die italienischen Firmen monatlich 20 Reichsmark, für jeden Hilfsarbeiter 10 Reichsmark.

Anfang September 1943 arbeiteten am Loibl 666 Zivilarbeiter, davon 25 Angestellte und 22 Arbeiter aus deutschsprachigen Ländern (Deutschland oder Österreich), 496 Slowenen, 75 Kroaten, 22 Italiener, 16 Franzosen, 3 Griechen, 3 Polen, 2 Ukrainer und 2 Arbeiter, deren Nationalität uns nicht bekannt ist. Einen Monat später waren es 677. Die Anzahl der Zivilarbeiter variierte ständig. Die hier angeführten Zahlen betrafen vor allem die Südseite, auf der Nordseite waren weit weniger Arbeiter tätig.

Am 20. Oktober 1943 wurden vier Slowenen, die sich gegen die Zwangsarbeit wehrten, festgenommen und ins Gefängnis in Begunje gebracht. Von dort kamen sie wieder an den Loibl.

Am 25. November 1943 begleiteten die Gendarmen von Sveta Ana vier weitere Slowenen, die auf der Südseite arbeiteten, zum Bahnhof von Tržič, wo sie zur Wehrmacht eingezogen wurden.

Als im Frühjahr 1943 die Arbeiten für den Tunnel von Globoka bei Radovljica fertiggestellt waren, wurden die Arbeiter entweder auf die Baustelle am Loibl geschickt oder auf den Bauplatz bei der Eisenbahnabzweigung von Laze nach Šentvid.

Im Herbst 1943 war die Eisenbahnlinie zwischen Laze und Šentvid fertiggestellt, und eine nicht unbedeutende Anzahl der Arbeiter wurde an den Loibl geschickt, unter ihnen der Sprengmeister und seine beiden Lehrlinge. Dieser Sprengmeister hatte enge Kontakte zu Ing. Seidenglanz und zum Vorarbeiter Dvoržak.

Die Hochspannungsleitung

Die Generaldirektion der „Elektrizitätswerke des Reichsgaues Kärnten" (Kärnten und Gorenjska) befand sich in Klagenfurt. Oberster Chef war der Ingenieur Tomasch, sein Ratgeber war Ingenieur Peter Oman aus Žabnica. Oman war ein anständiger Mensch. Er wurde gegen Kriegsende in seinem Haus erschossen, die Kugeln kamen durch ein Glasfenster. Für den Anschlag verantwortlich war die Organisation „Die Schwarze Hand".[24]

Anfang 1943 wurde mit der Abholzung des Waldes und der Errichtung der Stromleitung von Kovor begonnen, die den Strom vom Umspannwerk in Tržič auf den Loibl brachte. Am Tunnelportal wurde ein weiteres Umspannwerk gebaut. Milan Živic aus Ljubljana war für diese Arbeiten verantwortlich. Er wohnte in Žirovnica und schloss sich im Winter 1943/44 den Partisanen an (er fiel in der Folge im Kampf).

Mit ihm arbeitete der Elektriker Valentin Avsenek aus Begunje, der auch sein Nachfolger wurde. Im Februar kam noch der Elektriker Ivan Valant aus Koroška Bela hinzu. 1943 wurde Milan Živic von Avsenek auf einen Jugoslawen aufmerksam gemacht, einen ehemaligen Marineoffizier, der beim Umspannwerk stand und den Auftrag hatte, sie auszuspionieren.

Im Herbst 1943 wurde auf der Nordseite des Loiblpasses mit dem Graben der Löcher zur Aufstellung der Strommasten begonnen. Man musste Dynamit verwenden, denn der Felsen war sehr hart. Die Masten selbst wurden von den Häftlingen aufgestellt.

Im April 1944 sollten auf beiden Seiten des Loiblpasses und auf der linken Seite des Loibltals/Brodi bis zum Umspannwerk am Kleinen Loibl/Sapotnica die Stromarbeiten für den Tunnel fertiggestellt sein. Aber sie dauerten noch an.

Die Elektriker waren im Gasthaus „Deutscher Peter" im Loibltal untergebracht.

---

24 Die „Schwarze Hand" entstand 1943 aus der „Weißen Garde", die mit den Deutschen kollaborierte. Sie war für die Hinrichtung von Oppositionellen zuständig. Diese Gruppe hatte nichts mit der serbischen Terrororganisation zu tun, die im Jahr 1914 den habsburgischen Erzherzog Franz Ferdinand in Sarajevo ermordete.

Im Juni 1944 reichten die Stromanlagen bereits bis zum Kleinen Loibl und über Unterloibl/Podljubelj bis zum Kraftwerk Ferlach/Borovlje. Die Hochspannungsleitung von Tržič nach Ferlach ging im Sommer 1944 in Betrieb. Es waren vor allem die Elektriker der Firma Universale, die die Stromanlagen in den Lagern und im Innern des Tunnels installierten.

In der Nacht vom 24. zum 25. Juni 1944 wurde die „Teufelsbrücke" unterhalb der kleinen Ortschaft Sapotnitza/Sapotnica von den Partisanen vermint. Valentin Avsenek hatte ihnen eine Stelle angegeben, wo sie den Fluss überqueren konnten.

Ivan Valant war in Kontakt mit dem Partisanen Jože Jan und informierte ihn über die Position der Bunker.

Die beiden Zivillager
a) auf der Südseite (Slowenien)

Das Lager auf der Südseite nahm seinen Betrieb im August 1943 fast vollständig auf. Fünf Baracken dienten als Unterkünfte, eine weitere – mit zwei Aborten – als Küche und Speisesaal, eine als Waschküche sowie als Kohle- und Holzlager, außerdem wurde ein Keller zur Lagerung von Kartoffeln angelegt. Später wurde noch eine Baracke aufgestellt, die als Lastwagengarage diente. Auf der Baustelle beim Tunnel entstand eine Baracke mit Schreibstube und Aborten sowie eine Barackenunterkunft mit Holzschuppen, wo die weiblichen Angestellten und ein paar Facharbeiter wohnten. Es gab außerdem eine Baracke für die Tischler- und Zimmereiwerkstatt. Eine weitere Baracke diente als Schlechtwetterschutz und als Erholungsraum. In einer langen Baracke befanden sich mehrere Werkzeugschuppen, eine Baracke diente als Zentralmagazin.

1944 wurde in der Nähe des Heizraums auf dem Bahnhof von Tržič ein Zementlager eingerichtet und gegenüber dem Mädchenheim eine Lastwagengarage.

Links vom Tunnel wurde eine Betonmischanlage im Ausmaß von 60 x 20 Metern errichtet; hier wurde der Beton für die Innenverkleidung des Tunnels hergestellt.

Da die kleinen Quellen den ständig steigenden Wasserbedarf des Lagers nicht decken konnten, ließ die Firma auf dem Mošenik-Fluss einen Regulierungsdamm bauen. Die Betonierarbeiten wurden von zivilen Maurern geleistet, für die anderen schweren Arbeiten wurden insgesamt dreißig Häftlinge eingesetzt. Die Arbeiten dauerten lange und konnten auf Grund von Schnee und Frost erst im März 1944 fertiggestellt werden.

Das Wasser wurde damals mit einer elektrischen Pumpe befördert, die sowohl das Zivillager als auch das Konzentrationslager und das SS-Lager versorgte.

Putz war als Generalinspektor mit der Überwachung sämtlicher Zivillager des „Reichsgaues Kärnten" betraut. Auch wenn er nicht fertig studiert hatte, nahm er diese Stelle dank seiner Mitgliedschaft bei der NSDAP ein. Er war auch für soziale Fragen zuständig. Er wohnte in der Nähe von Villach und kam nur von Zeit zu Zeit an den Loibl. Sein Zimmer mit Radio befand sich in einer kleinen Baracke beim SS-Lager, die auch als Speisekammer diente. Immer wenn er an den Loibl kam, musste ihm die Köchin Tršinar je nach Wunsch eine besondere Mahlzeit zubereiten.

Im Jahr 1943 stahl Putz wiederholt Getränke und Zigaretten aus der Speisekammer, um sie seinen Freunden zu schicken. Er holte sich nachts Lebensmittel aus dem Lagermagazin, das unter der Aufsicht von Valentina Valjavec stand. Diese wohnte unterhalb des Lagers in dem kleinen Bauernhof „Jur". Sie versorgte sich in Unterbergen mit Getränken und in Klagenfurt mit Tabak. Sie war deutschfreundlich eingestellt. Als sie am 20. Juli 1944 von dem Attentat auf den Führer erfuhr, weinte sie. Im Sommer 1943 machte ihr der Lagerkommandant Ludolph Vorwürfe, weil eine Wache gesehen hatte, wie sie den Häftlingen heimlich Kartoffelschalen zu essen gab. Trotz allem hatte sie ein gutes Herz. Sie half Herrn Percht beim Verteilen und Prüfen der Essens-, Tabak- und Kleidermarken, die sie in Klagenfurt abstempeln ließ. Sie fungierte auch als Dolmetscherin zwischen dem Krankenpfleger Novak und dem SS-Arzt Ramsauer, sie wurde Hilfspflegerin für die Zivilarbeiter und blieb bis August 1944, als sie von Putz gekündigt wurde, am Loibl.

In der Folge wurde sie Hilfspflegerin in Klagenfurt, dann in Ferlach. Von dort kam sie von Zeit zu Zeit an den Loibl und wurde die Geliebte des neuen Lagerkommandanten Winkler. Dieser erlaubte ihr manchmal, den Häftlingen Zigaretten zu schenken, wenn sie es nur heimlich tat und auch den Wachen etwas davon gab. Die Häftlinge und die Arbeiter bemerkten, dass der Lagerkommandant nach ihren „Besuchen" immer gut gelaunt war. Als Winkler am 8. Mai 1945 nach Kärnten flüchtete, wartete sie auf der Straße nach Ferlach auf ihn. Sie wurde von den Engländern verhaftet, aber nach zwei Wochen Verhör wieder freigelassen, denn der Häftling und Lagerschreiber Karl Weber sagte zu ihren Gunsten aus: Sie wäre stets liebenswürdig gewesen und hätte den Häftlingen von Zeit zu Zeit Getränke gegeben.

Abb. 5: Zivillager auf der Südseite, v.l.n.r: Peter Novak, Valentina Valjavec, der französische Zwangsarbeiter Georges Lucat und die Köchin Kristina Tršinar.

Der französische Häftling Louis Balsan schreibt später über sie:[25]

... Winkler, der Lagerkommandant, hatte eine jugoslawische Geliebte, Valentina Valjavec, die als Serviererin in der Kantine der Zivilarbeiter des Lagers tätig war. Wir geben zu, wir schulden ihr einen gewissen Dank, denn wenn sie ihn „zufriedengestellt" hatte, war er gegen uns weniger aggressiv ...

Der Österreicher Percht, von Beruf Fleischhauer, war der Chef des Zivillagers auf der Südseite. Er fuhr mit dem Motorrad und war auch für die Lebensmittelversorgung zuständig. Er fuhr oft nach Kranj, um Pferdefleisch zu holen, und zu Antonitsch nach Ferlach, wo er während des Krieges einen Gasthof und ein Schlachthaus besaß. Aus demselben Grund fuhr er oft nach Klagenfurt. Er bat die Köchin Tršinar oft, ihm Innereien zuzubereiten, wie Nieren oder Kutteln. Vorher war er Chef des Lagers von Zali rovt in Tržič gewesen.

Der Tiroler Granigg, Mitglied der NSDAP, war stellvertretender Lagerleiter und organisierte die Mahlzeiten. Als Percht im Sommer 1944 ging, wurde er Chef des Zivillagers. Er verstand sich nicht mit dem Polizeichef, dessen Baracke unterhalb der Küche stand.

---

25   Louis Balsan, Le Ver Luisant, Gaignault éditeur 1973

Franc Bevk aus Kamnik arbeitete 1943 im Lagerbüro. In der Folge wurde er von Jelena Vilman abgelöst.

Der Österreicher Hans war für die Küchen verantwortlich. 1943 nahm der Deutsche Opel seinen Platz ein, ein großer, starker Mann mit Klumpfuß, der dem Alkohol zusprach. Das Küchenpersonal war zahlreich, denn außer den Zivilarbeitern mussten auch die Polizisten und Gendarmen mit Essen versorgt werden. Zu den acht Frauen, die in der Küche arbeiteten, gehörten unter anderem Greta Bučinel, Kristina Tršinar und Anica Brejc aus Tržič sowie Marija Čarman, Angela Bizjak und Marija Dovžan aus Sveta Ana.

Als Küchenhilfen waren außerdem die Brüder Franc und Janez Dobrin aus Tržič, Tomaž Orehek (der sich im September 1944 den Partisanen anschloss), Maks Vrzel aus Videm bei Šcavnica und Jože Halužan (ab Februar 1944 bei den Partisanen) aus Tržič, Jošca, ein recht einfältiger Mensch, aus Sveta Ana und Rok Čatar, ein notorischer Alkoholiker, der vor allem die schweren Arbeiten übernahm. Rok ging oft Milch holen auf die Bauernhöfe um Sveta Ana und nicht selten versteckte er in den Containern Fleisch und Lebensmittel, um sie gegen Alkohol zu tauschen.

Peter Novak aus Tacen bei Ljubljana war Magazinleiter und auch Krankenpfleger. Nach dem Krieg ergriff er den Beruf des Kaufmanns. Er war einer der Ersten, die 1943 an den Loibl kamen, noch vor der Errichtung der ersten Baracken. Er blieb bis April 1945 im Lager. Er war in Kontakt mit den Partisanen (zum Beispiel mit Janko Mokorel und mit mir) und versorgte sie mit Decken und Nahrung, aber auch mit Informationen.

Für die Überwachung des Zivillagers waren die Lagerverwaltung und die Polizei zuständig. Die Liste der Personen, die früher oder später zur Wehrmacht einrücken mussten, lag auf dem Gemeindeamt Sveta Ana auf. Bis 1944 führte die Gemeinde auch eine Liste aller am Loibl beschäftigten Arbeiter; die Namen erhielt sie von der Lagerverwaltung. Von 1943 an besuchten der Bürgermeister von Sveta Ana, Wilhelm Schubert, der Sekretär Karl Kušar und der Gemeindebedienstete Dolžan immer wieder die Baustelle am Loibl.

Im Frühjahr 1943 nahm die Arbeit zu und die Firma brauchte mehr Arbeiter, denn ein Teil der Ortsansässigen, die zwischen 1916 und 1919 geboren waren, wurden von den deutschen Behörden zur Wehrmacht einberufen, im August 1943 sogar der Jahrgang 1926. Die militärischen

Niederlagen Deutschlands in Afrika und an der russischen Front sowie die wachsende Präsenz der Partisanen in Gorenjska hatten zahlreiche Loibl-Arbeiter überzeugt, sich den Partisanen anzuschließen. Andererseits gab es Arbeiter, die die Partisanen, bei denen sie sich nicht mehr sicher fühlten, verließen und zur SS oder zur Polizei überliefen. Die deutsche Propaganda war nicht umsonst.

Um zu verhindern, dass die Arbeiter am Wochenende zu sich nach Hause zurückkehrten (manche kamen am Montag nicht wieder), errichtete die Firma gemeinsam mit Polizei und SS eine Straßensperre, die von einem Wachposten kontrolliert wurde. Die Arbeiter, die nach Tržič wollten, mussten hier eine Sondergenehmigung vorweisen. Auf der Nordseite durfte niemand das Lager verlassen, außer den Deutschen. Auch auf der Passhöhe stand ein Gendarmerieposten.

Auf Grund der vielen Nationalitäten herrschte zwischen den Arbeitern großes Misstrauen, insbesondere jenen gegenüber, die aus deutschen Gefängnissen kamen. Überdies konnte jeder das Verhalten der SS-Leute gegenüber den Häftlingen sehen, und deren traurige Gesichter. Mit der Ankunft der Belogardisten[26] Ende 1943 und im Frühjahr 1944 nahm die Verteilung von Flugblättern – als Antwort auf die Partisanenaktionen – zu. Zu dieser Zeit sprach man viel von den Partisanenaktionen in Kärnten, auch wenn die Partisanen im Loibltal noch nicht eingriffen.

SS und Polizei führten auch Hausdurchsuchungen und Festnahmen in den Baracken der Zivilarbeiter durch, meist auf Grund von Anzeigen seitens der Deutschfreundlichen. Zwischen August 1943 und März 1944 kam es zweimal dazu. Fünf oder sechs Bewaffnete drangen in die Baracken ein und die Arbeiter mussten gehorsam stehen bleiben, während die Männer ihre Schränke kontrollierten. Die ersten Verhöre der angezeigten Personen fanden in der Polizeibaracke statt, in der Folge wurden die Verdächtigen nach Tržič oder nach Kranj geschickt.

---

26 Belogardisten (Weiße Garde): Deutschfreundliche Organisation, auch Domobranci, Heimwehr, später Landwehr genannt. Die Weiße Garde stand auf slowenischem Territorium zwischen der Hauptstadt Ljubljana und der kroatischen Grenze unter italienischer Leitung. Kommandant war der General Leon Rupnik, geboren 1880. Nach der italienischen Kapitulation im September 1943 ernannten ihn die Deutschen zum Generalinspektor der Landwehr für Gorenjska. Im Mai 1945 floh er durch den Loibltunnel nach Österreich. Er wurde 1946 von den englischen Besatzungstruppen festgenommen und als Kriegsverbrecher an Jugoslawien ausgeliefert. Hier wurde er zum Tod verurteilt und erschossen.

Als der französische Häftling Alfred Lecuron am 28. Oktober 1943[27] floh, durchstöberten Polizei und SS das ganze Nordlager. Dasselbe geschah nach der Flucht von drei Häftlingen am 29. April 1944.[28] Der Zugang zum Tunnel war den Arbeitern nunmehr untersagt, insbesondere auf der Kärntner Seite. Einige Arbeiter liefen noch im Mai 1944 zu den Partisanen über.

b) auf der Nordseite (Österreich)

Das Zivillager befand sich, von Süden aus gesehen, ungefähr 200 Meter links vom Tunnelportal. Ende 1943 wurden dort drei Barackenunterkünfte errichtet, eine Baracke mit Aborten, die als Waschküche diente, sowie eine weitere für Küche und Kantine, wo auch Kohlen und Lebensmittel gelagert waren. Ebenso wurde beim Tunnel eine Schreibstube eingerichtet (im Winter 1944/45 durch eine Lawine verschüttet), ein Zementlager, ein Schutzraum, ein Holzschuppen, Aborte, eine Lastwagengarage, eine Schmiede und ein Sägewerk.

In Unterbergen wurden ein Zementdepot und eine Garage gebaut. Hilfsunterkünfte wurden auch im Gasthaus „Deutscher Peter" und in der Umgebung errichtet.

Ab August 1943 stand eine lange Baracke mit Küche und Kantine sowie mit Zimmern, in denen Stockbetten standen, zur Verfügung. Hier waren die Mineure und andere Arbeiter untergebracht. Eine kleinere Baracke stand auf der anderen Seite des Weges, der zur Küche führte; sie diente als Speisekammer. Für die Inspektoren, die die Arbeiten um den Tunnel überwachten, gab es eine eigene Baracke. Diese letztgenannten Baracken, in denen auch ein kleines Krankenrevier zur Verfügung stand, wurden im Herbst errichtet.

Die Büros der Firma Universale waren bis zum 26. August 1944 im Jagdhaus „Dreier", nicht weit von der Kirche St. Leonhard/Št. Lenart beim Gasthaus Malle (heute nicht mehr bewirtschaftet), aufgestellt.

Dieses Haus wurde 1943 auf Betreiben der Firma in eine Residenz und ein Direktionszentrum umgebaut.

Der erste Techniker war der Wiener Ingenieur Gruber. Er wurde von Ing. Waldhauser abgelöst, als dieser mit seiner Frau Aloisia auf die Nordseite versetzt wurde.

---

27   Siehe Kapitel VIII
28   Ebenda

Im Juli 1943 arbeitete auch Anica Soklič aus Kranj im Haus „Dreier". Sie war mit verschiedenen Verwaltungsaufgaben betraut und nahm die Mahlzeiten im Gasthaus „Deutscher Peter" ein, wo man einen Stall in eine Küche umgebaut hatte.

Ab April 1944 wurde die gesamte Baustelle auf der Nordseite von Doktor Richard Fill geleitet. Dieser war auch der Stellvertreter von Ing. Göbl, Waldhauser war sein Untergebener. Doktor Fill richtete es ein, dass der Franzose André Bourgeot, der in Grenoble studiert hatte, mit ihm nach Bruck an der Mur ging, um dort zu arbeiten. Bourgeot war bereits als Zeichner bei der Firma tätig. Seine Frau Simone begleitete ihn und wurde ebenfalls von der Firma angestellt. Von den Ingenieuren war Doktor Fill der beste. Er half den Häftlingen, denn er war mit dem Lokomotivführer Gärtner in Kontakt, der den Zug aus dem Lagerbereich führte. Gärtner informierte Fill über die geplanten Rücktransporte der Häftlinge nach Mauthausen, und Fill versuchte seinen Vorgesetzten, Ing. Göbl, soweit zu beeinflussen, dass er einem Aufschub dieser Transporte zustimmte.

Am 15. Juni 1946 schrieb Fill an Gärtner:[29]

Im Zusammenhang mit dem Rücktransport nach Mauthausen habe ich auch ausdrücklich Ihren Namen erwähnt, da die Verhinderung des ganzen Transportes nur Ihrer raschen Benachrichtigung und Aufklärung, die Sie mir zukommen ließen, zu verdanken war. Leider konnten wir ja nicht alle Transporte so prompt verhindern, so vor allem nicht den ersten Trasport von 250 Mann, doch war unsere Freude und Genugtuung gross genug, den zweiten Transport dem Rachen der SS entrissen zu haben.

Fill verließ den Loibl Anfang Mai 1945.

Bourgeot arbeitete die meiste Zeit bei der Betonkontrolle. Auch er wohnte im Haus „Dreier" wie das Ehepaar Waldhauser. Die beiden behandelten ihn sehr unfreundlich.

Die Zivilarbeiter nannten Waldhauser »Racman«,[30] denn er hinkte. Als ihm die Partisanen am 25. August 1944 einen „Besuch" abstatteten, konnten sie ihm nichts anhaben, denn er hatte ein paar Tage Urlaub genommen, aber sie nahmen die Kleider und Lebensmittel mit, die sie bei

---

29 Die Aussage wird hier im Original zitiert. Das handgeschriebene Originaldokument ist unter der Bezeichnung „LOIBL PASS TRIAL", WO 235/580, Exhibit 37A, im Public Record Office London zur Einsicht verfügbar. Kopien finden sich im Privatarchiv von Janko Tišler und im »Muzej novejse zgodovine slovenije« (Museum für Zeitgeschichte) in Ljubljana (Anmerkung des Übersetzers)

30 Enterich

ihm fanden. Sie wollten Informationen von Bourgeot, aber da sie nicht dieselbe Sprache sprachen, konnten sie sich nicht verständigen. Nach diesem Vorfall ließ die Firma die Unterkunft räumen.

An Stelle der früheren Bewohner kamen Gendarmen und blieben bis zum 8. Mai 1945, als sie das Haus durch Minen in die Luft sprengten.

Anfänglich waren die Arbeiter und Vorarbeiter vor allem Deutsche und Österreicher, aber auch Kroaten.

Der erste Sprengmeister hieß Victor Kamper aus Spittal an der Drau. Er führte ein sehr strenges Regime und überprüfte genau, ob die Mineure auch genügend tief in den Felsen gruben (bis zu zwei Metern). Die meiste Zeit arbeitete er an der Nordseite und ging häufig nach Slowenien. Seine Frau ging oft gemeinsam mit Frau Waldhauser auf den Bauernhof »Pamž« zu dem Bauern Čašelj, um Milch zu holen.

Der Tiroler Nestler, ein großer, stämmiger, guter Mensch, war Kampers Assistent. Als Sprengmeister waren ab Sommer 1943 Franc Recer aus Poljana bei Prevalje und der Österreicher Karl tätig.

Der zweite Sprengmeister, Franz Moritz, war in der Gegend von Zell am See geboren. Im Winter 1943/44 ließ er die Häftlinge die Straße räumen. Er war sehr streng mit ihnen und misshandelte sie.

Er starb im Februar 1944 an einem Schlaganfall, als er beim Bauern Špicar der Schlachtung eines Schweins zusah. Da niemand von seinen Anverwandten den Leichnam haben wollte, begrub man ihn auf dem Friedhof der Kirche St. Leonhard. Auch Puschleiter, der mit Sicherheit aus Österreich kam, war als Polier tätig. Er war für die Einsätze am Tag zuständig, während ein Slowene aus Kärnten die Bautrupps in der Nacht führte. Beide blieben bis zum Ende des Tunnelbaus am Loibl.

Baumeister Stoll, ein Mann an die sechzig, überwachte die Bohr- und Aufräumungsarbeiten. Obwohl er nicht mit den Gefangenen sprechen durfte, setzte er durch, dass ein Häftling aus Luxemburg, Josy Wirol, im Frühjahr 1944 in der Gruppe der Russen zu seinem Stellvertreter bei den Bohrarbeiten ernannt wurde und in der Folge auch den Trupp der Zimmerleute übernehmen konnte.

Hier arbeitete auch Anton Cvajnar aus Seničica bei Medvode. Er schloss sich im September 1944 den Partisanen an und fiel im November nahe seines Geburtsorts.

Der Chef der Mechaniker und der Schmiede hieß Zeiner, sein Stellvertreter war Erument Moser. Anfänglich arbeiteten beide auf der slowenischen Seite.

Als Schmied tätig war Franc Levstik aus Dolenjska.[31] Der siebzehnjährige Janez Makovec aus Moravče (ein gefangen genommener Partisan) war sein Stellvertreter. Er schloss sich im Jänner 1944 dem Widerstand an.

Mirko Rajković und ein gewisser Jokić führten die Mineurtrupps. Rajković wurde von den Häftlingen „Niko" genannt. Er war 25 Jahre alt und sehr von sich eingenommen. Er arbeitete von 1943 bis 1945 am Loibl und hatte drei Assistenten. Am Ende des Krieges wurde er festgenommen und war in Wolfsberg in Haft. 1947 musste er in Klagenfurt vor dem englischen Kriegsgericht aussagen. Später heiratete er eine Kärntnerin und lebte in der Nähe von Klagenfurt. Was den Polier Jokić betrifft, er war an die sechzig und äußerst unsympathisch. Die Häftlinge nannten ihn „Gemma", denn er verwendete diesen wienerischen Ausdruck unaufhörlich, um sie bei der Arbeit anzutreiben.

Der Polier Christian Schall, „Kruzifix" genannt, leitete den Trupp der Maurer.

Fritz Stiegelbauer kümmerte sich um die Arbeiten für die Zufahrtsstraßen, die zum Tunnel führten.[32]

Im März 1943 wurde der Maurer Miha Grilc aus Primskovo (nicht weit von Kranj) zum Gasthof „Deutscher Peter" geschickt, um in dem Haus gegenüber, wo die Zivilarbeiter untergebracht werden sollten, einen Ofen zu installieren. Er musste den gesamten Weg über den Loiblpass zu Fuß zurücklegen.

Jože Zupanc, allem Anschein nach in Kranj geboren, arbeitete ab Mitte 1944 in der Direktion und war auch an der Kontrolle der Arbeiten beteiligt.

Der Bautechniker Alojz Klančnik, der wahrscheinlich aus Mojstrana kam, legte die Arbeitszeiten fest. Er war zur Strafe an den Loibl geschickt worden.

Die Neun-Tonnen-Lokomotive, die den Schutt aus dem Tunnel abtransportierte, wurde von dem Slowenen Franc Boronšek aus Bleiburg/Pliberk geführt. Sein Assistent hieß Ivan Smolnikar aus Vaseno. Dieser schloss sich im Mai 1944 den Partisanen an.

Er wurde durch Jože Krašovec aus Dolnji Maharovec ersetzt. Boronšek wurde nun zweiter Lastwagenfahrer. Weil er Angst vor den Partisanen

---

31 Südlich von Ljubljana
32 Die «Amicale de Mauthausen» bat 1946 und 1947 die ehemaligen Häftlinge, gegen die Poliere Rajkovič, Schall, Jokić und Stiegelbauer auszusagen.

Abb. 6: Lokomotive und Baumaschine auf der Baustelle auf der Nordseite, Aufnahme vermutlich vom 17. 6. 1943.

hatte, bat er die Direktion, ihm eine andere Arbeit in Tunnelnähe zu geben. Im Herbst 1943 führte der Mineur Karl Plazer aus Holmec die Lokomotive bis an den äußersten Rand des eingeebneten Terrains. Der Boden war an den Rändern nicht genügend gefestigt und so rutschte die Lokomotive mit ihm den Hügel hinunter. Plazer blieb jedenfalls unverletzt.

Alle, die in den Lagern arbeiteten, aber auch die Tunnelarbeiter und Mineure mussten am Tunnelportal ihre Kopfbedeckung abnehmen, denn die SS wollte verhindern, dass sich Häftlinge in Zivilkleidern unter den Kappen versteckten.

Auch der Polier Jakob Snoj aus Črnuče arbeitete von Mai bis September 1944 am Tunnelbau mit, bis er sich den Partisanen anschloss. Unter den Polieren gab es auch den Wiener Hans, der die Zimmerleute anführte. Er war bekannt, denn er fragte die Zivilarbeiter, ob sie ihm Schnaps beschaffen könnten, und als Gegenleistung wies er ihnen leichtere Arbeiten zu oder gewährte ihnen öfter Ausgang.

Rudolf Teiner aus Wien war Werkstattleiter. Er arbeitete seit langem für die Firma Universale. Alle Poliere und Baustellenleiter wohnten in derselben Barackenunterkunft.

Jakob Tomasi aus Tirol war der Chef des Zivillagers; sein Stellvertreter war der Österreicher Leitner. Dieser war in Begleitung seiner Frau. Der Deutsche Schweiger war Depotverantwortlicher.

Küchenchef im Zivillager war ein Slowene, ein brutaler Mensch, der stets eine Pistole am Gürtel trug. Ende September 1943 verprügelte er vor den Augen von vier Slowenen, die Kartoffeln schälten, zweimal den siebzehnjährigen Jakob Končar aus Zalog. Dieser schloss sich, sobald er seinen Lohn erhalten hatte, den Partisanen an. Er wurde mehrere Male im Kampf verletzt und erblindete in der Folge.

Mitte 1944 waren sechs von acht Franzosen, die als Zivilarbeiter im Einsatz waren, über das «Service du Travail Obligatoire» an die Loibl-Nordseite gekommen. Der Franzose Jean Voroen arbeitete als Maurer. Ende September 1944 schloss er sich den Partisanen an und fiel bald darauf im Kampf.

Im Zivillager gab es auch zahlreiche Italiener, vor allem Maurer, die bis Kriegsende am Loibl blieben. In ihrer Baracke hatten sie ein Radio, so konnten die Häftlinge im Nordlager über die Befreiung von Paris am 25. August 1944 informiert werden.

Die Mehrzahl der Arbeiter wohnte im Zivillager. Sie begannen mit der Abholzung des Terrains, um den Bau des Tunnels, aber auch des SS-Lagers und des Konzentrationslagers zu ermöglichen. Sie hoben Gräben aus, legten Fundamente und bauten eine Holzbrücke über den »Pamž«[33]-Graben, ein ziemlich tiefes Flussbett, das der Wildbach Zelenica gegraben hatte. Der Bohrschutt aus dem Tunnel wurde ab Herbst 1943 hier abgelagert. Wo er sich anhäufte, musste der Wald gerodet und das Holz gesammelt werden. Für die Errichtung der Baracken mussten Zement, Stahl und andere Materialien abgeladen werden. Anfänglich wurde der Zement aus St. Veit an der Glan bis zum „Raidenwirt" gebracht und wenn notwendig über den Loiblpass auf die Südseite. Als eines Tages ein Lastwagen, der Zement transportierte, irgendwo vor Klagenfurt umkippte, beschloss man, den Zement von nun an mit der Eisenbahn bis zum Bahnhof Unterbergen und auf der Südseite bis nach Tržič zu transportieren, und brachte ihn von dort zu den Baustellen.

Ab Frühjahr 1944 wurde die Firma vom Stahlwerk Javornik beliefert.

Wie auf der Südseite gab es auch im Norden Probleme mit der Wasserversorgung. Im Herbst 1943 holten die Häftlinge das Wasser vom Bauernhof Pamž, der dem Lager am nächsten lag. Im Frühjahr 1944 wur-

---

33 Der Name eines nahe gelegenen Bauernhofes

den Bergquellen oberhalb des Südlagers genutzt. Nicht weit von Štruca[34], auf halbem Weg zwischen Tunnel und Passhöhe, baute man ein großes Reservoir und leitete das Wasser in zwanzig Zentimeter starken Rohren durch den Tunnel nach Norden. Bei diesen Arbeiten kamen nur Zivilarbeiter zum Einsatz, denn man fürchtete, die Häftlinge könnten flüchten.

Die Zivilarbeiter hatten keine Möglichkeit, sich dem Konzentrationslager zu nähern, denn zwischen den beiden Lagern standen die Polizei- und SS-Baracken. Das erklärt, warum im Jahr 1982 keiner der noch lebenden Zivilarbeiter das Lager genau beschreiben konnte, auch die nicht, die auf dem Weg zu Čašelj, dem Besitzer des Bauernhofes Pamž, daran vorbeigingen.

Das Leben der Arbeiter auf der Nordseite war 1943 weit schwieriger als auf der Südseite. Wollten sie nach Slowenien, dann wurden sie von den Wachen kontrolliert, und ohne schriftliche Genehmigung durften sie nicht hinüber. Wollten sie mit dem Zug nach Hause fahren, dann fuhren sie durch das Rosental/Rož und durch den Karawankentunnel bis Jesenice, und das auf eigene Kosten. Außerdem waren die nächstgelegenen Bahnhöfe, Unterbergen und Ferlach, neunzig Gehminuten entfernt.

Im Herbst 1943 und im Winter 1943/44 bekamen die Mineure nur alle drei Wochen einen zweitägigen Heimurlaub.

Mit wenigen Ausnahmen besuchten die Arbeiter nur selten die Bauern im Loibltal. Viele blieben in ihren Baracken, spielten Karten[35] oder besserten ihre Kleider aus. Sie gingen auch nicht in die umliegenden Gasthäuser, denn die Preise waren hoch, und wer verheiratet war, musste für die Familie sorgen.

Da es im Lager keinerlei Möglichkeiten gab, zusätzliche Nahrung zu kaufen, wandten sich einige Arbeiter an die Bauern der Gegend und erhielten als Gegenleistung für ihre Mithilfe eine gute Mahlzeit oder Lebensmittel.

Unter den Arbeitern war ein gewisser Janez aus Gorenjska. In seiner Freizeit schnitzte er Holzfiguren, die er in einer Flasche zusammenfügte. Er war ein wirklicher Künstler.

Gegen Ende September 1943 wollte ich zu einer Versammlung von »Osvobodilna Fronta«[36] gehen, die in Kranj und in Tržič stattfand. Ich saß im Zug, der durch das Rosental fuhr, als mich die Polizei nach der Urlaubserlaubnis seitens der Firma fragte. Natürlich hatte ich keine, ich musste von Unterbergen aus zu Fuß zurückkehren.

---

34   Name eines Felsens am Rand der Straße zum Loiblpass
35   Viele verloren ihren Lohn, ihre Uhren und ihre Lebensmittelkarten
36   Befreiungsfront

Um weitere Missgeschicke dieser Art zu verhindern, schrieb ich mir im Büro von Ing. Wöhrer eine gefälschte Genehmigung. Auf ein Papierblatt mit dem Briefkopf „Staatliche Straßenbauleitung V in Klagenfurt" schrieb ich den folgenden Satz:

Bestätigung. Es wird hiermit bestätigt, daß Techniker Tischler Johann wegen der Arbeiten an Sonntagen jeden Samstag beurlaubt ist.

Dann drückte ich den Stempel „Örtliche Bauleitung Süd" auf das Blatt und fälschte Wöhrers Unterschrift. Mit diesem falschen Dokument konnte ich am Samstag nach Klagenfurt, aber auch über Rosenbach/Podrožca nach Jesenice, Kranj und Tržič fahren.

Am Sonntag, dem 24. Oktober 1943, wandte sich der SS-Obersturmbannführer Alois Maier Kaibitsch im österreichischen Windisch-Bleiberg/Slovenji Plajberk an die Kärntner Slowenen. Neben den Einwohnern von Windisch-Bleiberg, vom Kleinen Loibl, aus dem Loibl- und dem Bodental/Poden waren auch Slowenen vom Zivillager anwesend. Maier Kaibitsch sagte unter anderem:[37]

Die russische Front hat sich um 400 Kilometer verkürzt. Dadurch können wir unsere Kräfte sammeln, um den Feind zu schlagen. Dieser wird natürlich versuchen, die Lage zu seinen Gunsten zu verändern, aber wir werden als Sieger hervorgehen.

Und am Ende fügte er hinzu:

Nehmen wir einmal an, Deutschland würde den Krieg verlieren. Dann würde Kärnten zum blutigen Schlachtfeld werden, denn alle Kärntner Slowenen, auch die deutschfreundlichen, wären dann unsere Feinde.

Die Rolle der Lastwagenchauffeure

Für die Zivilarbeiter und Häftlinge waren die Lastwagenfahrer in einer privilegierten Situation. Sie transportierten tagtäglich Lebensmittel, Material, Arbeiter und Polizisten. Unter SS-Bewachung fuhren sie auch die Häftlinge, die von Mauthausen kamen. Auf der Südseite wurden die Chauffeure bereits im Voraus von ihrer Ankunft in Kenntnis gesetzt und mussten sie am Bahnhof Tržič erwarten.

Bis 1943 konnten sie ohne große Probleme herumfahren, aber ab 1944 mussten sie auf die Partisanen aufpassen, die sie aus dem Hinterhalt angriffen. Die Transportmittel wurden von der Firma Universale bereit-

---

37 Nach den Aufzeichnungen von Janko Tišler ins Deutsche übersetzt (Anmerkung des Übersetzers)

Abb. 7: Ein Lastwagen bringt Zivilarbeiter zurück nach Tržič, 1943.

gestellt, auch die Fahrzeuge der Polizei und der SS.

Chef der Chauffeure war der Kärntner Rippel, ein kleiner, zurückhaltender Mensch. Bis zum Frühjahr 1943 holten die Chauffeure die Arbeiter von Zali rovt in Tržič ab, brachten sie an den Loibl und fuhren sie am Abend wieder zurück. Die Straße war schmal, die Lastwagen waren – ebenso wie die Straßenränder – oft schadhaft. Für die Reparaturen musste die Firma Universale aufkommen. Auf Grund der steilen Straße, der alten Fahrzeuge, aber auch der Unachtsamkeit der Fahrer kam es zu zahlreichen Unfällen. Es gab oft Materialschäden, aber auch Verletzte. Die Lastwagen wurden von Zivilarbeitern gefahren: zwei Kärntner Slowenen und zwei Franzosen. Aber die Zahl der Franzosen wuchs rasch auf neun. Im August 1943 schickte das Arbeitsamt in Kranj drei zusätzliche Chauffeure an den Loibl.

1943 und einen großen Teil von 1944 fuhren die Lastwagenchauffeure bis zum späten Abend nach Tržič. Da die „Spinnerei- und Webereifabrik" von Tržič vom Verkehrschaos bedroht war (Fundamente, unterirdische Kabel), verbot der Bürgermeister von Tržič, Hugo von Kurz, im Oktober 1943 die Benutzung dieser Straße.

Auf der Nordseite waren die Chauffeure vor allem Österreicher oder Deutschfreundliche. Auf Grund der Schwierigkeiten mit der Kraftstoffversorgung fuhren einige Lastwagen mit Gas. Rippel schickte zwei Chauffeure nach Klagenfurt, um vom Magazinleiter Volaritsch zwei Drei-Tonnen-Laster für den Einsatz am Loibl zu holen, von denen einer mit Gas fuhr, der andere mit Diesel.

Die Firma Universale beschloss, auf einem Terrain auf dem Hügel »Kovtrn'ca« eine große Garage und eine Baracke zu bauen. Die Arbeiten wurden im Juni 1944 fertiggestellt, sie wurden von Häftlingen, in der Mehrzahl Franzosen, geleistet.

Die Chauffeure fuhren fast jeden Tag zum Bahnhof, um weiße und rote Rüben, Kartoffeln und Zement zu holen, später auch Stahlbewehrungen für den Tunnelbau, die die Firma Waagner-Biro aus Graz lieferte. Was die Instandhaltung des Lagers betrifft, waren es insbesondere die Häftlinge, die die Lastwagen entluden. In der Zwischenzeit mussten die Chauffeure in ihren Führerkabinen warten oder sie entfernten sich so lange, bis sie die Häftlinge in ihre Baracken zurückbrachten. Kontakte untereinander waren fast unmöglich, denn die Chauffeure standen unter ständiger SS-Bewachung und der Zugang zum Lager oder zum Tunnel war ihnen verwehrt. Sie hielten diese Normen strikt ein, denn die meisten Chauffeure hatten Angst, ihren bequemen, privilegierten Posten zu verlieren, der zahlreiche Vorteile mit sich brachte. Auch wenn die meisten Fahrer ihre Arbeit gewissenhaft machten, gab es einige Ausnahmen. Diese Chauffeure wollten auf dem Schwarzmarkt handeln. Wenn sie Zement auf die Nordseite bringen mussten, dann tauschten sie bei den Bauern zwei oder drei Säcke Zement gegen Lebensmittel, Fleisch, Getränke und Schmalz. Sie verdienten auch Geld, indem sie die Zivilarbeiter, die im Lastwagen bis Tržič gebracht werden wollten, dafür zahlen ließen. Der Fußweg nach Tržič betrug im Sommer eineinhalb, im Winter – wegen des Schnees – zirka zwei Stunden.

Von Sommer 1943 bis März 1944 brachten die Lastwagen unter SS-Aufsicht täglich Häftlinge über den Loiblpass ins Nordlager. Am Abend fuhren sie sie ins Südlager zurück. Die Fahrzeuge fuhren ohne Wagenplane, die Häftlinge mussten auf dem Boden sitzen, während die SS-Leute an den Seiten saßen. Die österreichischen Chauffeure, aber auch einige slowenische, verhielten sich sehr arrogant.

Am Anfang stellten die französischen Chauffeure – Zivilarbeiter, die über STO rekrutiert worden waren – für die französischen Häftlinge ein Rätsel dar. Sie meinten, die Chauffeure hätten sich „verkauft", aber dieser Verdacht war nicht gerechtfertigt.

Die Bauverträge

Rechtlich gesehen waren am Tunnelbau verschiedene Vertragspartner beteiligt: Der Staat, die Investoren und die Firma hatten verschiedene Verträge abgeschlossen.

Später wurde eine Klausel eingefügt, die das Kommando des Konzentrationslagers – als Reservoir von Arbeitskräften – miteinbezog.

Der erste Vertrag zwischen der Firma und dem Staat wurde im März 1943, mit Beginn der ersten Arbeiten, unterzeichnet. Aber im Lauf der Arbeiten wurde dieser Vertrag immer wieder verändert.

Am 15. November 1943 wurde ein zusätzlicher Vertrag unterschrieben. Er enthielt Klauseln, die direkt die Arbeit der Häftlinge betrafen. Das erklärt, warum unter dem Vertrag auch die Unterschrift des Lagerkommandanten Winkler steht. Es gab sogar eine Vertragsklausel, die vorsah, „zur Erhöhung der Leistungsfähigkeit der Häftlinge eine Zusatzverpflegung zu gewähren".

Der Vertrag vom 24. November 1943 betraf die Lagerordnung, insbesondere das Verhältnis zwischen den verschiedenen Behörden, zum Beispiel den beiden Lagerverwaltungen auf der Nord- und der Südseite, das Inventar, die Unterbringungskosten, die Löhne und Gehälter, die Bezahlung der Sozialversicherung usw.

Eine weitere Klausel legte fest, wie hoch der Anteil der Kranken sei, die man maximal in den Lagern tolerieren würde; die Firma war bereit, an das Hauptlager Mauthausen eine Entschädigung für den Rücktransport zu zahlen.

Am 31. März 1944 schlug die Firma einen neuen Vertrag vor. Nach langem Hin und Her gab der Reichsstatthalter seine Zustimmung und der Vertrag wurde am 25. August unterzeichnet. Auf zweiundvierzig Seiten wurden Fragen wie Verzögerungen beim Tunnelbau, Löhne der Arbeiter und der Mechaniker, Krankenversicherung und die Arbeit der Häftlinge neu geregelt.

Dieser neue Vertrag enthielt auch sehr präzise Klauseln bezüglich der Geldbeträge, die für die Arbeit der Häftlinge an das Konzentrationslager zu überweisen waren, bezüglich ihrer Anzahl in den jeweiligen Bauphasen, der Arbeitszeit, des Personalanteils, der Kranken und der daraus entstehenden Kosten. Dieser Vertragsabschnitt, der sieben Seiten umfasste, sagte viel über die Präzision aus, mit der das Hitlerregime vorging. Der Vertrag legte fest, dass der Tunnel am 4. Dezember 1944 befahrbar sein und eine Breite von sechs Metern haben müsse.

Die Fertigstellung des Tunnels, mit Ausnahme des Betonbelags der Straße, der Kanalisierung und der Belüftungsschächte, war für den 31. Oktober 1945 vorgesehen.

Hier sind einige Auszüge aus dem Vertrag, die zeigen, wie das Leben der Häftlinge geregelt war:[20]

4) Häftlingseinsatz:

Da an der Baustelle neben den Zivilarbeitern auch KZ-Häftlinge in massgebendem Ausmass eingesetzt sind, ergeben sich Unterschiede gegenüber dem kalkulierten Aufwand, da die Häftlinge sowohl hinsichtlich ihrer Leistung als auch hinsichtlich ihrer Einsatzkosten wesentlich von den Zivilarbeitern abweichen.

Die Einsatzkosten der Häftlinge sind in Beilage 1 zu diesem Vertrag ermittelt und ausgewiesen.

Die durchschnittliche Leistung der Häftlinge im Vergleich zu den an der Baustelle beschäftigten Zivilarbeitern konnte von den beiden Vertragsteilen auf Grund der Erfahrungen bis zum Vertragsabschluss einvernehmlich bewertet werden.

Demnach erreichen 3% der Häftlinge die volle Durchschnittsleistung der Zivilarbeiter:	0,03x1 = 0,03
50% erreichen 2/3 der Durchschnittsleistung der Zivilarbeiter:	0,50x0,667= 0,334
der Rest von 47% erreicht die Hälfte der Durchschnittsleistung der Zivilarbeiter:	0,47x0,5 = 0,235
daraus ergibt sich als Durchschnittsleistung der Häftlinge gegenüber der Durchschnittsleistung des Zivilarbeiters mit .... oder 60%	0,60

[...]

II) Angehängte Stundenlohnarbeiten, die von KZ-Häftlingen geleistet werden: Ermittlung der tatsächl. Kosten für Häftlingsarbeiten.

	Häftlingsfacharbeiter	Häftlingshilfsarbeiter
1. Grundlohn, der von der Unternehmung für jede Häftlingsarbeiterschicht der Lagerkommandantur abzuführen ist.	6.000	4.000
2. Verpflegszubusse, die von der Unternehmung lt. Vereinbarung v. 15.11.1943 zu zahlen ist.		
Verpflegszubusse je Schicht	0,350	0,350

---

38 Eine Kopie des Originalvertrages befindet sich im Privatarchiv von Janko Tišler (Anmerkung des Übersetzers)

Verpflegszubussenanteil des Häftlingskrankenstandes.
Der durchschnittliche Krankenstand ist mit 7,5% anzunehmen. Von 100 Häftlingen sind demnach 7,5 Häftlinge als krank anzusehen. Weitere 10 Häftlinge bilden das Lagerpersonal, sodass von 100 Häftlingen im Durchschnitt 82,5 Häftlinge für den Arbeitseinsatz zur Verfügung stehen. Auf diese Häftlinge verteilen sich 9/10 der Verpflegszubussen für die Kranken, während 1/10 auf das Lagerpersonal entfällt. Beim Häftlingseinsatz entfällt somit auf einen Häftling als Anteil für die Verpflegszubussen der Kranken:

$$\frac{0{,}9 \times 7{,}5 \times 0{,}35}{82{,}5} = \qquad\qquad\qquad 0{,}029 \qquad 0{,}029$$

3. Leistungsprämien:

Zur Aneiferung der Häftlinge werden vom Unternehmer Prämienscheine ausgegeben, für die die Häftlinge im Lager Zigaretten, usw., erhalten können. Prämienscheine werden hauptsächlich für Arbeiten an Samstagen und Sonntagen ausgegeben.

Je Samstag auf jeder Tunnelseite 50 Mann	100 Mann
Je Sonntag auf beiden Seiten zusammen	150 Mann
	250 Mann
250 Schichten wöchentlich zu je RM 1,–	RM 250.–

Ausserdem wird im Durchschnitt jedem Häftling monatlich ein Prämienschein für RM 0,50 verabreicht.
Der durchschnittliche Gesamtstand an Häftlingen wird mit 800 angenommen. Dieser Annahme sind folgende Häftlingsstände zugrundegelegt:

Juni 43 bis Jänner 44	700 H
Febr. 44 bis Nov. 44	1000 H
Dez. 44 bis März 45	500 H

Der Durchschnittsstand beträgt daher:
$1/22 \times (700 \times 8 + 1000 \times 10 + 500 \times 4) = (5.600 + 10.000 + 2000) : 22 = 17.600 : 22 = 800$ H

Die Kosten für die Prämienscheine erfordern somit $800 \times 0{,}50 = 400$ RM im Monat, d.i. je Woche rd. 100.–
wöchentlich RM 350.–
In der Woche werden $800 \times 6 = 4.800$ Häftlingsschichten geleistet, daher entfällt für Prämienscheine je Schicht $350 : 4.800$ \qquad 0,073 \qquad 0,073

4. Verluste an Arbeitszeit

Es müssen folgende Arbeitszeitverluste eingerechnet werden:

a) Anmarschweg der Häftlinge von der Südseite auf die Nordseite bis Ende Oktober 1943, da erst von diesem Zeitpunkte an die Unterbringung der Häftlinge auf der Nordseite möglich war. Für insgesamt 13.300 Häftlingsschichten, die in dieser Zeit an der Nordseite eingesetzt wurden, entfallen je 1 1/2 Stunden auf Fahrtdauer, Transportstörungen und Wartezeiten, somit insgesamt 13.300x1,5 = 19.950 Stunden = rd. 20.000 Stunden

b) Bei den Arbeiten auf der Südseite ist jeweils ein Weg innerhalb der Arbeitszeit zu leisten. Die dadurch entstehenden Arbeitszeitverluste werden bei der Ermittlung der durchschnittlichen Arbeitszeit berücksichtigt.

c) Vom Beginn des Häftlingseinsatzes bis Mitte August wurden täglich auf der Baustelle zwei Appelle abgehalten, bei denen je 1/2 Stunde Zeitverlust entstand, somit je Häftlingsschicht 1 Stunde. Es wurden folgende Häftlingsschichten geleistet.

Im Juni 1943	7.253
Im Juli "	10.332
Im August "	6.816
zusammen	24.401

Es ergibt sich somit ein Verlust von rd. 24.400 Stunden.

d) Wegen Schlechtwetter und Nebel muss vielfach die Arbeit abgebrochen werden. Da für ausgerückte Häftlinge mindestens die halbe Schicht seitens der SS-Leitung angerechnet wird, ergeben sich hieraus folgende geschätzte Ausfälle:

Während der 6 Sommermonate im Jahr je eine Schicht = 6 Schichten
Während der 6 Wintermonate im Jahr 2 1/2 Schichten = 15 Schichten
zusammen im Jahr = 21 Schichten
daher durchschnittlich im Monat 21:12 = 1,75 Schichten.

Bei 25 Normalschichten im Monat ergibt sich somit ein Zeitverlust von 1,75:25 = 7%.

7% von 7,41 (Facharbeiter), bezw. 5,18 (Hilfsarbeiter)　　　　0,519　　0,363

Die unter a) und c) ausgewiesenen 44.400 Stunden ergeben folgenden Anteil für eine Häftlingsschicht.

Bei einer durchschnittlichen Arbeitszeit je Tag von 9 1/2 Stunden (siehe weiter unten) ergeben sich 44.400:9,5 = rd. 4.680 Schichten. Diese verteilen sich auf die Zeit vom Juni 1943 bis März 1945

abzüglich zwei Monate Feiertag = 22–2 = 20 Monate, also auf
20x25x800 = 400.000 Schichten.
4.680:400.000 = 0,0117 Schichten
Hievon wird ein Anteil von 0.0020 auf Facharbeiterschichten und
0,0097 auf Hilfsarbeiterschichten verrechnet.

0,0020x7,41 = ...	0,015	
0,0097x5,18 = ...		0,050

5. Leistungsverlust, der dadurch entsteht, dass der Häftlingscapo nicht mitarbeitet, aber auch die fachmännische Aufsicht nicht ersetzt. Da auf je 20 Häftlinge ein solcher Capo entfällt, erhöhen sich durch ihn die Kosten um 1/20 = 5%.

5% von 7,41	0,371	
5% von 5,18		0,259

6. Auslagen für die SS-Bewachung
Laut Verfügung des Reichsstatthalters in Kärnten ZL.5417/Vi/43 sind RM 1.000 je Monat aufzuwenden. Bei einem Durchschnittsstand von 800 Häftlingen bei einem Krankenstand von 7 1/2% sind diese Kosten auf 740 Häftlinge umzulegen. Die Durchschnittszahl der Schichten im Monat beträgt 740x25 = 18.500 Schichten. Auf eine Schicht entfällt daher 1000:18.500 = ... 0,054   0,054

Summe   7,411   5,178

Die tatsächlichen Kosten betragen somit
    für eine Häftlingsfacharbeiterschichte   RM 7,41
    für eine Häftlingshilfsarbeiterschichte   RM 5,18
Die durchschnittliche Arbeitszeit je Häftlingsschichte wird wie folgt ermittelt:
Bei Arbeiten über Tag umfasst eine Schicht:
an 3 Monaten im Jahr je 7 Stunden =   21 Stunden
" 2   "   "   " 8   " =   16   "
" 2   "   "   " 9   " =   18   "
" 5   "   "   " 10 " =   50   "
daher die Übertagsschicht im Jahresdurchschnitt .... 105:12 = 8,75 Stunden
Unter Tag wird je Schicht 10 Stunden gearbeitet. Unter der Annahme, dass 65% des Häftlingsstandes unter Tag und 35% über Tag arbeiten, ergibt sich eine durchschnittliche Arbeitszeit je Häftlingsschicht mit 0,35x8,75+0,65x10 = 9,5 Stunden
Es ergibt sich somit als Stundenlohn für einen
    Häftlingsfacharbeiter 7.411:9,5 = RM 0,78
    Häftlingshilfsarbeiter 5.178:9,5 = RM 0,55

Einige Bestimmungen zur Lagerorganisation scheinen ironisch, ja zynisch gemeint. Trotz der Präzision hat die Direktion den Vertrag nicht immer wörtlich genommen. Die Klauseln, die die Prämien und die zusätzliche Verpflegung für die Häftlinge betraffen, sind ganz besonders zynisch. Die Häftlinge haben ganz sicher niemals eine Entlohnung für ihre Arbeit erhalten, es gab für sie keinen Ort, wo sie Lebensmittel kaufen konnten, und zusätzliche Nahrung – 50 Gramm Fleisch, 10 Gramm Schmalz, 200 Gramm Brot, 2 Gramm Margarine, Kartoffeln und Gemüse – wurde nicht ausgegeben, auch wenn entsprechende Reserven vorhanden waren. Die SS-Leute fütterten sogar ihre Schweine mit den Kartoffeln, die für die Häftlinge bestimmt waren.

Die Zusammenarbeit der Firma mit der SS machte die Lage der Häftlinge noch prekärer und schwieriger. Die Unternehmensleitung der Universale war zwangsläufig über die Nicht-Einhaltung der Vertragsbestimmungen informiert, aber auf Grund des ideologischen Naheverhältnisses wurde nichts gegen das Lagerkommando unternommen.

Der Fortschritt der Arbeiten

Die Bohrarbeiten zur Errichtung des Tunnels begannen auf der Südseite am 29. März 1943 und auf der Nordseite am 6. Juni. Bis Mitte Juli arbeiteten nur Zivilarbeiter mit den deutschen Schachtmeistern. Sie begannen mit dem unteren Tunnelstollen, der eine Höhe von zwei Metern und eine Breite von drei Metern hatte.

Als der zweite Häftlingstransport am 16. Juli ankam, wurden vier Gruppen von Tunnelarbeitern rekrutiert, zwei für die Nordseite und zwei für die Südseite. Um jeden Kontakt zwischen Häftlingen und Zivilarbeitern zu vermeiden, arbeiteten die Häftlinge im oberen Stollen, die Zivilarbeiter im unteren. Alle fünfundzwanzig Meter mussten die Häftlinge ein fünfundsiebzig Zentimeter breites Loch graben, damit der Schutt durch den unteren Stollen entfernt werden konnte. Sie arbeiteten zehn Stunden pro Tag und hatten eine Stunde Mittagspause, in der sie ihre Mahlzeit, eine Gemüsesuppe, einnahmen.

Die Sprengladungen wurden nur von zivilen Mineuren unter der Aufsicht deutscher Sprengmeister angebracht. Sprengungen wurden nur viermal in vierundzwanzig Stunden durchgeführt, zu Mittag und um 18 Uhr, als die Arbeiter der Tagschicht ins Lager zurückkehrten, sowie um Mitternacht und um sechs Uhr, als die Arbeiter der Nachtschicht den Tunnel in Richtung Lager verließen.

Als Sprengstoff wurde Ammonal verwendet. Man trug abwechselnd eine Schicht Gelatine und eine Schicht Ammonal auf. Nach der Explosion war die Luft voller Staub, denn die Belüftung war ungenügend, insbesondere im oberen Stollen.

Vier Bohrarbeiter arbeiteten mit zwei Bohrmaschinen, auf jeden von ihnen kamen drei Arbeiter, die den Schutt aus dem Tunnel abführten. Weitere Tunnelarbeiter waren mit der Verbreiterung der Stollen beschäftigt. Sicherheitsvorkehrungen gab es praktisch keine. Aber die Bohrarbeiten gingen ziemlich rasch voran. Am 2. August hatte sich auf der Südseite der Schutt von 500 Metern Tunnelbohrung angehäuft. Anfang September erreichte der Stollen eine Länge von 721 Metern, gegenüber nur 100 Metern auf der Nordseite. Im Oktober betrug das Verhältnis 820 Meter im Süden gegenüber 316 Metern im Norden.

Am 29. November wurde der untere Stollen mit einer Gesamtlänge von 1542 Metern durchstochen. Die Firmenleitung wollte das Ereignis feiern, aber die Öffnung musste zugemauert werden und man bereitete einen neuen Durchstich für die Ankunft der hohen deutschen NS-Funktionäre vor. Ein Tag davor wurde vor dem Tunnelportal ein Maibaum aufgestellt und die Baustelle wurde mit Nazifahnen geschmückt. Die Raucher hatten Anspruch auf zehn Zigaretten, die Angestellten der Staatlichen Bauleitung und die deutschen Angestellten auf dreißig.

Gauleiter Rainer bei der Feier zum Tunneldurchstich

Der Samstag, 4. Dezember 1943, wurde zum arbeitsfreien Tag erklärt. Nur ein paar Häftlinge mussten in den Tunnel, um die Blechtöpfe zu entfernen, die als Aborte dienten. Alle Arbeiter und die deutschen Angestellten, aber auch einige slowenische Poliere, mussten sich unter einem großen Zelt nicht weit vom Tunnelportal versammeln, um den Gauleiter zu empfangen. Es wurden Tische aufgestellt und ein Buffet vorbereitet. Gegen 9.30 Uhr kam der Gauleiter vom Nordportal her durch den Tunnel. Er wurde vom SS-General Rösener, vom Kreisleiter von Radovljica, von einigen Deutschen, von den Direktoren der Staatlichen Bauleitung und der Firma Universale (Ing. Schmid, Ing. Wöhrer, Ing. Seidenglanz und andere) begleitet. Ein SS-Trupp erwartete sie am südlichen Tunnelportal. Der ganze Loiblpass stand unter strenger Bewachung. Es schneite an diesem Morgen am Loibl, den ganzen Tag über fiel Regen.

Am Abend schrieb ich in mein Notizbuch:
Eröffnung des Tunnels. Es gab viele Leute, reichsdeutsche Würdenträger

Abb. 8: Offizieller Besuch am 4. Dezember 1943. Von links nach rechts: Ing. Seidenglanz, Ing. Schmid, SS-General Erwin Rösener und Gauleiter Rainer.

mit dem Gauleiter an der Spitze. Es wimmelte von Polizisten. Man konnte auch eine Rede hören:[39]

„Diese Arbeit ist sowohl in militärischer als auch politischer Hinsicht von großer Bedeutung! Durch diesen Tunnel werden wir nach Laibach fahren und weiter nach Triest, Rijeka, Pula und Görz. Wir werden damit eine Passage zum Balkan und zur Adria erhalten. Die Bedeutung dieses Werkes lässt sich auch daran erkennen, dass man noch am heutigen Tag im Führerhauptquartier darüber sprechen wird. "

Dann sprach der Leiter des Kreises Radovljica, er beglückwünschte die Arbeiter und die Angestellten der Firma. Einige von ihnen wurden ausgezeichnet, aber es waren keine Slowenen darunter. Während der Nationalhymne habe ich nicht den Arm erhoben und auch nicht „Sieg Heil" gerufen.

Nach den Feierlichkeiten wurde im SS-Lager eine Mahlzeit aufgetischt. Die Häftlinge und die meisten Arbeiter mussten in ihren Lagern bleiben, während die deutschen Arbeiter und Angestellten am Fest teilnahmen. In den Zivillagern auf beiden Seiten des Berges wurde eine

---

39 Nach den Aufzeichnungen von Janko Tišler ins Deutsche übersetzt (Anmerkung des Übersetzers)

reichhaltigere Mahlzeit serviert. Auch die Häftlinge hatten Anspruch auf ein Gulasch mit zwei Fleischstücken, Brot und ein Viertelglas Bier. Für die deutschen Gäste wurde ein regelrechtes Bankett vorbereitet. Ein Teil der Speisen wurde in der SS-Küche zubereitet, ein anderer Teil in der Küche des Schlosses.

Die Köchin Thekla Schmiedl und ihre drei slowenischen Küchenhilfen, Marija Dovžan, Mara Mežek und Marija Govekar, richteten den Speisesaal her. Auch ein SS-Koch war mit seinen Hilfsköchen gekommen. Vor der Ankunft der Würdenträger mussten die drei jungen Frauen verschwinden, nur Fräulein Schmiedl konnte bleiben. Die Gäste wurden ausschließlich von der SS bedient. Kommandant Winkler erhielt einen Blumenstrauß. Bis zur Abreise Rainers blieb die Straße unter strenger Bewachung. Polizei und SS waren hinter den Waldbäumen so gut versteckt, dass man sie von der Straße aus nicht sehen konnte. Nur die Wache vor der St. Leonhardskirche stand frei.

Unter den Arbeitern ging das Gerücht um, man hätte in der Woche vor der offiziellen Eröffnung des Tunnels auf der Baustelle Gauleiter Dr. Rainer, Bischof Rožman, Dekan Škrbec, Dr. Šmajd und weitere lokale Prominenz gesehen.

Die Fortsetzung der Arbeiten

1944 gingen die Arbeiten weiter. Der Tunnel hatte nunmehr eine Breite von sechs Metern. Während des Winters 1943/44 waren die klimatischen Bedingungen außerhalb des Tunnels sehr schwierig, denn überall lag Schnee. Die Baracken, die Straße und die Baustelle mussten von den Häftlingen freigelegt werden.

Von 23. Februar bis 3. März wurden die Häftlinge nicht mehr auf die Nordseite gebracht, denn die Straße war durch den Schnee unbefahrbar.

Am 5. März gab es ein verheerendes Unwetter, das bis zum 7. März andauerte. Alle Häftlinge mussten Schnee schaufeln und das Essen zu Fuß transportieren, denn alle Zufahrtsstraßen waren blockiert. Trotz des schlechten Wetters brachte die SS am 7. März wieder Häftlinge auf die Nordseite. Die Zahl der Häftlinge im Tunnel selbst nahm ständig zu.

Im Jänner 1944 arbeiteten auf der Südseite 100 Häftlinge (50 am Tag, 50 in der Nacht). Am 1. Februar waren es 140, Ende des Monats 160, am 14. März 220. Diese Zunahme hing mit den Betonarbeiten zusammen, die bis Ende des Krieges fortdauerten. Von 24. März bis 18. April arbeiteten 241 Häftlinge im Tunnel (120 am Tag, 121 in der Nacht). Ende

April stieg ihre Zahl auf 257. Parallel dazu arbeiteten Zimmerleute an der Verschalung. Dabei kamen im Wesentlichen Zivilarbeiter zum Einsatz.

Die Firma erfüllte eine Vertragsbestimmung, der zufolge der Tunnel am 4. Dezember 1944 eine Breite von 4 x 6 Metern haben und befahrbar sein müsse.

Den Verlust von Zivilarbeitern, die sich den Partisanen anschlossen oder zur Wehrmacht einrückten, glich die Firma durch eine höhere Anzahl von Häftlingen aus. Ende Juni waren es 1200, im August 1944 dann 1300, von denen 1040 sowohl innerhalb als auch außerhalb des Tunnels arbeiteten. Ihre schwache Arbeitsleistung wurde durch ihre Anzahl kompensiert, während die verbliebenen Zivilarbeiter die qualifizierteren Arbeiten übernahmen. Im September 1944 war die Anzahl der Zivilarbeiter um mehr als 100 gesunken.[40] Anfang November gab es noch 1290 Häftlinge, zirka 1000 von ihnen waren „arbeitstauglich".

Am 4. Dezember 1944 wurde wieder ein Fest gefeiert, allerdings nicht so imposant wie das erste. Zum ersten Mal durchquerte ein Auto den Tunnel von einem Ende zum anderen. Wieder wurde der Gauleiter Rainer eingeladen und wie der Ziviltechniker Bourgeot berichtet, war auch der Minister Albert Speer anwesend. Für die Zivilarbeiter und die Häftlinge gab es erneut eine bessere Mahlzeit.

Arbeitsbedingungen und sanitäre Betreuung

Im Frühjahr 1943 waren auf dem Loibl 600 Zivilarbeiter tätig und die Arbeiten kamen gut voran. Der lange, kalte Winter, die eisigen Gebirgswinde, die über die Zweitausender wehten, Luftzüge und die zu leichte Bekleidung der Arbeiter, schlechte Ernährung und Müdigkeit bei einer wöchentlichen Arbeitszeit von achtundvierzig Stunden und mehr führten zu zahlreichen Erkrankungen. Es kam zu vielen Unfällen, denn die Arbeit erfolgte ohne jegliche Sicherheitsvorkehrungen.

Eine Baracke oberhalb der Küche des Zivillagers war als Krankenrevier mit zwölf Betten eingerichtet. Doktor Vladimir Premrou aus Tržič besuchte die Arbeiter zweimal in der Woche (dienstags und freitags).

In der dritten Barackenzeile unterhalb der Kantine gab es ein weiteres Krankenrevier. Dort waltete der erste Lagerarzt seines Amtes, der SS-Obersturmführer Hermann Richter. Er war 28 Jahre alt und war von hohem Wuchs. Als er sah, wie SS-Leute und Kapos die Häftlinge misshan-

---

40 Viele schlossen sich den Partisanen freiwillig an; 74 wurden von ihnen rekrutiert.

delten, erklärte er, er könne das nicht ertragen. Manche Deutsche nahmen ihm das übel, obwohl er vor seiner Tätigkeit am Loiblpass, neben anderen Missetaten, im November 1941 bereits 264 Russen durch Herzinjektionen[41] getötet hatte – aus dem einzigen Grund, weil sie nicht arbeitstauglich waren. Richter nahm auch an ungerechtfertigten chirurgischen Experimenten teil, die unter anderem darin bestanden, Versuchspersonen Organe zu entnehmen und die Zeit zu messen, bis die Leute starben.

Nach seiner Tätigkeit am Loibl wurde Richter in die psychiatrische Anstalt im hessischen Gießen an der Lahn eingeliefert, wo er sich vermutlich im Mai 1945 das Leben nahm.

Abb. 9: Der SS-Arzt Dr. Sigbert Ramsauer.

Als Ende Juli/Anfang August 1943 Dr. Sigbert Ramsauer auftauchte, teilte Ing. Josef Seidenglanz den Zivilarbeitern und insbesondere dem zivilen Krankenpfleger Novak mit, dass dieser Arzt in Hinkunft die alleinige Verantwortung für das Krankenrevier und für die Krankenbetreuung trage. Ramsauers Frau Liselotte und ihre beiden Kinder kamen eine Zeit lang an den Loibl. Die Bauleitung hatte für sie im Bauernhof »Pri Jurju« ein Zimmer mit Bad einrichten lassen. Mitte 1944 kam noch ein zwölfjähriges Mädchen, Bruna Arch aus Tržič, genannt Kosmač, um Frau Ramsauer bei der Kinderbetreuung zu helfen.

Von 1943 bis Ende August 1944 wurde Ramsauer von Valentina Valjavec, besser bekannt unter dem Namen Jurjeva Tinca, vom Hilfskrankenpfleger und Magazinleiter Peter Novak und von dem österreichischen „Berufsverbrecher" Johann Danter unterstützt. Ab diesem Zeitpunkt wurden die Schwerverletzten zunächst ins SS-Krankenrevier gebracht und von Dr. Ramsauer behandelt. Er war es, der die Kranken dann in die Sanitätsbaracke, ins Spital oder nach Hause schickte. Er überwies die Verletzten auf der Südseite ins slowenische Krankenhaus Golnik, auf der

---

41   Herzinjektionen wurden ab 1941 verabreicht. Damit konnte ein Mensch in weniger als zehn Minuten getötet werden.(vgl. Marsalek, Hans: Die Geschichte des Konzentrationslagers Mauthausen. Wien 1980)

Nordseite ins Krankenhaus Klagenfurt (allerdings nur die Angestellten und die deutschen Arbeiter).

Ramsauer begab sich jeden Donnerstag auf die Nordseite, seine Ambulanz stand nahe der Küche. Bei Zahnproblemen mussten die Zivilarbeiter allerdings auf eigene Kosten nach Tržič fahren.

Nur einmal kam ein Zahnarzt auf den Loibl, und zwar im Jahr 1944, um SS-Leute und Polizisten zu behandeln. Die Behandlung bestand darin, dass die Zähne gezogen wurden.

Die häufigsten Krankheiten waren Rheumatismus, Sehnenscheidenentzündung, Verdauungsstörungen, Ischias, Blinddarmentzündung, Krämpfe, Ekzeme und diverse Abszesse, Asthma, einige Fälle von Tuberkulose und Geschlechtskrankheiten.

Als im Winter 1943/44 – luftzugbedingt – die Zahl der an Rheuma und Bronchitis Erkrankten anstieg, wurde im Tunnel eine Windtür angebracht.

Wie ich den Archiven des Krankenhauses Golnik entnehmen konnte, wurden im Jahr 1944 dort 56 italienische Zivilarbeiter behandelt, 17 von ihnen wegen Arbeitsunfällen. Aus den Archiven geht weiters hervor, dass von den Arbeitern, die länger als zwölf Stunden im Krankenhaus blieben, 54 auf Grund von Arbeitsunfällen, 17 wegen Lungenentzündung oder Bronchitis, 7 wegen Ischias bzw. Lumbago, 38 wegen Muskelproblemen und Magenbeschwerden, 9 wegen Juckreiz, 6 wegen Abszessen, 3 wegen Tuberkulose und 5 wegen Blinddarmentzündung oder Kropfbildung usw. behandelt wurden.

Die Behandlungsmethoden von Ramsauer waren sehr beschränkt, die Diagnosen oft falsch und die Heilmittel unzureichend. Es gab unglaublich viele Unfälle am Loibl, leichte und schwere: gebrochene Finger, Arme, Beine, mit Hacken, Schaufeln, Messern und Sägen. Wegen der schlechten Beleuchtung und den fehlenden Sicherheitsvorkehrungen kam es im Tunnel auch zu zahlreichen Stürzen.

Hier sind einige Beispiele, wie sie aus den Archiven hervorgehen:
- Am 9. August 1943 wurde Franc Plahutnik durch eine herabfallende Schiene am linken Bein verletzt; er wurde erst am 17. August ins Krankenhaus gebracht.
- Am 19. August 1943 erlitt der Schlosser Franc Vrhunc durch einen Stein, der bei einer Explosion weggeschleudert wurde, eine Bauchverletzung; er blieb eine Zeit lang ohne Bewusstsein.
- Am 2. Dezember wurde der Zimmermann Janez Verlič aus Smlednik von einer umstürzenden Leiter verletzt.

- Am 27. März 1944 wurde Emil Mešič (aus Brinje in Kroatien) von einem Stein erschlagen.
- Am 29. Juli 1944 wurde Franc Lučki aus Tržič zwischen zwei Wagen eingeklemmt und erlitt eine Bauchquetschung. Am selben Tag wurde der Lokführer Jože Logar aus Mežice zwischen der Lokomotive und einem Rohr eingeklemmt und blieb eine Stunde lang ohne Bewusstsein.
- Am 14. August verlor der Mineur Janez Kumar aus Čabrače bei Poljana durch einen Aufzug drei Finger der rechten Hand.
- Am 1. September 1944 wurde der Daumen des Zimmermannes Franc Završnik aus Podboršt bei Komenda von einer Maschine zerquetscht. Završnik wurde erst am 8. September ins Spital gebracht.
- In der Nacht am 22. November 1944 fiel der Maurer Miha Grilc aus Primskovo bei Kranj auf die Schienen und brach sich durch einen Waggon das rechte Bein. Er blieb eine Woche lang im Krankenrevier. Auf Anweisung des Arztes legte man ihm Verbände an, aber weil die Schmerzen immer schlimmer wurden, brachte man ihn am 29. November nach Golnik.
- Am 10. Dezember 1944 wurde Anton Šmidovnik aus Tunjiška Mlaka bei Kamnik am Fuß von einem großen Stein getroffen. Trotz der Schmerzen überwies ihn der Arzt erst nach fünf Tagen ins Krankenhaus.

Die Liste der Arbeitsunfälle am Loibl wäre zu lang und bliebe auf jeden Fall unvollständig. Ramsauer tat, was er konnte, aber vor allem, was er wollte. Er behandelte die Verunglückten zunächst selbst. Ins Spital überwies er nur die Fälle, die er für schwer hielt. Aus diesem Grund wurden viele Verunglückte bzw. Verletzte nicht zeit- und fachgerecht behandelt.

Dr. Ramsauer amputiert ein Bein mit der Säge

Als einen der schwersten Fälle möchte ich die Geschichte des italienischen Zivilarbeiters Giuseppe Cagni erwähnen. Sein rechtes Bein wurde am 12. Oktober 1944 um 21.30 Uhr oberhalb des Knies durch eine Lokomotive nahezu vollständig abgetrennt. Die Arbeiter brachten ihn sofort ins Krankenrevier. Sie waren schockiert, wie ihn der Doktor behandelte.

Ramsauer rief den Krankenpfleger Novak und kündigte an, er werde eine Amputation durchführen. Auch der österreichische Häftling Johann Danter, der im SS-Krankenrevier arbeitete, war anwesend. Der Italiener war bewusstlos. Novak fragte Ramsauer, ob er als Nicht-Chirurg zu dieser Art von Eingriffen tatsächlich in der Lage wäre, aber der Doktor antwortete ihm zornig:

„Ich werde das trotzdem versuchen. Kümmern Sie sich um Ihre eigenen Angelegenheiten!"

Er nahm eine ganz normale Handsäge – einen so genannten „Fuchsschwanz" – und schnitt das Bein des Unglücklichen unter dem Oberschenkel ab, ohne ihm auch nur eine Narkose zu geben. Fünf Stunden nach der Operation wurde der Italiener, der immer noch ohne Bewusstsein war, im Ambulanzwagen ins Krankenhaus Golnik gebracht. Dort stellte man fest, dass der Patient, nunmehr im tiefen Koma, noch atmete, dass der noch verbliebene Teil des Beins eine blasse Farbe zeigte, dass die Wunde mit nur drei Nähten verschlossen war und dass ein Knochen zwei Zentimeter aus dem Fleisch herausragte, ohne dass es deshalb zu Blutungen kam. Cagni erhielt sofort eine Bluttransfusion, aber sein Herzschlag wurde unregelmäßig und er erwachte nicht aus dem Koma. Die Wunde wurde mit Puder bestreut, ein steriler Verband wurde angelegt und der Beinstumpf wurde an einer Schiene befestigt. Aber das alles konnte Cagni nicht mehr retten. Er starb am 13. Oktober 1944 um 13 Uhr.

Man brachte den Toten von Golnik nach Kärnten, wo er am 18. Oktober auf dem Friedhof im Loibltal beigesetzt wurde. Der slowenische Priester Tomaž Oraže zelebrierte die Trauerfeier und segnete den Leichnam ein. Der Italiener kam auf die Liste der Verstorbenen der Kirche St. Leonhard, die zur Pfarre Windisch-Bleiberg/Slovenji Plajberk gehörte.

Der ehemalige Leiter und Chirurg des Krankenhauses, SS-Arzt Dr. Hermann Samonigg aus Klagenfurt, sagte im Klagenfurter Prozess, der im Herbst des Jahres 1947 stattfand,[42] gegen Dr. Ramsauer aus:

Ich erinnere mich vor allem an einen Patienten, der vor seiner Einlieferung ins Krankenhaus operiert wurde. Bevor er ins Spital kam, war ihm ein Bein amputiert worden. Ich erinnere mich, dass mir meine erste Sekretärin einen Bericht vorlegte, aus dem hervorging, dass die Amputation von Dr. Ramsauer durchgeführt wurde. Meines Wissens hatte ich in meinem Krankenhaus niemals mit einem ähnlichen Fall zu tun und ein Patient, der in diesem Zustand außerhalb eines Krankenhauses operiert wurde, hatte keine Chance, den Eingriff zu überleben. Darüber hinaus berichtete mir die Sekretärin, dass die Operation mit einer ganz normalen Handsäge durchgeführt

---

42   Siehe Kapitel X

wurde. Das war der einzige Fall dieser Art in unserem Spital.

Im Dezember 1990 gab Iva Gruden, während des Krieges Sekretärin von Dr. Samonigg, folgende Erklärung ab:

1943 oder 1944 erfuhr ich eines Morgens von Dr. Samonigg, dass ein Schwerverletzter vom Loibl eingeliefert worden und infolge hohen Blutverlustes dem Tode nahe sei. Der Mann, der ihn begleitete, erzählte, er habe gesehen, wie der Patient mit einer gewöhnlichen Säge operiert wurde. Dr. Samonigg war schockiert und erklärte mit großer Bitterkeit: „Der Arzt, der diesen Unglücklichen operiert hat, hat nicht nur seinen Tod verursacht, er hat durch seine inhumane Vorgangsweise den Ärztestand insgesamt in Verruf gebracht." Er fügte noch hinzu, er würde seinen Vorgesetzten einen Bericht schicken.[43]

Abb. 10: Dr. Hermann Samonigg, ehemaliger Chefarzt im Krankenhaus Golnik.

Die Küche im Schloss des Barons Born

In dieser Küche wurden die Mahlzeiten für sämtliche Angestellte der Firma Universale, für die höheren Beamten der Staatlichen Bauleitung, für die SS-Offiziere und die Polizisten zubereitet.

Die Chefköchin war, wie bereits erwähnt, Thekla Schmiedl, eine Österreicherin aus dem Mölltal. Sie war jung und ledig und die SS-Leute, die deutschen Zivilangestellten, aber auch der Deutschfreundliche der Gegend, Riko Ankele, bemühten sich um ihre Gunst. Es stimmt, dass sie trotz ihrer dicken Beine sehr hübsch war. Ihr Zimmer lag gegenüber dem Zimmer der slowenischen Techniker (Ing. Čerin und andere). Sie hörte oft Radio, meist ausländische Sender. Sie hatte ein freundliches Wesen und ging oft mit SS-Leuten und slowenischen Mädchen aus, die wie sie im Schloss oder im Zivillager arbeiteten. Als die Häftlinge im Winter 1943/44 den Schnee wegräumten, gab sie ihnen heimlich Brotstücke oder Zigaretten. Sie verließ den Loibl im Mai 1944 im Zustand der

---

43 Der Bericht, in dem Samonigg diesen Fall erwähnt, trägt das Datum 21. Februar 1945.

Abb. 11: Die Köchin Thekla Schmiedl und der Koch Hans (Südseite 1943).

Schwangerschaft und kam nie mehr dorthin zurück.

Die Verwaltungsstelle führte der Münchner Gestapo-Angehörige Weiss. Vor seiner Ankunft am Loibl hatte er dieselbe Funktion bei der Nürnberger Firma Fritz Schlie eingenommen, die einen Sitz in Črnuče bei Ljubljana hatte. Dort hatte er eine Slowenin kennengelernt, stark und mit braunen Haaren, die ihn dann öfter am Loibl besuchte. Sie wohnte in einem Landhaus hinter dem Gasthof von Črnuče. Nachdem die Partisanen im Frühjahr 1943 in diesem Gasthof einen deutschen Soldaten getötet hatten, wurden die slowenischen Arbeiter von den Deutschen verdächtigt, mit den Partisanen in Verbindung zu sein. Weiss kam mit einigen anderen Slowenen auf den Loibl, sobald die Arbeiten auf der Straße zwischen Laze und Šentvid abgeschlossen waren. In Črnuče ließ er vieles mitgehen, was durch die Vermittlung der Arbeiter in die Hände der Partisanen geriet.

Unter dem Vorwand der Lebensmittelversorgung begab sich Weiss oft nach Črnuče, um seine Geliebte zu besuchen. Er war sehr von sich eingenommen und wenn ihm jemand widersprach oder nicht die Hand zum Hitlergruß erhob, drohte er ihm mit einer Anzeige bei der Gestapo.

Ende Frühjahr 1944 versuchten die Partisanen, sich seiner zu bemächtigen, aber er konnte fliehen. Am 30. September 1944 fingen sie ihn schließlich, hielten ihm eine Strafpredigt und ließen ihn frei. Aber Weiss war unverbesserlich und spionierte das slowenische Personal des Schlosses weiterhin aus: Zwei Tage später wurden Ing. Čerin und die Techniker Kožuh und Cedilnik verhaftet.

Als der Elektriker Ivan Valant und der Chauffeur Anton Čuk am 3. Mai 1945 einen schweren Transformator und einen Elektromotor nach Črnuče brachten, schloss sich Weiss ihnen an, um seine Geliebte zu holen. In Kranj warnte ihn der Sohn des Politikers Brodar davor, durch Kranjska Gora zu fahren, denn das sei eine gefährliche Gegend. Aber

KAPITEL I

Weiss hörte nicht auf ihn.

In Podbrezje ließen sie zwei Frauen zusteigen, in Zapuže wurden sie von den Partisanen angegriffen. Beim Versuch zu fliehen wurde Weiss von zwei Kugeln getroffen. Auch seine Geliebte wurde verletzt. Valant versteckte sich hinter den Rädern des Lastwagens, der Chauffeur und die beiden Frauen blieben in der Kabine. Die Partisanen zeigten Valant ein Foto von Weiss in SS-Uniform. Valant war darüber nicht informiert, er hatte Weiss nur in Zivil gesehen. Der schwerverletzte Weiss wurde von Dr. Šarec nach Jesenice gebracht, wo er vermutlich starb. Am nächsten Tag kehrte seine Geliebte nach Črnuče zurück, während sich der Chauffeur den Partisanen anschloss.

Im Schloss arbeiteten auch zwei Haushälterinnen und Küchenhilfen: Mara Mežek, die ihren Liebhaber, den SS-Rapportführer Binder, am 7. Mai 1945 bis zum Tunnel begleitete, und Marija Govekar, die ab 1. November 1944 in der Apotheke von Tržič arbeitete.

Zu Kriegsende wurde die Schlossküche ins Zivillager verlegt und die Kellnerin Marija Dovžan aus Sveta Ana ging mit.

II LAGERBEWACHUNG

Polizei und Gendarmerie

Infolge der Partisanenaktion vom 30. Juni 1942 gegen das Zivillager Podljubelj nahe des Hauses von Schubert[44] richteten die Deutschen zwei Polizeibaracken ein.

Am 21. Mai 1943 bezogen 21 Polizisten der 6. Kompanie des 19. SS-Polizeiregiments, das in Tržič stationiert war, ihr Quartier am Loibl. Am 24. Mai stieg ihre Zahl um 38 auf insgesamt 59.

Am 1. Juni 1943, also drei Tage vor Ankunft der ersten Häftlinge aus Mauthausen, zählte die Einheit bereits 60 Mann.

Weiters blieben 50 Mann der 3. SS/T.[45]-Sturmkompanie Mauthausen, die den ersten Häftlingstransport begleiteten, am Loibl.

Am 20. Juni bezogen 82 Polizisten der Polizeisicherungskompanie Alpenland Stellung. Dieser Kompanie unterstand auch das Wachpersonal des Gefängnisses in Begunje, von den Deutschen „Wachzug Vigaun"[46] genannt.

Vor der Ankunft des zweiten Häftlingstransports im Juli 1943 wuchs die Einheit auf 130 Mann an.

Am 15. Juli wurden zehn Polizisten zur Bewachung des Zivillagers auf die Nordseite geschickt und das Kommando wurde Leutnant Steiner übergeben, der seine Aufgabe im Großen und Ganzen korrekt erfüllte. Im Frühjahr 1944 wurde Steiner von einem sehr zynischen, gewalttätigen Nazi abgelöst, Hauptmann Franz aus Graz. Dem Kommandanten standen ein Ordonanzoffizier und eine Leibwache zur Verfügung.

Zwischen 1. August und 31. Oktober waren 100 Polizisten auf der Südseite stationiert, auf der Nordseite kamen im Oktober 20 hinzu, denn ab Ende Juli 1943 kamen die Häftlinge unter Bewachung auf Lastwagen über den Loiblpass zur Arbeit.

Im Oktober 1943 zogen die ersten Häftlinge in die fertigen Baracken auf der Norseite ein. Im Dezember waren es insgesamt etwa 220. Aber da für alle Häftlinge noch nicht genügend Baracken bereitstanden, ließ die Lagerleitung von Dezember 1943 bis zum 18. März 1944 hundert Häft-

---

44 Wilhelm Schubert war Bürgermeister von Sveta Ana (Anmerkung des Übersetzers)
45 SS/T stand für Schutzstaffel/Totenkopf (Anmerkung des Übersetzers)
46 Vigaun war die deutsche Bezeichnung für Begunje.

Abb. 12: Wachturm mit unbekanntem SS-Mann im Nordlager.

linge weiterhin täglich unter SS-Bewachung vom Südlager über den Loiblpass bringen. Ihre Zahl sank in der Folge auf siebzig, dann auf fünfzig und schließlich auf zwanzig. Gleichzeitig stieg die Zahl der Häftlinge an der Nordseite auf 325.

Im Dezember 1943/Jänner 1944 gab es 110 Polizisten im Süd- und 15 im Nordlager. Eine dritte Baracke für die Häftlinge aus dem Südlager wurde Oktober 1943 im Norden errichtet.

Auf der Südseite bestand die Aufgabe der Polizei darin, die Lagerumgebung zu überwachen; im Norden begann eine solche Überwachung erst im Herbst 1944. Die Polizeiangehörigen waren anfangs vor allem deutsche Staatsbürger. Sie patrouillierten die Gegend bis zur Selenitza, bis zur Korošica, bis zu den Almhütten Preval und manchmal auch Kofce. Ihre Kontrolle erstreckte sich von der Straße auf den Loiblpass bis zu den Quecksilberminen von Lajba (drei Kilometer südlich des Lagers), vor allem dann, wenn Häftlinge von den SS-Leuten nach Tržič gebracht oder von dort abgeholt wurden.

Von Ankele in Sveta Ana aus kontrollierte die Gendarmerie die Straße südlich von Lajba und dem Sägewerk, das zur Textilfabrik gehörte. Im Juni 1943 exekutierte eine Patrouille von etwa 20 Mann einen Partisanen, ein weiterer konnte fliehen. Ein junger Gendarm, ein Pole, war stolz auf diese Hinrichtung. Um zu verhindern, dass sich die Gendarmen in einer Gebirgshütte niederließen, setzten die Partisanen diese Hütte am 23. Juni in Brand.

Im Frühjahr 1943 standen 22 Mann unter der Leitung des Gendarmeriekommandanten Gustav Schweickhardt aus der Gegend von Baden. In seinen Berichten von August bis Oktober 1943 schrieb er, dass ihre

Hauptaufgabe in der Vernichtung der Partisanen,[47] der Sicherung der Loiblstraße und der Personenkontrolle bestehe. Seinem Bericht zufolge machte sich am 24. September eine Patrouille auf die Suche nach Partisanen und in Dobrča (südlich der Begunjščica) kamen ihnen sieben Gendarmen aus Tržič zu Hilfe. Er fügte in seinen Berichten hinzu, dass eine Zusammenarbeit zwischen Polizei und SS am Loibl von Vorteil wäre. 1944 setzten die Partisanen den Polizei- und SS-Leuten auf der Straße vom Loiblpass nach Tržič weiterhin zu, obwohl diese zahlreicher und besser ausgerüstet waren. Drei Gendarmen, darunter der Kommandant, wurden am 9. Jänner 1944 durch eine Granatenexplosion verletzt. Am 5. Juli fand der Gendarm Walter Siegel den Tod und am 5. August wurde der Kommandant Gustav Schweickhardt selbst schwer verwundet, er erlag seinen Verletzungen am 14. August.

Die Zahl der Polizisten schwankte zwischen 100 und 140 – je nach Anzahl der Häftlinge und ausländischen Arbeiter (Italiener und Kroaten aus dem „Unabhängigen Staat Kroatien" von Ante Pavelić)[48], aber auch infolge der Partisanenaktivitäten am Loibl.

Für die Polizisten wurden zwei Garagen und ein Schweinestall gebaut, wo ein slowenischer Arbeiter aus dem Poljana-Tal bei Škofja Loka dreißig Schweine mit Kartoffeln fütterte, die für die Häftlinge bestimmt waren. Der Mann flüchtete am Ende des Krieges nach Österreich.

Im Sommer 1944 ließen die Polizisten von den Arbeitern rund um das Zivillager und entlang der Straße Bunker errichten und im Osten, gegen die Koschuta hin, einen Wachturm. In einem Umkreis von 50 Metern mussten die Bäume gefällt werden.

Die Bunker waren nur in der Nacht besetzt. Die Bewaffnung der Wachpolizisten bestand in automatischen Feuerwaffen und Gewehren. Manche trugen auch Pistolen. Die Garnison verfügte auch über eine 20-mm-Kanone[49], die weit von den Baracken entfernt aufgestellt war. Die SS-Leute führten manchmal Schießübungen durch und schossen dann in Richtung Begunjščica. Sie hatten auch Rauchmunition, Sprengstoff und Leuchtkörper, von den Slowenen »Tromblonka« genannt, die sie mit ihren Gewehren in die Luft schossen.

---

47 Von den SS-Leuten als „Banditen" bezeichnet
48 Kroatischer Rechtsanwalt und Politiker, Gründer der faschistischen Ustascha, Führer des „Unabhängigen Staates Kroatien"
49 Wahrscheinlich handelte es sich um eine Flugabwehr- (FLAK), vielleicht auch um eine Panzerabwehrkanone (PAK).

In einer der Baracken gab es eine Kantine. Das Essen wurde vom Zivillager gebracht. Nach der Kapitulation Italiens wurden viele junge Polizisten in die Wehrmacht eingezogen und an die Front geschickt. Ende 1943 und Anfang 1944 wurden mehr als zehn slowenische Gendarmen aus Kranj und Radovljica rekrutiert und in Šentvid bei Ljubljana von deutschen Ausbildnern, Reservisten der Polizei-Sicherheitskompanie Alpenland, eingeschult. Außerdem kam eine Gruppe älterer Gendarmen aus Österreich, unter ihnen auch Kärntner Slowenen. Im Herbst und im Winter mussten die Polizisten und SS-Leute nahe der Baustellen in Hütten, die sie vor Wind, Regen und Schnee schützten, Wache halten. Wie in den Bunkern waren die Gendarmen auch hier mit Gewehren und je 120 Stück Munition ausgerüstet. SS und Polizei hatten Gewehre und Maschinenpistolen. Bei jedem Ortswechsel wurden die Häftlinge von Gendarmen und Polizisten begleitet, die ihnen vorangingen. An ihrer Seite und hinter ihnen ging die SS. Die meisten slowenischen Gendarmen wurden im Winter 1943/44 an die Nordseite geschickt. Die Anzahl der Gendarmen und Polizisten änderte sich ständig, aber sie lag immer höher als die Zahl der SS-Leute. Ihr Gesundheitszustand war nicht der beste; sie waren zwischen vierzig und fünfzig Jahre alt.

Von Juli 1943 bis Ende Februar 1945 wurden mehr als fünfzig von ihnen im Krankenhaus Golnik untersucht. Die Krankheiten waren:
– Magen- und Darmerkrankungen
– Tuberkulose
– Rheumatismus
– verschiedene Knochenbrüche.
In leichteren Fällen, wie zum Beispiel bei Geschlechtskrankheiten, wandten sich die Polizisten an das Krankenrevier des 19. Polizeiregiments in Lesce.

Das SS-Lager und seine Kommandanten

Die Männer der 3. SS/T. Sturmkompanie Mauthausen waren auf der Südseite unterhalb des Häftlingslagers untergebracht. Bis Oktober 1943 wohnten 100 SS-Leute in zwei Baracken in der Nähe des Stacheldrahtverhaus. Dann wurde ein Teil von ihnen auf die Nordseite geschickt und es verblieben zwischen 60 und 70. Einige, etwa 16 oder 18, schliefen in Stockbetten. In der linken Baracke (gegen die Begunjščica hin) schliefen auch Polizisten. Diese Polizisten wurden weder zu Patrouillengängen abkommandiert, noch bewachten sie die Straße. Kontakt hatten sie nur mit

KAPITEL II

Abb. 13: SS-Baracken auf der Südseite, dahinter das Häftlingslager mit Wachturm.

der Lagerleitung, denn die SS-Wachen hielten lieber Abstand zu ihnen.

Am äußeren Ende der rechten Barackenunterkunft befand sich eine Friseurstube und ein Waffenmagazin. Dafür zuständig war ein SS-Unteroffizier, der auch an Ort und Stelle wohnte. Näher an der Straße gab es Toiletten und Duschen sowie einen Hundezwinger für die Wachhunde. Der schlimmste von ihnen war ein gelber Hund. Er hatte bereits mehrmals Häftlinge gebissen. Als einer der Hunde vergiftet wurde, organisierten die SS-Leute als Strafe eine „Corrida"[50] gegen die Häftlinge.

In der zweiten Reihe, unter den oben beschriebenen Baracken, befand sich, von links nach rechts gesehen, das Speise- und Klubzimmer. In einer Ecke stand ein Klavier.

Die ehemalige Sennerin von Kofce, Frau Zebal, war hier als Köchin tätig. Später wurde die Küche verlegt.

In der kleinsten Baracke, der Offiziersbaracke, residierte der Lagerkommandant, Julius Ludolph.[51] Beim täglichen Häftlingsappell befahl

---

50 So wurden kollektive oder individuelle Häftlingsbestrafungen genannt.
51 Julius Ludolph wurde am 26.3.1896 in Hamburg geboren. Vor dem Krieg war er Taxifahrer. Nach dem Lager Großraming übernahm er die Leitung eines weiteren Außenlagers von Mauthausen, des Konzentrationslagers Melk. Beim Dachauer

Ludolph den Lagerkapos größte Strenge gegenüber den Häftlingen. Ihre Haftbedingungen durften unter keinen Umständen erleichtert werden. Die SS-Leute prügelten die Gefangenen auf seine Anweisungen hin derart, dass viele die Arbeit nicht wieder aufnehmen konnten. Als sich die Ingenieure der Firma Universale beklagten, wurde Ludolph Ende Juli/Anfang August 1943 nach Mauthausen zurückbeordert, aber er wurde bald wieder in einem anderen Lager als Kommandant eingesetzt, im österreichischen Großraming.

Im August 1943 wurde Ludolph also von Jakob Winkler abgelöst. Winkler, geboren am 24.7.1892, stammt aus Zweibrücken, er war seit 1926 Mitglied der NSDAP und trat am 10.9.1934 der SS bei. Sein offizieller Titel war „Lagerführer, SS-Obersturmführer und Kompanieführer der Waffen-SS". Die Häftlinge nannten ihn „Schöne Kniescheibe" und „Gärtner", denn er hatte X-Beine und war vor dem Krieg Gärtner gewesen. Auch wenn er nicht so gewalttätig war wie Ludolph, so war er doch sehr streng und verlangte von den Kapos[52] und den Stubenältesten, die Häftlinge zu misshandeln. Er sprach darüber mit der größten Selbstgefälligkeit:

Vergessen Sie nicht, dass Sie Besiegte sind und dass wir deshalb über Ihr Leben und Ihren Tod verfügen. Hier gibt es keine Starken und Schwachen, sondern nur Arbeiter oder Tote. Und wissen Sie auch, dass Sie keineswegs bald nach Hause kommen ...

Und der feindselige Blick, mit dem er diese Worte begleitete, ließen seine Gedanken erahnen:

... weil ich Sie vorher zur Verzweiflung bringe!

Sein Stellvertreter, SS-Hauptsturmführer Friedrich Wickenhäuser, war zwischen 45 und 50 Jahre alt und wohnte mit ihm in derselben Baracke. Winkler hatte in seinem Büro ein Radio. Wenn dieses nicht funktionierte, ließ er den Elektriker Franc Kurnik kommen, der im Elektrizitätswerk Sveta Ana arbeitete. In Winklers Büro arbeiteten auch der Buchhalter Dienelt, ein junger deutscher Unteroffizier, der etwa vierzigjährige Werner Hänsler und ein Postverantwortlicher, der zwanzigjährige SS-Mann Hans Siller.

Mauthausenprozess, der von 29. März bis 13. Mai 1946 dauerte, wurde er durch das amerikanische Militärgericht zum Tod durch Erhängen verurteilt. Die Hinrichtung fand am 28. Mai 1947 im Kriegsverbrecher-Gefängnis Landsberg statt.

52 Lagerhäftling, der einen Arbeitstrupp befehligt

Ende 1944 ließ die Lagerleitung einen Desinfektionsraum errichten, der allerdings nie verwendet wurde.

In Lagernähe wurde auch ein Transformator installiert. Bei Stromausfällen konnten die SS-Leute sofort den Hilfsgenerator einschalten. Dafür war ein SS-Elektriker zuständig. Seine kleine Baracke mit dem entsprechenden Material stand hinter dem Wachposten rechts vom Haupteingang. Er kümmerte sich um die Scheinwerfer über dem Stacheldraht und auf dem Wachturm sowie um die Barackenbeleuchtung. Er mochte die Franzosen nicht, aber es gab Schlimmere als ihn.

Vor dem Haupteingang stand die Baracke für die Wache mit sechzehn Betten. Zur Bestrafung von SS-Leuten gab es auch zwei Zellen, aber diese standen praktisch immer leer, denn als Strafe wurden die SSler zur Bewachung des Nordlagers geschickt. Zu den Handlungen, die bestraft wurden, gehörte es etwa, einem Häftling ein Stück Brot, einen Zigarettenstummel oder Ähnliches zuzustecken, oder schlimmer, beim Wachrundgang einzuschlafen. Ein SS-Mann hatte täglich acht Stunden Wachdienst. Nach einer Woche wechselten sie mit den Wachen auf der Baustelle oder sie leisteten eine Woche Tag- und eine Woche Nachtdienst. Die Nachtwachen erhielten etwa zwanzig oder fünfundzwanzig Bonbons, um leichter wach zu bleiben. Die Baustelle, der Steinbrecher und die Betonieranlage waren in der Nacht weniger bewacht, denn diese Orte waren hell beleuchtet. Es wurden dort also weniger SS-Wachen benötigt. Für die Organisation der Wachrundgänge war der Lagerverwalter, SS-Unterscharführer Werner Hänsler, zuständig, vermutlich mit Unterstützung von Wickenhäuser. Sie bestimmten auch, wer innerhalb des Kommandos die jeweiligen Wachgänge übernahm.

Von Zeit zu Zeit wiederholten und präzisierten Winkler und Wickenhäuser ihre Anweisungen an die SS:
- kein Kontakt mit den Häftlingen
- Verbot, den Häftlingen irgendetwas zu geben
- Einhaltung eines gewissen Sicherheitsabstandes zu den Häftlingen
- Einhaltung des vorgegebenen Abstands zwischen den einzelnen SS-Wachen
- Wachsamkeit innerhalb des anvertrauten Bereichs.

Dies galt sowohl für die Ankunft der Häftlinge auf der Baustelle wie auch bei deren Rückmarsch. Winkler kam manchmal auf die Baustelle, um sich von der korrekten Einhaltung seiner Anweisungen zu überzeugen.

Das Leben der SS-Leute im Südlager

Reinigung und Instandhaltung der SS-Baracken war Aufgabe der Häftlinge. Abgesehen vom Kommandanten und seinem Stab bekam niemand im Lager Zeitungen, nicht einmal den „Stürmer". Manchmal brachten slowenische SS-Leute die in Tržič hergestellte Zeitung „Karawankenbote" ins Lager, die einzige Zeitung, die die Nationalsozialisten in Gorenjska in deutscher und slowenischer Sprache herausbrachten. Da es keine Lagerbibliothek gab, gestattete Winkler 1944 den SS-Leuten, ins Kino zu gehen, natürlich nur in Gruppen von sechs bis fünfzehn Mann und mit einer Sondergenehmigung, auf der der Zeitpunkt der Rückkehr vermerkt war. Damals wurde die Straße in regelmäßigen Abständen von der Polizei überwacht und die SS-Leute mussten im Lager sein, bevor die Polizeiwachen zurückkehrten.

Im Lager gab es nur wenig Unterhaltung. Nur zwei Veranstaltungen sind bekannt. Ende August oder Anfang September 1943 kam eine Zirkustruppe ins Lager. Dazu wurde in der Kantine eine Bühne aufgebaut und ein junger russischer Häftling malte auf einer Mauer die Berge und den Tunnel. Das Küchenpersonal musste ihm Schmalz geben, er stellte daraus die Farben her. Durch den Diensteingang wurde Bier verteilt und während der Vorführung steckte eine Frau vom Zirkus dem Häftling Frontczak, der für die Bedienung zuständig war, durch das Fenster diskret Zigaretten zu.

Außer dem Kommandanten, dem Arzt, dem Koch und den SS-Rapportführern durfte niemand das Innere des Lagers betreten. Besuche von Frauen waren nur außerhalb des Lagers gestattet, denn diese hatten keinen Zugang zum Lager. Ausnahmen galten für den Kommandanten und den Rapportführer Sebastian Binder. Manchmal wurde im Speise- und Klubzimmer der SS ein Ball veranstaltet, zu dem auch die Angestellten der Firma eingeladen waren. Die jungen Frauen von Tržič und Sveta Ana wurden von gewissen SS-Männern und Lagerpolizisten heftig umworben.

Die meisten SS-Leute wurden nicht bezahlt, sie erhielten nur ein paar Reichsmark Taschengeld. Der SS-Mann Slapar aus Tržič zum Beispiel erhielt monatlich 20 Reichsmark.

Am Anfang stand den SS-Leuten ein alter Lastwagen zur Verfügung, der von einem dreißigjährigen SSler gelenkt wurde. Dieser LKW war gerade noch fahrtüchtig, aber er erreichte nicht mehr als dreißig Stundenkilometer. Wenn er auf einer Steigung stehen blieb, musste man ihn schieben, indem man Keile unter die Räder schob. Im Sommer 1943, auf einer Bergfahrt bei Lajba, vergaßen die SSler auf die Keile und der Lastwagen rollte nach hinten in den Graben. Auf Antrag des Kommandanten erhielten sie von der Gemeinde Radovljica einen Autobus mit einem zivilen Chauffeur namens Jože, der sich bis Kriegsende um den Lebensmitteltransport kümmerte. Obwohl die Firma Universale – gemäß den Vertragsbestimmungen – Lastwagen und Fahrer zur Verfügung hatte (unter anderem für die Häftlingstransporte), stand dem Lagerkommandanten kein eigenes Fahrzeug zu.

Der erste Rapportführer, der zwanzigjährige SS-Unterscharführer Hans Goggl, kam aus Südtirol. 1942 war er bereits Leiter des Strafkommandos in Mauthausen. Der französische Häftling Jean Charlet de Sauvage erinnert sich, wie er ihn in den ersten Monaten am Loibl weinen sah, als Goggl erfuhr, dass seine Mutter, seine Frau und seine Tochter bei einem Bombenangriff in München ums Leben gekommen waren. Goggl sprach Italienisch und da er recht dünn war und einen wiegenden Gang hatte, nannten ihn die Franzosen „Frauenzimmer" oder „Tänzerin". Er war ein bösartiger, grausamer Mensch, ein regelrechter Peiniger. An Sonntagen ging er zur Abwechslung Bergwandern, manchmal den ganzen Tag über. Am 15. August begleitete ihn auf einer Klettertour ein Feldwebel, der als Kommandoführer für seine Brutalität bekannt war, und kam dabei bei einem Absturz ums Leben.

Goggl blieb nur ein Jahr auf dem Loibl, aber er war für zahlreiche üble Morde verantwortlich. Er gab den Stubenältesten und den Lagerkapos Gummischläuche und befahl ihnen, die Häftlinge damit zu schlagen. Man konnte mit ihm nicht diskutieren. Der französische Häftling Georges Huret versuchte zweimal, mit ihm zu reden, und erhielt dafür nichts als Beleidigungen und Knüppelschläge. Goggl wurde später ins Lager Ebensee versetzt. Am 7. September 1944 befahl er dort, 44 englische, amerikanische und holländische Fallschirmspringer zu töten, und nahm selbst am Massaker teil. Am 17. November 1944 richtete er drei Häftlinge hin, darunter den Franzosen Léon Saliamonis.

Goggls Platz am Loibl nahm Sebastian Binder ein,[53] ein mittelgroßer Mann im Alter von 45 bis 50 Jahren. Am 7. Mai 1945 ernannte ihn Lagerkommandant Winkler zum ersten Kommandanten der Wachen, die die Deportierten vom Loibl in Richtung Kärnten begleiteten.

---

53   Vor Gericht wurde Binder von Dr. Ramsauer der Misshandlung von Häftlingen beschuldigt.

Jeden Morgen und jeden Abend bewaffneten sich die SS-Leute und stellten sich unter dem Befehl des Wachkommandanten auf beiden Seiten des Lagereingangs auf, wo die Häftlinge auf dem Weg zur Baustelle hindurch mussten. Auf der Baustelle nahmen die Wachen ihren Posten ein und die Gruppenkommandanten organisierten ihre Wachtrupps. Die Kommandoführer[54] überwachten eine Zeit lang die Arbeiten innerhalb und außerhalb des Tunnels. Letztere verhielten sich den Häftlingen gegenüber am brutalsten.

Der SS-Unterscharführer Otto Bindrich, genannt „der Luxemburger", wurde in der Folge auf die Nordseite versetzt.

Der SS-Unterscharführer Friedrich Porschel, geboren am 26.7.1894, kommandierte die Gruppe, die mit der Rodung des Waldes und dem Abtransport des Holzes beschäftigt war.

Der SS-Untersturmführer Josef Hanke[55], von den Franzosen „Grüne Bohne" genannt, überwachte die Häftlinge im Tunnel. Er war aus freien Stücken aus Argentinien gekommen, um „für das große Deutsche Reich" und „für einen tausendjährigen Frieden" zu kämpfen, wie er selbst immer wieder sagte. Seine Methoden bestanden in reinem Terror und alle zitterten vor ihm.

Ernst Mayer war nicht viel besser. Gewisse Kommandoführer kontrollierten die Häftlinge mit dem Fernglas. Sie machten ein Opfer ausfindig, notierten die Nummer und prügelten den Häftling dann am Abend im Lager.

Meist handelte es sich bei den SSlern um Deutsche oder Österreicher, oft um nicht mehr ganz junge Leute. Aber im Jahr 1944 kamen auch blutjunge Männer (oft gerade über 19 Jahre) zur SS, Deutschsprachige aus dem ehemaligen Jugoslawien (Štajerska, Gorenjska, Kroatien), aus der Tschechoslowakei, aus Ungarn, Polen und Rumänien.

Die kroatischen Deutschen stellten für die jugoslawischen Häftlinge die größte Bedrohung dar, denn sie verstanden ihre Sprache und waren ganz besonders grausam gegenüber Häftlingen, die als Partisanen in die deutsche Gefangenschaft geraten waren.

Der erste SS-Koch hieß Hans Weigel. Er war ein notorischer Trinker und er schien dafür allen Grund zu haben. In der Folge wurde er an die Front eingezogen.

---

54   SS-Leiter eines Arbeitskommandos
55   Geboren am 5. Mai 1909 in der Tschechoslowakei, aber deutscher Staatsbürger

Sein Nachfolger war der SS-Mann Alois Kirschbaum. Im April 1945 kam der deutschsprachige Rumäne Wilhelm Donau hinzu. Die SSler kauften zwei- oder dreimal pro Woche Brot beim Bäcker Martin Romih in Tržič. Fleisch kauften sie in Tržič vor allem beim Fleischhauer Anton Belhar, aber auch in Ferlach beim Fleischhauer Antonitsch, als sie im Nordlager untergebracht waren.

In dieser Hinsicht ist das Rechnungsbuch von Frau Else Belhar besonders aufschlussreich. Es zeigt, dass Fleisch- und Wurstwaren anfänglich von der Firma bezahlt wurden, später dann von der Lagerleitung.

Die Archive des Krankenhauses Golnik zeigen, dass fast die Hälfte aller SS-Leute am Loibl zumindest einmal wegen irgendwelcher Verletzungen oder Krankheiten wie Knochenbrüche, Lungenentzündungen, Magen- und Darmerkrankungen, Herzprobleme, aber auch Geschlechtskrankheiten und – in einigen Fällen – Krätze im Krankenhaus behandelt wurden. Drei SS-Männer wurden am 30. Juli 1944 bei einem Unfall auf der Straße vom Loibl nach Tržič verletzt. Vinko Slapar bezeugt, dass an einem Tag im Jahr 1944 beim Gewehrreinigen in der Baracke ein SSler getötet und ein weiterer verwundet wurden.

Das SS- und Polizeilager auf der Nordseite

Das Lager wurde von Zivilarbeitern und Häftlingen errichtet. Die Häftlinge arbeiteten vom 18. Juli 1943 an auf der Zufahrtsstraße zum Tunnel (nicht weit vom Haus des Straßenwärters Maurer) und bereiteten das Terrain für den Bau des Konzentrationslagers vor.

Ende Oktober, als die ersten Häftlinge ins Lager einzogen, betrug die Anzahl der Polizisten 20, aber die Häftlinge wurden ausschließlich von der SS überwacht. Im Dezember 1943 und Anfang Jänner 1944 waren nicht mehr als 15 Polizisten dort, während die Zahl der SS-Leute auf 50 gestiegen war. Es gab nun bereits 200 deportierte Häftlinge im Lager. Von März bis April 1944 stieg diese Zahl auf etwa 350 an, am 18. April waren es 390. Trotzdem kamen die großen Häftlingstransporte erst im Sommer. Bis zum Frühjahr 1944 glaubten die Deutschen nicht, dass die Partisanen auf der österreichischen Seite eine Bedrohung für sie darstellten, denn auf dem Loibl, im Loibltal und in den Ortschaften der Umgebung lebten nur Frauen und Kinder sowie fünfundzwanzig Männer über 40; die anderen waren entweder in der Wehrmacht oder bei der Polizei bzw. Gendarmerie. Fast die Hälfte der Männer, die zu Hause geblieben waren,

Abb. 14: Der SS-Mann Rein, Wache im Nordlager.

gehörte zur NSDAP und zur „Landwache".[56] Politisch am stärksten engagiert waren der Gastwirt vom „Deutschen Peter", der Parteichef Peter Tschauko, der Kommandant der Landwache Kristelj Poschinger, genannt «Tepi», der aus Tirol gekommene Bürgermeister Petodnigg und der Straßenwärter August Maurer, genannt «Stini». Letztere stellten die Parteiabzeichen der Nazis offen zur Schau, andere, wie die slowenischen Bauern, die man zur Parteimitgliedschaft zwang, trugen sie am Hemdkragen. Neben der Landwache gab es auch Gendarmerieposten auf dem Kleinen Loibl, vier Kilometer vom Tunnel entfernt, und Wehrmachtsposten in Windisch-Bleiberg, etwa fünf Kilometer vom Tunnel.

Die Deutschen zählten auf ihre Mitbürger, die in der Firma arbeiteten, wenn es darum ging, unter den Zivilarbeitern Ordnung und Disziplin herzustellen. Ende 1943 kamen dennoch Gendarmen und Polizisten zum Dienst auf den Wachtürmen und rund um das Lager zum Einsatz. In dieser Zeit wurde auch das gemeinsame Lager für Polizisten und SS-Leute errichtet. Laut einem Vertrag mit der Firma Universale hätte es dort neben der Küche drei Barackenunterkünfte geben müssen. Tatsächlich gab es nur zwei: eine oben für die SS-Lagerleitung, eine unten für die SS-Leute und die Polizisten. Die Lagerleitung richtete sich in einer Unterkunft weit oberhalb des Lagers ein, die übrigens ursprünglich für die Häftlinge vorgesehen war. Im Unterschied zum Südlager brachten die SS-Männer manchmal auch einheimische Mädchen mit, was die Häftlinge,

---

56 Slowenisch-deutsche Wacheinheit, deren Mitglieder aus der Zivilbevölkerung rekrutiert wurden.

die auf dem Weg entlang des Stacheldrahtes gingen, bezeugen konnten. In den ersten Monaten des Jahres 1944 wohnten sechs Wachen, die Dienst auf den Wachtürmen versahen, in einer Baracke innerhalb des Lagers. Als im Frühjahr neue Häftlingstransporte ankamen, wurden die Wachen ins Polizei- und SS-Lager verlegt und richteten am Lagereingang einen Wachposten ein. Sie durchsuchten die Häftlinge häufig beim Abmarsch oder bei der Rückkehr. Es handelte sich um insgesamt 65 bis 70 Wachen; das Kommando hatten zehn bis 15 Offiziere und Unteroffiziere, die in der Leitungsbaracke wohnten. Ihre Mahlzeiten wurden in der Küche des Konzentrationslagers zubereitet, das Essen der Gendarmen und Polizisten kam aus dem Zivillager. Was Ordnung und Disziplin betrifft, unterstanden SS und Polizei dem Kommandanten des Südlagers. Winkler ernannte gerade die brutalsten und aggressivsten von ihnen zu Kommandanten.

Kommandant des SS- und Polizeilagers war der SS-Oberscharführer Paul Gruschwitz. Die Franzosen nannten ihn „Mutter Michelle". Er hatte ein Verbrechergesicht und war unzugänglich und äußerst unsympathisch. Besonders gern ließ er die Häftlinge von den Hunden beißen. Er prügelte sie ohne Rücksicht, versetzte ihnen Fußtritte und ließ sie trotz tiefster Temperaturen im Regen oder im Schnee stehen. Einen Häftling erschoss er selbst.

Sein Stellvertreter war SS-Oberscharführer Walter Brietzke.[57] Er war ein fanatischer Nazi mit ausgeprägtem Selbstbewusstsein und unglaublichem Sadismus. Die Franzosen nannten ihn «Saint Galmier», denn seine Gestalt ähnelte der besonderen Form dieser Mineralwasserflasche. Er organisierte zahlreiche Morde, indem er den Kapos befahl, die Häftlinge zur Überschreitung der Postenlinie[58] zu zwingen, und erklärte den jungen SS-Leuten, von welchem Punkt an ein Häftling als „auf der Flucht" zu betrachten sei und von ihnen erschossen werden musste. Er selbst tötete einige Häftlinge mit der Pistole.

Der SS-Oberscharführer Josef Zorn aus Kroatien kommandierte den Häftlingstrupp auf der Zufahrtsstraße. Er war sehr groß und die Häftlinge nannten ihn „Doppelmeter".

---

57 Geboren am 2.6.1913 in Stettin. Vor dem Krieg arbeitete er als Tischler. Er trat 1937 der NSDAP bei. 1939 kam er zur Waffen-SS und am 27.1.1942 wurde er ins KZ Mauthausen beordert.
58 Gedachte Grenzlinie zwischen zwei SS-Wachen, die nicht überschritten werden durfte.

Der SS-Unterscharführer Karl Sachse[59] war im wahrsten Sinn des Wortes eine Bestie in Menschengestalt. Als Rapportführer war er für die Lagerdisziplin verantwortlich. Wenn die Häftlinge von ihm sprachen, nannten sie ihn den „Wauwau". Bei der abendlichen Rückkehr von der Arbeit mussten sie sich in den Schlamm legen und wie Frösche springen. Lag ein Häftling seiner Meinung nach nicht genügend tief im Schlamm, kam es vor, dass er ihn mit den Füßen trat und bis zu 25 Mal mit dem Knüppel prügelte. Im Winter befahl er ihnen oft, sich im Schnee zu rollen und mit nassem Gewand solange auf dem Appellplatz stehen zu bleiben, bis das Gewand hart gefroren war. Wer krank war und ins Krankenrevier auf der Südseite geführt wurde, bestimmte er selbst:

Abb. 15: Zwei SS-Leute, Winter 44/45, Wachen des Nordlagers, auf der alten Straße nach Klagenfurt. Unten im Tal ist der Hof der Familie Male zu erkennen.

Die Kranken sollten zweimal darüber nachdenken, bevor sie sich wegen meiner Schläge krank melden.

Im Frühjahr 1944 starben zwei Häftlinge an den Folgen seiner Grausamkeiten. Den einen hatte er mit Wasser bespritzt, obwohl der Häftling hohes Fieber hatte. Er starb ein paar Tage darauf an einer Lungenentzündung. Der andere Häftling starb am selben Tag unmittelbar nach seiner Ankunft im Krankenrevier. Wie oft Sachse seine Macht derart missbrauchte, ist kaum abschätzbar.

Der SS-Unterscharführer Otto Bindrich, genannt der „Luxemburger", war als gewalttätig bekannt. Er schlug die Häftlinge mit einem Knüppel oder einem Stock. Später wurde er ins Nordlager versetzt.

---

59 Geboren am 3.3.1902, von Beruf Landwirt. Er wurde am 15.5.1940 nach Mauthausen und im April 1944 an den Loibl beordert.

Der SS-Unterscharführer und Kommandoführer Hugo Köbernik[60], ein Österreicher mit dem Spitznamen „V1", behandelte die Häftlinge brutal und schlug sie oft mit dem Gewehrkolben. Er war am 1. Jänner 1941 der Waffen-SS beigetreten und am 10. Juli 1941 an der russischen Front am rechten Bein verletzt worden. Nach seiner Versetzung nach Mauthausen am 1. Jänner 1943 im Rang eines „SS-Rottenführers" kam er als Invalide an den Loiblpass. Als der Kommandant des Südlagers, Winkler, einmal auf der Nordseite verweilte, ging es um die Frage der Sicherheit der Bauern, die bei einem Partisanenüberfall als Erste in Mitleidenschaft gezogen würden. Man sprach über die Partisanenaktivitäten auf der Südseite (Sveta Ana). Einer der SS-Leute schlug vor, die Bauern umzusiedeln. Köbernik stimmte dem nicht zu. Er meinte, gerade diese Umsiedlungen und die Erschießungen von Geiseln würden die Leute dazu bewegen, sich den Partisanen anzuschließen.

Auch der SS-Unterscharführer Robert Flaig war ein Folterknecht, aber das englische Gericht in Klagenfurt gab ihm trotzdem die Freiheit.

Der junge, sehr vornehme SS-Unteroffizier Keller war mit Elly, der Tochter des Straßenwärters Maurer, befreundet.

Der SS-Unterscharführer Jakob Dandl ließ sich gern fotografieren. Einmal ließ er sich gemeinsam mit fünf jungen jugoslawischen SS-Leuten verewigen. Er war der älteste SS-Mann am Loibl.

SS-Unterscharführer Franz Kessner war der zweitälteste SS-Mann auf der Nordseite. Die Häftlinge und die Arbeiter nannten ihn „Onkel Franz". Auch wenn er die Häftlinge schlug, war er nicht so sadistisch wie die anderen SSler. Die Zivilarbeiter betrachteten ihn als einen der erträglichsten. 1947 wurde er vom englischen Kriegsgericht freigesprochen.

Die SS-Leute kamen aus Deutschland, aus Österreich, aus der Slowakei, aus Kroatien, aus Rumänien oder sie waren Deutschsprachige aus der „slowenischen Steiermark" (Štajerska).

Im Südlager wie auf der Nordseite mussten sich die Häftlinge insbesondere vor den jungen SS-Leuten aus Djakovo, Osijek, Vinkovci und anderen kroatischen Städten in Acht nehmen. Auch wenn diese Analphabeten waren und nur einen deutschen Dialekt sprechen konnten, verstanden sie doch perfekt jugoslawische Sprachen. Sie schritten mit selbstsicherem Blick und stets tadelloser Uniform über die Baustelle. Körperliche Anstrengungen gab es für sie keine, deshalb reagierten sie sich an den Häft-

---

60   Geboren am 20.11.1914

DAS LOIBL-KZ

Abb. 16: Der SS-Mann Jakob Dandl mit fünf jungen SS-Leuten aus Jugoslawien. Links von ihm Joza Šajkunovič; hinter ihm Ivan Čančalo (zweiter SS-Mann von links).

lingen ab. Sie fragten die jugoslawischen Gefangenen (gefangene Partisanen) gerne, woher sie kämen und wie viele Deutsche sie getötet hätten. Aber was konnten die Häftlinge auf solche Fragen schon antworten?

Geschlagen wurden sie auf jeden Fall.

Der SS-Mann Vavpotič

Der bekannteste unter den SS-Leuten auf der Nordseite war Jože Vavpotič, geboren 1920 in Lukovica bei Murska Sobota.

Nach dem Krieg war er als Waffenhersteller für die jugoslawische Volksarmee tätig und wurde Mitglied der Kommunistischen Partei Jugoslawiens.

Da er in seinem Leben zahlreiche Lügen – insbesondere über seine Rolle während der Kriegszeit – schrieb, konnte niemand ahnen, dass er eine SS-Uniform getragen hatte. Es gab keine Beweise gegen ihn, denn die meisten Zeugen, die ihn in Schwierigkeiten hätten bringen können, lebten außerhalb Jugoslawiens, während er in der slowenischen Hauptstadt Ljubljana wohnte.

Vavpotič wurde als Häftling ins Konzentrationslager Mauthausen eingeliefert, und zwar sechs Monate vor der Befreiung dieses Lagers. Erst nachdem das Gericht Ljubljana ein Verfahren gegen ihn eröffnete, wurde seine Kriegsvergangenheit ans Licht gebracht. Er wurde angeklagt, im Mai 1944 auf der Nordseite einen Häftling unter dem Vorwand erschossen zu haben, dieser hätte die Postenlinie überschritten. Vavpotič gab zu, dreimal geschossen zu haben, aber er erklärte, den Todesschuss hätte der SS-Mann Sitar abgegeben.

Vavpotič hatte ein schlechtes Gedächtnis, aber die Häftlinge konnten weder sein Gebrüll vergessen noch die Tatsache, dass er vor ihren Augen verächtlich Brotstücke über den Stacheldraht warf und dabei lachte.

Er „vergaß", dass er sich oft auf den Bauernhof »Pamž« begab und sich dort sogar mit seinem SS-Kameraden Jože Trefalt und dem Lokomotivführer Franc Boronšek fotografieren ließ, natürlich in SS-Uniform und mit Gewehr und Bajonett. Er „vergaß" auch, dass er eine heftige Auseinandersetzung mit dem Gendarmen Ivan Suhadolnik hatte, als er die Häftlinge nach der Arbeit ins Lager zurückführte. Vavpotič stieß einen Häftling, der seiner Meinung nach zu langsam ging, gewaltsam vorwärts, worauf er von Suhadolnik, der das gesehen hatte, selbst gestoßen wurde. Er „vergaß" weiters, dass er sich seinen SS-Kameraden anschloss, als diese nach der Flucht des Polen Piotr Scislowski[61] am 19. April 1944 mit Repressalien gegen die Häftlinge vorgingen, und dass er an den schlimmen Folterungen der russischen Häftlinge nach der Flucht dreier von ihnen am 29. April[62] teilnahm. Und er „vergaß", was er am Bauernhof Pamž gesagt hatte, als diese Russen vom Nordlager aus an einen Ort ohne Wiederkehr abtransportiert wurden:

Wir haben sie so geprügelt, dass sie wie Strohhalme umfielen.

Vavpotič begann erst über seine Zukunft nachzudenken, als die Situation der Deutschen an der Front immer schwieriger wurde und als es immer weniger Polizisten und Gendarmen gab, die seine Ansichten teilten.

Den Bauern erklärte er:

Ich habe bis zu diesem Tag drei Häftlinge erschossen, aber jetzt kann ich nicht mehr. Sie zwingen mich immer zu schießen.

Das erklärt, warum er dem Häftling Valentin Narat (Vater) die Genehmigung zum Erhalt eines Pakets gab.

Die Bauern Peter Poschinger und Primož Čašelj (vom Bauernhof Pamž) erinnerten sich, dass er und Sitar auf einen französischen Häftling

---

61 Siehe Kapitel VIII
62 Ebenda

geschossen hatten, der die „Postenlinie" überschritt. Der Häftling Franc Juvan aus Trbovlje war Augenzeuge dieser Szene. Er sah, wie Vavpotič die Schusswaffe auf den Häftling anlegte. Dann hörte man acht Schüsse.

Vor Gericht gab Vavpotič zu, er habe gemeinsam mit Brietzke der Einäscherung des Häftlings beigewohnt. Wie Juvan erklärte, sei der Deportierte seiner Kleider entledigt und nackt zum Krematorium gebracht worden. Die blutverschmierten Kleider seien eine Zeit lang hinter der Baracke liegen geblieben.

Auch die Nonne Nana Močnik erinnerte sich an Vavpotič. Nach der Kapitulation Frankreichs, wo sie damals lebte, kehrte sie zu ihrer Mutter nach Slowenien zurück, die nicht weit vom Tunnel lebte. Vavpotič verfolgte sie mit Anträgen, aber sie, die sich nur Gott verbunden fühlte, gab nicht nach und suchte Schutz bei den Bauern der Umgebung.

Der französische Techniker Bourgeot fragte 1984, wie es möglich sei, dass es bei der Ankunft der Partisanen in Tržič unter diesen SS-Leute gab, die im Nordlager Häftlinge misshandelt hatten. Die Antwort ist einfach: Die Partisanen kannten nicht alle SS-Leute auf der Kärntner Seite und leider gab auch noch andere „Vavpotič".

Das Kriegsgericht in Ljubljana verurteilte Vavpotič zu zehn Jahren Gefängnishaft und – nach Freilassung – zu weiteren drei Jahren Entzug seiner Bürgerrechte. Seine Berufung wurde vom Obersten Gerichtshof Sloweniens abgelehnt.

Zu Lebzeiten hätte Vavpotič durch seine Zeugenschaft dazu beitragen können, die Geschichte des Nordlagers zu vervollständigen, denn die Zivilarbeiter konnten dort – im Gegensatz zum Südlager – die begangenen Verbrechen nicht mitverfolgen.

Die nach Mauthausen deportierten und dort ermordeten Russen können leider kein Zeugnis mehr ablegen.

Das Bewachungssystem

Zum Jahresende 1944 wurden Gendarmen der Reserve aus Slowenien und Österreich von der slowenischen auf die österreichische Seite abkommandiert. Sie waren alle nicht mehr jung. Die SS-Leute zeigten sich stolz auf ihre brutale Behandlung der Häftlinge. Aus diesem Grund vermieden die Gendarmerie-Reservisten den Kontakt mit den SSlern und in der gemeinsamen Barackenunterkunft schliefen sie lieber getrennt von ihnen. Gingen Gendarmen und SS-Leute zu den Bauern der Gegend auf einen Umtrunk, dann taten sie es getrennt.

Die Wachen standen zwei Stunden lang auf den Wachtürmen, dann hatten sie vier Stunden lang Pause. Auf der Baustelle gab es alle zwanzig bis dreißig Meter Wachplätze, die im Winter beheizt waren. Während die Kommandoführer nur Pistolen trugen, waren die Wachen mit Gewehren und Maschinenpistolen bewaffnet. Auch beim Bau der Zufahrtsstraßen stand alle zwanzig Meter ein Wachposten, auch im Winter, wenn die Häftlinge die Baustelle, das Lager oder die Straße vom Loibl nach Ferlach vom Schnee säubern mussten.

Trotz zahlreicher Desinfektionen waren die Wachen oft von Läusen geplagt. Der Bauer Čašelj vom Bauernhof »Pamž« erzählte mir, ein SS-Führer sei einmal zu ihm gekommen, habe sich in unregelmäßigen Abständen gekratzt und die Läuse einzeln auf dem Ofen verbrannt. Aber wehe, wenn ein Häftling Läuse hatte!

Die meisten slowenischen Gendarmen, aber auch andere, waren verheiratet, ebenso manche SS-Männer. Allerdings durften sie nur selten nach Hause fahren. Hingegen konnten die Ehefrauen von Zeit zu Zeit zu Besuch an den Loibl kommen.

Manche Frauen von slowenischen Gendarmen lösten das Problem, indem sie sich eine Zeit lang von Bauern oder anderen Bewohnern der Gegend beherbergen ließen. Als Gegenleistung halfen sie bei der täglichen Arbeit mit. Die Frauen der SS-Männer versuchten eher, bei den Großbauern freie Zimmer zu finden und diese zu mieten. Samstag nachmittags und sonntags, wenn sie nicht die Arbeiten überwachen mussten, begaben sich manche Gendarmen und SS-Gruppen ins Loibltal oder – mit schriftlicher Genehmigung – auf die Südseite.

Aber die Lagerleitung verhängte oft Ausgangssperren. In diesem Fall konnten sie nur zum nächsten Bauern gehen, also auf den Bauernhof »Pamž« oder zum Straßenwärter Maurer.

Auf dem Weg ins Tal waren sie nur mit Pistolen bewaffnet. SS-Leute wie Vavpotič borgten sich die Pistolen von Polizisten aus. Jugoslawische SS-Leute, aber auch andere, kamen manchmal ins Lager zum Kartenspielen.

Der Gendarm Jože Jamnik bekam Urlaub und fuhr nach Hause nach Podreča. Dort wurde er von der »Landwehr« zum Dienst eingezogen und nach Smlednik (Slowenien) abkommandiert. Man sagte ihm, man würde die Sache mit der Lagerleitung schon regeln. Aber es kam eine Patrouille und brachte Jamnik wieder ins Nordlager.

Unterhaltung gab es für die SS-Leute, Gendarmen und Polizisten kaum. Zu Weihnachten und Neujahr 1944/45 stellten sie inmitten des

Lagers einen Weihnachtsbaum auf und sangen Weihnachtslieder wie „O Tannenbaum".

Von Zeit zu Zeit fanden sie für Sonntagabend einen Musiker. Als der Häftling Franc Juvan im Frühjahr 1944 die Genehmigung erhielt, eine Ziehharmonika bei sich zu haben (die er dann auch bis Kriegsende behielt), befahlen ihm die Kapos immer wieder, für sie zu spielen. Auch die SS-Leute in den Küchen ließen ihn spielen und gaben ihm als Belohnung ein Stück Brot.

An einem Sonntagnachmittag erhielt Juvan vom Stubenältesten den Befehl, seine Harmonika zu nehmen, und wurde in die SS-Kantine geführt. Dort saßen fünf SSler mit ein paar Mädchen. Sie tanzten und tranken und riefen unaufhörlich:

Spiel! Spiel!

Die Glocke, die die Nachtruhe ankündigte, hatte bereits seit langem geläutet und Juvan befand sich noch immer außerhalb des Lagers. Schließlich ging ihn der Kommandant, völlig besoffen, suchen. Er befahl ihm, seine Harmonika zu nehmen, und sagte, er würde ihn ins Lager zurückbringen. In seiner Trunkenheit fiel er auf dem Weg manchmal hin, verfluchte Juvan mit der Pistole in der Hand und meinte, dieser habe ihn niedergestoßen. Als sie ins Lager kamen, stieß er ihn in die Baracke und befahl ihm, schlafen zu gehen. Juvan war noch einmal davongekommen.

An den Sonntagen nahmen manche Polizisten und Gendarmen an der Messe in der Sankt Leonhardskirche teil, andere gingen ins Gasthaus „Raidenwirt" oder zum „Deutschen Peter". Sie hatten alle den Auftrag, vor Einbruch der Dunkelheit wieder zurück zu sein – aus Angst vor den Partisanen. Aus diesem Grund wurde auch die Straße, für die Maurer zuständig war, ab September 1943 bis Ferlach von der Landwache überwacht. Die Wachen aus der Gegend schlossen sich bei ihren nächtlichen Rundgängen aus Angst vor Begegnungen mit Partisanen am liebsten in irgendeinem Bauernhof ein. Ihr Kommandant Kristelj Poschinger meldete im März 1944 einem Wachposten am „Kleinen Loibl", die Partisanen hätten ein Schwein und ein Schaf gestohlen. In Wirklichkeit hatte er selbst die Tiere geschlachtet und versteckt, wie mir sein Vater später anvertraute. Er log, um sie nicht der Verpflegungsstelle übergeben zu müssen.

Im Frühjahr 1944 erstreckten sich die Aktionen der Partisanen auf das ganze Tal. Die Straßenverbindung Loibl – Ferlach, auf der Nahrung und Baumaterialien transportiert wurden, war ständig bedroht. Die Deutschen mussten die Wache verstärken und Anfang September einen neuen

Polizeiposten schaffen, und zwar im Forsthaus „Dreier". Der Posten lag zweieinhalb Kilometer vom Tunnel entfernt und blieb bis zum Abend des 7. Mai 1945 besetzt.

Abb. 17: Der Bahnhof von Tržič im Jahr 1943.

III DIE ANKUNFT DER HÄFTLINGE

Der erste Transport

Am 2. Juni 1943 wählten die SS-Leute im Konzentrationslager Mauthausen eine Gruppe von 330 Häftlingen für den Transport an den Loiblpass aus. 83 davon galten als Facharbeiter, 247 als Hilfsarbeiter. Es war noch dunkel, als sie zum Bahnhof geführt und in die Viehwaggons verladen wurden. Früh am Morgen fuhren sie dann unter Bewachung der 3. SS/T-Sturmkompanie Mauthausen ab. Die Fahrt ging über Kranj nach Tržič. Die SS-Leute reisten in zwei Personenwagen, die eigens zu diesem Zweck an den Transportzug angehängt wurden. Spät am Nachmittag kam der Zug in Tržič an, wo die Häftlinge vor dem Bahnhof mit Lastwagen abgeholt wurden. Sie stiegen unter den Schreien und Drohungen der SS-Leute und der Kapos auf die Lastwagen und mussten sich dicht gedrängt setzen, während die SS-Leute an den Seiten und in der Fahrerkabine Platz nahmen.

Einwohner von Tržič, die sich zufällig im Bahnhofsbereich befanden, sahen die Häftlinge mit ihren gestreiften Anzügen und ihren Holzpantoffeln. Sie beschafften in aller Eile ein bisschen Nahrung und Zigaretten. Aber niemand durfte sich den Häftlingen nähern.

Zora Konič beschreibt die Ankunft des Konvois folgendermaßen:

Ich wohnte mit meinen Eltern und meiner Schwester gegenüber dem Bahnhof in der Nähe der Schuhfabrik „Peko". Es war ein Tag wie andere auch. Unser Küchenfenster stand offen und wir waren erstaunt, als wir zu so ungewöhnlicher Stunde das Pfeifen einer Lokomotive und die Ankunft eines Zugs hörten, denn im Allgemeinen kam der Zug erst um 17 Uhr an. Ich war eine junge Frau, wollte wissen, was die Besatzer im Schilde führten, und lief daher sofort auf die Straße. Auf dem Bahnsteig wimmelte es von deutschen Uniformen und sie ließen mich nicht durch. Ich stellte mich vor dem Gasthaus Košir gegenüber dem Bahnhof auf und beobachtete, was geschah. Menschen in gestreiften Anzügen und Schuhen mit Holzsohle stiegen, als die Wachen die Türen öffneten, mit erschöpften Gesichtern aus den Waggons. Ich sah drei entkräftete Häftlinge auf den Boden fallen. Ihre Leidensgenossen mussten ihnen unter den Flüchen der Wachen wieder auf die Beine helfen. Die SS-Leute ließen die Häftlinge vor dem Bahnhofsmagazin antreten. Auch Leute aus Trajbah und Preska waren stehen geblieben und beobachteten schockiert die Szene. Ich lief nach Hause, meine Mutter gab mir Obst, Brot und Ziga-

retten meines Vaters, die meine Schwester und ich diesen Unglücklichen brachten. Es gab viele Männer, die den Häftlingen ihre Zigaretten gaben, aber leider war nicht genug für alle da. Die Aktivisten der Osvobodilna fronta führten ihrerseits eine Sammlung in der Fabrik „Peko" durch. Der Erfolg war beachtlich. Manche gaben ihre Zigaretten, andere steuerten etwas zu essen bei. Ich nahm meinen Mut zusammen und bat die Wachen, die gesammelten Zigaretten und Lebensmittel den Häftlingen übergeben zu dürfen. Auch andere Einwohner aus Trajbah baten sie darum. Die SS-Leute schickten uns ohne weitere Erklärungen zurück. Der Transportführer begab sich in die Stadt. Auf dem Bahnhof gab es immer mehr Leute. Fast jeder wollte den Häftlingen etwas geben. Wir baten die Wachen erneut, bis sie unseren Bitten schließlich nachgaben. Was für eine Freude, als die Häftlinge erfuhren, dass sie sich Zigaretten anzünden konnten. Der Bäcker Miha Ambrož kam gerade aus dem Lebensmittelladen „Damulnek" mit einem Korb Brot für den Gasthof Košir. Er verschenkte den Inhalt sofort an die Gefangenen. Während der Verteilung fragten einige Häftlinge, wo sie sich befänden. Ich antwortete: Jugoslawien. Dann kamen die Lastwagen, und der Platz war bald leer.

Die Ankunft der Häftlinge hatte sich schnell herumgesprochen und als sie auf den Lastwagen durch Tržič fuhren, warfen ihnen manche Einwohner kleine Geschenke zu. Als die Wagen auf dem Weg vor dem Lagertor zum Stehen kamen, ertönten die Schreie der SS-Leute von Neuem. Die Häftlinge mussten in aller Eile absteigen und die SSler stießen sie unter Waffenandrohung, so schnell es nur ging, ins Innere des Lagers. An einem dafür vorgesehenen Platz mussten sie sich zu fünft aufstellen. Das Lager war – mit Ausnahme der Baracken 4 und 5 und zweier Werkstätten – von den Zivilarbeitern für ihre Ankunft eingerichtet worden. Der SS-Obersturmführer Julius Ludolph, ein brutaler, blutrünstiger Deutscher, der mit einer Peitsche in der Hand durchs Lager ging, hieß sie „willkommen". Die Häftlinge bekamen je einen dünnen Strohsack, eine Decke, ein Leintuch und ein kleines Handtuch und wurden dann in drei Baracken untergebracht. Obwohl sie den ganzen Tag über gefahren waren, bekamen sie nichts zu essen.

Die Baracken waren in zwei Bereiche geteilt. Der eine diente als Essraum, der andere als Schlafraum. Dort schliefen bis zu hundert Häftlinge, aber ihre Zahl stieg in der Folge erheblich an. Sie schliefen in Hemd und Unterhose auf etwa achtzig Zentimeter breiten und zwei Meter langen Stockbetten aus Holz. Die Strohsäcke waren mit Holzspänen gefüllt. Die Schlafräume waren nicht geheizt, nur im Essraum stand ein Ofen. Es war ständig kalt. In der Nacht konnten die Kleider nicht trocknen und blieben feucht.

Unter den 330 Häftlingen waren 13 Deutsche, zwei davon aus politischen Gründen, die anderen elf waren „Berufsverbrecher". Sie bekamen die wichtigsten Funktionen: Kapos, Stubenälteste. Die 316 Franzosen waren allesamt politische Gefangene, manche von ihnen waren russischer oder polnischer Herkunft. Die Belgier Jean De Lantscheere und Marcel Closset, festgenommen auf französischem Boden, wurden als Franzosen angesehen.

Das Alter der Häftlinge reichte von unter 17 bis über 45: Einer wurde gerade erst 17 Jahre alt,[63] acht waren 18, weitere acht waren 19, 304 waren zwischen 20 und 45, neun waren über 45 Jahre alt.

Mit Ausnahme des Polen Siegmund Klossowski, der bereits im Februar 1942 nach Mauthausen deportiert worden war, kamen sämtliche Häftlinge von Frankreich aus nach Mauthausen, und zwar in zwei Transporten: Der erste – mit 991 Häftlingen – erreichte Mauthausen am 18. April 1943, der zweite – mit 987 Häftlingen – am 22. April 1943. Die Häftlinge blieben nur etwa eineinhalb Monate in Mauthausen.

Unter den Franzosen gab es auch Mitglieder derselben Familie. Raymond und Maurice Cambournac sowie Gustave und Marcel Duhaut (Vater und Sohn), die Zwillingsbrüder André und Henri Lacoste, die Brüder Charles und Marius Levert sowie Antoine und Richard Ulloa.

Vor ihrer Verhaftung hatten die Häftlinge ganz verschiedene Berufe ausgeübt. Es gab unter ihnen Anwälte, Notare, Professoren, Militärangehörige, Journalisten, Kaufleute, Künstler, Landwirte, Maurer, Hoteliers, Arbeiter, Studenten, Schüler und andere.

Aber in Mauthausen wurden sie anders eingestuft, mit Ausnahme der Ärzte, ohne Rücksicht auf ihren tatsächlichen Beruf.

Von den 330 Häftlingen wurden 247 als Hilfsarbeiter betrachtet, die anderen wurden folgenden Berufen zugeteilt:
Maurer (15), Tischler und Zimmerleute (15), Mineure (12), Schreiber und Dolmetscher (5), Anstreicher (3), SS-Friseure (1), Köche (2), Schlosser (2), Gärtner (5), Elektriker (3), Schneider (2), Schuhmacher (2), Friseure (2), Installateure (2) und der Arzt. Manche füllten auch mehrere Funktionen aus (Schneider, Friseure, Köche, Schuhmacher).

Die verbliebenen elf Häftlinge waren allesamt Deutsche oder Österreicher. Ihnen wurden „Prominentenposten" zugestanden wie Stubenältester oder Verantwortlicher für Sauberkeit und Ordnung in den Räumlichkeiten.

---

63 Der Franzose Bernard Bon, geboren am 8.7.1926, Häftlingsnummer 27814, wurde erst 35 Tage nach seiner Deportation an den Loiblpass 17 Jahre alt.

Die Bekleidung der Häftlinge bestand aus grau-blau gestreiften Hosen und Jacken aus Kunstfaser. Sie trugen runde Mützen, die sie abnehmen mussten, wenn sie an einem SS-Mann vorbeigingen.

Die Unterwäsche, die sie trugen, war manchmal so zerrissen, dass sie kaum noch am Körper blieb. Die Schuhe hatten eine Holzsohle mit einer Oberseite aus Stoff oder Leder. Socken trugen sie keine. Einigen gelang es in der Folge, mit Hilfe von Zivilarbeitern oder Einwohnern von Tržič in den Besitz von Socken zu gelangen, die anderen halfen sich, so gut sie nur konnten, und wickelten ihre Füße mit Tüchern und Papierstücken ein.

Im Winter bekamen sie einen Mantel aus demselben Stoff wie die Häftlingsanzüge. Um sich gegen die schneidende Kälte zu schützen, schoben sie manchmal Papier von Zementsäcken unter ihre Hemden, auch wenn das streng verboten war, denn die Deutschen bewahrten die leeren Säcke auf. Wurde ein Häftling mit einem solchen Kälteschutz entdeckt, musste er sich auf eine brutale Strafe gefasst machen.

Ab Herbst 1944 durften die Häftlinge Westen und Schals tragen, wenn sie welche besaßen. Nur die Häftlinge deutscher Staatsangehörigkeit mit einer Funktion innerhalb des Lagers durften eine Art blauen Anzug, einen Mantel und hohe Lederschuhe tragen. Manche hatten sogar Stiefeln und eine blaue Schirmmütze. Auch die Mineure, die im Tunnel arbeiteten, trugen Schuhe aus Leder.

Bei ihrer Ankunft im Lager wurden die Häftlinge geschoren. Man ließ ihnen gerade noch einen Zentimeter Haar und von der Stirn bis zum Nacken erhielten sie eine drei Zentimeter breite Tonsur. Die Haare wurden einmal im Monat geschnitten, der Tonsurstreifen alle zwei Wochen.

Jeder Häftling am Loibl behielt die Nummer, die er im Konzentrationslager Mauthausen bekommen hatte. Von diesem Moment an galt er nur noch als Nummer. Beim täglichen Lagerappell musste er sich beim Aufrufen der Nummer, natürlich in deutscher Sprache, melden. Der Häftling musste die Nummer möglichst schnell lernen, denn wenn er beim Aufrufen zögerte, schlugen ihm der Stubenälteste oder der Kapo mit der Faust ins Gesicht oder in den Bauch. Manche hatten Schwierigkeiten, sich ihre Nummer zu merken; so der unglückliche bosnische Gefangene Alija Šahinović, dessen Häftlingsnummer *„einunddreißigtausendsechshundertfünfunddreißig"* lautete.

Auf der linken Seite des Mantels und der Jacke war ein Stoffband aufgenäht, auf dem in schwarzer Schrift die Häftlingsnummer gedruckt stand. Rechts war ein farbiges gleichseitiges Dreieck mit der Spitze nach unten aufgenäht. Die politischen Häftlinge hatten ein rotes Dreieck.

Um die Häftlinge nach ihrer Staatsangehörigkeit unterscheiden zu können, war auf dem Dreieck der Anfangsbuchstabe des jeweiligen Herkunftslandes eingenäht: „F" für Frankreich, „P" für Polen, „J" für Jugoslawien usw. Die Häftlingsnummer war in halber Höhe auch am rechten Hosenbein aufgenäht. Weiters trugen die Häftlinge „Armbänder", die aus einem Blechschildchen mit eingravierter Häftlingsnummer und einem Eisendraht bestand.

Die deutschen Häftlinge in verantwortungsvollen Posten waren keine politischen Gefangenen. Sie trugen ein schwarzes Dreieck mit der Bedeutung „asozial".[64] Sieben dieser Häftlinge trugen ein grünes Dreieck, das jenen Häftlingen vorbehalten war, die nach deutschem oder österreichischem Recht wegen krimineller Delikte (Mord, Raub usw.) vorbestraft waren (BV DR).[65] Ein anderer hatte eine schwarze Linie über dem Dreieck, die zeigte, dass er sich bereits zum zweiten Mal im Lager befand (rückfälliger BV DR). Ein Häftling trug ein Dreieck mit der Spitze nach oben, das bedeutete, er war Deutscher oder Österreicher, aber er hatte keinen Militärdienst geleistet.

In den dreiundzwanzig Monaten seines Bestehens wechselte das Lager mehrere Male den Namen. Anfänglich lautete die genaue Bezeichnung „K.L. Mauthausen SS-Arbeitslager", 1944 hieß es dann nur noch „Arbeitslager", im Jänner 1945 war auf dem offiziellen Stempel zu lesen „Waffen SS/K.L. Mauthausen". Auch die Adresse änderte sich mehrfach: St. Anna unter dem Loibl, Loiblpass. Nur das Postamt – Neumarktl[66] – blieb dasselbe, dazu kam der Name der Region: Oberkrain.[67] Lager- und SS-Verwaltung hatten ihre eigenen Formulare, die in der Druckerei W. F. Mayer in Miesbach in Bayern gedruckt wurden.

Am Tag nach ihrer Ankunft wurden die Häftlinge um fünf Uhr früh durch Schläge auf die Eisenbahnschienen geweckt. Erst zu diesem Zeitpunkt sahen sie den hohen Stacheldrahtverhau und die Scheinwerfer. Sie sahen auch die SS-Leute auf den sechs Wachtürmen um das Lager. Die Wachtürme an den vier Ecken des Lagers waren mit Maschinengewehren und großen Scheinwerfern ausgerüstet. Die Türme dazwischen waren nur

---

64 In den deutschen Dokumenten „AZR".
65 „Befristeter Vorbeugungshäftling Deutsches Reich"
66 Tržič
67 Gorenjska

in der Nacht besetzt und die SS-Leute waren mit automatischen Feuerwaffen ausgestattet. Hinter dem Stacheldraht sahen sie die Berggipfel, die das Lager umgaben, und weiter unten, aber nicht weit entfernt, die Barackenunterkünfte der Zivilarbeiter und der Polizisten.

Sie wuschen sich mit kaltem Wasser, tranken ein bräunliche Mischung, die „Ersatzkaffee" genannt wurde, und mussten dann auf dem Appellplatz antreten. Dort wurden sie von den Kapos in Empfang genommen und in zwei Arbeitskommandos aufgeteilt. Die einen arbeiteten im Inneren des Lagers, die anderen führten außerhalb Terrassierungsarbeiten durch.

Die erste Gruppe musste den Boden zur Errichtung zweier neuer Barackenunterkünfte aufgraben, Baumaterialien transportieren, die von Tržič heraufgebracht und auf der Straße zum Zivillager abgeladen worden waren, mit diesem Material die Baracken 4 und 5 sowie die künftigen Schneider- und Schusterbaracken bauen, die Wasserleitungen legen, die Terrassen mit Rasen bepflanzen, Material in den Baracken lagern usw.

Die zweite Gruppe musste im Wald südlich des Lagers am Fuß der Begunjščica Bäume fällen und unter ständiger SS-Bewachung den Boden rund um das Zivillager ebnen. Die Arbeit war kräfteraubend, insbesondere für jene Häftlinge, die mit schweren Baumstämmen auf den Schultern steile Hänge hinaufgehen mussten. Die Häftlinge rissen auch Baumwurzeln aus, ebneten den Boden zur Errichtung weiterer Baracken für die Zivilarbeiter und die Polizei und sie hoben Gräben für Wasserrohre aus. Die Werkzeuge, die sie verwendeten, waren vor allem Schaufeln, Schubkarren und Eisenstangen.

Die Stubenältesten und die Kapos schrien und fluchten unaufhörlich und schlugen die Häftlinge mit ihren Knüppeln, wenn diese – ihrer Meinung nach – nicht schnell genug arbeiteten. Vor allem aber ließen sie keine Pausen zu. Die jüngeren SS-Leute sammelten, um sich die Zeit zu vertreiben, Fichtenzapfen, die sie lachend auf die Häftlinge warfen. Wehe, wenn einer wissen wollte, woher das Geschoss kam. Schon war ein Kapo mit seinem Knüppel zur Stelle. Bei den Zivilarbeitern, die das alles von ihrem Lager oder von der Straße zum Tunnel aus sehen konnten, riefen solche Szenen Betroffenheit und Bestürzung hervor.

Der zweite Häftlingstransport

Am 15. Juli 1943 wurden weitere 250 französische Häftlinge aus dem Zentrallager Mauthausen an den Loiblpass geschickt. Auch sie wurden –

wie bereits im Juni – unter den Häftlingen ausgewählt, die am 18. und am 21. April nach Mauthausen gebracht worden waren.

Am 16. Juli wurden sie auf dem Bahnhof Mauthausen der 3. SS/T-Sturmkompanie übergeben. Unter den SSlern befand sich auch der damals vierundzwanzigjährige Rottenführer Vinko Slapar aus Tržič, wo noch seine Eltern lebten. Er blieb bis zum 8. Mai 1945 am Loibl.

Auf der Fahrt nach Tržič waren die Häftlinge wieder in Viehwaggons eingeschlossen, während die SS-Leute in Personenwagen reisten. Sie kamen noch vor Einbruch der Dunkelheit an. Vom Bahnhof Tržič wurden sie in fünf Lastwagen an den Loibl gebracht.

Die Szene, wie sie sich schon nach dem ersten Transport abgespielt hatte, wiederholte sich: die Schreie, das Absteigen von den Lastwagen, das Antreten in Fünferreihen, die Verteilung der Strohsäcke, der Decken, der Leintücher, der kleinen Handtücher, das neuerliche Antreten. Schließlich wurden die Häftlinge vom Rapportführer in die Baracken 4 und 5 geschickt, die eben erst fertiggestellt worden waren. Aber die Neuankömmlinge durften mit den Häftlingen des ersten Transports keinen Kontakt haben. Kaum hatten sie sich hingelegt, schrie der Dolmetscher, sie müssten in den Nebenraum, den Speisesaal, gehen. Der Stubenälteste, ein deutscher „Berufsverbrecher", sprang auf den Tisch und erklärte ihnen mit Hilfe des Dolmetschers die Lagerordnung, den Ablauf eines Arbeitstages und die Baustellenordnung. Dann fügte er hinzu:

Vergesst nicht, dass ihr keine Rechte habt, sondern nur Pflichten: gehorchen und arbeiten. Ihr seid nichts als Nummern, die wir auslöschen, wenn wir es wollen.

Er sprang wieder auf den Boden und befahl ihnen, sich hinzulegen. Dabei schlug er auf die halbnackten Körper und die geschorenen Schädel seiner Opfer, die sich in aller Eile durch die schmale Tür drängten, um ihm zu entkommen.

Aber trotz dieses Empfangs ahnten die Neuankömmlinge noch nicht, was sie erwartete. Sie wussten auch nicht, was ihre Lagergenossen bereits durchgemacht hatten. Erst am nächsten Tag erfuhren sie von der „Corrida", die die SSler am 14. Juli, dem Jahrestag der Französischen Revolution[68], veranstaltet hatten.

---

68 Französischer Nationalfeiertag: Am 14. Juli 1789 stürmte das Volk von Paris die Bastille (Anmerkung des Übersetzers)

Einige Neuankömmling wurden am nächsten Tag bereits zur Arbeit in den Tunnel gebracht. Die meisten kamen allerdings auf der rechten Seite der Straße zum Einsatz, wo sie Baumstämme über den Hang hinauf auf die Hochfläche tragen mussten.

Der französische Häftling Gaston Charlet berichtet:

Es war der 18. Juli, kurz vor Mitternacht, als wir uns auf unseren Betten ausstrecken konnten. Am nächsten Morgen weckte uns die Glocke um vier Uhr früh. Wir wurden ganz unvermittelt in die Arbeitskommandos geschickt, und um sechs Uhr führte man uns in eine Art Schlucht – das Bett eines Gebirgsflusses – und befahl uns, frisch gefällte Fichten von enormer Größe wegzuschaffen ... Wir hatten drei Monate Quarantäneblock hinter uns und waren physisch und psychisch erschöpft. Aber die Kapos standen hinter uns, mit ihren Peitschen und ihren durch Stahldrähte verstärkten Gummischläuchen, und bei den ersten müden Bewegungen ließen sie die Schläge so lange auf unsere Köpfe, auf unseren Rücken, ja sogar in unsere Gesichter prasseln, bis die ersten Bäume oben auf der Anhöhe lagen. Unsere Gesichter waren bereits blutig, die Seiten schmerzten – und es war erst zwanzig nach sechs.

Die Methoden unserer Wachen waren immer dieselben: Fußtritte auf die Beine und in den Bauch, Faustschläge in die Magengrube und auf den Kopf, Reitpeitsche, Schaufelstiel und vor allem der berüchtigte Gummischlauch mit Sandfüllung und Stahlverstärkung.

Ein Bericht des Franzosen Michel Espallargas:

Die Deutschen nahmen mich am 11. März 1943 fest und sperrten mich im Internierungslager Compiègne ein. Meine Festnahme war erfolgt, weil ich mich geweigert hatte, als Zwangsarbeiter nach Deutschland zu gehen – das berühmte STO. Am 19. April wurde ich ins Konzentrationslager Mauthausen geschickt und bekam die Häftlingsnummer 28003. Nach der Quarantäne sortierten uns die SS-Leute nach Körpergröße und Muskulatur. Wir bekamen gestreifte Häftlingsanzüge, leichte Jacken, Handschuhe und Schuhe aus Leder. Am 16. Juli schickten sie uns an den Loiblpass. Einer der spanischen Häftlinge sagte mir, sie würden uns an die österreichisch-jugoslawische Grenze schicken und es wäre in dieser Gegend sehr kalt. Jeder bekam für die Reise ein Stück Brot und Margarine. Wir verließen Mauthausen am Morgen. Die SS-Leute schlossen uns in Waggons ein. Auf der Fahrt blieb der Zug einmal stehen, und die SSler kontrollierten, ob die Waggons gut verschlossen wären. In Tržič warteten Lastwagen auf uns. Bei unserer Ankunft habe ich Leute mit traurigem Blick gesehen, aber ich erinnere mich nicht, dass uns jemand etwas in den Lastwagen geworfen hätte. Wir kamen spätabends am Loibl an. Auf dem Appellplatz wurden wir gezählt. Die Wache kam mit einer Liste, gefolgt vom SS-Verantwortlichen für die Disziplin, Rapportführer genannt. Als Abendessen bekamen wir eine Suppe, ein kleines Stück Wurst und ein Stück Brot. Ich wurde in die Baracke Nummer 3 geschickt, der Stubenälteste wurde „der Tätowierte" genannt.

Anfangs wurden wir bei der Fertigstellung der Baracken 4 und 5 eingesetzt, dann kam ich zu einer Gruppe, die jeden Tag von SS-Leuten über die Passhöhe nach Kärnten geführt wurde, um Fichten zu fällen, die wir an einen Ort bringen mussten, der für die Sägearbeiten vorgesehen war. Das dauerte zirka zwei Wochen. Wir nahmen unser Essen in Eisendosen mit, aßen zu Mittag draußen und kehrten am Abend ins Lager zurück. Eines Tages trug ich einen Baumstamm gemeinsam mit zwei Polen, die wesentlich größer waren als ich. Ein Kapo bemerkte das. Er gab mir zur Bestrafung fünf Schläge und zwang mich, vorne zu gehen, wo das Gewicht weitaus schwerer war.

Im August 1943 bin ich dann nicht mehr ins Nordlager gekommen, auch nicht nach Tržič. Im Südlager wurden wir nach unseren Berufen aufgeteilt. Ich wurde Schlosser und Schweißer und kam in die Baracke Nummer 2, wo der Kapo Max Skirde, genannt „Neunoeil"[69] das Kommando führte.[70] Schließlich wurde ich in die Baracke Nummer 5 geschickt, wo ich bis zum Ende blieb. Der Stubenälteste, Max Stilp, schlug die Häftlinge häufig.

Nationalität der Häftlinge

Folgende Nationalitäten waren – gemessen an der jeweiligen Zahl der Häftlinge in absteigender Reihenfolge – am Loibl vertreten: Franzosen, Polen, Russen, Jugoslawen (vor allem Slowenen), Deutsche und Österreicher, Italiener, Tschechen, Ungarn jüdischer Herkunft, Norweger, Luxemburger, Spanier, Belgier, Griechen, Holländer, Letten, Schweizer und schließlich Zigeuner. Am zahlreichsten waren die Franzosen mit mehr als 50%, denn unter ihnen befanden sich auch viele Häftlinge unterschiedlicher Herkunft (Polen, Italiener, Spanier, Russen, Belgier und sogar Slowenen), die in Frankreich festgenommen worden waren. Die Deutschen kennzeichneten sie mit dem Buchstaben „F", ohne ihre tatsächliche Nationalität herausfinden zu wollen. So wurden bereits beim ersten Transport zweiundzwanzig Polen (vor allem Mineure), zwei Russen und zwei Belgier am Loibl als Franzosen angesehen.

---

69 Der „Einäugige"
70 Siehe Kapitel IV

Die meisten Häftlinge waren politische Gefangene, es gab aber auch Zwangsarbeitsverweigerer (die sich dem STO nicht unterwarfen), es gab Personen, die bei den deutschen Razzien zufällig verhaftet worden waren, und natürlich auch „Berufsverbrecher". Weiters kamen Kriegsgefangene und Oppositionelle an den Loibl. Die Anzahl der Häftlinge betrug zu diesem Zeitpunkt etwa 500. Im Laufe der Zeit stieg allein die Zahl der Franzosen auf 800 an.

Die Deutschen waren gegenüber den Franzosen nicht so aggressiv wie gegen die Polen. Diese waren viel weniger organisiert, auch wenn ihre Zahl ab September 1943 anstieg. Insgesamt wurden 450 polnische Häftlinge an den Loibl geschickt. Einige polnische Kapos zeigten sich von ihrer schlechtesten Seite und schadeten damit dem Ruf der Polen, auch wenn diese sich insgesamt durchaus korrekt verhielten. Aus diesem Grund begegneten die meisten Häftlinge aller Nationalitäten den Polen mit großem Misstrauen. Wichtig erscheint die Feststellung, dass – von wenigen Ausnahmen abgesehen – die polnischen Häftlinge im Gegensatz zu den Franzosen bereits in anderen Konzentrationslagern – wie Auschwitz – gefangen gehalten worden waren.

Janez Barlič, der bei der Anrichtung des Mörtels arbeitete, erklärte, es hätte unter den polnischen Häftlingen auch zwei Botschafter, außerdem Konsuln, Ärzte und Priester gegeben. Die Namen Sašek, Čenstohovski und ein Arzt der schlimmeren Sorte seien ihm in Erinnerung geblieben.

Franc Opara sagt über den Polen Kazimir, dieser sei ein Nichtstuer gewesen, und unter den Polen habe es Leute gegeben, auf die man nicht zählen konnte. Nach Aussage von Leonard Cenčič seien die polnischen Kapos korrupt gewesen. Die polnischen Häftlinge waren sehr stolz, untereinander sehr solidarisch und gegenüber den anderen Häftlingen sehr misstrauisch.

Die russischen Häftlinge kamen im Herbst 1943 und während des Jahres 1944 an den Loibl. Meist handelte es sich um Kriegsgefangene, aber es gab auch ein paar Zivilisten unter ihnen. Nach den Transportlisten hat ihre Anzahl 182 betragen. 164 von ihnen wurden ins Konzentrationslager Mauthausen zurückgeschickt, 147 davon am 29. Juli 1944 als Repressalie infolge der Flucht dreier russischer Häftlinge am 29. April.[71] So verblieben schließlich nur noch etwa zehn[72], die als Schweißer oder in

---

71 Siehe Kapitel VIII
72 In dieser Zahl sind die ermordeten und die geflohenen Russen nicht enthalten.

anderen Funktionen arbeiteten. Mit ihnen gingen die SSler ganz besonders grausam um.

Eine Prüfung der Archive zeigt, dass insgesamt 144 Jugoslawen an den Loibl gebracht wurden. Der Zufall will es, dass von September 1943 an auch Alija Šahinović dort war. Als in Mauthausen die Liste der polnischen Häftlinge für den Loiblpass zusammengestellt wurde, kündigte ein polnischer Student, der als Schreiber und Dolmetscher fungierte, Šahinović an, er würde – obwohl noch in Quarantäne – an diesem Transport teilnehmen, auch wenn die Teilnahme von Jugoslawen nicht vorgesehen war.

Einen Monat später kamen slowenische Mineure (die Gruppe von Trbovlje) mit einem Transport, der aus Franzosen und Polen zusammengesetzt war. Man hatte sie in Maribor festgenommen und zuerst nach Dachau, dann nach Mauthausen deportiert, wo sie – anstelle der in Dachau zugewiesenen Kennzahl – neue Häftlingsnummern erhielten. Weitere slowenische Häftlinge kamen Anfang März 1944 sowie im April und Mai hinzu. Schließlich kamen noch Serben, Kroaten (vor allem aus Dalmatien) und Bosnier.

Am 27. Juni 1944 wurden 63 Insassen des Gefängnisses Begunje (vor allem gefangene Partisanen) nach Mauthausen und von dort an den Loibl gebracht. Als die geheime Lagerorganisation in Mauthausen erfuhr, dass sie in Quarantäne waren, setzte sie sich mit ihnen in Verbindung. Am Anfang hatten die Neuankömmlinge in diese Aktivisten kein Vertrauen, vor allem nicht in jene, die, wie zum Beispiel Bruno Gerdovič, als Schreiber arbeiteten.

Der Gefangene Miha Gostič, der im April 1944 von Begunje nach Mauthausen und dann an den Loibl deportiert worden war, erinnert sich, wie ihn Gerdovič fragte, ob er an einem „Außenkommando" teilnehmen wolle:

Er fragte: *„Und wo soll ich da hingehen?"*

Gerdovič antwortete ihm: *„Näher zu dir nach Hause, mehr kann ich dir nicht sagen."*

Anfang Juli 1944 wurden die Häftlinge in Quarantäne ärztlich untersucht und man wählte unter ihnen Häftlinge für weitere Außenkommandos (Gusen, Loiblpass usw.) aus. Es gelang Gerdovič, neben den französischen und polnischen Häftlingen auch vierzig Jugoslawen in die Liste einzufügen. Die anderen konnten ihnen nicht folgen, denn sie waren laut Diagnose der Ärzte nicht geeignet. Die Kommission schloss alle aus, die an einer Hautkrankheit litten oder körperlich zu schwach waren.

Als Lojze Homan sah, dass er nach Gusen und sein Bruder Jože an den Loiblpass geschickt werden sollte, wandte er sich an den Schreiber Gerdovič mit der Bitte, seinem Bruder folgen zu können.
Gerdovič antwortete ihm: *„Geh mit ihm!"*
Das rettete ihn.
Auch einige Russen wurden in die Liste eingetragen, aber sie wurden in der Folge gestrichen. Es gab Streitigkeiten mit den Polen, denn als diese bemerkten, dass die slowenischen Häftlinge durchaus erfreut schienen, an den Loiblpass deportiert zu werden, schlossen sie daraus, dass die Situation im Loibllager besser sei als anderswo, und verlangten, anstelle der Slowenen dorthin geschickt zu werden.

Am Abend des 13. Juli 1944 kam ein großer Transport Jugoslawen am Loibl an, und dies dank der jugoslawischen Geheimorganisation in Mauthausen. Im Lager angekommen, mussten die Neuankömmlinge zuerst auf dem Appellplatz antreten und wie gewöhnlich hieß sie Lagerkommandant Winkler „willkommen". Er war überrascht, so viele Häftlinge mit dem Buchstaben „J" auf der Brust zu sehen. Die Polen und die Franzosen wurden bald in ihre Baracken geschickt, während die Slowenen draußen strammstehen mussten. Der Kommandant begab sich ins SS-Lager und telefonierte ohne Zweifel mit Mauthausen. Nach einer Stunde Warten kam der Befehl: Die Hälfte der Jugoslawen kam ins Nordlager, die andere Hälfte blieb im Südlager. Die Jugoslawen, die ins Nordlager geschickt wurden, fuhren noch am selben Abend nach Kärnten weiter.

In der Folge kamen nur noch wenige Jugoslawen an den Loibl. Der letzte Transport, an dem Slowenen teilnahmen, wurde am 31. März 1945 durchgeführt. 56 Häftlinge kamen direkt aus dem Gefängnis Begunje, denn die Eisenbahnverbindungen nach Mauthausen waren auf Grund der Bombardements abgeschnitten. Man gab ihnen Häftlingsnummern von 1 bis 56. Es handelte sich vor allem um Partisanen, darunter fünf Domobranzen und/oder Plavogardisten.[73]

Von den ungefähr 70 österreichischen und deutschen Häftlingen am Loibl waren nur wenige politische Gefangene. Sie hatten fast alle führende Funktionen im Lager, waren Kapos oder Oberkapos oder sie erfüllten zumindest leichtere Aufgaben. Die meisten von ihnen waren „Berufsverbrecher", Mörder oder „Asoziale", die die Polizei oder die Gestapo

---

73 Königstreue Tschetniks (Serben): Angehörige der königlichen Armee, die an der Seite der Deutschen kämpften.

festgenommen hatte, es gab aber auch Homosexuelle und ehemalige Soldaten der Wehrmacht, die auf Grund von Vergehen ausgeschlossen worden waren. Alle diese Häftlinge erfüllten die Befehle der SS auf den Buchstaben genau und machten den anderen Häftlingen Angst.

Im Sommer 1944 kamen 15 ungarische Juden an den Loibl, aber nach ein paar Wochen wurden sie vermutlich nach Mauthausen oder in andere Lager zurückgeschickt.

Es gab auch zirka 22 Italiener, die ab Anfang 1944 ins Lager kamen.

Unter den Häftlingen waren acht Spanier, mit Sicherheit Republikaner, die in Frankreich festgenommen worden waren.

Die ersten tschechischen Häftlinge kamen mit dem Transport von 12. September 1943, sie waren aber insgesamt nicht mehr als 17. Wenn von den Tschechen die Rede ist, erinnern sich noch alle Häftlinge an den Lagerarzt Dr. František Janouch, ein Mann von unglaublicher Menschlichkeit, der sein Möglichstes tat, um die Leiden der Häftlinge zu lindern. Sie erinnern sich aber auch an Josef Pospišil, einen der ersten Häftlinge, die am Loibl ermordet wurden.

Anfang September 1943 kamen zwölf norwegische Häftlinge an den Loibl. Sie verhielten sich sehr kameradschaftlich und respektvoll. Dank der Intervention des Grafen Bernadotte [74] wurden sie am 14. März 1945 auf die Nordseite geschickt, von dort nach Klagenfurt und schließlich zurück in die norwegische Heimat. Nur einer kam am Loibl ums Leben, sein Leichnam wurde im April 1944 eingeäschert.

Die Gruppe der Luxemburger Häftlinge war neun Mann stark. Der erste kam am 25. August 1944 ins Lager, die anderen am 13. September. Nur einer aus dieser Gruppe wurde nach Mauthausen zurückgeschickt. Die acht anderen überlebten die Lagerhaft und ihre Kenntnis der französischen wie der deutschen Sprache war ihnen sehr nützlich. Sie kamen während der Arbeiten oft als Dolmetscher zum Einsatz. Einer wurde Sekretär, ein weiterer im April 1945 Kapo in der Hauptschule von Tržič.

Schließlich gab es vier Griechen, ebenso viele Belgier, zwei Holländer und zumindest zwei Zigeuner (einer aus Dolenjska, der andere aus Serbien, beide waren mit dem Buchstaben „J" als Jugoslawen gekennzeichnet), einen Letten und einen Schweizer.

---

74 Der Graf Folke Bernadotte war Diplomat und Vizepräsident des schwedischen Roten Kreuzes. Seine Intervention bei Heinrich Himmler ermöglichte die Befreiung einer großen Zahl von Häftlingen.

Weitere Häftlingstransporte

Trotz meiner Nachforschungen, trotz wiedergefundener Transportlisten und Berichten von Häftlingen ist es schwierig, die Zahl der Häftlingstransporte an den Loibl und die Zahl der Rücktransporte ins Zentrallager Mauthausen mit Genauigkeit anzugeben. Viele Listen sind leider verschwunden. Hingegen können die Angaben über die Anzahl der Häftlinge, die sich zu verschiedenen Zeitpunkten am Loibl aufhielten, als exakt angesehen werden, denn sie stammen aus offiziellen deutschen Dokumenten. Auf der Grundlage dieser Dokumente, der Anzahl der ermordeten Häftlinge und der gelungenen Fluchtversuche bin ich zu folgender Zusammenstellung gelangt:

a) Das Jahr 1943

2. Juni	erster Transport	Mit den beiden ersten Transporten kamen
16. Juli	zweiter Transport	580 Häftlinge, überwiegend Franzosen, an den Loibl.
5. Sept.		12 Norweger verlassen Mauthausen in Richtung Loibl
10. Sept.	Rücktransport nach Mauthausen	zirka 50 Häftlinge
13. Sept.	Ankunft von 150 Häftlingen am Loibl	76 Polen[75], 38 Russen[76], 17 Deutsche[77], 7 Jugoslawen[78], 5 Franzosen, 4 Tschechen, 1 Belgier, 1 Spanier, 1 Staatenloser
9. Okt.		Ankunft des deutschen Häftlings Rudolf Brucker
10. Okt.		Häftlingsstand am Loibl: 680

Im Jahr 1943 wurden fünf Häftlinge ermordet, zwei konnten fliehen, zwei versuchten vergeblich die Flucht und wurden nach Mauthausen zurückgeschickt.

b) Das Jahr 1944

8. Jan.	Rücktransport nach Mauthausen	
20. Jan.	vor dem 20. Jänner: kleiner Transport an den Loibl	Häftlingsstand: 686

---

[75] Die meisten von ihnen Mitglieder der Arbeiterpartei und Soldaten der Narodna Straža/Nationalgarde von Lodz
[76] Darunter zehn politische Häftlinge und 27 Zivilisten
[77] Überwiegend politische Gefangene
[78] Slowenische Mineure und ein Bosnier: Alija Šahinović

25. Feb.		Häftlingsstand: 681
29. Feb.		Häftlingsstand: 682
2. März	Ankunft von 218 Häftlingen am Loibl (der Transport verlässt Mauthausen am 29. Februar)	49 Polen, 130 Russen, der Luxemburger Josy Wirol, die Slowenen Pužejl, Kalan, Pivec, Kastrevc, Špirić und Čedomir Jorgi
4. März	Rücktransport nach Mauthausen	
10. März		Häftlingsstand: 882
14. März		Häftlingsstand: 881
30. März		Häftlingsstand: 880
31. März	Rücktransport nach Mauthausen	
vor dem 19. April	Transport von 101 Häftlingen von Mauthausen an den Loibl	von den insgesamt 101 Häftlingen waren 96 Franzosen
19. April		Häftlingsstand: 977
21. April	Rücktransport nach Mauthausen	Häftlingsstand: 964
6. Mai	ein Transport mit 100 Häftlingen verlässt Mauthausen	30 Franzosen, 7 Deutsche, 16 Jugoslawen, 26 Polen, 15 Russen, 3 Tschechen und 3 Italiener
31. Mai		Häftlingsstand: 1054
4. Juni	Rücktransport von 22 Häftlingen nach Mauthausen	fast die Hälfte (10) waren Franzosen
30. Juni		Häftlingsstand: 1030
12. Juli	ein Transport mit 183 Häftlingen verlässt Mauthausen	107 Polen, 7 Franzosen, 42 Jugoslawen, 15 Ungarn jüdischer Herkunft, 6 Deutsche und andere
16. Juli	Rücktransport nach Mauthausen	
22. Juli	ein Transport mit 157 Häftlingen verlässt Mauthausen	131 Polen, 17 Franzosen, 5 Tschechen, 1 Schweizer usw.
26. Juli	Rücktransport von 156 Häftlingen nach Mauthausen[79]	147 Russen (als Repressalie infolge der Flucht dreier Russen)[80], 4 Franzosen, 2 Polen, 1 Italiener, 1 Jugoslawe, 1 Norweger
31. Juli		Häftlingsstand: 1194

---

79 Die Deportierten verließen den Loibl am 1. Mai und kamen erst am 26. Juli in Mauthausen an. Vor ihrer Ankunft müssen sie ein anderes Lager passiert haben, vielleicht Auschwitz oder Ravensbrück.
80 Siehe Kapitel VIII

25. Aug.	Ankunft von 125 Häftlingen aus Mauthausen	überwiegend Polen[81], 49 Franzosen und ein paar Deutsche
August:		die Anzahl der Häftlinge am Loibl erreicht ihren Höchststand: 1300
31. Aug.		Häftlingsstand: 1294
12. Sept.	Ankunft von 25 Häftlingen aus Mauthausen	4 Franzosen, 8 Luxemburger[82], 8 Deutsche (unter ihnen Josef Kokot)[83] und 5 Polen
21. Sept.		Kokot wird von der Gestapo zurück nach Mauthausen geschickt, wo er zwischen dem 25. und dem 27. September mit einer Gruppe von 170 Häftlingen gehängt wird.
30. Sept.		Häftlingsstand: 1294
31. Okt.		Häftlingsstand: 1291
Nov.[84]	Rücktransport von 284 Kranken und Invaliden nach Mauthausen	
30. Nov.		Häftlingsstand: 1003
31. Dez.		Häftlingsstand: 994

Im Jahr 1944 wurden 25 Häftlinge ermordet, 19 konnten flüchten, 2 versuchten vergeblich die Flucht. Sie wurden nach Mauthausen zurücktransportiert.

c) Das Jahr 1945

31. Jan.		Häftlingsstand: 993
28. Feb.		Häftlingsstand: 992
8. März/ 15. März	Für 8. März war ein Rücktransport von 100 Häftlingsfacharbeitern, eine Woche später ein Krankenrücktransport ins KZ Mauthausen vorgesehen; beide Transporte wurden abgesagt.	

---

81 Die Polen waren vor allem gefangen genommene Kämpfer des Aufstands im Warschauer Ghetto. Sie erzählten von diesen Kämpfen und unterstrichen dabei die heroische Haltung der polnischen Bevölkerung. Die Polen, die nicht für den Transport an den Loibl ausgewählt wurden, blieben eine Zeit lang in Quarantäne und wurden dann nach Auschwitz oder in andere Konzentrationslager deportiert.

82 Der Luxemburger Albert Raths erzählte, dass sein Transport über Klagenfurt nach Ferlach geführt habe, von wo aus die Häftlinge mit Lastwagen auf die Kärntner Seite des Loiblpasses gebracht worden seien.

83 Der Kärntner Slowene Josef Kokot (Jožko) hatte die Häftlingsnummer 91659.

84 Die Häftlinge sprechen von drei verschiedenen Tagen: dem 8., dem 11. und dem 15. November

14. März	Überstellung von 9 Norwegern über Klagenfurt nach Mauthausen
15. März	Häftlingsstand: 992
31. März	offizieller Häftlingsstand: 983 (Dazu kamen 56 slowenische Gefangene aus dem Gefängnis Begunje.[85] Diese Gefangenen scheinen in den Statistiken von Mauthausen nicht auf.)
28. April	Häftlingsstand: 1039 (einschließlich der Häftlinge aus Begunje)
7. Mai	Überstellung von 80 Häftlingen aus dem KZ Klagenfurt-Lendorf an den Loibl[86]

Im Jahr 1945 wurden drei Häftlinge ermordet, einer konnte fliehen.

Fast alle Eisenbahnzüge von Mauthausen nach Tržič waren von SS-Leuten begleitet. Von Tržič aus wurden die Häftlinge mit Lastwagen weiterbefördert. Gelegentlich hielten Züge mit Häftlingen direkt in Klagenfurt und die Häftlinge wurden dann von Klagenfurt bis ins Lager gebracht. Dasselbe galt für die Rücktransporte nach Mauthausen. Die Häftlinge wurden in Viehwagen transportiert, mit ein bisschen Stroh auf dem Boden und einer Blechtonne in der Ecke als Abort. Manchmal bekamen sie auf der Reise ein Stück Brot, Wasser gab es keines. Die Waggontüren waren normalerweise geschlossen oder ein SS-Mann hielt am Eingang Wache. Die Häftlinge mussten auf dem Boden sitzen und durften nicht sprechen. Besonders hart waren diese Reisen im Sommer und im Winter. Im Sommer herrschte im Wageninneren eine unerträgliche Hitze, umso mehr als die Züge, bedingt durch Bombardements seitens der Alliierten, manchmal stundenlang auf der Strecke standen; im Winter waren die Häftlinge sehr niedrigen Temperaturen ausgesetzt, denn die Waggons waren nicht beheizt. Die Eisenbahnverbindung von Mauthausen nach Tržič führte auf österreichischem Gebiet über hohe Alpenpässe, bevor sie die 2000 Meter hohe Gebirgskette der Karawanken erreichte.

Der Luxemburger Wirol berichtet:

… Sie pferchten uns in fünf oder sechs eiskalte Waggons, geschlichtet wie Sardinen. Bevor wir Spittal an der Drau erreichten, wo wir auf Grund von

---

85 Siehe Kapitel IX
86 Siehe Kapitel X

Bombardements stehen blieben, zählten wir unter uns acht Tote. Die Fahrt nach Tržič dauerte drei oder vier Tage, denn der Zug fuhr nur in der Nacht. Wir hatten nichts zu essen und nichts zu trinken, deshalb aßen manche von uns Schnee und bekamen davon Durchfall. Wir kamen am 2. März 1944 auf dem Bahnhof Tržič an. Dort erwartete uns der Lagerkommandant Winkler mit mehreren SS-Leuten.

Er fragte den Transportkommandanten: „Wie viele Tote auf der Fahrt?" Der antwortete: „Acht."

„Sehr bedauerlich", sagte der Lagerkommandant.

Am Bahnhof wurden wir in fünf oder sechs Lastwagen verfrachtet und an den Loibl geführt. Als wir durch die schmalen Straßen der Stadt fuhren, warfen uns die Einheimischen Brot und Äpfel zu. Anständige Leute, vielen Dank! Was mich betrifft, so war ich zu schwach, um etwas zu erwischen. Am nächsten Tag wurden mehr als hundert von uns an die Nordseite gebracht. Als wir durch den Tunnel fuhren, hörten wir einen Franzosen fragen, ob es unter uns auch Franzosen gäbe. Ich sagte, ich sei der Einzige, der Französisch spreche. Jemand rief mir zu: „Keine Angst, dieser Tunnel wird vor Kriegsende nicht mehr fertig!"

Leider war das nicht der Fall ...

Rücktransport der Kranken und Invaliden

Als die großen Arbeiten am Tunnel nahezu fertiggestellt waren, das heißt, als der Tunnel eine Breite von sechs Metern hatte und für Kraftfahrzeuge passierbar war, beschloss die Direktion im November 1944, dass ein Aufgebot von 1300 Häftlingen künftig nicht mehr erforderlich sei. Die Firma beschloss, sämtliche kranken, invaliden und älteren Häftlinge nach Mauthausen zurückzuschicken.

Der Lagerarzt, SS-Hauptsturmführer Ramsauer, gab vor dem Klagenfurter Kriegsgericht am 27. Juni 1946 folgende schriftliche Erklärung ab:[87]

Ungefähr 100 kranke Häftlinge, mit deren Gesundung in absehbarer Zeit nicht zu rechnen war, habe ich nach Mauthausen geschickt, ins dortige Häftlingslazarett. Über das weitere Schicksal dieser kranken Häftlinge ist mir nichts bekannt.

Ramsauer „vergaß", darüber zu sprechen, wie sie gekleidet waren, welche Bedingungen bei den winterlichen Rücktransporten herrschten, wie

---

87 Loibl Pass Trial, Exhibit 23 A (Anmerkung des Übersetzers)

man die Häftlinge nach Mauthausen brachte und schließlich, dass er mit diesem Transport Platz in seinem Krankenrevier schaffte. Als der Zug nicht gefüllt werden konnte, befahl die Lagerleitung all jenen Häftlingen, denen die Arbeit oder der Anmarsch zur Arbeit schwer fiel oder die sich allgemein schwach fühlten, nach Mauthausen zurückzukehren, wo man ihnen leichtere Arbeiten zuweisen und wo man sie pflegen würde, bis es ihnen besser ginge und sie wieder an den Loibl kommen könnten. Einige Häftlinge glaubten den Worten des Lagerkommandanten, manche akzeptierten aus Verzweiflung, andere wiederum wurden von den Kapos und den Stubenältesten ungefragt in die Transportliste eingetragen. Aber die meisten Häftlinge wussten, dass es eine Reise ohne Rückkehr war, und sie versuchten, die „Freiwilligen" davor zu warnen.

So versuchte der Franzose Gaston Charlet, seine Freunde Lods, Sarre, Langlade und Maugenest zu überzeugen, sich dem Transport nicht anzuschließen. Abgesehen von Lods waren alle über vierzig. Auch die Luxemburger Kapgen und Raths konnten ihren Landsmann Nicky Hausemer nicht davon überzeugen, dass es von dieser Reise keine Rückkehr mehr gäbe.

Die Häftlinge, die für den Rücktransport nach Mauthausen vorgesehen waren, wurden sofort nach der Arbeit geschoren und mit Anzügen ausgestattet, die noch abgenutzter waren als die bisherigen, und Schuhen, die man praktisch wegwerfen konnte.

Vielleicht war es der 8., wahrscheinlich aber der 15. November, als die Kranken noch vor fünf Uhr früh aus ihren Betten geworfen wurden. Alle, die am Transport teilnahmen, mussten auf dem Appellplatz antreten. Viele von ihnen waren schwer krank, einige hatten hohes Fieber. Die Häftlinge, denen es besser ging, mussten sich um ihre kranken Mithäftlinge kümmern. Als Reiseproviant hatten sie ein Stück Brot und eine Konservendose bei sich. Vor der Abfahrt kontrollierte Lagerkommandant Winkler noch einmal alle zum Rücktransport bereiten Häftlinge. Um fünf Uhr öffnete sich das Lagertor, und die Kolonne der in Lumpen gehüllten Unglücklichen setzte sich in Bewegung. Manche marschierten barfuß. Als sie das Lager verließen, schneite es, und die Straßen von Tržič waren von Schneematsch bedeckt. Kaum hatten sie die Straße erreicht, ertönten die Befehle der SS:

Schnell! Schnell!

Um Partisanenangriffe zu vermeiden, bewachten Polizisten vom Loibl, von Tržič und Gendarmen von Sveta Ana die Straße vom Loiblpass nach

Tržič. An diesem Tag begab sich Jože Klemenc (auch Črnikov genannt) aus Podljubelj zur Arbeit ins drei Kilometer entfernte Kraftwerk Čegeljše. Er bemerkte an der Straße einen bewaffneten Wachposten. In Meserjevec, nahe beim Steinbruch, stand eine weitere Wache, die ihn kontrollierte und aufforderte, mitzukommen. Er verstand nicht warum, denn die Wache sprach nicht Slowenisch und er nicht Deutsch. Es war noch dunkel. In der Nähe des Sägewerkes stand noch eine Wache. Dort oben musste der Zug der Häftlinge vorbeikommen.

Der Bäcker Martin Romih aus Tržič berichtet über den Marsch der Häftlinge durch Tržič:

Es war ungefähr sieben Uhr morgens. Ich hatte Brot bei der Hand und gab es sofort einem Häftling. Ein SS-Mann sah es, riss ihm das Brot aus der Hand und trampelte darauf herum. Außerdem hatte der Häftling seinen Holzschuh verloren und der SS-Mann gestattete ihm nicht, den Schuh aufzuheben. Er befahl ihm, ohne Schuh im Schneematsch zu marschieren. Auf der Hauptstraße stand auch der Gendarm Mühlbacher aus Tržič. Er bedrohte mich, als er erfuhr, dass ich einem Häftling Brot gegeben hatte.

Anica und Mici Mally, die am damaligen „SA-Platz" wohnten,[88] sahen ebenfalls, wie die Häftlinge durch die Stadt getrieben wurden. Sie erkannten den Häftling Julij Lapajne aus Cerklje. Mici beeilte sich, Kniestrümpfe, Brot und Zigaretten aufzutreiben, und brachte alle diese Dinge zum Bahnhof, um sie unter den Häftlingen zu verteilen, die durchnässt und vor Kälte erstarrt bereits in den Viehwaggons eingeschlossen waren.

Auch Schüler, die sich auf dem Weg zur Schule befanden, erinnern sich an den Marsch der Häftlinge. Die Häftlinge trugen Socken anstatt Strümpfe, manche von ihnen waren sogar barfuß.

Unter den slowenischen Häftlingen waren unter anderem Fortunat Demšar aus Palovče, Franc Nadižar aus Kranj, Janez Barbo aus Smlednik, Janez Jereb aus Žirovski vrh, Franc Skušek aus Rihpovec bei Trebnje, Franc Smrajc aus Ljubljana und der bereits erwähnte Lapajne.

Der Franzose Jean Villette hat mir bestätigt, dass ein Transport von ungefähr 280 Kranken und Invaliden den Loibl am 11. November verließ, dem Jahrestag des Waffenstillstands zum Ende des Ersten Weltkrieges. Laut Zeugenberichten kam dieser Transport am 17. November in Mauthausen an.

---

88 Vor dem Krieg und auch heute wieder heißt dieser Platz »Glavni trg«, also „Hauptplatz"

Wie die Transportlisten zeigen, gab es noch weitere Transporte von Kranken und Schwachen in Richtung Mauthausen. Laut Jean Briquet befanden sich in seinem Zug etwa 150 Häftlinge. Aber nicht alle Häftlinge, die nach Mauthausen zurückgeschickt wurden, waren physisch geschwächt. Manche wurden zur Strafe abtransportiert, wie die Russen, die Polen und andere.

Abb. 18: Südseite, Herbst 1944, im Vordergrund rechts das Zivillager, von links unten nach oben das SS-Lager, dahinter das Häftlingslager (die x-Markierung bezeichnet die SS-Wachstube beim Lagereingang, deutlich zu erkennen sind die Wachtürme).

IV DAS HÄFTLINGSLAGER SÜD

Lagerältester, Stubenälteste, Schreiber, Kapos

Innerhalb des Lagers standen die Häftlinge unter dem Kommando deutscher oder österreichischer Häftlinge, die wegen gewöhnlicher Strafdelikte ins Gefängnis gesperrt und von der SS ins Lager geschickt worden waren, um den Expansionsplänen des Reiches zu dienen. Sie waren alle über Mauthausen gekommen und an den Loibl geschickt worden, um die Deportierten aus anderen europäischen Ländern zu quälen und zu misshandeln – aus jenen Ländern, die sich nicht dem Hitlerregime unterwerfen wollten.

Der Lagerälteste im Südlager hieß Friedolin Bipp, ein deutscher Berufsverbrecher aus Obersäckingen, geboren am 24.9.1906. Er kam bereits mit dem ersten Transport an den Loibl. Am rechten Ärmel trug er ein schwarzes Band aufgenäht, darauf stand „Lagerältester". Auf seiner Jacke stand die Häftlingsnummer 1660, und er trug ein schwarzes Dreieck, das bedeutete „asozial". Bevor er an den Loibl kam, war er wegen Mordes zum Tode verurteilt worden, aber das Urteil wurde nicht vollstreckt, sondern in eine Haftstrafe umgewandelt. Verantwortlich für die Disziplin sämtlicher Häftlinge auf der slowenischen Seite, befahl er den Stubenältesten, Missetaten und Gewaltakte zu begehen. Er selbst schlug die Häftlinge mit einem Knüppel und veranstaltete so genannte „Corridas". In der Baracke schlug er die Häftlinge derart, dass sie manchmal mehr als einen Meter auf dem Boden rollten. Anfangs wohnte er in der Baracke Nr. 1, also neben der Küche und der Speisekammer; später bekam er ein eigenes Zimmer.

Der Lagerschreiber hieß Karl Weber, geboren 1902 in Remscheid, auch er war wegen eines Strafdelikts verurteilt worden. Er soll luxemburgischer Staatsbürger gewesen sein. Er trug die Häftlingsnummer 1747 und ein grünes Dreieck „BV DR" (vorbestraft). Er sprach schlecht Französisch, war recht unbeholfen und blieb die meiste Zeit in der Schreibstube des Lagers. Er wohnte bei Bipp und hatte einen belgischen Übersetzer zur Verfügung, der sehr gut Französisch sprach.

Stubenältester in Baracke Nr. 1 war Franz Krb[89], geboren 1908 in Albern. Er trug ein grünes Dreieck, hatte die Häftlingsnummer 278 und wurde „Franz" gerufen.

---

89 Wie aus der „Veränderungsmeldung für den 2. Juni 1943" (Mauthausen, den 3. Juni 1943) hervorgeht, hatten die Häftlinge Franz Krb, Max Skirde und Karl Heinz

Eduard Sackmann, geboren am 8.10.1911 in Moosach, „Eddy" genannt, nahm den Platz von „Franz" ein, als dieser im Oktober 1943 ins Nordlager überstellt wurde. Sackmann war ein politischer Gefangener, er trug ein rotes Dreieck und hatte die Häftlingsnummer 2249. Bis Oktober wohnte er in der Baracke Nr. 3. Er war klein, immer gut frisiert und gepflegt und zeigte ein korrektes Verhalten. Anfangs galt er dank seiner Nonchalance als der sympathischste unter den Stubenältesten. Aber wenn er wütend wurde, bekamen es die Häftlinge mit seinen Fäusten zu tun. Als im September 1943 eine Gruppe von Polen in seine Baracke kam, gab er ihnen drei Tage lang die doppelte Essration, worum sie von den anderen Häftlingen beneidet wurden. Aber am ersten Samstag nach ihrer Ankunft mussten sich die Stubenältesten versammeln. Sackmann hatte zu viel Schnaps getrunken und die SS-Leute schlugen ihn derart, dass er ins Krankenrevier gebracht werden musste. Bei seiner Rückkehr reduzierte er die Essrationen auf die Hälfte und sein Verhalten änderte sich völlig. Vorher hatte er nie jemanden geschlagen, aber nun war er nicht besser als die anderen. Alle Hoffnungen der Polen auf eine bessere Behandlung waren zerschlagen. Er schlug auf die Häftlinge ein, und das bis zum Ende des Krieges. Am 1. Mai 1945, als die Häftlinge der Kärntner Seite in der Hauptschule Tržič versammelt wurden, schlug er den Polen Jožef Rżetelski mit einer derartigen Gewalt, dass dieser mit dem Kopf gegen das Bett stieß und nach dem Krieg, nach Polen zurückgekehrt, noch lange Zeit rekonvaleszent blieb.

„Eddy" verließ das Lager nur selten. Er war mit Bipp befreundet. Wie viele der Kapos war er homosexuell. Sein Liebhaber war der Franzose B.[90]. Er gab ihm Margarine, Würste und Kartoffeln für seine „Dienste".

Pommerehnke im KZ Mauthausen die Funktion eines „Blockältestesten" innegehabt. Andere Häftlinge – Eduard Sackmann, Fritz Winkens, Herbert Scheller, Erich Klein, Johann Danter und Kurt Liese – wurden als „Stubenälteste" von Mauthausen an den Loibl geschickt. Im KZ Loiblpass war eine solche Funktionstrennung nicht vorgesehen. Am Loibl gab es für jede Baracke einen „Ältesten" (von den Franzosen «chef de baraquement» genannt). Aus diesem Grund wird – nach Absprache mit dem Autor Janko Tišler – in der vorliegenden deutschsprachigen Ausgabe für die Barackenverantwortlichen unter den Häftlingen durchgehend die Bezeichnung „Stubenältester" gebraucht, auch wenn sich Krb, Skirde und Pommerehnke im Loibllager weiterhin als „Blockälteste" bezeichneten, wie aus Originaldokumenten des Klagenfurter Prozesses 1947 hervorgeht (Anmerkung des Übersetzers).

90 Die Familiennamen wurden in diesem und in ähnlichen Fällen zum Schutz der Privatsphäre weggelassen. Die Franzosen nannten Liebhaber von Kapos «chouchous», die Stubenältesten „Knaben".

Schreiber in dieser Baracke war der französische Häftling Jean Sauvage, geboren am 2.2.1917, Häftlingsnummer 26818. Opfer der „Corrida" vom 14. Juli, wurde er Ende Juli 1943 in dieser Funktion von Florent Stadler (geboren am 15.6.1908 in Metz, Häftlingsnummer 28574) ersetzt. Stadler war ein gebildeter Mensch, beherrschte vier Sprachen, darunter Deutsch, und hatte eine schöne Handschrift. Am 19. April 1944 wurde er als Stubenältester auf die Kärntner Seite geschickt, wo er die Häftlinge misshandelte.

Abb. 19: Max Skirde, Stubenältester in Baracke Nr. 2 des Südlagers.

In Baracke Nr. 1 befand sich auch Jean Hector, Häftlingsnummer 26376, geboren am 3.11.1920 in Koblenz. Er sprach Deutsch, wurde daher als Dolmetscher eingesetzt und machte auch sonst alle möglichen kleinen Arbeiten. Im Lager tauschte er Nahrung gegen Zigaretten und wurde nach dem Krieg auf Grund von vier anonymen Anzeigen in Blois in Haft genommen.

Louis Balsan, geboren am 22.10.1911 in Paris, übernahm am 19. April 1944 Stadlers Funktion, bevor er selbst von einem jungen Polen ersetzt wurde. Balsan war mit dem ersten Transport an den Loibl gekommen und trug die Häftlingsnummer 27763. Er war Offizier der französischen Armee, intelligent, gebildet und körperlich wesentlich stärker als die anderen. Als Mitglied der Geheimorganisation „Cartwright"[91] war er am 20. Oktober 1942 von der Gestapo verhaftet worden. Er war zuerst sechs Monate in Fresnes im Gefängnis, dann in Compiègne und kam am 22. April 1943 nach Mauthausen.

Stubenältester der Baracke Nr. 2 war Max Skirde, ein deutscher Berufsverbrecher, geboren am 7.3.1901 in Elbing. 1928 hatte er acht Monate Haftstrafe wegen Betrugs verbüßt. 1937 kam er wegen Mordes ins Konzentrationslager. Seine Häftlingsnummer war 770.

Die Franzosen nannten ihn «Neunoeil», denn er war auf einem Auge blind. Ein halbverrückter Alkoholiker, mehr Tier als Mensch. Wenn er

---

91 Britischer Spionagering, im Nordosten Frankreichs aktiv. Die Hauptaufgabe bestand darin, feindliche Flugplätze ausfindig zu machen, von denen aus die Flugangriffe gegen England starteten.

besoffen war, redete er völligen Unsinn. Im Lager hatte er sich eine Katze beschafft. Als sie weglief, schlug er aus Kummer zehn Häftlinge. Skirde warf sein Auge auf einen jungen polnischen Häftling namens T. Anfangs wies dieser seine Annäherungsversuche zurück, aber er wurde so oft geschlagen, dass er sich schließlich unterwarf und Skirdes Liebhaber wurde. T. überlebte den Krieg und wurde in Paris, wo er seinen Wohnsitz hatte, aufgrund von vier Anzeigen gegen ihn von einem französischen Gericht zu einem Jahr Haftstrafe und zum zeitweiligen Verlust der staatsbürgerlichen Rechte verurteilt.

Der deutsche Berufsverbrecher Karl Heinz Pommerehnke, geboren am 13.10.1912 in Rugensee, war Stubenältester in der Baracke Nr. 3. Er trug eine Binde mit grünem Dreieck und die Häftlingsnummer 235, war also bereits zum zweiten Mal im Konzentrationslager Mauthausen. Vor dem Krieg war er Matrose gewesen. Auf dem ganzen Körper trug er Tätowierungen von nackten Frauen, nur seine Brust zeigte ein sinkendes Segelschiff mit drei Masten. Die Franzosen nannten ihn „den Tätowierten", die Bosnier «Šaronja», also „den Bunten". Er war wegen Mordes inhaftiert, hatte aber auch andere „Berufe" ausgeübt: Zuhälter, Dieb, Abtreibungshelfer. Pommerehnke war außerordentlich gewalttätig, obszön, wild, und wenn er betrunken war, ein regelrechter Irrer. Vor Mauthausen war er im Lager Sachsenhausen, wo die SS-Leute die Häftlinge beim Aussteigen aus den Waggons mit Eisenstangen schlugen. Der „Tätowierte" hatte dabei einen Schlag abbekommen, der ihn zu Boden streckte. Das hatte Folgen für sein weiteres Verhalten.

Wie die meisten „Ältesten" im Lager war auch er ein begeisterter Veranstalter von Boxkämpfen zwischen Häftlingen und Kapos. Wenn er im Lager oder während der Kämpfe mit seinen Fäusten auf die Häftlinge einschlug, mussten diese unbeweglich stehen bleiben. Lagen sie auf dem Boden, mussten sie aufstehen und warten, bis er sie erneut schlug. Das dauerte so lang, bis er genug hatte oder bis er müde war. Er war immer gut gekleidet, Bart und Glatze waren abrasiert, er trug Stiefel und ein Hemd mit richtigem Kragen. Zur Befriedigung seiner sexuellen Bedürfnisse suchte er sich Opfer unter den jungen Häftlingen aus. 1945 nahm er sich einen jungen Polen als Liebhaber, der tagsüber in der Baracke Reinigungsdienst verrichtete und nachts zu seinem Sexualpartner wurde. Als Vergütung bekam der Pole ein bisschen mehr zu essen.

Louis Balsan war eine Zeit lang Barackenschreiber. Am 19. April 1944 wurde er in Baracke Nr. 1 überstellt und ersetzte dort Florent Stadler. Dank seiner Stellung als Schreiber erhielt er vom Stubenältesten manchmal mehr Nahrung oder auch Zigaretten, die dieser wiederum den Häftlingen gestohlen hatte. Balsan übergab dieses Essen und diese Zigaretten den beiden französischen Krankenpflegern, um sie unter den Kranken zu verteilen. Eines Tages bekam Balsan einen heftigen Fußtritt von einem Häftling, der seine Absichten anders ausgelegt hatte.

Der Stubenälteste der Baracke Nr. 4 hieß Herbert Scheller, ein deutscher Berufsverbrecher, geboren am 14.9.1907 in Hamburg. Auf seinem Ärmel trug er ein grünes Dreieck und die Häftlingsnummer 1667. Er war wirklich schwachsinnig. Die Häftlinge nannten ihn „Herbert" oder „Blondinet". Als Liebhaber hatte er einen jungen französischen Häftling

Abb. 20: Louis Balsan, Winter 44/45, fotografiert von einem SS-Mann außerhalb des Lagers, im Hintergrund die Sanitätsbaracke.

namens A. Beim Bau des Nordlagers im Oktober 1943 wurde Scheller auf die Kärntner Seite überstellt und zum „Oberkapo" befördert.

Seinen Platz nahm am 14.9.1898 Kurt Liese ein, deutscher Berufsverbrecher, grünes Dreieck, Häftlingsnummer 697. Er war klein, hatte ein breites Gesicht und große Ohren. Zuvor war er für die Waschküche verantwortlich gewesen. Von Ende 1943 bis 30. April 1944 befanden sich in seiner Baracke vor allem russische Häftlinge. Von den ersten Tagen der Errichtung des Nordlagers an bis zur Inbetriebnahme war er der Hauptverantwortliche aller Häftlinge auf der Nordseite. Er war homosexuell und hatte als Liebhaber einen jungen Polen, dem er für seine „Dienste" mit zusätzlicher Nahrung dankte. Immerhin war er der Älteste unter den „Stubenältesten", er war einer der humansten und schlug die Häftlinge nur in seltenen Fällen.

Barackenschreiber war ein polnischer Häftling um die dreißig. Als Liebhaber hatte er sich den französischen Häftling E. ausgesucht. Dieser war bereits von Bipp und „dem Tätowierten" sexuell missbraucht worden. E. hatte eine dunkle Gesichtsfarbe und gelockte Haare. Die Deutschen nannten ihn „den Zigeuner". Er hatte Glück, lebend aus dem Lager herauszukommen, denn die Deutschen beschlossen vor Kriegsende, alle Häftlinge zu töten, mit denen sie sexuellen Verkehr gehabt hatten.

Gegen Ende des Krieges nahm sich Liese einen jungen polnischen Häftling als Liebhaber.

Stubenältester in der Baracke Nr. 5, wo die Mineure untergebracht waren, war der politische Häftling Max Stilp, geboren am 3.2.1917, ein Sudetendeutscher aus Königswarth, der „Max" gerufen wurde. Anfangs war er – wie schon in Mauthausen – als SS-Friseur tätig. Er betrank sich mit einer Tasse gezuckertem Brennspiritus. Er trug ein rotes Dreieck mit der Häftlingsnummer 14903, war sehr gewalttätig und hatte die sonderbarsten Ideen. Überall verbreitete er Angst und Schrecken. Sein Liebhaber war der junge Franzose B., der mit dem ersten Transport an den Loibl gekommen war.

Der politische Häftling Peter Ernst, geboren 1922 in Wasselnheim, war nicht nur Barackenschreiber, sondern betätigte sich auch als Dolmetscher. Er trug die Häftlingsnummer 28419. Am 8. Mai 1945 stieß er auf der Kärntner Seite zur Brigade «Liberté».[92]

Kapo in der Schusterwerkstatt war bis Juni 1944 der Österreicher August Staab. Geboren am 6.5.1909 in Nürnberg, lebte Staab vor dem Krieg in Wangen. Er trug die Häftlingsnummer 1739 und war auf der Kärntner Seite Stubenältester in der Baracke Nr. 4. Im Jahr 1945 wurde er zum Kapo der Häftlinge befördert, die die Befestigungsarbeiten durchführten und Bunker einrichteten.

Der österreichische Berufsverbrecher Johann Danter, geboren 1898 in Wels, war Kapo im Krankenrevier. Er trug ein grünes Dreieck mit der Häftlingsnummer 1998. Es handelte sich um einen durchaus einfältigen Menschen, der dem SS-Lagerarzt Dr. Ramsauer, in dessen Zimmer er saß, ganz und gar ergeben war. Er war ein Denunziant und ein Sadist. Oft gab er den Häftlingen schmerzhafte Injektionen. Außerdem litt er an Epilepsie und während seiner Anfälle schrie er und schlug auf die Kranken ein. Die beiden Ärzte und die beiden Krankenpfleger beklagten sich über ihn bei Ramsauer, aber der behielt ihn an seiner Seite, weil er ihm alles erzählte, was in seiner (Ramsauers) Abwesenheit im Krankenrevier geschah.

Fritz Winkens, geboren 1914 in Ronsdorf im Wuppertal war Stubenältester, aber auch Baustellenkapo. Offiziell war er „Oberkapo"; die Franzosen nannten ihn «Doyen» oder «Gueule de chien» (Hundefresse). Er trug ein schwarzes Dreieck mit der Spitze nach oben und die Häftlingsnummer 623. Er verstand auch ein bisschen Französisch. Er war ein bru-

---

92   Siehe Kapitel X

taler, gewalttätiger Mensch, nahm gerne an den Boxkämpfen gegen die Häftlinge teil und prügelte mit Freude. Er war mit dem SS-Mann Mayer[93], genannt «Trompe-la-mort»[94] befreundet, einem der brutalsten SS-Leute. Winkens galt als einer der gefährlichsten Kapos, denn er soll die Häftlinge gezwungen haben, die Postenlinie zu überschreiten, um sie daraufhin zu erschießen. Über solche Taten lachte er dann gemeinsam mit Mayer. Er schlug die Häftlinge oft brutal, unter anderem beim Appell und beim Antreten vor der Rückkehr ins Lager, unter dem Vorwand, dass sie nicht genügend rasch zur Stelle wären, auch wenn sie weit vom Appellplatz arbeiteten oder zu erschöpft waren, um schnell laufen zu können. Am 3. März 1944 wurde er nach Mauthausen geschickt und meldete sich dort freiwillig zur Wehrmacht.

Alle diese Kapos waren am 3. Juni 1943 mit dem ersten Transport an den Loibl gekommen.

Johann (Hans) Gärtner wurde am 15.11.1904 in Kempten in Bayern geboren und hatte seinen Wohnsitz wahrscheinlich in Wien. Die Gestapo hatte ihn 1939 festgenommen und ins Konzentrationslager Mauthausen geschickt, wo er die Nummer 30857 erhielt und als vorbestrafter Häftling (BV DR) klassifiziert wurde. An den Loibl kam er mit dem Transport vom 12. September 1943, gemeinsam mit 150 Häftlingen (45 Mineure und 105 Hilfsarbeiter). Er wurde zum „Kapo" der Mineure ernannt. Groß, grausam und an Tuberkulose leidend, beschimpfte er die Häftlinge ohne Unterlass und denunzierte all jene, die nicht schnell genug arbeiteten, bei der SS, insbesondere die Franzosen, deren Sprache er sprach. Er prügelte Arthur Michaud, Jean Monamy, Joseph Carballa und viele andere Mineure. Auf der Baustelle fuhr er auch die Diesel-Lokomotive.

Die Deutschen suchten und fanden alle diese Kriminellen in den Gefängnissen des Reichs, wo sie Göring 1933 hatte einsperren lassen. Sie waren an sehr schwierigen Orten inhaftiert, wie im Moor von Papenburg. Nur die Grausamsten und Gewalttätigsten überlebten solche Bedingungen.

Weitere Kapos

Louis Breux, geboren am 24.9.1907, Häftlingsnummer 27062, ein politischer Gefangener aus Frankreich, arbeitete zuerst im Tunnel und

---

93 Mayer, geboren am 3.10.1889 in Esslingen
94 Einer, der selbst den Tod zu täuschen in der Lage ist

wurde dann zum Kapo der Maurer ernannt, die die Außenarbeiten durchführten. Er schrie die ganze Zeit, vor allem, wenn SS-Leute anwesend waren. Nach dem Krieg verurteilten ihn die französischen Gerichte am 16. Dezember 1948 zum Tod, eine Woche später wurde er im Fort Montrouge[95] erschossen. Man beschuldigte ihn, den Tod eines Franzosen verursacht zu haben, allerdings nicht am Loibl.

Fritz Ziegler, „Fritz" genannt, geboren am 24.1.1916, trug die Häftlingsnummer 34960. Er war Kapo des Arbeitstrupps, der die Betonierungsarbeiten durchführte.

Pepi Beck wurde als französischer politischer Gefangener an den Loibl deportiert, auch wenn er deutscher Herkunft war. Als Kapo brüllte er unaufhörlich auf die Häftlinge ein und schlug sie. Gegen Ende 1944 wurde er nach Linz überstellt, wo ihn spanische Häftlinge zu Kriegsende hängten.

Der Kapo des Arbeitstrupps zur Verschalung des Tunnelgewölbes – Kommando «parpaing» (Mauerstein) – hieß Raymond Vasserd. Er trug die Häftlingsnummer 28641 und hatte als Liebhaber einen Häftling namens H.

Félix Leibovici, Häftlingsnummer 28225, war ein französischer Jude. Geboren am 16.9.1894 in Jassy in Rumänien, war er Kapo eines Trupps, der außerhalb des Tunnels arbeitete. Er schrie ständig. Vom „Einäugigen" und dem „Tätowierten" wurde er oft geschlagen. Bei der Nahrungsverteilung war er nicht korrekt, oft stahl er Tabak. Wenn ihm die Zivilarbeiter vorwarfen, dass er ständig mit den Häftlingen schrie, antwortete er, er tue dies, um sie vor den Schlägen der SS-Leute zu schützen, was zum Teil stimmte.

Der Kapo André Perroncel, Häftlingsnummer 26193, geboren 1910 in Paris, war verantwortlich für einen Bautrupp, der sowohl innerhalb als auch außerhalb des Tunnels arbeitete. Er verteilte oft Ohrfeigen. Als am 1. Dezember 1944 zwei Häftlinge beim Schneeschaufeln flüchteten, schrie er sofort, um die SS-Leute zu warnen:

„Zwei Mann weg!"

Beim Klagenfurter Prozess 1947 war er nicht unter den Beschuldigten, denn es lag keine offizielle Anklage gegen ihn vor. Als er sich am 8. Mai 1945 der Brigade Liberté anschließen wollte, wiesen ihn die Franzosen zurück.

---

95 Sein Anwalt beim Prozess war Gaston Charlet, ein ehemaliger Loibl-Häftling

KAPITEL IV

Léon Mayer, Häftlingsnummer 27037, geboren 1909 im französischen Eberbach, war Kapo eines Trupps, der die Baustelle mit Zement versorgte. Er war Freund von Louis Breux und schrie ständig. Als ihm im November 1944 klar wurde, dass Deutschland den Krieg verlieren würde, besserte sich sein Verhalten ein wenig. Beim Verteilen der Suppe kümmerte er sich nicht darum, ob die Schalen hinreichend gefüllt waren, sondern bediente großzügig all jene, die sich ihm gegenüber nützlich gemacht hatten. Mit der übrig gebliebenen Verpflegung konnte er natürlich bequem leben. Er hatte ein gutes Verhältnis zu den deutschen Stubenältesten und Kapos und seine Kenntnis der deutschen Sprache half ihm dabei sehr. Nach dem Krieg wurde er von der französischen Besatzungsmacht zu fünf Jahren Haft verurteilt.

Bei der Ankunft des großen Transports am 13. Juli 1944, bei dem auch 42 Jugoslawen dabei waren, suchten die Kapos unter den Neuankömmlingen nach Opfern, die sie sexuell missbrauchen konnten. Der Stubenälteste der Baracke Nr. 5, Max Stilp, warf sein Auge auf zwei achtzehnjährige Häftlinge, Alojz Bohinc und Alojz Odar. Die beiden jungen Häftlinge hatten einen Plan zu einer gemeinsamen Flucht gefasst, aber sie kamen nicht dazu, denn Odar wurde sofort in Baracke Nr. 4 überstellt, wo Kurt Liese das Kommando hatte. Eines Tages nahm Kurt Liese Odar die Kappe ab, unter dem Vorwand, dass er Läuse hätte. Er setzte ihm tatsächlich eine Laus auf den Kopf, um ihn zu bestrafen und so zur Unterwerfung zu zwingen.

Die Lagerküche

Die Küche für die Häftlinge war in vier Bereiche geteilt, die von einem SS-Mann überwacht wurden. In dieser Funktion am längsten tätig war der Österreicher Hans Weigel. Er hatte schreckliche Angst vor Partisanen. Vor dem Krieg war er Wursthersteller gewesen. Jedes Mal, wenn er sich zwecks Nachschub nach Tržič begeben musste, verlangte er einen Geleitschutz und die Verstärkung der Straßenbewachung. Im Lager organisierte er Fußballspiele. Er hatte eine Freundin in Klagenfurt. Einige Wochen vor der Befreiung schickte ihn der Lagerkommandant an die Front. Dem Häftling Anton Kastrevc aus Velika Bučna vas zufolge war Weigel ein guter Mann.

Seine Stelle nahm Alois Kirschbaum ein, ein Mann mittleren Alters von kleinem Wuchs, verheiratet und wohnhaft in der Gegend von Wien. Laut Janez Hafner aus Tržič war er Obergefreiter und SS-Rottenführer.

Kirschbaum besuchte recht oft Hafners Vater, einen Schuhmacher[96], und nutzte die Gelegenheit, um Essen (aus der Lagerküche) gegen Branntwein zu tauschen. Oft nahm Kirschbaum einen Häftling mit, der die Flasche(n) heimlich ins Lager bringen musste.

Der Deutsch-Rumäne und SS-Mann Wilhelm Donau war eine Zeit lang verantwortlich für die Küche des Nordlagers. Ab 16. April 1945 verstärkte er die Küchenmannschaft auf der Südseite. Wegen seiner Ähnlichkeit mit dem französischen Schauspieler nannten ihn die Häftlinge „Fernandel". Er war ein echter Verrückter. Die Häftlinge schlug er mit einem großen Schöpflöffel und wenige Tage vor der Befreiung des Lagers zerschlug er diesen Schöpflöffel auf dem Rücken von André Messant (Häftlingsnummer 27064).

Kurt Windt, Häftlingsnummer 14353, ein deutscher politischer Gefangener, war zuerst Küchenkapo. Eines Tages schlug ihn ein SS-Mann derart, dass er zwei Tage lang bewusstlos blieb. Wegen eines Fehlers, den er absichtlich begangen hatte, wurde er als Strafe zur Arbeit auf die Baustelle geschickt. Aber dort blieb er nicht lange. Am 17. September 1943 überschritt er die Postenlinie und wurde von einem SS-Mann erschossen.

Der französische Gefangene Léonard Chambonneau, Häftlingsnummer 26561, geboren 1894 in Vierzon, folgte ihm in der Küche nach. Mit ihm zusammen arbeiteten ein paar seiner Landsleute.

Siegmund Klossowski, Häftlingsnummer 3733, geboren im polnischen Grauseuz, war der Kapo der SS-Küche. Küchengehilfen waren Tadek und Jožef, die aus der Gegend stammten. Die Franzosen Marius Linage (Häftlingsnummer 28276) und Joseph Dubuc (Häftlingsnummer 26687) waren Fleischhauer. Sie waren den ganzen Vormittag über mit dem Zuschneiden von Fleisch beschäftigt.

Bis November 1943 arbeitete auch der französische Häftling André Frontczak (Häftlingsnummer 26741) mit ihnen, aber nach der Inbetriebnahme des Nordlagers wurde er als Koch dorthin überstellt.

Im Kommando, das für die Gemüsezubereitung zuständig war, befanden sich sechs Franzosen: Georges Boixel (Häftlingsnummer 27810) war der Kapo. Mit ihm arbeiteten Marcel Mascle (Häftlingsnummer 26445), Armand Busquet (Häftlingsnummer 26996), Louis Dorlac (Häftlingsnummer 27985), der in der Folge im Tunnel arbeitete, Auguste Bœuf

---

96 Das Haus von Janez Hafner stand in einer kleinen Gasse in Tržič gegenüber dem Haus von Mici Mally.

(Häftlingsnummer 27806) und Michaelidis Stavros, ein Grieche aus Marseille. 1944 kamen die jugoslawischen Häftlinge Muženič, Ihanec und andere hinzu.

In der Lagerküche gab es zwei große Kessel für die Zubereitung der Suppe und des Kaffees.

Im Herbst kam eine große Ladung Kartoffeln an, die außerhalb des Lagers unterhalb der Vorratskammer nicht weit vom Eingang vergraben wurden. Der Zugang war mit Stroh bedeckt. Verantwortlicher war der deutsche Berufsverbrecher Erich Klein (Häftlingsnummer 2757), der mit dem ersten Transport an den Loibl gekommen war. Er hatte in der Fremdenlegion gedient, sprach sehr gut Französisch und verhielt sich den Häftlingen gegenüber sehr gut.

Im Frühling begannen die Kartoffeln zu faulen und zu stinken. Die Häftlinge mussten sie sortieren und putzen. Die Arbeit wurde von den Häftlingen in Baracke 5 (unter ihnen Janez Ihanec) übernommen. Sie wuschen die Kartoffeln in Wassereimern. Ein paar Häftlinge konnten einige Kartoffeln im schmutzigen Wasser verstecken und die Behälter unter den Baracken aufbewahren. Als sie eines Tages von der Arbeit zurückkamen, standen die Kartoffeln gekocht auf dem Tisch. Niemand wollte dem Stubenältesten sagen, wem sie gehörten, und so ließ dieser sie einfach an alle verteilen.

An einem Tag im Dezember 1943 wollte der Lagerkommandant wissen, wer unter den Häftlingen von Beruf Konditor sei. Zahlreiche Häftlinge ergriffen diese Gelegenheit, aber die SS-Leute überprüften die tatsächlichen Fähigkeiten der Kandidaten und so mussten die meisten wieder auf die Baustelle zurückkehren. Nur André Messant und Maurice Guiller (Häftlingsnummer 26766), genannt „Titi", blieben übrig. Die Häftlinge, die in der Küche arbeiteten, waren in Baracke Nr. 1 (der Küche gegenüber) untergebracht. Sie begannen je nach Tagesprogramm um vier oder um fünf Uhr mit ihrer Arbeit.

Nur Lagerkommandant Winkler, Doktor Ramsauer, Rapportführer Hans Goggl und später auch der SS-Mann Sebastian Binder sowie ein weiterer, für die Küche zuständiger SS-Mann hatten Zugang. Letzterer befahl häufig, ein Paket herzurichten, das er dann ohne das Wissen der anderen SS-Leute an seine Familie schickte. Er tauschte oft auch Lebensmittel gegen Schnaps.

Aber worin bestanden die Mahlzeiten, die für die Häftlinge zubereitet wurden?

- Morgens Ersatzkaffee (heißes, gezuckertes, bräunliches Wasser)
- mittags eine Gemüsesuppe (mit roten Rüben, Kohl, Sellerie und den Schalen verschiedener Gemüsesorten), ein paar Kartoffeln und Knochen (Fleisch war den SS-Leuten vorbehalten) mit Margarine und Mehl
- abends etwa 300 Gramm Brot, ein Stück Margarine oder Salami, manchmal ein Löffel Marmelade.

Für Weihnachten 1943 mussten Guiller und Messant neben ihrer täglichen Arbeit für die SS-Leute Weihnachtsbäckereien zubereiten. Sie mussten außerdem bei den Lagerarbeiten mithelfen, die Lebensmittel von den Lastwagen abladen, schlichten und verteilen. Den Franzosen gelang es manchmal, die SS-Leute über die vorhandenen Mengen an Brot, Marmelade und anderem im Unklaren zu lassen und sie schickten die Lebensmittel, die sie so zur Seite schaffen konnten, in einem Korb ins Krankenrevier.

Solange das Lager stand, wurde der „Speiseplan" nur zweimal abgeändert. Zum ersten Mal am 4. Dezember 1943 bei der Eröffnung der Tunnelarbeiten: Da bekamen die Häftlinge Gulasch. Die Köche arbeiteten die ganze Nacht, denn sie hatten von der Firma, die die Verteilung der Lebensmittel überwachte, zahlreiche Zutaten (Schweineschmalz, Fleisch) erhalten. Es gab auch mehr Brot und fünf Zigaretten für jeden. Für die SS-Leute wurden die Speisen in der Küche separat zubereitet, denn zu diesem Anlass wurden der Gauleiter Rainer, der SS-General Rösener und andere Funktionäre der NSDAP und der Wehrmacht erwartet.

Die zweite Gelegenheit, bei der die Häftlinge mehr und besser aßen (Gulasch und Kartoffeln), war der Durchstich des oberen Tunnelstollens im Herbst 1944, auch wenn die deutschen Würdenträger weniger zahlreich zugegen waren. Zu Weihnachten 1944 bekamen die Häftlinge auf der Kärntner Seite ein paar Kartoffeln mehr.

Wie bereits erwähnt, galt in der Küche dieselbe Disziplin wie im Rest des Lagers. Schläge waren an der Tagesordnung.

Der SS-Küchenverantwortliche war besonders brutal, wenn er trank. 1944 sah er einen Häftling mit einem Stück Brot, das Messant diesem zugesteckt hatte. Er fragte in schreiendem Ton, wer ihm das Brot gegeben hätte. Dann versammelte er auf der Stelle alle Häftlinge, die in der Küche arbeiteten, und verlangte, dass sich der „Schuldige" selbst melde. Niemand bewegte sich und er befahl Messant, einen Schritt nach vorn zu treten. Er sagte ihm:

„Du bekommst fünfundzwanzig Schläge, denn ich weiß, dass du es warst, der ihm das Brotstück gegeben hat."

Nach der Bestrafung mit fünfundzwanzig Hieben mit dem großen Schopflöffel ließ er Messant in sein Büro kommen, bot ihm eine Zigarette an und sagte:

„Du siehst, es ist gut und schön, mir Dinge zu verheimlichen, aber bei uns muss Disziplin herrschen."

Das medizinische Personal

Der Lagerarzt, SS-Obersturmführer Dr. Sigbert Ramsauer, der Doktor Richter im Krankenrevier am Loibl ersetzte, war ein überzeugter Nazi. Er war für die Gesundheit der Häftlinge beider Lager verantwortlich, aber auch für das Zivilpersonal, für die Polizei und für die SS.

In einem Brief an Louis Balsan, der das Datum 14. September 1947 trägt, erklärt der slowenisch-österreichische Arzt Viktor Opresnigg, Häftling im Konzentrationslager Gusen, unter Eid, Ramsauer hätte 1942 in Gusen 700 Häftlinge durch Benzinspritzen – die zur Zerstörung der roten Blutkörperchen führen – getötet. *(Eine Übersetzung des vollständigen Dokumentes befindet sich im Anhang.)*

Ramsauer setzte diese grauenvolle Praxis am Loibl fort. Laut Zeugenaussage von Jean Barbier war Ramsauer zuerst als Lagerarzt in Oranienburg[97], dann in Dachau[98] tätig. Am Loibl befand sich sein Ordinationszimmer im SS-Krankenrevier des Nordlagers.

Einmal täglich kam er ins Krankenrevier, um die Aufenthaltsdauer der Kranken zu überprüfen. Es wäre eine schamlose Lüge zu behaupten, er hätte die Kranken behandelt, denn es fehlte an den grundlegendsten Medikamenten. Für ihn gab es nur Benzininjektion oder Rücktransport nach Mauthausen, wo die Häftlinge im Allgemeinen im Krematorium endeten. Die Häftlinge dienten ihm als Versuchskaninchen für seine anatomischen Studien. Er wurde für ihren Tod nicht verantwortlich gemacht und wurde auf Grund seiner Mordtaten sogar befördert. So wurde er Anfang 1944 zum SS-Hauptsturmführer ernannt.

Michel Gasior berichtete 1987 in der österreichischen Wochenzeitschrift „Wiener" über seine Erfahrungen als Krankenpfleger bei Dr. Sigbert Ramsauer. Gasior war außer der Arbeit in der Ambulanz auch für die

---

97 Konzentrationslager im Norden von Berlin
98 Konzentrationslager im Norden von München

Medikamente zuständig, die für die Häftlinge bestimmt waren. Die Menge der Arzneimittel reichte nicht einmal aus, die Schmerzen zu lindern. Deshalb musste er sie Ramsauer stehlen, der sie im Apothekenlager aufbewahrte. Ramsauer benutzte die meiste Zeit zur Vertiefung seiner medizinischen Kenntnisse, und das an seinen Kranken, die er ausnützte, ohne sich um ihre Gesundheit zu kümmern. So schickte er die Kranken ins Zentrallager Mauthausen, obwohl er wusste, dass während der Zeit des dreitägigen Transports im Viehwaggon unter dürftigsten Verhältnissen 60 bis 70 Prozent der Kranken sterben würden. Die einzigen wirksamen Arzneimittel gegen Lungenentzündung waren zu jener Zeit Sulfonamide. Ramsauer verfügte darüber, aber er verteilte sie so spärlich, dass die Kranken, die bereits von der schweren Arbeit, von der unzureichenden Ernährung und von den schlechten Hygienebedingungen geschwächt waren, nicht wieder zu Kräften kommen konnten.

Vom 3. Juni 1943 bis zum Sommer 1944 war Josef Krupowicz, geboren am 24.6.1899 in Warschau, der einzige wirkliche Arzt unter den Häftlingen. Es handelte sich um einen politischen Gefangenen, der den Buchstaben „F" trug, denn er war in Frankreich inhaftiert worden. Seine Häftlingsnummer war 28208. Er war kein schlechter Mensch, aber als Antikommunist half er vor allem den Häftlingen privilegierter Herkunft (Anwälten, Offizieren, Industriellen) in der Hoffnung, sich nach dem Krieg in Frankreich eine neue Existenz aufzubauen.

Die französische Widerstandsorganisation im Lager übte Druck auf ihn aus, sich um alle zu kümmern und nicht nur um einige Privilegierte wie Gaston Charlet, Louis Balsan usw. Sie forderten von ihm, für alle Häftlinge den Zugang zum Krankenrevier freizugeben. Aber der Arzt Josef und die beiden Krankenpfleger Roland Decroix und Michel Gasior, die beide mit dem ersten Transport an den Loibl gekommen waren, nahmen keine sehr ritterliche Haltung ein. Sie kümmerten sich vor allem um sich selbst, nahmen Heilmittel und Vitamine für sich und ihre Freunde, vergeudeten die Medikamente, auch wenn es nur ganz wenige gab. Beide tauschten Heilmittel gegen Zigaretten ... (Jean Granger)

Der am 17. September 1944 vom Loibl geflüchtete Häftling Georges Huret erklärt:

Ich weiß es, denn ich habe mit ihnen im Krankenrevier darüber diskutiert, als ich dort war, um behandelt zu werden. Ich sagte ihnen, sie sollten mit ihrem Tauschhandel aufhören. Leider machten sie nach meiner Flucht weiter. Aber unglücklicherweise verbreitete sich, als ich nicht mehr da war, das Gerücht im Lager und sie hatten dann bei ihrer Rückkehr nach Frank-

Abb. 21: Südlager, 1944, von einem Wachturm aus aufgenommen, im Vordergrund die Sanitätsbaracke, zu erkennen sind außerdem die KZ-Häftlinge zwischen den Baracken.

reich Schwierigkeiten. Ich verteidigte Decroix mit folgenden Worten: „Das ist ein armer Kerl. Er leidet schon genug darunter, dass seine Frau und seine Kinder ihn verlassen haben, um mit diesem polnischen Arzt (Doktor Krupowicz) zu gehen, den er in Frankreich bei sich zu Hause beherbergt hatte." Ich empfand mit Decroix kein Mitleid. Er begann zu trinken und starb wenig später. Seine Frau, seine Kinder und den Doktor Josef habe ich dann an einem abgeschiedenen Ort in Paris wiedergetroffen.

An anderer Stelle berichtet Georges Huret:

Die Häftlinge warfen dem polnischen Arzt mangelndes Interesse an der Behandlung der Kranken vor. Der Grund für seine Festnahme war nicht

Abb. 22: Der tschechische Arzt František Janouch.

ganz klar. Als ich Krupowicz nach dem Krieg zufällig traf, erbleichte er und sagte:

„Ich hoffe, du bist nicht böse auf mich. Du weißt, ich liebe diese Frau sehr."

Ich unterbrach ihn und sagte: „Hör auf, das interessiert mich nicht."

Krupowicz kam nicht zum Prozess nach Klagenfurt. Während Decroix dort als Zeuge aussagte, „kümmerte" sich Krupowicz um dessen Frau.

Die beiden Hilfspfleger Roland Decroix und Michel Gasior bezeugten die Machenschaften Doktor Ramsauers. Sie schlugen sich tapfer beim Prozess, auch wenn viele Häftlinge nicht umhin konnten zu denken:

Man hätte dieses Monster (Ramsauer) töten sollen, aber die beiden Helfer, die ihn heute verdammen, schlugen sich damals den Bauch voll und riskierten überhaupt nichts.

Der tschechische Häftling František Janouch, Doktor der Medizin und Professor an der medizinischen Fakultät, kam im Juli 1944 ins Lager. Geboren am 20. September 1902 in Kamenny Ujezd, war er im Jänner 1943 wegen seiner illegalen politischen Tätigkeit – er war Mitglied der Kommunistischen Partei – verhaftet worden. Er wurde zuerst nach Auschwitz, dann nach Mauthausen und von dort an den Loibl gebracht.

Er war ein sehr guter Arzt und von großer Menschlichkeit. Für jeden Patienten fand er die richtigen Worte, um die Leiden zu lindern und vergessen zu machen. Man kann sagen, dass er als Arzt und Mensch weit über allen anderen stand. Die Jugoslawen schützte er in besonderem Ausmaß, denn er hatte vor dem Krieg mit seiner Familie die Ferien an der Adria verbracht. Im Konzentrationslager Mauthausen rettete er zahlreichen Jugoslawen das Leben, unter ihnen Stanko Šipka, den er im Krankenrevier wie seinen eigenen Sohn betreute. Ende 1943 litt Šipka an Mittelohrentzündung und Gelbsucht und blieb drei Monate lang im Krankenrevier. Janouch ließ ihn in einer Sonderbaracke unterbringen, von wo aus er dann an den Loibl deportiert wurde.

In Mauthausen rettete er auch das Leben von Grgo Ugrin, als dieser im Juni 1943 von einem Felssturz mitgerissen wurde. Ugrin blieb bis

Februar 1944 im Krankenrevier und wurde Anfang Mai ins Loibllager gebracht.

Als Jože Pužejl im August 1944 mit anderen Häftlingen an die Nordseite überstellt wurde, litt er an starkem Fieber. Man schickte ihn zurück auf die Südseite. Als er im Krankenrevier ankam, lag er praktisch in Agonie. Als ihn Doktor Ramsauer bei seiner täglichen Visite sah, meinte er: *„Mit dem ist es zu Ende!"*

Doktor Janouch und Franc Pirker[99], ein Medizinstudent, wickelten ihn in ein feuchtes Tuch und retteten ihm auf diese Weise das Leben.

Janez Ihanec hatte geschwollene Beine und litt an Rheuma. Janouch riet ihm, wieder an die Arbeit zurückzukehren, um dem Rücktransport nach Mauthausen zu entgehen. Er hatte Ihanec eine Zeit lang im warmen Zimmer gelassen und zur Erleichterung Tabletten gegeben. Alija Šahinović half Ihanec bei der Rückkehr zur Arbeit.

Šipka arbeitete mit den Zimmerleuten auf der Nordseite. Als er im Sommer 1943 erfuhr, dass Janouch am Loibl war, überlegte er, wie er an die Südseite kommen könnte, um ihn zu treffen. Er meldete sich krank und wollte sich vom polnischen Hilfspfleger in die Krankenliste eintragen lassen. Aber dieser wollte nichts davon wissen, schlug ihn und schickte ihn zur Arbeit. Šipka sah, dass sein Plan nicht funktioniert hatte und ließ absichtlich eine Eisenstange auf seinen Fuß fallen, der sofort anschwoll. Bald stand er zum zweiten Mal vor dem polnischen Krankenpfleger, der ihn zuerst nicht anhören wollte; als er aber den geschwollenen Fuß sah, stellte er ihn von der Arbeit frei und schickte ihn gemeinsam mit einem weiteren kranken Häftling ins Krankenrevier im Südlager. Šipka wurde in einen kleinen Waggon gelegt und durch den Tunnel geführt. Er blieb eine Woche lang im Krankenrevier. Dr. Janouch betreute ihn und stellte ihn rasch wieder her. Šipka kehrte zur Arbeit zurück, diesmal aber auf der Südseite.

An einem Tag im August 1944 äußerte sich Janouch im vertraulichen Gespräch mit dem Franzosen Jean Granger folgendermaßen:

„Vier Millionen Menschen sind bereits in den Krematorien der verschiedenen Konzentrationslager verbrannt und der Krieg kann noch ein Jahr dau-

---

99 Der Student Franc Pirker, geboren 1921 in Ribnica, war ein politischer Gefangener. Am 10. Mai 1944 wurde er aus Ljubljana ins Gefängnis in Begunje gebracht und zwei Tage später nach Mauthausen. Von dort kam er am 13. Juli an den Loibl und blieb bis zum Ende. Pirker arbeitete gelegentlich im Krankenrevier. Er sprach auch gut Deutsch und fungierte als Dolmetscher für die slowenischen Häftlinge.

ern, denn die Engländer und Amerikaner lassen sich Zeit. Nur die Macht der großen Roten Armee kann sie zu mehr Eile antreiben."

Im Krankenrevier arbeiteten auch Johann Danter, der Vertrauensmann Ramsauers, und der Zahnarzt Roger Puybouffat, Häftlingsnummer 39483. Dieser war Anfang 1944 an den Loibl gekommen. Er war allerdings nicht ständig im Krankenrevier tätig. Bei den Häftlingen genoss er einen schlechten Ruf, denn auf Grund der fehlenden Behandlungsmöglichkeiten konnte er nicht umhin, kranke Zähne auszureißen. Vom 7. Mai 1945 an blieb er bei Dr. Janouch und schloss sich in der Folge der Brigade «Liberté» an.

Das „Revier" bestand aus vier Zimmern: ein Zimmer für die Untersuchungen, ein weiteres für die Leichtverletzten, eines für die Schwerverletzten und schließlich ein Zimmer für die Kranken, die ins Krematorium oder zurück nach Mauthausen gebracht werden sollten.

Die Häftlinge waren schlecht gekleidet, noch schlechter ernährt und lebten unter weit schlimmeren Umständen als die zivilen Zwangsarbeiter; sie waren daher viel öfter krank und hatten mehr Unfälle.

Im Nordlager gab es bis zum Frühjahr 1944 kein Krankenrevier. Aber als die Anzahl der Häftlinge auf 600 stieg, ließ die Lagerleitung am 3. Mai 1944 einen deportierten Arzt, den Polen Rokitzky, von Mauthausen ins Loibl-Nordlager überstellen.

Rokitzky stand in Baracke Nr. 2 ein kleines Zimmer zur Verfügung, aber keine Medikamente. Er half den Häftlingen, so gut er konnte, auch wenn sich auf Grund der gewalttätigen Drohungen des Rapportführers Sachse nur wenige Häftlinge bei ihm im Krankenrevier einfanden. Das letzte Wort, wer ins Krankenrevier im Südlager überstellt wurde, hatte immer Sachse.

Machtmissbrauch gegenüber den Häftlingen

Wenn ein Zivilist einen SS-Mann fragte, warum sich die SSler den Häftlingen gegenüber so brutal verhielten, bekam er unweigerlich folgende Antwort:

Das sind Schädlinge! Banditen! Schweine! Man sollte sie alle umbringen! Usw.

Im Herbst 1944 stellte Mici Mally eben diese Frage einem SS-Mann, von Beruf Bäcker, der mit dem Einverständnis des Lagerkommandanten für die Bäckerei Romih in Tržič arbeitete. Dieser erklärte, dass sich die SS-Leute da nicht einmischten, das sei Angelegenheit des Bewachungspersonals im Lager selbst, also des Lagerältesten, der Stubenältesten und der Kapos. Die SS beschränke ihre Tätigkeit auf bloße Kontrolle.

Die wenigen jugoslawischen SS-Leute, die nach dem Krieg für ihre Taten einstehen mussten, bestritten, jemals an brutalen Gewalttaten teilgenommen zu haben, und behaupteten, nur dann auf Häftlinge geschossen zu haben, wenn sich diese zu weit vom Arbeitsort entfernt hätten und trotz Aufforderung nicht stehen geblieben wären. Das alles war natürlich reine Lüge, wie Zivilarbeiter[100], Gendarmen, Polizisten, Einwohner von Tržič, Bauern aus der Umgebung, vor allem aber die Häftlinge selbst bezeugen, die Opfer brutaler Übergriffe wurden. Trotzdem gaben viele SS-Leute ihre Verbrechen nicht zu, sondern nur jene, die sie – vor ein Gericht gestellt – angesichts der Zeugenaussagen und Beweise nicht leugnen konnten.

Es ist unmöglich, die Verbrechen und Missetaten der SS-Leute und der Kapos, die unter ihrem Kommando standen, zu zählen. Noch weniger kann über all diese Untaten berichtet werden.

Neben dem Lagerkommandanten waren es vor allem die Kommandoführer auf der Baustelle und im Tunnel, die sich der inhumansten Behandlungsmethoden schuldig machten. Es handelte sich durchwegs um fanatische Nazis, die ihre Brutalität bereits mehrfach in Mauthausen und in anderen Konzentrationslagern zur Schau gestellt hatten.

Bevor wir uns der Beschreibung konkreter Ereignisse zuwenden, schauen wir uns an, was der Lagerarzt Sigbert Ramsauer beim Kriegsverbrecherprozess vor dem Alliierten Gerichtshof in Klagenfurt am 27. Juni 1946 schriftlich aussagte:[101]

Ich bin von Juli 1943 bis 7.5.1945 im Arbeitslager Loiblpaß als Arzt tätig gewesen.

Während diesem Zeitraum habe ich ungefähr 20–25 Tote gesehen. Diese Toten wurden auf Befehl Mauthausen (Staf. Ziereis)[102] *auf meine Anordnung und unter meiner Aufsicht verbrannt. In obiger Zahl sind: ca. 15 an Krankheiten, 2 durch Operation, einer an allg. Sepsis, Phlegmone des ganzen Beines und der Bauchdecke, einer mit tötlicher Wirbelsäulenfraktur durch Injektion (Euthanasie – schmerzloser, unbewußter Tod). Ungefähr 2 wurden erschossen, nach Mitteilung des Lagerkommandanten Winkler „auf der Flucht".*

---

100 Die Zahl der Zivilarbeiter am Loibl betrug ungefähr 900.
101 Loibl Pass Trial, Exhibit 23A (Anmerkung des Übersetzers)
102 SS-Standartenführer Ziereis (Anmerkung des Übersetzers)

Ich weiß von ungef. 5 Fällen, wo Häftlinge mißhandelt wurden, der schwerste Fall war eine Rippenfraktur. Auf Grund der Aussagen von Häftlingen weiß ich, daß die Täter Sachse, Gruschwitz, Binder, Brietzke, Mayer, gewesen sind.

Ich habe höchstens zweimal eine Euthanasie durch Injektion gemacht, der Vorgang war: 1. Morphium, 2. Narkose, 3. Benzininjektion, welche sofortigen Tod bewirkt. Nach meinem ärztlichen Wissen war der Tod auf alle Fälle unvermeidlich. Darum und um die Schmerzen und die Todesangst zu vermeiden, habe ich die Euthanasie gemacht.

Max Skirde, Stubenältester der Baracke Nr. 2, machte am 4. Juni 1947 im Beisein der französischen Häftlinge Chaffin und Theeten vor dem englischen Leutnant German – Mitglied der Untersuchungskommission über Kriegsverbrechen – folgendes Geständnis:[103]

Zu Beginn der Haltung des Lagers befahl Untersturmführer Ludolph einen täglichen Appell der Capos, wobei er befahl, die Häftlinge aufs strengste zu behandeln und ihnen keine Erleichterungen zu gewähren. Er befahl uns persönlich, die Häftlinge zu mißhandeln. Zu der Zeit, wo Ludolph Lagerführer war, wurden die Häftlinge derart geschlagen, daß sie arbeitsunfähig wurden. Schließlich beschwerten sich die Ingenieure der Baufirma über die körperliche Schwächung der Häftlinge durch diese Behandlung. Demzufolge wurde Ludolph nach Mauthausen versetzt und durch Winkler ersetzt. Das Schlagen der Gefangenen dauerte auch unter Winkler an, doch war Winkler kein so grausamer Typ wie Ludolph.

Es galt als stehender Befehl, daß die Capos und Stubenältesten die Häftlinge zu schlagen hatten, und Rapportführer Goggel ließ zu diesem Zweck Gummischlauch-Enden beschaffen.

Die Rot-Kreuz Pakete der Häftlinge wurden zensiert durch die Rapportführer, und es war bekannt, daß alle wertvollen Gegenstände, wie auch die Zigaretten, für das SS-Personal herausgenommen wurden. Als Blockältester war ich ständig mit den Häftlingen zusammen, und so beschreibe ich einen Arbeitstag im Lager wie folgt:
Wecken um 04.30:

	Essensausgabe ½ Liter Wassersuppe; kein Brot
06.00	*Ausmarsch zum Tunnel*
12.00	*Rückmarsch zum Lager (in 20 Minuten)*
12.25	*Mittagessen: 1 Liter Rübensuppe gewöhnlich mit einigen schlechten Kartoffeln*

---

103 Loibl Pass Trial, Exhibit 27A (Anmerkung des Übersetzers)

12.40	*Rückmarsch zum Tunnel (später wurde das Essen zum Tunnel geschickt)*
13.00	*Wiederaufnahme der Arbeit*
18.00	*Marsch vom Tunnel zum Lager. Jeder Häftling hatte einen sehr schweren Stein für Wegbauzwecke im Lager zu tragen.*
18.30	*Arbeitsdienst im Lager, Roden, Wegbau etc.*
20.00	*Abendessen 1/3 Brot, 1 Scheibe Wasserwurst.*
21.00–21.30	*„Zapfenstreich"*

Allen Capos und Blockältesten wurde eindringlich befohlen, daß die Häftlinge keine Bücher, Papier u. Bleistifte haben durften. Kartenspiele und Spiele jeder Art waren verboten.

Häftlinge, die sich krank melden wollten, hatten sich im Revier zu melden. Wenn sie nicht schwer krank waren, wurden sie gewöhnlich zur Arbeit zurückgeschickt. Winkler pflegte ins Revier zu gehen und die Kranken dort heraus und zur Arbeit zu jagen, ohne daß Dr. Ramsauer hievon wußte.

Viele der Capos waren Homosexuelle. Demzufolge war homosexueller Verkehr im Lager weitverbreitet. Und mehrere der jüngeren Häftlinge gaben sich, auf Versprechen besserer Behandlung und besseren Essens, als Knabenfreunde hin.

…

Die Arbeit der Häftlinge dauerte in der Tagschicht von 6.30 Uhr bis 11.30 Uhr und von 13 Uhr bis 18 Uhr. Die Nachtschicht dauerte von 18.30 Uhr bis Mitternacht und von 1 Uhr bis 5.30 Uhr, die reine Arbeitszeit betrug also zehn Stunden, dazu kam der Anmarsch … (Brief von Jean Barbier)

In den ersten Monaten mussten die Häftlinge nach der Rückkehr von der Arbeit noch Terrassierungsarbeiten im Lager durchführen.

Der Franzose Daniel Hallant:

Am 3. Juni 1943 kamen wir auf dem Bahnhof in Tržič an. Wir wurden auf Lastwagen verfrachtet und an den Loibl gebracht. Wir waren 300. Den Loibl erreichten wir über eine kurvenreiche Straße. Er war schrecklich! Ein Lager im Hochgebirge, von Fichten umgeben, mit Stacheldrahtverhau, auf den Wachtürmen standen SS-Leute. Kapos, Stubenälteste, Hundeführer schnauzten uns an und befahlen uns erst, uns nicht zu bewegen, und dann, so schnell wie möglich abzusteigen.

Das Lager war noch nicht fertiggestellt. Es gab fünf Baracken, eine Küche, Aborte, ein Krankenrevier und auf der anderen Seite des Stacheldrahtes das

SS-Lager. Auf der gegenüberliegenden Seite war die Gendarmerie. Unser Lager war nichts anderes als eine moosbedeckte Wiese mit Baumstümpfen. Den Rest mussten wir machen – unter ihren Knüppelschlägen. Ein wahres Martyrium! Am schlimmsten war es am 14. Juli 1943. Da wurden wir alle zusammen verprügelt – ein Schreckenstag!

Um sieben Uhr wurden wir zum Appell gerufen, bekamen Schubkarren, Schaufeln, Hacken, Hämmer und Brechstangen und mussten den Boden des Appellplatzes ebnen, denn das Terrain war abschüssig. Die Stubenältesten, der Lagerälteste, die Kapos, der Rapportführer und die SS-Leute waren anwesend. Kein Gefangener konnte, wenn er an ihnen vorbeiging, den Schlägen ausweichen, die sie ihm – mindestens zehn Schläge – mit ihren Gummischläuchen und Stöcken versetzten. Das dauerte bis 19 Uhr und dann mussten wir noch eine Stunde lang unbeweglich auf dem Appellplatz stehen bleiben.

Dasselbe geschah in der Folge noch mehrmals, insbesondere am Tag, als die Russen und mein Freund Becquer flüchteten.

Wir hatten vor allem dann Angst, wenn sie sich während der Arbeit die Nummer eines der Häftlinge notierten, denn das bedeutete sofort 25 Hiebe und noch einmal so viele bei der Rückkehr ins Lager. Neben den SS-Leuten und den Kapos war auch der Kommandoführer auf der Baustelle. Er hatte seinen Spaß, wenn er die Nummern aufschrieb und an die Jacken bestimmter Häftlinge rote Kreise nähen ließ; das bedeutete für die SSler und die Kapos, dass die auf diese Weise Gekennzeichneten nicht lebend ins Lager zurückkehren durften. Kamen wir ins Lager zurück und hatten einen Mord mitangesehen, dann erklärte man uns, dies sei die Strafe für einen Fluchtversuch gewesen. Die Leichen wurden ins Lager gebracht und in provisorisch errichteten Krematorien verbrannt. Es gab genügend Holz und Benzin, um die Spuren der Verbrechen dieser Bestien auszulöschen.

Es gab auch ein Krankenrevier, wo ein paar Kranke lagen. Wurden sie als nicht mehr arbeitstauglich eingestuft, brachte man sie nach Mauthausen zurück. Obwohl mir ein Kolbenhieb den Brustkorb eingedrückt hatte, ging ich nicht ins Krankenrevier. Ein Russe, von Beruf Krankenpfleger und Masseur, versorgte mich heimlich, ohne im Lager darüber zu erzählen.

In Hinblick auf die Firma Universale berichtet Jean Sauvage Folgendes:

Am 28. Oktober 1944 kam ich ins Magazin. Vorher hatte ich in verschiedenen Kommandos gearbeitet und hatte dabei auch Gelegenheit, mit Vertretern der Firma in Kontakt zu treten. Ich möchte klarstellen, dass zu keiner Zeit irgendetwas unternommen wurde, um die schrecklichen Bedingungen, unter denen wir arbeiteten, zu erleichtern.

KAPITEL IV

Zu den Arbeitsbedingungen: Es gab im Tunnel keinerlei Sicherheitssysteme. Eine Lampe für dreißig Leute, eine Tür und unbeleuchtete Öffnungen, durch die das Material vom oberen Stollen heruntergelassen wurde. Die kleinen Waggons wurden in der Dunkelheit ohne System hin- und hergeschoben; die Häftlinge trugen – in der Tag- wie in der Nachtschicht – keine Masken, die sie vor Staub und den bei den Sprengungen freiwerdenden Gasen geschützt hätten. Unter diesen Bedingungen kam es zu zahlreichen Unfällen, die oft tragisch endeten. Die Ingenieure, die täglich in den Tunnel kamen, waren darüber informiert. Sie haben niemals etwas unternommen, um unsere Lage zu verbessern. Wer trüge sonst noch die Verantwortung dafür, wenn nicht der Chef-Ingenieur und seine Untergebenen?

Zum Verhältnis der Ingenieure zu den SS-Leuten: Die Ingenieure unterhielten sehr gute Beziehungen zu den SS-Kommandanten, die für die Bewachung der Häftlinge verantwortlich waren. Der Chef-Ingenieur begab sich niemals ins Lager, um sich über unsere Lebensumstände zu informieren. Niemals kam ein Direktor der Firma zu Mittag auf die Baustelle, um zu überprüfen, ob die Nahrung ausreichend wäre. Niemand verlangte von den SS-Leuten, uns besser zu behandeln, oder zumindest haben wir nichts dergleichen bemerkt.

Zur Arbeitsleistung: Eine Senkung der geforderten Leistungen wurde von den Firmendirektoren zu keinem Zeitpunkt gewährt, im Gegenteil: Die Ingenieure Seidenglanz und Roither beklagten sich recht oft bei Winkler, dass die Häftlinge zu langsam arbeiteten. Die Folgen waren körperliche Züchtigungen und anderes. Baustellenleiter Seidenglanz veranlasste sogar, dass eine Gruppe von 30 Häftlingen unbeweglich fünf Stunden lang im Schneesturm stehen musste, weil sie die Schienen nicht genügend rasch transportiert hatten, wie er selbst sagte. Das geschah knapp vor Kriegsende. Er kontrollierte die Häftlinge jeden Abend bei ihrer Rückkehr ins Lager, um sicherzugehen, dass keiner heimlich ein Stück Holz mitnahm, um sich damit aufzuwärmen und die feuchten Kleider zu trocknen.

Schlimmer noch! Der Baustellenleiter und seine Untergebenen überließen die Bewachung der Häftlinge im Tunnel einem ihrer Vertrauensleute, Herrn Ifković. Dieser war ein wahrer Lump. Wie die Kommandoführer schlug er grundlos auf die Häftlinge ein und schrieb sich die Nummern der Häftlinge auf, deren Leistung ihm nicht ausreichend schien. Er denunzierte diese Häftlinge dann beim SS-Kommandanten und sie wurden bestraft. Ifković war auch für die Kontrolle der Betonmischanlage verantwortlich und erhielt für eine bestimmte Menge an Beton, die an einem Tag produziert wurde, sogar eine Prämie. Die Ingenieure der Firma Universale tragen gleichermaßen Ver-

antwortung und Schuld wie die SS-Leute. Es muss hinzugefügt werden, dass zwei der wichtigsten Ingenieure das Abzeichen der Nazi-Partei trugen. Nur Ingenieur Fill verhielt sich korrekt und menschlich, ich glaube, seine Verantwortung hält sich in Grenzen. Man kann ihm nichts vorwerfen und ich glaube, er hat alles getan, was in seiner Macht stand, um unsere Leiden zu verringern. Allerdings fand er keine Unterstützung und konnte daher nichts machen. Außerdem war er der Einzige, der bis zum letzten Tag beim Tunnel blieb, die anderen ergriffen drei Wochen vor Kriegsende die Flucht.

Die Corrida Jean Sauvage

Früh am Morgen des Samstags, 19. Juni, zwei Wochen nach Ankunft der ersten Häftlinge im Lager, warf Rapportführer Goggl dem Lagerältesten Bipp vor, dass die Franzosen zu wenig arbeiteten und ihre Schubkarren nicht ausreichend anfüllten. Bipp benachrichtigte sofort die Stubenältesten, die sich auch um ihre eigene Lage Sorgen machen mussten, denn sie hätten im Rahmen einer Strafexpedition leicht nach Mauthausen zurückgeschickt werden können. So fragten sie sich, wie sie sich an den Häftlingen auf eine Weise rächen könnten, die den SS-Leuten genehm war.

Der französische Student Jean Sauvage[104], geboren 1917 in Rouen, Nummer 26818, war einer dieser Häftlinge. Da er Deutsch sprach, war er in der Baracke 1 zum Schreiber ernannt worden. Stubenältester war dort ein deutscher Berufsverbrecher namens Franz Krb. Sauvage hatte keinerlei Lagererfahrung, besaß einen impulsiven Charakter und erklärte eines Tages bei einer Diskussion völlig unvorhergesehen:

„*Wenn wir doch nur von den Partisanen befreit werden könnten!*"

Das kam dem Kommandanten Ludolph zu Ohren. Der rannte wie ein Verrückter durchs Lager und befahl allen Häftlingen, auf dem Appellplatz anzutreten. Ludolph stieß wilde Flüche aus, seine Augen traten hervor, er gestikulierte wie ein Besessener, zeigte auf die Berggipfel in der Umgebung und schrie:

„*Schweinebande! Ihr werdet hier alle verrecken! Die Partisanen werden nie kommen! In den Bergen hier um euch steht eine ganze SS-Division!*"

Am Ende der Versammlung führten die Kapos und die Stubenältesten die Häftlinge an den Ort ihrer Arbeit und befahlen ihnen, auf dem abschüssigen Boden ebene Flächen zu schaffen:

---

104 Nach dem Bulletin der «Amicale de Mauthausen» aus dem Jahr 1981 wurde Sauvage ins Zentrallager Mauthausen zurückgeschickt.

KAPITEL IV

„Hacken und Schaufeln! Schneller! Schneller!"
Bipp nahm Sauvage zur Seite und sagte ihm:
„Na, was erwartest du dir von den Partisanen, dreckiger Hund?"
Der antwortete: *„Ich verstehe nicht."*
„Ah, du verstehst nicht und das, verstehst du das?"
Er stürzte sich auf Sauvage und versuchte, ihn mit der rechten Hand zu schlagen. Sauvage konnte ausweichen, aber nicht lange. Der Stubenälteste von Baracke 2, Max Skirde, genannt „der Einäugige", kam Bipp zu Hilfe. Sie schlugen ihn so lange, bis er zu Boden fiel. Sauvage wurde mit Wasser besprizt und in einen der Räume in Baracke 1 gebracht, wo ihn Bipp streng verhörte: Welche Informationen er über die Partisanen habe und ob er heimlich Radio höre! Der blutüberströmte Sauvage überzeugte ihn, dass er von den Partisanen nichts wisse und dass es unmöglich sei, im Lager ein Radio zu besitzen. Ludolph zog seine Pistole und richtete sie auf den völlig verschreckten Häftling. Er sagte mit lauter Stimme:
„Das muss aufhören! Gib mir den Namen deiner Komplizen, und zwar schnell!"
Der Stubenälteste Max nutzte den Moment, um den Häftling mehrere Male zu schlagen, bevor er ihn hinausstieß. Nach einem entsprechenden Befehl folgte ein SS-Mann Sauvage mit einem Maschinengewehr. Sauvage wusste nicht mehr, was er tun sollte. Ludolph wartete einen Moment und fragte ihn dann:
„Nun, wer sind deine Komplizen?"
Sauvage antwortete: *„Es gibt keine Komplizen, wie es kein Radio gibt."*
Aber dann fasste er sich und fragte: *„Wer beschuldigt mich all dieser Taten?"*
„Sie", antwortete Ludolph und zeigte mit seinem Stock auf die Kapos und Stubenältesten.
„Sie, na ja, dann lügen sie!", antwortete Sauvage.
Diese schauten einander an, denn sie hatten nicht erwartet, dass ihr Opfer so hartnäckig wäre.
„Kann sein, dass sie lügen, aber ich möchte wissen, ob du nicht genauso lügst wie sie!"
Und er befahl: *„Holt die Schnur! Steig auf den Hocker!"*
Der Stubenälteste kam sogleich mit einer dünnen Schnur, stieg auf den Tisch und befestigte die Schnur an einem Dachbalken, dann knüpfte er eine Schlinge und zog sie um den Hals des Häftlings. Sauvage war überzeugt, dass ihm die letzte Stunde geschlagen habe. Der Kommandant ging im Zimmer herum und schlug von Zeit zu Zeit mit der Reitpeitsche auf seine Stiefel. In dieser Totenstille hörte man ungefähr fünf Minuten

lang nur das Geräusch der Stiefel. Der Stubenälteste Max und die SS-Leute verhielten sich ruhig. Von Zeit zu Zeit betrachteten sie stumm den Häftling, der aus dem Fenster sah. Seine Gedanken waren bei seinen Eltern und bei seinem Bruder. Er war sicher, sie nie wieder zu sehen. Nur ein Stoß gegen den Hocker und alles wäre zu Ende gewesen. Er begann zu beten und bat Gott um Verzeihung für all seine Sünden.

Der Kommandant ging weiter im Zimmer herum, zündete sich eine Zigarette an und dachte sicher, dass er im Fall einer Hinrichtung durch Erhängen einen Bericht an Ziereis, den Kommandanten des Zentrallagers Mauthausen, hätte schicken müssen, in dem er einen Grund für die Hinrichtung angab. Ein solcher Grund lag nicht vor, denn es gab weder Komplizen noch die Spur eines Radiogerätes. Deshalb beschloss er, den Deportierten zu den anderen Häftlingen des Straftrupps zurückzuschicken. Er befahl die Schreiber Louis Balsan und Florent Stadler zu sich und befragte sie zu den Partisanen und zum Radio. Die beiden erklärten, dass sie nichts darüber wüssten und dass Sauvage niemals das Lager verlassen habe. Daraufhin ging der Kommandant zur Barackentür, drehte sich um und gab seine Befehle. Sauvage wusste, sein Urteil würde für ihn Leben oder Tod bedeuten. Er wartete ruhig darauf.

Der Kommandant rief mit rauer Stimme:

„Gehen Sie! Zur Bestrafung!"

Sauvage wusste, dass er nun Steine tragen müsse, während von allen Seiten Schläge auf ihn niederprasselten. Als ihm der Stubenälteste die Schnur abnahm, wurde ihm klar, dass er soeben einem kurzen, brutalen Tod entgangen war, aber dass ihn nun ein anderer, grausamerer Tod erwartete, ein langsamer Todeskampf, den Tausende vor ihm schon durchgemacht hatten – auf jenem grauenvollen Leidensweg, den die SS vorgezeichnet hatte.

Und so begann die schreckliche „Corrida" Jean Sauvage. Das ganze Lager war in Bewegung. Es fing damit an, dass die Häftlinge im ganzen Lager geschlagen wurden. Die Schläge prasselten von überall her auf sie ein. Die Deutschen schrien und fluchten ganz schrecklich. Die Befehle ähnelten dem Bellen von Hunden. Die Häftlinge mussten Schubkarren beladen und an einen bestimmten Platz führen. In der Erde steckten große, bis zu sechzig Kilo schwere Felsstücke, die die Häftlinge mit Brechstangen herausholen mussten.

Max stürzte sich auf Sauvage, schlug ihn mit einem Besenstiel und schrie:

KAPITEL IV

"Schnell! Schnell! Die Steine", und zeigte in die Richtung, in die er sie tragen musste.

Zu dieser Zeit war der Appellplatz noch nicht fertiggestellt. Es fehlte noch die Steinschüttung und die Erde darauf, die am Ende planiert werden musste. Sauvage musste als Erster beginnen, Steine dorthin zu bringen, und dies im Beisein des Kommandanten, der vor der Baracke Nr. 2 auf einem Sessel saß, in aller Ruhe rauchte und auf das Spektakel wartete.

Die Baracken 1, 2 und 3 standen ungefähr eineinhalb Meter vom Appellplatz entfernt. Dann war da ein Abhang, der zum SS-Lager führte. Auf der Westseite befand sich das Bett des Wildbaches, der von der Begunjščica kam – vor dem Stacheldrahtverhau und hinter dem Wachturm, wo ein SS-Mann seine Waffe auf den Appellplatz richtete. Das war ein schlechtes Zeichen.

Alles war vorausgeplant und die Bestrafung schien wie nach Drehbuch abzulaufen; allerdings gab es nur einen Hauptdarsteller: Jean Sauvage. Max schlug ihn mit seinem Stock und führte ihn zu den Steinen, die über mehr als achtzig Meter von einer Seite auf die andere zu bringen waren. Er zeigte ihm einen schweren Felsblock, den ihm drei Häftlinge auf den Rücken legen mussten. Als Sauvage den Block sah, sagte er sich, er würde eine solche Masse niemals tragen können. Aber das konnte er Max nicht sagen. Nach vorne geneigt, wartete er darauf, dass man ihm den enormen Stein auflud. Er ergriff ihn von unten mit beiden Händen.

Es war schrecklich mitanzusehen, wie er sich aufrichtete, denn alle glaubten, er würde unter der Last des Felsblocks zusammenbrechen. Staunend konnte man sehen, wie er damit in die angegebene Richtung ging. Aber der Folterknecht schlug auf seine gespannten Muskeln und seine Beine, was äußerst schmerzhaft war. Er begann zu schreien. Obwohl moralisch gebrochen und ausgehungert, ging er auf seinem Weg weiter. Er überwand seinen Schmerz durch laute Schreie, die ihn selbst überraschten. Er sammelte seine letzten Kräfte und gelangte schließlich an den Ort, den Max ihm gezeigt hatte. Dort erhob er sich und ließ die furchtbare Last neben dem Drahtgitter fallen. Er betrachtete den Felsblock noch einmal und fragte sich, wie er es geschafft hatte, eine solche Last zu transportieren. Er machte eine kurze Atempause, aber nicht zu lange, denn Max wollte ihn nicht wieder zu Kräften kommen lassen.

Er musste zurücklaufen, um einen weiteren Felsen zu holen, während ihn der Stubenälteste ständig mit einem Besenstiel schlug. Die Schläge prasselten auf seine Beine, seinen Rücken, seinen Kopf und seine Hände.

Der Unglückliche wurde sich bewusst, dass er den Schlägen nur entgehen könne, wenn er schneller lief als Max, aber das schien in seinem Zustand unmöglich. Aber Sauvage war einige Jahre lang Universitätsmeister im Hundertmeterlauf gewesen, er versuchte also sein Glück und lief tatsächlich schneller, so schnell, dass Max in die Luft schlug. Der Kommandant, der wie ein kleiner Nero auf seinem Stuhl saß, ermutigte ihn, lachte und applaudierte zu seiner sportlichen Leistung.

Der zweite Felsen war ebenso schwer wie der erste und die Schläge prasselten mit derselben Wucht auf ihn ein. Es war schwierig, auf dem steinigen Weg weiterzukommen. Sein Leben hing an einem Faden, denn wenn er gefallen wäre, hätte ihn der Stubenälteste zu Tode geprügelt. Er schrie wieder laut, aber er trug den Felsblock an den angegebenen Ort. Nun musste er einen dritten Stein holen, aber etwas langsamer, denn auch der Stubenälteste zeigte die ersten Ermüdungserscheinungen. Er konnte Sauvage nicht einholen. Als die Mithäftlinge Sauvage den Stein auf den Rücken luden, schlug ihn Max auf den Kopf und das Blut rann ihm über das ganze Gesicht bis zum Mund. Das Schlimme war, dass sich das Blut mit dem Schweiß mischte und ihm die Sicht nahm. Er konnte sich nicht abtrocknen, denn er musste mit beiden Händen den Stein halten. Max sah, dass Sauvage Schwierigkeiten hatte, und ließ ihn nicht zur Ruhe kommen.

Der Kommandant saß weiterhin auf seinem Platz und schaute sich die Vorstellung an, die länger dauerte als vorgesehen. Max schlug Sauvage auf die Waden, abwechselnd auf die linke und auf die rechte. Sauvage konnte den Schmerz ertragen und trug den Stein wieder an den angegebenen Ort. Er musste wieder schneller laufen als sein Verfolger. Beim Laufen wischte er sich seine Augen ab und konnte wieder sehen. Noch ein Felsblock wurde auf seinen Rücken aufgeladen, der nunmehr aufgerissen war und schmerzte. Dieses grauenhafte Ritual dauerte nun fast schon eine Stunde lang, das gesamte „Spektakel" an die drei Stunden.

Als Jean Sauvage völlig erschöpft knapp vor dem Zusammenbruch stand, sah er, wie der Kommandant aufstand, seine Zigarette wegwarf, den Appellplatz überquerte und danach verschwand. Max ging ebenfalls in Richtung Baracke, auch er war vom Laufen müde. Sauvage hoffte, endlich Frieden zu finden.

Aber die berühmte „Corrida" war noch nicht zu Ende. Bis zum Ende der Arbeiten mussten noch zwanzig Minuten vergehen. Die anderen arbeiteten hart weiter.

KAPITEL IV

Ein paar mitleidvolle Häftlinge brachten Sauvage unter die kleine Brücke beim Lagereingang und setzten ihn auf einen großen Felsen. Unter ihnen befand sich Bernard Aujolas. Mit dem Papier von Zementsäcken wischte er ihm die Schuhe ab, die voller Schlamm und Exkremente waren. Die anderen beglückwünschten ihn und versuchten, ihm Mut zuzusprechen. Das tat ihm gut. Sauvage war völlig kraftlos, niedergeschlagen, stand knapp vor dem Zusammenbruch und verströmte einen unerträglichen Gestank nach Exkrementen, Urin, Schweiß und geronnenem Blut. Er spürte nichts mehr, er dachte an nichts. Er saß schweigend da, ein menschliches Wrack. Bei der geringsten Bewegung seines geschundenen Körpers überkamen ihn unerträgliche Schmerzen und so wartete er, den Kopf gegen die Brust geneigt, die Augen halb geschlossen, den Mund geöffnet.

Eine Stimme sagte:

„Man müsste ihn ins Krankenrevier bringen! Ich weiß nicht einmal, ob er aufstehen kann, so erschöpft, wie er ist."

Als Jean Sauvage das hörte, antwortete er mit schwacher Stimme:

„Nein! Das nicht, ich will keine Benzinspritze! Ich halte schon durch, Freunde! Danke!"

Die Glocke läutete das Ende der Arbeitsschicht. Balsan, der Schreiber von Baracke 3, sagte zu Sauvage, er solle mit ihm in diese Baracke gehen. Es war zu befürchten, dass die Quälereien weiter andauerten. Der Ruf des deutschen Stubenältesten Karl Heinz Pommerehnke, genannt „der Tätowierte", war weithin bekannt.

In den Kochtöpfen war die Suppe fertig. Bevor Pommerehnke das Essen verteilte, schrie er Sauvage an:

„Komm her, Schweinehund! Wegen dir haben deine Kameraden einiges durchgemacht heute morgen! Du bist nichts anderes als eine Drecksau! Ich werde auf dich aufpassen."

Er gab Sauvage eine schallende Ohrfeige, mit der er ihm den Kopf nach hinten riss, ihn zu Boden streckte und damit weitere Schmerzen zufügte. Sauvage schrie und stöhnte. Die unerträglichen Schmerzen raubten ihm die letzten noch verbliebenen Kräfte. Da öffnete er plötzlich die Augen und ballte die Fäuste. Wenn er am Leben bleiben wollte, musste er schnell wieder zu sich kommen, denn der Dreckskerl versetzte ihm andauernd Fußtritte.

Der Stubenälteste verlangte nun von Balsan, seine Beschimpfungen zu übersetzen.

149

Endlich konnte Sauvage inmitten seiner Kameraden, die sich vor dem Stubenältesten schweigend verhielten, seine lang ersehnte Suppe essen.
Damit war die „Corrida Sauvage" zu Ende.
Georges Huret schreibt dazu:
Es war schrecklich. Ich war mit zwanzig Kameraden in einer Gruppe. Vor der Baracke Nr. 3 mussten wir im Laufschritt große Steine bis zur letzten Baracke tragen und dort auf den Boden werfen, bevor wir sie an den Ausgangspunkt zurückbrachten. Der Zirkus wurde vom „Tätowierten" inszeniert, der uns mit seinem Gummischlauch dabei schlug. Ich bin groß gewachsen, der Rücken schmerzte bald, so ergriff ich ein Spitzhacke und tat so, als würde ich einen Felsblock zertrümmern. Der „Tätowierte" bemerkte es nicht, das rettete mich. Der Zirkus ging weiter mit anderen Häftlingen. Sie fielen hin wie Fliegen und das Erstaunliche war, dass sie wieder aufstehen konnten. Alle diese Schläge für ein so geringes Vergehen. Ich beschloss gemeinsam mit Pellissier, Lecuron, Hector, Tambon und anderen Häftlingen, dass wir das Wort „Partisanen" künftig nicht mehr aussprechen und statt dessen »bradači«[105] *sagen würden. Wir würden das Thema auch möglichst vermeiden ...*

Louis Balsan schreibt in seinem Buch «Le Ver Luisant»:
Der 14. Juli ist ein Tag, an den wir uns erinnern. Um an unserem Nationalfeiertag ihre Macht über uns unter Beweis zu stellen, ließen sie uns an diesem Tag ein Stück Gebirge, ungefähr so groß wie ein Fußballplatz, freilegen, wo der Appellplatz entstehen sollte. Der Boden war abschüssig. Am Abend war die gesamte Fläche umgegraben und planiert. Wir waren 300 Franzosen. Sie verfolgten uns den ganzen Tag, während wir in erschöpftem Zustand mit Spitzhacken den Boden aufgruben und unter ihren Schlägen im Laufschritt bis an den Rand gefüllte Schubkarren führten. Am Morgen versuchte ich, einen guten Eindruck zu machen, und suchte mir einen der größten Felsbrocken aus, um ihn mit dem Hammer in Stücke zu schlagen. Der Lagerälteste, in Begleitung seines „Knabenfreundes", sah mich und schrie mich an: „Ach! Du Gipskopf!" Mein kahlgeschorener Kopf war ganz weiß. Er warf einen großen Stein nach mir, ich konnte ausweichen. Enttäuscht darüber, wie wenig er meinen Eifer schätzte, verschwand ich bald unauffällig mit meinem Werkzeug, ging den ganzen Tag auf der Baustelle herum und vermied jede Begegnung mit den Folterknechten, die sich mit aller Gewalt auf meine Kameraden stürzten. Sie brachten sie in eine Baracke, fesselten sie dort an ein Gestell und versetzten ihnen als Bestrafung – mit nahezu unglaub-

---

105 Die „Bärtigen"

licher Gewalt – die üblichen zwanzig Schläge mit dem Gummischlauch auf den Hintern. Die Kapos und ihre Helfer begannen damit um 17.45 Uhr, während wir uns wuschen. Kommandant Ludolph, begleitet von Bipp, drohte uns unaufhörlich:

„Banditen, Nichtstuer! Ihr verdient euch nicht einmal die Mahlzeit, die euch das große Reich schenkt, während unsere tapferen Soldaten für unsere Freiheit kämpfen und sterben. Ich habe befohlen, dass sie euch bis zum letzten Mann töten, wenn diese Banditen von Partisanen uns angreifen!"

Eines der Opfer des 14. Juli 1943 war der Friseur Adrien Gier. Er war mit mir in der Baracke Nr. 2. An diesem Tag arbeitete ich den ganzen Tag mit den Mineuren. Als wir am Abend von der Arbeit zurückkamen, sahen wir von der Straße aus einen Gefangenen laufen. Ich erkannte Gier. Er lief mit dem Schubkarren erst in eine Richtung, dann in die andere. Er hatte mehrere Mäntel an und der Stubenälteste lief ständig an seiner Seite und schlug ihn. Als er an den anderen Stubenältesten vorbeilief, schlugen ihn auch diese und schrien: „Wir werden euch euren Nationalfeiertag schon machen!"

Ich sah einen jungen Ungarn in der Baracke Nr. 5. Er schielte ein wenig. Er musste sich auf den Bauch legen und bekam 25 Schläge, die er selbst zählen musste. Als er aufstand, sagte er: „Ende!"

Der Stubenälteste Stilp wurde bei diesem Wort ungehalten und sagte: „Es ist nicht zu Ende!"

Daraufhin musste sich der Ungar noch einmal hinlegen und erhielt weitere 25 Schläge. Er hielt durch und zählte weiter ... (Georges Célarié)

An einem Freitag im Sommer 1943 sagte man uns, wir würden am Samstag nicht auf der Baustelle arbeiten. Am nächsten Tag war es sehr heiß und wir kamen um 13 Uhr völlig erschöpft im Lager an. Nach dem Appell bekamen wir unser Essen, einen dreiviertel Liter verdünnter Suppe.

Um 14 Uhr mussten wir in die Baracken gehen. Wir mussten uns an den Tischen des Speisesaals hinsetzen. Einige schliefen mit dem Kopf auf die Hände gestützt ein. Der Lagerälteste rief die Stubenältesten. Diese kamen sofort und stießen uns auf den Platz im Lager hinaus. Der Dolmetscher übersetzte:

„Der Lagerälteste meint, dass die Pause bis Sonntag zu lang ist und dass es besser für unsere Gesundheit wäre zu arbeiten. Er schlägt vor, das Lager fertigzustellen, die Baracken zu putzen und dort, wo es notwendig ist, den Boden einzuebnen."

Wir teilten uns in Arbeitsgruppen. Die einen planierten mit Schaufeln, Spitzhacken und Schubkarren den Boden, die anderen trugen Steine weg, eine dritte Gruppe sammelte Brennholz. Plötzlich kam der Lagerälteste Bipp mit fünf Stubenältesten, bewaffnet mit Gummischläuchen. Jeder ging in einer bestimmten Richtung zu den Häftlingen. Sie begannen zu schreien, zu fluchen, zu prügeln. Wenn einer der Häftlinge blutend zu Boden fiel, dann stürzten sie sich auf die anderen, die sich in der Zwischenzeit wieder erholt hatten. Diese „Corrida" dauerte eine knappe Stunde. Dann entfernten sie sich eine Zeit lang, um Branntwein und Schnaps zu trinken.

Um zirka 16 Uhr ging das Spektakel weiter. Die Stubenältesten wählten planlos 40 Häftlinge aus, ich war unter ihnen. Sie brachten uns in die Baracke Nr. 4. Die Baracke war aufgeräumt, die Fenster waren mit Brettern vernagelt. Hinter uns schlossen sie die Tür ab. Während wir warteten, brachten sie den Tisch aus dem Speisesaal und stellten ihn mitten ins Zimmer. Sie legten ihre Jacken ab und zogen sich die Ärmel hoch. All diese Vorbereitungen wurden vom Lagerältesten überwacht. Auf Befehl musste der erste der 40 Häftlinge zum Foltertisch gehen.

Zwei Stubenälteste ergriffen ihn, zogen ihm die Kleider runter und warfen ihn auf den Tisch. Der eine hielt ihm den Kopf und die Hände, der andere die Beine, so dass er sich nicht bewegen konnte. Daraufhin begannen die anderen, ihn mit einem meterlangen sandgefüllten Gummischlauch zu schlagen. Er konnte nicht schreien, denn sein Folterer hielt ihn so stark, dass er zu ersticken drohte. Sie versetzten ihm 25 Hiebe, bis sein Körper einer reglosen Masse glich. Als sie ihn ausließen, fiel er bewusstlos auf den Boden. Sie stießen ihn mit den Füßen in eine dunkle Ecke in der Baracke. Dasselbe machten sie mit den anderen 39 Häftlingen.

Um 18 Uhr mussten wir auf dem Appellplatz antreten, auch wenn wir uns kaum noch auf den Beinen halten konnten. Niemand wagte es, um ärztliche Hilfe zu bitten, denn das hätte die Situation nur verschlimmert.

Kommandant Winkler sagte wiederholt: „Das Lager ist kein Sanatorium!"

Am Montag mussten wir zur Arbeit. Die Folter mit den 25 Schlägen mit dem Gummischlauch wurde zur Gewohnheit. Sicher, manche – wie Charles Garnier – bekamen sogar 50 Schläge. Das war schwer auszuhalten. Leider haben es nicht alle ausgehalten ... (Gaston Charlet, Karawanken) [106]

Im Sommer 1943 sah ich Häftlinge Beton mischen. Ein mit Sand gefüllter Waggon war gegen den Graben hin geneigt. Die Stubenältesten zwangen zehn Häftlinge, den Waggon hochzudrücken, während ihn zehn weitere auf die ebene Fläche zogen. Aber es gelang ihnen nicht, ihn aufzurichten. Die Ka-

---

106 Charlet, Gaston: Karawanken. Le bagne dans la neige. Rougerie éditeur 1955

pos schlugen auf sie ein und mit unmenschlicher Kraft schafften es die Häftlinge schließlich, den Waggon geradezustellen ... (Maurice Arnould)

Der Pharmaziestudent Paul Henri Roth[107] *stahl einmal, vom Hunger gequält, dem Stubenältesten Brot und aß es in der Nacht. Jemand denunzierte ihn und der Kapo schlug ihn derart, dass er das Bewusstsein verlor.*

Im Sommer 1943 wurden die Häftlinge ins Lager gebracht. Am Ende des Zuges marschierten zwei Häftlinge nur mit großer Mühe. Um sie anzutreiben, ließen die SS-Leute einen Hund frei und hetzten ihn hinterher. Als Häftlinge den Schutt, der aus dem Tunnel kam, aufräumten, um damit den Platz vor dem Tunnel einzuebnen, kam ein Zug aus dem Tunnel und einer der Waggons entgleiste. Um sich vor ihren Vorgesetzten zu rechtfertigen, ergriffen die Kapos große Holzpflöcke und schlugen die Häftlinge damit ... (Jože Kern und Franc Sajovic)

Als die SS-Leute die Häftlinge aus dem Lager zum Tunnel trieben, sah ich, nicht weit vom Weg unterhalb der Kirche, wie ein Häftling Gras ausriss und aß. Der Kapo schlug ihn derart, dass der Häftling seine Goldzähne verlor. Er spuckte sie aus und bewahrte sie in der Hand auf. Am nächsten Tag zeigte er sie mir von weitem. Später erfuhr ich, dass der Häftling mit einem Zivilarbeiter das Gold gegen Nahrung getauscht hatte ... (Vinko Grašič)

Am 24. Dezember 1943 kam um 20 Uhr der SS-Küchenkommandant in unsere Baracke. Er war betrunken, ging direkt auf einen norwegischen Häftling zu und begann, ihn auf den Kopf und ins Gesicht zu schlagen. An verschiedenen Stellen riss die Haut, Blut trat hervor, aber der SS-Mann schlug weiter. Sein Gesicht ähnelte dem meines Vaters, vor allem die großen Augen.

Ich rief: «Arrête, espèce de brute» („Hör auf, du Bestie")! Der SSler hörte mich nicht, aber der Stubenälteste Stilp schon. Er fragte den Übersetzer: „Was hat der Große dort gesagt?"

Und der übersetzte. Ich glaubte einen Augenblick lang, Stilp würde mich zertrümmern, aber er richtete nur seinen Zeigefinger gegen meine Stirn und sagte: „Du bist verrückt. Er wird dich totschlagen!" (Georges Huret)

Im Frühjahr 1944 bekamen die Häftlinge am Tunnelportal zu Mittag Gemüsesuppe und der Kessel musste ins Lager zurückgebracht werden. An der Kesselwand klebten noch ein paar Kartoffelschalen. Ein Gefangener, der in der Nähe arbeitete, sah das und streckte die Hand aus, um sich ein Stück zu nehmen. Zu seinem Unglück wurde er vom Oberkapo Fritz dabei entdeckt,

---

107 Geboren am 4.12.1921 in Senones, Häftlingsnummer 28500. Er kam am 22.4.1943 nach Mauthausen und mit dem zweiten Transport (Juli 1943) an den Loibl.

Abb. 23: Der in Folge einer Lawine von den Häftlingen im Jahr 1944 freigelegte Weg.

der sich auf ihn stürzte, wie ein Verrückter schrie und ihm Fußtritte versetzte. Ich stand etwa zehn Meter weit entfernt. Als Fritz bemerkte, dass ich die Szene beobachtete, ließ er murrend von seinem Opfer ab und der Häftling kehrte möglichst schnell zur Arbeit zurück. Am Abend erhielt der Gefangene noch einmal 25 Schläge ... (Janko Tišler)

Am 3. und 4. März 1944 schneite es ohne Unterlass; vom 5. bis zum 7. tobte ein Schneesturm, der erst am Mittwoch, dem 8., zu Ende war. Wegen des hohen Schnees war jeder Verkehr unmöglich. Der 5. März war ein Sonntag, an dem nicht gearbeitet wurde. Die Straßen waren eingeschneit und die SS-Leute schickten am Montagmorgen 264 Häftlinge hinaus, um die Straßen vom Schnee zu säubern und um Lebensmittel zu holen. Es schneite immer noch sehr stark. 50 der Häftlinge wurden auf die Kärntner Seite des Loiblpasses gebracht. Die Lastwagen im Lager konnten nirgends hinfahren, ebenso wenig die Lastwagen in Tržič. Oberhalb von Lajb hatten außerdem zwei Lawinen die Straße völlig verschüttet.

Ein Häftlingstrupp legte eine Passage frei, während Zivilarbeiter den Schnee von oben her wegräumten. Sie brachten einen Schneepflug vom Lager bis zur Lawine. Dann banden sie kleine Gruppen von Häftlingen (sechs bis acht auf jeder Seite) mit Stricken an den Pflug und zwangen sie, das Gerät bis zum Gasthaus Ankele zu ziehen. Einige SS-Leute setzten sich auf den

Schneepflug, andere marschierten an den Seiten. Als der Bauer Bunder dies sah, schlug er den SS-Leuten vor, einen seiner Ochsen vor den Pflug zu spannen, aber die SSler lehnten sein Angebot ab. Unter den Schreien und wiederholten Schlägen der SS-Leute mussten die völlig erschöpften Häftlinge den Pflug von Črnik bis zum Gasthaus Ankele ziehen, immer schneller und schneller. Sie kamen an der Volksschule vorbei, wo gerade Unterricht war. Die Kinder schauten aus dem Fenster, um zu sehen, was passierte und woher die Schreie kamen. Sie sahen die angehängten Häftlinge mit ihren Holzpantoffeln, schlecht bekleidet und von SS-Leuten eingekreist. Am Fenster stand auch ihre deutsche Lehrerin. Als sie die Szene sah, drehte sie sich um und Tränen liefen über ihre Wangen. Beim Ankele wurden die erschöpften Häftlinge losgebunden und dann wieder auf den Loibl gejagt ... (Jože Klemenc, genannt Črnik, Jaka Dovžan, genannt Bunder, Ivan Bergant, Marija Mak, genannt Anžonova, und Mira Kališnik)

Beim Appell befahl Kommandant Winkler dem belgischen Häftling Dubois, zur Baracke Nr. 2 zu kommen. Er sagte, er habe Beweise, dass Dubois nicht arbeiten wolle, und ließ auf sein Häftlingsgewand einen roten Kreis nähen, damit ihn die Wachen leicht erkennen könnten. Winkler drohte allen Häftlingen mit derselben Behandlung, wenn sie nicht arbeiteten. Dank Jean Granger konnte Dubois gerettet werden. Er steckte ihm zwei Zigaretten zu, die Dubois dem Stubenältesten gab. Dieser hätte ihn aller Voraussicht nach über die Postenlinie jagen müssen, was er dann nicht tat ... (Charles Offredi)

Louis Balsan schrieb über Hans Goggl:

Als Rapportführer des Lagers war er über alle Brutalitäten und Mordtaten unterrichtet. Er war es, der den Kriminellen, die uns kommandierten, die verschiedenen Behandlungsmethoden nahe legte, mit denen wir terrorisiert werden sollten. Eines Tages schlug er mich mit einem Stock ins Gesicht, weil ich meine Kappe nicht rasch genug abgenommen hatte, als ich an ihm vorüberging. Er schlug Jean Chaffin mit einer zerbrochenen Flasche voll ins Gesicht. Emile Pruneau, der beschuldigt wurde, seinen Mithäftlingen Neuigkeiten vom englischen Radio mitgeteilt zu haben, bestrafte er mit „Baumhängen", eine Art von Folter, die vor allem in Mauthausen zur Anwendung kam: Arme und Beine des Opfers wurden dabei mit einer Schnur hinter dem Rücken zusammengebunden und die Arme wurden nach oben gebogen. Die Schnur wurde nun über einen Balken geworfen und so lange hochgezogen, bis der Gefangene frei schwebte. Auf Grund des Körpergewichts grub sich die Schnur tief in Arme und Handgelenke. Nach 10 oder 15 Minuten waren die

Schultergelenke ausgerenkt, nach 20 Minuten die Hände geschwollen und gelähmt. Die Folterknechte standen vor diesem armen Teufel, lachten und rauchten Zigaretten.

Um die Unterhaltung zu steigern, bewegten sie den Körper ihres Opfers in der Luft und hingen sich manchmal an seine Füße. Schweiß und Blut rannen auf den Boden und als der Gefolterte das Bewusstsein verlor, begossen sie ihn mit einem Kübel Wasser, um ihn wieder in die raue Wirklichkeit zurückzuholen.

Wer auf solche Art bestraft wurde, konnte wochenlang die Finger nicht bewegen und musste wie ein Neugeborener gefüttert werden. Emile Pruneau blieb eine halbe Stunde so hängen und wurde dabei noch wild geschlagen. Danach legte man ihn zweimal hintereinander nach vorne geneigt auf ein Holzgestell und er erhielt als Strafe 85 Schläge auf den Hintern, die ihm zwei Berufsverbrecher mit nahezu unglaublicher Gewalt versetzten ...

Über Emile Pruneau sagt Jean Granger später:

Eines Samstagnachmittags im Sommer 1943 (im Südlager) wurde er bestraft und bekam 50 Schläge und am nächsten Tag noch einmal 25, so dass er nicht mehr sitzen konnte. Er hatte sicher von den Partisanen gesprochen und jemand hatte ihn denunziert ...

Berichte französischer Häftlinge

Friedolin Bipp, auch Fritz genannt, verhielt sich den Häftlingen gegenüber besonders brutal. Von Juni 1943 an bis zum Ende des Lagers schlug er sie mit unerhörter Gewalt.

Am 14. Juni 1943, einem Pfingstmontag, meldete ihm der Stubenälteste von Baracke Nr. 1, Franz Krb, er hätte den Häftling Becquer gesehen, wie er Kartoffeln aus der Küche stahl.

Bipp prügelte ihn mit aller Kraft, insbesondere auf den Kopf, so dass der Unglückliche drei Zähne verlor. Daraufhin mussten ihm die Häftlinge Pacini und Balsan auf dem Weg zur Arbeit helfen. Er konnte erst zwei Stunden später mit der Arbeit beginnen. Als er zu sich kam, hatte er die Erinnerung daran verloren, was vorgefallen war. Von diesem Tag an hatte er Sehstörungen. Bipp setzte mit seiner Faust eine eiserne Disziplin durch und zahlreiche Stubenälteste folgten seinem Beispiel, was seine Brutalität betraf. Zwei Jahre lang verhielt sich der Lagerälteste Bipp häufig auf diese Weise. Sein Verhalten gegenüber den Häftlingen glich dem eines blutrünstigen Verbrechers.... (Camille Becquer, Paul Kauffman, Georges Cholle, Charles Offredi und Bruno Righetti am 11.8.1947)

KAPITEL IV

Auf der Baustelle, und im Besonderen bei den Zusammenkünften, die Kommandoführer Mayer anordnete, war der Oberkapo Fritz Winkens bei weitem der grausamste. Mayer sah in Winkens das Werkzeug, das ihm zur Durchsetzung seines Strafsystems am nützlichsten schien. Winkens schickte mehrere russische und polnische Häftlinge in den Tod, indem er sie die „Linie" überqueren ließ. Er war ein Mensch ohne Mitgefühl und wenn er sie in den Tod schickte, dann kümmerte er sich nicht um ihre flehentlichen Bitten, sondern prügelte sie furchtbar mit einem großen Stock. War das Verbrechen vollbracht, ging er zum Kommandoführer und beide lachten.

Während der Arbeit schlug er Dutzende Gefangene. Bei der Planierung des Bodens in und vor dem Tunnel schlug er jeden Häftling, der den Kopf erhob, unverzüglich und mit großer Gewalt. Dann befahl er dem Häftling, ihm in seine kleine Baracke zu folgen, und ließ ihn auf eine Bank legen, wo er noch einmal 25 Schläge erhielt. Wenn die Häftlinge müde von der Arbeit zurückkamen, dann befahl er ihnen, irgendeinen großen Stein aufzuheben und ihn im Laufschritt bis ins Lager zu tragen. Es kam auch vor, dass sie den Stein aufheben und damit den Abhang hinauflaufen mussten ... (Becquer, Kauffman, Cholle, Offredi und Hubert Reitz, 11.08.1947)

Als ich im November 1944 auf der Südseite arbeitete, ging ein Antriebsriemen verloren. Nach einem langen Arbeitstag mussten wir stundenlang stillstehen. Um 23 Uhr bezichtigten sie eine Gruppe von Häftlingen des Diebstahls und diese mussten nun die ganze Nacht in der Kälte stehen bleiben.

Der Häftling Puybouffat wurde auf diese Art bestraft und stand zwei Nächte hintereinander – nach seinem Arbeitstag im Krankenrevier – bei starkem Regen vor der Wachbaracke, weil er ganz einfach eine Zahnzange verloren hatte, für die er verantwortlich war.

Kommandant Winkler befahl eines Tages dem Häftling Rolland aus Paris, ins SS-Lager zur Arbeit zu gehen. Rolland musste im Laufschritt dorthin gelangen und ein Stück Brot, das er aus Zeitgründen nicht hatte essen können, fiel aus seiner Tasche. Der Kommandant sah, dass er sich bückte, um es aufzuheben. Sofort bezichtigte er ihn des Diebstahls und erklärte, dieses Stück Brot sei für einen Hund des SS-Lagers bestimmt gewesen. Am nächsten Tag mussten sich die Häftlinge versammeln und der Kommandant wiederholte seine Beschuldigung. Dann schlug er Rolland mit der Faust.

Winkler befahl seinen Untergebenen, die Häftlinge Baumstämme tragen oder andere Arbeiten ausführen zu lassen, die selbst für Tiere zu schwer gewesen wären. Er kam jeden Tag zum Appell, ging zwischen den Reihen hindurch und verteilte grundlos Ohrfeigen ... (Pierre Gaudin, 23.01.1947)

Im Juli 1943 mussten wir mit Léon Marais Wasser aus den Waschbecken des SS-Lagers in ihre Küche bringen. Aber Stilp war damit nicht einverstanden und schickte uns zurück. Wir kamen wieder in die Küche und Marais berichtete dem SS-Küchenverantwortlichen von dem Vorfall. Dieser rief Stilp zu sich, hielt ihm eine Predigt über Gehorsam und befahl uns, das Wasser zu holen. Bei den Waschbecken erwartete uns Stilp und schlug mich, er gab mir einen Fußtritt in den Bauch. Als ich neuerlich zum Wasserholen kam, schlug er mich mit einem Gummischlauch. Ich sah auch, wie Stilp die Mithäftlinge schlug, häufig so lange, bis sie zusammenbrachen. Im Oktober 1944 schlug er Julien Hardy, einen Vater von fünf Kindern, mit großer Gewalt. Er hängte ein Schild um seinen Hals, auf dem zu lesen stand, dass er gestohlen hätte, was nicht stimmte. Dann ließ er ihn auf einen Sessel steigen, damit ihn alle sehen konnten. Hardy wurde derart geschlagen, dass seine Wangen und sein Mund eine einzige Wunde waren und sein Gesicht unkenntlich. Auch die Häftlinge Charles Offredi und Georges Cholle mussten diese Szene mit ansehen. (Paul Kauffman, 11.8.1947)

Der Stubenälteste Max Stilp war ein sehr brutaler Mensch. Manchmal verhielt er sich den Häftlingen gegenüber korrekt, aber er blieb eine Bestie, die den SS-Leuten ganz und gar ergeben war.

Bei jeder Kontrolle wählte er nach dem Zufallsprinzip einen Häftling aus, an dem er sich mit Fußtritten und Faustschlägen abreagierte. Ich erinnere mich zum Beispiel daran, was Cholle passierte. Stilp schlug ihn, als er am Boden lag. Er schlug ihn so brutal, dass Cholle über und über mit Blut bedeckt war, das Gesicht deformiert und die Zähne ausgebrochen. Zu solchen Gewaltszenen kam es fast jeden Tag. Unter dem Vorwand, Emile Pasquier hätte zwei Brotstücke ungleich geschnitten, ließ er ihn in seine Baracke rufen und versetzte ihm dort Faustschläge und Fußtritte. Auch mir gegenüber verhielt sich dieser heruntergekommene Alkoholiker sehr brutal. In meinem Strohsack fand er ein Paar zerrissener Schuhe und Tücher, die ich von Mauthausen mitgebracht hatte und für die ganz kalten Tage aufbewahrte. Als ich am Abend von der Arbeit kam, rief mich Stilp sofort und schlug mich unter dem Vorwand, ich wäre ein Saboteur. Er spionierte die Häftlinge aus, weil er wissen wollte, was die politischen Gefangenen einander zu sagen hatten, um sie hinterher beim Kommandanten zu denunzieren ... (Pierre Gaudin, 26.8.1947)

In Tunnelnähe bekam ich 25 Schläge. Zwei Kapos beobachteten uns bei der Arbeit mit Feldstechern, was wir nicht wussten. Ich arbeitete allein und zerschlug mit dem Hammer einen Stein. Es stimmt, dass ein paar Häftlinge in meiner Umgebung nichts taten. Der „Einäugige" kam und sagte zu mir: „Warum arbeitest du nicht?"

Es wäre nutzlos gewesen, ihm zu erklären, dass ich den Stein zertrümmern wollte. Die Kapos riefen mich zu sich und befahlen mir, mich auf den Stein zu legen, den ich mit dem Hammer bearbeitet hatte. Ich erhielt 25 Schläge, die so stark waren, dass ich noch heute die Nachwirkungen spüre. Meine Wirbelsäule war verdreht, die Wirbel verschoben. Als Beweis habe ich die Röntgenbilder aufbewahrt. (Pierre Ancelot, 22.6.1990)

Berichte jugoslawischer Häftlinge an Janko Tišler

Als wir auf der linken Seite des Straßenwärterhauses arbeiteten, hatten wir als Kapo einen politischen Gefangenen aus Polen, der auch Deutsch sprach. Etwa 100 Meter von unserer Gruppe entfernt stand in der Nähe der Betonanlage eine kleine Baracke, wo sich der Oberkapo Fritz Winkens tagsüber aufhielt. Er beorderte den polnischen Kapo mit seiner Trillerpfeife zu sich. Als dieser zurückkam, befahl er mir, zur Baracke zu gehen. Ich trat ein und musste mich auf die Bank legen. Er hielt mich am Nacken und gab mir drei Schläge mit seinem Gummischlauch. Dann kehrte ich zur Arbeit zurück und der Pole schickte einen weiteren Häftling in die Baracke. Wir hörten die Hiebe. Zehn von uns kamen an die Reihe, vor allem Franzosen. Dem polnischen Kapo tat das sicherlich leid, aber er musste den Befehl ausführen und die Häftlinge zufällig auswählen ... (Franc Juvan)

In meiner Baracke gab es im Herbst 1944 zwei Polen, Vater und Sohn. Der Sohn wurde beim Transport von Baumstämmen auf der Baustelle vom Kapo dabei entdeckt, dass er Papier von Zementsäcken unter seinen Kleidern versteckt hatte. Das war offiziell verboten. Der Kapo schlug die Häftlinge mit aller Gewalt. Als der Häftling auf dem Boden lag, versetzte er ihm noch einen Tritt in den Bauch. Wenig später sahen wir ihn nicht mehr und vermuteten, er sei nach Mauthausen zurückgebracht worden ... Im Oktober 1944 schlug derselbe Kapo einen sehr groß gewachsenen Häftling[108], der Goldzähne trug. Der Kapo regte sich auf, weil der Häftling bei den ersten Schlägen versuchte, den Gummischlauch zu erwischen, und er schlug ihn bis zur Bewusstlosigkeit. Der Häftling wurde ins Krankenrevier gebracht und Anfang November nach Mauthausen zurücktransportiert ... Der Häftling Franc Ilovar stahl einem Polen Tabak. Dieser denunzierte ihn und die Strafe folgte unmittelbar. Die Mithäftlinge mussten ihn auf eine Bank binden und der

---

108 Franc Nadižar

Kapo schlug ihn und zählte dabei 1, 2, 3 – bis 50. Als sie ihn ausließen, fiel Ilovar bewusstlos zu Boden ... (Anton Kastrevc)

Im Herbst 1944 arbeitete ich als Hilfsarbeiter gemeinsam mit zwei französischen Häftlingen und mit dem Slowenen Grgo Ugrin. Eines Tages mussten wir auf Grund einer Sprengung schnell den Tunnel verlassen und vergaßen dabei, die Wasserleitungsrohre für die Kompressoren in Sicherheit zu bringen. Bei der Explosion wurden diese völlig zerstört. Als die Deutschen dies bemerkten, schlugen sie uns im Tunnel und am Abend erhielten wir noch einmal 50 Hiebe ... (Stanko Šipka)

Ich hatte keine Erlaubnis, in den Tunnel hineinzugehen, denn die Deutschen wussten, dass ich als Partisan festgenommen worden war, und sie wollten vermeiden, dass ich Kontakt zu den Zivilarbeitern aufnahm. Eines Tages betrat ich den Tunnel dennoch; ich hatte vorher meine Kleidung mit einem französischen Gefangenen gewechselt. Ein polnischer Häftling denunzierte mich beim Kommandoführer, den die Franzosen «Trompe-la-mort» nannten. Obwohl der Kapo und der ganze Arbeitstrupp an der Betonanlage erklärten, ich wäre nicht im Tunnel gewesen, musste ich zur Strafe drei Nächte am Haupteingang gefesselt verbringen, während ich tagsüber arbeitete. (Grgo Ugrin)

Jeden Samstag bekamen wir fünf Zigaretten. Im Herbst 1944 tauschte sie der polnische Schreiber von Baracke Nr. 3 mit einem Franzosen gegen ein Leintuch. Der Stubenälteste bemerkte dies. Er berief sofort eine Versammlung ein und verlangte von dem Franzosen, sich bis zur Taille auszuziehen und auf einem Gestell hinzulegen. Der Pole musste ihm die Arme halten, während ihm der Kapo mit aller Gewalt 25 Schläge mit dem Gummischlauch versetzte. Der Rücken des Gefangenen war aufgerissen; er konnte nicht mehr aufstehen und wurde ins Krankenrevier gebracht ... (Mario Muženič)

Im Winter 1944/45 fiel mir ein Felsblock auf den Fuß und brach mir die Zehe. Ich konnte nicht mehr gehen. Eine Wache ließ mich auf einen Schlitten steigen und brachte mich zurück ins Lager. Auf dem Weg ließ der Wachposten den Schlitten absichtlich umkippen, dann fuhren wir weiter. Im Lager wurde ich ins Krankenrevier gebracht. Ich hatte eine enorme Beule, die aufgestochen wurde. Dann wurde ich verbunden und auf meinen Wunsch hin wieder zur Arbeit geschickt, denn ich wollte nicht zurück nach Mauthausen ... (Lojze Homan)

Im Herbst 1944 „organisierte" – wie es im Lagerjargon hieß – ein polnischer Häftling etwas, das heißt, er hat etwas gestohlen. Zur Strafe musste er sich auf eine Bank legen und die Kapos verabreichten ihm, während er von zwei Häftlingen gehalten wurde, 50 Schläge. Ungefähr zur selben Zeit erhielt ich von zu Hause ein Paket, das unter anderem eine gegrillte Wurst enthielt, die in Malz versteckt war. Einer der Kapos öffnete das Paket im Beisein des Kommandanten und eines SS-Untersturmführers. Dieser bemerkte, als er das Malz durchschnitt, die Wurst und aß sie vor meinen Augen ... (Jože Homan)

Im Frühjahr 1945 arbeitete ich mit sieben Mithäftlingen an der Betonanlage. Wir beluden die kleinen Waggons und warteten, bis sie geleert aus dem Tunnel zurückkamen.

Plötzlich rief ein Kapo: „Was machst du, du Serbenschwein?"

Ich antwortete ihm laut auf Serbisch: „Idi u pičku materinu!" [109]

Er versetzte mir zuerst einen Faustschlag in den Bauch, dann einen Kinnhacken. Ich verteidigte mich, indem ich ihn mit meiner Schaufel schlug.

In diesem Moment kam der Kommandoführer und führte mich in eine Baracke beim Tunnel, wo ich weitere Schläge bekam. Dann wurde ich unter strenger Bewachung ins Lager gebracht. Am Abend wurde meine Häftlingsnummer beim Appell genannt und ich bekam 25 Hiebe. Ohne Nahrung musste ich die ganze Nacht vor dem Haupteingang stehen. Ich war vor Kälte starr. Am Morgen nach dem Frühstück durfte ich wieder zur Arbeit ... (Stanko Šipka)

Eine Form des Sadismus bestand in der Suche nach Läusen. In der Baracke stand auf einem Schild zu lesen: „Eine Laus bedeutet den Tod".

Die Suche begann im Allgemeinen, wenn wir bereits schliefen. Der Kapo stürzte gemeinsam mit einem SS-Mann in die Baracke, hielt einen Stock in der Hand und schrie:

„Schnell! Alle raus! Lauskontrolle!"

Wir mussten in Reih und Glied stehen, die Kleider in der Hand haltend. Das Lagerpersonal, also der Kapo, der Friseur und der Schreiber, überprüften unsere Kleider. Die Überprüfung dauerte ein bis zwei Stunden. Grundlos prasselten die Schläge auf uns nieder ... (Branko Danković)

Manchmal inspizierten die Stubenältesten unsere Füße. Wir mussten sie unter der Decke hervorstrecken. Die Stubenältesten gingen langsam von einem Bett zum anderen und versetzten uns mit ihren Gummischläuchen hin und wieder Hiebe auf die Fußsohlen ... (Šahinović, Danković, Vidmar)

---

[109] Serbokroatischer Fluch mit der sinngemäßen Bedeutung „Leck mich am Arsch!" (Auf dem Balkan häufig gebraucht und im Alltag ohne schwerwiegende Folgen. Innerhalb eines ernsthaften Disputs allerdings eine schwere Beleidigung)

Ein polnischer Häftling arbeitete im Winter 1944/45 in der Nachtschicht in der Schuhmacherbaracke. Der „Tätowierte" brachte eines Abends eine bestimmte Anzahl Holzpantoffeln, um sie reparieren zu lassen. Als er sie am nächsten Tag holen wollte, hatte sie der Pole noch nicht alle repariert. Der „Tätowierte" begann zu schreien, aber der andere schrie zurück. Da ging der „Tätowierte" sofort zum Stubenältesten, dem „Einäugigen", und die beiden schlugen den Polen so, dass sie ihm ohne Zweifel die Hand brachen ... (Čedomir Jorgić und Miha Gostič)

In dieser Zeit im Februar oder März 1945 tobten Schneestürme und die Temperaturen fielen unter -30°, wenn nicht sogar noch tiefer.

Wir mussten Gräben ausheben und unsere Mützen waren schneebedeckt. Trotzdem waren wir froh, wenn wir am Morgen sahen, dass unsere Panzerabwehrgräben wieder mit Schnee gefüllt waren, denn je mehr Zeit wir zum Wegräumen des Neuschnees brauchten, umso weniger blieb uns zum Ausheben der Gräben.

Eines Morgens gingen wir die Straße viel weiter hinunter als sonst, denn in der Nacht war eine Lawine abgegangen und hatte die Straße mit einer etwa fünfzehn Meter hohen Schneedecke zugeschüttet. Inmitten der Lawine mussten wir mit Schaufeln und Spitzhacken eine Passage für die Lastwagen freilegen. Hunderte Männer führten schlotternd vor Kälte diese Arbeit aus. Der Lagerkommandant erwies uns die Ehre seines Besuchs. Im Mund die Zigarre, in einen großen weißen Mantel gehüllt, trieb er die SS-Leute an, uns zu schlagen, damit wir schneller arbeiteten.

Aber der Schnee war dieses Mal unser Verbündeter und die Brutalität der SS-Leute wurde durch die Anwesenheit von Ingenieuren und Zivilarbeitern gebremst, die ebenfalls an der Freilegung der Straße interessiert waren. Der Schnee fiel weiter. Sie änderten die Strategie und wir mussten einen Tunnel durch den Schnee graben.

Am dritten Tag war die Kälte so extrem und der Wind so stark, dass die Zivilisten von den SS-Leuten verlangten, uns ins Lager zurückzuschicken. Manche von uns litten an Erfrierungen an den Händen, den Ohren, den Wangen und den Füßen, auch wenn wir uns unaufhörlich bewegten und gegenseitig abrieben und ohrfeigten, um den Blutkreislauf aufrechtzuerhalten. Ich glaube, das waren die schlimmsten Kältetage, die wir je erlebt haben ... (Louis Breton) [110]

---

110 Louis Breton: Mes bagnes de la Loire au Danube. 1986

KAPITEL IV

Berichte von Zivilarbeitern

Im Herbst 1943 sah ich, dass die Häftlinge, als sie zum Mittagessen ins Lager zurückkehrten, schwere Steine trugen ... (Jože Kern)

In die Baracke, wo die Bruchsteine hergestellt wurden, trat eines Tages im Winter der Kapo Fritz ein und ergriff vier Häftlinge, die sich in der Nähe des Ofens aufhielten. Er schlug sie mit dem Knüppel so stark, dass sie auf den Boden fielen, wo er sie weiter schlug ... (Franc Opara und Jože Vidmar)

Im November 1944 räumte ein Häftlingstrupp mit Schaufeln die Straße, die auf den Loiblpass führte. Ein Chauffeur aus Kärnten, ein nicht mehr ganz junger, grau melierter Mann, gab einem Häftling einen kleinen Sack Bohnen, die ihm von seiner Mahlzeit übrig geblieben waren. Der SS-Mann Hanke, genannt „Grüne Bohne", sah es und sagte zu dem Chauffeur:

„Wenn du nicht so alt wärst, dann würde ich dich auf der Stelle niederschlagen." Dann nahm er dem Häftling den Sack weg, schüttete den Inhalt auf die Erde und trat darauf herum ...

In den ersten Dezembertagen 1944 räumten die Häftlinge den Schnee auf der Strecke zum Loiblpass weg. Bewacht wurden sie vom SS-Mann Augustin, einem Sudetendeutschen, der die Polen verachtete. Unter den Häftlingen war ein etwa zwanzigjähriger Pole. Der Bewacher hatte den Eindruck, der Pole würde nicht schnell genug arbeiten. Er ging geradewegs auf ihn zu, schrie ihn an und verlangte dann von ihm, sich bis zur Gürtellinie auszuziehen. Der Gefangene hatte Angst, er würde ihn umbringen. Er wandte sich mir zu und ich sagte ihm:

„Du wirst nicht umgebracht, aber arbeite schneller!"

Der Arme nahm alle seine Kräfte zusammen, die ihm noch verblieben waren, und ging, so schnell er konnte, Schnee räumen. Bedingt durch die Kälte war er schon ganz blau. Endlich erlaubte ihm der SS-Mann, sich wieder anzuziehen, aber der Arbeitstag war bereits zu Ende ...

Gegen Kriegsende gab mir der Zivilarbeiter Toni Župančič aus Jesenice ein Paket Zigaretten für einen Häftling aus Trbovlje. Dieser versteckte die Zigaretten in seiner Tasche, aber er konnte nicht darauf verzichten, sich eine anzuzünden. Der Sudetendeutsche, der im Ruf stand, mit der Schaufel 101 Häftlinge niedergeschlagen zu haben, fiel über ihn her und fragte ihn, woher die Zigaretten kämen. Da der Häftling nicht antwortete, schlug er ihn mit solcher Gewalt, dass er ihm zwei Zähne ausschlug. Dann zog er die Zigaretten ein. All das, weil die Häftlinge am Tag davor einem SS-Mann ein Paket Zigaretten entwendet hatten. Zum Glück fand sich das Paket bei einem anderen Häftling wieder, sonst wäre die Angelegenheit dem Häftling aus Trbovlje teuer zu stehen gekommen ... (Ivan Bergant)

Die Arbeit der Facharbeiter unter den Häftlingen

Die Häftlinge, die in Mauthausen als Tischler und als Zimmerleute ausgewählt worden waren, begannen mit Hilfe der Zivilarbeiter im Juni 1943 eine Baracke für die Schuster- und eine weitere für die Schneiderwerkstatt aufzustellen, und zwar zwischen den Baracken 4 und 5. Diese Arbeiten dauerten bis August 1943. Auf der ebenen Fläche vor dem Tunnel errichteten sie außerdem einen Geräteschuppen für Materialien und Werkzeuge.

Am Anfang mussten sie die Baracken für die SS-Wachen bauen. Diese Baracken wurden von Maurice Rioux, Julien Poirier, Josef Caquelet und Olivier Degueldre, der auch Deutsch verstand, errichtet. Mit ihnen arbeitete der Russe Grigorjev aus Moskau und der Pole Kazimir Wlodarczyk aus Lodž, der ein rotes Dreieck mit dem Buchstaben „F" trug und in der Folge Kapo wurde.

Später bat Wlodarczyk die Zivilarbeiter, ihm Obst und Gemüse, aber auch Schnaps und Honig mitzubringen. Wegen seiner ständigen Zurechtweisungen war er bei den Häftlingen nicht beliebt.

All diese Häftlinge arbeiteten ausschließlich an der Instandhaltung der Lagerbaracken auf der slowenischen Seite, während der Tischler Jean Blouin, geboren am 21.5.1922 in Langoiran, Häftlingsnummer 27803, an der Wartung der Baracken auf der Kärntner Seite arbeitete. Die anderen Tischler, die mit ihm waren, arbeiteten sowohl im Tunnel als auch außerhalb.

Ein „französischer" Pole, Tadeuš genannt, war für die Herstellung der Holzstiele für Schaufeln, Spitzhacken und Hämmer zuständig.

Die SS-Leute nutzten die Geschicklichkeit mancher Häftlinge auch zu ihren eigenen Zwecken; sie ließen von ihnen Skulpturen anfertigen.

Der 46 Jahre alte Octave Charpentier schnitzte unter anderem die Gesichter von Winkler und Ramsauer. Als Erinnerung schnitzte er auch die Initialen von Franc Opara in die Werkbank.

Der SS-Rapportführer Sebastian Binder ließ 1944 Pierre Breton eine Kredenz für seine Geliebte Mara Mežek herstellen. Da das erforderliche Material nicht verfügbar war, schickte er zwei Häftlinge zum Tischler Gustelj Primožič nach Tržič, um sich das Material auszusuchen. Die Kredenz landete schließlich beim Nazi von Tržič, Roman Prattes. Auch innerhalb des Lagers ließen die SS-Leute zwei talentierte Holzschnitzer, Hubert Reitz und Paul Durlain, für sich arbeiten.

Die Arbeiter, die von Herbst 1943 bis Jänner 1944 in Tržič arbeiteten, führten ein besseres Leben. Sie trugen dort den Hügel gegenüber dem Mädchenheim ab und errichteten eine Garage sowie einen Geräteschuppen. Bis

Jänner 1944 arbeiteten dort sechzehn Häftlinge, unter ihnen Maurice Rioux, Julien Poirier, Jacques Beteille, Charles Garnier, der Notar Jean Barbier, die Zwillingsbrüder André und Louis Lacoste, der Harmonikahersteller Robert Labbé, der Pariser Pierre Saulnier und sieben weitere Gefangene. In der Garage konnten Starman, Mici Mally, das Ehepaar Romih und Ivan Podrekar mit ihnen in Kontakt treten und ihnen heimlich Lebensmittel und Zigaretten bringen.

Der Tischler Jože Vidmar erzählte später, er habe anlässlich des französischen Nationalfeiertags eine Baracke abdecken müssen und Maurice Rioux, der mit ihm arbeitete, habe plötzlich die „Marseillaise" gesungen.

Der Trupp der Mineure, die in Mauthausen ausgewählt worden waren, wohnte anfänglich in der Baracke Nr. 1 und wurde dann in Baracke Nr. 5 verlegt. Der französische Bergbauingenieur Jean Pesche war ihr Gruppenkommandant. Der Trupp wurde bald der Sabotage beschuldigt und Pesche wurde unter dem Vorwand, nichts gegen die Sabotageakte unternommen zu haben, geschlagen. Weil er niemanden denunzierte, wurde er auf die Kärntner Seite überstellt, was ihn physisch und psychisch schwächte. Seine Kameraden vergaßen ihn nicht und ließen ihm Nahrung zukommen, die sie von ihren eigenen Rationen abzweigten. Vor allem Jean Granger organisierte diese Hilfsaktionen.

Im Frühjahr 1944 kam Pesche auf die slowenische Seite zurück und arbeitete mit Georges Cholle, Jean Charlet de Sauvage und mit dem Zivilarbeiter Anton Župančič aus Jesenice im Hauptmagazin. Bis zum Sommer 1944 war er meine Kontaktperson und überbrachte den Häftlingen Pakete und Briefe, die ich für sie aus Frankreich erhielt. Ich teilte ihm die neuesten Nachrichten aus dem Radio mit. Sie versteckten die Pakete unter der Vorratskammer und ließen sie dann nach und nach den Häftlingen zukommen, die im Tunnel arbeiteten. Was Pesche betrifft, so bekam er weder die Pakete noch die zweiunddreißig Briefe, die ihm seine Frau geschickt hatte, denn die SS-Leute fingen sie ab.

Am Anfang, als Ludolph noch Lagerkommandant war, wurden die Mineure besser behandelt als die anderen. An Samstagen und Sonntagen bekamen sie eine doppelte Portion Suppe (wenn etwas übrig blieb) und ein Stück Brot mit Schmalz, Margarine oder Marmelade. Sie mussten nicht zum Appell antreten und konnten nach der Arbeit direkt in ihre Baracken gehen. Im Gegensatz zu den anderen Häftlingen trugen sie Strümpfe und Lederschuhe und im Winter Ohrenschützer und Handschuhe. Jeder hatte ein kleines Handtuch und konnte ein kleines gelbliches Seifenstück benutzen, das im

Wasserkrug schwamm. Ihre „privilegierte Stellung" hatten sie nicht lange. Dennoch erhielten sie zum Jahreswechsel 1943/44 eine Zahnbürste und einen Kamm italienischer Herstellung. Ihre Unterwäsche und ihre Hosen wurden einmal wöchentlich von den zuständigen Häftlingen gewaschen.

Die Mineure arbeiteten mit Azetylenlampen und verfügten über eine eigene Bohrmaschine. Zwei Kompressoren dienten zur Ventilation, wenn auch die Belüftung des Tunnels ungenügend war. Zweimal pro Tag und zweimal pro Nacht wurden während der Arbeitszeit Sprengungen durchgeführt. Dann mussten die Arbeiter 50 Meter zurückgehen und danach inmitten des Staubs sofort die Arbeit fortsetzen. Die Sprengsätze wurden von einem Zivilsprengmeister angebracht, der hinkte, aber sehr gut mit den Arbeitern umging.

Der österreichische Ingenieur gab den Mineuren, die ganz vorne arbeiteten, manchmal Zigaretten. Anfangs arbeiteten Julien Hardy, Jean Monamy, Alfred Pellissier und Charles Offredi mit Presslufthämmern. Joseph Carballa, Joseph Emery, Robert Blondeau, Jean Granger und andere brachten den Schutt weg. Granger arbeitete am Anfang auf der Zufahrtsstraße an der Nordseite. Um von dieser Arbeit wegzukommen, gab er zwei von den fünf Zigaretten, die er samstags erhielt, dem Schreiber Florent Stadler und so wurde er zu den Mineuren auf der Südseite überstellt. Die meisten Mineure kamen aus Lothringen. Kaum waren sie im Tunnel, traten sie in Kontakt mit den Zivilarbeitern, ohne je mit ihnen Gespräche führen zu können.

Paul August Kauffman ersetzte Pesche im Tunnel. Joseph Balcerzak, Léon Dzieza, Anton Kalita, Czeslaw Kubiak, Antoni Skubicz, Nicolas Grulin, Isidore Borek, der Franzose Charles Pacini und andere arbeiteten in dieser Gruppe. Sie bohrten alle fünfzig Meter Löcher in den dicken Felsen zwischen den beiden Stollen. Diese Öffnungen dienten dazu, das Material aus dem oberen Stollen zu entfernen und in die kleinen Waggons im unteren Stollen zu füllen.

Paul Kauffman und Charles Pacini waren die ersten Mineure, die mit Ing. Čerin und meiner Person in Kontakt traten, und dies bereits 1943.

Im Frühjahr 1944 beluden die Häftlinge Georges Huret, Edmond Pimpaud und Jean Pagès die Waggons im unteren Stollen. Am 13. Mai standen sie Wache, damit wir – Jean Granger, Mitglied der geheimen Widerstandsorganisation, und ich – uns in einem Loch zwischen den beiden Stollen treffen konnten. Diese Häftlinge (mit Ausnahme von Granger) flüchteten am 17. September 1944.[111]

---

111   Siehe Kapitel VIII

Auch Georges Célarié, René Baulaz, der eine Zeit lang die Diesellokomotive fuhr, Alfred Pellissier, Maurice Arnould und Albert Jouannic arbeiteten im Tunnel. Diese Gruppe flüchtete am 14. Oktober 1944 gemeinsam mit Alojz Čede aus Trbovlje.

Hans (Johann) Gärtner war Oberkapo der Mineure auf der slowenischen Seite. Er verhielt sich gewalttätig gegenüber den Häftlingen, sogar gegenüber ihren Kapos. Ab 1944 fuhr er die Diesellokomotive und war der einzige Häftling, der die Postenlinie überschreiten durfte.

Mit dem Fortschritt der Arbeiten im Tunnel wurden immer mehr Franzosen eingesetzt und in der Folge Häftlinge verschiedenster Herkunft. Es muss gesagt werden, dass manche Häftlinge trotz allem Kontakt zu den Zivilarbeitern aufnehmen konnten und von diesen mit Neuigkeiten über den Kriegsverlauf, aber auch mit Brotstücken, Zigaretten usw. versorgt wurden. Das erklärt, warum sie ihre Fluchtversuche auch ohne die Unterstützung der geheimen Widerstandsorganisation im Lager vorbereiten und ausführen konnten.

Von den Elektrikern, die im Lager arbeiteten, waren nicht alle Profis. Manche gaben sich als Berufselektriker aus, als die SS danach fragte. Die Franzosen Camille Becquer, Roger Bertrand und der Marineoffizier Marcel Aubert kamen mit dem ersten Transport von Mauthausen an den Loibl, während André Moreau, der Student André Ménard (Radiotechniker) und Jacques Noury, die alle mit dem zweiten Transport kamen, in der Baracke arbeiteten, wo der Generator stand. Allerdings blieb Jacques Noury nur kurze Zeit am Loibl.

Als die Firma Universale auf der ebenen Fläche vor dem Tunnel eine Baracke für die Elektriker und Schmiede errichten ließ, kamen slowenische Zivilarbeiter zum Einsatz, die gemeinsam mit den Häftlingen arbeiteten. Die Franzosen Raoul Hennion, René Jacquemin, genannt „Fatalitas"[112], Leopold Servolle und Jean Bouthenot wurden in der Schmiede eingesetzt.

Bei unseren zahlreichen Treffen erzählte mir Jean Granger, dass gegen Ende des Krieges zwei sehr tüchtige Russen, die mit Hennion in der Schmiede arbeiteten, auf sein Geheiß hin Sprengvorrichtungen mit 40 Millimeter starken Stahlrohren bauten, ohne dass dies jemand bemerkt hätte. Ebenso bezeugte der slowenische Gefangene Zdenko Levičnik aus Kamnik, dass in der Schmiedewerkstatt auf der Nordseite, wo 1944 außer den bereits Genannten auch Pierre Jedard, Charles Garnier, Rodolphe Perdrieux und 1945 Christian Arnoux arbeiteten, Waffen hergestellt und

---

112 Siehe Kapitel VIII

versteckt wurden. Diese Waffen sollten dazu dienen, das eigene Leben möglichst teuer zu verkaufen, sollten die SS-Leute die Absicht zeigen, alle Häftlinge zu vernichten.

Zwei französische Häftlinge, Michel Espallargas und Ivan Ivanoff, arbeiteten mit dem Schweißer Alojz Knaflič und mit einem russischen Kriegsgefangenen namens Volodja. Letzterer war von Beruf Tänzer. Bis zum 1. Juli 1944 war Ivanoff meine Kontaktperson und diente als Verbindungsmann zwischen den Häftlingen und mir.

Für die Häftlinge war es ein Vorteil, in der Werkstatt zu arbeiten, denn sie mussten keine brutale Behandlung erdulden. Ihr Kapo war der Pariser Roland Demol, bis er zum Steinbrecher überstellt wurde.

Ivanoff behauptete, es habe noch weitere Franzosen in der Werkstatt gegeben, wie den Mechaniker Robert Duval, einen Dreher, Jean Matthieu und einen Blechschmied. Unter der Leitung von Knaflič arbeitete der Russe Volodja in der Schweißerei. Außerdem gab es noch einen Zivilarbeiter, Franc Bertoncelj. Eines Tages kam Frau Knaflič auf Besuch zu ihrem Mann an den Loibl und brachte auch Ivanoff einen Kuchen mit.

Im Sommer 1944 arbeitete der slowenische Häftling Mihael Pivk, der vor seiner Festnahme in Fužine bei Škofja Loka gewohnt hatte, bei den Schlossern. Der Chef der Gruppe brachte ihm mehrmals Brot mit. Er war es, der Ivanoff Anfang Mai 1945 über das Vordringen der amerikanischen Truppen auf deutsches Territorium informierte, der ihm aber auch sagte, dass sich die deutschen Angestellten am Abend durch den Tunnel auf die Nordseite (Kärnten) zurückziehen wollten und dass die Häftlinge daher mit größter Vorsicht die kommenden Ereignisse abwarten sollten. Die Häftlinge bekamen die Informationen sofort.

Die Ehre, als Lagerfriseure tätig zu sein, kam den Franzosen zu. Am Anfang gab es nur zwei Friseure, Marc Duboz und Jacques Gauvin, genannt „Lisbete". Der Erste wurde in Baracke Nr. 2 untergebracht, der Zweite in Nr. 3, aber er wurde in der Folge abgelöst. Später kam Adrien Gier aus Homencourt hinzu. Im Herbst 1943 gab es in Baracke Nr. 5 auch einen polnischen Friseur. Er war kahl und hatte Goldzähne. Weitere Friseure kamen im Jahr 1944, unter ihnen Gilbert Jauoin und Ernest Guillet. Schließlich gab es in jeder Baracke einen Friseur.

Zwei Friseure schnitten auch die Haare der SS-Leute, und zwar in der SS-Baracke, wo nur Zivilarbeiter Zugang hatten. Aber die Friseure am Loibl waren nicht nur als solche tätig. Sie mussten auch im Tunnel arbeiten und wurden dann je nach Bedarf zum Haarschneiden gerufen. Marc Duboz wurde auf diese Weise mehrmals in eine andere Baracke abkommandiert. Auf der Kärntner Seite schnitt ein tschechischer Häftling die Haare von Polizisten und SS-Leuten.

Auch die Schneider waren überwiegend Franzosen. Anfänglich befand sich die Schneiderwerkstatt am Rand der Baracke mit dem Krankenrevier. Roger Joligars und der Franzose griechischen Ursprungs Nikolas Mandjouranis arbeiteten dort. Eines Tages kochten sie Kartoffeln, aber zu ihrem Unglück bemerkte ein Posten auf dem Wachturm den Geruch. Zur Strafe wurden sie beide geschlagen. Am nächsten Tag wurden sie aus der Werkstatt entlassen und auf die Baustelle am Tunnel geschickt.

Auch Gabriel Petit verrichtete Näharbeiten, allerdings nur für die Deutschen. Jean Gorin und Victor Abel waren Schneider; Letzterer war zu 20 Jahren Zuchthaus wegen Mordes verurteilt, aber am Loibl war er, wie bereits in Mauthausen, als politischer Gefangener eingestuft.

In der Gruppe der Maurer arbeiteten fast kontinuierlich die Franzosen René Lombard[113], 24 Jahre alt, und Jean Brigue, ein 35 Jahre alter Pariser. Sie arbeiteten an den Betonfundamenten der Baracken 4 und 5. Winkler konnte Jean Brigue nicht ausstehen und schickte ihn daher zur Strafe an die Nordseite.

Im November 1944 wurde Jean Brigue nach Mauthausen zurückgebracht. Dank seiner politischen Tätigkeit in der Vergangenheit verhinderte die Widerstandsorganisation im Konzentrationslager Mauthausen, dass er weiter nach Auschwitz transportiert wurde.

In der Schusterwerkstatt arbeiteten anfänglich nur zwei Franzosen, Marc Duchauffour und Jean Gossens. Später kamen Jean Loulier und Désiré Picard hinzu. Picard bekam die Arbeit in der Schusterwerkstatt dank des Schreibers Louis Balsan. Als Dank briet Picard, während er die Schuhe reparierte, von Zeit zu Zeit Kartoffeln in der heißen Asche und gab sie Picard heimlich am frühen Morgen, bevor dieser zur Arbeit ging.

Bedingt durch die steigende Zahl von Häftlingen im Lager wurde die Arbeit der Schuhmacher immer wichtiger. Zwei Polen kamen hinzu, der ältere hieß Franček, der jüngere Štefan Turunski (Häftlingsnummer 79018). Ende 1944 wurde die Gruppe noch durch einen jungen Slowenen namens Miha Gostič erweitert. Aber in jedem Fall waren die Schuster in der Mehrheit Franzosen.

---

113 Lombard erhielt dank der guten Qualität seiner Arbeiten manchmal zwei Portionen Suppe, die er dann mit seinen Kameraden teilte.

Kapo der Schuster- und Schneiderwerkstatt war der deutsche Berufsverbrecher Kurt Liese. Er war auch für die Wäscherei zuständig. Aber im Herbst 1944 wurde Michael (August) Staab, anfänglich Stubenältester in Baracke Nr. 4 des Nordlagers, zum neuen Kapo der Schuhmacher ernannt.

In der Werkstatt wurde in zwei Schichten gearbeitet, Tagschicht und Nachtschicht. Der Schichtwechsel erfolgte einmal wöchentlich. Die Schuster reparierten in erster Linie die Stiefel der SS-Leute, der Polizisten und der Stubenältesten, und dann erst die Holzpantoffeln der Häftlinge. Auf dem Weg vom Lager zum Tunnel gingen die Häftlinge ständig auf einer Schotterstraße, ihre Schuhe nutzten sich daher rasch ab. Die SS-Leute und die Kapos kümmerte das wenig. Nur die Mineure unter den Häftlingen besaßen Lederschuhe. Aber ihr Problem war die Beschaffung von Schuhbändern oder Schnüren. Wer welche besaß, konnte sich glücklich schätzen, zugleich aber auch unglücklich, denn er wurde dann von den Kapos beschuldigt, sie durch Diebstahl oder von einem Zivilarbeiter bekommen zu haben.

Der Pariser Georges Rovert und ein kleinwüchsiger Pole arbeiteten die ganze Zeit ihrer Deportation über in der Wäscherei. Es gab auch zwei Verantwortliche für die Wartung der sanitären Einrichtungen, der Aborte und der Wasserleitungen im Lager: die Franzosen René Barbotti und Alfons Rigot.

Als in Tunnelnähe eine Steinbrech- und eine Betonanlage aufgestellt wurden, um die Tunnelverschalung vorzubereiten, wurden mehr Häftlinge eingesetzt, die auf diese Weise mit den Zivilarbeitern in Kontakt kamen. Eine Zeit lang war der Kapo, der die Arbeiten mit dem Presslufthammer überwachte, Egon Stoll aus Metz, ein intelligenter Mensch, der gut mit den Häftlingen umging. Stoll wurde durch Roland Demol ersetzt, der seine Fähigkeiten leider nicht zeigen konnte, denn Max Spitzer[114] vertraute ihm nicht und überwachte ständig seine Arbeit. In dieser Gruppe arbeiteten – neben anderen Häftlingen – auch Michel Ragot, Maurice Murat und andere.

Am unteren Teil der Steinbrechanlage arbeiteten italienische Zivilarbeiter aus Udine, unter ihnen Lelio Vanelli, der den Häftlingen mehrmals Brot schenkte, und ein gewisser Escoli, der aber nicht lange blieb. In einer kleinen Baracke nahe des Steinbrechers wurde die Betonherstellung von einem österreichischen Zivilarbeiter, von dem Franzosen Egon Stoll und von weiteren Arbeitern kontrolliert.

---

114 Österreichischer Zivilarbeiter, der die Häftlinge korrekt behandelte.

KAPITEL IV

Im Herbst 1943 war ein junger russischer Häftling in Baracke Nr. 5 als Zeichner tätig. Er arbeitete zuerst im Tunnel, aber als die SS-Leute bemerkten, dass er sehr schöne Postkarten zeichnete, befahlen sie ihm, Portraits von ihnen anzufertigen, und so entkam er all den schweren Arbeiten.

Im Frühjahr 1944 kam der ukrainische Häftling Stanislav Flak an den Loibl. Er war Komödiant und sang sehr gut. Er sprach Polnisch und Französisch. Um seine Mithäftlinge zu unterhalten, steckte er sich Nadeln in seine Nase und seine Armmuskeln. Er war sehr schlank und sehr geschickt. Er konnte auf Spielbällen laufen. Man sagte, er wäre homosexuell und hätte ein Verhältnis mit dem Ältesten Bipp, auch wenn er der einzige Häftling im Lager war, der Frauenfotos besaß.

Die Baracke des Lagerkommandanten Winkler wurde von einem französischen Häftling, Jules Leif, instand gehalten. Der 22-jährige Leif war Student an der École normale[115] und sprach sehr gut Deutsch. Nach seinem gescheiterten Fluchtversuch[116] setzte Winkler den Häftling Georges Letheilleux an seine Stelle. Er versicherte sich im Voraus, dass dieser kein Deutsch verstand. Der Häftling blieb bis zum Ende in seinen Diensten.

Im Sommer 1944 brachten die SS-Leute eine Gruppe von zwanzig Häftlingen zum Bahnhof nach Tržič. Das war das „Bahnhofskommando". Chef des Trupps war der Franzose slowenischen Ursprungs Vincent Vozel[117] (Häftlingsnummer 10419), der mit dem Transport im August 1944 an den Loibl kam. Die Häftlinge entluden die Waggons und brachten die Zementsäcke in ein Magazin nahe dem Kesselraum. In diesem Raum versorgten Mara Engelsberger und Guy Musquere aus Tržič die Häftlinge mit Zigaretten und Brot, aber auch mit Nachrichten über den Kriegsverlauf an der Front.

Eine Gruppe von Häftlingen, unter ihnen Bernard Aujolas, ging 1944 zwei Wochen lang fast täglich zum Bahnhof Tržič, um Pakete für die Häftlinge abzuladen.

---

115 Die École Normale Supérieure in Paris ist eine der renommiertesten Ausbildungsstätten des staatlichen französischen Erziehungswesens (Anmerkung des Übersetzers)
116 Siehe Kapitel VIII
117 November oder Dezember 1944 wurde Vozel mit einem Krankentransport nach Mauthausen zurückgeschickt. Trotzdem überlebte er und kam im Mai 1945 frei.

DAS LOIBL-KZ

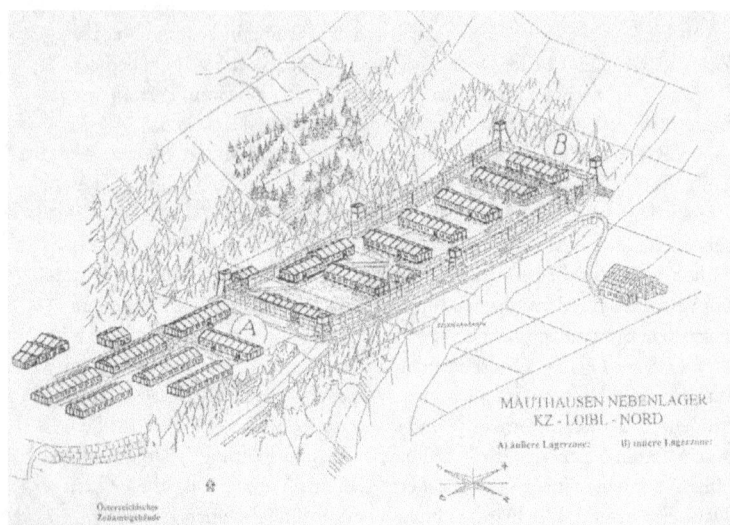

Abb. 24: Skizze des Nordlagers.

Abb. 25: Die Waschbaracke und Wachtürme des ehemaligen Nordlagers. Am 26. Mai 1945; Foto Britische Armee, Landry.

V DAS HÄFTLINGSLAGER NORD

Der Bau des Nordlagers begann erst gegen Ende des Sommer 1943, nachdem die SS-Leitung den optimalen Standort – am Fuß der Selenitza – bestimmt hatte.

Im Osten des Lagers stand auf leicht abschüssigem Boden ein Fichtenwald. Im Süden erhob sich die Selenitza und im Norden verlief ein fünf bis zehn Meter breiter Graben, »Pamž« genannt, durch den sich von der Selenitza her ein Wildbach ergoss. Auf der Baustelle waren zuerst nur Zivilarbeiter tätig. Eine Gruppe fällte die Bäume, eine andere sägte und bearbeitete das Holz, eine dritte bereitete den Boden für die Errichtung der Baracken vor.

Die erste Häftlingsbaracke wurde im September aufgestellt. Bis Ende Oktober mussten die Häftlinge jeden Tag vom Südlager über den Loiblpass zur Arbeit kommen. Das zahlenmäßig größte Häftlingskommando arbeitete am Bau der Zufahrtsstraße, während andere Bäume fällten und zersägten und den Boden für die Aufstellung von Baracken und Wachtürmen planierten.

Als der Wald gerodet war, rissen die Mineure mit kleinen Sprengsätzen die Baumwurzeln vollständig aus dem Boden. Die Häftlinge mussten sie dann mit Seilen herausziehen. Der Schutt aus dem Tunnel wurde in den Selenitza-Graben geschüttet. So konnte die Fläche vor dem Tunnelportal rasch eingeebnet und vergrößert werden und es konnten Schienen gelegt werden. Vor den Aufschüttungsarbeiten mussten alle Bäume, die die Zivilarbeiter gefällt hatten, von zwanzig bis dreißig Mann starken Häftlingstrupps auf dem Rücken über einen steilen Abhang transportiert werden, während SS-Leute und Kapos sich die Kehlen heiser schrien und die Häftlinge prügelten.

Am 20. Oktober 1943 wurden eine Barackenunterkunft im Ausmaß von 30 mal 8 Metern, eine kleine Wäscherei und Aborte aufgestellt.

Das Lager wurde mit einem drei Meter hohen, doppelten Stacheldrahtverhau umgeben. Zwei Wachtürme mit je einem Scheinwerfer wurden aufgestellt. Das war der Zeitpunkt, zu dem die ersten Häftlinge, überwiegend Franzosen und Polen, ins Nordlager überstellt wurden. Die Hähne der Waschanlagen wurden von einem Schweißer aus dem Zivillager, Lojze Ahlin, installiert. Auf der Ostseite wurden unterhalb des Konzentrationslagers zwei weitere Baracken für die SS-Leute und Gendarmen

Abb. 26: Eingang zum ehemaligen Häftlingslager auf der Nordseite. Links der Wachposten, in der Mitte Baracke Nr. 1 und rechts die Küche, 26. Mai 1945; Foto Britische Armee, Landry.

aufgestellt, ebenso eine kleine Küche, in der auch die Mahlzeiten für die Häftlinge zubereitet wurden.

Bis zum Sommer 1944 wurden auf dem terrassenförmigen Boden weitere Baracken aufgestellt und das Lager bekam seine endgültige Form.

Neben den sechs Barackenunterkünften gab es eine Baracke mit Küche, Vorratskeller und SS-Speisesaal sowie eine Waschbaracke mit zwei Aborten. Auf der rechten Seite des Lagers stand nahe am Stacheldraht ein Barackendepot mit den Kohlen für die Küche, das auch als Aufbahrungsraum für getötete Häftlinge – vor ihrer Einäscherung – diente.

Waschbaracke, Küchenbaracke und Aborte hatten Betonfundamente. Angesichts der Unebenheiten des Geländes lag die Waschbaracke tiefer als die Aborte, die einfach in einem Balken bestanden, der über eine Grube gelegt war.

Bis zum Frühjahr 1944 stand die Küchenbaracke mit ihrem Keller außerhalb des Lagers. Später wurde eine Holzwand errichtet, um Küche und Speisesaal zu trennen.

Das Lager erstreckte sich schließlich auf einer Fläche von 7500 Quadratmetern (150 x 50 m) und war von sechs Wachtürmen mit je einem Scheinwerfer umgeben. Der mittlere Turm auf der rechten Seite war an

Abb. 27: Das ehemalige Nordlager. Zu sehen sind die Baracken Nr. 4, 5 und 6; 26. Mai 1945; Foto Britische Armee, Landry.

eine Buche angebaut und die Wache musste über eine Leiter hinaufsteigen, denn der Raum zwischen dem steilen Abhang und dem Zaun war zu eng.

In Baracke Nr. 6 waren keine Häftlinge untergebracht, sondern die Leitung des SS-Lagers. Die Baracke stand oberhalb des Häftlingslagers jenseits des eingezäunten Geländes; von hier aus ließen sich sämtliche Baracken überblicken. In der Baracke gab es eigene Schutzvorrichtungen und gesonderte Toilettenanlagen.

Auf der vorletzten Terrasse stand Baracke Nr. 5. Sie diente vor allem als Quarantäneraum und war daher mit einem zusätzlichen Stacheldraht umgeben.

In den Baracken befand sich ein gemeinsamer Schlafsaal mit Holzpritschen und ein kleinerer Raum mit Bänken und Tischen, der im Allgemeinen als Speisesaal, aber auch als Tagraum diente. Es gab nur eine einzige Tür.

In diesem kleinen Raum standen auch die Betten des Stubenältesten, des „Stubendienstes" und der Kapos, mit einem Ofen aus Gusseisen in der einen, einem Kübel in der anderen Ecke, der in der Nacht, weil die Häftlinge nicht hinausgehen durften, als Abort diente. Die Schlafsäle waren niemals beheizt. Sämtliche Fenster waren an der Ostseite – in Tunnelrichtung – angebracht, so dass Häftlinge verschiedener Baracken einander nicht sehen konnten. Sie sahen sich nur auf dem Weg zur Arbeit, auf der Baustelle, in der Waschbaracke, auf den Aborten und auf dem Appellplatz.

Besuche in anderen Barackenunterkünften waren untersagt. Wenn ein Häftling in einer Baracke erwischt wurde, die nicht die seine war, wurde er im Allgemeinen mit fünfundzwanzig Schlägen auf die Kreuzgegend bestraft.

In einer der Baracken befand sich ein kleines Zimmer, wo der Krankenpfleger untergebracht war, der kranke oder verletzte Häftlinge als Erster versorgte. Wenn er es für notwendig hielt, schickte er die Häftlinge – allerdings nur mit dem Einverständnis des Kommandanten oder des Rapportführers – ins Krankenrevier auf der Südseite.

Der Appellplatz lag zwischen Baracke Nr. 1 und der Küche. Im Frühjahr 1944 wurde nicht weit von dort eine kleine Baracke aufgestellt, die als Tischlerwerkstatt zur Instandhaltung der übrigen Baracken diente.

Yves Blouin erzählte mir, dass Ende 1944 die höchstgelegene Baracke, die Nr. 5, leer stand, denn das Dach war im Winter von den enormen Schneemassen eingedrückt worden. Die Häftlinge räumten den Schnee nur von den bewohnten Baracken weg. Allerdings wurde die Baracke dann repariert und diente als Quarantäneraum für die Neuankömmlinge. Die Isolation dauerte nur einige Tage.

Als die Baracke mit dem SS-Speisesaal durch einen doppelten Stacheldrahtverhau eingezäunt wurde, hatte das Lager zwei Eingänge. Der Haupteingang für die Häftlinge befand sich bei einem Wachturm auf der linken Seite, im unteren Lagerbereich. Der Eingang in die SS-Kantine lag außerhalb des Häftlingslagers.

Auf der rechten Seite außerhalb des Lagers, zwischen der unteren Ecke und den Wachtürmen, führte rechts vom zweiten Wachturm eine Straße zum Bauernhof »Pamž«. Um das Lager herum führte auch ein Rundweg, der allerdings nur von SS-Kommandanten und Wachen begangen wurde.

Das Essen wurde mit einem Wagen gebracht, den die Ochsen des Bauern Peter Poschinger, genannt Spodnji Strah (bis zu seiner Einberufung in die Wehrmacht im August 1944), zogen, gelenkt von Primož Čašelj und seinem Sohn Stanko vom Pamž-Hof. Vater und Sohn Čašelj garantierten die Lieferungen bis Kriegsende. Sie transportierten die Vorräte mit dem Wagen auf direktem Weg bis zur Küche, wo sie die Häftlinge in Empfang nahmen. Jeglicher direkte Kontakt mit den Häftlingen war dadurch unmöglich.

KAPITEL V

Abb. 28: Wachturm an der Ostseite des ehemaligen Nordlagers; 26. Mai 1945; Foto Britische Armee, Landry.

Das Lagerkommando beschloss die Einrichtung eines Krematoriums in Lagernähe. Es war noch dürftiger als auf der Südseite: eine zwei Meter lange und eineinhalb Meter tiefe Grube.

Das Krematorium, in dem die ermordeten bzw. die verstorbenen Häftlinge verbrannt wurden, lag im oberen Lagerbereich auf der rechten Seite, etwa dreißig Meter vom Stacheldrahtverhau entfernt. Über der Grube lagen zwei Eisenbahnschwellen, auf die die nackten Körper der Toten gelegt wurden. Die Leichen wurden oben und unten mit Holz und Zweigen bedeckt, die mit Benzin übergossen und in Brand gesteckt wurden.

Anders als auf der Südseite war Doktor Ramsauer bei den Einäscherungen niemals anwesend; er wurde von einem Kommandanten des Nordlagers vertreten. Das Krematorium wurde im November 1943 fertiggestellt, zwei Tage nach der Ermordung des französischen Häftlings Maxime Thiery. Bis zu diesem Zeitpunkt wurden die Toten zur Einäscherung auf die Südseite gebracht.

Gegen Kriegsende, im März 1945, mussten die Häftlinge einen Schützengraben ausheben, der zu einem Holzbunker[118] führte. Der Graben ver-

---

118   In dieser Befestigungsanlage standen ein oder mehrere Maschinengewehre bereit.

177

Abb. 29: Rechts der Bauernhof Pamž. In der Mitte, im Wald schwer erkennbar, das Nordlager.

lief in einer Entfernung von etwa dreißig Metern vom Tunnel nahe dem SS- und dem Zivillager. Noch heute lassen sich Teile dieses Grabens erkennen.

Zu den Häftlingen, die an der Errichtung dieses Grabens mitarbeiteten, gehörte Bernard Aujolas, der davon im Jahr 1982 erzählte.

Rapportführer Sachse berichtet:

Als ich am 27. April das Kommando des Nordlagers übernahm, waren die sanitären und hygienischen Zustände dort miserabel. Im Lager waren ungefähr 200 Häftlinge untergebracht. Am 2. Mai 1944 stieg ihre Zahl auf 320, Ende Mai auf 420. Im Juli 1944 betrug ihre Anzahl dann 580. Bis April 1944 gab es nur einen einzigen Hilfskrankenpfleger, es standen keine Medikamente zur Verfügung, sondern nur ein Erste-Hilfe-Koffer. Am Sonntag und am Mittwoch kam ein Häftlingsarzt, Dr. Krupowicz, aus dem Südlager und untersuchte die kranken Häftlinge. Als ich meine Funktion übernahm, hatten die Häftlinge auch keinen Ort, an dem sie sich waschen konnten. Mitte Juni 1944 wurden 60 Wasserhähne installiert, aus denen allerdings nur Kaltwasser kam. Die Aborte befanden sich in einem primitiven Zustand. Die Sanitäts- und Hygieneeinrichtungen waren im Vergleich dazu einwandfrei. Am

3. Mai 1944 wurde ein Arzt – ebenfalls ein Häftling – ins Nordlager überstellt. Er hieß Rokitzky. Von diesem Zeitpunkt an war er es, der darüber entschied, wer ins Krankenrevier im Südlager geschickt wurde ... Einmal habe ich ihn geschlagen ...

Das Lager stand ungefähr fünf- bis sechshundert Meter vom Tunnelportal entfernt im Wald versteckt. Die SS- und Polizeibaracken befanden sich zwischen dem Zivillager und dem Konzentrationslager. Zivilarbeiter konnten das Häftlingslager daher weder betreten noch Fotos davon anfertigen. Die Anzahl der Häftlinge schwankte ständig, das Lager vergrößerte sich unaufhörlich und veränderte damit sein Aussehen. Diesbezügliche Angaben sind sehr widersprüchlich.

Auch die Angaben im Vertrag vom 25. August 1944 mit der Universale sind nicht klar. Eine Skizze des Lagers, die auf Erinnerungen von ehemaligen Häftlingen, Gendarmen, Zivilarbeitern, Bauern aus der Gegend sowie auf einer genauen Untersuchung des Terrains basierte, wurde erst später angefertigt.

Lagerältester, Stubenälteste, Schreiber und Kapos

Wie die Stubenältesten wechselten auch die Kapos und Oberkapos ständig. Die Erstellung einer genauen Liste ist daher schwierig.

Bis Ende Oktober 1943, einem Zeitpunkt, zu dem das Nordlager noch nicht völlig fertiggestellt war, hieß der Lagerälteste Kurt Liese. Später wurde Liese Stubenältester in Baracke Nr. 4 auf der Südseite; Schreiber war dort der 1900 bei Metz geborene Franzose Gaston Machepy.

Auf Liese folgte der Österreicher Rudolf Brucker[119], genannt Rudi oder „der schöne Rudi". Er blieb bis zum Ende Lagerältester. Geboren in Wien am 16.5.1903, war Brucker (Häftlingsnummer 1067) ein Berufsverbrecher. Er übte seinen „Beruf" unter dem Pseudonym Ludwig Druckner auch nach dem Krieg aus. 1952 wurde er wegen Diebstahls und Einbruchs zu zwei Jahren Gefängnis verurteilt, die er in der Haftanstalt Garsten nahe der oberösterreichischen Stadt Steyr verbüßte. Bei seinem Verhör durch einen Gendarmeriekommandanten berichtete er Folgendes:[120]

---

119   Der Name wird manchmal fälschlicherweise „Bruckner" geschrieben. Aus der Transportliste vom 9. Oktober 1943, unterzeichnet von Josef Leitzinger, Schreiber im Konzentrationslager Mauthausen, geht die richtige Schreibweise – „Brucker" – hervor.

120   Wörtlich zitiert nach einer Abschrift des Einvernahmeprotokolls, die sich im Privatarchiv von Janko Tišler befindet (Anmerkung des Übersetzers)

Ich war vom Jahre 1939 bis zu den Umbruchstagen 1945 wegen meiner 22 Vorstrafen in verschiedenen Konzentrationslagern in Deutschland und Österreich inhaftiert. Im Oktober 1943 kam ich mit noch mehreren KZlern von Mauthausen in das KZ Loibl-Pass bei Ferlach in Kärnten. Es befanden sich dort ca. 1000 Häftlinge, welche alle an einem Stollenbau arbeiteten. Ca. drei Gehstunden von unserem Lager, Lager Nord, befand sich das Lager Süd, in welchem die Lagerleitung für beide Lager sowie der Lagerarzt, Dr. Siegbert Ramsauer, ehemaliger Hauptsturmführer der SS, untergebracht waren. Ramsauer kam wöchentlich einmal zu uns, operierte mich einmal am Finger. Im Frühjahr 1944 wurde ich Lagerältester und hatte für die Reinlichkeit des Lagers zu sorgen, wodurch ich nicht mehr auf Außenarbeit zu gehen brauchte und daher immer im Lager war.

SS-Untersturmführer Karl Sachse, von den Franzosen «Toutoune» („Wauwau") genannt, war Kommandant der SS-Wachen und erfüllte auch die Funktion des Rapportführers.

Brucker berichtet weiter:

Wenn sich Häftlinge krank meldeten, hat sie Sachse fast ständig mit der Hand und zum Teil auch mit dem Gummiknüppel derart geschlagen, daß sie bluteten. Sachse wollte damit erreichen, daß sich nicht mehr so viele Häftlinge krank melden. Ich sah dies, da ich ja ständig im Lager war, öfters und erzählte es dem Lagerarzt Dr. Ramsauer. Ramsauer machte darauf den Lagerkommandanten, SS-Hauptsturmführer Jakob Winkler Mitteilung, welcher im Lager Süd wohnhaft war. Winkler ließ daraufhin den Unterscharführer Sachse zu sich rufen, und glaube ich, daß ihm dieser wegen seiner Gewalttaten den Häftlingen gegenüber eine Rüge erteilt hat, da er, als er wieder in unser Lager zurückkam, sehr verärgert und zornig war. Sachse ging sogleich zu unserem Häftlingsarzt, einem Polen, welcher selber Arzt war und schlug ihn derart, daß er im Gesicht stark blutete. Ich sah dies und fragte Sachse, was er denn gemacht habe. Sachse antwortete mir daraufhin, dieses polnische Schwein hat mich beim Hauptsturmführer Winkler verraten. Ich erklärte daraufhin, daß dies nicht der Pole, sondern ich gesagt habe. Sachse ließ daraufhin von diesem Polen ab und beschimpfte mich. Geschlagen hat er mich dabei nicht. Aufgrund dieses Vorfalles wurde ich von meiner Stellung als Lagerältester abgelöst und mußte wieder beim Stollenbau arbeiten, wodurch ich mit Dr. Ramsauer in der Folgezeit nicht mehr in Berührung kam.

Wahrscheinlich wurde Brucker in seiner Funktion als Lagerältester für kurze Zeit vom deutschen Berufsverbrecher Kurt Wricke ersetzt. Dieser war auch Stubenältester in den Baracken Nr. 3 und Nr. 4, wie Aufzeichnungen aus dem Jahr 1946 in den Archiven der Amicale Française des Déportés de Mauthausen zeigen.

Der deutsche Berufsverbrecher Anton Schweiss (Häftlingsnummer 39926), geboren 1906, war anscheinend zu Beginn Stubenältester in Baracke Nr. 1. Auf der Liste der deutschen Internierten ist er als „SV DR"[121] angegeben. Am 1. September 1944 flüchtete er, aber er wurde entdeckt und mit Schlägen übel zugerichtet, bevor man ihn zurück nach Mauthausen schickte.

Sein Nachfolger, der deutsche Berufsverbrecher Franz Janson (Häftlingsnummer 89606), geboren 1905, kam mit dem Häftlingstransport vom 13. September 1944. Er trug ein grünes Dreieck und arbeitete zuerst als Maurer.

Laut Aussage des Franzosen Maurice Rioux kam der 1921 in Saarbrücken geborene Emile Pruneau (Häftlingsnummer 26909, geboren 1921 in Saarbrücken), der im Südlager immer eine Matrosenmütze trug, im Nordlager als Schreiber zum Einsatz.

Zum Zeitpunkt der Flucht dreier Häftlinge, am 29. April 1944, war der Franzose François Santoni, genannt «Fanfan», geboren 1921 in Straßburg, Häftlingsnummer 28516, Schreiber in Baracke Nr. 1. Er war mit dem zweiten Transport an den Loibl gekommen. Blond und groß, verhielt er sich den Mithäftlingen gegenüber brutal.

Es ist nicht ganz klar, wer die Ältesten in Baracke Nr. 2 waren, wo die „Facharbeiter" untergebracht waren. Manche meinen, der Stubenälteste sei Florent Stadler gewesen.

In dieser Baracke gab es ein Zimmer mehr für Brucker und seinen „Schützling", den Polen W. aus Lodz. Als W. Schreiber in den Baracken wurde, in denen Franzosen und Polen untergebracht waren, warf Brucker sein Auge auf einen jungen Franzosen. W. war sehr gut im Umgang mit seinen polnischen Mithäftlingen, aber er reagierte sich an den Franzosen ab. Nach dem Krieg ging er nach England, heiratete und änderte seinen Namen.

Franz Krb, „Franz" genannt, soll Stubenältester in Baracke Nr. 3 gewesen sein. Bevor er an die Nordseite geschickt wurde, war er Stubenältester in Baracke Nr. 1 auf der slowenischen Seite – ebenso wie Kurt Wricke, der für kurze Zeit auch Stubenältester in Baracke Nr. 4 auf der österreichischen Seite gewesen sein soll.

---

121 Sicherheitsverwahrungshäftling Deutsches Reich

Laut Aussagen der Häftlinge Rioux, Frontczak und Breton war der Stubenälteste in Baracke Nr. 3 ein Deutscher, der im Spanischen Bürgerkrieg in den Internationalen Brigaden gekämpft hatte. Bei seiner Rückkehr nach Deutschland war er von der Gestapo verhaftet und ins Lager geschickt worden. Er sprach auch Französisch.

Schreiber in Baracke Nr. 3 war ab Frühling 1944 der Franzose Marcel Perrin.

August Staab war anfänglich Stubenältester in Baracke Nr. 4. Er kam aus Wangen (Baden-Württemberg) und war von Beruf Schuhmacher. 1947 war er in Klagenfurt in Haft und musste beim Prozess gegen den Stubenältesten Max Skirde und den Lokomotivführer Hans Gärtner – eine Zeit lang Kapo der Mineure – aussagen. Staab kam im April 1944 an den Loibl.

Als am 18. April 1944 ein Transport mit 101 Häftlingen aus Mauthausen kam (mit 96 Franzosen, 1 Tschechen, 1 Italiener und 3 Spaniern), blieb Florent Stadler drei Tage lang mit ihnen in Baracke Nr. 5 in Quarantäne. Von Juni 1944 bis 16. April 1945 war er Stubenältester in Baracke Nr. 4 auf der Nordseite. Im Südlager war Stadler im Umgang mit den Häftlingen nicht genügend hart gewesen und hatte eine Gruppe von „Privilegierten" begünstigt (Louis Tambon, Léopold Servolle, Charlet de Sauvage und andere). Aber auf der Nordseite verhielt er sich sehr schlecht. Er war ein Boxer, der seine Fäuste dazu verwendete, die Mithäftlinge zu schlagen.

Bernard Aujolas bestätigte mir, dass in Baracke Nr. 4 die Franzosen untergebracht waren und dass der Stubenälteste ein paar junge französische „Schützlinge" hatte.

Louis Breton, der mit dem Transport vom 21. April 1944 ins Nordlager kam, sagte mir, dass Stadler die ganze Zeit über Stubenältester war. Nach der Räumung des Lagers begleitete Stadler die Häftlinge in die Hauptschule Tržič; auch dort wurde er zum „Ältesten" ernannt. Vier Briefe, die er an Frl. Anica Mally – die ihm Zigaretten schickte – geschrieben hatte, bezeugen dies. Nach seiner Rückkehr nach Frankreich wurde er verhaftet und auf zehn Jahre zum Verlust seiner Bürgerrechte verurteilt.

Die Baracke Nr. 5 stand mehr oder weniger leer oder diente als Quarantäneraum, zum Beispiel von 18. bis 21. April für die Häftlinge eines Transports aus Mauthausen oder von 31. März bis 10. April 1945, als 56 Slowenen dort gefangen gehalten wurden.

KAPITEL V

In den Jahren 1944/45 nahm der Häftling «Miguelle» die Funktion des Stubenältesten ein, und zwar in einer der Baracken, in denen auch der – von der slowenischen Seite her kommende – Kapo Fritz untergebracht war.

Die Häftlinge verwechselten oft die Barackennummern. Manche nummerierten die Baracken von der Küche aus nach oben, andere wiederum von oben nach unten und die Stubenältesten wechselten ständig. Aus diesem Grund bestehen noch gewisse Unsicherheiten bei der Zuordnung der Namen der Stubenältesten.

Die Zahl der Kapos und ihrer Unterkapos hing von der Anzahl der Häftlinge im Lager ab.

Oberkapo war der deutsche Berufsverbrecher Herbert Scheller, 37 Jahre alt und «Blondinet» genannt. Er kam vom Südlager, wo er in Baracke Nr. 4 Stubenältester gewesen war. Er bekam häufig Tobsuchtsanfälle und schlug dann sadistisch auf die Häftlinge ein. Er war homosexuell und hatte – wie bereits im Südlager – einen Liebhaber.

Paul Kohle war Kapo der Mineure. Zweifellos kam er aus Lothringen. Er sprach mehrere Sprachen, war grausam, hatte ein bestialisches, mit Pickel übersätes Gesicht und schielte. Im Februar 1945 schlug er den polnischen Häftling Jožef Rżetelski mit einer Azetylenlampe, während dieser an der Betonmischmaschine arbeitete. Aber Rżetelski setzte sich zur Wehr, sprang ihn an, warf ihn zu Boden und versetzte ihm Fußtritte in den Bauch. Die Franzosen mussten die beiden trennen. Im Lager musste Rżetelski dann heraustreten und erhielt zur Strafe zahlreiche Schläge. Er musste in der Folge zwölf Stunden lang gegenüber dem Lagereingang in Schnee und Regen stehen. Die Polen retteten Rżetelski, indem sie den „Ältesten" mit Schnaps dazu brachten, Brietzke zu bitten, dass Rżetelski wieder in seine Baracke zurückkehren dürfe.

Der Kapo, der die Häftlinge auf der Zufahrtsstraße zum Tunnelportal überwachte, war ein deutscher Berufsverbrecher, der die Deportierten schlug und brutal misshandelte. Die Franzosen nannten ihn «La Rouquine».[122] Er war wegen Mordes nach Mauthausen gebracht worden.

Der französische Kapo Jean Brun (Häftlingsnummer 26612) war mit dem ersten Häftlingstransport gekommen. Laut Berichten französischer Deportierter hatte er auf Grund seines schlechten Verhaltens im Lager Probleme bei seiner Rückkehr nach Frankreich.

---

122   Die Rothaarige

Auch der Franzose Louis Tinlot (Häftlingsnummer 27115), geboren 1906 in Limoges, war Kapo und blieb in dieser Funktion, solange das Lager in Betrieb war. Er kam mit dem zweiten Transport an den Loibl. Die Franzosen nannten ihn „Mickey Maus". Er war außerordentlich brutal. Seinetwegen wurde ein Häftling erschossen, weil er die Postenlinie überschritten hatte. Er handelte mit Nahrung aus der Küche. Er war der einzige französische Kapo, den die geheime Lagerorganisation zum Tode verurteilte. Auf der Rückreise nach Frankreich, zwischen Neapel und seinem Heimatort, schlugen ihn die Mithäftlinge derart, dass er schwer verletzt zu Hause ankam.

Nach ihrer Rückkehr nach Frankreich mussten sämtliche französische Kapos vor Gericht für ihre Taten einstehen.

Der Häftling André Frontczak berichtete von den Erfahrungen, die er mit Tinlot gemacht hatte:

Dieser Mann war beim Lagerältesten Brucker gut angeschrieben und stand in Kontakt zur „Lagermafia". Da er schlecht Deutsch sprach, schlug er mir vor, am Schwarzhandel mit den Zivilarbeitern teilzunehmen, um Zigaretten statt Zucker, Margarine oder Schmalz zu bekommen. Ich lehnte ab und sagte ihm, er solle sich schämen, denn jeder Diebstahl in der Küche gereiche den Häftlingen zum Schaden. Aber meine Antwort missfiel ihm. Er ging zum Lagerältesten, um mich aus der Küche entfernen zu lassen, und sagte ihm, ich wolle ihre Tauschgeschäfte bei der SS denunzieren. Der Lagerälteste kam gemeinsam mit dem Rapportführer in die Küche und beschuldigte mich, ein gefährlicher Kommunist zu sein und mit den Partisanen in Kontakt zu stehen, denn hätte mich mehrfach in der Baracke der Jugoslawen gesehen, ich würde mit der Widerstandsfront einen Plan ausarbeiten usw ... Schließlich schrie er mich an, ich solle auf den Appellplatz gehen und dort „Gymnastik" machen ... Er hörte nicht auf zu schreien, er schlug mich und versuchte, mich in Richtung Stacheldraht zu drängen. Es war klar, dass er sich meiner entledigen wollte. Das dauerte eine Zeit lang, aber ich wies die Anschuldigungen zurück. Ich weiß nicht, ob es mir gelungen ist, den Rapportführer zu überzeugen, oder ob etwas anderes geschah, jedenfalls schickte mich Brucker wieder in die Küche und Tinlot in seine Baracke. Am nächsten Tag entschuldigte sich Brucker bei mir für sein Verhalten. Aber später bemerkte ich, dass der SS-Mann, der in der Küche arbeitete, mit ihm und der „Mafia" Handel trieb. Wenn ich mich nicht täusche, war sein Name Donau, und wir nannten ihn «Fernandel».

Ein deutscher Berufsverbrecher aus Preußen, Kapo eines Trupps von Häftlingen, die im oberen Stollen arbeiteten, erzählte Ende Frühjahr

1943 dem Zivilmineur Recer, er wäre auf Grund kleiner, während eines Bombardements begangener Diebstähle ins Konzentrationslager geschickt worden. Die Slowenen nannten ihn Mato Šukič. Er trug eine Schirmmütze und Schuhe aus Leder, während die anderen Häftlinge nur Holzpantoffeln trugen. Eines Tages verstümmelte er das Gesicht eines Häftlings mit einer Azetylenlampe.

Es gab auch zwei polnische Kapos, Edek Walendziac, genannt „Franek", und Andrzej Polus, beide aus der Gegend von Posen. Sie sprachen gut Deutsch. Polus quälte und schlug die Mithäftlinge; einen russischen Gefangenen schlug er zu Tode. Er verstand sich gut mit dem Oberkapo Scheller. Beide waren Halunken, aber die polnische Widerstandsorganisation im Lager konnte sie in Zaum halten und daran hindern, ihre Missetaten zu begehen. Um sich an dem kurzsichtigen Polus zu rächen, nahmen ihm die polnischen Mithäftlinge seine Brille weg.

Der Pole Stanislaw Jaworski war Kapo eines Häftlingstrupps, die im Wesentlichen aus geschwächten oder kranken Leuten bestand. Er ging nicht schlecht mit ihnen um und aus diesem Grund konnte er sich bei der Befreiung des Lagers der in Kärnten gegründeten Brigade Stary anschließen. Auch der Kapo Wladyslav Lewandowski wurde in die Brigade aufgenommen, während Ignacy Wolski abgewiesen wurde.

Der 1905 in Kairo geborene Franzose Bernard Lebrun diente den Polen als Dolmetscher. Man erzählte sich, dass er für den englischen Nachrichtendienst gearbeitet hatte.

Die Küche im Nordlager war wie die Küche im Südlager organisiert. Zehn Häftlinge arbeiteten dort und zwei SS-Leute.

Der SS-Küchenkommandant hieß Wilhelm Donau. Geboren 1919 in Neuburg in Rumänien, war er deutscher Staatsbürger. Vor dem Krieg war er als Bauer tätig. 1943 erkrankte er an Lungenentzündung, 1944 machte er, geschwächt und appetitlos, eine Gelbsucht durch. Er blieb zwei Monate lang im Krankenhaus Golnik.

Der Name des zweiten SS-Mannes ist nicht bekannt. Die Franzosen nannten ihn «Tracouillette».

Jean Messer, Häftlingsnummer 60290, vor dem Krieg als Fleischgroßhändler tätig, arbeitete in der Küche. Er war mit dem Transport vom 17. April 1944 an den Loibl gekommen und wurde zum aktiven Mitglied der Organisation «Solidarité».

Mit Messer arbeiteten auch Viktor Breidenstein und André Frontczak in der Küche, außerdem ein Häftling namens Georges und ein gewisser

Maurice, ein ehemaliger Fremdenlegionär, dessen Arbeit darin bestand, die Küchentöpfe zu reinigen, und der sich sehr gut mit Stadler und Brucker verstand.

Im Frühjahr 1944 kam der 34 Jahre alte Jean Ulloa (Häftlingsnummer 28624), Sohn spanischer Eltern und geboren in der Vorstadt von Lyon, zum Küchenkommando hinzu. Seine beiden Brüder, Antoine (Häftlingsnummer 28623) und Richard (Häftlingsnummer 28625), waren im Südlager gefangen. Später kam noch Tadek (Tadeus) Perlinski hinzu.

Die Nahrung, die Breidenstein, Frontczak und Messer den SS-Leuten stahlen, wurde zunächst in verschiedenen Verstecken aufbewahrt und dann in der Regel vom Häftling Louis Breton in Empfang genommen. Erst nach Zustimmung des geheimen Lagerkomitees konnte die Nahrung an die bedürftigsten Häftlinge weitergegeben werden.

... Bis zum 29. April 1944 gehörte auch ein junger Russe zum Küchenpersonal, aber er wurde mit einem der Rücktransporte zwischen 6. und 26. Juli nach Mauthausen gebracht, denn er hatte mit einem Mithäftling eine goldene Zahnkrone getauscht. Der Mithäftling wurde aus diesem Grund von der SS ermordet. Tadek Perlinski[123] konnte dank einer Empfehlung von Frontczak zur Küchenmannschaft stoßen. Aber er diente vor allem als Dolmetscher zwischen Franzosen und Polen bei den Geheimversammlungen der beiden Widerstandsorganisationen im Lager ... (Colin, Garnier, Rżetelski)

Auf der linken Seite der Küchenbaracke war eine Vorratskammer. In der Mitte befanden sich die Küchen für die Häftlinge und die SS-Leute, auf der rechten Seite der SS-Speisesaal. Zwischen Küche und Speisesaal stand eine türlose Wand mit einem kleinen Fenster, durch das die Teller gereicht wurden. Die Küche hatte nur eine einzige Tür, die ins Lager hinausführte. Die SS-Leute gelangten durch einen Eingang außerhalb des Lagers in den Speisesaal, in die Küche hatten sie keinen Zutritt. In der linken Ecke des Speisesaales stand eine Art Kühlschrank zur Aufbewahrung verderblicher Lebensmittel. Die Polizisten aßen nicht im selben Raum wie die SS-Leute. Für sie wurde im Zivillager gekocht, wo sie wahrscheinlich eine eigene Küche hatten.

Die Küchenhäftlinge waren in den Baracken untergebracht, die der Küche am nächsten lagen, also zunächst in Baracke Nr. 1. und in der

---

123 Von Juni 1944 bis zum Ende des Lagers war er für die Überwachung des Feuers unter den Kochkesseln zuständig.

Folge in Nr. 2. Sie begannen sehr zeitig in der Früh mit der Arbeit und waren erst spätabends damit fertig. Sie kamen praktisch nie auf den Appellplatz, denn sie waren unaufhörlich beschäftigt. Frontczak erzählte mir, dass sie nur einen einzigen Nachmittag frei hatten, und er erinnert sich, dass er an diesem Tag geschlagen wurde.

Eines Tages befahl ihnen der Kommandant, aus den Küchen herauszukommen, denn im Speisesaal sollte eine außerordentliche Versammlung stattfinden. Frontczak und seine Kameraden gingen auf die andere Seite des Lagers, obwohl sie hätten in der Nähe bleiben müssen. Aber die Versammlung war kürzer als vorgesehen und der SS-Mann Donau machte sich auf die Suche nach ihnen. Als Frontczak zurückkam, wurde er mit Schlägen bestraft.

Im Keller unter den Küchen schälte ein Häftlingskommando Kartoffeln und putzte Gemüse. Unter ihnen war der deutsche Kommunist Josef Langos.

Im Jahr 1944 geschah Folgendes: Der Lagerkommandant erzählte dem SS-Küchenverantwortlichen[124] im Südlager, man hätte ihm auf der Nordseite ein ausgezeichnetes Mahl serviert. Der SS-Mann war gekränkt. Er hatte vor, sich bei der ersten Gelegenheit an den Köchen zu rächen. Eines Abend war er nach einem Fest auf der Nordseite betrunken und kehrte nicht ins Südlager zurück. Er blieb im Nordlager und befahl um drei Uhr früh in betrunkenem Zustand den Köchen aufzustehen. Dann versetzte er – in seiner Eigenschaft als Küchenkommandant des Südlagers – jedem Koch fünf Schläge. Unter den Häftlingen war auch der Kapo des Kommandos, das die Erdäpfel schälte. Er fragte, warum er geschlagen wurde. Da in beiden Lagern die Regel galt, keine Fragen zu stellen und vor allem nicht nach dem Grund zu fragen, aus dem man bestraft wurde, verlangte der SS-Mann vom Küchenkommandanten auf der Nordseite, Wilhelm Donau, dem Häftling weitere fünf Schläge zu versetzen, um ihm Disziplin beizubringen.

Der Transport der Kochkessel mit dem Essen war bei den Häftlingen eine begehrte Tätigkeit, denn sie hofften, beim Rücktransport der leeren Kessel Speisereste herausholen zu können.

Im Buch „Kompania Stary" erwähnen die Polen den Kapo Metzke. Dieser hatte spärliches rotes Haar und war ein Sadist. Er kam mit den SS-Wachen überein, dass sie Henrik Bendzel unter dem Vorwand eines

---

124 Hans Weigel oder Alois Kirschbaum

Fluchtversuches töten würden. Aber die Polen retteten ihn, indem sie die SSler mit Tabak bestachen.

Der Franzose Yves Blouin kam mit dem ersten Transport ins Südlager und im Jänner 1944 auf die Nordseite. Gemeinsam mit dem polnischen Häftling Wadek war er für die Instandhaltung und Reparatur verschiedener Baracken zuständig.

Der 24 Jahre alte Franzose Georges Dignan arbeitete als Tischler und Zimmermann im Lager.

Anfang 1944 gab es unter den russischen Häftlingen einen gewissen Sascha. Er las in den Handlinien und konnte hypnotisieren. Für die Häftlinge war das unterhaltsam. Eines Tages sagte er einer SS-Wache die Zukunft voraus. Ein tschechischer Friseur übersetzte, aber er erfüllte seine Aufgabe schlecht. Auf Grund der negativen Prophezeiungen beschlossen die SSler, sich des Russen zu entledigen. Sie zwangen ihn, die Postenlinie zu überschreiten, und erschossen ihn „wegen Fluchtversuchs". Der Tscheche hatte unfreiwillig zum Tod des Russen beigetragen.

Auf der Nordseite wurden Kranke nicht als solche anerkannt. Auf der linken Seite der zweiten oder dritten Baracke gab es ein kleines Zimmer, wo erst ab Mai 1944 ein polnischer Arzt, Dr. Rokitzky, seines Amtes waltete, aber er konnte nicht viel machen, weil die notwendigsten Medikamente fehlten.

Der Häftling Franc Vidmar blieb von 13. Juli 1944 bis zum Ende im Nordlager. Er berichtet:

Ich hatte einen Abszess am Hals, aber ich wagte es nicht, ins Krankenrevier zu gehen. Als es aufbrach, begab ich mich zu dem polnischen Arzt. Er rollte ein Stück Papier zu einem Röhrchen, führte es in die Wunde ein und leitete den Eiter ab. Endlich konnte die Wunde rasch verheilen.

In der ersten Zeit seines Bestehens waren die Lebensmittelvorräte im Nordlager sehr bescheiden. Die Häftlinge, die vom Südlager auf die Nordseite zur Arbeit kamen, mussten ihr Essen in eigenen Kochkesseln mitbringen.

Am 15. und 16. November 1943 schneite es beständig auf beiden Seiten des Loiblpasses. In den Kärntner Tälern und auf der Straße nach Sveta Ana war der Autoverkehr unmöglich. Die Versorgung des Nordlagers brach zusammen und der Lagerkommandant entschied am 16. November, dass das Südlager den Nachschub im Nordlager übernehmen müsse. Als die Mineure am Abend von einem langen Arbeitstag zurückkamen, befahlen ihnen die SS-Leute um 20 Uhr, trotz des ständigen Schneefalls

KAPITEL V

Abb. 30: Die beiden Häftlinge Félix Maurice und Henri Verhoeven bei Schneeräumarbeiten im Winter 43/44; Südseite.

an die vierzig Kilogramm Lebensmittel pro Mann ins Nordlager zu bringen. Sie mussten Kartoffeln, Brot, zwei große, mit Essen gefüllte Kessel und andere Produkte transportieren. Die SSler hatten die Mineure ausgewählt, weil sie dachten, diese wären am widerstandsfähigsten, und außerdem trugen sie richtige Schuhe. Aber das half ihnen nicht viel, denn sie mussten sich erst einen Weg durch den Schnee bahnen.

Mit dieser Last mussten sie vom Lager in Richtung Passhöhe gehen. Diesmal marschierten die SS-Leute nicht an der Spitze des Zuges, sondern am Ende, denn sie wussten, dass bei diesem Wetter jeder Fluchtversuch den sicheren Tod des Häftlings bedeutet hätte. Auf diese Weise konnte ihnen der Schnee nichts anhaben und sie beschränkten sich darauf, die Häftlinge zu schlagen, um sie anzutreiben. Aber diese waren vom Schnee durchnässt, und noch mehr vom Schweiß. Am schwierigsten war es für die Häftlinge, die die Kessel trugen. Diese waren sehr schwer, die Häftlinge mussten sie zu viert tragen. Einige weinten vor Erschöpfung, während sie gleichzeitig Schläge bekamen. Nach einigen Stunden kamen sie endlich im Nordlager an. Aber dort konnten sie sich nur kurze Zeit ausruhen. Sie mussten schnell zurückkehren, damit sie um sechs Uhr morgens pünktlich bei der Arbeit waren ... (Jean Granger)

Am nächsten Morgen, als die Häftlinge der Nachtschicht von der Arbeit zurückkehrten, mussten sie auf dem Appellplatz antreten und es wurde ihnen befohlen:

„Ihr müsst die Kessel mit dem Essen auf die Nordseite bringen!"

Sie marschierten ungefähr um sieben Uhr ab. Die SS-Leute, die sie begleiteten, hatten ihre Hunde mitgebracht. Zu Mittag kamen sie auf der österreichischen Seite an und bekamen ein bisschen Suppe zu essen. Am Abend kamen sie völlig durchnässt zurück und mussten sofort zur Arbeit ... (Georges Célarié und Marcel Aubert)

Von 17. bis 18. November schneite es unaufhörlich. In Sveta Ana fielen fünfzig Zentimeter Schnee, auf der Passhöhe fast ein Meter. Am selben Tag schickte das Kommando des Nordlagers nach dem Abendappell Häftlinge auf die andere Seite, um Nahrung zu beschaffen. Sie wählten zirka hundert Häftlinge aus, die in Begleitung von zwanzig SS-Leuten und vier Hunden aus dem Südlager Brot und Suppe holen mussten. Sie kamen um vier Uhr früh mit dem Essen zurück. Auf dem Weg kam es zu tragischen Szenen: Die SS-Leute schlugen unentwegt alle Häftlinge, die ihrer Ansicht nach zu langsam marschierten. Der 24 Jahre alte Pole Janek Blachowicz erkrankte auf diesem Kreuzweg schwer. Er wurde am nächsten Tag ins Krankenrevier gebracht, wo er einige Tage später starb ... (Jožef Ržetelski)

Nach dem Tunneldurchstich, aber noch vor dem 15. März 1944, war das Nordlager noch einmal wegen Schneefalls von der Außenwelt abgeschnitten. Das Südlager schickte Kartoffeln. Die Häftlinge im Tunnel nutzten die Gelegenheit, einige Erdäpfel zu stehlen. Sie vergruben sie im Sand und brachten sie in der Folge nach und nach ins Lager.

Der Luxemburger Josy Wirol berichtete 1988:

... als ich am 2. März 1944 an den Loibl kam, kam Stadler zu mir und sagte:

„In sechs Wochen werde ich auf die Nordseite überstellt und werde dort zum Stubenältesten ernannt. Da wir Landsleute sind, werde ich mich um dich kümmern."

Am nächsten Tag gab er mir vor unserer Abfahrt Brot, ein Stück Seife und ein kleines Handtuch, was in meinen Augen echten Reichtum bedeutete. Als wir auf der Nordseite ankamen, wies er uns Baracke Nr. 3 zu. Bereits am ersten Tag lernte ich die Brutalität des Lagerältesten, des Wieners Rudolf Brucker, kennen. Weil ich geschwächt war und den Schnee für seinen Geschmack zu langsam wegschaufelte, schlug er mich derart, dass ich meine Zähne ausspuckte.

Am Pfingstmontag stand ich völlig erschöpft an den Barackenpfosten gelehnt, als der Kommandant und Stadler vorbeikamen. Ich war dermaßen abgemagert, dass Stadler mich nicht sofort erkannte.

Ich grüßte ihn: „Guten Tag, Herr Stadler!"

Er drehte sich um und fragte: „Bist du der Luxemburger?"

Der Kommandant fragte Stadler, ob er mich kenne.

Stadler antwortete: „Ja, Herr Kommandant. Das ist einer meiner Landsleute!"

„Nimm ihn in deine Baracke, denn er ist krank!"

Dank Stadler, der mir zusätzliche Essrationen gab, fühlte ich mich bald wieder besser. Wenn sich Stadler den Franzosen gegenüber auch schlecht verhalten hat, so kann ich sagen, mir hat er das Leben gerettet. Im Mai 1945, als wir in Warmbad-Villach ankamen und von Villach aus nach Frankreich fahren sollten, rettete ich ihm meinerseits das Leben: Die Franzosen hatten seine Hinrichtung geplant. Ich warnte ihn zeitgerecht und so konnte er entkommen …

Ab 1944 bestellte das Lagerkommando die Lebensmittel, insbesondere Brot und Fleisch, in Ferlach. Die Lastwagen wurden im Allgemeinen von SS-Leuten oder Polizisten begleitet. Drei Mal pro Woche kauften sie Fleisch beim Fleischhauer Urban, aber sie fütterten auch selbst auf dem Loibl ein paar Schweine. Die Bäckerei Peterlin versorgte die SS im Lager mit Brot und Mehlspeisen. Vater und Sohn Peterlin brachten das Brot gewöhnlich zwei Mal pro Woche auf den Loibl. Von Zeit zu Zeit warfen die SS-Leute den Häftlingen einen Laib Brot zu. Niemand weiß, ob sie es aus Mitleid oder zu ihrer Unterhaltung taten, denn die Häftlinge stürzten sich trotz der Schläge der Kapos wie wild auf das Brot.

Übergriffe gegen Häftlinge

Unter den 101 Häftlingen, die mit dem Transport vom 18. April 1944 an den Loibl kamen, befand sich auch der 47 Jahre alte Emile Pasquier. Während der Fahrt von Mauthausen nach Tržič schwoll sein Gesicht so stark an, dass er die Augen nicht mehr öffnen konnte. Die Deutschen dachten, er litte an einer ansteckenden Krankheit, der Wundrose. Kein Häftling durfte ihm nahe kommen.

Im Südlager mussten die Häftlinge lange warten, bis der Schreiber Florent Stadler zu ihnen kam. In seinem „Willkommensgruß" sagte er ihnen, dass sie arbeiten und Disziplin einhalten müssten und dass jeder Verstoß streng bestraft würde, gegebenenfalls sogar durch Erhängen. Dann wurden sie ins Nordlager gebracht, wo sie in Baracke Nr. 5 drei Tage lang in Quarantäne blieben. Stadler, der zum Kapo ernannt wurde, begleitete sie. Er nahm seine Aufgabe sehr ernst, verlangte von den Häftlingen absolute Ruhe und fragte sie dann, woher sie kämen und aus welchem Grund sie im Konzentrationslager wären. Danach bekamen sie eine etwas dickere Suppe als gewöhnlich:

Obwohl wir in Quarantäne waren und nicht zur Arbeit gingen, wurden wir wie alle anderen um 5.30 Uhr aufgeweckt. An den Tischen des Essraums sitzend, mussten wir waren, bis die Flaschen mit schlechtem Kaffee an den Stacheldraht gebracht wurden, der uns von den anderen Häftlingen trennte. Wir konnten sie sehen, wie sie antraten und zur Arbeit gingen ... Als der Kaffee verteilt war, zog jeder das Stück Brot heraus, das er versteckt bei sich trug ... Ich saß gegenüber unserem Kameraden Albouy, der an Magenschmerzen litt und das Brot nicht essen konnte ... Er wollte es zwischen zwei Kameraden an unserem Tisch und mir teilen. Genau in diesem Moment drehte sich Stadler um und sah mich sprechen. Er ließ mich aufstehen, rief mich zu sich und zwang mich, zur Strafe mit ausgestreckten Armen zwei Holzstücke zu halten. Während ich mit dem Holz dastand, redete er wieder von Disziplin. Dann wurde er vom Lagerältesten hinausgerufen, zweifellos um weitere Anweisungen zu erhalten. Die beiden redeten längere Zeit und trotz gegenteiliger Ratschläge meiner Kameraden beschloss ich, die Holzstücke abzulegen und auf meinen Platz zurückzukehren ... Als Stadler zurückkam, suchte er mich mit den Augen. Er fand mich nicht am vorgeschriebenen Platz, stürzte sich auf mich und fragte mich schreiend, ob er mir den Befehl gegeben hätte, das Holz hinzulegen. Er wollte mich zwingen, die Stücke wieder aufzunehmen. Ich weigerte mich, sagte ihm, die Komödie dauere, wie ich glaubte, schon lange genug, wir seien schließlich unter Franzosen und ich dächte, auch er sei einer von ihnen. Angesichts solcher Überlegungen drohte er mir, den Lagerältesten zu holen und zählte die Strafen auf, die meine Weigerung zur Folge haben könnte. Ich weigerte mich weiterhin und er ließ mich aus der Baracke treten, ließ den Ältesten, Brucker, kommen und erklärte ihm auf Deutsch, was passiert war. Der Lagerälteste öffnete das Vorhängeschloss, trat ein, stürzte sich mit Faustschlägen und Fußtritten auf mich, stieß mich gegen den Eingang der Baracke, in der sich alle meine Kameraden aufhielten, und stellte mir in der Tür ein Bein. Ich fiel hin, er prügelte mich weiter. Als er endlich damit aufhörte, konnte ich nur mit Mühe aufstehen und mich auf die Bank setzen, die in meiner Nähe stand. Ich war von den Schlägen blau, das Gesicht war blutig. (Louis Breton)

In der Folge schlug Stadler die Häftlinge öfter mit seinem Gummischlauch. Einmal schickte er zwei Franzosen, um den Esskessel zu holen, und versprach ihnen zusätzliche Nahrung. Tatsächlich mussten sie sich dann auf das Gerüst legen und bekamen zehn bis fünfzehn Hiebe mit dem Gummischlauch.

Im Mai 1944 arbeitete ein Häftlingstrupp des Strafkommandos an der Zufahrtsstraße. Um den anderen Häftlingen zu zeigen, dass sie besser und schneller arbeiten müssten, wählte der Kommandant Gruschwitz drei Häftlinge, zwei Russen und einen Franzosen, für eine „Vorstellung" aus. Er richtete es ein, dass die Häftlinge schwere Steine hin- und hertragen mussten, und wenn einer von ihnen Schwäche zeigte, stieß er ihn über die Postenlinie, um ihn von den Wachen erschießen zu lassen. Das Spektakel wurde von einem Kapo geleitet, der hinter den Häftlingen herlaufen und sie schlagen musste. Der französische Häftling in dieser Corrida hieß Christian Laffont, Häftlingsnummer 26501. Er war 1923 in Marielle geboren, Marineoffizier, Sohn eines französischen Diplomaten und einer Engländerin. Er war groß, sympathisch und sprach fließend Englisch. Die SS-Leute schlugen ihn zuerst wie wild, denn er war im Widerstand festgenommen worden, aber auch, weil er rotes Haar hatte, was die Deutschen nicht ertrugen. Durch die wiederholten Schläge bekam er an sieben Stellen des Körpers Hautentzündungen. Die SSler schickten ihn ins Krankenrevier und waren sicher, er würde von dort nicht mehr herauskommen. Als ihn sein Landsmann Georges Huret besuchte, konnte er ihm weder die Hand drücken noch die Hand auf die Schulter legen, denn sein Körper war eine einzige Wunde. Laffont kam ins Lager zurück, auch wenn Dr. Ramsauer nichts für ihn getan hatte. Er musste nun auf der Kärntner Seite zur Arbeit, wo er weiterhin Schläge bekam. Sein Körper war geschwollen, seine Hände wund. Eines Morgens, als er mit den anderen Häftlingen zur Arbeit kam, wollte der Kommandoführer seine Hände sehen. Er riss ihm die schützenden Verbände weg, schlug ihn mit einem Stock und schrie:

„Das Blut muss zirkulieren. Geh, hol dir eine Schubkarre!"

Laffont musste wieder schreckliche Schmerzen ertragen, denn Gruschwitz schlug ihn oft. Auf Grund neuerlicher Entzündungen der Haut musste er ins Krankenrevier auf der slowenischen Seite zurückkehren. Er kam noch einmal heraus. Schließlich schickte ihn Ramsauer mit einem Krankentransport nach Mauthausen zurück. Von dort wurde er in anderes Konzentrationslager de-

portiert. Er wurde bei einem Transport im April 1945 in der Nähe von Buchenwald getötet. Er machte ein wahres Martyrium durch, aber nach seinem Tod wurde aus Respekt vor seiner Mutter, die noch lebte, nicht viel darüber gesprochen. (André Millet, Maurice Arnould, Georges Huret, Louis Balsan)

Kommandant Gruschwitz nahm einen Stock und vor den Augen der Häftlinge begann er die russischen Häftlinge zu schlagen, die es nicht mehr schafften, die Waggons zu füllen, weil sie zu erschöpft waren. Zu den Franzosen sagte er oft:

„Ihr Franzosen werdet alle aufgehängt und ihr werdet eure Heimat nie wieder sehen!" (Dominique Berbel)

Kommandoführer Hugo Köbernik kontrollierte oft in der Nacht die Arbeit der Häftlinge im Tunnel. Er hatte immer einen Stock bei der Hand und schlug damit fröhlich auf die Häftlinge ein, schreiend und fluchend. Für ihn arbeiteten sie nicht schnell genug. Wenn er einen Häftling sah, der seine Lampe zerbrochen oder den Docht in der Azetylenlampe verloren hatte, schlug er ihn ohne Erbarmen und rief:

„Sabotage!" (André Millet)

Der SS-Mann Karl Sachse war als Rapportführer für die Lagerdisziplin verantwortlich. In dieser Funktion führte er den Appell durch, der manchmal Stunden dauerte, insbesondere wenn es regnete und schneite oder wenn es sehr kalt – bis minus 25 Grad – war. So erkrankten manche Häftlinge. Zu seinen Vergnügungen gehörte es auch, die Häftlinge, wenn sie abends von der Arbeit nach Hause kamen, den Schnee wegräumen zu lassen und sie dabei zu schlagen. Wegen der Kälte rissen die Holzpantoffeln die Füße auf und wegen der ständigen Reibung – die Häftlinge trugen keine Socken – konnten die Wunden nicht verheilen. Wenn Häftlinge erschöpft zu Boden fielen, zwang er sie durch Schläge, wieder aufzustehen, und befahl ihnen, sich im Schnee zu wälzen. Sie waren durchnässt und ihre Kleider begannen zu frieren. In den Baracken gab es keine Vorrichtungen zum Trocknen der Kleider. Auf Grund einer solchen Behandlung erkrankten viele Häftlinge an Angina, Lungenentzündung und Tuberkulose. Doktor Ramsauer schickte diese Kranken nach Mauthausen zurück, die meisten von ihnen kamen nicht wieder. Obwohl es auf der Kärntner Seite anfangs kein Krankenrevier gab, schickten sie die kranken Häftlinge nur selten auf die slowenische Seite, wo sie ärztlich betreut werden konnten. Sie behandelten die Kranken lieber auf ihre Art. Sachse war es, der entschied, wer krank war und wer nicht. Er sagte oft:

„Hier gibt es keine Kranken, es gibt nur gesunde und arbeitstaugliche Leute oder Tote."

KAPITEL V

Wenn ein Häftling zu ihm kam und sagte, dass er krank sei, dann jagte er ihn mit einer Tracht Prügel weg. Wer an Lungenentzündung oder Geschwüren litt, musste unglaubliche Leiden erdulden, denn Sachse zwang ihn ohne Verband und ohne Medikamente zur Arbeit. Kapos und SS-Leute schlugen die Häftlinge umso mehr, je weniger sie in der Lage waren, die befohlene Tätigkeit durchzuführen. Wenn ein Trupp zur Arbeit ging oder von der Arbeit zurückkam, kontrollierte Sachse persönlich, dass niemand unter dem Häftlingsanzug zusätzlichen Wärmeschutz – wie Papier oder das Packpapier von Zementsäcken – trug. Papier unter der Häftlingskleidung zu tragen wurde als Sabotageakt angesehen. Eines Morgens im Oktober 1944 war es besonders kalt. Der Hilfspfleger brachte einen jungen polnischen Häftling mit vierzig Grad Fieber zu Sachse. Der fragte ihn zunächst, ob er krank sei, und als der Gefangene bejahte, sagte er ihm:

„Ich werde dich gesund machen!"

Er befahl einem Kapo, ihm Wasser zu bringen. Daraufhin leerte er einen vollen Wasserkübel über den Kopf des Häftlings und befahl:

„Jetzt geh zur Arbeit zurück, du bist geheilt!"

Im Winter befahl Sachse den Häftlingen, nach dem Appell „Frühsport" zu machen, nur zu seinem Vergnügen. Sie mussten sich ins Wasser oder in den Schlamm legen. Lagen sie nicht ordnungsgemäß mit ausgestreckten Gliedmaßen, dann kam er mit drohendem Blick zu ihnen und schlug sie mit seinem Knüppel oder er versetzte ihnen Stiefeltritte. Wir mussten dann verdreckt und vom Schlamm durchnässt stehen bleiben. Eines Tages erhielt jeder Häftling drei Kartoffeln. Als Sachse sah, wie sie die Erdäpfel schälten, schrie er:

„Sabotage! Sabotage! Schweinebande!"

Dann begann er sie zu schlagen ... (Dominique Berbel und André Millet)

Ich lernte diesen verachtenswerten Menschen im Oktober 1944 kennen. Ich hatte einen entzündeten Oberschenkel. Als ich nackt vor ihm stand, wie er es befohlen hatte, schlug er mich fünfzehn Mal ins Gesicht und auf den Körper. Trotz der Schläge hatte ich das Glück, ins Krankenrevier zu kommen. In der Warteschlange hinter mir stand Poirier aus Nantes, mit Geschwüren bedeckt, insbesondere auf der Fußsohle, wohin ihm Sachse mindestens fünfzig Mal mit einem Lineal geschlagen hatte. Obwohl ich kaum gehen konnte, musste ich eine schwere Kiste bis zum Tunnelportal tragen. Den Tunnel durchquerten wir in kleinen Waggons, aber das Krankenrevier mussten wir über einen Fußweg erreichen, der zirka einen Kilometer lang war. Bevor ich mich im Oktober 1944 auf die Südseite begab, war es schon sehr kalt. Trotzdem befahlen sie uns an einem Sonntag, uns zu entkleiden und ohne Seife zu waschen. Sachse hatte seinen Spaß dabei, uns mit eiskaltem Wasser anzuspritzen. Im selben Monat befahl er About, einem Französischlehrer, in ein mit kaltem Wasser gefülltes Fass einzutauchen, und er sagte ihm, er würde ihn erschießen, wenn er es wagte, aus dem Wasser aufzutauchen, und sei es auch nur mit dem Kopf. About musste eine Zeit lang unter Wasser bleiben und die Übung dann wiederholen. Während der Mahlzeit verlangte er von demselben Französischprofessor, eine Karikatur des polnischen Arztes anzufertigen, und schickte ihn dann zur Arbeit, ohne dass er Zeit zum Essen gefunden hätte.

Im Gefängnis von Compiègne hatte About Vorlesungen über die Französische Revolution gehalten, am Loibl war sein Aussehen völlig verändert: Er war kahl geschoren und hatte keinen Bart mehr. Aber als Mensch war er unverändert geblieben. Als die SSler bemerkten, dass sie einen Intellektuellen vor sich hatten, verfolgten sie ihn ganz besonders. Er musste die mühevollsten Arbeiten ausführen. Sogar seine Brillen nahmen sie ihm weg. Für uns war er ein wirkliches Vorbild. Er verstand gut Deutsch, wenn er auch diese Sprache aus Prinzip nicht verwendete.

An einem Sonntag verlangte Sachse von ihm, das Portrait eines SSlers zu zeichnen. Er antwortete, er könne das nicht. «Toutoune», wie Sachse von den Deportierten genannt wurde, hielt ihm die Pistole an die Schläfe und zwang ihn damit zu zeichnen. Als Sachse die Baracke verließ, wandte sich der Professor uns zu und sagte:

„*Ich dachte, ich würde sterben, aber vor euren Augen hätte es mir nichts ausgemacht!"*

Wehe denen, die nicht schnell genug liefen. Sachse versetzte ihnen Fußtritte oder schlug sie mit seinem Stock. In den zwei Monaten, die ich auf der Kärntner Seite verbrachte, gab es keinen einzigen Tag, an dem nicht ein Gefangener geschlagen worden wäre. Sachse schlug sie auch auf den Kopf. Ich erfuhr von den Mithäftlingen, die ihn schon früher kennengelernt hatten, wie unmenschlich er sich gegenüber russischen Deportierten verhielt … (Louis Breton)

Im November 1943 zwang mich Brietzke, „Sport" zu machen. Ich lag dabei wiederholt mit dem Bauch im Schnee. Brietzke wollte mich strafen, weil ich leere Zementsäcke gesammelt hatte, die wir unter unsere Mäntel schoben, um uns vor Schnee und Kälte zu schützen. Im Frühjahr 1945 arbeitete ich in einem Trupp, der Gräben aushob. Der Kapo versetzte mir in einer Holzhütte fünfundzwanzig Schläge, denn ich hatte protestiert, als er uns die Holzschnitzwerkzeuge wegnahm, die wir mit abgebrochenen Sägestücken angefertigt hatten. (Bernard Aujolas)

KAPITEL V

Ein französischer Häftling fand eine Schnecke auf der Baustelle und steckte sie in die Tasche. Ein SS-Mann bemerkte es und gab ihm eine Ohrfeige. Der Franzose gehörte zu meinem Arbeitskommando, das aus etwa zwanzig Mann bestand ... (Jože Pužely)

Eine Zeit lang arbeitete ich an der Planierung des Bodens vor dem Tunnelportal. Wir rollten auf Baumstämmen Steine, Beton, Schutt und Zement weg. Ein SS-Mann, der in einer Ecke stand, sagte mir auf Kroatisch, ich solle mich beeilen, er würde mich sonst noch am selben Tag erschießen. Er wollte fünf Häftlinge loswerden, die ihm nicht mehr zusagten. Ich gehörte dazu. Ich war völlig erschöpft und konnte meine Hände nicht mehr gebrauchen. Deshalb zog ich die Baumstämme mit einer Schnur hinter mir her, die ich um meine Schultern befestigt hatte. Aber ich fiel hin und beschädigte dabei Material. Der SS-Mann fiel über mich her und schlug mich aus ganzer Kraft mit dem Gewehrkolben in die Seiten. Derselbe SS-Mann drohte mir mit dem Krematorium. Davor hatte ich entsetzliche Angst. Eines Tages schrie er mich auf Kroatisch an und fragte, wie viele Deutsche ich auf der Fruška Gora getötet hätte. Als ich ihm sagte, ich wisse gar nicht, wo sich die Fruška Gora befände, denn ich käme aus Bosnien-Herzegowina, verhielt er sich mir gegenüber nicht mehr so hart. Als ich im Winter 1944/45 einmal im Tunnel arbeitete, verspürte ich das dringende Bedürfnis, meinen Darm zu entleeren. Ich wandte mich an den nächsten SS-Mann und bat ihn um Erlaubnis, auf den Abort zu gehen, der sich fünf Meter weiter weg befand. Der SS-Mann, ein Rumäne deutschen Ursprungs, schrie mich an:

„Verschwinde, du Schwein! Jugoslawischer Bandit! Zurück zur Arbeit!"

Die anderen Häftlinge sahen mich zurückkommen und rieten mir, mich hinter ihnen zu verstecken, um mich zu erleichtern, was ich auch tat. Aber die Wache, die mich die ganze Zeit über beobachtete, rief mich zu sich:

„Komm her, Jugoslawe!"

Er schrie aus vollem Hals mit mir und wollte wissen, warum ich nicht gehorcht hätte. Ich antwortete ihm, ich hätte nichts gemacht; er schlug mich zweimal ins Gesicht und schickte mich zu einer anderen SS-Wache. Auch diese schlug mich fünf oder sechs Mal. Dann musste ich zur ersten Wache zurück. Diese grub ein Loch in den Schnee, ließ mich den Kopf hineinstecken und schlug mich mit einem Brett. Die anderen SS-Leute lachten ... (Alija Šahinović)

Im Sommer oder im Herbst 1944 mussten ein polnischer Häftling und ich ungefähr fünfzig Meter vom Tunnel Holz für die SS-Küche schneiden. Eine SS-Wache kam vorbei und dachte zweifellos, dass wir zu langsam arbeiteten.

Der SS-Mann schrie: „Schnell! Schnell!"

Dann verschwand er in der nächsten Baracke. Der Pole glaubte, dass der SS-Mann weggegangen wäre, und sagte auf Polnisch:

„Hurensohn!"

Damit war sein Schicksal besiegelt, denn der SSler hatte sich nur versteckt, beobachtete uns und hörte, was wir sagten. Er kam zurück und schoss dem Polen eine Kugel in den Kopf. Beim Mittagsappell zeigte sich, dass ein Häftling fehlte. Als wir essen gingen, sahen wir die Leiche des Unglücklichen, die noch am selben Ort lag. Bei unserer Rückkehr um dreizehn Uhr war sie dann weggeschafft. Der Pole war ungefähr 35 Jahre alt ... (Franc Juvan)

Im Winter 1944/45 arbeitete ich mit einem Häftlingskommando am Tunnelportal auf der Kärntner Seite. Da kam ein Militärlastwagen und wollte durch den Tunnel fahren. Ein deutscher Soldat gab meinem Kameraden Raphaël Courtat ein Zeichen, das Holztor zu öffnen. Courtat erhielt dafür Brot. Brietzke sah das von Weitem, begann zu schreien und drohend seinen Stock zu schwingen. Er lief hinter dem Lastwagen her. Da er ihn nicht erreichen konnte, rächte er sich an Courtat und nahm ihm das Brot weg. Er befahl ihm, in seine Stube zu kommen. Dort schlug er ihn mit den Fäusten und gab ihm fünfundzwanzig Hiebe auf das Kreuz ... (André Millet)

Kommandant Gruschwitz befahl uns, bewegungslos im Regen stehen zu bleiben, und dies auch im Winter bei sehr tiefen Temperaturen. Er befahl auch, zu kontrollieren, wer Läuse hatte. Wurden an einem Häftling Läuse entdeckt, dann bekam er Schläge, manchmal bis zu fünfzig. Nur selten blieben ihm die Schläge erspart. Ein russischer Häftling hatte angeblich „ein Paar Schuhe gestohlen", denn er besaß keine mehr. Er wurde von Gruschwitz wegen Diebstahlverdachts erschossen. Rapportführer Sachse schlug die Häftlinge oft mit fünfzig Hieben. Er tat das besonders gern, wenn wir nach zwölf Stunden von der Arbeit zurückkamen und erschöpft auf dem Appellplatz antraten. Manchmal kam er am Abend und prügelte Häftlinge, die absolut nichts gemacht hatten, mit einer Bank ... (Dominique Berbel)

Am Abend, wenn die Häftlinge von der Arbeit zurückkamen, mussten sie schwere Holzstücke für den Ofen bringen. Diese zusätzliche Arbeit war für Brietzke die ideale Gelegenheit, die Häftlinge zu schlagen. Er rief den Kapos zu, uns zu prügeln, und wenn sie uns für seinen Geschmack nicht genügend stark schlugen, dann schrie er:

„Stärker! Das muss die Hölle für sie sein!"

Er verlangte auch von den SS-Leuten, entschiedener vorzugehen und „diese Banditen" öfter und stärker zu prügeln. Auch er schlug uns sehr häu-

KAPITEL V

fig, einerseits, weil es ihm Spaß machte, andererseits, weil er ein fanatischer Nazi war ... (André Millet)

Im Winter 1944/45 fielen ungeheure Mengen an Schnee. Einige Tage lang räumten wir die Straße nach Ferlach, von wo wir in der Zwischenzeit keine Nahrungsmittel bekommen konnten. Als uns die Wachen ein Stück weit vom Lager weggebracht hatten, sahen wir vor uns schwarzen Rauch aufsteigen. Die Wachen gaben uns den Befehl, uns in den Schnee zu legen, denn sie fürchteten, dass sich in der Nähe Partisanen aufhielten. Zwei Stunden lang setzten wir die Räumarbeiten mit der Schaufel fort, bis der Schneepflug passieren konnte. Kaum war die Straße frei, kamen die Deutschen mit Traktoren, die mit Kartoffeln beladen waren. Wir waren erschöpft und hatten drei Tage lang nichts gegessen. Im Lager kochten sie die Erdäpfel. Bei der Verteilung gab es großes Gedränge, wir stießen sogar den Kessel um. Der Stubenälteste schlug uns gleich mit dem Schöpflöffel auf den Kopf und schließlich bekamen wir nicht viel zu essen ... (Janez Ihanec)

Anfang März und Mitte April 1944 kamen russische Häftlinge im Alter zwischen 18 und 25 ins Nordlager. Die SS-Leute hatten eine besondere Abneigung gegen sie. Sie mussten die Fichten in Lagernähe fällen und sie dann – unter beständigen Schlägen – zu viert oder zu fünft wegtragen, eine Arbeit, die andere Häftlinge in Gruppen zu zehn Mann oder auch mehr ausführten. Im Frühjahr 1944 schlug mich der Kapo so stark, dass er mir einen Zahn ausbrach, weil ich nicht mehr die Kraft aufbrachte, das Holz für die Arbeiten im Tunnel zu schleppen, und mich daher hingesetzt hatte. Ich hatte so starken Durchfall, dass ich blutete. Eine SS-Wache riet mir, die Postenlinie zu übertreten, um eines schnelleren Todes zu sterben. Ich aß Kohle, was mir half.

Im Herbst 1944 kommandierte mich Brietzke zur Arbeit im Tunnel ab, weil ich gesagt hatte, dass ich die Amerikaner als meine Freunde betrachtete. Dort musste ich im Laufschritt Felsstücke tragen, die manchmal fünfzig Kilogramm schwer waren. Ich zog mir davon zwei Bandscheibenvorfälle zu, und mein Landsmann Albert Raths, der mir bei dieser Arbeit half, erkrankte an Rippenfellentzündung ... (Josy Wirol)

An einem Tag im Jahr 1944 war ich nicht beim Appell. Ich hatte Durchfall und war etwas länger auf der Toilette geblieben. Sachse schrie mich derart an, dass ihm der Schaum vor dem Mund stand. Er befahl mir, mich auf das Holzgestell zu legen. Meine Beine wurden angebunden und er schlug mich mit einem Gummischlauch, während ich die Hiebe zählen musste. Beim achten Hieb verlor ich das Bewusstsein. Nach dreißig Schlägen warfen sie mich in den Schnee. Ich kam erst wieder am nächsten Tag zu mir.

Ich wurde zu Sachse gerufen. Er befahl mir, ins Krankenrevier zu gehen. Leidey gab es auf der Kärntner Seite keine Medikamente und der polnische Hilfspfleger konnte nur erreichen, dass ich drei Tage lang in der Baracke blieb ... (Albert Raths)

Jeden Morgen mussten wir die Strecke zwischen Baracke und Waschräumen halbnackt im Laufschritt zurücklegen. Unsere Kleider waren häufig durchnässt und die SS-Leute ließen uns manchmal so lange draußen stehen, dass wir mit Schnee bedeckt waren. Am Abend konnten wir auf unseren Strohsäcken wegen der Kälte keinen Schlaf finden. Unser Gewand trocknete nie. Ein polnischer Häftling teilte meine Liege mit mir. Eines Morgens wachte er nicht mehr auf. Er war vor Hunger und Erschöpfung im Bett gestorben. Die deutschen Kapos konnten die Brillenträger unter den Häftlingen nicht ausstehen. Mein Landsmann Léon Geisen wurde aus diesem Grund wiederholt geschlagen.

Einmal mussten wir nach Ende der Arbeit unter der Aufsicht von Kohle, dem Kapo der Mineure, ins Lager zurücklaufen. Kohle schlug die Häftlinge mit seiner Azetylenlampe. Er wollte Geisen schlagen, aber dieser drückte sich an mich und so bekam der Nachbar den Schlag ab. Ich arbeitete auch an der Zufahrtsstraße. Im Winter war es schrecklich kalt. Trotzdem mussten wir mit diesen dünnen Anzügen, diesen dünnen Mänteln und den Holzpantoffeln weiterarbeiten ... (Josy Wirol)

Louis Breton schrieb in «Mes bagnes de la Loire au Danube»:

Wir können sagen, dass unsere ärmlichen Kleider aus schlechtem Stoff von 15. September 1944 bis 15. April 1945 praktisch niemals trockneten.

Am Abend hingen wir sie feucht auf dem Bettgestell auf. Als wir sie in der Früh wieder anzogen, waren sie hart gefroren. Erst durch unsere Körperwärme wurden sie wieder weich. Ein Tag war wie der andere. Am Sonntag konnten wir duschen. Sie ließen uns vor der Baracke antreten, wir mussten uns nackt ausziehen und mussten mit den Füßen im Schnee bei –10 oder –20° warten, bis die Gruppe vor uns herauskam, um eintreten zu können. Nach der Dusche mussten wir, ohne uns abzutrocknen, warten, bis der Letzte herauskam, bevor wir mit dem Anziehen beginnen konnten.

Der Tag, an dem wir uns hätten ausruhen können, um wieder zu Kräften zu kommen, war der Sonntag. Aber mehr und mehr verbrachten wir die Sonntage mit Sonderdiensten oder wir mussten die hysterischen Anfälle eines Kapos, eines Stubenältesten oder des Kommandoführers Sachse erdulden. Der hatte neben seiner Brutalität noch eine ganz besondere Eigenheit: Am

KAPITEL V

Kragen seines Rockes hatte er eine enorme, etwa acht bis zehn Zentimeter lange Sicherheitsnadel angesteckt.

Wenn sein Profil am Sonntagvormittag in der Tür sichtbar wurde, während wir im Essraum saßen, dann wussten wir, was uns bevorstand. Sachse tauschte ein paar Worte mit dem Stubenältesten und dessen Helfern, griff zur Nadel, öffnete sie, stürzte sich auf den Häftling, der ihm am nächsten stand, und stach ihm die Nadel in Arm, Oberschenkel oder Hintern. Dabei konnte man sein Brüllen und sein Lachen bis in die anderen Baracken hören. Das Ergebnis ließ nicht auf sich warten. Alle standen auf und wollten flüchten, aber der Stubenälteste musste vor der Tür stehen und – oft mit Hilfe anderer Kapos – verhindern, dass die Häftlinge die Baracke verlassen konnten. So fanden wir uns in einer Zimmerecke und die Schwächsten, die am Rand der Gruppe zu stehen kamen, wurden von diesem Sadisten gestochen. Jedes Mal breitete sich Panik aus und die in ungünstiger Position standen, mussten Sachse so lange erdulden, bis der Anfall vorüber war. Sachse kam dann mit wiegendem Gang, schwingenden Armen und wildem Lachen aus der Baracke. Wenn ich daran denke, dann erinnert er mich noch heute – so wie damals – an einen Schimpansen.

Von September 1944 an wurden wir oft gegen vier Uhr früh brutal geweckt, um den Schnee um die Baracken und auf dem Appellplatz wegzuräumen. Sie ließen uns in Sechser- oder Achterreihen antreten, dicht gedrängt und einander an den Händen haltend, und wir mussten wie ein Schneepflug vorrücken, um den Streifen freizulegen, den sie vom Schnee säubern wollten. Schließlich schaufelten wir den Schnee mit Holzschaufeln auf die Seite. Das war unsere erste morgendliche Übung und damit begann ein wahrhaft langer Arbeitstag.

In den ersten Jännertagen des Jahres 1945 hatten wir gegen 21.30 Uhr eine große Versammlung. Etwa hundert Männer wurden nach dem Zufallsprinzip für einen Arbeitseinsatz auf der Straße nach Klagenfurt ausgewählt. Sie wurden von ungefähr zwanzig SS-Leuten begleitet. Wir bewegten uns in der Kälte fast im Laufschritt hinunter. Wir mussten, wie es schien, einen schadhaften Lastwagen entladen und den Inhalt auf dem Rücken transportieren. Nach drei oder vier Kilometern Nachtlauf wurden die SS-Leute in Kenntnis gesetzt, dass der Lastwagen wieder fahrtüchtig und unser Einsatz daher unnötig wäre. Vermutlich waren die SS-Leute wütend wegen dieser unnötigen Arbeit. Jedenfalls ließen sie uns so dicht wie möglich nebeneinander die Straße hinaufgehen, in einem Tempo, wie es gut ausgeruhten Männern mit gutem Schuhwerk entsprach. Auf alle, die zurückblieben, prasselten

Schläge nieder. In diesem Moment haben wir gesehen, wie einer unserer Kameraden auf die Straße fiel, und ein SS-Mann war im Begriff, auf ihn zu schießen. Ich erkannte in ihm einen Mithäftling aus der Küche, einen sympathischen Spanier. Meine Nachbarn und ich rissen ihn hoch und zogen ihn unter den Armen weiter, während uns der SS-Mann den Gewehrkolben in die Seiten stieß. Wir erreichten wieder das Ende des Zugs und mit der Hilfe anderer Kameraden haben wir unseren Freund abwechselnd bis ins Lager gezogen. Trotz der Kälte war ich schweißüberströmt, während er vom Frost erstarrt war und sich kaum auf den Beinen halten konnte. Uns wurde klar, dass er nur seine einfache Häftlingsjacke trug. Nicht an Außenarbeit gewöhnt, hatte er vergessen, in seinen miserablen Rock zu schlüpfen ...

Die Corrida François Chaffin

Anfang September 1944 nahmen wir an einer Corrida teil. Eines Morgens stellten wir fest, dass ein Franzose, den wir nicht besonders gut kannten, weil er nicht zu unserer Widerstandsorganisation gehörte, auf seiner gestreiften Jacke eine rote Scheibe hatte. Er hatte einem Zivilarbeiter gegenüber erklärt, dass er nicht für Deutschland arbeiten würde, und dieser hatte ihn denunziert. Kapos und SS-Leute begannen ihn mit ihren Gummischläuchen bzw. ihren Gewehrkolben zu schlagen. Wir arbeiteten gerade auf der Straße. Dieser Franzose, dessen Namen wir kannten, François Chaffin, musste den ganzen Tag über Schubkarren führen, die mit Erde und Steinen gefüllt waren. Begleitet wurde er dabei von einem Kapo, den wir «La Rouquine» nannten. Der Kapo schlug ihn unaufhörlich. Chaffin lief, keuchte und unternahm alle nur erdenklichen Anstrengungen, um die Arbeit zu beenden, die von ihm verlangt wurde. Vor allem aber tat er alles, um sich nicht von «La Rouquine» über die Postenlinie stoßen zu lassen, die ständig von zwei SS-Leuten bewacht wurde, die den Finger am Abzug ihres Gewehres hatten. Es war klar, dass sie diesen Franzosen zum Tod verurteilt hatten. Wir standen da, hilflos, und konnten nichts machen. Als der Arbeitstag zu Ende war und wir ins Lager zurückkehrten, wurde uns bewusst, wie viel Mut und Widerstandsfähigkeit dieser Mann angesichts der Gefahr aufgebracht hatte, die ihn in jedem Moment bedrohte. Seine Hände waren abgehäutet, blutig, sein Rücken schwarz vor Schlägen, er war völlig erschöpft. Der nächste Tag begann für ihn auf dieselbe Weise: Schläge und die Versuche der Kapos und SS-Leute, ihn über die Postenlinie zu drängen. Gegen zehn Uhr morgens sahen wir dann einen SS-Mann die Straße herunterkommen, er redete mit den anderen SSlern und Kapos und die Corrida war zu Ende. Chaffin wurde wieder zur normalen

Arbeit geschickt. In der Folge wurden verschiedene Gründe vermutet, die diese Entscheidung erklären konnten. Was uns auf der Nordseite betrifft, so war Chaffin nicht Mitglied der Widerstandsorganisation und wir haben die Gründe für diese Corrida nie mit Bestimmtheit erfahren.

Das schmälert in keiner Weise den Mut und die physische Widerstandsfähigkeit dieses Lagergefährten, der unsere Not teilte.

Wir hatten große Angst um sein Leben, denn wir hatten andere Corridas gesehen, die immer mit einer Hinrichtung endeten ... (Louis Breton)

François Chaffin:

Alle, die am Loiblpass arbeiteten, begingen Sabotageakte, denn wir wussten, dass die Nazis den Tunnel nutzen würden, um die Bevölkerung Jugoslawiens zu zerstören und zu vernichten. Ich wurde bei einer Sabotage überrascht und mit einem roten Kreis gekennzeichnet, was den Tod bedeutete. Unter den Häftlingen, die dieses Zeichen trugen, bin ich der einzige Überlebende. Das geschah am 5. November 1944. Fast alle Deportierten mit diesem Zeichen arbeiteten auf der österreichischen Seite, ohne Nahrung und unter strengster SS-Bewachung. In der Nähe der Baustelle gab es einen schönen Gebirgsbach. Aber auch bei großer Hitze, als die Kameraden verdursteten, wurde jemand, der sich mit einem Schluck Wasser aus dem Bach erfrischte, niedergeschossen. Die Partisanen entführten den Lagerkommandanten und drohten, ihm den Kopf abzuschlagen, sollte er noch einmal einen Häftling töten. Am Tag, an dem ich hingerichtet werden sollte, nahm ich einen Stein zu mir, mit der festen Absicht, vor meinem Tod zumindest einen SSler zu töten. In diesem Moment brachten die Partisanen den Lagerkommandanten zurück, der befahl, nicht zu schießen. Von da an wurde ich jeden Tag geschlagen und hatte ständig Narben auf dem Rücken ...

Die Erzählung von Chaffin wurde in der in Kranj herausgebrachten Zeitung »Glas« am 5. August 1964 veröffentlicht.[125]

Auszüge von Aussagen beim Prozess 1947

Im August 1943 wurde ich zum Kommandoführer ernannt und begleitete täglich 120 Häftlinge auf die Nordseite, wo sie das Lager errichteten. Im November wurde ich Führer des Kommandos „Tunnelbau Nord". Im Umkreis des Lagers, für dessen Bewachung ich verantwortlich war, befand sich eine Wachlinie. 100 bis 300 Häftlinge standen unter meinem Befehl, aber ihre

---

125 Vieles wurde hier erfunden, insbesondere die Entführung des Lagerkommandanten durch die Partisanen.

Zahl schwankte. Die Firma kümmerte sich um technische Fragen, ich war für die Arbeitsleistung der Häftlinge zuständig. Ich hatte kein Recht, sie zu bestrafen, aber ich tat es aus eigener Initiative, denn sie gingen nur widerwillig an die Arbeit. Ich schlug sie. In zwei Fällen gab ich 25 Schläge mit einem Gummischlauch, in zwei anderen mit einem Stock. Mit der Zivilfirma hatte ich nichts zu tun. In meinem Kommando waren vier bis fünf Kapos. Auch sie hatten nicht das Recht, die Häftlinge zu schlagen, aber einmal befahl ich einem von ihnen, einem Häftling 25 Schläge zu versetzen.

Ich erinnere mich an den Häftling Chaffin. Er wollte nicht arbeiten und überzeugte die anderen, es ihm gleichzutun. Er wurde ins Kommando „Zufahrtsstraße" überstellt, wo man ihn besser überwachen konnte. Dann kam er in mein Kommando zurück. Ich beobachtete ihn eine Zeit lang und machte ihn darauf aufmerksam, dass er mehr arbeiten müsse. Er antwortete mir, er sei Franzose und würde nicht für die Deutschen arbeiten. Ein paar Tage später versetzte ich ihm 25 Schläge mit einem Gummischlauch, der allerdings nicht mit Sand oder Blei gefüllt war. Ich hatte ihn überzeugt und daraufhin arbeitete Chaffin so, wie es von ihm verlangt wurde. Ich hatte keinen Grund mehr, mich über ihn zu beklagen. In der Folge habe ich Chaffin nicht mehr geschlagen.

Garnier kam im Jänner 1944 in mein Kommando. Ich habe ihn geschlagen, weil er mit einem slowenischen Zivilarbeiter über Politik sprach. Ich hatte ihn oft darauf aufmerksam gemacht, dass Gespräche mit Zivilarbeitern verboten waren, aber er lächelte zynisch, anstatt zu antworten. Ein paar Tage später überraschte ich ihn wieder. Ich befahl dem Kapo Herbert, ihn auf den Schubkarren hinlegen zu lassen und ihm 25 Schläge mit dem Gummischlauch zu verpassen. Ich fügte dann noch fünf weitere hinzu ...

Ich muss dazusagen, dass die Firma zahlreiche französische Zivilchauffeure einsetzte, die ich sehr genau überwachte, denn ich hatte sie im Verdacht, dass sie mit den französischen Häftlingen in Kontakt treten wollten. Eines Tages bemerkte ich, dass einer dieser Chauffeure dem Häftling Courtat etwas gab. Dieser stritt das ab, aber ich fand bei ihm ein kleines Paket mit einem Stück Brot und ein bisschen Wurst. Ich gab es einem anderen Häftling und schlug Courtat mehrmals ins Gesicht, denn er hatte mich angelogen ... (Walter Brietzke)

Ich kam Ende März 1944 ins Nordlager. Ich war nicht für die Häftlinge zuständig, sondern für die Wachposten. Ich bedaure es, dass ich mehrfach Häftlinge geschlagen habe, auch wenn ich niemals einen verletzt oder mit meiner Pistole bedroht habe. Ich habe niemals befohlen, die polnischen Häft-

linge von den Hunden beißen zu lassen. Ich erinnere mich an einen Fall, wo ein SS-Hauptsturmführer und ein SS-Rottenführer, die von Mauthausen kamen, ihren Hund auf einen Häftling losließen. Im Nordlager gab es keine Hunde.

Von Zeit zu Zeit kam es vor, dass Häftlinge, die für das Essen zuständig waren, Margarine und Brot stahlen. Es ist möglich, dass ich in einem solchen Fall einem eine Ohrfeige gab. Ich war der Kommandant der SS und Sachse war verantwortlich für die Häftlinge. Die Befehle waren von Winkler unterzeichnet. Ich habe den Häftlingen niemals Befehle gegeben. Das war die Aufgabe von Sachse. Ich erinnere mich nicht an einen rothaarigen Häftling namens Christian Laffont.

Am Sonntag brachten wir die Vorräte aus Lastwagen ins Lager, die etwa hundert Meter unterhalb des Lagers hielten. Es ist möglich, dass ich sie bei solchen Gelegenheiten aufgefordert habe, sich mehr Mühe zu geben, aber ich habe sie niemals zu körperlichen Übungen gezwungen. Ich trug keine Waffe.

Ich erinnere mich nicht, den Franzosen Barbier geschlagen zu haben. Auch an die Flucht eines Österreichers erinnere ich mich nicht. Ich habe unter dem Krieg sehr gelitten, aber auch bei meinem Verhör in Wolfsberg; mein Gedächtnis ist nicht mehr so gut.

Ich bin im Nordlager niemals in den Häftlingsbereich eingetreten. So kann ich nichts zur Behandlung sagen, die kranke Häftlinge erfuhren. Ich weiß nur, dass jeden Tag Kranke auf die slowenische Seite gebracht wurden. In der Zeit, als ich auf der Nordseite war, sind vier Häftlinge geflüchtet. Zwei wurden in der Folge gestellt. Ich weiß nur, dass ein Häftling bei seinem Fluchtversuch erschossen wurde. Das war auf der Zufahrtsstraße, vielleicht 1944 ... (Paul Gruschwitz)

Ich bin an den Loiblpass gekommen, um den SS-Mann Reinelt zu ersetzen. Winkler gab mir genaue Befehle für den Fall, dass etwas Außerordentliches passieren würde. Ich war verantwortlich für Disziplin, Hygiene, für den Appell, für die Bekleidung der Häftlinge und auch für den Transport der kranken Häftlinge von der Nord- auf die Südseite ...

Manchmal kamen Häftlinge verspätet zum Appell und die anderen mussten deshalb länger als notwendig warten. Gewisse Häftlinge weigerten sich, mir zu gehorchen. Ich hätte sie dem Kommandanten des Südlagers melden können, das kam allerdings nur selten vor, denn sie wären zu streng bestraft worden. Aus diesem Grund bestrafte ich sie lieber selbst, obwohl ich kein Recht dazu hatte. In manchen Fällen wollten sie nicht arbeiten. Ich erinnere mich an Chaffin. Ich habe ihn selbst geschlagen, denn er kam eine halbe

Stunde zu spät und als ich ihn nach dem Grund fragte, antwortete er mir: „Ich will nicht mehr für Deutschland arbeiten!"

Daraufhin versetzte ich ihm fünf bis acht Schläge mit dem Stock. Ich habe ihn nicht gemeldet, denn er wäre sehr streng bestraft worden. Er hätte 25 Hiebe bekommen und wäre nach Mauthausen zurückgeschickt worden ...

Es kam auch vor, dass Häftlinge sich krank meldeten, ohne wirklich krank zu sein. Einige von ihnen habe ich dafür geschlagen. In einer Baracke war es zu einem Unfall gekommen und der Arzt namens Rokitzky verständigte mich sofort davon. Vier Wochen später gestand mir dieser Arzt, dass es sich keineswegs um einen Unfall gehandelt hätte, sondern dass der Häftling bei einer Schlägerei verletzt worden wäre. Weil sich Rokitzky weigerte, die Schuldigen anzugeben, schlug ich ihn ...

Es stimmt, dass nach der Flucht von drei russischen Häftlingen die anderen auf dem Boden liegen mussten. Allen, die für meinen Geschmack nicht genügend ausgestreckt lagen, gab ich Fußtritte ...

Ich erinnere mich an drei Häftlinge, die ich geschlagen habe. Der erste war ein Pole, der versucht hatte zu flüchten und der aufgegriffen wurde. Ich habe ihn mit der Hand geschlagen. Der zweite war Chaffin und der dritte war Garnier, den ich mitten in einer politischen Diskussion mit einem Zivilarbeiter überraschte. Wenn ich mich auch nicht an die Namen erinnere, so gebe ich zu, zwei Häftlinge mit einem Lineal geschlagen zu haben. Die Befehle, die aus Mauthausen kamen, waren folgende: Die Häftlinge müssten sich im Fall einer Flucht auf den Boden legen, um den Wachen die Suche zu erleichtern ...

Ich sage nicht, dass ich niemals kranke Häftlinge geschlagen hätte, aber ich habe sie nie daran gehindert, sich krank zu melden. Manche hatten Angst, sich zu melden, denn ein Zug brachte die Kranken nach Mauthausen zurück. Ich habe Chaffin weder mit den Fäusten geschlagen noch mit den Füßen getreten. Ich habe ihn auch damit bestraft, dass ich ihn einen ganzen Samstag lang vor dem Lagereingang stehen ließ, und am Donnerstag wurde er geschlagen. Während der ganzen Zeit, die ich am Loiblpass verbrachte, erinnere ich mich nur an drei ähnliche Fälle. Aber jedes Mal habe ich entsprechende Befehle vom Kommandanten Winkler bekommen ... (Karl Sachse)

VI LEBEN UND STERBEN IM LAGER

Fotografieren im Lager

Im Lager und auf der Baustelle war es streng verboten, Häftlinge oder SS-Leute zu fotografieren, wie auf Schildern um das Lager zu lesen stand:

„Photographieren strengstens verboten!"

Unter den deutschen Zivilarbeitern gab es einige, die Fotoapparate besaßen. Die Slowenen hatten keine, denn vor dem Krieg waren sie zu teuer und während des Krieges konnte man keine mehr bekommen. Es war auch schwierig, sich Filme zu beschaffen.

Das älteste Lagerfoto stammt aus dem Jahr 1943, als die Baracken Nr. 4 und Nr. 5 noch nicht aufgestellt waren. Dieses Foto verdanken wir einem Zufall. Anica Stegnar aus Tržič arbeitete in Kärnten. 1943 traf sie in Ferlach den Slowenen Pepi Doujak.[126] Die beiden beschlossen, von Tržič aus zu Fuß nach Kärnten zu gehen. Pepi besaß einen Fotoapparat. Auf dem Loiblpass, von der »Struca«[127], hatte man einen schönen Panoramablick über das Tal von Sveta Ana. Pepi machte zwei Fotos, eines in Richtung Sveta Ana mit dem Lager, das andere mit der Baustelle und dem Tunnel. Nach dem Krieg gab Anica die Fotos an Dorca Kralj aus Tržič weiter.

Ein paar Monate nach der Ankunft der Häftlinge beschloss ich, das Lager und die Häftlinge bei der Arbeit oder auf dem Weg zum Tunnel zu fotografieren. Professor Milač aus Bistrica hatte einen Fotoapparat, aber keinen Film. Auch die Köchin Thekla Schmiedl besaß einen Fotoapparat und da Ing. Čerin und ich wussten, dass sie keine Nazi-Anhängerin war, bat ich sie, mir diesen Apparat eine Zeit lang zu borgen, was sie gerne tat. Aber auch hier war kein Film eingelegt. Ich musste recht lange warten, bis ich mir einen beschaffen konnte. Außerdem musste schönes Wetter sein und ich musste die Häftlinge von einem Versteck aus fotografieren, was mir am 24. Februar 1944 gelang. Ich konnte sie unauffällig auf dem Weg zur Arbeit fotografieren und ich konnte sogar den französischen Häftling Ivan Ivanoff vor dem Seiteneingang der Schmiede- und Schlosserwerkstatt

---

126 Die beiden verlobten sich in der Folge, aber Pepi Doujak wurde in die Wehrmacht eingezogen und starb im Jänner 1944 bei einem Bombenangriff in Wien.
127 Pyramidenförmiger Felsen

Abb. 31: Ivan Ivanoff. Das Foto wurde am 24. Februar 1944 heimlich vom Autor aufgenommen.

sowie Zivilarbeiter vor dem Schloss des Barons Born aufnehmen. Die Bilder wurden in Tržič beim Fotografen Nadišar entwickelt. Das Foto von Ivanoff gelang, die beiden anderen waren unscharf. Aus Vorsicht hatte ich sie in eine Schachtel gesteckt und vergraben. Als ich sie im September 1945 herausholte, waren sie bis auf eines – das Foto von Ivanoff – durch die Feuchtigkeit beschädigt.

Anfang 1944 und im April fotografierte Max Spitzer vier französische Häftlinge. Nach dem Krieg schickte er ihnen die Bilder nach Frankreich.

Nadislav Salberger aus Tržič ging während des Krieges oft in die Berge. 1944 schoss er am Loibl ein Panoramafoto der Korošica-Alm. Das Konzentrationslager, das SS- und das Polizeilager, das Zivillager, das Tunnelportal und die Baustelle sind auf dem Bild gut zu erkennen.

Im Februar 1944 kam der Fotograf Franc Kavčič aus Škofja Loka auf den Loibl. Er arbeitete für das Fotolabor Tollinger mit Sitz in Klagenfurt, das einzige Unternehmen, das berechtigt war, Aufnahmen von Kriegsobjekten und den Lagern in Kärnten und Gorenjska zu machen. Ing. Čerin und ich überredeten ihn, uns ein paar Fotos zu schicken. Die Aufnahme von Gauleiter Rainer in Begleitung von SS-General Rösener und den Direktoren der Firma Universale bei ihrem Tunnelbesuch am 4. Dezember 1943 stammt aus dem Fotolabor Tollinger.

Die Lagerfotos, die die Deportierten am 8. Mai 1945 nach ihrer Befreiung in Rosental bei einem SS-Koch fanden, wurden im Winter 1944/45 gemacht. Jean Granger hatte seinen Fotoapparat, Marke „Zeiss-Ikon", in Beschlag genommen und damit ein paar Fotos geschossen.

KAPITEL VI

Abb. 32: Blick auf das Nordlager. Im Vordergrund das Zivillager; die zweite Baracke rechts ist die Zivilküche, die dritte eine SS-Baracke. Im Hintergrund das Häftlingslager.

Fotos, die SS-Leute von getöteten und im Lagerkrematorium eingeäscherten Häftlingen, von Boxkämpfen und Fußballspielen gemacht haben, scheinen vernichtet worden zu sein.

Fotos von SS-Leuten, von der Baustelle und dem Nordlager haben die Familie Čašelj vom Bauernhof »Pamž« und der Franzose André Bourgeot aufbewahrt.

Bis heute ist kein Foto aufgetaucht, das das Nordlager, als es in Betrieb war, in seiner ganzen Ausdehnung zeigt. Wahrscheinlich hat die Position des Lagers mitten im Wald einen solchen Blick nicht freigegeben. Es gibt nur zwei Aufnahmen, die aus einem Kilometer Entfernung gemacht wurden. Darauf kann man mit einer Lupe einige Baracken und Wachtürme sowie das Polizeilager und einen Teil des Zivillagers erkennen.

Erst im Jahr 2006 wurden Fotos vom Nordlager gefunden, die ein Fotograph der englischen Armee, Hauptmann Landry, auf Wunsch von Louis Balsan am 26. Mai 1945 gemacht hat, nachdem die Häftlinge das Lager bereits verlassen hatten.

Es gibt sicher noch andere Fotos von den Loibllagern, aber sie befinden sich in Händen von Deutschen und Österreichern. Diese geben die

Bilder – sofern sie sie nicht schon vernichtet haben – nur widerwillig heraus, weil sie dadurch kompromittiert werden könnten.

Sportveranstaltungen und andere Unterhaltungen

Im Konzentrationslager wurden am Sonntagnachmittag manchmal Boxkämpfe und Fußballspiele veranstaltet. Man konnte das Geschrei der Anhänger durch das ganze Tal bis zum Schloss des Barons Born hinauf hören. Die Zivilarbeiter schauten von ihrem Lager aus zu.

Die ersten Boxkämpfe wurden wahrscheinlich im Sommer 1943 veranstaltet (André Lacaze und Georges Célarié). Organisator war der Lagerälteste auf der Südseite, Friedolin Bipp, der dazu die Genehmigung von SS-Rapportführer Hans Goggl und später von Sebastian Binder und dem SS-Koch Weigel einholen musste. Diese wiederum mussten den Lagerkommandanten Winkler um Erlaubnis fragen.

Bipp wurde von einem leidenschaftlichen Anhänger des Boxsportes unterstützt, von Karl-Heinz Pommerehnke, genannt „der Tätowierte", Stubenältester in Baracke Nr. 3, aber auch von anderen Kapos und Stubenältesten, kurz gesagt, von allen, die ihre Fäuste tagtäglich an den Häftlingen ausprobierten.

Die begeisterungsfähigsten Zuschauer waren der Rapportführer, der SS-Koch, der Wachkommandant, die Wachen auf den Türmen und ein paar Gendarmen und Polizisten.

Die Häftlinge nahmen natürlich an den Kämpfen teil. Der Ring war entweder auf dem Appellplatz aufgestellt, zwischen den Baracken mit den Aborten und der Küche, wo Bipp und der Lagerschreiber Karl Weber ihre Büros hatten, oder auf der linken Seite des Areals oberhalb von Baracke Nr. 2.

Die Franzosen boxten gegen die Deutschen, aber auch gegen die Polen. In jedem Turnier gab es sechs Kämpfe. Jeder Kampf wurde in drei Runden zu je zwei bis drei Minuten ausgetragen. Die Häftlinge, die daran teilnahmen, waren alle Freiwillige. Am Anfang war das geheime Widerstandskomitee gegen diese Kämpfe, weil sie den Kapos, den Stubenältesten und den SS-Leuten zur Unterhaltung dienten, aber auch, weil die Boxer zum Schaden der anderen Häftlinge zusätzliche Essrationen bekamen. Aber bald sahen die Deportierten im Widerstand den Vorteil, den sie aus der Teilnahme der Häftlinge ziehen konnten. Es wurde ihnen möglich, Kapos und Stubenälteste zu korrumpieren, ihr Wohlwollen zu erlangen und damit den Schlägen zu entkommen. Außerdem kamen die Häftlinge damit eine Zeit lang aus dem tristen Alltag heraus. Es gab natürlich Boxer, die nur für eine Schale Suppe, für ein Stück Brot, Margarine oder eine Scheibe Wurst kämpften. Bei der Verteilung des Abendessens rief Bipp:

„Die Boxer!" – Und er gab ihnen ihren Teil.

Unter den Franzosen gab es richtige Boxer. Die Häftlinge erinnern sich an den Kampf zwischen Robert Perronet, Häftlingsnummer 26373, und dem Kapo Fritz.

Zu den französischen Boxern gehörten auch der 22 Jahre alte François Chaffin, der 21-jährige Roger Lentz, der gegen den „Tätowierten" kämpfte, der 26-jährige André Lacaze, der 39-jährige Louis Marchand, der 31-jährige Berufsboxer Pierre Tétard, der 26-jährige Marcel Besneux, der 22-jährige René Duplaix und der 27-jährige Universitätsmeister Jean Sauvage.

Von den Deutschen boxten vor allem die Stubenältesten und die Kapos, im Besonderen der „Tätowierte", der „Einäugige" und der Oberkapo Winkens. Die Namen der polnischen Boxer sind uns nicht bekannt.

Michel Espallargas:

Ich erinnere mich, dass der Lagerälteste Bipp und der Oberkapo Fritz Winkens 1944 gegen zwei Franzosen kämpften. Der eine war, wenn ich mich nicht täusche, Georges Célarié. Das Turnier wurde in acht Runden ausgetragen, das Ergebnis war ungewiss.

Das zweite Turnier fand an einem Sonntag irgendwann im Jahr 1944 statt. Ich musste in der Werkstatt Nägel herstellen, damit ein wirklicher Ring aufgestellt werden konnte. Oberhalb der Baracke Nr. 2 wurde mit Brettern von der Baustelle ein Podium aufgebaut. Die Aufstellung wurde von Winkens organisiert. Um den Ring wurden richtige Seile gespannt. Einer der Kämpfer war Oberkapo Winkens, die Franzosen waren durch Jean Sauvage vertreten. Winkens, der nicht boxen konnte, bekam dafür eine Woche Extrarationen. Als Ringrichter wurde Karl Weber ausgewählt. Die Boxer trugen kurze Hosen und waren mit echten Boxhandschuhen ausgestattet.

Alle Häftlinge konnten bei den Kämpfen zuschauen, aber vor allem die jungen taten es mit Begeisterung. Die SS-Leute standen auf dem Stacheldrahtverhau und sahen von dort aus zu. In der vierten oder fünften Runde ging Winkens k.o.; Sauvage hatte nicht einen einzigen Schlag abbekommen. Die Zuschauer lachten und applaudierten …

Auch im Nordlager fanden Boxkämpfe statt. Zu Weihnachten 1943 organisierte das Kommando zum Zeitvertreib für die SS-Leute einen solchen Kampf. An diesem Tag wurde nicht gearbeitet, die Häftlinge versammelten sich auf dem Appellplatz und stellten einen provisorischen Boxring auf. Der Oberkapo Herbert Scheller stieg als Ringrichter hinein. Ein kahlköpfiger deutscher Koch bekam ein Paar Boxhandschuhe und man suchte nach einem Gegner unter den Häftlingen. Gewählt wurde ein Pole, genannt „der Organist", denn in Polen spielte er Orgel. Er war ein friedliebender, seriöser Mensch von schmaler Körpergestalt, durch monatelange Entbehrungen abgemagert und geschwächt. Auch er bekam Boxhandschuhe. Er stieg mit Mühe in den Ring und Scheller erklärte ihm, wie er sich verteidigen und wie er angreifen müsse. Dann gab er den Befehl, mit dem Kampf zu beginnen. Der Koch versetzte ihm einen direkten Schlag mit der Rechten. Der Pole taumelte und hob die Hände in die Höhe. Herbert Scheller rief ihm zu:

„Box!"

Nach weiteren Schlägen fiel der „Organist" aus dem Ring. Er war halb bewusstlos und das Blut rann aus seiner Nase. Die Deutschen und die Kapos schrien vor Lachen, ebenso die Wachen auf den Türmen. Der Pole hielt sich mit schwankenden Armen aufrecht. Herbert rief wieder:

„Box!"

Und er sprang in den Ring, um seine Vorgesetzten zu unterhalten. Da der Koch wartete, rief er ihm zu:

„So schlag doch! Worauf wartest du?"

Der Koch ging vor und versetzte dem Polen einen Faustschlag, der ihn zu Boden streckte. Der Pole stand nicht mehr auf. Seine Leiche wurde in der Folge ins Krematorium gebracht.

Nach dem Turnier stürzten sich die Kapos auf Befehl der SS-Leute auf die Häftlinge und schlugen sie blindlings. Noch dazu zwangen sie sie, Froschsprünge auszuführen, sich hinzulegen und wieder aufzustehen.[128] Ende 1944 veranstalteten sie einen neuerlichen Kampf zwischen zwei der drei Brüder Chabloz, aber sie wurden enttäuscht, denn die Brüder schlugen nicht mit voller Kraft zu.

Die Stubenältesten auf der Südseite veranstalteten auch Fußballspiele. Der Fußballplatz mit einer Länge von siebzig Metern lag hinter den Baracken Nr. 2 und Nr. 3. Das Spielfeld war von den Häftlingen bei der „Corrida" vom 14. Juli bereits planiert worden und wurde durch abendliche Zwangsarbeit zur Gänze fertiggestellt.

---

128 Auszüge aus dem Buch „Kompania Stary"

KAPITEL VI

Die ersten Spiele fanden erst im Frühjahr 1944 statt. Zwölf bis vierzehn Fußballer nahmen Sonntag nachmittags an diesen Spielen teil, jede Mannschaft bestand aus sechs bis sieben Spielern.

Das erste Match hatte internationalen Charakter: Franzosen gegen Deutsche. Lagerschreiber Karl Weber fabrizierte eine Papiertüte, eine Art Megaphon, mit dem er die Spiele ankündigte.

In der französischen Mannschaft spielten unter anderem Maurice Arnould und Georges Célarié, während bei den Deutschen Stubenälteste, Kapos und der Lagerälteste Bipp spielten. Die beiden Halbzeiten dauerten je dreißig Minuten. Rapportführer Binder, die SS-Leute aus der Küche, die Wachen auf den Wachttürmen und die Häftlinge in den Baracken sahen dem Spiel zu. Spielleiter war Karl Weber. Die Franzosen gewannen das erste Match mit 5:0. In einem weiteren Treffen wurde die deutsche Mannschaft durch einen SS-Mann ergänzt.

Schließlich wurde ein Match zwischen Nord- und Südlager organisiert. Mannschaftskapitän war Florent Stadler, einer der Stubenältesten des Nordlagers. Das Südlager gewann.

Michel Espallargas:

Auch ich spielte bei diesem Fußballmatch mit, das im Sommer 1944 stattfand. Da das Spielfeld nicht sehr groß war, spielten wir mit sechs Spielern pro Mannschaft. In der deutschen Mannschaft spielten kriminelle Häftlinge: Friedolin Bipp, Fritz Winkens, Max Stilp, Eduard Sackmann, Florent Stadler. Keine SS-Leute! In der französischen Mannschaft spielten Georges Célarié, Maurice Arnould und ich. An die anderen kann ich mich leider nicht mehr erinnern. Ich spielte im Mittelfeld. Wir gewannen 5:0. Mein Gegenspieler war Stadler. Am besten spielte Célarié, er schoss drei Tore. Nach dem Spiel bekam jeder Fußballer einen guten kalten Kaffee. Das Südlager gewann ...

In der französischen Mannschaft auf der Südseite spielten für gewöhnlich:

Raoul Barbé (30 Jahre) als Tormann, Georges Célarié (19 Jahre) und ein weiterer Häftling als Mittelstürmer. Die anderen Spieler waren: Michel Espallargas (23 Jahre), René Collin (27 Jahre), Maurice Arnould (25 Jahre), Grégoire Fréderic (27 Jahre) und Robert Mariné. Lagerältester Bipp war Schiedsrichter.

Die französischen Fußballer wollten den Deutschen ihren Mut, ihren Willen, ihre Entschlossenheit und ihren Wert beweisen. Sie wollten aber auch ihre Leiden vergessen. Nicht alle Deportierten waren mit diesen

Spielen einverstanden, umso weniger, als die Mitspieler danach zusätzliche Essrationen erhielten.

Der Luxemburger Josy Wirol schreibt in seinen Erinnerungen, dass zu Weihnachten 1944 im Nordlager in seiner Baracke eine kurze Theateraufführung stattfand und dass die Häftlinge danach tanzten. Rudolf Brucker, der Älteste des Nordlagers, hatte seine Zustimmung dazu gegeben und nahm sogar mit seinen Begleitern an der Veranstaltung teil. Die Häftlinge spielten Ziehharmonika, Geige, ein Senfeimer diente als Trommel, und das alles bei „guter" Stimmung. Rudolf Brucker belohnte die Theatergruppe, indem er ihnen die Schwerarbeit ersparte, die darin bestand, schwere Fässer zu schleppen, die als Nachttöpfe dienten, oder das Essgeschirr. Er ersparte ihnen auch andere unangenehme und schwere Arbeiten. Natürlich mussten diese mühsamen Arbeiten von anderen ausgeführt werden.

Louis Breton erzählt in seinem Buch «Mes bagnes de la Loire au Danube»:

Wir wussten um die Bedeutung des Weihnachtsfestes für die Deutschen und haben sie daher um die Erlaubnis gefragt, eine Art Schauspiel veranstalten zu dürfen. Wir kontaktierten dazu die Polen, einige Russen wie auch unsere französischen Kameraden. Jede diese Gruppen sollte in ihrem Block etwas vorbereiten. Wir haben sogar die Erlaubnis bekommen, außerhalb der vorgesehenen Zeiten noch ausnahmsweise von einem Block zum anderen zu gehen. So hatten wir am 25. Dezember 1944 im Nordkommando Gesänge, Tanz, eine Boxvorführung und vergaßen zwei oder drei Stunden lang das Leben, das wir führten ...

Espallargas berichtet, dass es im Südlager zu Weihnachten 1944 keine zusätzlichen Essrationen gab. Die Russen und Polen sangen sehr gut und die SS-Leute näherten sich dem Stacheldraht, um ihnen zuzuhören, aber sie kamen nicht ins Lager.

Stanko Čašelj vom Pamž-Hof erzählte später, er habe zu Weihnachten 1944 vom Bauernhof aus die Häftlinge Weihnachtslieder singen gehört.

Maurice Rioux erinnert sich, dass für Weihnachten 1944 auf dem Appellplatz des Südlagers ein Weihnachtsbaum mit ein paar Lichtern aufgestellt wurde. Um Mitternacht hätten die Wachen auf den Türmen einer nach dem anderen in die Luft geschossen.

Der Schwarzmarkt

Der Schwarzmarkt blühte besonders dort, wo es sich um Zigaretten und um Nahrung handelte, denn viel anderes gab es nicht zu tauschen.

KAPITEL VI

Für gewöhnlich erhielten die Häftlinge am Samstag fünf Zigaretten, aber nicht alle. Die Entscheidung lag beim Lagerkommandanten, aber meist entschieden die Stubenältesten und die Kapos.

Am Donnerstag und Freitag wurden oft Zigaretten gegen Brot getauscht, wenn die Raucher die letzten Zigarettenstummel aufgebraucht hatten. Unter den Franzosen überwachte das geheime Widerstandskomitee den Schwarzmarkt und sorgte für Solidarität. Das Komitee sammelte auch Zigaretten von den Nichtrauchern und verlangte von den Rauchern ein bis zwei Zigaretten. Diese wurden dann gegen Essrationen getauscht, die den Kranken und den jungen Häftlingen zugute kamen, die am stärksten unter der Lebensmittelknappheit litten. 1945, als die Rationen immer kleiner wurden, bekamen diese Tauschformen immer mehr Bedeutung. Für fünf Personen gab es nur noch ein Stück Brot, die Suppenportionen wurden reduziert, Margarine fehlte völlig. In dieser Zeit musste jedes Mitglied der Organisation von seiner eigenen Ration ein bisschen Brot abgeben, um es an Schwächere weiterzugeben, damit diese überleben konnten.

Manche waren eifersüchtig auf Häftlinge, die Kontakte zu Zivilarbeitern unterhielten, um einen Zigarettenstummel, ein Stück Brot und manchmal sogar ein ganzes Paket Zigaretten zu bekommen. Unter den Häftlingen herrschte großes Misstrauen, denn im Fall einer Denunziation wären solche Kontakte dem Häftling teuer zu stehen gekommen. Aber es gab auch Beispiele für echte Kameradschaft, vor allem in kleinen Gruppen. Gegenseitige Hilfe wurde auch innerhalb der einzelnen Nationalitäten organisiert.

Josy Wirol:
Der Alkoholhandel blühte. Für einen Liter Schnaps gaben die Kapos ein halbes Kilogramm Zucker, Margarine oder Schweineschmalz, das sie ganz sicher aus der Küche stahlen. Die Häftlinge trugen die Waren unter ihren Kleidern versteckt, auf dieselbe Weise brachten sie den Schnaps ins Lager ...

Alojz Knaflič aus Bled, der auf der Hochebene als Elektroschweißer arbeitete, brachte von seiner Mutter Brennspiritus mit und tauschte ihn mit einem SS-Scharführer gegen Bonbons und Winterwäsche von guter Qualität. Der Spiritus wurde erhitzt, um den unangenehmen Geruch zu verlieren, und dann getrunken.

Edy Kapgen:
Eines Tages rief mich ein junger französischer Häftling und sagte mir, ich solle zum Lagerältesten „Rudi" gehen, mit dem er das Bett „teilte". Als ich

eintrat, war da der Oberkapo Scheller und schlief mit dem Franzosen A. vom Südlager. Rudi sagte zu mir:

„Du bist Hotelier und kannst mir sicher eine Flasche Champagner entkorken."

Er öffnete das Fenster und nahm eine Flasche, die im Schnee versteckt war. Ich öffnete sie.

Er sagte zu mir: „Trink! Jetzt!"

Aber erst als er seinen Befehl wiederholte, nahm ich das Glas und trank. Nachdem ich es geleert hatte, schickte er mich in meine Baracke. Als ich meinen Kameraden davon erzählte, wollten sie mir nicht glauben.

Ein paar Tage später rief mich „Rudi" wieder zu sich und sagte:

„Du, Luxemburger, du bist ein geschickter Kerl, ich gebe dir Zucker und Schweineschmalz."

Er gab mir zwei Säcke und sagte:

„Das bringst du in den Tunnel und tauschst es gegen Schnaps!"

Er sagte mir auch, an welchen Zivilarbeiter ich mich wenden müsse. In der Baracke überlegte ich, was ich tun solle. Ich bat Wirol um Hilfe. Jeder von uns befestigte einen Sack mit einem Faden am Gürtel, so dass die Säcke an unseren Beinen herabhingen. Am schwierigsten war es, unbemerkt durch den Ausgang zu kommen. Wir fanden den Zivilarbeiter im Tunnel und brachten den Schnaps auf dieselbe Weise ins Lager zurück. Wir trugen die Flaschen abwechselnd. Das ging monatelang so dahin und wir hatten nur Angst, dass beim Lagereingang etwas zu Boden fiel. Rudi rief mich zweimal wöchentlich zu sich und gab mir Brot, das ich mit anderen Kameraden teilte.

Eines Tages sang ich für ihn das Wienerlied: „Mei Muatal woa a Weana rin".[129]

Er weinte und sagte: „Du hast so gut gesungen. Du kannst alles von mir haben, Brot, Margarine, Fleisch!"

Ich bat ihn, die Luxemburger im Lager nicht mehr zu schlagen und die Häftlinge nicht mehr ins Strafkommando zu schicken. Rudi versprach es und hielt sein Versprechen. Von diesem Zeitpunkt an schlug er Léon Geisen nicht mehr, der Brillenträger war, was den Deutschen missfiel.

Gegenüber den anderen Nationalitäten hatten die Luxemburger einen enormen Vorteil, denn sie verstanden ebenso gut Französisch wie Deutsch und waren daher oft als Dolmetscher im Einsatz. Sie konnten auch leichter mit Zivilarbeitern in Kontakt treten.

---

129 Meine Mutter war eine Wienerin.

Miha Grilc erklärte, dass die Zivilarbeiter, wenn sie nach Hause fuhren, Schnaps und Zigaretten an den Loibl brachten und gegen diverse Kleidungsstücke tauschten, die die Kapos gestohlen hatten. Polnische Häftlinge erzählten, dass der Schwarzmarkt auf der Nordseite vor allem in den Baracken blühte, insbesondere dort, wo der Metallbehälter stand, der als Nachttopf diente. Dort wurde das letzte Stück Brot gegen Tabak getauscht.

André Frontczak:

Gegen Ende des Winters wurde der Lagerkommandant darüber informiert, dass ein Ingenieur einen Häftling des Nordlagers im Tunnel dabei überraschte, wie er Schweineschmalz gegen Zigaretten tauschte. Da die Firma Universale eine bestimmte Menge Schmalz pro Häftling für die Nachtschicht vorgesehen hatte, wurde das als Sabotageakt angesehen. Der SS-Mann Donau, in dieser Angelegenheit der eigentliche Schuldige, wollte einen der Häftlinge aus der Küche dafür verantwortlich machen. Ich hatte festgestellt, dass das Schmalz mit dem Einverständnis des Lagerältesten, Brucker, verschwunden war, und informierte ihn von dem Vorfall. Brucker erbleichte und meinte, dass kein Häftling für die Angelegenheit verantwortlich gemacht werden dürfe, denn das könnte den Tod durch Erhängen bedeuten. Als der Kommandant den SS-Mann Donau zu sich rief, konnte dieser die Schuld der Häftlinge nicht beweisen. Schließlich gab er zu, das Schmalz selbst genommen zu haben, was für alle Häftlinge eine große Erleichterung bedeutete.

Ein paar Tage vor Ostern 1945 kam eine Gruppe slowenischer Häftlinge ins Lager. Sie wurden in die Quarantäne-Baracke gesperrt und nur Brucker und die Stubenältesten durften in die Baracke eintreten. Am Karsamstag verlangte Donau, der seine Lektion nicht gelernt hatte, von mir, den Kartoffelsalat für die Slowenen zu Brucker zu bringen, woraufmir Brucker für Donau ein Hemd oder andere Kleidungsstücke mitgeben würde. In der Schreibstube fand ich außerdem den Koch Maurice, den Stubenältesten Stadler und einen jungen Polen. Ich ließ den Salat dort und sagte, was sich Donau als Gegenleistung erwarte. Brucker bot mir zu trinken an und ich gab ihm dafür eine Seife, die mir Colin ein paar Tage vorher gegeben hatte. Dann brachte ich das Gespräch auf die slowenischen Häftlinge in Quarantäne. Er meinte, ich könne sie besuchen, und bot mir ein weiteres Glas an. Wir gingen nun zu den Slowenen und während Brucker anderwärts beschäftigt war, suchte ich unter den Slowenen einen Häftling, der Deutsch verstand, um sie davon zu unterrichten, dass es in der Baracke Diebstähle gebe. Dann ging ich wieder zu Brucker. Er machte sich über mich lustig, denn ich hatte nicht die

Gelegenheit ergriffen, etwas zu meinen Gunsten zu „organisieren". Er sagte mir:

„Ja, du hast ein rotes Dreieck, du bist nichts! Ich habe ein grünes Dreieck und sehe alles, was ich mir erlauben kann!"

Wir kehrten in die Schreibstube zurück, wo uns Stadler und Maurice erwarteten. Sie waren betrunken, denn sie hatten, während sie auf uns warteten, die ganze Flasche geleert. Als Brucker das sah, wurde er wütend und eine Prügelei zeichnete sich ab. Ich verschwand schnell in meine Baracke ...

Verbotene Kontakte

In den ersten drei Monaten hatten die Häftlinge überhaupt keinen Kontakt zu den Zivilarbeitern, mit denen sie auf der Baustelle und in den Werkstätten arbeiteten.

Auch am Anfang arbeiteten Häftlinge und Zivilarbeiter im Tunnel getrennt. Die Häftlinge hatten nicht den Mut oder sie waren nicht in der Lage, die Zivilarbeiter anzusprechen, einerseits wegen der Sprachbarrieren, andererseits, weil jeder Kontakt mit den Häftlingen streng verboten war.

Die Drohung, mit der die SS-Leute die Zivilarbeiter einschüchterten, war sehr wirksam:

„Wer mit einem Häftling spricht oder ihm etwas gibt, wird selbst zum Häftling."

Die Zivilarbeiter hatten ihre eigenen Sprengstoffexperten, die von den Sprengmeistern der Firma Universale strikt überwacht wurden. Letztere waren meist Deutsche oder Österreicher, gehörten der Nazi-Partei an und waren kaum sympathischer als die SS-Leute.

Die Zivilarbeiter wussten nichts von den Kontakten, die innerhalb des Lagers geknüpft wurden, sie kannten nicht die Nationalität der Häftlinge und wussten nicht, dass diese keinerlei Verbindung zu ihren Familien hatten.

Aber der Anblick dieser elenden Gestalten, die jeden Tag auf der Straße vom Lager zum Tunnel marschierten, umgeben von Kapos, von SS-Leuten und ihren Hunden, angeschrien, beleidigt und geschlagen, ließ sie erahnen, wie schwierig das Leben im Häftlingslager war.

Lange Zeit konnten sich die Häftlinge vom Loiblpass nicht mit ihren Familien und Angehörigen in Verbindung setzen. Viele dieser Familien hatten ein Jahr lang nichts mehr von ihnen gehört.

Für die russischen und polnischen Familien traf dies in erhöhtem Ausmaß zu, denn sie wussten nicht einmal, dass ihre Söhne an den Loibl geschickt worden waren. Anfangs konnten nicht einmal die jugoslawischen Häftlinge ihre Familien kontaktieren.

Die Deportierten besaßen weder Papier noch Bleistift und wenn die Kapos oder SS-Leute etwas dergleichen bei ihnen fanden, dann waren fünfundzwanzig bis fünfzig Hiebe noch eine milde Bestrafung. Aber selbst wenn sich ein Häftling Papier und Bleistift von einem Zivilarbeiter beschafft hätte, dann brauchte er immer noch einen Briefumschlag und eine Marke. Es war in jedem Fall sehr schwierig, einen Brief abzuschicken, selbst in Tržič.

Trotzdem gelang es im Herbst 1943 dank der Hilfe von Zivilarbeitern einigen Franzosen, Briefe an ihre Angehörigen zu senden. Aber die Absender gaben nicht immer die richtige Adresse an.

In den Kleidern des polnischen Häftlings Štefan Turunski, der bei einem Fluchtversuch getötet wurde,[130] fanden die SS-Leute einen Brief seiner Schwester.

Bis Mitte Dezember 1943 durften die Deportierten niemandem schreiben, aber zur großen Überraschung aller teilten die Kapos vor Weihnachten Postkarten und Bleistifte aus. Diese Karten waren in französischer und in deutscher Sprache gedruckt und enthielten den Hinweis: für die „Kriegsgefangenen".

Auf der ersten Seite musste der Häftling Namen und Vornamen, Häftlingsnummer und Nummer der Baracke schreiben.

Unten stand deutlich zu lesen: „Lager Mauthausen, Oberdonau, Deutschland".

Die Adresse kam auf die Vorderseite, denn im ersten Teil der Rückseite stand zu lesen, dass

1) der Gefangene alle sechs Wochen Post schreiben und empfangen (höchstens 25 Wörter rein persönlichen Inhalts) und dass er auch Briefmarken (internationale Antwortkupons) beilegen dürfe;
2) der Erhalt von Paketen und Geld gestattet, die Beilage von Fotos aber verboten wäre.

Im zweiten Teil blieben dann sieben Zeilen (zwei Drittel) für den Text, aber dieser stand bereits fest und war auf eine Tafel geschrieben. Die Häftlinge mussten ihn abschreiben.

Der Franzose Jean Granger schrieb Folgendes an seine Frau und seine Kinder in Limoges:

---

130 Siehe Kapitel VIII

Ich bin bei guter Gesundheit. Haltet die Anweisungen des Lagers ein. In Erwartung eurer Antwort umarme ich euch. Vergesst nicht, meine Häftlingsnummer und meine Baracke zu schreiben.

Papier und Bleistifte wurden dann von den Kapos eingesammelt. Das Lagerkommando schickte die Karten zur Kontrolle nach Mauthausen. Dort bekamen sie einen offiziellen Stempel und wurden am 13. Jänner schließlich auf dem Postamt aufgegeben.

Frau Granger erhielt ihre Karte am 20. Jänner.

Im Mai 1944 blieb der Text der Postkarten unverändert und das Lagerkommando in Mauthausen drückte weiterhin einen Stempel auf die Karten, der den deutschen Adler und ein Hakenkreuz zeigte sowie die Aufschrift:

Geprüft Oberkommando der Wehrmacht!

Es lässt sich sagen, dass die Franzosen insofern im Vorteil waren, als sie in ihrer eigenen Sprache schreiben konnten, während alle anderen Nationalitäten auf Deutsch schreiben mussten, auch wenn sie diese Sprache nicht beherrschten. Das stellte die Familien, die die Post erhielten, vor enorme Schwierigkeiten, denn sie mussten einen Übersetzer finden – sowohl für die Briefe, die sie empfingen, als auch für die, die sie abschicken wollten.

Der bosnische Gefangene Alija Šahinović schickte zwei Karten. Ein französischer Häftling hatte sie ihm in deutscher Sprache diktiert. Da die Deportierten davon ausgehen konnten, dass der Empfang von Paketen gestattet war, rieten ihm die Franzosen, Knoblauch und Tabak zu verlangen. Bevor Alijas Bruder die Karten erhielt, wurden sie von den Zensoren der Ustascha[131] geprüft. Nach kurzer Zeit erhielt Šahinović zwei Pakete zu je einem Kilogramm, die Knoblauch und Tabak aus Bosnien-Herzegowina enthielten.

Die Franzosen erhielten die ersten Pakete von ihren Familien, die einen Haufen Anweisungen befolgen mussten, erst Anfang 1944.

Die Pakete enthielten im Wesentlichen Lebensmittel, meist Konserven, aber auch Tabak, Vitamine und anderes. Die Pakete mussten nach Mauthausen geschickt werden, von dort kamen sie auf dem Postweg nach Tržič, was oft zwischen drei Wochen und einem Monat dauerte. Es gab auch Pakete, die direkt auf dem Postamt Tržič einlangten, ohne durch die Kontrolle in Mauthausen zu gehen.

---

131 In Kroatien wurde die Post von der deutschfreundlichen kroatischen Polizei (Ustaši) zensuriert

Vor der Verteilung wurden die Pakete unter der Aufsicht der SS von den Kapos genau geprüft. Alles wurde geöffnet, sogar die Konserven, und die Kapos bedienten sich reichlich, bevor sie den Rest an die eigentlichen Empfänger weitergaben. Die SS-Leute behielten Wertgegenstände und Zigaretten für sich.

Die Pakete, die die Häftlinge vom Roten Kreuz erhielten, wurden von den Rapportführern durchwühlt.

1944 kamen auch Pakete ins Nordlager. Polnische Häftlinge berichten darüber in dem Buch „Kompania Stary":

Endlich kamen die Pakete ins Lager. Der Rapportführer und die Stubenältesten kamen zur Kontrolle. Die Kapos warteten auf der Seite wie hungrige Hyänen darauf, dass etwas für sie abfiele. Die ganze Szene spielte sich auf dem Appellplatz ab. Die Pakete wurden auf einem Tisch vor aller Augen geöffnet. Der SS-Mann schnitt sogar Brot mit seinem Bajonett und füllte die geräucherten Würste in Konservengläser. Erst am Ende der Kontrolle rief der Lagerälteste die Nummer des Häftlings auf, für den das Paket eigentlich bestimmt war. In den Baracken nahmen die Kapos noch mehr an sich. Die Deportierten teilten dann den Inhalt der Pakete untereinander auf. Sie vergaßen dabei nicht auf die Russen, die nicht einmal ihre Briefe erhielten ...

Außerhalb des Tunnels wachten SS und Kapos darüber, dass niemand mit den Häftlingen sprach oder ihnen irgendetwas zusteckte. Trotzdem begleitete ich eines Tages im September 1943 in meiner Funktion als technischer Assistent meinen Chef, Ing. Vinko Čerin, in den unteren Stollen, um eine Kontrolle durchzuführen. Dort trafen wir den Kapo der Mineure, Paul Kauffman, den Einzigen, der eine Azetylenlampe hatte, während die anderen Häftlinge nicht weit entfernt beim Schein einer einfachen Lampe arbeiteten. Wir fragten ihn, woher er komme, wie lange er schon in diesem Lager sei, ob er verheiratet wäre, ob er Kontakt mit seiner Familie hätte und woher die anderen Häftlinge kämen. Er sagte uns, seine Familie habe seit seiner Festnahme im März 1943 keine Nachrichten mehr von ihm erhalten. Wir sagten ihm, wir seien keine Deutschen und er befinde sich im besetzten Teil Jugoslawiens. Wir machten ihm auch den Vorschlag, dass er ein paar Worte an seine Familie in Frankreich schriebe. Er tat es und steckte uns mit Tränen in den Augen ein Stück schmutziges Papier zu.

An nächsten Tag verschickte ich das Papier und gab für den Fall einer Antwort meine eigene Adresse an.

Im September 1943 machte der Wiener Ingenieur Gaudernak eine Inspektion. Er wurde dabei von Ing. Čerin und mir begleitet. Die Häftlinge waren vor dem Tunnelportal verstreut und ich stand vor dem Schranken am Kontrollpunkt. Ich grüßte sie unauffällig, sie schauten mich an und erwiderten meinen Gruß.

In schlechtem Französisch erklärte ich ihnen, dass ich Jugoslawe sei und mein Französisch im Gymnasium gelernt hätte, dann fügte ich mit leiser Stimme noch ein paar Worte hinzu. Unter den Häftlingen war ein junger Franzose mit Brille und rundem Gesicht. Er sagte mir, er sei Student und arbeite im Maschinenraum. Der Häftling hieß Ivan Ivanoff. Nachdem der Kontakt – insbesondere mit den Mineuren – hergestellt war, ging ich so oft wie möglich in den Tunnel. Kauffman steckte mir Briefe mit Adressen von Familien zu. Die Häftlinge, deren Briefe ich in Empfang nahm, wurden von ihm ausgewählt. Wenn ich in den Tunnel ging, oder bei der Rückkehr, machte ich oft einen Sprung in den Maschinenraum, um Nachrichten zu hinterlassen, dann ging ich weiter.

Am Anfang schrieb ich in meinem Tagebuch nichts über meine Kontakte zu den Häftlingen, ebenso wenig über die Weiterleitung der Briefe. Aber mit der Zeit wurden die Verbindungen häufiger. Ich notierte sämtliche Daten über Briefe, Pakete und Empfangsadressen. Mein Notizbuch wird heute im Museum in Tržič aufbewahrt.

184 eingeschriebene Briefe[132] und im Normalversand verschickte Postkarten konnten im Zeitraum vom 15. Jänner bis 22. Juni 1944 durch meine Hilfe aufgegeben werden. 174 davon gingen über das Postamt Tržič, die anderen über Klagenfurt. Was fehlt, ist die Anzahl der Postkarten, die vor dem 15. Jänner abgeschickt wurden und über Ferlach den Empfänger erreichten. Insgesamt handelte es sich um mindestens 220 Postsendungen.

Von 9. Februar bis 31. März kamen 37 Pakete bei mir zu Hause an, zahlreiche weitere dann im Juni. Am 1. Juli, als ich bereits bei den Partisanen war, sollen in Tržič fünf Pakete angekommen sein, die mit Ausnahme eines einzigen wieder nach Frankreich zurückgeschickt wurden. In diesem einen Paket befanden sich Medikamente für Ivan Ivanoff, die die Postbeamtin Danica Štefe den Partisanen zukommen ließ.

Sämtliche Pakete gingen in Klagenfurt durch den Zoll und kamen erst dann nach Tržič. Der Versand nahm zirka zwei Wochen in Anspruch.

In jedem Brief, der an einen neuen Empfänger ging, schrieb ich in französischer Sprache die folgenden Worte:

---

132 Die Empfangsbestätigungen werden im Museum von Ljubljana aufbewahrt.

Très chère madame, je suis en relation avec votre homme. Si vous voulez lui faire parvenir quelque chose, envoyez le moi! [133]

Dann gab ich meine Adresse in Tržič an. Die Briefe und Pakete kamen im Allgemeinen zu meinen Eltern nach Tržič. Da bereits viele kamen und meine Eltern fürchteten, die Deutschen könnten Verdacht schöpfen, bat ich im März 1944 die Franzosen, ihre Postsendungen künftig ins Schloss des Barons Born zu schicken. Aber da es bald zu viele wurden, ließ ich sie wieder an die Adresse in Tržič schicken.

Die Briefe waren mit internationalen Antwortkupons versehen, die zeigten, dass das Antwortschreiben bereits bezahlt war, aber leider erkannte die Post von Tržič diese Kupons nicht an.

Die Pakete waren als „Pakete für Arbeiter" gekennzeichnet und meine Eltern und ich mussten oft die Zollgebühren bezahlen und die Empfangsbestätigung unterschreiben.

Aus Unkenntnis der deutschen Sprache schrieben die Franzosen die Adressen manchmal mit zahlreichen Fehlern. Oft schrieben sie „Fissler Janko" oder auch „Radetz Kystrasse, Oberkrain, Deutsches Reich" und vergaßen dabei auf „Neumarktl"[134]. Die Sendungen kamen trotzdem nach Tržič, denn die Postbeamten wussten, dass sie für mich bestimmt waren. Aber das alles ging nicht ohne Schwierigkeiten vor sich. Ich konnte nicht immer nach Tržič kommen und es war auch nicht leicht, die Pakete an ihren Bestimmungsort zu bringen. Meist benutzte ich die Lastwagen, die Arbeiter und Material auf den Loibl brachten. Ich wartete in Tržič an der steilsten Stelle der Straße auf sie (im oberen Teil unter dem Cimper), um Kontrollen, wie sie in Tržič durchgeführt wurden, zu vermeiden. Manchmal musste ich ein Paket bei mir zu Hause öffnen und den Inhalt in meinem Rucksack auf den Loibl bringen. Ich achtete darauf, meine Adresse von den Briefen und Paketen zu entfernen, damit mein Name nicht in die Hände der SS-Leute und der Kapos fiel.

Samstag und Sonntag musste ich die Pakete zu Fuß auf den Loibl tragen, was für mich am schwierigsten war. Den Inhalt mancher Pakete, die zu schwer waren, musste ich umpacken und in kleinen Mengen transportieren. Ivanoff zum Beispiel erhielt Pakete, die bis zu zwanzig Kilogramm wogen.

---

133 Liebe Madame, ich stehe in Verbindung mit Ihrem Mann. Wenn Sie ihm etwas zukommen lassen wollen, dann schicken Sie es mir.
134 Die deutsche Bezeichnung für Tržič (Anmerkung des Übersetzers)

Ich war fast täglich in Kontakt mit den Häftlingen, manchmal auch mehrmals am Tag. Es gab fünf verschiedene Orte, an denen ich die Postsendungen verteilte:
- Auf der Kärntner Seite: Hier nahmen André Robin und einige andere die Post in Empfang.
- Auf der slowenischen Seite: Ivan Ivanoff und Michel Espallargas in der Schlosserwerkstatt, Georges Cholle und Ing. Jean Pesche im Hauptmagazin in Tunnelnähe – mit dem Segen von Anton Župančič.
- Im Tunnel auf der Nord- und auf der Südseite: Georges Huret, Edmond Pimpaud, Jean Pagès, Charles Pacini, Paul Kauffman und andere.
- Auf der Baustelle: Henri Kayser vor dem Tunnelportal, manchmal auch der Kapo Felix Leibovici und andere.

Da in den Briefen, die sie empfingen, Pakete angekündigt wurden, deren Versand aber mehr Zeit in Anspruch nahm, wurden sie ungeduldig und fragten mich ständig. In dieser Hinsicht kam es zu heiklen Situationen. Manchmal waren die Pakete, die ich ihnen brachte, aufgerissen oder ein Teil des Inhalts war auf dem Postweg verschwunden. Die Häftlinge schöpften den Verdacht, ich oder ihre Kameraden (wenn die Pakete durch Mithäftlinge überbracht wurden) würden Teile des Inhalts zurückbehalten. Angesichts ihrer Notlage und ihrer Verzweiflung war es schwierig, ihnen die tatsächliche Situation begreiflich zu machen.

Aus diesem Grund bat ich den Absender, in Hinkunft eine Liste des Inhalts beizulegen.

Anfänglich überprüfte ich die Postsendungen nicht. Einerseits sah ich keine Notwendigkeit dazu, andererseits konnte ich das Französische nur schlecht lesen. Aber nachdem bestimmte Briefe mehrmals zurückgeschickt wurden und eine ganze Reihe von Stempeln „Geöffnet vom Oberkommando der Wehrmacht" trugen, wurde ich vorsichtig.

Ich stellte fest, dass manche Häftlinge nicht genügend vorsichtig waren und Dinge schrieben, die sowohl ihnen als auch mir schaden konnten.

Außerdem stand in den Briefen manchmal meine Adresse und oft war der Text mit einer bläulichen chemischen Flüssigkeit kontrolliert worden.

Aber auch die Postbeamten in Tržič waren in Gefahr. Dazu muss ich ein „dringendes Dekret" erwähnen, das der Kreisleiter von Radovljica am 27. Jänner an alle Bürgermeister verschickte; auch die Postämter wurden über den Inhalt dieses Dekrets informiert. Es wurde festgelegt, dass nicht mehr als je zwei Briefe pro Monat in andere Länder geschickt werden

KAPITEL VI

durften, auch wenn diese Länder mit Deutschland verbündet waren. Auch bei den Postkarten ins Ausland gab es Kontrollen; die Postbeamten mussten sie abstempeln und die Polizei kontrollierte sie. Postkarten aus dem Ausland wurden in Tržič nicht ausgetragen und die Postbeamten wurden davon in Kenntnis gesetzt, dass sie pro Person nur eine einzige Karte ins Ausland schicken durften.

Hier ist ein Brief, der für seinen Autor, für mich und auch für andere Häftlinge hätte gefährlich werden können:

Meine lieben Eltern!

Vorgestern habe ich euren Brief vom 27. April erhalten. Wir haben den 1. Mai und nichts ist passiert. Am Donnerstag habe ich ein großes Paket mit Bohnen, Erbsen, Nestle-Milch usw. erhalten. Alles war in Ordnung. Warum verzichtet ihr für mich auf diese Dinge? Ich bitte euch, schickt mir weniger. Heute ist es sehr schön und wir haben ein Radio eingeschaltet. Es ist das erste Mal nach sechzehn Monaten, dass ich Musik höre. Mein Herz war voller Freude. Wie ist es möglich, dass ein Volk, das wie wir Musik liebt und versteht, so unmenschlich ist? Ich musste lachen, dass Monsieur Louise mich besuchen will. Glaubt ihr wirklich, dass das so einfach ist? Der Zutritt auf die Baustelle ist nur den Arbeitern gestattet. Schlechte Neuigkeit. Mein vorletzter Brief ist aus Metz zurückgekommen, denn der Empfänger war nicht da. Zeigt meine Briefe niemandem, denn die Mütter meiner Kameraden leiden schon genug, ohne dass Eifersucht und Zorn hinzukämen: Es ist unmöglich, dass eine Mutter keine Eifersucht empfindet, wenn sie eine andere Mutter trifft, die so viel Post bekommt. Mama, versetze dich in ihre Lage und tu so, als würdest du nichts bekommen. Eines Tages wird das zu Ende sein, denn die Postverbindungen werden unterbrochen sein. Mach dir keine Sorgen, denn die härteste Zeit habe ich bereits hinter mir. Der Rest ist nur eine Farce. Hier habe ich gelernt, was es bedeutet, ums Überleben zu kämpfen, ich habe viele Erfahrungen gesammelt. Der junge Levèque ist wegen einer Lungenentzündung im Krankenrevier. Aber es geht ihm schon besser. Er gehört zu jener – glücklicherweise sehr seltenen – Art von Menschen, die mit der Faust auf den Tisch schlagen, ohne sich bewusst zu werden, dass das nichts nützt, außer dass ihm die Rübensuppe dann besser schmeckt. Allerdings gilt das nicht für mich, denn ich arbeite weniger, wenn ich besser gegessen habe, ausgehend vom Prinzip, dass ich mit leerem Bauch recht viel gearbeitet habe. Am Tag, an dem ich zurückkomme, muss ich mich satt essen, um mich an alles zu erinnern, was ich gesehen habe, denn man vergisst so schnell. Was das Lesen betrifft, so könnt ihr mir nichts schicken, denn es ist verboten. Erlaubt ist nur die Arbeit. Georges Roger hat zur selben Zeit wie ich ein Paket er-

halten. Lallemand, dessen Pakete an seine Mutter zurückgeschickt wurden, ist meiner Meinung nach nicht mehr am Leben. Er hatte einen Fehler, man sah seine Goldzähne zu gut und für solche Zähne, was würden sie nicht alles tun. Ich kann mich täuschen, vielleicht haben sich die Zeiten geändert: Aber es kam oft vor, noch im vorigen Jahr, dass jemand einen schönen Schlag bekommt, dass man ihm die Zähne ausreißt und ins Krematorium schickt. Ihr dürft das nicht seiner Mutter sagen. Die Moral ist nach wie vor gut, der Geist der Rache ist nicht erloschen, die Form unverändert, das Herz ermüdet und verhärtet, aber noch imstande, sich zu erweichen, der Magen friedlich. Ich wünsche den Meinigen das Beste, was auf der Welt zu finden ist.
Dicke Küsse von eurem Sohn, der euch liebt.
Unterschrieben: Ivan

Als ich im Februar 1944 von französischen Häftlingen erfuhr, dass es auf der Nordseite auch slowenische Häftlinge gab, versuchte ich, über Jože Gole ihre Namen und Adressen herauszufinden. Ich versuchte es auch über den französischen Häftling Robin, aber der antwortete mir, dass die Slowenen bereits Post bekämen, wie ihm ein slowenischer Häftling anvertraut habe. Der sei misstrauisch und verstehe nicht, warum er einem Fremden ihre Adressen geben solle.

Am 3. Mai bekam ich von André Nicolas, einem Franzosen, der sich freiwillig zur SS gemeldet hatte, einen Brief, der mich sehr überraschte. Es handelte sich um einen Brief von der Front mit lokalem Poststempel und der Nummer -08392D-:

Er schrieb mir Folgendes:

Sehr geehrter Monsieur! Ich bin der Neffe von Herman Maurice[135]*. Ich schreibe Ihnen, um Sie zu bitten, mir Nachrichten von ihm zu senden. Ich bin Freiwilliger in der SS und für den Moment geht alles gut. Ich bin bei guter Gesundheit und hoffe, dass es meinem Onkel ebenso gut geht wie Ihrer Familie. Ich wäre sehr glücklich, wenn ich Sie treffen könnte. Sobald ich frei bekomme, nehme ich den Zug und besuche Sie. Geben Sie mir Ihre genaue Adresse, die Stadt oder den Ort, den Bahnhof, wo ich aussteigen muss, und wenn es eine Straßenbahn gibt, dann die Nummer der Linie.*
Mit besten Grüßen
Unterschrieben: Nicolas André, SS-Freiwilliger

---

135 Herman Maurice, geboren am 8.8.1913 in Nancy. Er kam am 22. April 1943 nach Mauthausen und im Juli desselben Jahres an den Loibl. Seine Häftlingsnummer war 28149.

KAPITEL VI

Nicolas schrieb mir wieder am 7. Mai. Neben Fragen, die seinen Onkel betrafen, bestätigte er mir seinen Wunsch, mich zu besuchen und bat mich, ihm einen Rasierpinsel, einen Kamm und eine schwarze Krawatte zu besorgen. Er würde die Dinge in dem kleinen Ort, wo er sich aufhielt, nicht bekommen.

Aus Furcht, der SS-Mann würde mich tatsächlich besuchen, beschloss ich, ihm nicht zu antworten und jeglichen Kontakt mit dem Häftling Hermann, der von den Briefen nichts wusste, abzubrechen. Diesen Rat gaben mir auch Professor Milač und mein Vertrauensmann Nosan aus Tržič. Sie wussten, dass die Ankunft von Ausländern auf dem Bahnhof von Tržič sehr riskant war, weil dieser ständig von Gendarmen kontrolliert wurde. Außerdem wurde der einzige Ort, an dem Besucher übernachten konnten, das Hotel »Pošta«, täglich überprüft.

Zum letzten Mal sprach ich im Juni 1944 auf der Straße in der Nähe des Straßenwärterhauses mit dem Onkel von Hermann. Er weinte und bat mich, ihm zu essen zu geben. Er war bis auf die Knochen abgemagert und litt an Durchfall. Bei seinem Zustand wurde er sicher nach Mauthausen zurückgeschickt, wo keiner mehr lebend davonkam.

Von dieser Zeit an interessierte ich mich mehr für den Inhalt der Briefe und schränkte auch ihre Zahl ein.

Anfang Mai 1944 verübten die Partisanen einen nicht ungefährlichen Anschlag auf das Postamt von Tržič. Sie nahmen Waffen, Munition und eine Schreibmaschine mit. Ich fürchtete, es würde Repressalien gegen die Beamten geben und die Kontrollen würden verstärkt. Zum Glück war dem nicht so. Die Person, die für die Briefe nach Frankreich zuständig war, blieb an ihrem Platz. Nach ein paar Tagen durfte ich nur noch einen Einschreibbrief oder eine Postkarte schicken, aber nach zwei Wochen war alles wieder wie früher.

Postdirektor in Tržič war Josef Walter aus Klagenfurt, „Sepp" genannt. Obwohl Mitglied der NSDAP, blieb er den Bewohnern der Stadt verbunden. Er tolerierte es, dass die Angestellten untereinander und sogar mit den Kunden Slowenisch sprachen. Nach einem Krankenstand wurde er von Smaguč abgelöst, einem überzeugten Nazi, der von Beruf Tischler war. Smaguč widersetzte sich kategorisch dem Gebrauch des Slowenischen im Postamt.

Die Telefonistin hieß Brigitte Müllneritsch. Sie wurde 1925 in Gödersdorf/Diča vas geboren und wohnte in Müllnern bei Villach. Diese Frau war ein überzeugtes Mitglied der Nazi-Partei und weigerte sich aus diesem Grund, Slowenisch zu sprechen. Mehrmals kam der Gestapochef Grau ins Postamt Tržič, um den Gesprächen zuzuhören. Er ordnete persönlich an, dass das Deutsche in Hinkunft die einzige im Postamt verwendete Sprache sein müsse und dass die Leute, die dieser Sprache nicht mächtig waren, einen Dolmetscher finden müssten.

Auch Theresia Kronner aus Villach arbeitete auf der Post, aber sie war als Nazi nicht so fanatisch.

1943 kamen auch Johanna Lach aus Stein vom Kärntner Postamt Tainach/Tinje und Erna Geilberger aus Lauen bei Villach ans Postamt in Tržič. Die Telefonzentrale des Postamtes war mit dem nächsten Gendarmerieposten verbunden.

Der Briefträger Franz Wallersdorfer war Mitglied der SS. Er war mit der Verteilung vertraulicher Postsendungen beauftragt. Er war Österreicher und arbeitete oft in Zivil.

Zu den Slowenen, die im Postamt arbeiteten, gehörten:

Anton Ožura aus Osilnica (bei Kočevje), Marija Kromar aus Ljubljana, Angela Zupan aus Križe, Jožica Gros aus Tržič, Danica Štefe aus Struževo (bei Kranj). Letztere war mit der Befreiungsfront in Verbindung und schloss sich im Oktober 1944 den Partisanen an. Weiters waren die Briefträger Janez Perko, Franc Ahačič, Rok Pogačar, Smole und Toporiš sowie die Putzfrau Cenka Golmajer auf der Post in Tržič tätig.

Nur Danica Štefe und die Briefträger Perko und Ahačič wussten von der Korrespondenz mit den Franzosen. Die Partisanenaktion auf dem Postamt von Tržič konnte dank der Unterstützung durch Danica Štefe stattfinden.

Wenn Pakete in aufgerissenem Zustand ankamen, musste Danica ihren Direktor davon in Kenntnis setzen und sie wieder an den Absender zurückschicken. Wenn Pakete an Deutsche geschickt wurden, dann nahm sie die Zigaretten heraus und ließ sie den Partisanen zukommen. Manchmal ging der gesamte Paketinhalt an die Partisanen.

Im Frühjahr 1944 gab es im Lager zum ersten Mal Fälle von Typhus. Die Häftlinge baten mich, ihnen vier Injektionsspritzen zu beschaffen. Ich sprach mit Danica Štefe darüber und sie ging in Tržič zu Doktor Premrou, der zwei davon besaß und ihr diese überließ.

Geldsendungen waren selten, aber wenn mir Geld zugeschickt wurde, dann war der Betrag zwei- bis viermal so hoch wie mein Gehalt als „technischer Assistent". Am meisten Geld erhielt Ivanoff.[136] Am Anfang fiel es

---

136 Am 17. Februar schickte ihm Madame Bossu aus Forbach 350 Reichsmark, am 29. April Monsieur Duhamel aus Berlin 600 Reichsmark. Maurice Riquet schickte Ende desselben Jahres zweimal 1500 Reichsmark gut versteckt in den Paketen, die ich allerdings nicht abholen konnte, weil es zu gefährlich war.

mir schwer zu begreifen, warum manche Häftlinge Geld brauchten, wo es doch im Lager keinen Ort gab, an dem man etwas kaufen konnte. Mit der Zeit verstand ich, dass dieses Geld dazu diente, Stubenälteste, Kapos, Gendarmen und SS-Leute zu bestechen, aber auch die Waren zu bezahlen, die manche Zivilarbeiter aus Tržič mitbrachten.

Auch andere Zivilarbeiter, die ebenfalls Kontakte zu slowenischen Häftlingen hergestellt hatten, brachten ihnen Briefe und Pakete mit, insbesondere im Juli 1944, als die Anzahl der slowenischen Deportierten sehr hoch war.

In den zahlreichen Berichten und wiedergefundenen Briefen ist vom Kroaten Jure Perkovič die Rede, vom Glaser Viktor Indihar aus Tržič, vom Zimmermann Franc Cvajnar, vom Schmied Franc Dejak, von Ivan Tehovnik, vom Chauffeur Jurij Štucin, vom Tischler und Zimmermann Franc Intihar, vom Maurer Miha Grilc aus Primskovo, der Nachrichten von Janez Barbo an dessen Frau Francka nach Smlednik überbrachte, von Maks Orešnik aus Perovo bei Kamnik, von Rudi Kavčič aus Stražišče, von Franc Bertoncelj aus Slovenske Konjice, Toni Zupančič aus Jesenice, von Matevž Podjed aus Šenčur, vom Kroaten Mile Pernar, von der Frau des Schmiedes Knaflič aus Bled, von Ivan Podrekar aus Tržič, von Franc Opara aus Trebjhe, vom Polier Max Spitzer, der für den Steinbrecher zuständig war, und von anderen.

Der französische Zwangsarbeiter Georges Lucat war als ziviler Chauffeur bei der „Universale" tätig. Auch er half seinen Landsleuten sehr viel. Bei der Arbeit war er mit Roger Russel in Kontakt, der ihm auch Briefe anderer Häftlinge überbrachte. Die Antwortschreiben aus Frankreich und sogar ein paar Pakete wurden an die Adresse Lucats geschickt.

Raoul Hennion kam mit dem Transport vom 2. Juni 1943 an den Loibl. Er konnte mit André Depierre, einem französischen Zivilarbeiter, der als Chauffeur tätig war, in Kontakt treten und bekam über dessen Vermittlung Pakete und Briefe.

Auch die Eltern des Häftlings Pierre Duverdier konnten von ihrem Sohn Nachrichten erhalten, wie ein Brief vom 2. August 1943 zeigt, den Depierre in Österreich aufgab:

Ich möchte Ihnen hiermit Nachrichten von Ihrem Sohn Pierre übermitteln: Ich habe ihn hier bei der Arbeit getroffen und ich kann Ihnen versichern, dass er bei guter Gesundheit und dass seine Moral ausgezeichnet ist. Seien Sie daher beruhigt, was das Schicksal Ihres Sohnes betrifft. Er wird und wir werden bald nach Hause zurückkehren. Monsieur, bitte entschuldigen Sie die Kürze meines Briefes und verstehen Sie, dass ich nicht mehr machen konnte, weil es ernsthafte Gründe gibt, die dies verhindern.

Von 1943 bis Juni 1944 war André Depierre auch mit anderen Häftlingen in Kontakt. Die Position der über STO zwangsrekrutierten Chauffeure war sehr heikel, denn die Häftlinge erwarteten viel von ihnen. André Depierre informierte sie von Zeit zu Zeit über den Kriegsverlauf oder nahm Fragen und Nachrichten von Häftlingen entgegen, die die Lastwagen entluden. Er wohnte in Tržič im Hotel »Pošta«, wo er eine Kellnerin, Mici Špeh, kennen lernte, die Französisch lernen wollte. Aber im Juni 1944 wurde er festgenommen und drei Monate lang in Radovljica, in Kranj und in Begunje eingesperrt, weil in seinem Lastwagen versteckt ein Paket für einen Häftling gefunden wurde. Die Briefe, die er im Juni erhielt, wurden nicht verteilt, sie wurden nicht einmal aufbewahrt.

Depierre wurde am 9. September 1944 freigelassen. Nach entsprechenden Instruktionen kehrte er zu seiner Arbeit nach Tržič zurück, aber er durfte nicht ins Lager und nicht in die Nähe der Häftlinge kommen. Nach Kriegsende heirate er Mici Špeh und kehrte nach Frankreich zurück. Aber bei seiner Rückkehr hatte er Probleme mit den französischen Behörden, denn einige Häftlinge, die nicht wussten, dass er im Juni 1944 verhaftet worden war, hatten ihn angezeigt und beschuldigten ihn, Pakete, die für sie bestimmt waren, selbst geöffnet zu haben.[137]

Im Juli 1944 wurde Mici Špeh selbst auf Grund der Anzeige einer Kellnerin namens Tinka festgenommen und erst eine Woche in Tržič, dann drei Monate in Radovljica eingesperrt. Der Besitzer des Hotels »Pošta«, Walter Elsner, ein Jugoslawe deutschen Ursprungs und Mitglied der Hitlerorganisation „Kulturbund", konnte bei den deutschen Behörden ihre Freilassung erreichen. Zum Glück wusste die Gestapo nicht, dass Jakob, der Bruder von Mici, bei den Partisanen kämpfte.

Es ist interessant festzustellen, dass der Briefwechsel zwischen den Häftlingen und ihren Angehörigen bis in die letzten fünf Monate der Existenz des Lagers hinein fortdauerte. Manche Häftlinge waren als Erstes mit mir in Verbindung gewesen und die Orte, wo Briefe und Pakete ihren Besitzer wechselten, blieben nach wie vor die Schmiede- und Schlosserwerkstatt und das Magazin auf der Baustelle.

---

137 Bericht von Madame Depierre, geborene Špeh, zu Beginn der Achtzigerjahre, knapp nach dem Tod ihres Mannes.

KAPITEL VI

Zahnziehen und Zwiebelessen

Im Frühjahr 1944 ordneten Kommandant Winkler und Dr. Ramsauer für alle neu ankommenden Häftlinge eine Zahnkontrolle an, nicht, um die Zähne zu heilen, sondern um die Goldzähne herauszunehmen.

Keinerlei Anästhesie wurde gegeben, wenn ein Zahn gezogen wurde. Gebraucht wurde nur ein Holzsessel, eine Zange und die Hände der „Zahnärzte", manchmal auch der Kapos.

Am 13. Juli 1944 kam ein Transport mit 183 Deportierten auf den Loibl. Als die SS-Leute durch Tržič marschierten, warf eine Tochter des Glajt-Hauses den Gefangenen ein paar belegte Brote zu. Eines dieser Brote kam dem Häftling Franc Bešter aus Paloviče in die Hände. Sein Leidensgenosse Franc Pirker aus Ribnica riet ihm, das Brot zu verstecken, was er auch tat. Die SS-Leute nahmen die Brote sofort in Beschlag und eine Frau rief aus der Menge:

„Schaut! Der dort hat eines zwischen den Beinen versteckt!"

Der SS-Mann schlug Bešter mit dem Pistolenkolben auf den Mund und brach ihm dabei die oberen Schneidezähne. Am nächsten Tag gab es eine Zahnkontrolle. Bešter wurde gefragt, wo seine Zähne geblieben wären. Er erzählte, was passiert war. Er musste sich auf einen Stuhl setzen und man riss ihm die übrigen Zähne aus ... (Alojz Odar)

Im Lager verbreitete sich die Nachricht, dass eine Gruppe von Zahnärzten gekommen wäre. Das war Ende 1944. Es waren ihrer zwei: ein SS-Leutnant (der Chef) und ein polnischer Häftling (der Assistent). Auf einem Holzstuhl sitzend musste der Patient nur den Mund öffnen. Ohne zu sprechen ... Es ging nicht um Behandlung, um Wiederherstellung, um Vorbeugung, sondern einzig und allein um das Reißen der Zähne ... Zeuge ist dieser wackere Bauer aus der Charente, Vater Charles, dem die Bestien in zehn Minuten einundzwanzig Zähne zogen und alles in allem nur einen Zahnstumpf ließen, und der mit der Nachtschicht schon wieder zur Arbeit musste und nicht einmal die Möglichkeit bekam, Schleim und Blut in seinem Mund mit Leitungswasser auszuspülen ... (Gaston Charlet)

Sobald die „Arbeit" auf der Südseite beendet war, kamen die beiden auf die Nordseite. Janez Ihanec aus Trbovlje berichtet:

Auf den Appellplatz wurde ein Lehnstuhl gestellt. Mir wurde ein Zahn ausgerissen. Am meisten machte ein Tscheche durch, dessen Zähne alle schwarz waren. Am ersten Tag wurden alle Zähne auf der einen Kieferseite, am nächsten Tag auf der anderen ausgerissen. Er schrie vor Schmerz. Weil er den Mund nicht offen halten konnte, hatte man ihm etwas hineingesteckt.

Sein Mund war eine einzige Wunde und er konnte nicht mehr essen und trinken.

Dominique Berbel sah, wie einem ihrer Leidensgenossen dreiundzwanzig Zähne gerissen wurden. Der Häftling hatte danach fürchterliche Schmerzen. Jože Puželj wurden im Frühjahr 1944 auf der Nordseite vier Zähne gerissen.

Auf der Südseite verlor Boško Dragić sechs Zähne auf diese Weise, Grgo Ugrin vier. Später erzählte er mir:

Die Zähne zog ein Deutscher, Assistent war der französische Zahntechniker Roger Puybouffat. Manche schrien fürchterlich während der Operation oder sie blieben nicht sitzen. In diesem Fall wurden ihnen die Hände am Rücken festgehalten, zwei Leute setzten sich auf ihre Knie, während einer den Kopf an der Stirn festhielt.

Am 6. Mai 1944 kam ein Häftlingstransport aus Mauthausen. Auch diese Deportierten mussten sich der Kontrolle unterziehen. Unter ihnen befand sich Branko Danković aus Belgrad. Die Häftlinge mussten sich nacheinander auf den Lehnstuhl setzen, während sich der Zahntechniker im weißen Mantel, mit einer Zange bewaffnet, vor ihnen aufstellte. Mit starken Armen ergriffen die „Zahnärzte" die Häftlinge und rissen ihnen nach Lust und Laune die Zähne aus. Dem Häftling aus Belgrad versuchten sie drei Oberzähne zu ziehen, aber sie schafften es nur, die Zähne abzubrechen.

Zu Beginn des Winters 1944 erfuhren wir um die Mittagszeit, dass wir zu einer Zahnkontrolle müssten, die von einem SS-Zahnarzt und seinem Assistenten, einem Häftling, der Zahntechniker sei, durchgeführt würde. Alle Häftlinge, die in der Nachtschicht im Tunnel gearbeitet hatten und um halb sieben Uhr früh von der Arbeit zurückgekehrt waren, mussten sich ab 14 Uhr für die Zahnkontrolle bereithalten.

Unsere Gruppe, die an der Straße arbeitete, musste am Abend zur Kontrolle. Als wir um 18 Uhr zurückkehrten, haben wir sofort verstanden, was passiert war. Wir sahen Kameraden, die mit acht, zehn, in bestimmten Fällen sogar zwölf Zähnen weniger in den Tunnel gingen, wo die Temperaturen kalt und der Luftzug beträchtlich war. Manche hatten zwei Aspirintabletten bekommen, um den Schmerz zu lindern, aber nicht alle.

Angesichts dieses Blutbades haben Garnier, Morin und ich beschlossen, alles zu tun, um bestimmten Kameraden, die schlechte Zähne oder – was noch schlimmer war – Goldzähne hatten, den Weg zu diesen so genannten „Zahnärzten" zu ersparen.

KAPITEL VI

Wir besaßen eine Reserve von 120 Zigaretten, die im Bedarfsfall gegen Nahrung, Brot oder Suppe getauscht werden sollten. Wir dachten sofort, wir könnten damit die beiden Häftlinge, die die „Zahnärzte" begleiteten, dazu bringen, die Deportierten, deren Nummern wir ihnen bekannt geben würden, als bereits kontrolliert auszugeben. Die Angelegenheit wurde im Raum auf der linken Seite von Baracke Nr. 2 ausgehandelt, einer Schreibstube, wo die Zahnextraktionen stattfanden.

Verhandlungsführer war Louis Garnier, ich war auch dabei. In der Zwischenzeit versuchten einige Kameraden unter der Führung von Morin herauszufinden, wer unter der Kontrolle am meisten zu leiden hätte. Wir bekamen eine Liste von zwanzig Häftlingsnummern, aber leider hatten wir nicht genug Zigaretten, um allen zwanzig die Tortur zu ersparen, denn Loulou (Louis Garnier) hatte in den Verhandlungen nur erreicht, dass wir für jeden nicht kontrollierten Häftling zehn Zigaretten geben müssten. Es musste also eine Auswahl getroffen werden, was niemals leicht fällt. Ich kann nur sagen, dass keiner von uns drei von diesem Geschäft profitiert hat. Eine Stunde später hatten wir ein paar Zähne weniger. Ich erinnere mich nicht mehr, wie es Loulou und Albert erging, aber meine drei Zähne fielen in eine Kiste, die bereits recht voll war. Viele erinnern sich noch an diesen Tag und an diesen Abend. Ich glaube, der Rekord wurde im Südlager mit achtzehn gerissenen Zähnen erreicht. Ich sehe uns noch alle an den Waschbecken, wie wir uns unseren blutigen Mund mit eiskaltem Wasser spülen, das wir an diesem Tag ganz besonders zu schätzen wussten.

Albert, Loulou und ich haben uns an diesem Abend die Frage gestellt: War es richtig, auf ein paar Bissen Brot zu verzichten, die für alle so wichtig gewesen wären? Die Antwort bekamen wir schon am nächsten Morgen, als wir Männer sahen, die, vom Fieber geschüttelt, ihr kärgliches Stück Brot nur dann zu sich nehmen konnten, wenn sie es in Wasser oder in den schlechten Kaffee tauchten ..: (Louis Breton)

Ganz anderer Art war die Operation „Zwiebel". Wir wurden damit an einem Sonntagvormittag konfrontiert ... Gleich nach dem Wecken kam der Befehl, dass wir sofort die Baracken verlassen und uns auf dem Appellplatz versammeln müssten. Ohne Mantel und ohne Mütze ... Die Temperatur lag bei zehn Grad unter null ... Wir mussten wie beim normalen Appell in Fünferreihen antreten. Dann mussten wir unbeweglich und vor allem schweigend in Habtachtstellung warten. Vor Kälte schlotternd, mit knirschenden Zähnen und dem Zusammenbruch nahe sahen wir die große Erscheinung des Lagerkommandanten in seinem graugrünem Mantel. Er sprach zu uns, auf den

Stiegen einer Baracke stehend, und die Dolmetscher mussten wie üblich ins Französische und ins Russische übersetzen.

In der Region sind Fälle von Skorbut gemeldet worden. Aus Herzensgüte wolle man uns vor den Angriffen dieser Krankheit schützen. Deshalb habe die Lagerverwaltung von Mauthausen in ihrer unermüdlichen Sorge eine Ladung Zwiebeln geschickt. Sie würden an uns verteilt werden und müssten an Ort und Stelle gegessen werden. Damit wäre die Gefahr, an Skorbut zu erkranken, für uns endgültig gebannt. Heil Hitler! Die Männer der Küche gingen mit großen flachen Kisten in den Händen durch die Reihen. Jeder musste eine Zwiebel nehmen und an Ort und Stelle zerkauen. Es gab kleine und große Zwiebelstücke. Die kleinen waren schnell weg. Um neun Uhr morgens, wenn man regelrecht durchgefroren ist und seit Abend nichts mehr in den Magen bekommen hat, eine große Zwiebel zu essen, gehört nicht gerade zu den gastronomischen Freuden. Umso weniger, als sie schlecht geschält waren und weil wir sie ohne Klagen zur Gänze essen mussten. Sogar der Kommandant selbst stieg am Ende von seinem Podest und inspizierte mit großem Ernst die Häftlinge, um sicherzugehen, dass keiner die rettende Zwiebel verweigert hätte. Er ging sogar so weit, dass manche Häftlinge ihren Mund öffnen mussten, damit er kontrollieren konnte, ob die Zwiebeln auch vollständig verschluckt wurden.

Vom Skorbut blieben wir verschont, ohne dass uns jemand hätte sagen können, ob die Zwiebeln dazu beigetragen hatten. Aber zwei junge Häftlinge erkrankten an Lungenentzündung und kamen am folgenden Donnerstag in Krankenbehandlung. In den nächsten Monaten spuckten sie ihre Lungen aus. Für sie hatte die Farce als Tragödie geendet, aus der sie nicht wieder herauskamen ... (Gaston Charlet)

Auch auf der Nordseite bekamen die Häftlinge Zwiebeln zu essen, wie Louis Breton berichtet:

An einem Sonntagmorgen ließen sie uns auf dem Appellplatz antreten und an jeden von uns wurde eine große rohe Zwiebel verteilt, die wir vor ihnen essen mussten. In der Folge erklärten sie uns, dass das sehr gut gegen Skorbut wäre ...

Getötete und eingeäscherte Häftlinge

Die genaue Anzahl der Toten vom Loiblpass ist bis zum heutigen Tag unbekannt. Schätzungen ergeben etwa vierzig. Französischen Häftlingen war es gelungen, in der SS-Kartei – bevor diese vernichtet wurde – eine Liste von zweiunddreißig Toten und Verbrannten zu entdecken, die sie später rekonstruieren konnten, aber aus Unwissenheit vergaßen sie dabei, den Deutschen Rudolf Lau in die Liste aufzunehmen.

Die ursprüngliche Liste wurde vermutlich mehrmals übertragen, daher die Fehler beim Datum, bei den Vor- und Familiennamen. Der Verfasser der Liste wusste nicht, dass der Leichnam des Polen Turunski nicht verbrannt, sondern in einen Abgrund geworfen wurde.

Die Dokumentation, über die ich verfüge, umfasst drei Listen, zwei davon handgeschrieben. Aus der einen geht hervor, dass die toten Häftlinge sowohl auf der Nord- als auch auf der Südseite eingeäschert wurden, während die andere nur das Südlager betrifft. Es stimmt, dass auf beiden Seiten des Loiblpasses Leichen verbrannt wurden, aber mehr auf der Südseite.

Meine Nachforschungen im Lauf der vergangenen Jahre haben gezeigt, dass die französische Liste unvollständig ist und dass sie vor allem nur die verbrannten Opfer auf der Südseite berücksichtigt. Die Daten zu den getöteten Häftlingen habe ich in verschiedenen Archiven gesammelt, meine Listen sind daher genauer.

Auf der Grundlage dieser von mir überprüften Listen lässt sich sagen, dass 32 Häftlinge eingeäschert wurden: 10 Franzosen, 9 Polen, 5 Russen, 3 Deutsche oder Österreicher, 2 Italiener (davon einer aus Istrien), 1 Norweger, 1 Tscheche und 1 Belgier (der irrtümlich als Franzose angesehen wurde).

Das Krematorium auf der slowenischen Seite wurde im August 1943 gegraben. Es handelte sich um eine zwei Meter lange, ein Meter breite und eineinhalb Meter tiefe Grube, die von den Franzosen Georges Célarié und Maurice Arnould ausgehoben wurde. Die Wände wurden vom Maurer René Lombard mit Steinen bedeckt. Das Krematorium befand sich am Rand des Wildbaches, der von der Selenitza kommt, knapp dreißig Meter von der Sanitätsbaracke entfernt, fünf Meter unterhalb der Lagerfläche.

Louis Balsan berichtet:

Der Tote wurde – oft in einem Brotkorb – hintergelassen und auf einen Scheiterhaufen geworfen, der in dem mit Steinen vermauerten Loch auf folgende Weise errichtet wurde:
– eine Lage Stroh, mit dem der Scheiterhaufen in Brand gesetzt wurde,
– zwei Eisenbahnschienen, die auf den Steinmauern auflagen und auf die die Holzscheite gelegt wurden.
Der Leichnam wurde nackt hingelegt, mit dem Gesicht nach unten.

Abb. 33: Das Krematorium des Südlagers, Aufnahme unmittelbar nach der Befreiung.

Waren die Vorbereitungen zu Ende, dann wurde der Scheiterhaufen mit Benzin übergossen. Das Feuer legte der SS-Krankenpfleger.

An den Vorbereitungen zur Einäscherung arbeiteten nicht immer dieselben Häftlinge, obwohl manche wiederholt dafür herangezogen wurden. Die Franzosen Jean Barbier, Pierre Tétard, Daniel Alliot, Louis Balsan und andere mussten am öftesten Holz oder auch die Toten selbst bringen. Am allerhäufigsten kam der 23 Jahre alte Franzose Bernard Aujolas zum Einsatz; er musste den Scheiterhaufen vorbereiten.

Gaston Charlet erwähnt in seinem Buch „Karawanken" den Tod eines Häftlings namens »Haluszka«. Es handelt sich dabei zweifellos um Andrzej Haluszka, geboren am 22.11.1922 in Widosza, Häftlingsnummer 34158. Dieser Deportierte schien auf der französischen Liste nicht auf.

Am 15. September 1943 arbeitete ich ausnahmsweise auf der slowenischen Seite, wo der polnische Häftling Jan Haluszka wegen Fluchtversuchs erschossen wurde. In Wahrheit hatte ihn ein Kapo über die Postenlinie getrieben. Wir erfuhren erst später, dass es sich um vorsätzlichen Mord handelte. Der SS-Mann bekam dafür zwei Wochen Urlaub. Sämtliche Dokumente, die Haluszka betrafen, sind seit diesem Tag nicht mehr auffindbar … (Auszug aus einem Brief von Josef Ržetelsky an mich)

Kurt Windt war Deutscher, er wurde am 20.11.1902 in Königsberg geboren. Vor seiner Festnahme war er Küchenchef bei von Ribbentrop in der deutschen Botschaft in London. Man konnte annehmen, dass er wegen eines Diebstahls festgenommen wurde. Er kam zwischen 4. und

11. November 1942 nach Mauthausen, bekam dort die Häftlingsnummer 14353 und wurde mit dem ersten Transport als politischer Häftling an den Loibl geschickt, wo er in der Häftlingsküche zum Kapo ernannt wurde. Er war für seine höflichen Umgangsformen bekannt, die er zweifellos in der Zeit erworben hatte, als er in der Botschaft in London seines Amtes waltete. Als Koch lebte er besser als die anderen Häftlinge.

Sein Freund war der 32 Jahre alte französische Kuppler René Jacquemin, genannt „Fatalitas". Windt wählte seine Liebhaber unter den jungen französischen Häftlingen aus. Politisch war er kein Nazi. Der Küchenverantwortliche schlug Windt einmal so stark, dass dieser zwei Tage lang ohne Bewusstsein blieb. Eines Tages machte Windt absichtlich einen riesengroßen Fehler und wurde als Strafe zur Arbeit in den Tunnel geschickt. Bevor er das Lager verließ, schenkte er „Fatalitas"[138] seine Armbanduhr. Aber die schwere Arbeit machte er nur eine Zeit lang. Am 17. September 1943 überschritt er heroisch die Postenlinie. Obwohl die Wache „Halt!" rief, ging er ruhig weiter, als mache er einen Spaziergang. Irgendein SS-Mann erschoss ihn vom Wachhaus aus. Links vom Tunnelportal, nicht weit vom Tunnel entfernt, fiel er unter einer Fichte zu Boden. Windt hatte oft gesagt, er hätte von allem genug und würde eines Tages über die Linie gehen ... (Georges Huret, Louis Balsan und Ivan Bergant)

Der Häftling André Frontczak, der mit Windt in der Küche gearbeitet hatte, berichtete später, dass Windt als Koch in der deutschen Botschaft in Paris gearbeitet habe und auch gut Französisch sprach. Er war „aus besonderen Gründen" verhaftet worden und hatte ein rosa Dreieck getragen.[139]

Vorsätzlicher Mord an zwei Häftlingen

Das SS-Kommando beschloss, vier Häftlinge zu töten, zweifellos auf Grund von Denunziationen seitens von Kapos, Stubenältesten oder Kommandoführern. Die Morde sollten in aller Öffentlichkeit auf der Baustelle stattfinden, aber getarnt als Reaktionen auf Fluchtversuche.

Es handelte sich um die folgenden Häftlinge:

---

138 René Jacquemin
139 In den Konzentrationslagern mussten Homosexuelle ein rosa Dreieck tragen. Soweit bekannt ist, trug Windt am Loibl niemals ein solches Dreieck, vielleicht aber in Mauthausen. Auf der Transportliste vom 3. Juni 1943 ist er als deutscher politischer Häftling eingestuft.

1) Julian Majchrowicz, polnischer Häftling, geboren am 13.6.1912 in Drahobyscz, Häftlingsnummer 33190
2) Josef Pospišil, tschechischer Häftling, geboren am 16.3.1920 in Krupa, Häftlingsnummer 32738
3) Louis Balsan, französischer Häftling
4) ein russischer Häftling, dessen Name uns nicht bekannt ist.

Abgesehen von Louis Balsan waren alle Häftlinge im September 1943 an den Loibl gebracht worden. Am Sonntag, dem 31. Oktober, wurden rote Kreise auf ihre Jacken genäht. Dieses Zeichen bedeutete für Kapos und Kommandoführer, dass sie – entweder durch List oder durch Gewalt dazu genötigt – die Postenlinie zu überschreiten hätten. Nur die Wachen kannten die genaue Position dieser Linie, die zwischen zwei Wachposten verlief. Jedenfalls galt die Regel, dass ein mit rotem Kreis gekennzeichneter Häftling nicht mehr lebendig ins Lager zurückkehren durfte. Der für die Hinrichtung vorgesehene Ort war die Baustelle links vom Tunnelportal, neben dem Steinbrecher, in Richtung Begunjščica.

Laut der französischen Liste soll der Pole Majchrowicz am Montag, dem 1. November, der Tscheche Pospišil am Dienstag, dem 2. November 1943, ermordet und verbrannt worden sein.

Dem widerspricht der Bericht im Buch von Louis Balsan, «Le Ver Luisant»:

An einem Sonntagnachmittag schlich ich mich, von Hunger gequält, in den Keller, um ein paar Kartoffeln zu stehlen. Gerade in diesem Moment wurden die Häftlinge der Strafkompanie gerufen, um von einem Lastwagen Zement abzuladen. Als ich mit Verspätung aus meinem Versteck kam, bekam ich eine Tracht Prügel, und der Lagerälteste sagte zu mir:

„*Morgen Tunnel!*"

Sie nähten mir eine rote Scheibe auf die Brust und noch vor dem Morgengrauen des 2. Novembers machte sich unser elendes Kommando zur Tunnelbaustelle auf. Dort mussten wir – ein Tscheche (Pospišil), ein Russe, ein Pole und ich, alle vier mit der roten Scheibe „geschmückt" – heraustreten und der alte SS-Adjudant, den wir «Trompe-la-mort»[140] nannten, streckte seinen Arm gegen den Berggipfel und sagte:

„*Und jetzt könnt ihr zu Stalin gehen!*"

Wir trennten uns von unseren Kameraden und mussten in einer abgelegenen Ecke der Baustelle Schienen transportieren. Am späten Vormittag wurden

---

140 Gemeint ist der SS-Mann Ernst Mayer (Anmerkung des Übersetzers)

KAPITEL VI

Pospišil und der Pole über die Linie zwischen den Wachen gejagt: „Fluchtversuch!" Damit war ihr Schicksal offiziell besiegelt.
Es brauchte sieben Gewehrsalven, um Pospišil zu töten. Verloren, wie er war, rannte er in Richtung Gebirge. «Trompe-la-mort» gab ihm schließlich mit seinem Dienstrevolver den Gnadenschuss.
Nach dieser blutigen Szene läutete die Elf-Uhr-Sirene das Ende der Arbeit … Wir hatten noch einen Aufschub!
Wir stießen in der Baracke zu unseren Kameraden und aßen, auf den Bänken aufgereiht, unsere kärgliche Suppe. Niemand wollte sich neben mich und den Russen setzen.
Wir waren wie mit glühendem Eisen gekennzeichnete Tiere, die am Nachmittag zur Schlachtbank geführt wurden. "Dead in the afternoon" …
Der 2. November war der Todestag meines Vaters. Was für ein bewegendes Omen! Ich wusste, dass ich an diesem Nachmittag sterben würde und bereitete mich innerlich darauf vor. Ich sprach zuerst das Reuegebet, in der Hoffnung, jemand könnte mich hören, und dann alle möglichen Gebete, die mir in den Sinn kamen. Mit lauter Stimme. Eine halbe Stunde später ertönte der Pfiff zum Antreten. Zu meiner großen Überraschung wurde ich wieder in den Arbeitstrupp eingegliedert … Was war geschehen?
Das Gemetzel am Vormittag hatte das Personal der Baufirma, für die wir Bagno-Sträflinge arbeiteten, schockiert. Die Sekretärinnen dieser Herren hatten angesichts des grausigen Spektakels Schreie ausgestoßen. Der leitende Ingenieur, Träger der Goldmedaille der Nazi-Partei, hat mit Kommandant Winkler gesprochen und von oben kam der Befehl. Man nahm mir den roten Kreis ab und ich kehrte zu den anderen Häftlingen zurück.
Es ist ohne Zweifel richtig, dass die Firma Universale beim SS-Kommando interveniert und gegen die Morde, die vor den Augen der Zivilarbeiter begangen wurden, protestiert hat. Zeugen bestätigten, dass die Häftlinge keineswegs versucht hatten zu fliehen, sondern dass es sich hier um vorsätzlichen Mord handelte, und die Nachricht von diesem Verbrechen verbreitete sich unter den Zivilisten.[141]
Wenn wir drei Berichte von Zivilarbeitern betrachten, so stimmen diese zwar nicht völlig überein, aber sie beziehen sich zweifellos auf ein und dasselbe Ereignis.
Im November 1943 wurde ein polnischer Häftling in meiner Nähe hingerichtet. Er trug einen roten Punkt und befand sich unter dem Steinbrecher,

---

141 Zu diesem Zeitpunkt etwa 750 Personen

dort wo die kleinen Waggons mit Hilfe eines dicken Seils gezogen werden. Der Pole planierte mit seinen Kameraden den Ort, wo die Schienen gelegt werden sollten. Plötzlich tauchte ein Kapo auf, nahm ihm die Spitzhacke und seine Mütze weg, warf beides weit weg und befahl ihm, sie zu holen. Als der Pole sah, wo diese Gegenstände lagen, drehte er sich um, kniete sich mit zum Himmel erhobenen Händen nieder und flehte den Kapo an, ihn nicht in den Tod zu schicken. Dieser begann ihn zu stoßen und zu misshandeln und befahl ihm, zu gehorchen, aber der Häftling flehte weiter. Der Kapo trieb ihn bis zu dem Platz, wo das Material aufgeschüttet wird, und brachte ihn dort zu Fall. Der Pole begann hinaufzuklettern. In diesem Moment schoss eine Wache, aber der Schuss verfehlte ihn. Danach schoss ein anderer SS-Mann mit seinem Gewehr und verletzte ihn zunächst an der Hand. Dann lief der SS-Mann zu ihm und tötete ihn mit einem Schuss aus seiner Pistole. Die Häftlinge mussten seine Leiche auf die Hochfläche tragen. Dort wurde er auf eine Tragbahre gelegt und ins Lager gebracht, wo ihn der SS-Arzt untersuchte. Schließlich wurde er im Krematorium verbrannt ... (Janez Barlič)

Eines Tages gegen Ende 1943 stand ein polnischer Häftling fortgeschrittenen Alters in der Nähe des Steinbrechers. Ein Kapo polnischer Nationalität riss ihm seine Mütze vom Kopf und warf sie auf den Drahtzaun bei der Wachhütte. Ein Polizist schoss auf ihn, verfehlte ihn aber. Der Pole kniete sich nieder und bat mit erhobenen Händen, ihn nicht zu erschießen. Daraufhin befahl ihm der Kapo, seine Mütze zu holen, und er wurde von einer anderen Wache erschossen. Ich habe diese Wache später nicht mehr gesehen und es wurde behauptet, die Wache sei bestraft worden. Der tote Häftling wurde weggetragen, und man konnte bei seiner Verbrennung den Geruch wahrnehmen ... (Léonard Cenčič)

Ein polnischer Häftling arbeitete auf dem Areal, wo das Hotel Garni stand, das heute nicht mehr in Betrieb ist. Der Kapo zwang ihn, etwas von der anderen Seite der Postenlinie zu holen, was der Pole verweigerte, denn er wusste, was ihn erwartete. Der Pole flehte den Kapo an, aber das half ihm nichts. Der Kapo zwang ihn zu gehen. Im selben Moment fiel ein Schuss. Ich befand mich in einer Entfernung von dreißig Metern und habe alles gesehen. Wir wurden alle von Angst und Entsetzen gepackt ... (Vinko Grašič)

Der französische Häftling Maxime Thiery, geboren am 6.12.1910 in Nomeny, von Beruf Fleischer, muss der erste Häftling gewesen sein, der auf der Kärntner Seite ermordet wurde. Er war mit dem Transport vom 16. Juli 1943 an den Loibl gekommen und hatte die Häftlingsnummer 28600.

KAPITEL VI

An 27. November 1943 wurde er an dem Ort, wo er arbeitete, ohne Grund erschossen. Die SS rechtfertigte dieses Verbrechen unter dem Vorwand eines Fluchtversuchs. Der Mord wurde in der Nähe des Lagers auf der Straße rechts des Weges zum Bauernhof Pamž verübt. Der Häftling Bernard Aujolas musste den Toten entkleiden und die Kleider aufbewahren.

Ich war anwesend, als Thiery erschossen wurde. Er gehörte zu einer Gruppe von etwa zwanzig Arbeitern, die in der letzten Reihe des Häftlingszuges arbeiteten. Ein SS-Mann ergriff seine Mütze und warf sie zwei oder drei Meter weit weg. Thiery wollte sie aufheben, aber er wurde von einer Wache unter dem Vorwand erschossen, er hätte flüchten wollen. Sein nackter Körper wurde ins Lager gebracht und blieb dort Samstag und Sonntag hinter einer Baracke liegen. Dann wurde er verbrannt ... (Pierre Ancelot)

Französische Häftlinge bezeugten, dass unter dem Vorwand des Fluchtversuchs folgende Deportierte erschossen wurden:
- am 3. Jänner 1944 der Pole Johann Gukorski, geboren am 19.4.1919 in Trolagi, Häftlingsnummer 25064
- am 8. Februar der Russe Mihael Kruk, geboren am 1.1.1911 in Narajow, Häftlingsnummer 34682
- am 16. Februar der Pole Czeslaw Kowalski, geboren am 11.4.1909 in Lodz, Häftlingsnummer 34553
- am 19. Februar der Pole Ignacy Fryc, geboren am 2.1.1910 in Brzezna, Häftlingsnummer 34933.

Leider gibt es kein schriftliches oder mündliches Zeugnis zum Tod von Johann (Jan) Gukorski. Dass am 8. Februar ein Häftling erschossen wurde, zeigen die Tagesberichte der SS und die Angaben zur Anzahl der Deportierten im Lager, die ich gesammelt und aufbewahrt habe. Dort kann man lesen: 8. Februar: Gesamtanzahl 686, 9. Februar: 685 Häftlinge.

Der Name Kruk wird in dem polnischen Buch „Kompania Stary" erwähnt, aber geschrieben steht Jan (und nicht Michael) Kruk aus Tarnopol. Er wurde wegen Fluchtversuchs erschossen, ebenso wie der Russe Sascha, der ein paar Tage vorher getötet wurde.

Jožef Ržetelski schrieb mir in seinem Brief vom 9. März 1984:

Im Frühjahr wurde auf der Nordseite Jan Kruk aus Tarnopol erschossen, weil er auf dem Weg zur Arbeit eine halb verfaulte Kartoffel aufgehoben hatte. Auf Befehl der SS-Leute stieß ihn der französische Kapo François über die Zufahrtsstraße auf den bewaldeten Abhang. Das genügte, um zu behaupten, er hätte die Postenlinie überschritten. Er wurde von einem SS-

Mann erschossen. Mit Hilfe anderer Häftlinge wurde seine Leiche auf die Straße zurückgebracht ...

Die Tagesberichte der SS-Leute bestätigen den Tod von Czeslaw Kowalski am 16. Februar 1944 (16.12.1944: 685 Häftlinge; 17.2.1944: 684 Häftlinge). Es gibt keinen Bericht über den Grund und den Ort seines Todes, aber zweifellos starb er auf der Nordseite.

Auch über den polnischen Häftling Ignacy Fryc wissen wir nichts. Aus den SS-Tagesberichten geht hervor, dass am Samstag, dem 19. Februar 1944, 684 Häftlinge im Lager waren, am Sonntag waren es nur noch 683.

Zeugenaussagen

Jakob Winkler:
Ich erinnere mich an den Fall einer Hinrichtung, über die ich vom Kommandoführer Brietzke informiert wurde. Das war Anfang Frühjahr 1944. Brietzke gab in seinem Bericht an, dass ein Gefangener infolge eines Fluchtversuchs erschossen worden sei. Aus diesem Grund befragte ich die SS-Wache. Soweit ich mich erinnere, handelte es sich um einen gewissen Vavpotič. Aber ich habe mich nicht an den Ort des Geschehens begeben.

Walter Brietzke:
In einem Kommando wurde ein Häftling getötet. Das muss im Februar 1944 gewesen sein, und zwar hinter dem Transformator bei den Waschräumen. Als ich eines Morgens zur Lagerverwaltung gehen wollte und gerade im Gespräch war, hörte ich einen Schuss und gleich darauf zwei weitere. Ich ging an den Ort, von dem die Schüsse kamen, und sah den Wachposten Vavpotič, der gerade zielte und ein viertes Mal schießen wollte. Ich rief ihm zu, damit aufzuhören. Er senkte sein Gewehr ...

Ich sah einen Gefangenen, der jenseits der Postenlinie stand. Er war nicht verletzt. Ich ging zu ihm und zwang ihn, zurückzukehren. Ich überließ ihn dem Kapo Herbert, dem ich befahl, den Häftling zur Arbeit zurückzuschicken, dann setzte ich meinen Weg fort. Vielleicht zehn Minuten später hörte ich neuerlich einen Schuss, gefolgt von zwei weiteren und nach einer kurzen Pause noch einen. Ich ging an den Ort des Zwischenfalls und sah einen Häftling auf dem Boden liegen, tot. Das war derselbe Häftling, den ich vorher hatte zur Arbeit zurückschicken lassen ...

Jože Vavpotič:
Ich schoss drei Mal, aber beim vierten Schuss hatte mein Gewehr Ladehemmung. Der Gefangene entfernte sich langsam von mir und versteckte sich dabei hinter den Bäumen. Es war Sitar, der Wachposten neben mir, der ihn

traf. Die Leiche wurde in der Folge verbrannt. Der Wachkommandant Brietzke war auch anwesend.

André Taillandier, Christian Arnould und Louis Balsan:

Der französische politische Häftling Léon Félix war von Beruf Eisenbahner. Er arbeitete auf der Kärntner Seite im Tunnel. Am 29. März 1944 stürzte er vom oberen in den unteren Stollen und brach sich dabei die Wirbelsäule. Doktor Ramsauer verabreichte ihm eine Benzininjektion ins Herz, damit seine Frau wieder heiraten könne, wie er selbst erklärte. Die Leiche von Félix wurde auf der Kärntner Seite eingeäschert.

Dominque Berbel sagte 1947 aus:

Gruschwitz war die Ursache für den Tod unseres Kameraden. Mit Hilfe des Kapos Paul Kohle, der die Häftlinge gewöhnlich mit seiner Azetylenlampe schlug, stieß er ihn in ein Loch im Tunnel. Félix stürzte drei Meter tief auf einen Waggon und brach sich dabei die Wirbelsäule. Der SS-Arzt ließ ihn unter schrecklichen Schmerzen sterben.

Der Arzt Josef Krupowicz berichtete am 1. Juli 1945:

Eines Tages rief mich Ramsauer und verlangte von mir, eine Benzinspritze zu verabreichen. Ich weigerte mich und sagte, dies verstoße gegen internationales Recht. Ramsauer antwortete mir schroff, er werde es selbst tun. Es handelte sich um den Häftling Léon Félix, der sich nach einem Sturz die Wirbelsäule gebrochen hatte und gelähmt war. Der SS-Krankenpfleger Kleinginter gab dem Unglücklichen am 29. März 1944 eine Benzinspritze.

Eine Bestätigung für den Tod des Häftlings findet sich auch im Tagesbericht über die Anzahl der Häftlinge im Lager.

Heinrich Kizler, Hilfspfleger im SS-Krankenrevier:

Ich befand mich im Krankenrevier, als ein Mann mit gebrochener Wirbelsäule eingeliefert wurde. Dr. Krupowicz war ebenso anwesend wie Dr. Ramsauer, der den Verletzten untersuchte. Ramsauer erklärte, dass sich für ihn nichts mehr machen ließe, und befahl dem Hilfspfleger Kleinkinder[142], ihm eine Benzinspritze zu verabreichen. Nach der Injektion wurde der Tote ins Krematorium gebracht.

Der Norweger Hans (Arthur) Karlsen wurde am 21.2.1905 in Sarpsborg geboren. Er arbeitete zuerst als Mechaniker in einer Schiffswerft und dann in einer Reifenfabrik. Während des Krieges war er im illegalen Widerstand. Die Gestapo nahm ihn am 1. September 1942 fest und schickte ihn nach Fredrikstad bei Grini, wo er bis Juli 1943 blieb. Dann

---

142 Tatsächlich hieß der Krankenpfleger „Kleinginter"

wurde er nach Deutschland geschickt. Es muss gegen Oktober 1943 an den Loibl gekommen sein, denn er hatte die Häftlingsnummer 35323.

Georges Huret:

Ein Norweger namens Karl Hansen (sic!) erkrankte. Er wurde ins Krankenrevier auf der Südseite gebracht, aber er konnte nicht geheilt werden. Als er in Agonie lag, wurde er in einen Geräteschuppen gebracht. Dort starb er am 15. April 1944. Seine Leiche wurde im Krematorium verbrannt.

Gaston Charlet schrieb in seinem Buch „Karawanken", er wäre im Krankenrevier gewesen und hätte einen an Lungentuberkulose erkrankten Norweger mit rauer Stimme röcheln gehört. Auch Louis Balsan erwähnt den Tod von Karlsen in seinem Buch «Le Ver Luisant».

Keine näheren Informationen konnte ich zum Tod folgender Häftlinge bekommen:
– der Italiener Natale Jacus, geboren am 1.12.1914 in Antigniana, Häftlingsnummer 50870
– der Deutsche Josef Fischer, geboren am 30.8.1912 in Anhausen, Häftlingsnummer 42803
– der Franzose Jean Certain, geboren am 14.12.1891 in Guenouet, Häftlingsnummer 59698

Die drei Häftlinge sollen am 26. April, am 1. Mai und am 2. Mai ums Leben gekommen sein.

Der französische Häftling Claude Caniotti war noch nicht 20 Jahre alt, als er wegen Diphtherie im Krankenrevier aufgenommen wurde. Er war mit einem Transport von 101 Häftlingen am 18. April 1944 an den Loibl gekommen. Er arbeitete im Nordlager. Dr. Ramsauer wies den Vorschlag des deportierten Arztes zurück, dem Kranken über eine Spritze ein Serum zu verabreichen, das in der Apotheke von Tržič leicht wäre zu beschaffen gewesen. Dadurch hätte Caniotti gerettet werden können. Er starb ohne ärztliche Behandlung am 3. Mai 1944.

Doktor Josef Krupowicz:

Was den Fall Caniotti betrifft, so kann ich sagen, dass er an Diphtherie erkrankt war. Ich informierte Ramsauer und bat ihn um das notwendige Serum. Ramsauer weigerte sich, das Serum zu beschaffen; er meinte, es sei kein Geld dazu da. Da ich ihn weiterhin damit bedrängte, schickte er mich vom Krankenrevier weg. Caniotti starb ein paar Tage später.

Am Vormittag des 18. Mai 1944 schoss ein großer blonder SS-Mann dem russischen Häftling Patlomy Tsotsorija, Häftlingsnummer 42879, zweimal in den Rücken, während der Häftling den Abfalleimer aus der

SS-Küche entleerte. Das Verbrechen fand auf dem Weg zum SS-Lager unterhalb der Küche außerhalb der Grenzen des Lagers statt.

Tsotsorija stammt aus einem Dorf in der südlichen Ukraine nahe dem Asowschen Meer. Er wurde am 7. September 1909 in Chunzy geboren. Er nahm an erbitterten Kämpfen gegen den deutschen Aggressor teil, wurde bei einem Bombardement durch deutsche Stukas schwer verwundet und verlor das Bewusstsein. Die Bombenexplosion hinterließ bei ihm schwere Folgeerscheinungen. Er konnte weder den Kopf noch die Augen bewegen. Dennoch konnte er aus der deutschen Gefangenschaft fliehen. Als er schließlich nach Hause zurückkam, fand er die verkohlten Leichen seines Vaters, seiner Frau und seiner drei Kinder. Er kämpfte in der Folge mit den russischen Partisanen, aber er geriet in einen Hinterhalt und wurde erneut gefangen genommen. Über verschiedene Lager und Gefängnisse kam er ins Konzentrationslager Mauthausen und am 2. März 1944 an den Loiblpass.

Mit seinen hervorquellenden Augen und seinem starren Blick hielten ihn viele für verrückt. Andere dachten, er würde vor den SS-Leuten und Kapos nur Theater spielen. In der Baracke Nr. 4, wo die meisten Russen untergebracht waren, stand er für gewöhnlich mit unbeweglichem Gesicht und reaktionslosem Blick vor der Eingangstür.

Sein Bettnachbar war der französische Häftling Gaston Charlet, der in seinem Buch «Karawanken, le bagne dans la neige» sehr genau über Tsotsorija berichtet:

Auf der Baustelle hatte er bereits gezeigt, dass er nicht bereit war zu gehorchen. Er wurde auf den Boden geworfen, bis aufs Blut geschlagen, sie brachen ihm die Rippen; er blieb passiv und hielt den Befehlen und Drohungen der Kapos entschieden stand ... Wir ahnten nach diesen Szenen bereits, dass seine Tage gezählt waren.

Ein paar SSler kamen mit ihrem Kodak-Apparat aus ihren Baracken und freuten sich schon im Voraus auf das Spektakel, das sie auf ihre Filme bannen würden. Es waren vor allem junge Leute und wir wussten auf Grund unserer Erfahrungen in den letzten Monaten, dass diese jungen Deutschen ganz begierig waren auf solche Totentänze, dass sie geradezu Lust verspürten, wenn sie sehen und riechen konnten, wie menschliches Fleisch brannte.

Dann kam der erwartete Leichenzug hinter der Küchenbaracke hervor, bewegte sich weiter zwischen dem Rundweg und den SS-Baracken und zog schließlich etwa zwanzig Meter weiter unten an uns vorüber. Vier Häftlinge trugen eine Bahre, auf der der Körper von Tsotsorija lag. Er war nackt, denn es war die erste Sorge seiner Mörder gewesen, die Kleider ihres Opfers einzusammeln ... Ramsauer, der SS-Arzt, folgte den Bahrenträgern mit leichtem Schritt, als befände er sich auf einem Spaziergang.

Das Krematorium auf dem Loiblpass hatte dem Anschein nach nichts gemeinsam mit dem in Mauthausen. Es bestand einfach aus vier mit grob einzementierten Ziegeln errichteten Steinmauern, auf denen Eisenstangen lagen, zwei der Länge und drei der Breite nach. Auf diese Stangen wurden die Leichen der Gemarterten gelegt ... Diese Art Gitter zur Verbrennung von Menschen war im ausgetrockneten Bett eines alten Gebirgsbaches errichtet worden, ungefähr fünfzig Meter von der Sanitätsbaracke entfernt ...

Nach einem kehligen Kommando blieben die Träger stehen und stellten die Bahre auf das nasse Gras einer Böschung, die die Feuerstelle überragte. Dann ergriffen sie den Russen mit ungeschickten Bewegungen, nahmen das blutige Leintuch weg und legten ihn einfach auf die Erde. Der Nazi-Arzt jagte sie mit einem kurzen Befehl den Abhang hinunter, zweifellos, damit sie das Brennholz unter das Gitter legten ... Dann betrachtet der Nazi-Doktor den Russen vor ihm und plötzlich verzieht er sein bartloses Gesicht.

Und da ergreift uns hinter den von unserem Atem beschlagenen Fensterscheiben das Grauen. Tsotsorija hat sich bewegt. Tsotsorija ist nicht tot, wie wir gedacht haben. Seine Arme, bisher an den nackten Körper angelegt, entspannen sich und spannen sich von neuem an. Seine Hände halten sich am Boden fest und unternehmen verzweifelte Anstrengungen, den Oberkörper aufzurichten. Wir sehen nun auf seinem Rücken zwei undeutliche schwarze Markierungen, die Einschusslöcher, durch die ihn die Kugeln trafen, darunter ganz kleine blutige Streifen.

Wir können kaum seine weit offenen Augen erkennen, die die Soldaten anstarren. In der ersten Reihe steht groß der Arzt da. Das dauert einige Sekunden lang. Die Szene ist entsetzlich ...

Ein Arbeitstrupp kommt und schiebt einen Karren mit kreischenden Rädern, auf dem trockene Äste aus dem Vorrat liegen. Der Lagerälteste ... lässt das Holz wenige Meter von Tsotsorija abladen – der die Aufschichtung des Brennholzes betrachtet, das in wenigen Augenblicken mit Hilfe von Diesel sein Fleisch zerstören und seine Knochen verkohlen würde. Sein Oberkörper bleibt aufrecht, seine hervorquellenden Augen beobachten noch immer die Ungeheuer in grünen Uniformen ... Einige in der Truppe lachen gezwungen. Ein kleiner Kerl mit schwindsüchtigem Gesicht richtet seinen Fotoapparat auf den Unglücklichen, dessen Oberkörper nun ganz deutlich sichtbar zu zittern beginnt. Nun ist der Moment für den SS-Arzt gekommen, den Bann zu brechen. Er macht zwei Schritte vor, beugt sich über das linke Bein und mit der Rechten schießt er dem Russen mitten in die Brust ... Der schwankt nach hinten, dann nach vorne, dann noch einmal nach hinten und bricht dann auf dem feuchten Gras zusammen. Die Untergebenen bemächtigen sich des Leichnams und rollen ihn mit ihren Stiefelspitzen über die Böschung. Sie können das Feuerspektakel, dessen einzige Zuschauer sie sein werden, kaum erwarten.

Im besonderen Fall eines Russen aus dem Kaukasus, der im Auftrag des Kommandanten erschossen wurde, gab Ramsauer den Befehl, dass man ihn, als er noch lebte, entkleide und zur Einäscherung ins Krematorium bringe ...
(Dr. Krupowicz am 1. Juli 1945)

Kristina Tršinar und Anica Brejc arbeiteten in der Küche des Zivillagers. Von dort aus konnte man bis zum anderen Ende des Lagers sehen. Auch sie sahen, wie sich der Russe erhob, bevor ihn Ramsauer tötete und in der Folge sahen sie den Rauch, der aus dem Krematorium stieg.

Auch Louis Balsan erzählt in seinem Buch über den Mord an Tsotsorija. Sein Bericht wurde etwa zwanzig Jahre danach geschrieben. Die Darstellung des Sachverhaltes sieht hier etwas anders aus:

Tsotsorija war ein Russe aus Georgien. Er hatte eine dunkle Haut, schwarze Augen und lange Wimpern. Er hatte bei der Detonation eines Artilleriegeschosses einen Schock erlitten und seither glichen seine Bewegungen denen eines Automaten. Die SS-Leute belustigte sein Gang. Als er zum Kommando Loiblpass kam, machten sie sich über ihn lustig und da er einen unstillbaren Hunger hatte, mästeten sie ihn wie ein Schwein.

Die SS-Leute setzten ihn bei den Arbeiten im Lager ein, denn er konnte nichts anderes machen als einen Schubkarren führen, so sehr waren seine motorischen Fähigkeiten beeinträchtigt. Nach einigen Monaten war er fett geworden, denn er bekam immer die Reste dieser Herrschaften zu essen. Seine Hauptarbeit bestand darin, die Abfälle mit dem Schubkarren bis zum Misthaufen am Lagereingang zu bringen und sie dort aufzuschütten. Eines Tages – ich weiß nicht aus welchem Grund, vielleicht hatte er sie in seinem halbverrückten Zustand beleidigt – beschlossen sie, sich seiner zu entledigen.

Als er mit seinem gestreiften Mantel auf diesem großen Misthaufen stand, schossen sie ihm eine Kugel in den Rücken und der arme Tsotsorija stürzte wie ein Automat nach vorne, auf den Misthaufen, den auch er mit errichtet hatte.

Ich musste ihn mit einem anderen Kameraden bis zum Krematorium bringen. Sein Körper lag in den Waschräumen des Lagers auf einem Tisch und war nur mit einem Hemd bekleidet. Wir legten ihn auf eine so genannte „Trage", die normalerweise zum Transport von Gemüse, Kohlrüben und Kartoffeln diente. Wir gingen hintereinander und trugen, gefolgt von zwei SS-Leuten, den Körper des Unglücklichen eingeknickt in der „Trage", nahmen den Rundweg um den Stacheldraht und stiegen zu der Schlucht hinunter, wo ein Gebirgsbach floss, vor dem der Scheiterhaufen errichtet wurde. Ich erinnere mich an diesen Gang. Wir versuchten, uns an alle Totengebete für diesen Unglücklichen zu erinnern.

Das Krematorium war mit Baumstämmen aufgebaut, die, versetzt angeordnet, übereinander lagen. Es ist unerhört, unglaublich, wie viel Holz man braucht, um den Körper eines Menschen einzuäschern. Der Stapel war einige Meter hoch und insgesamt so groß wie ein kleines Haus. Wir hoben den Körper von Tsotsorija auf den Scheiterhaufen hinauf und die SS-Leute nahmen ihm das Hemd ab. Er lag nackt mit dem Rücken nach oben. Aus dem Loch, das der Gewehrschuss in seinem Rücken hinterlassen hatte, spritzte noch ein bisschen Blut auf die dunkle Haut.

In der Regel blieben die Sträflinge nicht beim Krematorium, wenn das Feuer angezündet war. Ein SS-Mann führte uns ins Lager zurück, während der andere den Scheiterhaufen zuerst mit Benzin übergoss und dann anzündete: Er brannte lange ...

Max Skirde:

Ich weiß nichts von Personen, die die Postenlinie überschritten hätten, denn ich kam nie aus dem Lager hinaus. Ich erinnere mich an Tsotsorija. Er war geisteskrank und nicht arbeitstauglich. Alle seine Bewegungen waren sehr langsam.

Im Winter 1944 befahl ihm Winkler, Schnee zu schaufeln, was er nicht verstand. Winkler schlug ihn ins Gesicht. Er konnte sich nicht mehr vorstellen, ihm weiterhin Lageressen zu geben.

Ich habe mehrfach gesehen, dass er Tsotsorija ohrfeigte.

Eines Morgens sagte er in meiner Anwesenheit: „Bleib am Lagereingang stehen!"

Tsotsorija verstand nicht. Also nahm er ihn selbst am Mantelärmel und führte ihn zum Lagertor. Dann begab er sich in die Baracke der Wachen, wo der SS-Mann Dellwig gerade Dienst hatte. Ich habe ihr Gespräch nicht gehört, aber ich konnte es mir vorstellen. Und was ich vermutete, trat ein. Dellwig lockte Tsotsorija außerhalb des Lagerbereichs, indem er ihm befahl, eine Schaufel jenseits der Postenlinie zu holen. Kaum hatte Tsotsorija die Linie überschritten, da schoss der erste Wachposten auf ihn. Ich weiß nicht, ob er ihn getroffen hat. Ich lief aus der Baracke und sah Dellwig, der noch zwei weitere Schüsse mit der Pistole abgab. Ich konnte nicht sehen, an welchem Körperteil Tsotsorija getroffen war.

Dellwig kehrte an seinen Wachposten zurück, als wäre nichts geschehen ...

Kommandant Winkler ohrfeigte Tsotsorija nicht nur an diesem Tag, er tat es bei zahlreichen Gelegenheiten. Nach meinen Erfahrungen weiß ich sehr gut, was er Dellwig befohlen hatte ...

Jakob Winkler:

Ich wusste, dass ein russischer Häftling im Lager erschossen worden war, aber ich wusste nicht, dass er Tsotsorija hieß. Das habe ich bei der Aussage eines Zeugen der Anklage erfahren.[143] *Die Leiche von Tsotsorija wurde ohne Zweifel eingeäschert, allerdings war das Sache von Ramsauer. Ich erinnere mich nicht, dass sie die Leiche von Tsotsorija hinter mir vorbeigetragen hätten ...*

Bei einer Corrida auf der Zufahrtstraße zum Nordlager hatten die Häftlinge nicht alle Steine weggetragen. Am nächsten Morgen – es war der 25. Mai 1944 – kam Kommandant Gruschwitz an die Arbeitsstätte und fragte den Kommandoführer, ob die Arbeit fertiggestellt sei. Dieser antwortete ihm mit Nein. Gruschwitz war noch an Ort und Stelle, als plötzlich ein Schuss fiel und den Häftling Andrej Filipov (geboren am 16.8.1904 in Deninaschey, Häftlingsnummer 50996) traf. Filipov war Mitglied der Roten Armee und wurde unter dem Vorwand erschossen, er hätte einen Fluchtversuch unternommen. Tatsächlich hatte ihn einer der Kapos absichtlich über die Postenlinie gestoßen. Gruschwitz bestätigte offiziell die Version des Fluchtversuchs und sagte:

„Sehr gut!" (André Miller)

Brief vom 3. Juli 1944, unterzeichnet von Winkler:

Am 24. Mai 1944 wurde der Russe Andrej Filipov (Häftlingsnummer 50996), geboren am 26. August 1904 in Demjanitschi, auf der Flucht erschossen.

Was die Todesumstände des polnischen Häftlings Zygmund Pomaski betrifft, geboren am 12.5.1910 in Sikuty, Häftlingsnummer 51486, so gibt es keine Berichte davon. Er war auf der Nordseite und dürfte am 26. Mai 1944 gestorben sein – offizielle Erklärung: „auf der Flucht erschossen".

Paul Gruschwitz sagte im Klagenfurter Prozess aus:

---

143 Klagenfurter Prozess 1947

Ich kann nichts sagen über Pomaski und Ostaszenski. Ich kann nur sagen, dass sie Gefangene waren, die sich krank gemeldet hatten und ins Südlager geschickt wurden.

Am 30. Mai 1944 stand der SS-Mann Andreas Vogel, geboren 1923 im österreichischen Krottendorf, ein Deutscher aus Kroatien, beim Tunnel Wache. Der russische Häftling Fjodor (Fiodor) Malyschonkow (wird auch „Malyschenkov" geschrieben) – 36 Jahre alt, geboren am 27.4.1908 in Muslow, Häftlingsnummer 51066 – ging mit einem Brett in der Hand am Wachposten vorbei. Der SS-Mann Vogel schoss ihm grundlos eine Kugel in den Rücken und dann noch eine in den Kopf. Das SS-Kommando bestätigte in seinem Bericht, der Häftling wäre wegen Fluchtversuchs getötet worden. Nach dem Krieg gab Vogel zu, den Russen mit Absicht und ohne Grund getötet zu haben. Er sagte auch, dass er Kommunisten unbeschreiblich hasse und dass er den Russen getötet habe, ohne dass ihn jemand dazu aufgefordert oder einen entsprechenden Befehl gegeben hätte.

(Zeitung „Volksstimme" vom 19. September 1969) [144]

Der belgische Häftling Marcel Closset [145] *wurde am 5.10.1917 in Ferrier geboren. Er kam mit dem ersten Transport an den Loibl und trug die Häftlingsnummer 27152.*

Er erkrankte an Lungenentzündung, aber unter den Bedingungen, die im Lager herrschten, verschlechterte sich die Krankheit rasch. Er litt bald an „galoppierender Schwindsucht".

In der Sanitätsbaracke wurde er von den anderen Häftlingen getrennt und dann ins SS-Krankenrevier verlegt. Dort konnte er durch das Fenster mit ansehen, wie das Brennholz für seine Einäscherung gesammelt wurde.

Am 19. Juni 1944 verabreichte ihm Doktor Ramsauer eine Benzininjektion ins Herz ... (Jean Barbier und Georges Huret)

Der italienische Häftling Anton (Antonio) Ferenzi (Häftlingsnummer 50860) war von Beruf Bauer, er war verheiratet und Vater von vier Kindern. Er wurde am 11. Jänner 1898 in Vižinada – zwischen Motovun und Novigrad – auf Istrien geboren. Er kam Anfang Februar nach Mauthausen und mit Sicherheit am 2. März 1944 an den Loibl.

Er wurde als italienischer politischer Gefangener betrachtet. Weil er sich

---

144 Zeitungsartikel im Anhang
145 Dieser belgische Häftling wurde in Frankreich festgenommen und von den deutschen Behörden als französischer Häftling geführt. Er trug deshalb ein rotes Dreieck mit dem Buchstaben „F".

KAPITEL VI

bei der Arbeit den linken Fuß gebrochen hatte, wurde er ins Krankenrevier gebracht. Dort blieb er acht Tage lang ohne Behandlung und war kaum noch bei Bewusstsein. Danach wurde er ins SS-Krankenrevier gebracht. Doktor Ramsauer entschied, ihn am 4. August zu operieren.

Im Lauf der Operation meinte Ramsauer, es sei bereits zu spät, er würde dem Patienten eine Todesspritze verabreichen, dreißig Zentiliter Benzin. Als die Spritze nicht wirkte, gab er ihm zwei weitere in die Lungen.

Ferenzi starb unter schrecklichen Qualen nach einer knappen halben Stunde. Daraufhin befahl Doktor Ramsauer dem französischen Hilfspfleger Roland Decroix, das Becken des Toten zu sezieren, denn er benötige es für seine anatomischen Studien.

Roland, bleich wie der Tod, musste diesen Befehl unter Ramsauers Aufsicht um vier Uhr nachmittags ausführen. Der Rest des Leichnams wurde auf den Querstangen über der Grube in Lagernähe verbrannt ... (Gaston Charlet)

Was den Italiener Anton Ferenzi betrifft, so kann ich sagen, dass der Gefangene an beiden Beinen zahlreiche Brüche hatte. Ich bat Dr. Ramsauer, ihn ins Krankenhaus zu bringen, denn er war nicht mehr jung und es bestand die Gefahr einer Blutvergiftung. Das war am 4. August 1944. Dr. Ramsauer wollte zuerst eine Amputation vornehmen, aber dann unterbrach er sein Werk und gab dem Unglücklichen eine Injektion ... (Doktor Krupowicz).

Der französische politische Häftling Henry Tournier wurde am 5.7.1906 in Geneuille geboren. Er kam mit dem zweiten Transport im Juli 1943 ins Loibllager und trug die Häftlingsnummer 27083. Eines Tages erhielt er von seiner Mutter ein Paket, das eine hausgemachte Konserve mit Hühnerfleisch enthielt. Aber da das Paket auf dem Postweg lange unterwegs und da es Sommer war, kam das Fleisch in verdorbenem Zustand an. Der ausgehungerte Tournier aß das Huhn allein und erlitt eine Vergiftung. Er hatte tagelang schreckliche Schmerzen, war ganz angeschwollen und wurde schließlich blind. Obwohl er im Krankenrevier aufgenommen wurde, weigerte sich Doktor Ramsauer, ihm ein Serum zu injizieren. Er überließ ihn seinen Leiden. Tournier starb am 29. August 1944.

Im Fall von Tournier (Botulismus) verweigerte mir Ramsauer das Serum, das ihm hätte das Leben retten können. Ich möchte klarstellen, dass die wirtschaftlichen Gründe, die Ramsauer vorgab, nicht in Betracht zu ziehen sind, denn das Serum kostete nur sehr wenig ... (Doktor Krupowicz)

Edmond Orange, ein politischer Gefangener aus Frankreich, wurde am 6.12.1903 in Bordeaux geboren und war dort als Angestellter tätig. Er kam mit dem zweiten Transport an den Loibl und trug die Häftlingsnummer 28383. Er arbeitete auf der slowenischen Seite im Tunnel. Er stürzte beim Verkleiden des Tunnelgewölbes vom Baugerüst. Nach den Angaben auf der französischen Liste wurde sein Leichnam am 18. September 1944 eingeäschert. Die französische Organisation «Amicale de Mauthausen» gibt leider keine näheren Details. Jean Granger erzählte mir von einem tödlichen Unfall, bei dem 1944 ein polnischer Häftling bei den Betonierarbeiten im Tunnel vom Gerüst gefallen sei.

Vielleicht könnte es sich dabei um den Franzosen Edmond Orange gehandelt haben.

Französische Deportierte erzählten, dass ein russischer Häftling, Uljan Chudik, von einem SS-Mann erschossen wurde. Alles, was ich über diesen Gefangenen herausfinden konnte, war, dass er am 3. Juni 1918 in Waskiwski geboren wurde und dass er die Häftlingsnummer 32350 hatte. Es handelt sich ohne Zweifel um jenen russischen Häftling, der in der Nähe des Zivillagers getötet wurde. Zeugen waren die Küchenbediensteten Kristina Tršinar und Anica Brejc. Sie gaben mir folgenden Bericht von dem Vorfall:

Im zweiten Halbjahr 1944 arbeitete ein russischer Häftling im Zivillager zwischen Küche und Polizeibaracke. Eines Morgens legte die Köchin Terezija Cehman aus Dalmatien ein Stück Zucker auf das Fensterbrett und der Russe nahm es. Die SS-Wache tat so, als hätte sie nichts gesehen, aber die Wache auf dem Turm sah es ebenfalls und meldete es dem Kommandanten. Kurz darauf kam Winkler in Begleitung von Percht, dem Leiter des Zivillagers, in die Küche. Sie riefen sämtliche Frauen zu sich und fragten, wer das Stück Zucker ans Fenster gelegt hätte. Weil sich niemand von uns melden wollte, drohten sie, uns ins Konzentrationslager zu schicken, sollten sie noch einmal eine von uns dabei überraschen, einem Häftling irgendetwas zu geben. Aber im SS-Lager wurde der Vorfall bekannt. Die Turmwache blieb dabei, dass der Russe den Zucker gestohlen hätte, die andere Wache behauptete, nichts gesehen zu haben. Am nächsten Morgen, während wir gerade vor der Baracke Kartoffeln schälten, sahen wir den russischen Häftling wieder. Er wurde von Winkler und Percht begleitet. Als sie an der Baracke mit den Aborten, ganz in der Nähe der Küchenbaracke, vorbeikamen, töteten sie ihn. Ein paar SSler und zwei Häftlinge kamen, legten ihn auf eine Tragbahre und brachten ihn weg. Kurz darauf wurde die Leiche verbrannt. Wir haben später erfahren, dass die Wache, die den Russen nicht gemeldet hatte, zur Strafe nach Mauthausen abberufen wurde.

Chudik wurde am 14. Oktober 1944 „auf der Flucht erschossen", wie Lagerschreiber Weber schrieb.

Ein unbekanntes Opfer

Im Sommer 1944 führte ein junger polnischer Häftling unter der Aufsicht eines SS-Mannes fortgeschrittenen Alters unterhalb der Zivilbaracke Nr. 3 Terrassierungsarbeiten durch. Ich kam, um für einen Kranken in der Sanitätsbaracke Wasser zu holen. Weil mich der Pole darum bat (er fragte mich auf Polnisch), gab ich ihm ein Glas. Während er trank, schoss ihm die Wache eine Kugel in den Rücken. Er brach vor mir zusammen. Ich wurde von Angst ergriffen und fragte die Wache:

„Was hast du gemacht?"

Er antwortete: „Schweig! Sonst schieße ich dich auch nieder!"

Bald darauf kamen der Kommandant Winkler, der Kommandoführer und der Krankenpfleger Fritz. Häftlinge brachten den Toten ins Lager, wo er später verbrannt wurde ... (Peter Novak)

Eines Tages gruben Häftlinge unterhalb der Küche. Da fiel ein Schuss. Die anderen sagten mir, dass jemand zwischen der Küche und dem Polizeiposten erschossen wurde. Die Leiche wurde auf einer Holztrage ins Lager gebracht ... (Kristina Tršinar)

Auch Vladimir Gladoš berichtet vom Tod eines 19 Jahre alten polnischen Häftlings, den eine SS-Wache im Zivillager erschossen hätte.

Die Übereinstimmungen und Ähnlichkeiten in den Berichten verschiedener Zivilarbeiter zeigen, dass es sich dabei um den Mord an dem Russen Uljan Chudik handelte.

Was den Mord vom 27. Oktober 1944 an dem Polen Henryk Ostaszenski betrifft (geboren am 11.5.1896 in Pekale, Häftlingsnummer 77212), einem Häftling im Nordlager, so gibt es dazu nur Berichte von SS-Leuten.

Karl Sachse:

Ich erinnere mich, Ostaszenski ins Südlager begleitet zu haben. Er hatte Fieber. Rokitzky meldete ihn mir beim Morgenappell. Bei der Maschinenbaracke haben wir den Kranken auf einen Waggon mit Holzwänden gelegt und wir haben ihn auf die Südseite begleitet. Dort warteten wir noch eine halbe Stunde in einem Wagen. Schließlich gingen wir alle vier, der Kranke, die beiden Begleiter und ich, zu Fuß ins Krankenlager, wo wir am Vormittag ankamen. Ich habe den Kranken an Dr. Krupowicz übergeben, dann kümmerte ich mich nicht weiter um ihn. Er kam nicht mehr zur Arbeit auf die Nordseite zurück. Danach habe ich nichts mehr von ihm gehört, bis zum Prozess, wo Zeugen behauptet haben, er wäre noch am selben Tag um 18 Uhr gestorben. Ich erinnere mich nicht, dass er sehr schwer krank war. Damals war ich auf Rokitzky sehr böse. Dieser hatte mir gesagt, der Kranke hätte in den Kolonien gelebt und eine Art Malaria bekommen. Ich weiß nicht, wann er Rokitzky die Krankheit meldete, aber als ich ihn zum ersten Mal sah, zitterte er bereits ... Ich erinnere mich nicht, diesen Mann jemals geschlagen zu haben. Ebenso wenig habe ich ihn bei der Überstellung ins Krankenrevier geschlagen.

Laut Angaben des Lagerschreibers Weber ist Ostaszenski am selben Tag um 20.45 Uhr gestorben.

Nach der Urteilsverkündung durch das englische Kriegsgericht verlangte der Verteidiger von Sachse, Rechtsanwalt H. Böttlicher, die Wiederaufnahme des Prozesses und meinte in seinem Schreiben, man müsse die Widersprüche und das Fehlen von Zeugen berücksichtigen. Es ließe sich nicht beweisen, dass Sachse am Tod von Ostaszenski und Pomaski mitschuldig wäre.

Der 20 Jahre alte französische politische Häftling Jacques Epinette wurde am 23. September 1924 in Paris geboren. Er kam am 16. Juli 1943 an den Loibl und hatte die Häftlingsnummer 28032. Er war sehr kräftig und gut gebaut. Oft trug er vor dem Tunnel zwei, manchmal sogar drei Zementsäcke auf einmal. Später erkrankte er an Typhus und wurde ins Krankenrevier gebracht, wo sich Ramsauer weigerte, ihm ein Serum zu verabreichen, das er in der Apotheke von Tržič leicht hätte bekommen können. Epinette starb am 7. Dezember 1944.

Ich war Augenzeuge bei der Einäscherung von Epinette. Da nicht genügend Holz vorhanden war, wurde der Leichnam nicht vollständig verbrannt. Es war nachts und sehr kalt. Seine Beine blieben auf der Querstange liegen und waren grün wie Phosphor. Um einen Körper zu verbrennen, sind große Mengen an Holz erforderlich. Seine Hüften und sein Brustkorb blieben in der Grube und wurden erst mit dem nächsten Opfer verbrannt ... (Jean Barbier)

Was fehlt, sind Berichte zum Tod von:

Pierre Cazalet, französischer Häftling, geboren am 29.12.1902 in Lescare, Häftlingsnummer 59696, am 3. November 1944 durch Unfall ums Leben gekommen

- Wladislaw Gorzynski, polnischer Häftling, geboren am 18.4.1913 in Wlaszewo, Häftlingsnummer 77179, gestorben am 4. Dezember 1944
- Stanislas Falenski (oder Falencki), polnischer Häftling, geboren am 25.1.1914 in Rembowka, Häftlingsnummer 53247, gestorben am 11. Dezember 1944 im Krankenrevier

KAPITEL VI

Georges Cholle schrieb am 29. Dezember 1944 einen Brief an den französischen Zivilchauffeur Depierre:

... Ein Kamerad ist an Typhus gestorben ...

Dieser Tod wurde mir von Jean Bouthenot bestätigt.

Der französische politische Häftling Georges Sarrazin wurde am 20. Dezember 1904 in Roye geboren. Er kam mit dem zweiten Transport an den Loibl und trug die Häftlingsnummer 28519. Sein großer Körper hatte in all diesen Jahren an Unterernährung, an Schlägen und Misshandlungen gelitten. In jenem grausamen Winter 1944/45 wurde er im Krankenrevier aufgenommen. Am 11. Jänner 1945 wurden seine Augen glasig. Er lag im Todeskampf, das war das Ende ... Er starb schließlich am Nachmittag. Aber in diesem schrecklichen, eiskalten Winter kam in den Bergen ganz plötzlich starker Wind auf und das Lager wurde unter dem Schnee begraben ... Der Körper von Sarrazin lag auf der Tragbahre, das Gesicht gegen den Himmel. Man hatte die Bahre vor der Außenmauer der Sanitätsbaracke abgestellt. Eine Schneeschicht von etwa eineinhalb Metern bedeckte den Toten. Er konnte nicht verbrannt werden, denn der Schnee machte die Benutzung des Krematoriums unmöglich.

Sarrazin war ein Elektroarbeiter aus der Pariser Vorstadt ... Als ich nach Paris zurückkam, erinnere ich mich an den Besuch seiner Freundin. Ich glaubte zu verstehen, dass er als Kommunist an einem Terrorkommando teilgenommen hatte. Sie sagte mir, sie hätte ihn eines Abends blutig nach Hause kommen sehen ... Ich beschloss, ihr die Umstände des Todes unseres armen Freundes zu verschweigen ... (Balsan: Le Ver Luisant)

Gaston Charlet schrieb in „Karawanken":

Der Krankenpfleger hatte mich bei der Rückkehr von der Baustelle und beim Abendappell gerufen:

„Sarrazin möchte dich sehen!"

„Wie geht es?"

„Das ist das Ende."

Ich hatte eine ganz besondere Sympathie für diesen Leidensgenossen, aber noch mehr empfand ich Dankbarkeit ihm gegenüber, denn er hatte mir das Leben gerettet ... Ich wusste, dass er krank war, dass er schon seit einigen Tagen im hintersten Raum des „Reviers" lag, im Zimmer der „Gezeichneten", wie manche diesen Raum nannten. Aber ich hätte ihn nicht dem Tod so nah geglaubt. Diese Nachricht ließ das Blut in meinen Adern erstarren ... Ich trat in die Sanitätsbaracke ein, durchquerte den Saal, wo die Häftlinge, die sich tagsüber verletzt hatten, einen notdürftig angelegten Verband bekamen. Ich sah die leeren Arzneischränke. Und dann kam ich zu dem Strohsack, auf dem Sarrazin lag. Seine glasigen Augen starrten auf den dreckigen Plafond, aber sie schienen ihn nicht mehr zu sehen. Seine Arme und seine Hände lagen auf dem blau-weiß karierten Lumpen von einem Leintuch, der als Decke diente. Sie waren so angeschwollen, dass sie ihre ursprüngliche Gestalt verloren hatten. Ich näherte mich seinem Bett und schaute ihn an, ohne ein Wort zu sagen. Statt zu sprechen, stammelte ich mit leiser Stimme, als hätte ich Angst, ihn bei seinem Eintritt in den ewigen Schlaf zu stören, seinen Namen. Er erwachte aus seiner Regungslosigkeit.

„Du bist es? ... Bist du es, Charlet?"

„Ja, ich bin es, alter Freund. Wie fühlst du dich?"

Es schien, als würde er nach Atem ringen. Seine Augen blieben starr und ausdruckslos. Aber er sprach, wenn auch mit Mühe:

„Schlecht, sehr schlecht ... Das ist das Ende!"

„Sag keine Dummheiten!"

„Nein ... ich spüre, das ist das Ende ... Sie haben mich so weit hingekriegt, diese Schweine!"

Ja, sie hatten ihn soweit hingekriegt. Wie sie mich, ohne die Hilfe von Sarrazin, sechs Monate vorher hingekriegt hätten.

Er unterbrach die Stille:

„Charlet?"

„Was ist, alter Freund?"

„Charlet, hör zu ... Versprich mir, dass du uns rächen wirst, wenn du da rauskommst ... "

„Natürlich, mein Alter, ganz klar ... Aber auch du kommst hier wieder raus."

„Nein, für mich ist es zu Ende. Sie haben mich umgebracht, ich sage dir ... Du, vielleicht, du kommst nach Frankreich zurück, wenn der Krieg nicht zu lange dauert ... Also, du versprichst mir, überall zu erzählen, was sie mit uns gemacht haben ... Du willst, sag mir?"

„Ja, versprochen, mein alter Freund."

Die Anstrengungen, die er unternommen hatte, nahmen ihm den Atem. Ich glaubte einen Augenblick, er würde nicht wieder zu Atem kommen und das Ende wäre gekommen. Er blieb so einige Minuten und als er schließlich seinen Atemrhythmus wieder fand, stammelte er mit ganz schwacher Stimme:

„Du bist Anwalt, du kannst reden ... aber du musst auch schreiben können ... Also, du wirst das schreiben, sag, du wirst schreiben, was hier geschehen ist ... wie sie uns hier krepieren lassen ... sag ... du wirst das schreiben?"

KAPITEL VI

Roland, den ich nicht hatte eintreten sehen, zog mich am Arm.
„Hau ab, schnell! Ramsauer kommt angetanzt!"
Ich drückte dem Sterbenden in aller Eile die Hand und lief zur Tür. Als ich den Ausgang passierte, sah ich den Nazi-Major, wie er in seiner hochmütigen Haltung, mit seinem verkrampften Lächeln um die Mundwinkel, voranschritt, um die tägliche Bilanz all derer aufzustellen, die das große „Reich" im Schatten der Karawanken ums Leben gebracht hatte.

Rudolf Lau, geboren am 17.3.1921, war ein deutscher Häftling aus Kustrin. Er war noch nicht 24 Jahre alt. Vor seiner Festnahme arbeitete er als Postbeamter und ließ dabei mehrfach Pakete „mitgehen". Er kam am 25. August 1944 an den Loibl, wurde mit einem grünen Dreieck geschmückt und trug die Häftlingsnummer 26033. Er war klein, ein bisschen krumm und wirkte kränklich. Er putzte das Areal um die SS-Baracken, räumte vor allem den SS-Speisesaal auf und gab den Hunden der SSler zu fressen. Einmal überkam ihn ein dringendes Bedürfnis und da er die SS-Aborte, die am nächsten gelegen wären, nicht benutzen durfte, und er außerdem von den Häftlingsaborten zu weit entfernt war, benutzte er einen Kübel, der als Abfalleimer in Verwendung stand. Ein SS-Mann überraschte ihn dabei und meldete ihn dem Kommandanten. Er wurde geschlagen und musste zur Strafe die ganze Nacht über beim Lagertor stehen.

Es war Winter, der 25. Jänner 1945. Das SS-Kommando beschloss noch am selben Tag, Lau wegen Fluchtversuchs niederzuschießen. Am nächsten Tag gab ihm der Kommandant den Befehl, sich einer Gruppe von Häftlingen anzuschließen, die zwischen Lajba und dem Lager Schnee schaufelten.

Es gibt Zeugenberichte, die zeigen, wie die SS-Leute die Befehle des Kommandanten ausführten:

Ich arbeitete in einem Kommando, das aus zwei Trupps gebildet war. Wir schaufelten Schnee zwischen der Jur-Brücke unterhalb des gleichnamigen Bauernhofs und Lajba. An diesem Tag stieß ein buckliger Deutscher zu uns. Man erzählte sich, dass er im SS-Speisesaal einen Behälter beschmutzt hätte, der als Abfalleimer diente. Nach der Kurve, dort wo sich heute der Lawinenschutztunnel befindet, verlangten die SS-Leute von ihm, er solle mit einem Kübel Wasser aus dem Wildbach holen. Hinter ihm marschierte ein SS-Mann, der ihn hätte erschießen sollen, aber die beiden kamen wieder zurück. Der Kommandoführer begann mit dem SS-Mann zu schreien, aber dieser sagte, er könne so etwas nicht tun. Lau bekam den Befehl, mit einem ande-

ren SS-Mann, einem Rottenführer, noch einmal Wasser zu holen. Als sie zum Bach hinuntergingen, schoss ihm dieser in den Rücken. Die Leiche des ermordeten Deutschen wurde auf einen Schubkarren gelegt und zum Krematorium geführt. Wir mussten Äste herbeischaffen, aber dann mussten wir uns sogleich entfernen. Bald sahen wir Rauch aufsteigen ... (Čedomir Jorgić)

Der Kommandoführer holte den deutschen Häftling und sagte ihm, er solle mit ihm kommen. Er befahl ihm, einen Behälter zu nehmen und im Bach neben der Straße Wasser zu holen. Es war Winter. Die erste Wache weigerte sich, den Häftling niederzuschießen. Sie leerten das Wasser auf den Weg und befahlen Lau, noch einmal zu gehen. Auf dem Grabenweg hat ihn eine zweite Wache erschossen. Der Deutsche war klein und krumm. Der Tote wurde auf einem Schubkarren ins Lager gebracht und hinter Baracke Nr. 3 gelegt. Am nächsten Morgen mussten die Häftlinge den Schnee wegschaufeln, dann wurde die Leiche ins Krematorium gebracht ... (Mario Muženič)

Er gab mir und meinem am nächsten stehenden Mithäftling, einem Polen, ein Zeichen, wir sollten einen Schubkarren holen, um die Leiche fortzuschaffen. Der Körper lag mit dem Gesicht im Schnee, der rot von seinem Blut war. Erst als ich ihn umdrehte, sah ich dieses arme, bis zur Unkenntlichkeit entstellte Gesicht. Als ich ihn auf den Schubkarren lud, fiel ein wunderbares Messer aus seiner Tasche. Ich fand die Zeit, das Messer aufzuheben, ohne dabei vom SS-Mann bemerkt zu werden, der übrigens die ganze Zeit über Späße machte ... Am Abend bat Eddie (Eduard Sackmann), der Stubenälteste, um eine Schweigeminute zum Gedenken an seinen Freund, der auf so tragische Weise ums Leben gekommen war. Als unser Dolmetscher «Fanfan» (François Santoni) für uns übersetzte, erfuhr ich, dass Eddie ein Freund dieses armen Opfers gewesen sei. Ich bat Fanfan, ihm zu sagen, dass ich beim Transport sein Messer mitgenommen habe und dass ich es ihm zur Erinnerung geben wolle. Ich weiß nicht, wie die Übersetzung gemacht bzw. verstanden wurde, aber Eddie forderte mich mit einem „Komm her!" auf, zu ihm zu gehen. Ich überreichte ihm das Messer, er schaute es an und steckte es in seine Tasche. Als ich auf meinen Platz zurückging, hörte ich ein neuerliches „Komm her!". Ich drehte mich um und stand Eddie von Angesicht zu Angesicht gegenüber. Plötzlich versetzte er mir zwei Faustschläge mitten ins Gesicht.

Niemand verstand etwas, aber ich setzte mich mit gespaltener Oberlippe und geschwollenem Mund wieder auf meinen Platz ... (Louis Breton)

Kommandant Winkler:

Ich erinnere mich an den Tod des Internierten Lau. Der Kommandoführer sagte mir, er sei erschossen worden, als er versuchte zu flüchten. Ich befragte die Wache noch am selben Abend. Ich bin niemals an den Ort des Geschehens gegangen, um festzustellen, ob der Gefangene tatsächlich auf Grund eines Fluchtversuchs erschossen wurde.

Was den französischen Häftling Michel Pichon betrifft, so gibt es für ihn zwei Häftlingsnummern: 60346 und 28230. Ohne Zweifel ist die erste Nummer richtig, denn er kam mit dem Transport vom 17. April 1944 an den Loibl. Laut Angaben der französischen Liste wurde er am 8. Juni 1908 in Aragnouet geboren und soll am 22. März 1945 getötet worden sein. Er war von Beruf Postbeamter.

Der polnische Häftling Janek (Jan) Blachowicz wurde am 14.9.1915 in Lodz geboren. Er trug die Häftlingsnummer 34494. In der Nacht vom 16. zum 17. November 1943 erkältete er sich, denn er musste mit einem Häftlingszug im Tiefschnee bis auf den Loiblpass hinaufgehen, um Nahrung zu transportieren. Er wurde auf der Südseite ins Krankenrevier gebracht, wo er ein paar Tage später starb. Die polnische Widerstandsorganisation „Mokro" informierte den Mithäftling Jan Blaszczyk, der mit den Polen auf der Kärntner Seite in Verbindung stand. Laut Aussagen von SS-Leuten wurde der Leichnam von Blachowicz[146] *ebenfalls verbrannt ...* (Jožef Ržetelski)

Janez Ihanec erklärte:

Ich war zweimal bei Einäscherungen anwesend. Zuerst wurden Holzstücke übers Kreuz gelegt und aufgestapelt, dann wurde der Leichnam auf die Querstangen gelegt und es kam weiteres Holz hinzu. Der Scheiterhaufen wurde dann von den SS-Leuten mit Benzin aus blechernen Marmeladetöpfen übergossen, so dass das Feuer rasch um sich griff. Die gesamte Arbeit wurde von vier Häftlingen ausgeführt, die solange warten mussten, bis alles brannte. Um uns herum standen ein paar SS-Leute. Es war schwer zu ertragen, mitanzusehen, wie sich die Körper zusammenzogen ...

---

146 Der Name „Blachowicz" scheint weder auf den französischen Listen noch auf den Prozesslisten auf.

VII DIE POLITISCHE TÄTIGKEIT DER HÄFTLINGE

Politische Aktivitäten wurden im Lager bereits 1943 aufgenommen, insbesondere seitens französischer Häftlinge, die im Lager zahlenmäßig am stärksten vertreten waren. Am aktivsten waren die Kommunisten. Von den französischen Häftlingen waren etwa 30% ohne besonderen Grund ganz willkürlich bei einer der zahllosen Razzien festgenommen worden oder auf Grund irgendeines Strafdelikts. Die anderen waren politische Gefangene, die entweder auf Grund ihrer Aktivität in der «Résistance» oder ihrer Weigerung, dem «Service du Travail Obligatoire» (STO)[147] nachzukommen, in Haft genommen wurden.

Neben ihrer politischen Tätigkeit waren sie in der Organisation «Solidarité», die sich um schwache, kranke und besonders junge Häftlinge kümmerte, sie mit Nahrung und Zigaretten versorgte und vor inhumaner Behandlung durch Kapos, Stubenälteste und Wachen schützte. Dank der Kontakte mit Zivilarbeitern war die Leitung der Geheimbewegung ständig über den Kriegsverlauf in Europa informiert und gab die Informationen an die Häftlinge weiter. So konnten die Häftlinge wieder Mut und Selbstvertrauen finden und der Gedanke, dass das Ende ihrer Leiden bereits absehbar sei, wirkte tröstlich. Mit der Ankunft neuer Häftlinge, insbesondere Anfang 1944, wurde die Organisation in beiden Lagern – vor allem aber im Nordlager – stärker. In beiden Lagern gab es „politische" Häftlinge, die in beiden Organisationen, der «Résistance» und der «Solidarité», Verantwortung übernahmen.

Im Südlager

Die Hauptaktivisten im Südlager waren:
1) Maurice Colin, Häftlingsnummer 26225, geboren am 23.5.1910 in Paris, von Beruf Tischler. Er wurde am 17. Februar 1943 festgenommen und kam mit dem Transport vom 16. Juli 1943 an den Loibl. Vor dem Krieg war er einige Jahre lang Sekretär der Kommunistischen Partei und trat zu Beginn des Krieges dem Widerstand bei. Er wurde bis April 1945 im Nordlager festgehalten und dann in die Hauptschule Tržič überstellt. Am 8. Mai 1945 ernannten ihn die französischen De-

---

147 Vergleiche Kapitel I (Anmerkung des Übersetzers)

portierten in Kärnten zum Kommandanten der Brigade Liberté.
2) Jean Granger, Häftlingsnummer 28113, geboren am 5.8.1903 in Rilhac-Rancon, von Beruf Zeichner. Er wurde am 7. März 1943 von der Gestapo in Limoges verhaftet und in Compiègne eingesperrt. Am 20. April 1943 wurde er nach Mauthausen deportiert. Er kam mit dem zweiten Häftlingstransport an den Loibl. Er war aktives Mitglied der Kommunistischen Partei und Widerstandskämpfer. Auch am Loibl war er bis zur Ankunft neuer Häftlingstransporte im Frühjahr 1944 politisch sehr aktiv und widmete sich in der Folge der Organisation «Solidarité». Er arbeitete sowohl mit den Sprengtechnikern als auch im Tunnel. Er war ein wirkliches Vorbild für Redlichkeit, Solidarität und Hilfe für die Mithäftlinge.
3) Emile Pasquier, Häftlingsnummer 60400, geboren am 20.11.1897 in Ste-Anne. Er wurde zum ersten Mal am 4. Mai 1940 verhaftet, dann noch einmal am 25. März 1942. Bis zum 22. März 1944 befand er sich – nach der Verurteilung durch ein Sondergericht – in verschiedenen französischen Gefängnissen, dann wurde er nach Mauthausen deportiert und kam mit dem Transport vom 17. April 1944 an den Loibl. Vor dem Krieg war er in der Kommunistischen Partei Frankreichs sehr aktiv.
4) Roland Lecoutre, Häftlingsnummer 26229, geboren am 6.11.1914 in St. Branchs. Festgenommen im Oktober 1942 und bis zu seiner Überstellung nach Mauthausen am 15. April 1943 im Gefängnis, wurde er am 3. Juni 1943 mit dem ersten Transport an den Loibl deportiert. Vor dem Krieg war er in der Kommunistischen Partei und im Widerstand aktiv.
5) Georges Loirat, Häftlingsnummer 60183, geboren am 17.3.1906 in Rouans. Er wurde am 2. Jänner 1943 verhaftet, am 24. März nach Mauthausen deportiert und am 18. April 1944 an den Loibl gebracht. Er war aktiver Kommunist. Auf Vorschlag von Jean Granger wurde er in die Leitung der Kommunistischen Partei im Lager aufgenommen und im Juli 1944 in die Nationale Befreiungsfront.

Im Nordlager

Auf der Nordseite wurde die Organisation erst gegen Ende April 1944 aktiv. Ihr Aufbau erfolgte mit Unterstützung der Aktivisten aus dem Südlager. Aber die Solidarität, die diese beisteuern konnten, war beschränkt und Kontakte mit Zivilarbeitern waren eher selten.

KAPITEL VII

Nach der Ankunft von 101 Häftlingen am 18. April 1944 konnte sich die Widerstandsbewegung an die Arbeit machen. Am aktivsten war diese Bewegung im Rahmen der gegenseitigen Hilfe.

Die leitenden Aktivisten waren:
1) Louis Breton, Häftlingsnummer 59645, geboren am 15.4.1914 in Orléans. Mitglied des französischen Widerstandes bis Oktober 1940 und ab Mai 1941 Mitglied der Nationalen Befreiungsfront im Département Loiret. Er wurde am 16. Oktober 1941 verhaftet und zu fünf Jahren Zwangsarbeit verurteilt. Am 22. März 1944 wurde er nach Mauthausen deportiert und am 18. April an den Loibl.
2) Louis Garnier, Häftlingsnummer 59967, genannt «Loulou», geboren am 11.8.1916 in Lons-le-Saulnier. Festgenommen am 13. November 1941, wurde er von einem Sondergericht verurteilt. Vom Gefängnis in Compiègne wurde er nach Mauthausen und am 18. April 1944 an den Loibl gebracht. Vor dem Krieg war er Mitglied der Kommunistischen Partei und Widerstandskämpfer. Am 8. Mai 1945 wurde er politischer Kommissar der Brigade Liberté.
3) Albert Morin, Häftlingsnummer 60341, geboren am 2.6.1913 in Saint Vran. Festgenommen am 28. März 1941, wurde er von einem Sondergericht verurteilt. Er wurde am 25. März 1944 nach Mauthausen deportiert und am 18. April an den Loibl. Auch er war aktives Mitglied der Kommunistischen Partei.

Jean Granger erzählte mir nach dem Krieg, dass die Hauptaufgabe der Kommunistischen Partei darin bestand, vom Zeitpunkt der Ankunft im Lager an eine politisch-militärische Organisation zu bilden. Die Organisation hatte großes Interesse an jungen Häftlingen, stärkte ihre Moral durch das Singen französischer Lieder und durch materielle Hilfe über die Organisation «Solidarité».

Die Organisation verlangte von den Rauchern, nicht ihre gesamte Wochenration selbst aufzubrauchen, sondern eine oder zwei Zigaretten an «Solidarité» abzugeben. So konnte sie einen beträchtlichen Teil des Schwarzmarktes kontrollieren. Sie tauschte die Zigaretten gegen Nahrung und gab diese an die Schwächsten weiter. Es gab auch eine Übereinkunft, dass die Häftlinge jeden Tag pro Baracke zumindest eine Essportion und Margarine für die am stärksten geschwächten Kameraden abgeben mussten.

Louis Breton beschreibt die politische Tätigkeit auf der Nordseite folgendermaßen:

Nach dem 22. April 1944 blieben die meisten von uns im Block von Stadler. Die im Tunnel arbeiten mussten, wechselten den Block. So wurde ich im Nordlager in die Dreierleitung berufen und füllte diese Funktion gemeinsam mit Louis Garnier und Albert Morin aus. Zwei Tage später wurden unsere Blockverantwortlichen auf den Baustellen bestimmt. Morin war ins Tunnel-Kommando überstellt worden und musste die Verbindung zu den Kameraden auf der Südseite wieder aufnehmen, um zu erfahren, ob es eine lagerinterne Organisation gäbe, und unter welchen Umständen wir gemeinsam unseren Kampf fortsetzen könnten. Louis (Garnier) und ich mussten möglichst rasch die Lage auf der Nordseite kennenlernen und eine Bilanz der tatsächlichen Stärke ziehen. Wir brauchten drei oder vier Tage, um die Situation zu überblicken. Die Verbindung zum Südlager war schnell hergestellt, denn es gab bereits eine solide Leitung. Im Norden mussten wir feststellen, dass es praktisch keine Organisation gab und dass die Kameraden, die wir kontaktiert hatten, physisch und psychisch geschwächt waren. Das Nordlager war für seine harten Arbeitsbedingungen bekannt, für die strenge Disziplin, für die Kälte und für die knappe Nahrung. Wir beschlossen daher, als erstes maximale Solidarität zu üben, um die Franzosen im Lager physisch zu unterstützen, ihnen Nachrichten aus Frankreich zukommen zu lassen, denn wir hatten Frankreich erst vor kurzem verlassen. Wir mussten die Kräfte, die uns noch verblieben waren, nutzen, um wieder Vertrauen und Hoffnung zu vermitteln.

In der Leitung hatte jeder von uns eine bestimmte Aufgabe zu erfüllen, darüber hinaus mussten wir die allgemeine Orientierung diskutieren und unter unseren Gruppen verbreiten. Morin musste mit dem Süden sämtliche militärischen Fragen, die mit unserer künftigen Befreiung in Zusammenhang standen, analysieren. Louis Garnier musste alle Informationen sammeln, die für unsere politischen Entscheidungen zur dauernden Kontrolle der Organisation im Nordlager nötig waren. Meine Aufgabe bestand darin, sicherzustellen, dass die Solidaritätsorganisation für alle Franzosen gut funktionierte, wobei bestimmte Regeln galten. Diese Regeln, die wir zu dritt festgelegt hatten, waren sehr streng: In der ersten Phase mussten die Bessergestellten von ihrer schmalen Kost etwas abgeben. Jeder Kamerad, der außerhalb der normalen Arbeitszeit zu einer Arbeit abkommandiert wurde und dafür ein zusätzliches Stück Brot erhielt, durfte dieses Stück nicht selbst essen, sondern musste es an die „Solidarität" weitergeben. Nichtraucher mussten die Zigaretten hergeben, die sie nicht brauchten, und wir konnten damit um Nahrung feilschen. Wer diese Prinzipien nicht akzeptieren wollte, konnte nicht zur „Soli-

darität" gehören. Wer versuchte, die Verpflichtungen zu umgehen, wurde beim ersten Mal verwarnt, beim zweiten Mal ausgeschlossen.

Fast jeden Tag gab es am Abend einen außerordentlichen Arbeitseinsatz, der darin bestand, das zum Erhitzen der Kessel erforderliche Brennholz in die Küchen zu bringen. Wir mussten darauf achten, dass diese Einsätze von verlässlichen Kameraden geleistet würden. In den Küchen hatten wir zwei Verantwortliche, Frontczak und Messer, die seit einigen Monaten dort arbeiteten. Jeden Tag gingen diese Männer Risiken ein, wenn sie von den Rationen für die SS-Leute Brot, Margarine oder ein paar Wurstscheiben abzweigten ... Messer wartete auf die Ankunft des Brennholzkommandos und gab uns den Platz an, wo das Brot oder die Suppenschale versteckt waren, damit wir sie unter größter Vorsicht an uns nehmen konnten. Diese Aufgabe wurde von unseren jüngsten Kameraden erfüllt, von Roger Lecomte und Léon Zub, die sich in große Gefahr begaben, wenn sie die Nahrung vom Fenster nahmen, das Messer zu diesem Zweck halb geöffnet ließ, oder wenn sie sie dann aus dem SS-Lager brachten ... Auch die Kameraden von der Südseite steuerten Nahrung bei, auch sie gingen dabei große Risiken ein ... Lucien Dubois brachte uns diese Nahrung. Die Organisation wachte streng darüber, dass ausschließlich Nahrung gestohlen wurde, die für SS-Leute bestimmt war.

Wie haben wir entkräfteten oder kranken Häftlingen geholfen?

Ich erfuhr täglich, über welche Güter wir verfügten. Jeden Abend gab ich die Namen derer bekannt, die diese Güter in den einzelnen Baracken erhielten. Die entsprechenden Mithäftlinge wurden auf Grund der Hinweise der Barackenverantwortlichen ausgewählt, denn diese waren am ehesten in der Lage, den Grad der Erschöpfung der Gefangenen abzuschätzen. Wir konnten pro Tag etwa zehn bis fünfzehn Häftlingen einen beträchtlichen Anteil an zusätzlicher Nahrung verschaffen. Dank der Einsatzbereitschaft sämtlicher Verantwortlicher auf allen Stufen konnten wir unseren Kampf fortsetzen und konnten es vielen bereits total erschöpften Franzosen möglich machen, standzuhalten und nach der Befreiung wieder zu den Ihren zurückzukehren.

Es gab unter den Franzosen Widerstandskämpfer aus verschiedenen Gruppen, aber wir waren bei weitem die wichtigste Gruppierung. Von ungefähr 180 Franzosen waren wir 130 und gut organisiert.

Ende April 1944 gab es im Nordlager 385 Häftlinge: Ungefähr 65% davon waren Franzosen ... Es gab auch Jugoslawen, auf die wir zählen konnten, und etwa zehn „andere": Belgier und Luxemburger. Was den Rest betrifft, so gab es unter den Polen nur etwa zwanzig Widerstandskämpfer, die anderen waren eher Schwarzhändler.

Wir verbreiteten Neuigkeiten über einzelne Gruppen der «Résistance», über ihre militärischen und wirtschaftlichen Erfolge, über das Vordringen der Alliierten an allen Fronten, wir vermittelten die Hoffnung, die sich darauf gründete. Manche von uns haben Freunde wiedergefunden, die sie vor dem Krieg gekannt und die in denselben Organisationen gekämpft hatten. All das schuf eine Aufbruchsstimmung und setzte einen Bewusstseinsprozess in Gang, der inmitten dieses Hundelebens und der weit verbreiteten Verzweiflung zum Stillstand gekommen war.

All diese Auseinandersetzungen waren eine Form von Widerstand. Die materielle Hilfe, die wir den Häftlingen zukommen lassen konnten (wir befanden uns physisch noch im besten Zustand), trug schnell dazu bei, dass unsere Kameraden wieder Vertrauen fassten. Die Losung war: Jedem geschwächten Franzosen am Arbeitsort beistehen, ihm bei der Arbeit nach Möglichkeit helfen, damit er wieder zu Kräften kommt, so wenig Arbeit wie möglich verrichten und dabei doch beschäftigt wirken, um Repressalien zu vermeiden.

„Manche Kameraden waren nicht aus politischen Gründen da, aber sie teilten die Anstrengungen und erhielten so die Anerkennung der Organisation."

Genosse Morin brachte uns Nachrichten vom Südlager. Die Leitung des Südlagers hatte sich bereits vor unserer Ankunft mit der jugoslawischen Widerstandsorganisation in Verbindung gesetzt. Da wir zu der Überzeugung gekommen waren, ein gemeinsamer Aufstand der Häftlinge, flankiert durch einen Angriff jugoslawischer Partisanen, sei undurchführbar, mussten wir uns darauf beschränken, individuelle Fluchtversuche zu unterstützen und die Arbeit, so gut es ging, zu sabotieren. Unser Widerstand konnte keine großen Ausmaße annehmen, aber er war da ... Eines Tages kam ein Lastwagen mit Nachschub, der ausschließlich für die SS-Leute bestimmt war. Das mag überraschend wirken, aber die SS-Leute bekamen an die zwanzig Bonbons pro Tag. Einige unserer Kameraden wurden zum Abladen dieses Lastwagens geholt. Ich habe niemals erfahren, wem das Kunststück gelang, eine ganze Kiste (ungefähr drei Kilogramm) zu verstecken ... Mit zwei Kameraden haben wir die Aufteilung auf die einzelnen Blocks übernommen mit der dringenden Empfehlung an jeden einzelnen Häftling, das Papier gegebenenfalls mitzuessen, aber keinesfalls herumliegen zu lassen. An diesem Abend hat die Solidarität nicht hundertprozentig funktioniert und am nächsten Morgen lagen überall Bonbonpapiere herum. Unnötig, das Kampfgeschrei im Kommando zu beschreiben. Stubenälteste und Kapos haben alle Register gezogen: Antre-

ten, Rede, Schläge, Panikmache, damit sich einer von uns melde. Niemand sagte ein Wort ... Im ganzen Lager hagelte es Prügel ...

Unser Widerstand entwickelte sich, ab September waren wir in Kontakt mit den Verantwortlichen vom polnischen Kollektiv des Nordlagers. Es war Louis Garnier, der diese Verbindung aufrechterhielt – mit Hilfe von Léon Zub, der sehr gut Polnisch sprach. Da wurde einer der Verantwortlichen krank. Eines Morgens erfuhren wir, dass er ins Krankenrevier im Südlager eingeliefert worden sei. Wir baten unsere Kameraden vom Südlager, uns über seinen Gesundheitszustand auf dem Laufenden zu halten. Eines Abends teilte uns Morin mit, dass der SS-Arzt nicht genau habe diagnostizieren können, woran er litte. Er habe ihm den Bauch geöffnet, habe eine starke Infektion festgestellt und empfohlen, ihm einen Verband anzulegen und ihn „krepieren" zu lassen. Zwei Tage später ließ uns Morin wissen, dass unser Freund wieder bei Bewusstsein sei und zu trinken verlangt habe. Als unsere Kameraden, die Krankenpfleger, das sahen, hatten sie ihm den Verband abgenommen und festgestellt, dass aus der Wunde – auf ungewöhnliche Weise – Eiter heraustrat. Sie hatten die Wunde gereinigt, aber sie konnten nicht verhindern, den SS-Arzt über die Entwicklung auf dem Laufenden zu halten. Als Ramsauer diese Besserung sah, die er nicht verstand, bestellte er Sulfonamid, um den Kranken zu behandeln. Eine Woche darauf erfuhren wir, dass der SS-Arzt den Vorgang als eine Art Wunderheilung betrachtete und dem Häftling versprach, ihn bis zu seiner endgültigen Genesung innerhalb des Lagers zu belassen und nur mit leichten Arbeiten zu betrauen, was er auch tat. Wir haben ihn zu einem späteren Zeitpunkt wieder getroffen, als nämlich das Kommando Nord ins Südlager verlegt wurde.

Louis Garnier hatte die Verbindung mit anderen Verantwortlichen aufrechterhalten. Diese Annäherung veränderte rasch die Haltung, die zahlreiche polnische Häftlinge uns gegenüber einnahmen. Bis dahin hatte ein gewisses Misstrauen, ich würde sogar sagen, ernsthafte Spannungen, bestanden. Unsere polnischen Kameraden ließen uns wissen, dass viele polnische Häftlinge in unserem Kommando Berufsverbrecher waren, die nach dem deutschen Einmarsch in Polen aus den verschiedenen Gefängnissen nach Mauthausen überstellt und von dort aus auf die diversen Arbeitskommandos aufgeteilt worden wären. Die polnische Organisation wirke auf sie ein, um ihnen mehr Realitätssinn zu vermitteln und ihre Instinkte ein wenig hintanzuhalten. Jede Organisation besaß ihre Unabhängigkeit, aber es wurde beschlossen, dass wichtige Entscheidungen, die Auswirkungen auf die Häftlinge insgesamt haben könnten, nicht ohne vorherige Übereinkunft getroffen würden.

Anfang Jänner 1945 wurde ich krank. Meine Kameraden halfen mir, mich anzuziehen. Als wir zum Appell antraten, verstanden sie, dass ich nicht arbeiten konnte. Louis Garnier teilte es einem Kapo mit, der den SS-Mann «Toutoune» (Karl Sachse) benachrichtigte. Wir waren drei Kranke. «Toutoune» akzeptierte, dass wir ins Krankenrevier im Südlager überstellt würden. Die Kameraden machten meine Anwesenheit im Südlager bekannt und ich erhielt Besuch von meinem Freund Emile Pasquier, den ich seit unserer Ankunft nicht mehr gesehen hatte. Er redete mit Louis Balsan, damit ich im Südlager bleiben könne und ein paar Tage lang dem „Holz-Gas-Kommando" zugeteilt würde ... Ich hatte wieder Kontakt mit der Lagerorganisation Süd aufgenommen. Damals lernte ich Maurice Colin, Jean Granger und einige andere kennen. Die Organisation war sehr gut strukturiert. Neuigkeiten wurden erst dann verkündet, wenn sie von zwei oder drei verschiedenen Quellen geprüft waren. Die Deutschen erlitten mehr und mehr militärische Niederlagen und konnten diese nicht mehr verstecken. Ende Dezember 1944 hatten die Amerikaner ihre Offensive wieder aufgenommen und rückten langsam, aber sicher vor. Der Vormarsch der Russen in Richtung Berlin verlief sehr schnell ... Die Deutschen setzten alles daran, uns Panzerabwehrgräben ausheben zu lassen, aber unsere Weisung war, die Erde zwar ständig umzugraben, aber ohne Ergebnis. Ein paar Tage später wurden wir völlig umorganisiert, aber die Weisung blieb dieselbe ...

Im Frühjahr oder Sommer 1944 schufen die Polen im Nordlager eine Organisation, die der französischen ähnlich war. Die leitenden Mitglieder waren:

1) Jan Blaszczyk
2) Jozef Jagielski
3) Stanislaw Klosinski
4) Jożef Rżetelski
5) Bronislaw Znojek.

Gemeinsam mit den Franzosen gründeten sie ein internationales Lagerkomitee, das sie „Mokro"[148] nannten. Jozef Jagielski wurde zum Hauptverantwortlichen ernannt. Die Mitglieder des Komitees trafen sich häufig in den Aborten, im Waschraum oder hinter den Baracken.

Die Polen arbeiteten auf dieselbe Weise wie die Franzosen, aber unter schwierigeren Bedingungen. Es gab viele polnische Häftlinge, die auf

---

148 Miedzynarodowy Obozowy Komitet Ruchu Opuru – Internationales Lager-Widerstandskomitee

dem Schwarzmarkt handelten, viele Kapos waren Polen, darunter der korrupte Kapo Andrzej Polus, den die Organisation insoweit beeinflussen konnte, dass er den Häftlingen das Leben nicht mehr zur Hölle machte. Sie unternahmen auch Anstrengungen, dass Kranke und Erschöpfte in leichtere Arbeitskommandos überstellt wurden und weniger anstrengende Arbeiten machten. Die polnische Gruppe war gegen jede Form von Sabotage, wie die Zerstörung von Maschinen, Werkzeugen, Rohren oder Kabeln, denn die Kapos und Stubenältesten rächten sich an ihnen auf noch grausamere Art und Weise.

Louis Breton:

Der SS-Kommandant entschied,[149] *uns auf die Straße zu schicken, um zu verhindern, dass wir von den Partisanen oder den alliierten Truppen befreit würden. Die SS-Leute hatten den Befehl, uns, wenn notwendig, zu erschießen. Als unsere Leitung diese Evakuierungspläne erfuhr, verlangte sie ein Treffen mit dem Kommandanten. Sie wollte wissen, unter welchen Umständen wir das Lager verlassen würden, und vor allem, was mit unseren Kameraden im Krankenrevier geschehen würde, die nicht die Kraft hatten, aufzustehen. Ich weiß, dass die Verhandlungen schwierig waren, aber unsere Kameraden hatten durchgesetzt, dass die Kranken im Prinzip an Ort und Stelle bleiben könnten, wenn Freiwillige bei ihnen blieben, um sich um sie zu kümmern ... In den letzten zwei oder drei Tagen hatten die Gruppen in den Baracken genaue Anweisungen: durchzusetzen, dass die Befehle, die die Leitung den Umständen entsprechend geben würde, von allen Häftlingen ausnahmslos eingehalten würden. Wir wussten, wir hatten vor uns die SS-Leute, die sicher nicht zögern würden, uns niederzuschießen, wenn sie den Befehl dazu erhielten, und um uns herum eine bestimmte Anzahl von Individuen, die mit ihrem Mangel an Disziplin imstande wären, eine Befreiung ohne großes Blutvergießen aufs Spiel zu setzen ... Von unserer Seite kam der Befehl, dass alle Franzosen gemeinsam eine Gruppe bildeten – all das mit Zustimmung der polnischen Widerstandsorganisation. Wir durften absolut keinen Mann allein auf der Straße zurücklassen. Die Verantwortlichen mussten am Rand des Zuges bleiben, um bei Bedarf einzugreifen und um die Berge und die Straßengräben zu überwachen. Im Lauf der Vorbereitungen wurde uns bewusst, dass unsere Überzeugungsarbeit bei denen, die uns umgaben, ihre Früchte getragen hatte. Viele haben an diesem Tag die Stärke unserer Organisation erkannt und haben von sich aus, ohne dass wir sie dazu aufgefordert hätten,*

---

149 Am 7. Mai 1945

mit uns zusammengearbeitet. Unter diesen neuen Umständen marschierte der lange Zug von abgemagerten, übermüdeten Männern auf der Straße, flankiert von SS-Leuten mit Gewehren, Maschinengewehren und Granaten. Trotz der Bedrohung, die uns umgab, waren wir entschlossen, unsere Haut teuer zu verkaufen, wenn sie versuchen sollten, uns auszulöschen ... Die gegenseitige Rücksichtnahme, die wir ausnahmslos bei allen feststellen konnten, war wunderbar. Selbst die undiszipliniertesten Gauner im Lager verhielten sich auf diesem Marsch vorbildlich.

VIII FLUCHTVERSUCHE

Nach den Informationen, die ich gesammelt und im Rahmen des Möglichen überprüft habe, gab es auf beiden Seiten des Loiblpasses insgesamt 21 gelungene und fünf fehlgeschlagene Fluchtversuche.[150] Die Flucht geschafft haben 14 französische, vier russische, zwei slowenische und ein italienischer Häftling. Bei ihrem Fluchtversuch gescheitert sind zwei Franzosen, zwei Polen und ein Deutscher. Die beiden Franzosen wurden von Polizeihunden gestellt, der Deutsche wurde kurz nach seiner Flucht entdeckt. Möglicherweise ist ein Italiener knapp vor der Befreiung geflohen, aber bis zum heutigen Tag gibt es keine sicheren Beweise dafür.

Jede Flucht bzw. jeder Fluchtversuch hat seine eigene Geschichte. Abgesehen von zwei Häftlingen, die sich nach Gorenjska absetzten, flüchteten alle anderen – sowohl vom Nord- als auch vom Südlager kommend – nach Kärnten, denn sie wussten, sie könnten dort eher Partisanen treffen.

Einige Fluchtversuche waren Einzelinitiativen, die meisten wurden bis ins Detail geplant. Die Berichte sprachen von einer ständigen Präsenz von Partisanen auf der rechten Seite des Loibltales in Kärnten, insbesondere in der Gegend um Zell-Oberwinkel/Sele-Zvrhnji Kot. Aber auch die Gewissheit, dass ihnen die Slowenen zu Hilfe kommen und Kontakt mit den Partisanen herstellen würden, bestärkte die Deportierten darin, zu handeln. Verschiedene Quellen, insbesondere die Berichte der Partisanen selbst, belegen, dass zwei Franzosen und zwei Russen, die geflohen waren, im Kampf an der Seite slowenischer Partisanen den Tod fanden.

Flucht des russischen Häftlings Vostrikov (29. Juli 1943)

Der erste Deportierte, der vom Loibl flüchtete, war der Russe Viktor Vostrikov-Aykanoff, geboren am 24.11.1907 in Sosnovka. Er war Fotograf von Beruf und sprach mehrere Sprachen. Die Deutschen nahmen ihn am 30. März 1943 in Frankreich fest, wohin er 1937 aus der Sowjet-

---

150 Manche berichten darüber hinaus vom Fluchtversuch zweier Polen in einem kleinen Waggon im Frühjahr 1944 aus dem Nordlager. Ich habe lange Zeit nach Beweisen dafür gesucht und mit Zivilarbeitern, mit den Bauern des Hofes Pamž in der Nähe des Nordlagers und vor allem mit Häftlingen darüber gesprochen. Bis heute konnte ich keine Indizien finden, die auf ein Ereignis dieser Art hindeuten.

Abb. 34: Stacheldraht um das Nordlager; Aufnahme nach der Befreiung, Foto Britische Armee, Landry.

union geflüchtet war. Er wurde am 20. April 1943 ins Konzentrationslager Mauthausen geschickt, wo er die Häftlingsnummer 28666 und den Buchstaben „F" erhielt – wie ein französischer politischer Gefangener. Er kam mit dem ersten Transport an den Loibl. Zum Zeitpunkt seiner Flucht war die Widerstandsorganisation im Lager noch nicht aktiv, aber einige Häftlinge nahmen individuell Kontakt mit Zivilarbeitern auf, die ihnen von jugoslawischen Partisanen in den umliegenden Bergen und Wäldern erzählten, die die deutschen Einheiten angriffen.

Von Vostrikovs Flucht gibt es widersprüchliche Versionen. Der Zivilarbeiter Matevž Podjed aus Šenčur war über Vostrikovs Plan informiert und beschreibt die Flucht auf folgende Weise:

Der erste Häftling, der flüchtete, und zwar schon bald nach seiner Ankunft am Loibl, war ein etwa vierzig Jahre alter Pole oder Russe. Ich arbeitete im oberen Teil des Tunnels, dort, wo die Firma den Sprengstoff aufbewahrte. Nicht weit von mir arbeiteten Häftlinge. Eines Tages bat mich ein Häftling, ihm eine Jacke oder Weste sowie einen Hut oder eine Kappe zu besorgen, denn er hätte die Absicht zu fliehen. Ich hatte nicht den Mut dazu, denn wenn ihn die Deutschen gefangen hätten, dann hätte ich Repressalien riskiert. Zum Zeitpunkt seiner Flucht, die unter dem Munitionslager verlief, begann es zu regnen. Es muss drei oder vier Uhr Nachmittag gewesen sein. Vor der Rückkehr ins Lager wurden die Häftlinge wie üblich gezählt. Erst jetzt bemerkten die SS-Leute, dass einer fehlte. Dichter Nebel war gefallen, als sich die Deutschen mit Hunden auf die Suche machten, aber ergebnislos. Die anderen Häftlinge mussten bis elf Uhr abends auf der Straße warten ...

Vostrikov war den französischen Häftlingen bekannt. Viele erinnern sich an ihn, weil er sich dreimal bekreuzigte, wenn er an der kleinen Kapelle unter der Kirche Sveta Ana vorbeiging. Der Kommandoführer «Trompe-la-mort» (Mayer) konnte das nicht ausstehen und schlug ihn dafür.

Der Geflohene selbst beschrieb mir seine Flucht folgendermaßen:

Die für das „Kommando X" Ausgewählten wurden vor der Abfahrt an den Loibl auf dem Appellplatz in Mauthausen versammelt. Kommandant Ziereis kam persönlich und warnte uns eindringlich:

„Wenn Deutschland den Krieg verliert, wird keiner von euch lebend die Freiheit gewinnen. Es bleibt euch nur die Hoffnung, dass Deutschland triumphiert. Wenn einer von euch versucht zu flüchten, wird er aufgehängt. Niemand ist je aus einem deutschen Konzentrationslager geflohen, aber sollte das passieren, dann werden zehn von euch dafür getötet."

Manche verstanden, dass er die Absicht hatte, jeden zehnten Häftling sofort zu töten.

Nichtsdestoweniger nahmen wir die Worte des Lagerkommandanten sehr ernst, denn wir hatten bereits Sitten und Gebräuche des Lagerregimes kennengelernt. Inmitten einer solchen Gewalt und der Verantwortung für die Folgen schien es mir, dass ein Aufstand des gesamten Lagers der einzig richtige Weg wäre. Das war in Mauthausen nicht zu verwirklichen. Nach unserer Ankunft am Loibl hatten wir mehr Möglichkeiten vor Augen: Wir waren von Bergen, von Wäldern, von Partisanen umgeben. Nach der Hoffnungslosigkeit, die in Mauthausen herrschte, waren unsere Herzen nun wieder mit großer Hoffnung erfüllt und der Wunsch nach Freiheit wuchs, zumindest dachte ich so.

Nach meinen Berechnungen brauchte es dreißig bis fünfunddreißig Kameraden, die zu allem bereit waren, aber ich fand nur acht oder neun, dazu einige Unentschlossene. Aber die Suche nach Kampfgefährten für einen Aufstand war schwierig und gefährlich. Manche Gefährten, die in diesen demokratischen Ländern aufgewachsen waren und keine Ahnung hatten, was eine Verschwörung bedeutete, redeten von Aufstand, von Entwaffnung und Ermordung der SS-Leute so, als sprächen sie von einem Fußballmatch. Ich er-

innere mich, dass wir am Sonntag nicht arbeiteten. Mein bester Freund, ein Mann gesetzten Alters, lud mich in seine Gruppe ein. Einer der Kameraden sagte zu mir:

„Komm, Viktor, erzähl uns von deinem Plan!"

So viel Naivität erschreckte mich. Ein weiterer Mithäftling kam spontan auf mich zu und fragte mich mit geheimnisvollem Gesicht:

„Also, Viktor, werden wir zusammen das Lager verlassen?"

Ich kannte ihn nicht und ich hatte ihn nie zuvor gesehen ... Er hatte ein typisch deutsches Gesicht ... Ich konnte mir denken, dass sie mir einen Deutschen[151] *geschickt hatten. Er war ein mutiger Junge, aber in der Folge floh ich allein.*

Ich war in einem Zustand unerträglicher Spannung. Zahlreiche Deportierte wussten bereits, dass „der Russe" etwas vorbereitete. Es schien mir, dass mich die Deutschen genauer überwachten. Die Sache wurde dringend. Zur selben Zeit hörten wir von Mussolini und seiner Festnahme. Die Häftlinge diskutierten zuversichtlich über Italien, das die Alliierten vom Norden her besetzen würden, so einfach, wie eine Nadel in Butter eindringt.

„Aber die Deutschen werden uns schlagen, bevor die Alliierten kommen. Habt ihr vergessen, was uns Ziereis auf dem Appellplatz gesagt hat?", meinten andere.

Unter solchen Umständen war die Planung eines Aufstands nicht so einfach. Einer von uns musste flüchten, um sich mit den Partisanen in Verbindung zu setzen und sie für unsere Befreiung um Hilfe zu bitten. Alles hing von der Initiative eines Einzelnen ab. Wenn es ihm gelänge, dann dürfte er nicht auf seine Kameraden vergessen und müsste alles in seiner Macht Stehende unternehmen, um sie zu befreien. Er müsste bedenken, dass er mit seiner Flucht das Leben von zehn Kameraden aufs Spiel setzte.

Wohlgemerkt, es gab damals noch keine Organisation, keine organisierte Disziplin, kein Komitee, keinen Leiter, keine Lagerversammlungen ... Entscheidungen wurden bei den diversen Treffen auf der Baustelle, auf dem Weg getroffen ... In der Gruppe, mit der ich mich geeinigt hatte, waren Louis Tambon, Jules Leif, Jean Sauvage, François Chaffin, Silvio Gallardi, Marcel Vuasso, Felix Leibovici und einige andere, die ich absolut nicht kannte. In den Diskussionen mit den Kameraden schien es, dass ich geradezu prädestiniert wäre, als Erster zu fliehen, und dass ich die Mission bei den Partisanen besser als jeder andere erfüllen könnte. Ich hatte in meinem Herkunftsland

---

151 Kurt Windt

KAPITEL VIII

wie auch im Ausland viele Erfahrungen mit Verschwörungen und Fluchtversuchen aus Lagern und anderen Gefängnissen gesammelt. Die russische Sprache ist der slowenischen ähnlich und wenn meine Flucht gelingen sollte, dann würden die Deutschen zweifellos nicht zehn Franzosen für einen Russen hinrichten.

Ich traf also die Entscheidung, zu fliehen und auch die Verantwortung für eventuelle Repressalien auf mich zu nehmen. Das war eine schwere Verantwortung, aber sie war unvermeidlich. Ich muss zugeben, dass ich niemals so viel Angst um mich und meine Kameraden hatte. Sie fragten mich, wie ich mich auf die Flucht vorbereitete, aber ich hatte überhaupt keinen genauen Plan. Ich trug nur ein paar Streichhölzer und ein wenig Salz bei mir. Ich wartete nur auf einen günstigen Augenblick.

Ein solcher Augenblick kam auf der Baustelle. Wir waren zwölf Häftlinge und wir mussten um die Betonmauern zum Schutz der Maschinen einen Stacheldraht ziehen. Von diesem Punkt oberhalb des Tunnels aus konnte man die gesamte Baustelle überblicken. Eine Stunde vor Arbeitsschluss sagte uns der Kapo, dass die Arbeit fertiggestellt wäre. Es hatte keinen Sinn, früher ins Lager zurückzukehren, so meinte der Kapo, wir sollten uns verstecken, um von der Firmenleitung nicht gesehen zu werden. Einige setzten sich hin, andere streckten sich sogar aus. Wir wurden von drei SS-Leuten mit Maschinenpistolen überwacht: Der erste stand etwa zwanzig Meter unter uns, die beiden anderen saßen ein bisschen weiter über uns. Ich beschloss sofort, meine Todesangst zu überwinden und wählte den Moment, als der erste SS-Mann – nun etwa dreißig Meter unter uns – die Straße beobachtete, während die beiden anderen – über uns und nicht mehr als zehn Meter voneinander entfernt – eine Diskussion führten und sich dabei ansahen. Das war der ideale Zeitpunkt. Die Kameraden Chaffin und Gallard saßen zehn Meter von mir entfernt, aber ich fürchtete sie nicht, denn sie hatten früher eine gemeinsame Flucht mit mir geplant. Sie beobachteten mich, wie ich mich zum Bach hinuntergleiten ließ, der gerade wenig Wasser führte, und wie ich dann in Richtung Gebüsch kletterte. Ich spürte in meinem Inneren, wie wichtig das war. Wären andere Kameraden an ihrer Stelle gesessen, hätten sie glauben können, dass ich mich verirrte und hätten vielleicht gerufen:

„Wo gehst du hin? Weißt du nicht, dass die Wachen ohne Vorwarnung schießen?"

Sie bemerkten meine Flucht erst beim Abzählen, als die Arbeitsgruppen angetreten und zum Abmarsch ins Lager bereit waren. Sofort bestiegen SS-Leute mit Hunden die Lastwagen und machten sich auf die Suche nach mir.

275

Eine Zeit lang schossen sie ohne Unterbrechung in Richtung Selenitza. Sie vermuteten, dass ich diese Richtung eingeschlagen hatte. Dann ließen sie ihre Hunde frei, um mich zu verfolgen. Aber der eben einsetzende Regen verwischte meine Spuren und rettete mich.

In der Stille und der Dämmerung glaubte ich, auf dem kleinsten Gebirgspfad Patrouillen zu erkennen. Ich fühlte mich von allen Seiten verfolgt. Von Zeit zu Zeit schien es mir, ein Feuer zu sehen, das dann gleich wieder erlosch, oder ich meinte, das Bellen eines Hundes zu hören. Die ganze Nacht über ruhte ich mich keinen Augenblick aus. Ich war auf der Flucht, ich kroch auf allen Vieren, um möglichst wenige Geräusche zu verursachen und um mich so weit wie möglich zu entfernen. In der Dunkelheit fiel ich auf schneidend scharfe Steine, ich stach mich an trockenen Ästen, überall hatte ich kleine, aber stark blutende Wunden und wegen der zahlreichen Stürze fühlte ich am ganzen Körper einen dumpfen Schmerz.

Im Morgengrauen blieb ich erschöpft liegen und verlor das Bewusstsein. Als ich wieder zu mir kam, war die Sonne schon aufgegangen und mein Körper mit meinen durchnässten Kleidern war vor Kälte starr. Vor mir erhob sich der Triglav[152] in seiner ganzen Größe in den klaren Himmel. Eine unbeschreibliche Freude erfasste mich. Es war nicht das erste Mal, dass ich dieses berauschende Gefühl der Freiheit empfand. Aber niemals zuvor war ich so verzückt gewesen, mich aus der Sklaverei befreit zu haben und vom Tod ins Leben zurückgekehrt zu sein. In meiner Ekstase vergaß ich meine Erschöpfung, meine Verletzungen, meine Schmerzen und die Gefahr, in der ich mich befand.

Ich war der Hölle entkommen, der widerwärtigsten, die es auf dieser Erde gab, und ich hatte den Nazis die Macht genommen, ein Menschenleben auszulöschen. Ich hatte ihnen bewiesen, dass man aus einem Konzentrationslager flüchten konnte. Ich erinnerte mich an die Maxime von Maxim Gorki:

„Ein Mensch, wie stolz das klingt!"

Aber die Ekstase, die Freude, der Stolz dauerten nur wenige Minuten. Wie ein Alptraum tauchte die Gestalt von Ziereis vor mir auf und ich erinnerte mich an seine Drohung:

„Zehn von euch werden erschossen!"

Vielleicht bereiteten sie in dieser morgendlichen Stunde auf Grund meiner Flucht schon die Erschießung zehn meiner Kameraden vor. Was sollte ich ihren Müttern, ihren Freunden und Verwandten sagen? Welche Rechtfertigung

---

152 Der Triglav („Dreikopf") in den Julischen Alpen ist mit 2864 Metern der höchste Gipfel Sloweniens (Anmerkung des Übersetzers)

konnte ich für diese – ohne Zweifel heroische – Flucht geltend machen, die doch für sie von keinerlei Nutzen war? Ich sagte mir, ich müsse mich beeilen, ich müsse so bald wie möglich auf Partisanen stoßen und sie dazu bewegen, das Lager zu befreien.

In der folgenden Nacht versteckte ich mich in einem Haus am Rand eines Dorfes. Ich stahl Zivilkleider und ein bisschen Nahrung. Am nächsten Abend, als ich in Richtung Süden gegen die jugoslawische Seite hin ging, bemerkte – oder besser: spürte – ich, dass mir jemand folgte. Ich versuchte sofort, mich im dichten Gebüsch zu verstecken. Ich versuchte zu fliehen, aber ich war zu schwach und mein ganzer Körper schmerzte mich. Drei Zivilsten kamen hinter einem Gebüsch hervor und fingen mich ohne Schwierigkeiten. Der Jüngste von ihnen rief mir auf Deutsch zu:

„Wir sind Partisanen! Wer bist du?"

Ich blieb stehen: „Ich bin Russe! Deportierter!"

Er sagte mir etwas auf Deutsch, aber ich verstand schlecht.

Ich verstand nur: „Sprichst du Russisch?"

Und ohne auf meine Antwort zu warten, begann er mit lauter Stimme ein recht dummes, antiklerikales sowjetisches Lied zu singen:

„Sergej ist Priester, Sergej ist Priester. Sergej ist ein Pfarrer, ein Pfaffe, dem das ganze Dorf gehört."

Das war ein unter Angehörigen des „Komsomol" sehr beliebtes Lied. Zweifellos hatte er es im russischen Radio gehört. Auch ich konnte mich an den Text erinnern und sang mit ihm. Die beiden anderen Partisanen kamen näher und hörten unserem Duo mit ernster Miene, aber mit mildem Ausdruck zu.

So hatte ich meine russische Herkunft bewiesen und die Aufnahmeprüfung in den Partisanentrupp bestanden. Diese drei waren besonderer Art: Es handelte sich um Spione bzw. Beobachter, die die Verbindung mit den Widerstandsgruppen im österreichischen Grenzgebiet sichern sollten. Ich verbrachte einen Tag und zwei Nächte mit ihnen. Meine Wunden begannen stark zu schmerzen und zu eitern, insbesondere eine Wunde in der Leistengegend, die immer unerträglicher wurde. Obwohl ich mich kaum noch bewegen konnte, begleitete ich den Partisanen Pavel am nächsten Morgen auf die slowenische Seite. Wir mussten ungeschützt gefährliches Gebiet durchqueren. Ich war nicht mehr imstande zu fliehen und bat Pavel, mich zu töten, wenn wir auf Deutsche treffen sollten. Ich war sehr niedergeschlagen.

Als wir in Slowenien waren, ließ mich Pavel, der von meinem langsamen Schritt genug hatte, zurück und sagte:

„*Warte hier auf mich! Wenn ich bis morgen nicht zurück bin, dann gehe auf die Pokljuka[153], dort findest du wieder Partisanen!*"

Er wies mir mit der Hand die Richtung. Ich wartete nicht auf seine Rückkehr, die mir unwahrscheinlich schien, und ging allein weiter. Ich litt an Fieber und Schwindel. Wenn ich einschlief, hatte ich das Gefühl, dass jemand neben mir lag und zu mir redete. Ich beschloss, ins Dorf zu gehen und um Hilfe zu bitten, aber niemand wollte mit mir sprechen. Wenn ich näher kam, schlossen sie Türen und Fenster. Ich war verzweifelt und verließ das Dorf wieder. Zum Glück öffnete sich eine große, besonders schmerzhafte Phlegmone und viel Eiter kam heraus. Mit einem Schlag wurde alles einfacher. Die Schmerzen und die anderen Wunden erschienen mir bedeutungslos und ich konnte meinen Weg wieder fortsetzen.

Noch vor dem Morgen kam ich an einen schmalen, aber tiefen Fluss. Auf der anderen Seite sah ich – meiner Schätzung und der Beschreibung Pavels zufolge – das Waldgebiet, das Pokljuka genannt wurde, und ich wollte so rasch wie möglich dort ankommen. Aber ich fiel vor Schwäche hin und zitterte vor Kälte, denn das Wasser der Sava war eiskalt. Ich blieb im Gebüsch beim Fluss und diese Schwäche rettete mir das Leben. Als die Sonne aufging, kamen vier Flugzeuge von Nordwesten, begannen den Wald von Pokljuka zu überfliegen und schossen in die Bäume hinein. Sie warfen Bomben ab und flogen zurück. Kurz darauf kamen drei weitere Flugzeuge und taten dasselbe. Es kamen immer wieder Flugzeuge und ihre Angriffe dauerten bis Mittag und noch länger. Später wurde mir erzählt, dass diese sieben Flugzeuge mit der Unterstützung von 5000 deutschen Soldaten eine Offensive gegen die Partisanen gestartet hätten. Wenn ich die Sava im Morgengrauen überquert hätte, dann wäre ich mitten in den deutschen Angriff auf die Pokljuka hineingeraten. Früh am Morgen, noch vor dem Luftangriff, hatte ein etwa zehn Jahre alter Bauernbub seine Kühe auf die Weide geführt. Neugierig sammelten sie sich um mich herum und muhten. Als sie mich genügend lang angestiert hatten, verliefen sie sich, aber der Junge beobachtete mich hinter einem Busch versteckt und berichtete zu Hause über seine Entdeckung. Ein paar Stunden verstrichen friedlich. Die Flugzeuge stellten ihre Angriffe ein. Wegen des Fiebers legte ich meine Kleider ab und schlief ein. Plötzlich vernahm ich ein Flüstern und fuhr hoch. Durch das Laubwerk sah ich wenige Meter entfernt eine Frau, die einem deutschen Soldaten mit dem Finger den Platz zeigte, wo ich mich befand. Er konnte mich nicht sehen, aber zur Sicherheit machte er seine Waffe schussbe-

---

153 Alpine Hochebene im Nordwesten Sloweniens (Anmerkung des Übersetzers)

reit. Kriechend wie eine Schlange entfernte ich mich und zog mich tiefer ins Dickicht zurück. Nachdem ich mich etwa fünfhundert Meter entlang des Flussufers entfernt hatte, überquerte ich die Sava und flüchtete in den Wald der Pokljuka. In der Nacht stieg meine Körpertemperatur stark an und ich hatte durch das Fieber neuerlich Halluzinationen.

Am nächsten Morgen erreichte ich halbtot die Partisanen. Ich hatte es eilig und in meiner Ungeduld dachte ich, sie würden sofort energisch die Befreiung der Lagerhäftlinge in Angriff nehmen, sobald ich ihnen über unsere tragische Situation berichtet hätte. Aber nichts von all dem! Bereits beim ersten Zusammentreffen mit den Partisanen hatte ich ihre Abneigung gegen Franzosen bemerkt. Alle drei erzählten mir, wie sie ein Lager in Feistritz, im Kärntner Rosental, befreit hätten, aber keiner der befreiten Franzosen hätte sich in der Folge ihnen angeschlossen. Alle wären lieber bei den Deutschen geblieben. Alle Partisanen, mit denen ich von der Befreiung des Lagers sprach, Ivan Javor (Igor)[154] *und all die anderen, waren gegen einen solchen Plan und erwiderten:*

„Wir sollten also deine Kumpel befreien und dabei große Verluste erleiden, mit dem Risiko, dass kein Franzose danach zu uns kommt?"

Sie sahen meinen Plan nur von diesem Gesichtspunkt aus. Ich habe mich abgemüht, sie vom Gegenteil zu überzeugen oder zumindest ihre Meinung zu ändern. Ich sagte, man könne KZ-Häftlinge nicht mit Kriegsgefangenen vergleichen. Es ist leicht vorstellbar, welche schweren Schuldgefühle angesichts dieser unnützen Diskussionen, vor allem aber angesichts der Lebensgefahr, in der zehn meiner Lagerkameraden schwebten, auf mir lasteten. Ein solcher Angriff, meinten sie, wäre nicht nur erfolglos, er würde auch das Leben der Häftlinge selbst aufs Spiel setzen …

Vostrikov beschrieb lang und breit seinen Aufenthalt bei den Partisanen und vermischte dabei seine Erinnerungen. Er berichtete auch, wie er durch die slowenischen Sumpflandschaften irrte, mit dem Ziel, Kontakt mit englischen Truppen aufzunehmen, damit diese die slowenischen Partisanen von der Notwendigkeit der Befreiung des Lagers überzeugten, aber es gelang ihm nicht. Als er sich bewusst wurde, dass sein Ansinnen undurchführbar war, beschloss er aus privaten und familiären Gründen, in Richtung Westen zu fliehen. Er hatte auch bemerkt, dass die politischen Ansichten der Partisanen zu Stalin tendierten, und er fürchtete,

---

154 Kommandant der Brigade »Prešernova«. Hier wie in ähnlichen Fällen ist der Partisanenname in Klammer angegeben.

dass ihn die Partisanen nach Kriegsende an die Sowjets ausliefern könnten, denn er war 1937 aus einem russischen Lager nach Frankreich geflohen und in der Sowjetunion nach wie vor zu sieben Jahren Haftstrafe verurteilt.

Vostrikov erlebte das Ende des Krieges mit italienischen Partisanen, wo das Leben, wie er sagte, leichter und nicht so gefährlich war. Über die jugoslawischen Partisanen schrieb er:

Von allen Streitkräften, die gegen Hitler kämpften, zeigten sie den größten Heldenmut. Sie erlitten sehr große Verluste. Materielle Mittel standen ihnen nur wenige zur Verfügung. Sie waren gute Kameraden, die sich mir gegenüber brüderlich verhielten. Meine Bewunderung, meine Hochachtung und meine brüderliche Zuneigung ist ihnen auf ewig sicher.

Flucht des ersten Franzosen (28. Oktober 1943)

Alfred (Fred) Lecuron war der erste französische Häftling, der vom Loibl flüchtete. Er wurde am 30. September 1916 im französischen Departement Somme geboren. Nach der Kapitulation Frankreichs war er für kurze Zeit Kriegsgefangener. Sein politisches Engagement in der Kommunistischen Jugend war zuerst sehr stark. Nach dem Nichtangriffspakt zwischen Russland und Deutschland stellte er jegliche weitere Aktivität ein. Dennoch blieb er ein überzeugter Antifaschist. Er war verheiratet, groß, robust und hatte sehr helles Haar.

Am 15. Juni 1941 wurde er von der Gestapo festgenommen. Von Februar bis April 1943 war er im Lager Compiègne interniert. Dann kam er nach Mauthausen und erhielt dort die Häftlingsnummer 26173. An den Loibl kam er mit dem ersten Transport und wurde einem Maurerkommando zugewiesen.

Zuerst wollte er aus dem Südlager flüchten. Er überlegte, wie er den Berg hinaufklettern könnte. Mithäftlinge, die auf der österreichischen Seite arbeiteten, sagten ihm, dass die Topographie dort ganz anders wäre, dass es um das Lager herum nur Wälder gäbe. Aus diesem Grund meldete er sich freiwillig zur Arbeit auf der Nordseite. Bevor er nach Norden ging, versprach er Georges Huret, mit dem er eine gemeinsame Flucht geplant hatte, ihn über die Fluchtmöglichkeiten auf der anderen Seite auf dem Laufenden zu halten. Eventuell könnte ihm Huret folgen. Aber das tat er dann nicht, sondern er flüchtete am Morgen des 28. Oktobers 1943 allein, als er sich mit einer Gruppe von Häftlingen auf dem Weg zur SS-Küche befand, um Kaffee zu holen. An diesem Tag lag dichter Nebel über dem Lager. So konnte er unbemerkt im Wald verschwinden. Die SS-Leute machten sich unvermittelt auf die Suche nach ihm. Im nahe gelegenen Bauernhof Pamž durchsuchten sie von oben bis unten die Stallungen, ebenso das Gelände um den Hof. Daraufhin schlugen sie den Weg in Richtung Wald ein. Aber wegen des dichten Nebels und aus Angst vor Partisanen gingen sie nicht sehr weit.

Jean Granger schrieb, dass Lecuron einen ganzen Tag lang im Zivillager versteckt blieb, was nicht stimmen kann, weil Polizei und SS dort überall suchten.

Der Flüchtige kam bis zu einem Bauernhof, wo er mit Kleidung und Nahrung versorgt wurde und wo er sich mit Partisanen in Verbindung setzen konnte. Er begleitete die Partisanen nach Gorenjska und blieb drei Monate bei ihnen. Da er an einer Lebererkrankung litt, schickten ihn die Partisanen zu demselben Bauernhof zurück, und als er wieder bei Gesundheit war und seine Haare wieder gewachsen waren, beschloss er, nach Frankreich zurückzukehren. Sein weiteres Schicksal bleibt im Dunkeln. Manche meinen, er hätte ganz Österreich durchquert und wäre an der Schweizer Grenze festgenommen worden, wo er sich als Kanadier ausgab. Er wäre von den Deutschen als Kriegsgefangener angesehen und in ein deutsches Arbeitslager geschickt worden, wo er die Unterstützung französischer Zivilarbeiter gefunden hätte … (Georges Huret)

In der Broschüre «Mauthausen – Kommando du Loibl-Pass» schreiben die Franzosen, dass er die Partisanen nur mit großer Mühe erreichte und nur für kurze Zeit bei ihnen blieb. Nach verschiedenen Zwischenfällen kam er nach Frankreich und informierte manche Familien über das Schicksal ihrer Angehörigen am Loibl.

Georges Célarié hingegen glaubt, dass Lecuron erst nach dem 24. Februar 1945 nach Frankreich zurückkam und dass seine Gruppe, die am 14. Oktober 1944 floh, vor ihm zurückgekehrt wäre.

Leider hatte Lecuron kein Glück. 1948 stürzte er bei einem Radrennen und wurde von einem Motorrad überfahren. Er starb an den Folgen seiner Verletzungen.

Gescheiterter Fluchtversuch zweier Franzosen (22. November 1943)

Der Franzose Marcel Aubert arbeitete als Elektriker im Maschinensaal. Er plante seine Flucht für Anfang November 1943 und wählte zwei Mithäftlinge aus, die ihn begleiten sollten.

Der erste war Jules Leif, geboren am 13. März 1921 in Güssingen, Student an der «École normale». Die Gestapo hatte ihn im März 1943 festgenommen. Nach Aufenthalten im Gefängnis und im Internierungslager wurde er im April nach Mauthausen deportiert, wo ihm die Häftlingsnummer 27038 zugeteilt wurde. Er war groß und von starkem Körperbau. An den Loibl kam er mit dem ersten Transport. Da er Deutsch sprach, musste er das Zimmer des Kommandanten putzen und aufräumen. Bald wurde er jedoch auch zur Arbeit in den Tunnel geschickt.

Der zweite Häftling hieß René Jacquemin[155], geboren am 13. Dezember 1911 in Nancy, von Beruf Gastwirt. Auch er kam mit dem ersten Transport an den Loibl. Obwohl er Zuhälter war, wurde er als politischer Häftling eingestuft und hatte die Häftlingsnummer 28168. Aubert betrachtete ihn als korrekten Menschen. Auf der Brust trug er eine große Tätowierung, die eine Fledermaus mit der Aufschrift „Fatalitas" zeigte, daher sein Lagername. Er war mit dem Koch Kurt Windt befreundet, der ihm zusätzliche Nahrung verschaffte, was den Neid der Mithäftlinge hervorrief.

Aubert erklärte ihnen seinen Plan und seine Vorbereitungen zur Flucht. Der Plan bestand darin, dass sie am Abend beim Verlassen des Maschinenraums Zivilkleider mitnehmen würden,[156] die sie in der doppelten Wand der Baracke, wo die Kompressoren standen, verstecken würden. Sie hatten die Absicht, sich hinter den Zementsäcken umzuziehen und daraufhin an den Wachen vor dem Depot vorüberzugehen. Aber in der Nacht fielen etwa fünfzig Zentimeter Schnee. Aubert änderte seine Pläne und sagte zu seinen Kameraden, man müsse die Flucht verschieben. Aber die beiden anderen waren nicht damit einverstanden. Sie warfen Aubert mangelnde Willenskraft vor, denn er wisse ja, dass es den ganzen Winter über Schnee geben und dass sich nicht bald wieder so eine gute Gelegenheit zur Flucht bieten würde. Aubert antwortete, er würde ihnen die Zivilkleider und alles, was er zur Flucht vorbereitet hatte, überlassen, wenn sie von diesem Fluchtversuch überzeugt wären.

---

155 Aubert kannte ihn, weil die beiden knapp nach der Verhaftung dieselbe Zelle geteilt hatten.
156 Laut Rudi Kavčič wurden die Zivilkleider von Gustelj Bevk gebracht. Auch der Autor dieses Buches, Janko Tišler, brachte Aubert zweimal Zivilkleider (eine Jacke mit Hose und später noch einmal eine Hose).

KAPITEL VIII

Am 22. November 1943 war schönes Wetter. Der Erste, der hinter dem Zementdepot in Zivilkleidern hervorkam, war Jacquemin „Fatalitas". Er ging ohne Probleme an den Wachen vorbei und hielt sich links des Steinbrechers. Hinter ihm folgte Leif. Er wollte gerade an der Wache vorbeigehen. Aber der Wachposten glaubte ihn zu erkennen und sprach ihn auf Deutsch an. Und hier beging Leif einen fatalen Fehler. Die Häftlinge mussten, wenn sie von einem SS-Mann angesprochen wurden, ihre Mütze abnehmen und Leif tat dies ganz automatisch. Als er sich seines Irrtums bewusst wurde, war es bereits zu spät. Er lief in Richtung Selenitza. Der SS-Mann schoss auf ihn, obwohl er wusste, dass Leif im Schnee nicht weit kommen würde. Er rief einen Hundeführer, der gerade in der Nähe war. Die Hunde wurden hinter den Flüchtigen nachgehetzt. Als Erster wurde Leif gestellt, dann Jacquemin. Die Hunde wollten von ihren Opfern nicht ablassen. Diese wurden ins Lager zurückgebracht und noch auf der Straße geschlagen.

Der Häftling Ivanoff erinnert sich, wie Jacquemin, als er mit der Peitsche geschlagen wurde, rief:

„Mama! Mama!"

Kommandant Winkler sagte erstaunt:

„Was hat er? Er ruft nach seiner Mutter und hat Fatalitas auf seine Brust tätowiert!"

Als das Arbeitskommando der beiden am Abend ins Lager zurückkam, sahen sie die beiden Flüchtigen in Ketten vor dem Lagereingang stehen. Die ganze Nacht über mussten sie so mit den Füßen im Schnee stehen bleiben. Am nächsten Morgen wurden sie mit dem Lastwagen ins Zentrallager Mauthausen gebracht und dort der Strafkompanie zugeteilt. Beide litten ungeheuerlich, aber keiner von ihnen hat je Aubert verraten.

Dieser versteckte am nächsten Morgen eine dritte Kleidungsgarnitur in der Doppelwand der Kompressoren-Baracke.

Es ist unglaublich, dass die beiden Flüchtigen den Krieg überleben konnten. Leif machte ein wahrhaftes Martyrium durch. Von Mauthausen wurde er ins Lager Gusen 2 überstellt und kam als Invalide wieder heraus. Auf Grund von Folterungen (gebrochenes Bein, zerbrochene Finger) verbrachte er nach dem Krieg einen großen Teil seines Lebens im Krankenhaus.

Im Jahr 1970 starb er nach langem Leiden. Jacquemin erging es ein wenig besser. Nach dem Krieg lebte er in Nancy, wo er 1981 starb.

Berichte von Zivilarbeitern

Im November 1943 habe ich einen Häftling mit einer enormen Wunde am Hals gesehen. Er war von einem Hund gebissen worden, der ihn bei seinem Fluchtversuch unter der Selenitza gestellt hatte. Bei dieser Gelegenheit wurde auch der „Tätowierte" eingefangen, er trug eine große Tätowierung auf der Brust, darunter stand ein Name. Ich sah, wie die beiden mit einem Knüppel geschlagen und dann den Kapos im Lager übergeben wurden ...
(Alojz Knaflič)

Ich habe einen Häftling gesehen, den die Hunde unter der Selenitza gefangen hatten. Seine Kleider waren zerrissen und blutig. Er hatte eine offene Wunde am Bein. Er wurde zum Lagereingang gebracht, wo die SS-Leute bereits auf ihn warteten. Sie stießen ihn zu Boden. Es war bereits spät am Nachmittag. Am nächsten Tag wurde er in einem Lastwagen weggeführt ...
(Ivan Bergant)

Zwei Franzosen, die in Zivilkleidern die Flucht versucht hatten, wurden von SS-Hunden eingefangen. Das passierte gegen Mittag. Nach einer oder zwei Stunden wurden sie zurückgebracht. Einen habe ich gesehen, seine Hose war zerrissen und er blutete. Sie wurden unterhalb der Selenitza gestellt. Sie mussten die ganze Nacht vor dem Lagertor stehen ... (Miha Grilc)

Nach diesen Geschehnissen schrieb ich in mein Tagebuch:

Montag, 22. November: Sie haben zwei Franzosen festgenommen, die Zivilkleider angelegt hatten. Einer von ihnen war blutverschmiert, er war vermutlich geschlagen worden.

Dienstag, 23. November: Es regnet. Heute sind die beiden Franzosen nach Mauthausen zurücküberstellt worden.

Gescheiterter Fluchtversuch des Polen Scislowski (19. April 1944)

Scislowski wurde am 24. Jänner 1903 in Bycow geboren. Er kam mit dem ersten Transport an den Loibl, hatte die Häftlingsnummer 28526 und trug ein rotes Dreieck mit dem Buchstaben „F". Er galt als französischer politischer Häftling, denn die Deutschen hatten ihn in Frankreich festgenommen und als Franzosen eingestuft. Er wurde unter dem Namen Pierre Scislowski registriert. Scislowski hatte eine Zeit lang bei der Fremdenlegion in Afrika gedient und sprach daher Französisch.

Am Mittwoch, dem 19. April 1944, flüchtete er um 10 Uhr morgens, nachdem er einen Wachposten, den slowakischen SS-Mann Franz Staffel, mit einer Schaufel bewusstlos geschlagen hatte.

KAPITEL VIII

Am Nachmittag desselben Tages erreichte er den Bauernhof „Žerjav" in Oberwinkel bei Zell-Pfarre/Sele Fara in Kärnten. Der Hof gehörte Franc Mak und die Bäuerin gab ihm Milch, Brot und Zivilkleidung. Bevor er weiterging, gab sie ihm als Proviant noch Brot mit und der Schäfer des Hofes, Albin Oraže, begleitete ihn. Er führte den Polen an einen Platz nicht weit vom Weg zum Bauernhof in Richtung Osten und sagte ihm, er solle dort warten, er würde die Partisanen suchen. Oraže beeilte sich, den Partisanen Albin Užnik zu verständigen. Dieser hatte seinen Unterschlupf etwa eine halbe Stunde entfernt an einem Ort, von dem aus man den ganzen Loibl überblicken konnte.

Als Oraže und Užnik zurückkamen, war der Gefangene bereits in Zivilkleidung und hatte seinen Häftlingsanzug unter einem Felsen versteckt. Užnik nahm ihn mit sich in seinen Unterschlupf und bat Oraže, er möge den Häftlingsanzug zu seiner Tante Paula bringen, damit diese ihn verbrenne. Der Gefangene wurde davon nicht in Kenntnis gesetzt. Scislowski war sehr geschwächt. In der ganzen Zeit, die er im Partisanenstützpunkt verbrachte, aß er Brot und Kartoffeln, die er an einem Stock über dem Feuer briet. Er aß so viel, dass Užnik fürchtete, er könne davon krank werden. Zu dieser Zeit war die Verbindung zwischen den Partisanen noch nicht hergestellt. Nach zwei oder drei Tagen kam der Partisanenkurier Jože Dovjak (Šimejev) aus Koprivna oberhalb von Mitterwinkel/Srednji Kot. Er sollte den Polen nach Gorenjska führen.

Dovjak und Užnik trugen deutsche Uniformen, natürlich ohne Abzeichen. Alle drei machten sich auf den Weg nach Gorenjska. Als Erster ging Dovjak, dann folgten Užnik und der Pole. Kaum waren sie hundertfünfzig Meter vom Unterschlupf entfernt, da lief der Pole plötzlich, so schnell ihn seine Beine trugen, weg. Die Partisanen waren sehr überrascht und versuchten, ihn zu erreichen, aber ohne Erfolg, denn er war im Wald verschwunden. Sie dachten, er wäre verrückt geworden. Der Flüchtige versteckte sich eine Zeit lang im Wald, ging dann zum Bauern Gornik unterhalb der Koschuta, wo er wieder Milch und Brot bekam, und floh sogleich weiter.

Die Deutschen fingen ihn am 25. April 1944 in der Gegend von Windisch-Bleiberg. Vermutlich wurde er von einem einheimischen Ortsbewohner bei der SS angezeigt. Anderen Berichten zufolge wurde er auf dem Weg von Eisenkappel nach Klagenfurt festgenommen.

Es war leicht erkennbar, dass er aus einem Konzentrationslager kam, den er hatte noch die Tonsur am Kopf. Bei seinem Verhör gab er alles zu.

Er wurde ins Lager auf der Kärntner Seite geführt und ging von dort aus in Begleitung von drei SS-Leuten und ihren Hunden denselben Weg, den er bei seiner Flucht zurückgelegt hatte. Sie kamen zum Bauernhof „Žerjav".

Dort trafen sie nur die Bäuerin an. Als der Dolmetscher den Bericht des Polen übersetzte, wurde diese wütend und überhäufte den Häftling mit Beleidigungen. Dieser zeigte den SS-Leuten den Platz im Haus, wo er gesessen war, wo er gegessen hatte und sogar den Teller. Trotzdem stritt die Bäuerin alles ab und sagte, der Pole lüge und sie sehe ihn zum ersten Mal.

Die SS-Leute sammelten alle Indizien, die sie finden konnten, und alles, was Zivilkleidern ähnlich sah. Aber sie fanden nichts. Der SS-Mann betrachtete die Schüssel, die der Pole ihm zeigte, und sagte:

„Schaut her, da drinnen ist ein Loch!"

Er drehte das Geschirr in alle Richtungen und meinte:

„Man kann nicht aus einer löchrigen Schüssel essen!"

Daraufhin musste der Flüchtige den SS-Leuten den Ort zeigen, wo er seinen Häftlingsanzug versteckt hatte. Aber er wusste nicht, dass Albin den Anzug seiner Tante Paula zum Verbrennen geschickt hatte. Die Deutschen wunderten sich, denn auch der Häftlingsanzug war verschwunden.

Das war seine zweite falsche Aussage.

Die SS-Leute verlangten von ihm, sie zum Unterschlupf von Užnik zu führen, aber der Pole erinnerte sich nicht mehr an die Entfernung, die zwischen dem Bauernhaus und dem Partisanenstützpunkt lag. Er sagte, sie betrage einen Kilometer, vielleicht auch mehr. Die SS-Leute gingen an die fünfhundert Meter, dann kehrten sie um, überzeugt, der Pole wolle sie täuschen. Um ihre Aufrichtigkeit zu beweisen, erklärte die Bäuerin den SS-Leuten, ihre Söhne würden als Soldaten in der Wehrmacht dienen. So wurden die Bauern gerettet, und dies dank des Mutes und der Selbstbeherrschung dieser Frau.

Piotr Scislowski wurde am Mittwoch, dem 26. April, geschlagen und anschließend ins Südlager gebracht. Von dort aus wurde er am 30. April 1944 nach Mauthausen geschickt und dort gehängt.

Berichte von Zeugen

Ich arbeitete an der Planierung des Bodens, dort, wo der Schutt abgeladen wurde. Die SS-Leute hatten ein kleines Feuer gemacht, an dem sie sich aufwärmten. In meinem Kommando arbeitete auch der 41 Jahre alte polnische

KAPITEL VIII

Häftling Piotr Scislowski. In der Baracke schliefen wir im selben Stockbett. Die SS-Leute befahlen Piotr, Zweige im Gebüsch zu sammeln, um daraus Besen und Körbe anzufertigen. Piotr machte sich mit einer Schaufel an die Arbeit. Weil zu viel Zeit verstrich, suchte ihn ein SS-Mann auf, um ihn zurechtzuweisen. Piotr hielt seine Mütze in der einen Hand, die Schaufel in der anderen. Genau in dem Moment, als der SS-Mann sein Gewehr umdrehte, um ihn mit dem Kolben zu schlagen, nahm Piotr schnell die Schaufel und versetzte dem SS-Mann einen Schlag auf den Kopf, so stark, dass dieser zu Boden fiel. Er schlug ihn noch zweimal, bevor er über den Abhang die Flucht ergriff. Die anderen Wachen bemerkten zuerst nichts, dann jedoch gaben sie Alarm. Wir mussten antreten und uns auf den Bauch legen. Kurz darauf begann die Suche. Der bewusstlose SS-Mann wurde ins Lager gebracht, und wir – wir wurden geschlagen. Es war schon spät am Nachmittag, als wir, hungrig und durchnässt, im Laufschritt ins Lager zurückmussten. Dort mussten wir wieder antreten und wurden zum Holzschneiden abkommandiert. Diese Arbeit, die wir unter ständigen Schlägen verrichteten, dauerte bis zum Abend. In dieser Zeit verhörten sie die Häftlinge, die mit dem Flüchtigen arbeiteten oder in derselben Baracke wohnten. Sie dachten, dass diese Häftlinge über seine Absichten Bescheid wüssten. Auch ich wurde verhört und geschlagen. Am Abend bekamen wir kein Essen ... (Ante Juraga)

Die Häftlinge Jože Pužcelj und Dominique Berbel erzählten mir, dass die SS-Leute den Polen, nachdem sie ihn ins Nordlager zurückgebracht hatten, vor Baracke Nr. 1 stellten. Die anderen Häftlinge mussten auf dem Appellplatz antreten. Der Pole wurde an den „Bock" gebunden und Rapportführer Sachse sowie ein französischer Stubenältester schlugen ihn mit einer Peitsche[157] bis zur Bewusstlosigkeit. Als sie ihn wegbrachten, fiel er wie ein Stofffetzen auf den Boden und sie schliffen ihn wie einen halbleeren Sack.

Am Tag unserer Ankunft, dem 19. April 1944, ergriff ein Pole die Flucht, aber er wurde am 26. April gestellt. Wir waren eben erst aus der Quarantäne gekommen und sahen zum ersten Mal, was wir „Corrida" nannten. Wir mussten auf dem Appellplatz antreten. Der Flüchtige, den die SS ins Lager zurückgebracht hatte, wurde uns in einer Ansprache präsentiert, die der SS-Mann «Toutoune» hielt. Toutoune[158] ließ uns wissen, dass der Häftling gehängt würde. Vor unseren Augen erhielt der Gefangene fünfundzwanzig

---

157 Wahrscheinlich ein Gürtel oder ein Lederriemen
158 Karl Sachse (Anmerkung des Übersetzers)

Hiebe auf das Hinterteil und auf den Rücken. Dann führten sie ihn, während sie ihn weiter schlugen, in Begleitung eines SS-Mannes ins Südlager, wo er auf dieselbe Weise empfangen wurde, bevor er den Tod durch Erhängen fand. Wir waren dabei nicht nur Zuschauer: Dieser Fluchtversuch war ein Vorwand, um uns alle zu prügeln. Zwei Stunden lang mussten wir Froschsprünge ausführen, auf der Erde kriechen, laufen, und all das unter Hieben, Fußtritten und Faustschlägen. Diese Monster waren entfesselt ... (Louis Breton)

Die SS-Leitung im Südlager befahl allen Häftlingen, auf dem Appellplatz anzutreten. Sie stellten sich im Spalier auf und der Pole musste zwischen den Häftlingen hindurchgehen und abwechselnd auf Polnisch und Französisch wiederholen:

„Kameraden, ich bin zurück und ich werde gehängt!"

Dann wurde er auf Befehl des Lagerkommandanten Winkler und in Gegenwart von Doktor Ramsauer sowie der Kapos Max Skirde und Karl-Heinz Pommerehnke ergriffen, auf eine Bank gelegt und mit einer Peitsche geschlagen. Zuerst versetzte ihm „der Tätowierte" dreizehn Schläge, dann gab ihm „der Einäugige" noch weitere zwölf. Das Ganze wurde dreimal wiederholt, so dass der Häftling insgesamt mindestens hundert Schläge bekam.

Als sie mit den Schlägen aufhörten, war der Pole bewusstlos. Schließlich versetzte ihm Doktor Ramsauer noch einen Fußtritt ... (Jean Barbier)

Nach den Berichten einiger Häftlinge (Maurice Rioux und andere) wurde der Gefangene beim Haupteingang des Lagers zur Schau gestellt und am nächsten Tag nach Mauthausen geschickt. Dort soll er auf folgende Art erhängt worden sein: Er musste seinen Hals in eine Schlinge stecken und damit stundenlang (zweifellos an die sechzig Stunden) stehen, bis ihn die Kräfte verließen und sich die Schlinge zusammenzog.

Was den verletzten SS-Mann betrifft, den 33 Jahre alten Franz Staffel, so wurde dieser ins Krankenhaus Golnik gebracht, wo man ihm die Kopfwunde vernähte. Er wurde am 27. April 1944 aus dem Spital entlassen.

Flucht dreier russischer Häftlinge (20. April 1944)

In der Nacht vom 28. zum 29. April 1944 arbeiteten nur die Häftlinge des Nordlagers im Tunnel. Eine SS-Wache hatte in der Mitte des Tunnels Aufstellung genommen, um zu verhindern, dass Häftlinge auf die Südseite flüchten konnten. Gegen vier Uhr morgens töteten drei russische Häftlinge diese Wache und verletzten eine zweite Wache schwer. Dann zwangen sie den Zivilmechaniker, einen Italiener, sie mit der Diesellokomotive auf die slowenische Seite zu fahren. Sie nahmen vermutlich die Uniformen der Wachen an sich. Da auf der Südseite niemand arbeitete, war die Bewachung schwächer, was die Flüchtigen wussten. Mit der Lokomotive fuhren sie bis zum Abladeplatz, dann ergriffen sie die Flucht in Richtung Korošica. Sie mussten auch den Lokführer mitnehmen, damit er sie nicht verraten konnte, aber später ließen sie ihn zurückkehren. Am nächsten Tag fiel zuerst Schnee, dann kam die Sonne heraus. Die Nachricht verbreitete sich unter den Häftlingen, die im Tunnel arbeiteten, und irgendjemand berichtete dem Wachposten darüber. Noch vor Tagesanbruch stürzten die SS-Leute in den Tunnel, bedrohten die Häftlinge und trieben sie unter Schlägen ins Freie. Dort mussten sie antreten, wurden gezählt und geschlagen. Erst da bemerkten die SS-Leute, dass drei russische Häftlinge fehlten.

Zum selben Zeitpunkt ließen sie schreiend sämtliche Häftlinge aus den Baracken kommen und auf dem Appellplatz antreten. Die Häftlinge der Nachtschicht kehrten gerade von der Arbeit zurück. Die SS-Leute sagten ihnen, sie müssten so lange auf dem Appellplatz warten, bis sie die Flüchtigen wieder gefunden hätten. Die Häftlinge mussten unter Schlägen auf der Erde kriechen, Froschsprünge und andere Übungen ausführen. Am Abend mussten sie dann, ohne sich ausgeruht zu haben, wieder zur Arbeit.

Verantwortlich für die Schläge, die die verbliebenen Russen bekamen, waren die Kapos, die Stubenältesten und die Schreiber. Ein französischer Friseur aus der Bretagne schlug nicht genügend stark und der Schreiber Gaston Machepy sagte ihm:

„Du kannst nicht schlagen! Gib mir den Gummischlauch!"

Und er begann, die Russen mit all seinen Kräften zu schlagen.

Auch die Häftlinge, die von der Tagschicht ins Lager zurückkamen, mussten antreten. Der Lagerälteste Brucker informierte sie von der Flucht. Eine Stunde lang mussten sie ständig ihre Kopfbedeckung abnehmen und wieder aufsetzen: „Mützen ab – Mützen auf". Dann mussten sie sich auf den Bauch legen und kriechen. Sie bekamen kein Frühstück und kein Mittagessen. Erst am späten Abend durften sie in ihre Baracken zurück, zuerst die Franzosen, dann die Jugoslawen. Die russischen Häftlinge mussten die ganze Nacht über auf dem Appellplatz stehen. Die SS-Leute begannen, sie zu misshandeln. Sie warfen ihnen Steine gegen den Rücken, ließen sie den Abhang hinunter- und wieder hinauflaufen und schlugen sie ohne Erbarmen. Diese Grausamkeiten dauerten bis spät in die Nacht, dann wurden die Häftlinge durch den Tunnel auf die Südseite geführt.

Vier von ihnen waren so stark geschlagen worden, dass sie beim Gehen die Hilfe der anderen benötigten. Man konnte die Schläge und ihre Schmerzensschreie bis zum nahe gelegenen Bauernhof Pamž hören.

Zeugenberichte

Ich arbeitete an der Betonmischmaschine. Nach der Arbeit wurden sich die Wachen bewusst, dass drei Häftlinge und zwei Wachen fehlten. Wir mussten auf dem Appellplatz antreten und den ganzen Tag über in Zweiergruppen im Schneeregen stehen bleiben. Wir waren bald bis auf die Haut durchnässt. Die Kapos sagten uns, wir müssten hier bleiben, bis die Flüchtigen wieder gestellt wären. Erst am Abend wurden wir (mit Ausnahme der Russen) wieder in die Baracken geschickt und bekamen dort zu essen … (Janez Ihanec)

Am Morgen des 29. Aprils 1944 hörten wir die Schreie von SS-Leuten und Stubenältesten. Wir wurden gezwungen, unsere Baracken zu verlassen und auf dem Appellplatz anzutreten. Später kamen noch einige Häftlinge hinzu, die im Tunnel arbeiteten. Anfangs wussten einige von uns nicht, worum es sich handelte. Erst am Abend durften wir – abgesehen von den Russen – wieder in unsere Baracken zurück. Danach begannen die SS-Leute, die Russen wild zu misshandeln. Sie warfen ihnen Steine in den Rücken, sie ließen sie hin- und herlaufen, sie schlugen sie und schrien dabei, wie wir von Baracke Nr. 1 aus hören konnten … (Jože Puželj)

Nach dieser Flucht mussten auch die Häftlinge des Südlagers auf dem Appellplatz antreten. Sie blieben bis zum Abend dort, dann befahlen ihnen die Ältesten, in ihre Baracken zurückzugehen. Den Grund dafür erfuhren sie erst später. Am späten Abend kamen Kommandant Winkler und zahlreiche SS-Leute ergebnislos von ihrer Suche zurück. Wieder war der Befehl zu hören:

„Alle raustreten!"

Die Häftlinge traten in Rekordzeit an und die SS-Leute stellten sich vor ihnen auf und richteten ihre Waffen auf sie. Unter den Häftlingen brach Panik aus. Sie hatten Angst, getötet zu werden. Winkler schrie noch einmal:

„Ihr seid alle Mörder!"

Dann stürzten sich die Stubenältesten, die Kapos und die SS-Leute auf die Häftlinge, schlugen sie mit Knüppeln, mit Gewehrkolben, mit ihren Fäusten und versetzten ihnen Fußtritte. Diese schreckliche Corrida dauerte eine gute Stunde, dann befahl Winkler den russischen Häftlingen, einen Schritt vorzutreten. Diese taten es mit Würde, stumm und stolz. Sie mussten sich vor der Küchenbaracke aufstellen. Alle anderen Häftlinge wurden gewarnt, dass die disziplinären Maßnahmen verstärkt und sie ohne Mitleid bestraft würden, sollte sich ein solcher Fall wiederholen.

Die Kapos warteten nun darauf, auf die Russen losgelassen zu werden, aber Winkler befahl, dass alle Häftlinge – mit Ausnahme der Russen – in die Baracken zurückkehren durften. Ein paar Stunden später wurden die Russen von der Nordseite auf die Südseite gebracht. So standen an die 150 Russen vor der Küchenbaracke. Sie mussten den ganzen Tag dort stehen, ohne zu essen und zu trinken.

Ihr Abtransport vom Loibl muss in der Nacht stattgefunden haben. Am 6. Mai 1944 kamen fünfzehn Russen in Mauthausen an: Einer wurde am 18. Mai erschossen, ein weiterer am 25., wieder einer am 30. Mai. Am 4. Juni 1944 wurden vier Russen nach Mauthausen geschickt, am 5. Juli einer und am 16. Juli vier. 147 Russen kamen am 26. Juni in Mauthausen an.

Sie wurden alle vergast und ihre Leichen wurden im Krematorium von Mauthausen verbrannt.

Am 14. Oktober wurde noch ein weiterer Russe, der in der Schusterwerkstatt arbeitete, erschossen.

Ab 6. Mai 1944 kam kein russischer Häftling mehr an den Loibl.

Die Suche nach den Flüchtigen

Als der Lagerkommandant Winkler telefonisch von der Flucht informiert wurde, befahl er, unvermittelt die Suche in den umliegenden Bergen aufzunehmen. Die SS-Leute suchten mit ihren Hunden und wurden dabei von Gendarmen und Polizisten begleitet. Aber sie mussten spät in der Nacht ohne Erfolg zurückkehren.

Am Sonntag, dem 30. April, ging die Suche weiter. Die SS-Leute besuchten Franc Mak auf seinem Bauernhof »Žerjav« im kärntnerischen Oberwinkel.

Am Montag, dem 1. Mai, gingen sie zu Roblek auf den Bauernhof »Vokovnik« in Oberwinkel, nicht weit entfernt vom Haus Mlečnik, aber sie fanden nichts als die weggeworfenen Häftlingskleider der Flüchtigen. Am selben Tag nahmen sie Frl. Marta Male fest, deren zwei Brüder mit den Partisanen kämpften. Da sie nicht in der Lage waren, die Geflohenen aufzuspüren, setzten die Deutschen, um die Häftlinge zu demoralisieren, das Gerücht in Umlauf, die Partisanen hätten die Flüchtigen nicht bei sich aufgenommen.

Am Nachmittag des 29. April ging ich in das Gasthaus „Raidenwirt"[159] auf der Kärntner Seite, wo ich erfuhr, dass drei Häftlinge geflüchtet waren. Ich begab mich sofort zum Bauernhof »Plaznik«, dessen Besitzer Gregor Mak hieß. Der Hof lag oberhalb des Gasthofs „Deutscher Peter". Hier erfuhr ich von der Tochter, Mici Mak, dass der polnische Häftling, der am 19. April geflohen war, im Bauernhof »Žerjav« Hilfe gefunden hätte, aber er wäre dann gestellt worden und hätte in der Folge den SS-Leuten alle Informationen gegeben und sie zu ihrem Onkel Franc Mak nach Oberwinkel geführt.

Als ich ihr von der Flucht der Russen erzählte, baten sie und ihre Eltern (Zofija und Gregor Mak) mich, zum Bauernhof »Žerjav« zu gehen, um sie von der neuen Flucht zu unterrichten, denn es sei mehr als plausibel, dass die Flüchtigen dort vorbeikämen. So könnten sich die Bewohner des Hofes ein Alibi schaffen für den Fall, dass sie von den SS-Leuten verhört würden.

Gegen fünf Uhr Nachmittag überquerte ich den Bergkamm von Oslica, um den Bauernhof »Žerjav« zu erreichen. Nach einer guten Stunde Fußmarsch kam ich an mein Ziel. Die Bäuerin war allein zu Hause. Sie wusste noch nichts von der neuerlichen Flucht. Wir diskutierten über Vorsichtsmaßnahmen und über die Frage, welche Geschichte sie den SS-Leuten erzählen sollte. Dann ging ich zum Bauernhof »Plaznik« zurück. Kurz nachdem ich den Hof verlassen hatte, kamen die Flüchtigen dort vorbei, aber sie gingen noch am selben Abend weiter, ohne mit den Partisanen in Kontakt zu treten, wie ich allerdings erst am Nachmittag des 1. Mai erfuhr. Am selben Tag ging ich erneut nach Oberwinkel, dieses Mal auf den Bauernhof »Franc«. Der Besitzer des Hofes war Jože Mak, der Bruder von Franc, dem Bauern von »Žerjav«. Die beiden Höfe waren eine halbe Stunde voneinander entfernt. Dort verbrachte ich die Nacht in der Überzeugung, die Flüchtigen würden sich irgendwo im Umkreis des Hofes befinden und sie würden versuchen, mit den Partisanen Verbindung aufzunehmen. Das war allerdings nicht der Fall.

Die Bäuerin Katarina Roblek vom Bauernhof »Vokovnik« erzählte mir später von ihrem Zusammentreffen mit den Flüchtigen:

---

159 Eingedeutschte Version des slowenischen Wortes »Rida«, das die Bedeutung von „Kurve" hat. Das Wirtshaus liegt an der Serpentinenstraße. Der Besitzer hieß Nikolas Schmiedmaier. Das Haus besteht noch heute, aber es steht mittlerweile leer.

KAPITEL VIII

Es war im Frühjahr des Jahres 1944. Am Abend tauchten plötzlich drei Russen auf der Flucht auf. Sie waren bewaffnet und trugen gestreifte Kleidung. Ihre Schädel waren außerdem geschoren. Sie traten ins Haus und baten mich, ihnen etwas zum Essen zu geben. Ich gab ihnen Milch und Brot. Sie blieben ungefähr eine Stunde. Bevor sie gingen, gab ich ihnen noch alte Kleider und einen Sack mit zwei Laib Brot und ein paar Würsten. Bevor sie gingen, baten sie uns noch, sie nicht anzuzeigen. Ich glaube, dass sie Hanzi, der Sohn des Bauern von »Žerjav«, noch eine Zeit lang begleitete. In derselben Nacht kam die Polizei und ein paar Tage später die SS mit ihren Hunden. Im Herbst desselben Jahres habe ich die Russen bei den Tito-Partisanen wiedergesehen.

Die drei Geflüchteten

Aus dem Dokument E/20/1/Nr.3, das im österreichischen Innenministerium (Mauthausen-Archiv) aufbewahrt wird, geht hervor, dass die Lagerleitung in Mauthausen erst am 14. Mai über die Flucht vom 29. April informiert wurde.

Es handelte sich um die folgenden drei Häftlinge:
1) Vladimir Orlenek, geboren am 15.2.1915 in Šepetovka, Häftlingsnummer 52912
2) Pavel Lomovcev, geboren am 18.7.1919 in Kurilovka, Häftlingsnummer 52844
3) Grigorij Pokletzkij, geboren in Olčijajev, Häftlingsnummer 34956

Orlenek und Lomovcev wurden am 12. Februar von Auschwitz nach Mauthausen überstellt und kamen am 2. März 1944 an die Loibl-Nordseite. Pokletzkij kam am 1. September 1943 nach Mauthausen und wurde mit dem Transport vom 12. September ins Loibl-Südlager gebracht. An die Nordseite kam er erst später.

Es handelte sich nicht um russische Zivilisten, sondern um Kriegsgefangene, wie die Archive des 2. Bataillons der Kärntner Partisanen zeigen. In diesen Archiven finden wir nur Informationen zu Lomovcev, dessen wirklicher Name Pavel Aleksejevič Lamovcev war. Er war der jüngste Unterleutnant in der Roten Armee und wurde am 5.9.1941 bei Sokolka gefangen genommen. Er blieb vier Monate in Auschwitz, fast einen Monat in Mauthausen und zwei Monate am Loibl. Seit dem Alter von 16 Jahren war er Mitglied des Komsomol.[160]

---

160 Die Organisation der kommunistischen Jugend in der UdSSR

Über seine Gefährten konnte ich leider keine Informationen finden.

Die Partisanen von Kärnten und Gorenjska erinnern sich an diese drei Russen. Sie wussten nur, dass einer von ihnen Pavel hieß und der andere Ciril. Nur Pavel überlebte den Krieg. Die beiden anderen, Pokletzkij und Orlenek, fielen im Kampf; der eine im Jänner 1945 beim Bauernhof Grobelnik in der Trögener Klamm in Kärnten, der andere am 29. September in Gorenjska.

Bei ihrer Flucht griffen sie den Wachposten im Tunnel an, töteten eine Wache und verletzten eine andere schwer, bemächtigten sich ihrer Waffen (ein Mauser-Gewehr und eine tschechische Pistole, Modell 27). Sie begannen die Flucht von Gorenjska aus, überquerten die Korošica und erreichten den Bauernhof »Žerjav« im kärntnerischen Oberwinkel, wo sie nur wenige Tage blieben. Sie entwendeten beim Bauern »Mlečnik« Kleider und begaben sich darauf zum Bauernhof »Vokovnik«. Der Besitzer des Hofes, Roblek, gab ihnen zu essen und schenkte ihnen zwei große Messer.

Später nahmen sie noch Kontakt mit anderen Bauern auf und richteten sich nicht weit vom Hof »Vokovnik« einen Unterschlupf ein. Erst nach einigen Tagen kamen die Flüchtigen in Kontakt mit den Partisanen Janko und Ludvik Male. Diese Partisanen wurden sich der Anwesenheit der Flüchtigen erst bewusst, als diese sie direkt fragten:

Wer da?

Sie antworteten, dass sie Partisanen seien. Die Flüchtigen meinten nun, sie sollten zu ihnen kommen, aber die Partisanen, misstrauisch geworden, wollten, dass sich die Flüchtigen als Erste näherten. Schließlich gingen ihnen die beiden Brüder Male entgegen. Als die Häftlinge den fünfzackigen Stern auf ihren Kappen sahen, waren sie unbeschreiblich glücklich und umarmten die Partisanen.

Sie blieben noch einige Tage in der Gegend, dann führten die Brüder Male sie zu anderen Partisanen. Franc Jagodic (Krstan) aus Tržič wollte sie nach Slowenien führen. Die Flüchtigen weigerten sich zuerst, denn sie fürchteten, wieder gefangen und ins Lager zurückgebracht zu werden. Schließlich gelang es den Partisanen, sie zu überzeugen, und auf Wunsch der Brüder Male bekamen sie eine Pistole und ein Gewehr. Janko Male gab ihnen sogar sein eigenes Gewehr. Die Partisanen versprachen ihnen, sie später mit weiteren Waffen zu versorgen.

Die Russen versteckten sich eine Zeit lang im Fichtenwald zwischen Kal und dem Bauernhof »Završnik«. Peter Ahačič, der Sohn des Bauern von »Završnik«, brachte ihnen zu essen. Aber da sie sich an diesem Ort nicht sicher fühlten, schlossen sich die Russen dem 2. Bataillon von Gorenjska an, und zwar der Abteilung Kokra. Später bekam Lamovcev eine englische Waffe der Marke »Bren«.

Auch Matevž Dolžan erinnert sich an die Flüchtigen. Er arbeitete damals als Zivilarbeiter am Loibl. Am 15. September 1944 schloss er sich dann den Partisanen an. Er berichtete, dass die Flüchtigen oft abseits der anderen Partisanen blieben und zusätzliche Nahrung verlangten. Sie waren unzufrieden und meinten, die Partisanen müssten kämpferischer sein, sie müssten Häuser plündern und mit der Ankunft der russischen Militärmission würde sich alles ändern. Sie würden dann in ein Bataillon eintreten, das aus russischen Kriegsgefangenen bestünde, die bereits in Gorenjska, eingegliedert in slowenische Partisaneneinheiten, kämpften.

Der Partisan Jože Dolinar berichtete, dass die beiden Deportierten Pavel und Ciril ihm vertraulich mitteilten, sie hätten in irgendeiner Fabrik als Schneider gearbeitet und Ciril käme vom Ural. Sie erzählten auch, wie sie die SS-Wachen im Tunnel ausgeschaltet hätten.

Diese beiden Russen waren auch bei einem Angriff auf einen Zug nach Tržič durch die 1. Kompanie des 2. Bataillons der Abteilung Kokra dabei, in der Gegend von Strahinj bei Naklo, wo Ciril auf einen Gendarmen aus Tržič, Flore Radon, schoss.

Die beiden Russen blieben bis zum 29. September 1944 in Gorenjska, dann meldeten sie sich freiwillig zum Kampfeinsatz in Kärnten. Lamovcev wurde Kommandant einer russischen Partisaneneinheit und blieb es bis zum 12. November 1944.

Beim Angriff der Deutschen auf die 3. Kompanie der Einheit Kokra am 13. Oktober 1944 wurde sein Mut gelobt. Später wurde er zum Kommandanten einer Gruppe von Scharfschützen ernannt und ging mit den Partisanen nach Klagenfurt. Dort wurde er von den Russen aufgenommen. Die Flüchtigen waren alle drei ausgezeichnete Kämpfer.

Ein Gendarm vom Loibl, Ivan Suhadolnik, erzählt von der Überwältigung der Wachen im Tunnel:

In der Baracke teilte ich mein Zimmer mit einem Kärntner, der Slowenisch sprach. Er war SS-Oberscharführer und war ungefähr vierzig Jahre alt. Er war ein guter Mensch, der die Häftlinge niemals schlug.

In der Nacht vom 28. zum 29. April versah er in der Mitte des Tunnels Wachdienst. Ein russischer Häftling verletzte ihn tödlich und floh mit zwei Mithäftlingen auf die Südseite. Die Wache war nur mit einem Gewehr be-

waffnet, denn der Mann hatte die Pistole auf seinem Bett in der Baracke vergessen. Es hieß von ihm, er wäre der einzige Sohn und wohnte auf einem Bauernhof [161]...

Die Frau des Gendarmen Jože Jamnik erzählte mir später:

Ich besuchte meinen Mann am Loibl genau an dem Tag, als drei russische Häftlinge flohen. Als wir den Tunnel durchquerten, zeigte man mir die Stelle, wo die Wachposten angegriffen worden waren. Auf dem Boden lagen noch einzelne Stücke des Gehirns ...

Was die verletzte Wache betrifft, so wurde die Identität dieses Mannes erst bekannt, als die Archive des Krankenhauses Golnik wieder gefunden wurden. Er gehörte zur Loibl-Polizei und hieß Ludwig Lengauer. Er kam aus Grossau in der Gegend von Vöslau. Durch die Schläge erlitt er einen Schädelbasisbruch und mehrere ziemlich schwere Verletzungen der Kopfhaut. Er blieb eine Stunde lang bewusstlos. Doktor Stöffler vom Krankenhaus Golnik operierte ihn. Er erwachte erst am 5. Mai aus dem Koma. Nach seiner Heilung konnte er das Spital am 23. Mai wieder verlassen. Danach blieb er einen Monat lang im Krankenstand.

Fluchtversuch eines österreichischen Kapos

Nach den Archiven von Mauthausen ist der österreichische Häftling Anton Schweiss, geboren am 26. Februar 1906 in Lilienfeld, am 1. September 1944 vom Loibl geflohen. Er muss Ende November oder Anfang Dezember 1943 nach Mauthausen deportiert worden sein, denn er trug die Häftlingsnummer 39926. An den Loibl – auf die Nordseite – kam er mit dem Transport vom 22. Juli 1944. Es gab über ihn keine Berichte.

Pierre Gaudin sagte 1947 beim Prozess in Klagenfurt vor dem britischen Militärgericht zum Fluchtversuch von Schweiss Folgendes aus:

Eines Tages flüchtete ein deutscher [162] *Kapo. Ein paar Tage später wurde er gestellt und ins Lager zurückgebracht. Wir mussten alle antreten, um seine Bestrafung mitanzusehen. Sachse versetzte ihm zuerst Fußtritte und Faustschläge, dann brachten sie das Gestell, das zum Holzsägen dient, und befahlen ihm, sich darüberzulegen. Dann begannen die Stubenältesten, die unter*

---

161 Es handelte sich um Johann Lamprecht aus Ruden in Kärnten. Er war kein SS-Mann, sondern ein einfacher Reservegendarm, der für die Lagersicherheit zuständig war.

162 Gaudin gibt Schweiss als deutschen Staatsbürger an. Tatsächlich war er Österreicher, aber die österreichischen Häftlinge wurden während des Krieges mit den Buchstaben „DR" (Deutsches Reich) gekennzeichnet.

dem Kommando von Sachse standen, vor allem aber der Lagerälteste Brucker, ihn mit einem drei bis vier Zentimeter dicken, ein Meter langen sandgefüllten Schlauch zu schlagen. Sie versetzten ihm an die 75 bis 80 Hiebe. Der Mann schrie vor Schmerz und als die Tortur zu Ende war, versetzten sie ihm noch Fußtritte in den Bauch und auf den Kopf. Als sie ihn wegbrachten, war er nicht mehr zu erkennen. Ich erfuhr später, dass er nach Mauthausen überstellt und dort hingerichtet worden war.

Kommandant Jakob Winkler:

Nach der Flucht des österreichischen Kapos rief ich in Mauthausen an, um sie zu informieren, und sie hielten meinen Bericht ganz einfach schriftlich fest. Nach zehn oder zwölf Tagen Suche fingen wir ihn. Er erhielt zur Strafe 25 Schläge und am nächsten Tag wurde er nach Mauthausen überstellt. Ich weiß nicht, was dann mit ihm geschah. Ich hatte nur mit zwei ähnlichen Fällen zu tun …

Max Skirde:

Ich war gezwungen, den österreichischen Kapo, der geflüchtet war, zu bestrafen. Auch der Lagerälteste Bipp schlug ihn. Er wurde in der Folge nach Mauthausen zurückgeschickt.

Anton Schweiss war kein politischer Gefangener, sondern – auf Grund eines Strafverbrechens – als „SV DR" eingestuft. Aller Wahrscheinlichkeit nach wurde er auf der Südseite noch einmal geschlagen, denn der Zeuge Gaudin befand sich im Nordlager, der Kapo Skirde im Südlager.

Flucht dreier französischer Häftlinge

Nach viereinhalb Monaten Ruhepause konnten am 17. September 1944 drei Häftlinge, nachdem sie ihre Flucht mit Hilfe von Mithäftlingen und Zivilarbeitern bis ins kleinste Detail vorbereitet hatten, gegen vier Uhr morgens unbemerkt aus dem Lager entkommen.

Es handelt sich um folgende Häftlinge:

1) Georges Huret, 27 Jahre alt, geboren in Paris, Häftlingsnummer 26255

2) Jean Pagès, 34 Jahre alt, geboren in den Pyrenäen, Häftlingsnummer 26520

3) Edmond Pimpaud, 37 Jahre alt, geboren in Paris, Häftlingsnummer 26735

Alle drei waren mit dem ersten Transport im Juni 1943 an den Loibl gekommen. 1944 arbeiteten sie im unteren Tunnelstollen auf der slowenischen Seite. Sie entfernten den Schutt, den die Zivilarbeiter dann aus der Tunnelröhre brachten und auf einem etwa achthundert Meter vom Tunnelportal entfernten Depot ablagerten. Diese Arbeitsbedingungen waren für den Fluchtplan von grundlegender Bedeutung.

Die beiden Flüchtigen, die die Odyssee überlebten, Huret und Pimpaud,[163] erzählten mir ihr Abenteuer Anfang 1946. Die Flucht wurde auch 1955 vom Senatsabgeordneten Gaston Charlet, basierend auf seinen eigenen Erinnerungen, in «Karawanken, le bagne dans la neige» beschrieben. Auch Christian Bernadac, der Autor des Buches «Le Neuvième Cercle»[164], machte 1975 die unveröffentlichten Manuskripte von Huret und Pimpaud der Öffentlichkeit bekannt. Bei ihm finden sich auch die Zeugenberichte von Albert Jouannic, der den Häftlingen bei ihrer Flucht half.

Die Berichte sind recht widersprüchlich. André Lacaze, der Autor des Buches «Le Tunnel»[165], beschreibt ebenfalls diese Flucht. In dieser Beschreibung bekommt Huret den Namen Paolo. Die Geschichte, die hier erzählt wird, hat Huret zutiefst getroffen, ja verletzt, denn sie hat nichts mit seiner eigenen Geschichte und seinem Leben bei den Partisanen zu tun. Als Antwort beschrieb er sein Abenteuer 1981 in «Le Lien», der Zeitschrift der ehemaligen Deportierten.

Ich habe von 1981 bis 1987 die Berichte all jener Personen gesammelt, die von weitem oder aus nächster Nähe in diese Geschichte verwickelt waren (Häftlinge, Zivilarbeiter, Partisanen, Bauern).

Im Sommer 1986 entdeckte ich endlich den Kärntner Bauernhof, dessen Bewohner die Häftlinge mit den Partisanen in Verbindung gebracht hatten. Aus diesem Grund ist meine Beschreibung in mancher Hinsicht vielleicht genauer als die der Geflüchteten.

Die widersprüchlichen Berichte von Huret und Pimpaud wurden dank des Buches «Le Neuvième Cercle» bekannt, aber auch dank meiner Nachforschungen.

Die Geschichte von Georges Huret

Bei der Planung unserer Flucht mussten wir damit rechnen, dass wir einen Augenblick lang ungeschützt wären und dass wir nur wenige Minuten Vorsprung gegenüber unseren Verfolgern hätten. Diese Frage beunruhigte uns sehr. Wir fragten uns, ob wir angesichts unserer körperlichen Schwäche diesen

---

163 Pagès fiel im Partisanenkampf.
164 Christian Bernadac: Le Neuvième Cercle. France Empire édition. 1975
165 André Lacaze. Le Tunnel. Juilliard éditeur. 1978

KAPITEL VIII

Vorsprung gegenüber jungen, durchtrainierten, gut ausgestatteten und von Hunden begleiteten SS-Leuten aufrechterhalten könnten. Wir mussten uns auch überlegen, welchen Weg wir einschlagen sollten, denn in dieser alpinen Landschaft muss man erst von 1200 auf 1800 Höhenmeter gelangen, um die Nordseite zu erreichen. Das war die einzige Möglichkeit. Wir hatten alle möglichen Zwischenfälle in Betracht gezogen und wir hatten uns auch entschieden, keine Gewalt anzuwenden, damit sich die SS-Leute nicht mit Repressalien an den übrigen Häftlingen rächten.

Janko Tišler versprach uns Waffen. Wir hatten verschiedene Varianten einer kollektiven Flucht sämtlicher Häftlinge durchdacht. Aber am Ende haben wir einen solchen Plan aufgegeben, weil er praktisch undurchführbar war.

Das bestätigte mir auch Jean Granger, der von unseren Plänen unterrichtet war. Unglücklicherweise schmerzten meine Beine so stark, dass ich mich nicht mehr bewegen konnte. Im Gefängnis von Compiègne hatte ich einen Bandwurm bekommen. Dank der Medikamente, die mir Raoul Hennion mit Hilfe von Zivilarbeitern aus Tržič beschaffte, konnte ich mich davon befreien und litt von da an weniger unter Hunger.

Wir arbeiteten in einem Mineur-Kommando. Es gab drei Gruppen zu je drei Personen, die zwischen achtzig und hundert Meter voneinander entfernt arbeiteten. Jede Gruppe musste einen Waggon mit dem Schutt der oberen Baustelle anfüllen. Die Waggons waren 2,20 Meter lang und 1,30 Meter breit. Man konnte sie über eine Seitenwand öffnen, die mit Haken befestigt war. Die Waggons wurden auf einer einspurigen Trasse zum Depot geführt. Von dort aus ging es dann steil bergab. Lokführer war der etwa dreißig Jahre alte kroatische Zivilarbeiter Štefan. Etwa fünfzig Meter vom Lager entfernt stand eine Baracke, in der ein SS-Hauptmann und eine hübsche junge Frau mit schönen Augen und zartem Gesicht wohnten.

Manchmal, wenn wir von der Arbeit zurückkamen, betrachtete sie uns, mitleidig und bewegungslos, hinter ihrem Vorhang. Sie kam uns vor wie eine Geistererscheinung. Wenn sie in Lagernähe spazieren ging, dann waren alle Blicke auf sie gerichtet. Sie hieß Jelena und war die Sekretärin des Leiters des Zivillagers. Sie stand in Verbindung mit Janko Tišler und übermittelte ihm sämtliche Informationen, die ihm nützlich sein konnten. Štefan war der Mann ihres Vertrauens. In einer Nacht im August 1944 brachte er mir Zigaretten und Süßigkeiten und sagte:

„Das schickt dir Jelena."

Als wir wieder zur Arbeit kamen, dankte ich ihr mit einem Kopfnicken. Am Abend habe ich ihr dann noch einmal mit ein paar Worten in schlech-

tem Deutsch gedankt. Später übersetzte mir Jean Hector ein Kärtchen, das sie mir über Štefan hatte zustecken lassen. Unsere Briefe wurden immer zärtlicher.

Um den 15. August, spät am Abend, sahen wir sie zu unserer Überraschung in Begleitung von zwei slowenischen Arbeitern im Tunnel auftauchen. Sie kam auf mich zu, nahm mich an der Hand und zog mich auf die Seite. Diese Geste bleibt tief in meiner Erinnerung verankert. Wir arbeiteten in einer feuchten Umgebung und waren bis auf die Haut durchnässt. Wir waren mit Staub und Sand bedeckt und fühlten uns schlecht. Ich gab ihr zu bedenken, dass sie sich schmutzig machen könnte. Sie antwortete:

„Das ist mir egal!"

Später besuchte sie mich noch mehrfach, während meine Kameraden Wache standen. Die Wachen grüßten sie immer mit leiser Stimme, denn sie wussten, dass sie mit ihrem SS-Hauptmann lebte.[166] *Bei ihrem letzten Besuch sagte ich ihr ganz unvermittelt:*

„Wir sind zu dritt und bereit zur Flucht. Kannst du uns helfen?"

Überrascht antwortete sie: „Du bist verrückt! Ihr werdet alle sterben, im Kampf oder in der Kälte!"

In den folgenden Tagen versuchte sie mich brieflich davon zu überzeugen, von meinem Unternehmen Abstand zu nehmen. Aber ich blieb standhaft. Sie schrieb mir noch:

„Warte noch ein bisschen! Wenn die Flucht gelingt, dann erfahre ich das vom Hauptmann. Dann hole ich dich und bringe dich zu mir nach Jesenice, das liegt etwa dreißig Kilometer vom Lager entfernt."

Ich antwortete:

„Wir wollen fliehen und uns so rasch wie möglich den Partisanen anschließen. Kannst du uns dabei helfen?"

Eines Abends im September gegen zehn Uhr abends kam es zu einem unangenehmen Vorfall, der unseren Plan fast zum Scheitern gebracht hätte. Wie gewöhnlich brachte mir Štefan einen Brief von Jelena und ich hatte die Antwort auf ihren vorherigen Brief in meiner Tasche. Aber in dem Augenblick, als Štefan den Brief aus seiner Tasche nahm, tauchte der österreichische Kapo Gärtner aus der Dunkelheit auf, nahm ihm den Brief ab und sagte zu mir:

„Folge mir!"

---

166 Diese Aussage ist völlig falsch und fügt dem Ansehen von Jelena Vilman großen Schaden zu. Huret verwechselt in seinen Erinnerungen Jelena Vilman mit Valentina Valjavec, der Geliebten des Kommandanten Winkler.

KAPITEL VIII

Wir befanden uns vierhundert Meter vom Tunnelportal entfernt und gingen in Richtung Ausgang. Ich hatte schreckliche Angst und fürchtete, dass nun alles verloren wäre und sie Jelena und meinen beiden Kameraden die Schuld zuschreiben würden. In der Hand hielt ich eine lange, schwere Eisenstange, unser wichtigstes Arbeitswerkzeug. Wir waren nunmehr etwa hundert Meter vom Ausgang entfernt. Mir ging alles Mögliche durch den Kopf. Ich fragte mich, wie ich mich Gärtners entledigen könnte. Am Tunnelportal war alles von Scheinwerfern hell erleuchtet und von einem SS-Mann bewacht. Ich war ein Stück hinten geblieben und stellte mir vor, ihm mit der Eisenstange den Schädel zu zertrümmern, einen Stein mit Blut zu beschmieren, um einen Unfall vorzutäuschen, und dann schnell an die Arbeit zurückzukehren. Im Tunnel kam es durch Steine, die von den Wänden herabfielen, tatsächlich oft zu schweren Unfällen von Häftlingen, die ja keinen Schutzhelm trugen. Ich weiß nicht, was mir einfiel, aber anstatt ihm einen Schlag auf den Kopf zu versetzen, rief ich ihm zu:

„Gärtner, mach dich nicht lächerlich! Auch du bekommst über den Ingenieur Briefe und Pakete!"

Das stimmte und ich hatte es bereits zweimal gesehen. Er machte noch ein paar Schritte, dann drehte er sich plötzlich um, hielt mir den Brief mit sarkastischem Grinsen hin und murmelte irgendetwas dabei.

Ich fühlte mich von einer schweren Last befreit.

Jelena hatte mir Folgendes geschrieben:

„Mein Großer! Wie versprochen, habe ich gestern Kontakt mit den Partisanen aufgenommen, aber ich muss sie noch treffen. Sie werden bei der kleinen Hütte auf dich warten!"

Was für ein Horror, wenn dieses Schreiben in die Hände der SS-Leute gelangt wäre!

Jetzt war es notwendig, die Vorbereitungen mit größter Vorsicht zu treffen, denn der Kapo Gärtner beobachtete uns ständig. Unser endgültiger Plan sah folgendermaßen aus: Wir würden in einem der Waggons mit Brettern, die es in großer Menge gab, einen doppelten Boden aufbauen. In die Ecken und in die Mitte würden wir große Felsstücke legen und darüber die Holzbretter. Dann würden wir den Waggon mit Schutt füllen und uns im frei gebliebenen Bereich verstecken. An diesem Punkt bräuchten wir noch eine vertrauenswürdige Person für das Schließen der Seitenwand, damit die SS-Wachen am Tunnelportal keinen Verdacht schöpften. Der Kommunist Granger fand einen solchen Vertrauensmann in der Person von Jouannic.

Wir hatten mit Štefan verabredet, dass er unseren Waggon auf dem Entladeplatz als Ersten öffnen würde. So könnten wir gegenüber unseren Verfolgern Zeit gewinnen.

Anfang September waren wir für die Durchführung des Plans bereit und wurden immer ungeduldiger. Jelena schickte mir eine kurze Mitteilung:

„In der Nacht vom 15. zum 16. erwarten dich die Partisanen einen Kilometer vom Abladeplatz."

Das war eine ausgezeichnete Nachricht. Ich konnte nicht mehr schlafen. Alles stand bereit: die Felsstücke und die Bretter, Štefan und Jouannic. Um den 5. September herum sagte ich meinen Kameraden, dass der Krieg für mich in zehn Tagen zu Ende wäre, und wenn wir uns bei der Arbeit trafen, dann zeigten sie mir mit den Fingern, wie viele Tage noch fehlten.

So kam die Nacht, für die die Flucht geplant war. Nach der ersten Fahrt teilte mir Štefan mit Bitterkeit mit, dass der SS-Mann, der die Waggons kontrollierte, alles genau durchsuchte und dass es sehr schwierig sein würde. Ich ging selbst, um mich zu überzeugen. Der SS-Mann versah seinen Dienst tatsächlich mit großem Eifer. Mit ganzer Kraft stocherte er mit seiner Stange im Schutt herum und wir fürchteten, er könnte den doppelten Boden entdecken. So beschlossen wir, die Flucht auf die nächste Nacht zu verschieben.

Ich sehe noch den ungläubigen Blick von Jelena hinter ihrem Vorhang, als sie uns auf dem Weg zur Arbeit sah. Štefan erklärte ihr die Situation im Lauf des Tages. Meine Kumpel fragten mich:

„Na, Großer, glaubst du immer noch, dass der Krieg für dich zu Ende ist?"

Unsere Ungeduld wuchs, vor allem am Abend, als wir erneut zur Arbeit gehen mussten. Bereits bei der ersten Zugfahrt beobachtete ich das Verhalten der SS-Wache, die die Kontrollen durchführte. Zum Glück war der Mann nicht so gewissenhaft wie die Wache in der vorangegangenen Nacht. Am Anfang kontrollierte er jeden zweiten Waggon, um Mitternacht dann jeden dritten. Es war der 17. September. Wir beschlossen, gegen vier Uhr morgens zu flüchten, denn das Warten wurde immer unerträglicher. Der doppelte Boden war schnell aufgebaut, dann beluden wir die drei Waggons. Wir mussten schnell arbeiten, denn wir konnten vom oberen Stollen der Tunnelbaustelle aus gesehen werden. Als ich in das Versteck hineinkriechen wollte, kam eine Gruppe von Häftlingen, die unsere Vorbereitungen beobachtet hatten, auf uns zu. Unter ihnen war Maurice Arnould. Er sagte zu uns:

„Ich glaube gern, dass Pagès und der Große hier rausmöchten, aber du, Pimpaud, du kannst nicht weg!"

KAPITEL VIII

Ich bat sie inständig, Pimpaud mit uns gehen zu lassen, andernfalls würden ihn die SS-Leute als einzigen Zurückgebliebenen aus unserer Gruppe erschießen. Das war ein schwieriger Moment, in dem sich unser Schicksal entschied. Wir verloren dabei fast eine Minute, wo doch jede Sekunde von lebenswichtiger Bedeutung war. Dann kletterten wir in den doppelten Boden, zuerst ich, dann Pimpaud und schließlich Pagès. Wir hatten unseren Waggon mit einem Kreuz gekennzeichnet, damit ihn Štefan sofort erkennen und als Ersten entladen könne. Pagès war noch nicht völlig im Versteck verschwunden, da setzte sich der Zug bereits in Bewegung. Jouannic stieß die Schließwand mit aller Kraft zu, aber während der Fahrt konnte er nur einen Haken zumachen. Für den anderen blieb keine Zeit mehr. Pagès flüsterte uns auf der Fahrt zu, er hätte den Eindruck, dass seine Hose oder seine Jacke in der Seitenwand eingeklemmt wären. Das war umso gefährlicher, als die SS-Wachen die Waggons im Scheinwerferlicht kontrollierten. Es ist unnötig, das Klima von Angst und Spannung zu beschreiben, das in unserem Versteck herrschte, als der Waggon am Tunnelportal stehen blieb und als wir das Gespräch zwischen zwei SS-Leuten hörten, während sie mit der Eisenstange den Schutt in unserem Waggon durchwühlten. Ich hatte das Gefühl, die Stange wäre zwischen zwei Brettern durchgekommen und hätte mich dabei sogar berührt. Wir waren erleichtert, als der Zug in Richtung Entladeplatz weiterfuhr, wo es in der Nacht keine Wachen gab, weil keine Häftlinge an diesem Ort arbeiteten. Bevor Štefan uns befreite, hörte ich bereits seinen schnellen Schritt, dann seinen unruhigen Atem. Wir hatten nichts als ein paar Abschürfungen. Pagès übernahm die Führung der Expedition, denn er war ein erfahrener Alpinist. Am Fuß des Schutthaufens gab es eine Straße, die uns schnell auf einen Gebirgspfad führte. Wir fanden den Pfad und begannen, den Berg hinaufzuklettern. Über mühsame Wege durch das Dickicht fanden wir endlich die Hütte, in der die erste Begegnung mit den Partisanen stattfinden sollte. Während der Flucht hatten wir das Gefühl, die SS-Leute würden uns bereits mit ihren Hunden verfolgen. Es schien uns, das Bellen der Hunde und das Geräusch der Lastwagen zu hören, auf denen die SSler saßen. Wir zogen uns gegenseitig weiter und kamen nur mit Mühe voran. Wir waren verschwitzt und durchnässt. Unsere schlechten Schuhe hielten nicht, bis wir den höchsten Punkt erreichten. Außerdem hatten wir die Handtücher verloren, die uns vor der Kälte schützten. Auch unsere Häftlingsmützen hatten wir nicht mehr. Im Tal begann es zu tagen. Wir konnten unsere Kameraden in Habt-Acht-Stellung auf dem Appellplatz sehen. Plötzlich wurde Pagès bleich, sank auf die Knie und konnte kein Wort mehr sagen. Er spuckte Blut, wahrscheinlich als Folge von Bronchitis. Wir beschworen ihn, aufzustehen. Nach fünfzehn Monaten Lagerterror, den wir durchgemacht hatten, war die Anstrengung für ihn zu groß. Pimpaud und ich nahmen ihn unter den Armen und zogen ihn weiter.

Auf der Kärntner Seite kamen wir an einen Waldrand und ließen uns dort völlig erschöpft nieder. Nach ein paar Stunden Ruhepause lauschten wir, ob Stimmen und das Bellen von Hunden zu hören waren. Aber alles war ruhig und still. Wir hatten endlich das Gefühl, dass unsere Flucht gelungen sei. Nun hatten wir das Problem, mit den Partisanen Verbindung aufzunehmen. Jelena und Janko hatten uns den Weg beschrieben, den wir einschlagen sollten, aber wir hatten uns verirrt und fanden diesen Weg nicht mehr.

Wir kamen auf einen kleinen Hügel, der mit Heidelbeeren übersät war. Die Sonne schien. Über einen Pfad kamen wir zu einem kleinen Bauernhof am Fuß des Hügels hinunter. Einer der Kameraden sagte, wir wären zu nahe am Lager und müssten diesen Bauernhof deshalb meiden. Wir gingen den ganzen Tag weiter, allerdings mit großer Mühe, denn wir gingen barfuß. Ich hatte keine Schuhe mehr, die beiden anderen trugen sie in der Hand, weil ihre Füße blutig waren. Da hörten wir plötzlich Stimmen. Ich näherte mich und hörte Deutsch sprechen. Genau das hatte ich befürchtet. Eine Bauernfamilie saß vor dem Haus beim Essen. Wir entfernten uns, um uns zu beraten.

Kurz darauf wurden wir von einer Frau und einem Mädchen mit Körben überrascht. Die beiden starrten uns an, dann liefen sie weg. Das kam nicht überraschend, denn sie hatten unser Sträflingsgewand und unsere geschorenen Köpfe gesehen.

Sie liefen zu einem Gebäude, in dem sich ein Gendarmerieposten befand. Wir flüchteten sofort den Berghang hinauf. Ich weiß nicht, wie lange wir kletterten. Ich erinnere mich nur, dass sich Pimpaud und ich in die Büsche warfen, während Pagès einen Weg am Rand des Hügels einschlug. Wir hörten Schreie und das Bellen von Hunden und waren überzeugt, dass wir verfolgt wurden. Die hereinbrechende Nacht rettete uns. Obwohl wir uns recht hoch befanden, spürten wir die Kälte nicht, denn auf Grund der Ereignisse waren wir in einem Zustand von Übererregung. Unsere Glieder schmerzten vor Müdigkeit und Kälte, denn wir waren hoch in den Bergen. Im Morgengrauen stieß Pagès wieder zu uns. Wir beschlossen, den Weg zu suchen, der uns zu den Partisanen führte, denn wir fürchteten, die Gendarmen würden ihre Suche am Morgen fortsetzen. Pagès kam schnell voran, aber ich hatte Mühe zu folgen, denn ich war sehr geschwächt. Meine Beine trugen mich nicht mehr. Die beiden Kameraden stützten mich und halfen mir beim Gehen.

KAPITEL VIII

Nach vielem Hin und Her fanden wir den Bergpfad. Er war mit Moos und Laub bedeckt. Der Hunger begann uns zu quälen, denn wir hatten seit zwei Tagen nichts mehr gegessen. Wir folgten demselben Weg, bis wir gegen sechs Uhr abends zu einer kleinen Hütte kamen, die mit Zweigen abgedeckt war. In der vorangegangenen Nacht war uns diese Hütte bedeutungslos vorgekommen. Es schien, als wäre alles ruhig. Aber für uns war der Unterschied zwischen Schein und Wirklichkeit lebenswichtig. Wir mussten etwas essen. Vorsichtig traten wir ein und fanden uns plötzlich in Gesellschaft eines Paares und eines zwölf- bis dreizehnjährigen Mädchens. Wir atmeten auf, als wir sahen, dass wir unter Freunden waren. Sie gaben uns Kartoffeln, Milch und Maisbrot. Für uns war das ein Fest. Die Leute betrachteten uns neugierig, aber ihre Blicke waren voller Güte. Nach so vielen Leiden und Schwierigkeiten waren wir endlich unter normalen Leuten. Auf die Bitte ihrer Eltern hin brachte uns das Mädchen fünf oder sechs Paar Schuhe. Meine Kameraden konnten sie anziehen, ich – mit meiner Schuhgröße 45 – musste mich weiterhin mit Fetzen begnügen, die ich um meine Füße wickelte.

Ich wandte mich an die Tochter und fragte sie gestikulierend:

„Die Partisanen? Wo sind sie? Welche Richtung?"

Sie antwortete, die Partisanen seien hier gewesen, dann aber wieder weitergegangen. Sie würde versuchen, sie für uns zu finden. Wir glaubten zu träumen. Als wir warteten, wurden wir von Zweifeln geplagt. Wir fragten uns, ob sie tatsächlich auf die Suche nach den Partisanen gegangen wäre.

Aus Vorsicht entfernten wir uns ein wenig vom Haus und jeder von uns überwachte eine Seite. Der Bauer und seine Frau überzeugten uns, dass wir ihnen vertrauen und im Haus warten konnten. Die Tochter kam tatsächlich bald wieder, aber allein. Sie sagte uns:

„Kommt. Ich habe sie gefunden. Wir müssen sofort hingehen."

Wir grüßten unsere Gastgeber und folgten dem Mädchen, das uns zuerst auf einem breiten Weg auf die gegenüberliegende Anhöhe führte und dann auf einem Karrenweg in Richtung Norden. Wir blieben bei einer Linde stehen, aßen dort den Proviant, den uns die Bauersleute mitgegeben hatten, und ruhten uns aus. Bald darauf kamen zwei Männer in deutschen Uniformen. Wir erstarrten vor Schreck und dachten, das sei nun unser Ende. Wir wollten sogar fliehen. Die Partisanen beruhigten uns mit freundschaftlichen Gesten. Auf ihrer Feldmütze trugen sie einen roten Stern. Wir schlossen sie in die Arme und küssten sie, während sie uns auf die Schulter klopften und zu unserer gelungenen Flucht beglückwünschten.

Sie fragten uns, woher wir kämen und auf welche Art wir geflohen wären. Aber auf Grund der Sprachbarrieren war die gegenseitige Verständigung schwierig. Das Mädchen verließ uns wieder und die Partisanen führten uns zu ihrem Bataillon, wo wir mit ihren Offizieren sprachen. Ich erzählte ihnen unsere Odyssee, den Grund unserer Flucht und teilte ihnen unseren Wunsch mit, als Freiwillige an ihrer Seite zu kämpfen. Wir hatten gewonnen. Für uns begann ein neues Leben ...

Edmond Pimpaud, der zweite Überlebende der Gruppe, erzählte in einem Brief an den Autor von «Le Neuvième Cercle» und an mich mehr oder weniger dasselbe wie Georges Huret. Er berichtete darüber hinaus über das Treffen zwischen Jean Granger und mir, in dem wir über eine kollektive Flucht sprachen, was sich allerdings als undurchführbar herausstellte.

Albert Jouannic erzählt in seinem Buch «Le Neuvième Cercle», dass der Kapo Paul Kauffman die Fluchtszene vom oberen Stollen aus mitverfolgte.

Als ich zu meiner Gruppe kam, rief er mich zu sich und sagte:
„Was hast du soeben gemacht?"
Ich antwortete ihm: „Du hast alles gesehen. Du kannst mich bei der SS denunzieren, wenn dir danach ist."
Dann ging ich mit meinem Werkzeug auf der Schulter. Er hat niemals etwas verraten und ich bin ihm dafür dankbar ...

Auch Jelena Vilman erinnert sich an die Flucht, aber nicht an die Vorbereitungen. Hingegen erinnert sie sich an die Briefe, die ihr der Kroate aus Bosnien, Štefan, von Huret überbrachte, und an ihre Antworten.

Ihre Erinnerungen sehen folgendermaßen aus:

Ich lebte in einer kleinen Baracke in der Nähe des SS-Lagers und des Konzentrationslagers. Auch der Inspektor der Zivillager in Kärnten und Gorenjska, der Österreicher Putz, ein Mitglied der NSDAP, hatte ein Zimmer in dieser Baracke. Er kam nur von Zeit zu Zeit an den Loibl und trug immer Zivilkleidung. Die SS-Leute besuchten mich oft in der Baracke und ich berief mich auf Putz, der eine gewisse Autorität besaß, um sie loszuwerden. Ich bat auch die Köchin Kristina Tršinar, bei mir zu schlafen.

Eines Abends im Frühling 1944 begab ich mich in Begleitung von Boža Novič, geborene Zibler, aus Tržič, in den Tunnel. Wir brachten Zigaretten für die Häftlinge und redeten mit einigen von ihnen. Die Köchin Kristina Tršinar begleitete mich zum Tunnel. Ich erinnere mich an einen großen Häftling namens Georges.

Eines Tages ließ er mir über Štefan ausrichten, dass er mich treffen wolle. Ich war damit einverstanden und Kristina ging wieder mit mir zum Tunnel. Ich suchte Georges auf und Kristina ihren Freund, einen kroatischen Mineur namens Mirko Blažević. Ich erinnere mich nicht, worüber wir sprachen, ohne Zweifel über seine Flucht.

Am 16. September fuhr ich aus Vorsicht zu mir nach Hause nach Jesenice. Angela Bizjak, die mich am Bahnhof von Tržič erwartete, sagte mir, die Flüchtigen seien nicht gefunden worden. Die SS-Leute wurden erst nach der Rückkehr der Häftlinge aus der Nachtschicht gegen sechs Uhr morgens von der Flucht informiert. Die Polizisten verhörten die Zivilarbeiter, insbesondere Štefan und die Arbeiter, die bei der Schuttablagerung arbeiteten. Ich war zu dieser Zeit in Kontakt mit Janko Tišler, für den ich insbesondere Propagandaschriften im Zivillager verteilte.

Es war die Aufgabe Jelenas, den Häftlingen den Weg über die Korošica anzugeben, damit sie die Nordseite erreichen und sich mit Hilfe von Bauern mit den Partisanen in Verbindung setzen konnten. Aber im September 1944 hatte die Flucht von Häftlingen in den Augen der Partisanen strategisch weniger Bedeutung als die Nachrichten, die die für Samstag vorgesehene Rückkehr der Zivilarbeiter nach Hause betrafen – in Hinblick auf deren eventuelle Mobilisierung. Ab dem 15. September forderten wir nämlich alle Männer im Alter zwischen achtzehn und fünfundvierzig auf, sich den Partisanen anzuschließen. Aus einem Bericht des Komitees der OF (Osvobodilna Fronta/Befreiungsfront) vom 21.9.1944, der die Nummer 17/44 hatte, geht hervor, dass mir Jelena eine sehr wichtige Information zukommen ließ, über die ich schrieb:

Dank eines Informanten, den wir bei der SS in Sveta Ana hatten, kannten wir die genaue Zahl der Arbeiter: Sie betrug 248.[167] *Hundertfünfzig von ihnen kehrten zwischen 12 und 13 Uhr nach Hause zurück. Einige waren sogar bewaffnet. Es gab auch Mitglieder der „Landwehr" (sechs Namen sind heute bekannt). Unser Ziel war es, die Arbeiter dazu zu bringen, sich den Partisanen anzuschließen, und dies auf der Straße, auf dem Weg nach Hause.*

Am Ende des Berichts fügte ich hinzu:

In der Nacht von Samstag auf Sonntag sind drei Häftlinge mit Unterstützung zweier Zivilarbeiter vom Lager bei Sveta Ana geflohen. Sie sind davongekommen und haben sich bei den Partisanen auf der Kärntner Seite gemeldet.

---

167 123 Slowenen, 27 Deutsche, 32 Kroaten, 2 Polen, 62 Italiener, 1 Grieche und 1 Tscheche.

Der Kroate Štefan und sein Helfer sind nicht mit den drei französischen Häftlingen geflohen, wie nach dem Krieg behauptet wurde. Die Flüchtigen sprachen später oft von Štefan, aber niemand kannte seinen Familiennamen oder verfügte über weitere Informationen, die ihn betrafen. Auch André Lacaze spricht – allerdings auf seine Weise – im Buch «Le Tunnel» über die Hilfe, die Štefan den Gefangenen leistete.

Auf Grund der Listen der Zivilarbeiter stellte ich fest, dass er Štefan Fedoran hieß und 1923 in Prosjek in Kroatien geboren wurde. Nach langer Suche machte ich ihn in Deutschland ausfindig und schickte seine Adresse an Huret und an Jelena Vilman (verheiratete Šumi).

Am Telefon und im Brief sagte Štefan, er würde sich nicht an Jelena erinnern, sondern nur an die beiden Köchinnen Kristina Tršinar und Angela Bizjak sowie an zwei Slowenen, die sich den Partisanen am 30. September 1944 angeschlossen hatten, Peter Jamnik und Ivan Furlan. Was die Flucht betrifft, so erzählte er mir, dass er in dieser Nacht allein war und dass er große Mühe hatte, den Waggon mit den Flüchtigen zu öffnen. Diese seien gleichzeitig mit dem Schutt aus dem Waggon gerutscht. Bald begannen die SS-Leute mit den Nachforschungen innerhalb des Lagers und da er fürchtete, festgenommen zu werden, schloss er sich am 16. Oktober den Partisanen auf der Kärntner Seite an. In der Eile ließ er seinen Koffer bei der Familie Bizjak bei Sveta Ana zurück, wo ihn Angela mit den Partisanen in Kontakt gebracht hatte.

Die Reaktion der SS-Leute

Die Repressalien der SS-Leute gegen die Häftlinge, die in dieser Nacht im Tunnel gearbeitet hatten, waren diesmal nicht so hart wie vier Monate vorher nach der Flucht der russischen Häftlinge.

Die Flucht an sich war anders und blieb für die SS lange Zeit ein Rätsel. Es gab dabei keinerlei Aggressionen oder Gewaltakte und die SS-Leute stellten sogar die Aussagen der Wachen in Frage.

SS-Leute und Kapos beschlossen, sie müssten den Häftlingen dennoch eine Lektion erteilen, damit sie nicht vergäßen, wo sie sich befänden. Die Bestrafung sollte eine Warnung an alle sein, die weiterhin an Flucht dachten.

Gaston Charlet berichtet:

Wie bei den Russen bemerkten sie die Flucht erst beim Appell um sechs Uhr und sie brauchten einige Minuten, bis sie sich sicher waren. Sämtliche Häftlinge des Südlagers mussten sechs Stunden lang bei eisigem Regen stehen. Nach der Rückkehr in die Baracken wurden manche mit den Gummischläu-

chen geschlagen. Weil sie sich nicht an den Flüchtigen rächen konnten, reagierten sie sich an uns ab ...

Albert Jouannic:

Nach der Nachtschicht mussten die Häftlinge vor dem Tunnelportal in Fünferreihen antreten: die Mineure, die Maurer usw. Die Mineure wurden gezählt. Eine Wache meinte, dass alle da wären, die andere bemerkte, dass drei fehlten. Sie zählten mehr als zehnmal und die Zahl stimmte nie. Jeder Häftling wurde nun mit seiner Nummer aufgerufen und erst jetzt erkannten sie, dass die Gruppe von Pimpaud fehlte. Mehrere SS-Leute gingen in den Tunnel und kamen nach einer halben Stunde zurück. Sie brachten das Essgeschirr und die gestreiften Mäntel der Flüchtigen, aber die Zeit lief zu deren Gunsten ... Ich war zuversichtlich und dachte:

„Jetzt können sie sie nicht mehr fangen!"

Maurice Arnould stand an meiner Seite. Ich drückte ihm die Hand, denn wir waren beide über den Fluchtplan informiert. Gegen zehn Uhr brachten sie uns ins Lager und wir mussten bis 20 Uhr stumm auf dem Appellplatz stehen. Dann gingen wir in unsere Baracken, ohne etwas zu essen.

Nach der Flucht verstärkten die SS-Leute die Kontrollen und überprüften die Waggons nunmehr bis auf den Boden. Noch am selben Nachmittag verbreitete sich die Nachricht von dieser Flucht, die so unerwartet kam und so gut organisiert war, in beiden Lagern. Alle meinten, die Flüchtigen hätten sich in einem Waggon unter dem Schutt versteckt, aber niemand dachte an den doppelten Boden. Manche beneideten die Flüchtigen und bedauerten es, dass sie nicht mit dabei waren. Von dieser Flucht wurde noch lange Zeit gesprochen. Sogar nach ihrer Rückkehr aus dem Krieg redeten manche noch von der Flucht der drei Franzosen und behaupteten, ihnen dabei geholfen zu haben.

Robert Dufaut behauptete 1981, er hätte zur Gruppe der Flüchtigen gehört, aber er hätte nicht mitkommen können. Huret bestritt diese Version.

Allerdings schrieb mir Jean Granger im Jahr 1972:

Ein vierter Häftling sollte zur Gruppe hinzukommen, aber leider war nicht genügend Platz vorhanden. Ich erinnere mich aber nicht an seinen Namen. Als der Zug losfuhr, taten Jouannic und Maurice Jacques, die Kameraden, die wir gebeten hatten, den Waggon zu verschließen, alles, um ihre Aufgabe in vollem Umfang zu erfüllen.

Auch der Kapo Paul Kauffman rühmte sich, bei der Flucht mitgeholfen zu haben. In Wahrheit hat er die Flüchtigen einfach nicht denunziert.

Die Gastfreundschaft der Kärntner Slowenen

Huret und Pimpaud waren sich bewusst, dass sie ihre Rettung einer Kärntner Bauernfamilie verdankten, aber sie wussten weder den Namen der Familie noch den Ort, wo der Bauernhof stand. Erst nach jahrelangen Nachforschungen konnte ich mit Hilfe der Einwohner von Mitterwinkel den kleinen Hof und seine Bewohner auffinden. Es handelte sich um die Familie Male aus Oberwinkel bei Zell-Pfarre; der Bauernhof wurde »Tomk« genannt.

Als die Flüchtigen nach Kärnten kamen, gingen sie das Tal von Oberwinkel hinunter, das auf der linken Seite eines Gebirgsbaches liegt. Sie gingen dann zum Bauernhof und kamen dabei durch das Tal in der Nähe des Tomk-Hofes. Von dort aus bogen sie in Richtung »Vokovnik« ab, dem Hof von Janez Roblek, und sahen dort Bauern, die sich auf die Ostseite von Oslica begaben. Sie kamen dabei in die Nähe des Hofes »Franc« von Jože Mak, den sie für einen Gendarmerieposten hielten. Als sie am Abend zur Korošica zurückkehrten, hörten sie das Bellen der Hunde von den umliegenden Bergbauernhöfen auf der gegenüberliegenden Seite. Als sie zum Tomk-Hof kamen, fanden sie dort zahlreiche Mitglieder der Bauernfamilie. Drei davon haben sich in ihrem Gedächtnis eingeprägt.

Uršula und ihre Tochter Marija erzählten mir 1986.

Unser Hof war klein. Wir hatten nur eine Kuh, zwei Schweine und ein paar Schafe. Am Vortag sahen wir eigenartige Gestalten auf dem Weg zum Vokovnik-Hof. Wir bekamen Angst und flüchteten. Am nächsten Morgen – es war September – kamen drei Häftlinge zu uns. Einer von ihnen war so groß, dass er sich bücken musste, um einzutreten. Sie waren völlig verängstigt, ihre Köpfe waren geschoren. Wir hatten Mitleid mit ihnen. Wir gaben ihnen zu essen, was wir hatten. Sie mussten über die Almen herübergekommen sein. Sie fragten uns nach den Partisanen und wir versicherten ihnen, wir würden sie suchen gehen, auch wenn die gegenseitige Verständigung sehr schwierig war. Šiman, mein Mann, schickte unsere Tochter Marija zu den Partisanen, um diese zu informieren. Wir gaben ihnen noch Schuhe, denn sie waren mehr oder weniger barfuß unterwegs. Während Marija zum Marof[168] *ging, wurden die Häftlinge ungeduldig und gingen hinaus. Šiman und ich versuchten, sie im Haus zurückzuhalten. Wir versicherten ihnen, sie hätten nichts zu befürchten. Marija kam zurück und sagte, die Partisanen wollten, dass wir die Häftlinge zu ihnen brächten. Bevor sie gingen, gaben wir ihnen noch Schweineschmalz und Mehl*

---

168   Ort in der Nähe des Hofes »Tomk«.

mit auf den Weg. Marija ging in Richtung des Hofes „Maier" und kam nahe am Vokovnik-Hof vorbei. Sie setzten sich unter eine große Linde, um auf die Partisanen zu warten. Als diese auftauchten, kam Marija zurück ...

Die Partisanen hatten das Mädchen aus Sicherheitsgründen gebeten, die Häftlinge nicht direkt in ihr Lager zu führen, sondern an einen Ort, den man mit „blutige Hütte" übersetzen könnte.

Anfang Oktober kamen Polizisten aus Gorenjska als Partisanen verkleidet auf den Bauernhof »Tomk«. Sie baten, die Partisanen treffen und in der Scheune schlafen zu können. Ohne Verdacht zu schöpfen, gaben ihnen die Bauern Sterz zu essen und Milch zu trinken. Dann gingen die falschen Partisanen wieder.

Bald kamen andere Polizisten und durchsuchten den Hof. Sie nahmen Uršula fest. Die Tränen der drei Kinder und der Großmutter halfen nichts. Uršula musste mitgehen und als sie am Hof der Familie Roblek, »Vokovnik«, vorbeikamen, nahmen die Polizisten auch Uršulas Sohn Folti fest. Auf dem Weg musste Uršula die Munitionskiste tragen. Beim Bauern Mlečnik machten die Polizisten Rast. Uršula und Folti mussten warten. Folti wollte fliehen, aber seine Mutter bat ihn, bei ihr zu bleiben. Sie kamen nach Zell-Pfarre, wo sie übernachteten, dann wurden sie nach Ferlach gebracht und für sechs Tage ins Gefängnis gesperrt. Beim Prozess stritt Uršula alles ab. Die Gestapo ließ einen der verkleideten Polizisten als Zeugen auftreten – der zweite Polizist war in der Zwischenzeit von den Partisanen erschossen worden.

Der Polizist erklärte vor Gericht:

„Mütterchen, Ihr habt uns einen sehr guten Sterz gekocht und Milch gegeben."

Die Gestapo wollte wissen, wo Šiman, der Mann von Uršula, geblieben wäre. Uršula gab an, er sei von den Partisanen zwangsrekrutiert worden – was von Zeugen bestätigt wurde – und sie habe nichts mehr von ihm gehört. Daraufhin wurden sie und ihr Sohn freigelassen. Allerdings ließen die Nazis den Tomk-Hof nicht in Ruhe. Ende Herbst kamen weitere Polizisten und übernachteten auf dem Bauernhof. Sie stahlen Gold, ein Huhn und Wäsche.

Der Weg durch Gorenjska

Die Partisanen auf der Kärntner Seite mussten die Partisanen anderer Nationalitäten nach Slowenien in die befreiten Gebiete bringen. Pimpaud erzählte, sie wären von einem russischen Kommandanten, einem jugoslawischen Kommissar und von drei jungen Ukrainern betreut worden, denn sie waren stark geschwächt.

Nach einigen Tagen schickte man sie an die Adriaküste. Huret erzählte, er wäre zu einem Bataillon gekommen, wo es auch Offiziere gab.

Auf der Kärntner Seite blieben die Flüchtigen nicht lange, sie wurden bald über Kurierpfade nach Gorenjska gebracht. Ende September kamen sie nach Dolina, ein kleiner Ort in der Nähe von Tržič.

Karel Globočnik (Silni) erzählte mir:

Miha Urh sagte mir, ich solle das Kommando der Stadt aufsuchen, das sich in Dolina befand. Das war zur selben Zeit, als die Kuriere drei französische Häftlinge brachten, die vom Loibl-Lager geflohen waren. Wir gaben ihnen Kleider ...

Huret sah, dass er keine Schuhe bekommen konnte. Die Flüchtigen machten sich durch Gorenjska nach Triest auf, wo sie sich trennten.

Ihr Leben an der Grenze beschrieb Huret im Jahr 1956 und er bestätigte seine Zeugenschaft im Jahr 1981 durch einen weiteren Bericht. Dieser ist allerdings mit großer Vorsicht zu lesen, denn er weist gegenüber dem ersten zahlreiche Abweichungen auf.

In Begleitung von Kurieren und einigen Russen kamen wir am 1. Oktober 1944 ins Grenzgebiet.[169] *Dort wurden wir einem russischen Bataillon der 30. Division*[170] *eingegliedert. Wir nahmen an sämtlichen Kämpfen teil, die rund um Čepovan stattfanden, also in Lokve, Trnovo, im unteren und im oberen Trebuša, in Otlica. In Čepovan traf ich den Kommissar Mirko und den Kommandanten der Division, Kodrič. Nach dem 15. Dezember schickte mich der Kommandant des 9. Armeekorps, das zwei Divisionen zählte, die 30. und die 31., nach Otlica. Dort setzte mich der italienische Kommandant Massini an die Spitze eines Trupps, der siebzig SS-Leute aus dem Elsass zu bewachen hatte. Diese waren nach der Befreiung von Straßburg zu den Partisanen gekommen. Ich habe meine Aufgabe gut erfüllt: Nur einer von ihnen ist geflüchtet. Mit Hilfe von Kodrič gelang es uns, sämtliche Franzosen im 9. Korps zu finden und in Col*[171] *zu versammeln. In den verschiedenen französischen Einheiten gab es auch Leute, die über das «Service de Travail Obligatoire» (STO) zur Zwangsarbeit nach Deutschland geschickt worden waren und sich nach ihrer Flucht den Partisanen angeschlossen hatten. Andere*

---

169 Gemeint ist die ehemalige Grenze zwischen Italien und Jugoslawien.
170 Russisches Bataillon, das zur 30. Division der slowenischen Partisanen gehörte.
171 Kleiner slowenischer Ort nahe der Grenze zu Italien

KAPITEL VIII

wiederum hatten im Juli 1944 in Jesenice gearbeitet und waren von der Brigade Prešeren rekrutiert worden. Wir suchten auch meine zwei Kameraden vom Loiblpass, aber wir fanden sie nicht. Bereits vorher hatte ich Auguste Cognet und Oswald Sbicca wiedergefunden, die in Nizza wohnten. In der Folge begab ich mich mit ihnen nach Col.

Am 21. Dezember gerieten wir in ein heftiges Bombardement, auf das ein Angriff der Deutschen folgte. Gemeinsam mit dem Bataillon von Massini ergriffen wir die Flucht. Am nächsten Tag kamen wir in die Gegend von Mrzla Rupa, wo wir ein paar Tage blieben. Dann kehrten wir nach Col zurück. Alles war verwüstet, wie nach einem Erdbeben. Wir blieben nur kurze Zeit. Es ging weiter in Richtung Bela krajina und am 12. Jänner 1945 kamen wir in Brod-Moravice an. Von dort machten wir uns über Stari trg auf den Weg in Richtung Črnomelj, wo wir am 14. Jänner ankamen. Wir trafen dort auf eine Gruppe von Franzosen, die am 23. November vom Loibl geflüchtet waren (Aubert, Moreau, Becquer und Ménard).

Auf Grund der deutschen Offensive vom 17. Jänner mussten wir Črnomelj wieder verlassen. Wir zogen nach Vinica, überquerten die Kolpa, kamen nach Delnice, wo wir die Linie Zagreb-Reka überquerten, mussten aber dann nach Črnomelj zurückkehren. Von Bela krajina gingen wir in Richtung Glina, wo sich eine englische Kriegsmission befand.

Huret beschreibt den Weg von Glina nach Split auf recht unklare Weise. Jedenfalls nahm er am 18. April 1945 ein Schiff nach Bari. Edmond Pimpaud und Georges Pagès kamen, nachdem sie sich von Huret und dem russischen Bataillon getrennt hatten, zu einem Arbeiterbataillon [172] und wurden nach Banjščica geschickt. Nach einer Verfolgungsjagd durch die Deutschen blieben sie in der Gegend von Idrija. Dort wurden sie zur Brigade Garibaldi überstellt. Am 1. April wurden sie von einer deutschen Division eingekreist. Pagès kam dabei im Gebiet von Trnovo ums Leben. Pimpaud setzte sich nach zahlreichen Zwischenfällen im italienischen Cormòns mit den Engländern in Verbindung. Am 5. Mai machte er sich von Norditalien aus zu Fuß nach Hause auf und erreichte Frankreich am 15. Mai.

---

172 Bataillon, das aus älteren oder rekonvaleszenten Partisanen ohne militärische Ausbildung zusammengesetzt war. Es war ausschließlich in der befreiten Region von Primorska stationiert und stand unter dem Befehl des 9. Partisanenkorps.

Flucht von Jean Chevallier (7. Oktober 1944)

Der Franzose Jean Baptiste (Elie) Chevallier, geboren am 19.11.1921 in Lapierre, war Schilehrer. Er wurde am 5. Juni 1944 festgenommen, wurde zuerst ins Konzentrationslager Dachau deportiert, im August dann nach Mauthausen, wo er die Häftlingsnummer 89271 bekam. An den Loibl kam er mit dem Transport vom 25. August 1944. Er arbeitete dort auf der slowenischen Seite. Er betrachtete die Alpen rund um den Loibl mit seiner Erfahrung als Alpinist und Schifahrer und entschied sich bald für die Flucht.

1974 beschrieb er diese Flucht auf folgende Weise:

Ich komme von den Bergen. In den Ferienlagern in Chamrousse bin ich viel Schi gelaufen. Als ich ins Kommando Loiblpass komme, habe ich sofort den Eindruck, meine savoyardischen Berge wiederzufinden. Ein erster Schneefall ... Mir wird klar, dass der Winter in diesem Lager sehr kalt werden könnte. Ich beschließe, das Wagnis auf mich zu nehmen. Ich habe sehr gute Kameraden, die mit den Schultern zucken, als ich sie von meinem Plan in Kenntnis setze:

„Zu gefährlich!"

Sie geben mir trotzdem ein bisschen Brot und Margarine. Eine leicht abschüssige Wiese, auf der vereinzelt Fichten stehen, trennt das Lager vom Tunnel ... Wenn es mir gelingt, mich vom Zug abzusetzen, zum Tunnel hinaufzukommen ... Ein bisschen Schnee, der Regen, die Nacht und die steilen Abhänge über der Baustelle machen mir keine Angst.

Wir gehen also am 7. Oktober bei Einbruch der Dunkelheit, bei Nebel (eine dicke Schicht breitet sich über die Berge aus) und bei Nieselregen zum Tunnel hinauf.

Wir befinden uns ungefähr fünfhundert Meter vor dem Tunnelportal. Die SS-Leute tragen Umhänge. Sie haben die Läufe ihrer Gewehre und ihrer Maschinenpistolen zugestopft. Ich nähere mich dem unteren Ende des Zuges. Ich knöpfe mir meinen Mantel auf, durchquere zwischen zwei SS-Leuten die Sperre und laufe in Richtung Lager ... Das muss die Wachen überrascht haben, denn sie schießen erst, als ich schon etwa fünfzig Meter gelaufen bin. Ich bin am Hals leicht verletzt und Blut rinnt auf meinen Mantel, den ich so schnell wie möglich wegwerfen will. Ich vergesse, dass ein Knopf noch verschlossen ist und als ich mich endlich des Mantels entledigen kann, ist er voller Blut.

Die SS-Leute lassen die Hunde los, aber diese laufen bis zum Mantel und bleiben dort stehen. So kann ich mich in Richtung Berg aufmachen. Ich habe ein wenig Pfeffer mit, den ich unter einer großen Fichte verstreue. Im Westen sehe ich einen Bergübergang einladend vor mir, eine Straße führt hinunter ins Tal, aber ich weiß, dass ein Häftling nur einen Fluchtversuch hat, und der muss gelingen.

Gaston Charlet wurde Zeuge dieser Flucht. Er beschreibt die Szene in seinem Buch „Karawanken":

Ich war in der Nachtschicht. Wir hatten das Lager um 18 Uhr verlassen, und unsere Gruppe stieg in Fünferreihen die Straße zum Tunnel hinauf. In der Hand hielten wir unser Essgeschirr und wir gingen mit schwerem Schritt voran, wie eben Leute, die durch monatelange Zwangsarbeit erschöpft ohne jegliche Begeisterung zwölf Stunden neuerlicher Erschöpfung entgegengehen, wobei noch hinzukam, dass wir nicht auf ein rasches Ende dieser miserablen Lebensumstände hoffen konnten.

Auf beiden Seiten des Zuges gehen in Abständen von zehn Metern die SS-Leute mit dem Gewehr unter dem Arm. In einer Straßenkehre, die von den fünfhundert Meter weiter unten stehenden Wachtürmen aus nicht übersehen werden kann, lässt er sein Essgeschirr fallen, bückt sich, als wollte er es aufheben, springt schnell wie ein Wiesel, halb zusammengekauert, die Böschung hinunter und lässt sich wie eine Kugel über den Abhang rollen.

Die SS-Leute brauchen einige Sekunden, bis sie bemerken, dass es sich um eine Flucht handelt. Der Erste, der dies erkannt hat, legt sein Gewehr an und im Nebel sind zwei Salven zu hören. Der Zug bleibt stehen. Der Soldat, der geschossen hat, erklärt, was geschehen ist. Weitere Soldaten gehen an die Böschung und schießen in die darunter liegende Wiese, wo der Flüchtige bereits im Nebel verschwunden ist. Während sich unser Zug unter den Flüchen und Drohungen der SS-Leute wieder in Bewegung setzt, läuft ein Soldat zum Lager hinunter, um Alarm zu geben und die Suchaktionen in Gang zu setzen. Wir setzen unseren Weg fort und müssen schweigen, während unsere Bewacher bereits von Komplott sprechen. Insgeheim wünschen wir Chevallier von ganzem Herzen, dass er seinen Verfolgern entkommt ...

Der Zivilarbeiter Miha Grilc:

Nach der Flucht wurden das Lager und die Straße schwer bewacht, denn die Deutschen dachten, der Flüchtige müsse über diese Straße kommen.

Der SS-Mann Vinko Slapar:

Am Abend war ich beim Wachkommando, das die Häftlinge begleitete. Es lag dichter Nebel. Plötzlich hörten wir ein lautes Durcheinander. Jemand rief:

„Halt!"

Wir zählten die Häftlinge rasch und stellten fest, dass einer fehlte. Eine der Wachen gab als Alarmzeichen zwei Schüsse ab und wir mussten in Richtung Tunnel weitergehen.

Jean Chevallier:

Um nicht lange dem Maschinengewehrfeuer ausgesetzt zu sein, laufe ich zuerst in Richtung Lager. So riskieren sie, wenn sie auf mich schießen, die SS-Leute oder die Häftlinge zu treffen, die von der Tagschicht zurückkommen, den ich befinde mich in einer Linie mit dem Lager. Dann gehe ich in Richtung Osten, wo ich hoffe, die Tito-Partisanen zu treffen. In den jugoslawischen Wäldern ist die Nacht sehr dunkel und ich muss aufpassen, keine Spuren im Schnee zu hinterlassen. In der Nacht marschiere ich auf den Bergkämmen, denn der Wind bläst dort den Schnee weg, aber ich bewege mich von einem Felsen zum nächsten, manchmal auf allen Vieren, und hoffe darauf, wieder den Wald zu erreichen. Leider habe ich im Nebel die falsche Richtung eingeschlagen und finde mich in Österreich wieder. Das Laub ist feucht und ich gehe geräuschlos weiter. In einer Kurve stoße ich auf zwei Frauen, die Brennholz sammeln. Meine Erscheinung versetzt sie in große Angst. Ich bitte sie um ein paar Lebensmittel. Im Bauernhof, hinter einem Tisch, brummt ein alter Bauer missmutig, als er die Scheibe Brot sieht, die für mich geschnitten wird. Sie wird immer dünner. Ein Stück weißer Käse in einem Essgeschirr. Ich erkundige mich nach der Richtung, tue so, als würde ich ins Tal hinuntergehen, steige dann wieder den Berg hinauf und finde eine nicht zu steile Passage. Im Wald finde ich eine Sennhütte, beobachte sie eine Weile, nähere mich und sehe, dass sie offen steht. Im Inneren Holzsplitter. Die Hütte war mit Maschinengewehren beschossen worden. Auf dem Boden liegen Kartoffelsäcke, die mit getrocknetem Blut bedeckt sind. Mit einem Sack mache ich mir ein „wunderbares" Unterhemd. Bei Einbruch der Dunkelheit überquere ich den Bergkamm und sehe zwei SS-Leute mit ihren Hunden. Der eine SS-Mann kommt in meine Richtung herauf, der andere bleibt bei den Hunden. Das Glück ist weiterhin auf meiner Seite. Ich möchte mich vom Weg entfernen, aber ich stoße in den niedrigen, aber sehr dicht stehenden Latschen auf eine Geröllhalde. Ich kann nicht weitergehen, ohne zu riskieren, dass man mich hört. Ich hebe einen großen Stein auf und mache mich bereit, den Stein, sollte ich entdeckt werden, gegen den SS-Mann zu schleudern. Ich stehe sechs oder sieben Meter von ihm entfernt: hinter ihm eine Schlucht! Er geht vorüber, ohne mich zu sehen, geht auf den Bergkamm hinauf, gibt einen Gewehrschuss ab und geht, ohne mich zu sehen, wieder hinunter. In der Nacht beginne ich die Schlucht hinunterzuklettern, um den gegenüberliegenden, sehr steilen Hang in Angriff zu nehmen, der mich vom Bergkamm trennt. Dieser Kamm ragt sicher über einem bewohnten Tal empor. Ich stoße auf gut sechzig Gämsen. Durchnässt und an eine einsame Fichte gelehnt, möchte ich mich ein wenig ausruhen, als ich plötzlich etwa zehn Meter von mir ein Brummen höre und ich sehe ... einen Bären! Das stört die Gämsen kaum. Der Bär entfernt sich und der Berg ist wieder ruhig. Der Nebel ist sehr dicht. Ich bewege mich, damit ich nicht zu sehr unter der Kälte leide, und als der Tag anbricht, befinde ich mich auf dem Abhang, der zum Lager führt, anstatt auf der gegenüberliegenden Seite des Berges. Mit Maschinengewehren bewaffnete SS-Leute sind in der Nähe einer Almhütte postiert. Sie machen viel Lärm. Ich glaube, sie haben ein bisschen getrunken. In einer Entfernung von vierhundert Metern bemerken sie mich nicht und es gelingt mir, wieder den Bergkamm zu erreichen ... Am Ende eines kleinen Tales treffe ich auf einen slowenischen Bauern.[173] *Er ist überrascht, auf dem Weg zum Markt einen „Gestreiften" zu treffen. Er zeigt mir einen Bauernhof, der etwas weiter oben liegt. Ich inspiziere zuerst die Umgebung, gehe dann ins Haus hinein und bekomme einen Teller Rindsuppe. Leider können sie mir keine Zivilkleider geben, aber ich kann meine Kleider trocknen, denn sie sind durchnässt. Die Tochter des Bauern führt mich in eine kleine Scheune, die im Wald versteckt liegt, aber wir sprechen nicht dieselbe Sprache und das erleichtert nicht gerade die Ausarbeitung eines Plans. Ich lege mich tief ins Heu und schlafe lange. In der Nacht bringen sie mich in den Hof zurück. Es gibt da eine Liste der Familienmitglieder mit Hakenkreuz-Stempeln. Ein Name ist durchgestrichen: der Name eines neunzehnjährigen Jungen. Ich frage, ob er tot sei (sie sprechen Slowenisch und Deutsch).*

„Nein, nicht tot."

„Warum ist er dann von der Liste gestrichen?"

Nach einem Tag vertrauen sie mir schließlich an, dass er von den Deutschen rekrutiert und an die russische Front geschickt wurde. Nach einem Jahr bekam er seinen ersten Fronturlaub. Er blieb in Slowenien und schloss sich den Tito-Partisanen an. Er ist „Kurier", das bedeutet so viel wie Nachrichtenbote. Am dritten Tag trifft das junge Mädchen Vorbereitungen, um ihren Bruder zu treffen. Versorgt mit Vorräten, schlagen wir die Richtung zum Wald ein. Auf einer Lichtung sehe ich plötzlich, wie ein Deutscher mit einem Mauser-Gewehr auf uns zukommt. Ich sehe mich bereits wieder in den Händen der Deutschen, bis zu dem Augenblick, in dem er sein Gewehr gegen eine

---

173 Chevallier kam zu einem sehr armen Bauern, dem Witwer Jože Mali (genannt Zajmen). Dieser hatte dreizehn Kinder zu betreuen und lebte bei Sveta Ana.

Fichte lehnt und sich auf den Proviant stürzt, ohne auch nur ein Wort zu seiner Schwester zu sagen, wie ein Hund, der einen Monat lang nichts gefressen hat. Ich streiche über das Mauser-Gewehr, ich spiele mit dem Verschluss. Diese Waffe kenne ich gut, ich habe sie im savoyardischen Widerstand getragen. Ich bin wieder ein freier Mann …

Der Name des Bauernsohnes auf der Liste war Janko (Žan). Er hatte tatsächlich an der russischen Front gekämpft. Als er auf Urlaub nach Tržič kam, verboten ihm die Gendarmen, nach Hause zurückzukehren, denn sie fürchteten, er würde Verbindung zu den Partisanen aufnehmen. Zwei Wochen später musste er sich in Klagenfurt melden. Dort ergriff er die Flucht. Als er zwischen Ferlach und dem Loiblpass unterwegs war, nahm ihn die Lagerpolizei fest. Er wurde ins Gefängnis von Radovljica überstellt, dann nach Salzburg und schließlich nach Klagenfurt. Dort wurde er zu zwei Jahren Zwangsarbeit verurteilt, mit der Möglichkeit eines Straferlasses, wenn er wieder an die russische Front ginge. Er entschied sich für die Zwangsarbeit und wurde daher im Oktober 1944 nach Frankreich geschickt, wo er als alliierter Kriegsgefangener eingestuft wurde. 1945 kam er nach Italien und schloss sich der jugoslawischen Brigade an, mit der er nach Dalmatien zurückkehrte.

Anica, Pepca, aber auch Naca brachten Chevallier zu essen. Peter nahm ihm das Armband ab, das er im Lager tragen musste, und versteckte es in einer Mauer. Der Sohn Jože Mali führte Chevallier zu den Partisanen der Abteilung Kokra, die ihn weiter in die Gegend von Triest schickten, wo er zur 16. Brigade von Janko Preml (Vojko) stieß. Ende Oktober 1944 wurde er in die Abteilung der 3. Brigade von Ivan Gradnik überstellt. Am 20. November 1944 wurde er in Železniki von einer Mine verwundet und ins Partisanen-Krankenhaus »Franja« gebracht. Im März 1945 wurde er zuerst in ein Arbeitsbataillon, dann in ein russisches Bataillon, das dem 9. Armeekorps angehörte, eingegliedert. Nach der Befreiung kam er am 5. Juli nach Frankreich zurück.

Flucht von sechs Häftlingen (14. Oktober 1944)

Am 14. Oktober 1944 im Morgengrauen flüchteten sechs Häftlinge aus dem Lager auf der slowenischen Seite. Es handelte sich um fünf Franzosen und einen Slowenen.

Die Gruppe bestand aus:
1) Georges Célarié, 23 Jahre alt, Häftlingsnummer 27875
2) Fortuné Péllissier, 21 Jahre alt, Häftlingsnummer 28406

3) René Baulaz, 25 Jahre alt, Häftlingsnummer 26306
4) Maurice Arnould, 24 Jahre alt, Häftlingsnummer 27748
5) Albert Jouannic, 32 Jahre alt, Häftlingsnummer 28180
6) Alojz Čede-Iztok, 23 Jahre alt, Häftlingsnummer 77066

Die Franzosen kannten nicht einmal den Namen des jungen Jugoslawen, der mit ihnen floh, denn sie verständigten sich mit ihm nur durch Gesten.

Mein erster Briefwechsel mit diesen französischen Häftlingen geht erst auf das Jahr 1982 zurück und ich konnte vor Mai 1984 nicht mit ihnen zusammentreffen. Deshalb erscheinen ihre Erzählungen auch nicht überzeugend, obwohl der Bericht von Jouannic, der 1973 in Christian Bernadacs Buch mit dem Titel «Le Neuvième Cercle» veröffentlicht wurde, recht zutreffend ist.

Als ich am 17. September 1944 die drei Häftlinge in den Waggon einschloss, beschloss ich, ebenfalls zu fliehen. Ein paar Tage nach ihrer Flucht kontaktierten mich ein paar französische Häftlinge und fragten mich, ob ich es war, der den drei Mithäftlingen zur Flucht verholfen hatte. Einigen antwortete ich, dass nicht ich der Fluchthelfer gewesen wäre, anderen sagte ich, ich wolle mir gut überlegen, welche Kameraden am ehesten zur Flucht fähig schienen, und ich vertraute auf ihre Zuverlässigkeit und Verschwiegenheit.

Wir hatten einen Ruhetag, als ich begann, René Baulaz zu befragen. Wir waren Zimmernachbarn und er fuhr die Lokomotive mit den kleinen Waggons. Er konnte wissen, wie viele SS-Leute am Tunnelportal standen und wo sie genau positioniert waren. Baulaz brachte den Beton für die Wände und das Tunnelgewölbe. Er blieb lange beim Betonmischer außerhalb des Tunnels stehen. Er hatte Zeit, das Manövrieren der anderen Zugsgarnituren zu beobachten, die den Schutt weiter weg brachten und die wir, wenn wir Tagschicht hatten, auf dem Weg vom oder zum Lager sehr gut sehen konnten. In der Nacht blieben sie beim Tunnel stehen. Drei Wochen lang sammelte ich möglichst viele Informationen.

Draußen gab es nur zwei Gleise. Eines führte zur Schuttablage, das andere zur Betonmischmaschine, die auf der anderen Seite stand. Aus diesem Grund gab es auch Weichen und ein paar Abstellgleise für die Waggons, die gerade nicht gebraucht wurden.

Schließlich sprach ich mit Georges Célarié, mit Fortuné Péllissier und mit Arnould über den Plan. Sie waren damit einverstanden, dass uns ein junger Jugoslawe begleitete ... Die gesamte Familie dieses Jungen war von den Deut-

schen erschossen worden und er selbst war in einem Partisanen-Spital festgenommen worden, wo seine schweren Verletzungen behandelt wurden.

Wir beschlossen, in der Nacht vom 13. zum 14. Oktober 1944 zu flüchten, bevor noch zu viel Schnee fiel.

Die gelungene Flucht von Chevallier eine Woche vorher hatte uns motiviert. Der Waggon, in dem wir flüchteten, war anders gebaut als der Waggon, den Pimpaud, Huret und Pagès benutzt hatten. Er war unten abgerundet, kleiner und aus Eisen, während der andere aus Holz war. Wir legten zuerst einige Bretter bzw. Bohlen auf den Waggon. Baulaz führte die Lokomotive. Wir sind eingestiegen, Célarié, Péllissier, Arnould, der Jugoslawe und ich. Ich bin als Letzter aufgestiegen und habe den Waggon mit den Brettern abgedeckt. Aber zwischen dem oberen Wagenrand und den Brettern blieben zwei bis drei Zentimeter frei, so dass wir sehen konnten, was draußen passierte. Baulaz setzte den Zug in Bewegung.

Ein paar Meter nach dem Tunnelportal blieb der Zug zur Kontrolle stehen. Ich sehe noch sehr gut den SS-Führer „Grüne Bohne"[174] *vor mir, wie er um den Waggon herumging und die Bretter berührte. Aber er hob sie nicht auf, andernfalls wären wir verloren gewesen. Normalerweise fährt der Zug, wenn er die Kontrolle am Tunnelportal passiert hat, etwa dreißig Meter vor, passiert eine Weiche, die von einem polnischen Häftling gestellt wird, und fährt dann retour, um auf das zweite Gleis zu kommen, das zum Betonmischer führt, wo die Waggons wieder beladen werden ... Das erste Gleis hingegen führt von der Weiche direkt zum Abladeplatz am Fuß des Berges.*

Baulaz wird langsamer, als er über die Weiche fährt. Der Pole stellt die Weiche um. Statt den Retourgang einzulegen, um den Beton aufzuladen, beschleunigt er die Lokomotive. Der Pole, der nicht über den Plan informiert war, hat sicher das Gesicht verzogen.

In diesem Moment erkennen die SS-Leute, dass es sich um eine Flucht handelt. Sie beginnen von allen Seiten zu schießen. Zu allem Überfluss stehen zehn Meter weiter – Katastrophe – einige Zugsgarnituren auf den Abstellgleisen und diese Gleise sind abschüssig. Ein wahrscheinlich schlecht angekuppelter Waggon löst sich. Er rollt zuerst langsam, wird schneller, springt über eine Weiche und prallt mit voller Wucht gegen die Lokomotive von Baulaz, die entgleist. Ich stoße die Bretter weg, wir springen auf den Boden. Unmöglich, nach links zu fliehen: Der Berg ist zu steil. Unmöglich, nach rechts zu laufen: Dort stehen Gebäude und die Straße führt ins

---

174 SS-Untersturmführer Hanke (Anmerkung des Übersetzers)

Lager. Es gibt nur eine einzige Lösung: geradeaus, nach vorne, auf den Schienen.

Als unmittelbare Reaktion laufen wir im Zickzack, um den Kugeln zu entkommen. Ich glaubte, meine letzte Stunde hätte geschlagen, aber in solchen Momenten hat man keine Zeit nachzudenken, man läuft einfach.

Wir liefen also sechs- oder siebenhundert Meter. Die Kugeln pfiffen uns um die Ohren. Aber wir konnten den Berg ohne Verluste erreichen. Die Tunnelwachen schossen sofort Leuchtraketen ab, um Alarm zu geben. Wir hörten auch gleich die Motoren der Lastwagen aufheulen und die Hunde bellen. Diese Lastwagen waren voll mit SS-Leuten und Hunden. Sie fuhren auf die Passhöhe zwischen Österreich und Jugoslawien hinauf, um die Abhänge mit den Scheinwerfern abzusuchen. Wir sahen sie ein paar Meter von uns entfernt, aber da sie zu viel Angst vor Partisanen hatten, wagten sie sich nicht ins Walddickicht vor.

Als wir den Berg erreichten, hatte ich einen Schwächeanfall. Ich hatte mir einfach Anstrengungen zugemutet, die meine Kräfte überstiegen. Ich sagte daher meinen Kameraden, sie sollten weitergehen und mich hier lassen. In dieser Situation erkannte ich die wahre Bedeutung von Kameradschaft, denn Baulaz, Péllissier und der Jugoslawe hoben mich sofort auf und sagten, sie würden mich nicht zurücklassen. Einige Meter weit zogen sie mich nach. Als ich das Bellen der Hunde hörte, kam ich wieder zu Kräften.

Wir verirrten uns in der Gegend und obwohl wir den Loiblpass um zwei Uhr morgens verlassen hatten, befanden wir uns um sieben Uhr wieder in Österreich. Wir marschierten etwa bis 16 Uhr.

Von Zeit zu Zeit hörten wir die Feuerstöße von Maschinengewehren. Wir ruhten uns im Unterholz aus und diskutierten, was wir machen sollten. Wir beschlossen, in ein Bauernhaus einzudringen, um uns Nahrung zu beschaffen, denn wir hatten seit Tagesanbruch nichts mehr gegessen. Was mich betraf, so hatte ich bereits seit Wochen nicht mehr viel gegessen, denn der Gedanke an die Flucht hatte mir den Appetit genommen. Wir machten uns also von unserem Versteck aus auf und gingen auf eine Gruppe von Häusern zu, als wir plötzlich im Wald eine alte Frau sahen.

Wir versteckten uns alle bis auf den Jugoslawen, der die Frau fragte, wo er die Partisanen finden könne. Sie zeigte ihm mehrmals den Bauernhof, in den wir hatten eindringen wollen. Kurz darauf sahen wir, wie der Jugoslawe die Hände in die Höhe streckte und wir sahen einen Bewaffneten, der sein Gewehr im Anschlag hielt. Er gab uns ein Zeichen, näher zu kommen, was wir taten. Sofort waren wir von etwa zehn Partisanen umringt, von denen einer ein wenig Französisch sprach: Sein Vater war Wächter in unserem Lager!

„Österreichischer Gendarm" – sehr gut – hat niemals eine Brutalität begangen, vielleicht der Einzige im Lager.

Diese Partisanen führten uns zu ihrem Kommandoposten, wo wir zu essen bekamen und dann befragt wurden. Eine halbe Stunde später: Alarm! 200 SS-Leute waren uns auf den Fersen. Wir stiegen wieder zum Bauernhof hinunter und blieben dort ein paar Tage. Wir wurden gut verpflegt und medizinisch versorgt: Ich war nämlich am ganzen Körper mit Furunkeln und Phlegmonen bedeckt. Überall kam Eiter heraus.

Wir wollten bei diesen Partisanen bleiben, aber sie wollten uns nicht behalten, denn wir waren zu nahe am Lager.

Es gab oft Angriffe durch die SS und wir trugen nach wie vor unsere Sträflingskleider und waren kahl geschoren. So gelangten wir, stets von mehreren Partisanen begleitet, von Einheit zu Einheit, bis wir schließlich nach Jugoslawien zurückkamen.

Die Erinnerungen von Alojz Čede

Nach der Flucht der drei französischen Häftlinge im September 1944 wurde die Bewachung verstärkt und die SS-Leute kontrollierten nunmehr die Waggons mit der Eisenstange bis zum Boden. Wir wussten, dass wir nicht auf dieselbe Weise flüchten konnten wie sie. Der Lokführer hatte oft Gelegenheit, die Wachen und die Kontrolle der Waggons zu beobachten. Vor dem Tunnelportal wechselten die SS-Leute die Lokführer aus. Der Häftling wurde durch einen Zivilarbeiter ersetzt und die Lokomotive musste während dieses Wechsels auf dem Abstellgleis stehen bleiben. Der Zivilarbeiter musste sich selbst um die Weiche kümmern. In der Nacht waren die SS-Wachen weniger aufmerksam und da konnte sich die Gelegenheit zur Flucht ergeben. Am 14. Oktober kurz vor drei Uhr hingen wir einen zusätzlichen Waggon an die Lokomotive an. Wir legten uns ins Wageninnere und der Lokführer deckte uns mit Brettern und anderen Materialien ab. Kurz darauf fuhr der Zug in Richtung Tunnelportal. Es ist schwierig, unsere Gefühle zu beschreiben, als der Zug vor dem Portal anhielt. Die SS-Wache ging um den Waggon herum. Dann machte der Lokführer sein Manöver und schob die Waggons auf das Abstellgleis. All das geschah noch im überwachten Bereich. Bevor er in den Tunnel zurückfuhr, stellte er die Weiche um. Dadurch wurde die Strecke zum Abladeplatz frei. Dann fuhr er ungefähr zweihundert Meter zurück. Er blieb stehen und sagte uns ganz leise auf Französisch: „Allons-y, camarades!"[175]

---

175 Vorwärts, Kameraden!

KAPITEL VIII

Dann fuhr er mit Volldampf los. Als wir an der Wache am Portal vorbeikamen, rief diese: „Halt! Halt!"

Wir fuhren ohne Unterbrechung in Richtung Depot. Die überraschten SS-Leute schalteten die Scheinwerfer ein und begannen zu schießen. Als wir uns etwa hundertfünfzig bis zweihundert Meter entfernt hatten, stieß die Lokomotive mit Waggons zusammen, die auf den Schienen standen. Dadurch wurden wir aus dem Waggon geschleudert. Ein Franzose bekam einen schweren Schlag auf den Fuß.

Wir halfen ihm beim Aufstehen, dann ergriffen wir die Flucht und sprangen über eine Mauer nicht weit vom Schloss des Barons Born. Wir kamen auf einen Weg, der uns am Waldrand entlang hin zur Korošica führte. Von dort aus begannen wir zu klettern und wollten so rasch wie möglich die Passage zwischen Baba und Loibl erreichen. Wir trennten uns, aber wir verfolgten dasselbe Ziel.

Im Lager wurde Alarm gegeben und die Lastwagen fuhren die Loiblstraße hinauf. Wir erwarteten, dass sie ihre Suche auf die Straße konzentrierten, denn in den umliegenden Bergen gab es Partisanen.

Wir kletterten die steile Südost-Seite des Loibls hinauf, die nur schwer zugänglich war.

Gegen sieben Uhr morgens trafen wir wieder zusammen. Wir gingen dann den ganzen Tag auf der Kärntner Seite am Fuß der Koschuta entlang und konnten dadurch den SS-Patrouillen mit ihren Hunden entkommen. Wir waren müde und hungrig. Alles um uns herum war ruhig. Wir stiegen ins Tal hinunter, um etwas zum Essen zu finden. Wir sahen ein Haus und marschierten geradewegs darauf zu. Nicht weit vom Haus trafen wir auf eine Kärntnerin. Ich ging zu ihr und sie fragte mich:

„Wo wollt ihr hin?"

Ich antwortete: „Wir sind geflüchtet und sind auf der Suche nach den Partisanen."

Sie zeigte auf das Haus, in das wir hineingehen wollten, und sagte:

„Geht dort hinunter! Da sind die Partisanen!"

Im selben Moment hörte ich:

„Hände hoch! Ihr seid umzingelt! Die mit euch sprechen, sind Partisanen! Wer seid ihr und was führt euch her?"

Ich antwortete: „Freunde, ihr werdet mir nicht glauben, aber auch ich bin Partisan! Wir sind vom Lager geflüchtet!"

Aus dem Wald kamen weitere Partisanen heraus, die meisten von ihnen aus Gorenjska. Sie waren froh, denn einige hatten unsere Flucht beobachtet und waren bereit, uns zu helfen, wenn uns die SS-Leute gefangen hätten. Sie brachten uns in ein Haus, wo sich ihre Leitung befand. Dort gaben sie uns zu essen, dann wurden wir befragt. Ich bat sie, mich nach Štajerska in die 4. Kampfzone mitzunehmen. Am Abend des nächsten Tages trennte ich mich von meinen französischen Kameraden, zog Zivilkleider an, aber die Holzpantoffeln behielt ich, dann führte mich ein Partisanenkurier in das obere Savinja-Tal, und wir erreichten in Radmirje das Ortskommando. Die Franzosen blieben noch eine Zeit lang bei den Partisanen, dann gingen sie mit einem Kurier nach Štajerska. Ich habe sie in Radmirje besucht und mit den Partisanen gesprochen. So wurden sie dann durch Štajerska bis nach Dolenjska[176] *gebracht.*

Georges Célarié beschrieb die Vorbereitungen zur Flucht auf folgende Weise:

Maurice und ich hatten unsere Flucht bereits einige Monate vorher geplant. Wir beschlossen, mit einer Lokomotive und einem Waggon zu fliehen, mit dem Einverständnis von René Baulaz, der eine der Lokomotiven fuhr. Baulaz war damit einverstanden, aber er bat uns, auch seinen Freund Jouannic mitzunehmen. Da wir unbedingt einen Jugoslawen brauchten für den Fall, dass wir auf Partisanen treffen würden, sprach ich mit Alojz Čede, der sofort bei der Sache war. Mit mir waren wir nun sechs. Das war die größte Flucht, die je aus dem Lager stattgefunden hatte.

Bevor wir uns auf den Weg machten, ging ich noch ins Krankenrevier zu Maurice Jacques, um mit ihm eine letzte Zigarette zu rauchen. Das missfiel dem polnischen Arzt Josef, der sich gerade im Zimmer befand, und er fuhr mich an.

Ich mochte Maurice sehr und sagte zu ihm:

„Maurice, ich gehe heute Nacht weg."

Mit Tränen in den Augen drückte er meine Hand und sagte: „Viel Glück!"

Ich sagte es auch Peter, dem Schreiber von Baracke Nr. 5:

„Peter, wenn du Schüsse hörst, dann musst du wissen, die gelten uns!"

Er antwortete: „Ihr seid verrückt!"

Beide waren also darüber informiert, dass um zwei Uhr nachts wegen uns Alarm gegeben würde. Sie waren mit ganzem Herzen mit uns und wünschten uns gutes Gelingen. Wir flüchteten mit leeren Taschen und niemand außer diesen beiden kannte unsere Pläne. Wir hatten alles selbst vorbereitet.

Vor Mitternacht stellte Baulaz einen Holzwaggon ab, der allerdings nicht für die Flucht geeignet war. Ich sagte ihm, er solle einen alten Stahlwaggon

---

176 Gebiet südlich von Ljubljana

KAPITEL VIII

holen und erklärte ihm, dass wir den Waggon mit Brettern abdecken würden. Um Mitternacht war alles bereit und nun nahm das Drama seinen Lauf. Ich hatte Louis Lorenzini nichts von unserer Flucht gesagt. Es war schwer, ohne ihn aufzubrechen, aber ich hatte mir gesagt, dass er angesichts seines körperlichen Zustands nicht über die nötige Kaltblütigkeit verfügte und unserem Unternehmen daher schaden könnte. Ich muss sagen, dass ich ihn falsch eingeschätzt hatte. Als Péllissier sich anschickte, in den Waggon zu klettern, da zögerte er (Péllissier) plötzlich und sagte:

„Ich komme nicht mit! Ich lasse meinen Freund Offredi nicht allein zurück!"

Ich blieb eine Sekunde lang überrascht stehen, dann sagte ich mir: Louis! Louis wird seinen Platz einnehmen!

Ich lief, um ihn zu finden, denn er arbeitete in einiger Entfernung mit dem Presslufthammer. Da besann sich Péllissier anders und beschloss, trotz allem mit uns die Flucht zu versuchen.

Es tat mir leid für meinen Freund Lorenzini und ich konnte lange Zeit keinen Trost finden. Ich fürchtete, dass sich Max, der Stubenälteste, und alle die anderen über ihn lustig machen und ihm sagen würden:

„Deine Freunde sind abgehauen und dich haben sie hier gelassen!"

Aber Louis ist mein Freund geblieben. Nach dem Krieg war er der Erste, der mich in Maxéville besuchte, und zwar ganz ohne Bitterkeit.

Célarié über Lorenzini:

Die französische Polizei nahm ihn 1942 fest. Er hatte Glück, dass er nicht erschossen wurde. Bei seiner Festnahme hatte er einen Sack voller antinazistischer Schriften bei sich, die er unter die Eingangstüren der Leute schob. Er versteckte auch Sprengstoff, der zur Zerstörung eines wichtigen Ziels dienen sollte.

Er war ein Jahr lang in Briey eingesperrt, dann wurde er nach Nancy und Ecrouves und später nach Compiègne überstellt. Dort haben wir uns im März 1943 kennengelernt. Er war ein bemerkenswerter Mensch. Auf Grund seiner Augenfarbe wurde er «le Vosgien bleu» (der blaue Vogese) genannt.

Wir waren immer zusammen, außer in Mauthausen, wo wir nicht in derselben Baracke untergebracht waren. Maurice Arnould und ich waren dem ersten Transport, genannt „X", zugeteilt, der uns in Richtung Tržič führen sollte. Als sie die Häftlinge in Mauthausen auf dem Appellplatz aussuchten, war ich nicht mit dabei. Aber als ich Maurice und Louis unter den Ausgewählten sah, da konnte ich nicht bleiben, wo ich war. Ich trat aus der Reihe heraus, splitternackt, und wandte mich an den Kommandanten Ziereis, der die Selektion durchgeführt hatte. Einen Moment lang fürchtete ich, er würde seine Waffe ziehen und mich vor den anderen Häftlingen erschießen. Ich sagte ihm in meinem schlechten Deutsch:

„Mein Bruder geht weg. Ich möchte mit ihm kommen."

Ich verstand, dass er mich fragte, ob ich Sport betrieben hätte. Ich sagte ja und ohne auf seine Antwort zu warten sprang ich auf die andere Seite des Platzes, wo dreihundert für die Abfahrt ausgewählte Häftlinge standen.

Ich war wieder bei Maurice und Louis. Von da an machten wir alles zusammen, bis zur Flucht. Wir teilten alles im Lager ...

Baulaz beschreibt ihre Flucht und ihre Begegnung mit den Partisanen folgendermaßen:

In Begleitung der Partisanen marschierten wir vor allem nachts. Ich erinnere mich nicht mehr an die Namen der Ortschaften und Städte, durch die wir kamen. Am 31. Dezember 1944 stiegen wir bei Zadar auf ein englisches Kriegsschiff, das uns nach Bari in Italien brachte. Dort kamen wir in Quarantäne und von Neapel aus wurden wir dann nach Marseille gebracht. Am 25. Februar 1945 kam ich nach Hause ...

Und er schließt:

Seit meiner Flucht bin ich nie wieder an den Loibl zurückgekehrt. Am härtesten war für uns der Moment, als unser Freund Čede uns verließ, also zwölf Stunden nach der Flucht. Er war der Erste, der mit den Partisanen gesprochen hatte und wir haben uns seit unserer Trennung nicht mehr gesehen.

Die Häftlinge gingen auf der Kärntner Seite in Richtung Osten, im nördlichen Bereich der Koschuta am Waldrand entlang, nicht weit von den Häusern der Familien Hanjž und Hornik. Die Partisanenpatrouille, die sie anhielt, führte sie in das Haus, wo sich die Leitung des 1. Bataillons Westkärntens befand. Ein wenig später erfuhren sie, dass die Deutschen im Anmarsch waren. Sie mussten sich rasch in Richtung Hornik in den Wald zurückziehen, aber sie kamen bald wieder.

In der Nacht schliefen sie in einem Stall im Heu. Čede verließ sie noch in derselben Nacht. Die anderen gingen am Fuß der Karawanken in Richtung Eisenkappel. Sie kamen an eine Waldlichtung, wo sie auf viele singende Partisanen trafen. Sie schliefen unter freiem Himmel und schützten sich unter einem Felsen gegen die Kälte. Am nächsten Tag führte sie ein junger Partisanenkurier ein bisschen weiter in den Wald hinein, an einen Ort, wo noch Schnee lag. Er sagte ihnen, sie sollten dort warten. Sie warteten den ganzen Tag und dachten bereits, dass sie niemand mehr abholen würde. Mit Fichtenzweigen begannen sie sich ein

Nachtlager zu bauen. Aber in der Nacht kam ein Partisan, um sie nach Štajerska zu führen. Sie kamen nach Solčava, wo sie eine alliierte Militärmission erwartete. Sie wurden zu den Häftlingen, zum Lager und zur Wehrmacht befragt. Auf Grund einer deutschen Offensive mussten sie Solčava schnell wieder verlassen. Sie sahen Čede in Radmirje wieder, aber dann folgten sie einem anderen Kurier in Richtung Dolenjska. Sie kamen nach Črnomelj, Predgrad, Stari trg, überquerten dann den Hügel Plješevica und gingen bis Zadar.[177] Dort kamen sie am Silvesterabend an und bestiegen ein englisches Kriegsschiff, das sie nach Bari brachte. In Italien wurden sie zwei Monate lang auf verschiedene Lager aufgeteilt und dann weiter nach Frankreich geschickt.

Nach der Flucht gab es im Lager keine großen Repressalien. Die SS-Leute verhörten die Häftlinge, die mit den Flüchtigen am meisten Kontakt gehabt hatten. Sie mussten fast den ganzen Tag auf dem Appellplatz stehen. Manche wurden natürlich geschlagen und die Zigarettenrationen wurden eine Woche lang gestrichen.

Nach langen Nachforschungen haben Georges Huret und ich René Baulaz wiedergefunden. Dieser beschrieb mir 1984 in einem Brief seine Flucht auf folgende Weise:

Die Dinge konnten auch dank des Zivilarbeiters Franc Bertoncelj passieren, der als Dreher in der Werkstatt arbeitete. Als er krank wurde, suchten sie einen Ersatzmann für ihn und ich meldete mich sofort. Ich arbeitete zwei Monate lang in dieser Werkstatt. Als Franc zur Arbeit zurückkehrte, wurde ich als Lokomotivführer eingesetzt ...

Vierzig Jahre nach ihrer Flucht gingen Čede, Célarié, Arnould sowie Aubert, der später flüchtete, Jože Oraže[178] aus Mitterwinkel und ich zum Bauernhof »Pri Hanjžu«, wo die Flüchtigen aller Wahrscheinlichkeit nach auf die Partisanen gestoßen waren.

Wir fanden das Haus in gutem Zustand, auch wenn es seit 1951 verlassen war. Während des Krieges wohnten dort Ludvik Užnik und seine Schwester Mojca und deren etwa dreißig Jahre alte uneheliche Tochter, die damals ebenfalls Mojca genannt wurde. Užnik hatte einen Pachtvertrag mit dem Besitzer Voigt. Es war Mojca, die die geflüchteten Häftlinge traf und ihnen den Weg zu den Partisanen wies.

---

177 Große Stadt an der dalmatinischen Küste
178 Während des Krieges war er Partisanenkurier

Flucht eines italienischen Häftlings (21. Oktober 1944)

Die Lagerleitung informierte den 1. Schutzhaftlagerführer des Konzentrationslagers Mauthausen, den SS-Hauptsturmführer Bachmayer, von der Flucht der Häftlinge. Aus einem Schreiben vom 7. November 1944 geht hervor, dass außer den sechs Häftlingen auch ein italienischer Häftling geflohen war, Gino Da-Gas, geboren am 30. September 1923 in Belluno, Häftlingsnummer 57561, und zwar am 21. Oktober.

Seiner Häftlingsnummer nach zu schließen wurde er zwischen 11. und 20. März nach Mauthausen deportiert, kam mit dem Transport vom 6. Mai an den Loibl und wurde ins Nordlager geschickt.

Anderen Informationen zufolge, die von der italienischen Widerstandsorganisation kommen, wurde Da-Gas in Venedig geboren. In den letzten Kriegstagen gehörte er zur 20. Brigade, «Fratelli Fontanot». Wir können daraus schließen, dass ihm die Flucht gelungen ist und dass er Zuflucht bei den Partisanen gefunden hat. Weitere Informationen konnte ich über ihn nicht bekommen.

Flucht von vier französischen Häftlingen (23. November 1944)

Vier französische Häftlinge, die am Loibl als Elektriker arbeiteten, bereiteten ihre Flucht lange vor, aber sie mussten monatelang auf die ideale Gelegenheit warten. Sie planten unter anderem, den Stromkreis zu unterbrechen und dann die Flucht zu ergreifen. Am 21. November 1944 fiel viel Schnee. Die Straße war schneebedeckt, die Hochspannungsleitung war unterbrochen, ebenso die Telefonleitung, die über den Loiblpass verlegt war. Weil es auch im Tunnel eine Telefonleitung gab, überzeugten die Häftlinge den deutschen Baustellenleiter davon, dass sie das Kabel über den Loiblpass einziehen müssten, andernfalls würde das teure Material verloren sein. Der Deutsche nahm ihren Vorschlag an, ohne Verdacht zu schöpfen, und so machten sie sich am Nachmittag des 22. November in Begleitung von zwei SS-Leuten auf, das Kabel auf der slowenischen Seite einzurollen. Sie hatten geplant, die Wachen anzugreifen und zu flüchten, aber das war unmöglich, denn auf der slowenischen Seite war die Schneise, durch die die Leitung verlief, weithin sichtbar.

Am Donnerstag, dem 23. November, rollten sie die Leitung auf der Kärntner Seite ein, allerdings zu nahe am Lager. Zu Mittag waren sie er-

KAPITEL VIII

Abb. 35: Eine heimliche Aufnahme der französischen Häftlinge André Moreau, Jacques Noury, André Ménard und Camille Becquer (v.r.n.l.) im Maschinenhaus des KZ Loibl Süd: Das Foto machte Max Spitzer am 23. November 1943, alle außer Noury konnten noch am selben Tag fliehen.

schöpft von ihrem Marsch durch den Schnee und schlugen dem Baustellenleiter vor, sich um das letzte Stück der Leitung erst am nächsten Tag zu kümmern. Der Deutsche akzeptierte ihren Vorschlag. Aber nervös geworden durch die Tatsache, dass ihr Plan nicht funktioniert hatte, beschlossen sie, noch am selben Nachmittag die Flucht zu versuchen.

Es handelte sich um die Häftlinge:
1) Marcel Aubert, Häftlingsnummer 27749
2) André Moreau, Häftlingsnummer 28355
3) Camille Becquer, Häftlingsnummer 27783
4) André Ménard, Häftlingsnummer 28332.

Sie verließen das Nordlager um 13 Uhr. Begleitet waren sie von zwei SS-Leuten, die mit Mauser-Gewehren und Bajonetten bewaffnet waren. Der eine war der SS-Sturmmann Emil Gross, ein Sudetendeutscher, der andere ein junger Deutscher aus Kroatien. Als sie auf die Passhöhe kamen, unterhielten sie sich freundschaftlich mit den Gendarmen, die dort

Abb. 36: SS-Wache auf der österreichischen Seite.

Wache standen, dann marschierten sie hintereinander ein paar hundert Meter oberhalb des Platzes, wo sie das Kabel abmontieren sollten.

Gross marschierte an der Spitze des Zuges, dann folgten die Häftlinge und der junge Deutsche ging am Ende. Als sie zu einem der Masten kamen, begann Becquer mit dem Anlegen der Steigeisen, um hinaufklettern zu können. Der junge Deutsche ging zum anderen Mast, stolperte plötzlich und rutschte den Abhang hinunter. Becquer drehte sich um und benutzte die Gelegenheit, um Gross mit den Steigeisen auf den Kopf zu schlagen; dabei versuchte er, ihm das Gewehr abzunehmen. Moreau kam ihm sofort zu Hilfe. Als Aubert das sah, stürzte er sich auf den jungen Deutschen und hielt seinen Kopf unter der Achsel fest. Es gelang Gross, eine Gewehrsalve abzufeuern, um Alarm zu geben, dann ergab er sich. Er riet ihnen, von ihrem Vorhaben abzulassen, denn er hätte bereits Alarm gegeben und er versprach, nichts von dem Vorfall zu berichten.

Im selben Moment kam Ménard Aubert zu Hilfe, denn der Kampf mit dem jungen Deutschen erwies sich als schwierig. Der SS-Mann war jung und stark, während die beiden entkräftet waren. Sie wären nur schwer mit ihm fertig geworden, wäre nicht Moreau mit dem Bajonett eingeschritten, das er Gross abgenommen hatte. Sie schlugen den Deutschen nieder, nahmen ihm seine Waffe ab und machten sich auf den Weg.

Sie fürchteten, dass ihnen die Wachen von der Passhöhe her folgen könnten. Sie gingen nach Westen, in Richtung Selenitza. Die Waffen trugen sie abwechselnd, denn sie waren sehr schwer. Bald wurde ihre Flucht durch eine Lawine unterbrochen. Einer von ihnen fiel hin, kam ins Rutschen und verlor sich in der Schneelandschaft. Die drei anderen suchten verzweifelt nach einer Passage, über die sie die Lawine überqueren konnten. Ohne es zu wollen, trennten sie sich und fanden erst eine halbe Stunde später wieder zusammen. Sie nahmen den Weg in Richtung Westen wieder auf.

Der Gendarm Suhadolnik erzählte, dass eine der Wachen tot und die andere verletzt gewesen wäre und dass sie die Uniform der toten Wache mitgenommen hätten, was aber nicht stimmt. Laut Moreau waren beide Wachen am Leben, als sie die Flucht ergriffen. Der SS-Mann, den sie auf den Kopf geschlagen hatten, kam ins Lager zurück und informierte das Lagerkommando von dem Vorfall. Der Kommandant sammelte sofort Freiwillige, um mit der Suche zu beginnen. Fünf von diesen gingen sofort zu den Baumstämmen, die als Brücke über der Schlucht lagen, denn sie dachten, die Flüchtigen müssten diese Stelle überqueren. Nach zwei Stunden kamen sie erfolglos zurück. In der Zwischenzeit wurde Gross gefunden und ins Lager gebracht. Er war immer noch ohne Bewusstsein.

Auch der SS-Mann Slapar bestätigte, dass die Wachen ohne Waffen ins Lager gekommen seien. Einer von ihnen hätte einen Schlag auf Kopf und Nase bekommen.

Im Krankenrevier legte ihm Dr. Ramsauer einen Verband an. In SS-Kreisen hieß es, die Wachen hätten sich auf Grund eines toten Winkels gegenseitig nicht sehen können. Natürlich war das die Version der SS-Leute.

Nach der Flucht der Häftlinge kam der junge SS-Mann wieder zu sich und schlug mit blutigem Gesicht den Weg in Richtung Kärnten ein, um auf die Hauptstraße zu gelangen. Louis Breton erinnert sich gut an das blutverschmierte Gesicht des SS-Mannes. Auf der Zufahrtsstraße nahm dieser eine Schaufel und wollte die Häftlinge aus Rache verfolgen. Diese wiederum suchten ihr Heil in der Flucht und entfernten sich vom bewachten Platz.

Die Häftlinge, die auf der Nordseite arbeiteten, wurden sehr bald von der Flucht unterrichtet, insbesondere die Deportierten an der Betonmischmaschine. Die SS-Leute brachten die Wache mit verbundenem Kopf durch den Tunnel. Er hatte in der Hand einen großen Stock und schlug am Tunnelportal auf alle Häftlinge ein, die für ihn erreichbar waren.

Er schlug Franc Bešter, die Brüder Homan, während Alija Šahinović, der an der Mischmaschine arbeitete, den Schlägen entgehen konnte.

Gross wurde zwei Tage später von Ramsauer ins Krankenhaus Golnik geschickt und blieb dort bis zum 6. Dezember.

Als die anderen Häftlinge ins Nordlager zurückkamen, wurden sie bestraft. Sie mussten auf dem Boden kriechen, ohne Widerrede Schläge einstecken, zu viert Froschsprünge machen. Diese Bestrafung dauerte etwa zwei Stunden. Nur wenige Häftlinge waren auf die Flüchtigen böse, die anderen freuten sich über die gelungene Flucht.

Nach dem Krieg haben Marcel Aubert, der Österreicher Josef Zausnig (Autor des Buches „Der Tunnel") und ich die Bäuerin Ljudmila Poschinger wiederholt aufgesucht und zu den Ereignissen, die mit dieser Flucht in Zusammenhang stehen, befragt:

Ljudmila Poschinger erinnert sich:[179]

Im Herbst 1944, als die Berge schon schneebedeckt waren, kamen vier Häftlinge zu uns. Gegen elf Uhr nachts klopften sie an mein Fenster, dann an meine Tür. Ich dachte, sie wären Partisanen. Da ich in der Mansarde schlief, stieg ich hinunter und fragte auf Slowenisch:

„Was wollt ihr? Wen sucht ihr?"

Einer von ihnen antwortete mir in deutscher Sprache:

„Etwas zu essen, Brot."

Ich habe sie sofort erkannt. Ich wusste, sie kommen vom Lager. Sie trugen blaugestreifte Anzüge mit Nummern. Sie baten unaufhörlich um Brot. Ich hatte Angst, meine Tür zu öffnen, aber ich öffnete das Fenster. Dann ging ich in die Speisekammer und gab ihnen durch das Gitter Brot. Sie verschwanden in der Nacht. Ich war allein am Hof, denn mein Mann war in der Wehrmacht.

Am nächsten Morgen ging ich in den Stall, um Heu zu holen. Da bemerkte ich, dass jemand im Raum eingeheizt hatte. Als ich zum Heustadel hinaufstieg, sah ich sie. Sie lagen ganz hinten unter dem Dach. Ich nahm das Heu und brachte es den Tieren, dann kam ich zurück und fragte sie:

„Was wollt ihr eigentlich?"

Einer von ihnen, der Deutsch sprach, antwortete mir:

„Essen und Partisanen finden!"

Aber ich wusste nicht genau, wo sich die Partisanen aufhielten und wie ich sie finden könnte. Die Häftlinge blieben noch zwei Tage und ich fragte mich, was ich tun sollte. Ich dachte, es wäre am besten, nach Zell-Pfarre zu gehen und mit jemandem zu reden. So ging ich mit meiner Tochter Erika zu Fuß

---

179 Vergleiche dazu auch das Interview in Zausnig, Josef: Der Loibl-Tunnel. Das vergessene KZ an der Südgrenze Österreichs. Klagenfurt 1995, Seite 126–127

im Schnee in Richtung Oslica-Kamm, wo ich Friedl Tomk traf, der uns allerdings nicht sofort erkannte und fragte:
"Was macht ihr?"
Ich sagte ihm, dass die geflüchteten Häftlinge in meinem Stall wären, dass sie mit Partisanen zusammentreffen wollten, und bat ihn, mir irgendwie zu helfen. Die Partisanen müssten sie mitnehmen, denn sie könnten nicht bei mir bleiben. Er versprach, etwas zu tun, und wir kehrten zurück.

Auch mein Nachbar wusste, dass sich die Häftlinge bei mir aufhielten. Er sagte mir, wir müssten sie ins Lager zurückbringen, andernfalls würde er selbst die Anzeige machen, damit sie abgeholt werden. Ich antwortete, dass das für mich überhaupt nicht in Frage käme, dass wir diese armen Leute nicht verraten würden.

Er akzeptierte meine Entscheidung und redete mit niemandem darüber.

Die SS-Leute suchten die Flüchtigen nicht bei uns. Ich glaube, sie hatten Angst zu kommen, denn die Häftlinge hatten bei ihrer Flucht Waffen mitgenommen. Ich habe sehr vorsichtig gehandelt: Ich brachte ihnen das Essen so gut versteckt, dass man glauben konnte, ich ginge die Schweine füttern.

Die Häftlinge blieben zwei Tage und eine Nacht bei uns versteckt, bis sie der slowenische Partisan Tine Mulej am Morgen des dritten Tages, noch in der Dunkelheit, mitnahm. Sie gingen die Straße in Richtung Oslica hinunter, um sich den Partisanen anzuschließen.

Der weitere Weg

In seiner Erzählung berichtet Aubert, dass sie zwei Tage lang versteckt waren, bis sie der Partisanenkurier Tine Mulej abholen kam. Der Bote musste sie bald wieder verlassen und gab ihnen den Weg an, den sie einschlagen sollten: in Richtung Osten. Im Loibltal trafen sie die Kuriere Franci und Jože Mak, die sie zum Hof von Jože Mak in Oberwinkel führten. Dort kamen sie in Verbindung mit dem 1. Kärntner Bataillon. Sie wurden dann auf Kurierpfaden in die Gegend von Savinja gebracht.

Am 5. Dezember kamen sie nach Luče, dann nach Ljubno und von dort nach Gornji Grad. Nach zahlreichen Etappen erreichten sie am 21. Dezember die Stadt Črnomelj in der befreiten Zone. Sie waren nur noch zu dritt, denn Ménard war nicht reisefähig und musste bei der Partisaneneinheit bleiben.

Zu Jahresbeginn versuchten sie, nach Kroatien zu kommen, aber auf Grund der deutschen Offensive mussten sie in Predgrad und Stari trg bleiben.

Sie kamen am 1. Februar 1945 nach Delnice und kehrten dann auf die slowenische Seite an den Fluss Kolpa zurück. Schließlich kamen sie am 11. Februar nach Glina und nahmen Kontakt mit der englischen Kriegsmission in Topusko auf, ebenso mit amerikanischen Piloten, die von den Partisanen gerettet worden waren.

In der Nähe von Glina kamen sie in einen Angriff der Ustascha[180], erreichten am 9. April Zadar, kamen auf dem Seeweg nach Šibenik und von dort mit dem Zug nach Split.

Am 18. April kamen sie nach einem Zwischenaufenthalt auf der Insel Vis mit dem Schiff nach Bari. Sie folgten damit den Spuren der fünf französischen Häftlinge, die vor ihnen geflüchtet waren. Sie fanden ihre Namen und den Tag ihres Aufenthalts auf den Mauern der Orte, durch die die Flüchtigen gekommen waren.

Das Schicksal von Ménard

Marcel Aubert schrieb am 10. Dezember 1944, dass Ménard zu erschöpft war, um der Gruppe zu folgen, und daher bei den Partisanen bleiben musste. Dort waren seine Kenntnisse, die er als Funktechniker besaß, von großem Nutzen.

In seinem Buch «Le Neuvième Cercle» weist Georges Huret eine solche Erklärung zurück und interpretiert das Zurücklassen von Ménard als eine Flucht vor der Verantwortung, denn sie hätten ihren Fluchtgefährten in einer verzweifelten Lage gelassen.

Huret erzählt auch, dass ihm bei seiner Ankunft in Črnomelj ein Partisanenkurier mitteilte, Ménard befände sich in einem Ort, der nur vier Kilometer entfernt läge. Georges Huret suchte ihn die ganze Nacht, fand ihn schließlich in einer Ortschaft und brachte ihn in ein Gebäude im Partisanenlager, das als Quarantäneraum diente. Sie verließen diesen Ort am 17. Jänner, aber sie mussten Ménard in dem Gebäude zurücklassen, weil er nicht mehr in der Lage war, mit ihnen zu kommen.

Laut dem Bericht von Huret starb Ménard – oder er wurde getötet – zwischen dem 17. und dem 21. Jänner 1945. Seine Behauptungen werden durch die Zeugenaussage des Tschechen Theodor Maly beim Prozess von Brno in der Tschechoslowakei bestätigt:

Der Häftling war erschöpft und konnte nicht weiterfliehen. Er blieb in einem Ort ein paar Kilometer von Črnomelj. Nach drei Tagen mussten wir

---

180 Deutschfreundliche kroatische Organisation

Črnomelj verlassen, aber der kleine Franzose konnte nicht mit uns kommen. Wir haben ihn niemals wieder gesehen.

Nach dem Krieg gab sich die Schwester von Ménard, Berthe, viel Mühe, die Wahrheit zu erfahren und das Grab ihres Bruders zu finden. Sie korrespondierte mit zahlreichen Häftlingen und vom Loibl Geflüchteten, Moreau, Becquer, Noury, Ragot, Huret und anderen, aber auch mit dem Polier Max Spitzer und dem Elsässer Moihange Guldner, der zu den Partisanen gestoßen war. Auch er war in der Gegend um Črnomelj, aber auch in Karlovac und Rijeka unterwegs gewesen. Berthe fand keine weiteren Nachrichten über ihren Bruder, auch sein Grab fand sie nicht. Die Grausamkeit der damaligen Zeit hatte seine Spuren ausgelöscht.

Flucht des Slowenen Odar und des Polen Turunski (1. Dezember 1944)

Alojz Odar wurde am 10. Juni 1926 in Stara Fužina bei Bohinj (Slowenien) geboren. Er wurde im August 1943 in die Wehrmacht eingezogen. Aber am Tag nach seiner Rekrutierung sprang er über die Kasernenmauer in Kranj und desertierte. Er nahm den Zug nach Lesce, um nach Bohinj zu kommen.

In Polje brachten ihn Jaka Zalokar und Klemen Rabič in Kontakt mit den Partisanen von Gorenjska. Für seinen Mut bekam er die Erlaubnis, nach Hause zurückzukehren. Aber nicht weit von seinem Haus nahmen ihn die Deutschen fest und brachten ihn erst nach Bohinjska Bistrica und dann zur Gestapo nach Radovljica. Nach zahlreichen Verhören wurde er am 9. Mai ins Gefängnis von Begunje gesperrt und am 27. Juni mit 63 weiteren Partisanen nach Mauthausen geschickt. Er war unter dem Namen „der Bandit" bekannt und hatte die Häftlingsnummer 77089. Er kam mit dem Transport vom 12. Juli 1944 an den Loibl. Mit diesem Transport kamen vor allem Polen und 42 Jugoslawen, die meisten von ihnen waren Slowenen.

Als der Transport ins Lager kam, wurden die Jugoslawen in zwei Gruppen geteilt. Die eine Hälfte wurde nach Kärnten geschickt, die andere – dazu gehörte Odar – blieb auf der slowenischen Seite. Odar wurde in der Baracke Nr. 4 untergebracht.

Er arbeitete im Tunnel und erkrankte auf Grund der ständigen Feuchtigkeit und des Luftzuges an Lungenentzündung. Er blieb vierzehn Tage im Krankenrevier und wurde dann in Baracke Nr. 5 geschickt, wo sich die Mithäftlinge, da er noch sehr jung war, um ihn kümmerten. Er nahm die Arbeit wieder auf, aber er war geschwächt und war daher für den Rücktransport nach Mauthausen bestimmt. Zum Glück schneite es zu dieser Zeit und die SS-Leute schickten ihn mit anderen Häftlingen zum Schneeschaufeln auf die Passhöhe.

Odar befand sich in einem Kommando mit acht Franzosen und dem Polen Turunski. Der Pole hatte sich geweigert, die Schuhe des Stubenältesten von Baracke Nr. 5 zu reparieren, und dieser hatte sich bei Max Stilp über ihn beschwert. Stilp hatte den polnischen Häftling geschlagen und dann als Strafe auf 1367 Höhenmeter zum Schneeschaufeln abkommandiert. Die Häftlinge wurden nur von zwei SS-Unteroffizieren bewacht. Sie arbeiteten fast die ganze Woche auf der Straße. Odar überlegte, wie er flüchten könnte, und dachte zuerst daran, mit seiner Schaufel einen SS-Mann niederzuschlagen und dann die Partisanen zu erreichen. Aber die Gelegenheit bot sich nicht.

Entsprechend den Anweisungen waren die SS-Leute wachsam und hielten sich stets in einer gewissen Entfernung von den Häftlingen auf. Außerdem waren sie mit Maschinenpistolen bewaffnet und hätten bei der geringsten Bewegung geschossen.

Am 30. November vertraute Odar dem Polen Štefan Turunski an, dass er flüchten wolle, denn es schien ihm, dass nicht alle eine so gute Gelegenheit vorfänden wie er.

Odar erzählte auch dem Straßenwärter Ivan Bergant von seinem Plan. Dieser riet ihm davon ab, denn der Schnee sei zu hoch.

Am 1. Dezember gab Odar sein Brot seinem Lagergefährten Franc Bešter und sagte ihm, die Entscheidung wäre getroffen. Bis Mittag bot sich keine Gelegenheit zur Flucht, dann stieg das Kommando mit den beiden SS-Leuten und Bergant auf die Loibl-Passhöhe hinauf, um die Räumarbeiten auf der Straße abzuschließen. Als sie knapp unter der Passhöhe waren, entschied sich Odar. An der Spitze des Zuges marschierte der SS-Mann Hanke („Grüne Bohne"), am Ende der SS-Mann Augustin. Odar und Turunski gingen hinter der ersten Wache.

Auf dem Weg diskutierten sie darüber, wer als Erster flüchten sollte. Sie einigten sich auf den Polen. Bei der vorletzten Kurve vor der Passhöhe sagte Odar dem Polen, sich bereitzuhalten.

Die Wachen waren ein wenig unachtsam. Odar und Turunski sprangen über eine Mauer an der Straßenseite. Der Franzose Barbier hätte ihnen folgen sollen, aber das Risiko war ihm zu groß.

KAPITEL VIII

Knapp fünfzehn Meter unterhalb der Straße wurde der Abhang sehr steil. Hier bekam der Pole Angst und sagte, er würde nicht weitergehen.

Links über den Berg ging es nicht weiter. Odar rief ihm zu, er solle ihm nach rechts folgen, verschwand im Fichtenwald und glitt talwärts in Richtung Korošica.

Unter den Häftlingen, die die Szene mitverfolgten, entstand Unruhe. Der SS-Mann Hanke bemerkte recht bald, dass etwas Ungewöhnliches vor sich ging, und stellte fest, dass zwei Mann fehlten.

Der französische Kapo André Perroncel rief:

„Zwei Mann weg!"

Der SS-Mann befahl den Häftlingen, sich mit verschränkten Händen auf den Bauch zu legen. Er sah den Polen, der zögerte, welchen Weg er einschlagen sollte, und schoss ihm einige Kugeln nach, die ihn im Bauch trafen. Er befahl dem SS-Mann Augustin, sich auf die Suche nach dem anderen Flüchtling zu machen.

Aber als dieser an den Waldrand kam, wagte er es nicht, im steil abschüssigen Gelände weiterzugehen. Man hörte noch einen Schuss.

Der Pole war noch am Leben und flehte den SS-Mann an, ihn nicht zu töten. Nach den Schüssen musste Bergant dem SS-Mann Augustin auf die Straße zurückhelfen. Er sagte ihm, der zweite Flüchtling sei sicher verletzt, denn er hätte im Schnee Blutspuren gefunden, was nicht stimmte.

Der SS-Mann Hanke gab noch einen weiteren Schuss ab, um Alarm zu geben, dann ging er zur Gendarmerie auf dem Loiblpass, um im Lager anzurufen. Nach einer guten Viertelstunde kamen in einem gepanzerten Auto fünf SS-Leute, unter ihnen war auch der Kommandant des Nordlagers, Gruschwitz. Er schrie die zwei SS-Wachen an, sie hätten sämtliche anderen Häftlinge niederschießen und sich auf die Suche nach den Flüchtigen machen müssen.

Nach einem Lokalaugenschein brachten sie die Häftlinge ins Lager und ließen den angeschossenen Polen unter den Fichten liegen. Kommandant Winkler befahl, die Verfolgung von Odar aufzunehmen. Er verlangte von Bergant, ihm den Weg von der Garage hin zur Korošica zu zeigen. Ein paar SS-Leute und zwei Soldaten vom Nordlager begleiteten sie.

Als die Nacht hereinbrach, gaben sie die Suche auf und Bergant kehrte nach Hause zurück. Am nächsten Tag schickten sie acht Häftlinge zu dem erschossenen Polen, nicht um ihn zu begraben, sondern um seine Kleider und seine Schuhe zu holen. Das war nicht leicht, denn es blies ein starker Wind und der Körper des Unglücklichen war starr gefroren. Die

Leiche ließen die SS-Leute einfach den Abhang hinunterrollen. Die Suche nach Odar wurde fortgesetzt, aber bald aufgegeben, denn man dachte, er wäre in der Kälte erfroren.

Nach dem Krieg fand Bergant nur noch ein paar Gebeine von Turunski wieder, denn in der Zwischenzeit hatten sich die Füchse über dessen Leiche hergemacht.

Was wurde aus Odar?

Er erzählte:

Es gelang mir, über den Berg zu kommen. Ich hörte die Schüsse, aber ich wurde nicht getroffen. Ich rechnete mir aus, dass ich eine halbe Stunde Vorsprung bekäme, bis die Deutschen eine Patrouille auf die Beine stellten. Ich fürchtete sie weniger als ihre Hunde, die sie mir sicher nachhetzen würden. So beeilte ich mich, damit sie mir nicht folgen konnten.

Der Schnee ging mir bis zur Taille. In dieser Situation hatte ich keine Angst mehr vor den Deutschen, aber ich fragte mich, welche Richtung ich einschlagen sollte. Die Dämmerung brach herein. Ich war bereits vier Stunden unterwegs, ich war müde, aber ich wusste, dass ich nicht einschlafen durfte, denn das wäre mein Ende gewesen.

Als ich oben auf dem Berg ankam, war es Nacht. Ich weiß nicht, wie ich bis dorthin gekommen bin. Der Schnee trug mich nicht, ich sank bis zum Gürtel ein. Plötzlich konnte ich nicht mehr. Alles, was mir passieren konnte, schien mir egal.

Ich legte mich in den Schnee und begann mich aufzuwärmen. Schlaf überkam mich, als ich plötzlich Hunde bellen hörte. Ich sagte mir, ich müsse mich nahe an einem Haus befinden. Ich machte noch ein paar Schritte und kam auf einen befahrbaren Weg.

In etwa fünfzig Meter Entfernung sah ich ein Haus. Ich näherte mich vorsichtig und klopfte leise an die Tür, die sich langsam öffnete. Eine ältere Frau hielt eine Lampe in der Hand. Als sie meine Erscheinung sah, bat sie mich einzutreten.

Im Haus traf ich auf zwei Partisanenkuriere. Sie gaben mir zu essen, dann schlief ich ein. Am nächsten Morgen zeigten sie mir, in welcher Richtung ich auf Partisanen stoßen würde. Ich kam in Richtung Oberwinkel am Bauernhof Mlečnik vorüber, fragte den Bauern Roblek vom Vokovnik-Hof, wie ich weitergehen solle, und er zeigte mir, wo es zum Žerjav-Hof hinaufging.

Schließlich erreichte ich das Partisanen-Bataillon. Als ich ihnen sagte, dass ich vor meiner Festnahme MG-Schütze gewesen war, vertrauten sie mir eine automatische Feuerwaffe an und ich blieb bis zum Kriegsende bei der 1. Kompanie des 1. Bataillons.

Im April 1945 wurde Alojz Odar Kommandant der 2. Kompanie des 1. Bataillons auf der Kärntner Seite. Vorher zeichnete er sich bei einem deutschen Angriff auf das Bataillon bei Windisch-Bleiberg aus und wurde dafür vom Kommandanten Stane Grmek besonders gewürdigt. Erst am 8. März erfuhr Odar vom Tod des Polen Turunski, und zwar auf der Brücke über die Drau/Drava in Kärnten im Gespräch mit ehemaligen Häftlingen, die vom Lager geflüchtet waren. Der Tod wurde ihm von den zwei SS-Leuten, die den flüchtigen Polen erschossen hatten, bestätigt.

Damals wurde auch der SS-Doktor Ramsauer festgenommen. Kommandant Bojan (Anton Beton) nahm ihm die Uniform ab.

In den letzten Kriegstagen war Odar in schwere Kämpfe gegen deutsche Einheiten und gegen Einheiten der Landwehr in Kärnten verwickelt. Dann schloss er sich der 14. Division der Jugoslawischen Volksarmee an und ging ins Banat.[181]

Der Fluchtplan von Ivan Ivanoff

Im Frühjahr 1944 beschloss der französische Häftling Ivanoff mit meiner Unterstützung, dass er flüchten wolle. Nach unserem Plan sollte ich mich auf die Kärntner Seite begeben, um dort topographische Erhebungen durchzuführen. Ich sollte dabei einen Holzkoffer mitnehmen, in dem ich normalerweise ein Messinstrument trug, das als Theodolit bezeichnet wird.

Aber diesmal sollten statt des Theodolits Zivilkleider im Koffer liegen. Ivanoff sollte mir folgen und während wir den Tunnel durchquerten, sollte er seinen Sträflingsanzug gegen einen Zivilanzug und seine Häftlingsmütze gegen einen Hut austauschen. Er sollte eine Messlatte tragen.

Zivitechniker wurden praktisch nicht oder nur sehr selten kontrolliert. Wir würden den Wachposten am nördlichen Tunnelportal passieren und dann an einem Ort, der nur mir bekannt war, auf die Partisanen treffen.

Allerdings ließ Ivanoff aus Angst, die SS-Leute könnten Repressalien gegen seine Mithäftlinge ausüben, den Plan fallen.

Trotz meines überstürzten Aufbruchs zu den Partisanen am Morgen des 1. Juli 1944 blieben meine Kontakte zu Ivanoff aufrecht, wie ein Brief vom 10. September 1944 beweist.

---

181 Gebiet nördlich von Belgrad im Dreiländereck Ungarn-Rumänien-Serbien

Angela Bizjak kam jeden Tag vom Loibl und hielt so unsere Korrespondenz aufrecht. Der folgende Brief wird hiermit zum ersten Mal veröffentlicht. Es ist schade, dass meine Briefe, die ich ins Lager schickte, verschwunden sind.

Brief vom 19. September 1944 von Ivan Ivanoff an Janko Tišler:

Meine Freude zu beschreiben, als ich Ihre Worte erhielt, wäre unmöglich.

Endlich geben Sie mir ein Lebenszeichen, endlich weiß ich, dass Sie nach wie vor an mich denken und endlich kann ich Ihnen beweisen, dass auch ich immer an Sie denke.

Der Tag Ihres Weggehens war für mich ein Tag großer Traurigkeit, denn ich fühlte mich ein wenig mitverantwortlich, Ihre Güte übermäßig in Anspruch genommen zu haben. Aber einige Tage danach, als ich erfuhr, was Sie gemacht haben, war ich sehr glücklich. Nur Mut, mein lieber Janko, ich habe ihn noch, ich habe sogar noch viel Mut, aber wann werde ich ihn unter Beweis stellen können?

Sie wissen, dass ich alles auf der Welt geben würde, um ständig mit Ihnen zu sein. Da ich immer am Tag arbeite, ist es mir leider unmöglich, mich abzusetzen. Ich weiß, der Krieg ist bald zu Ende, aber ich frage mich mit Sorge, was die Soldaten mit uns machen werden.

Ich hoffe, Sie kommen bald, um uns zu befreien, denn ich bin ungeduldig.

Sie wissen, Janko, Sie können auf mich und meinen Mut zählen, und ich bin bereit, alles zu tun, was Sie von mir verlangen.

Ich stehe zu Ihren Diensten und erwarte Ihre Befehle. Ich habe mit niemandem über Ihren Brief gesprochen, denn nach fünf Minuten wüssten bereits alle, dass Sie mir geschrieben haben. Ich hüte dieses Geheimnis wie einen Schatz und denke ständig an Sie.

Schreiben Sie mir bald wieder und sagen Sie mir, welches Schicksal uns bevorsteht.

Ihr großer Bruder
Ivan

Die letzte Flucht

Maurice Rioux schreibt in einem Bericht für die Archive der «Amicale Française des déportés de Mauthausen», dass im Frühjahr 1945 ein Italiener geflüchtet war.

Der Bericht wurde vom ehemaligen Häftling Mario Muženič bestätigt:

Der Italiener, der geflüchtet war, kam aus der Baracke Nr. 2. Er arbeitete im Sägewerk und war am Morgen noch mit mir. Unser Kapo war Tscheche und als er von der Flucht erfuhr, schlug er uns mit seinem Gürtel auf den Kopf...

Die SS-Leute übten gegenüber den Häftlingen keine Repressalien aus. Das Warten vor den Türen war für die Häftlinge keine wirkliche Bestrafung, sie waren weit Schlimmeres gewohnt. Die Zeiten hatten sich natürlich geändert. Der Niedergang des Nazismus hatte begonnen.

Maurice Rioux sagte mir:

Das war die letzte Flucht vom Loibl. Wir fragten uns, was aus diesem mutigen Italiener geworden ist.

IX DIE SLOWENEN UND DAS LAGER AM LOIBLPASS

Mici Mally

Mici Mally wurde 1907 geboren. Sie war Landwirtin, die Felder befanden sich in ihrem Besitz. Gemeinsam mit ihrer Schwester Anica lebte sie in Tržič. Anica war in der Schuhfabrik »Peko« angestellt. Als am 3. Juni 1943 der erste Häftlingstransport ankam, ging Mici dem Deportiertenzug sofort entgegen. Das Verhalten der SS-Leute gegenüber den Häftlingen schockierte sie zutiefst.

Von diesem Moment an wurde sie nicht müde, ihnen zu helfen, und zwar bis zu ihrer Befreiung. Es stimmt, dass sie auf Grund ihrer sozialen Stellung eine solche Hilfe eher leisten konnte als einfache Arbeiter, aber auch sie musste sich ihren Unterhalt durch harte Arbeit verdienen, eine Arbeit, deren Ertrag sie auch den Häftlingen zugute kommen ließ. Sie nahm große Gefahren auf sich, aber sie verstand es, sich mit vertrauenswürdigen Leuten zu umgeben, die ihr dabei halfen, das Notwendige zusammenzubringen, um die Leiden zu mildern und dem von der SS verbreiteten Schrecken entgegenzuwirken.

Im Erdgeschoss ihres Hauses befand sich die größte Bäckerei von Tržič, der Besitzer hieß Martin Romih. Mici war mit der Familie Romih befreundet, insbesondere mit der Frau des Bäckers, Marija, und bekam durch sie Nahrung für die Häftlinge im Lager.

Im Winter 1943/44 kam Mici mit sechzehn Häftlingen in Kontakt, die gegenüber dem Mädchenheim Terrassierungsarbeiten durchführten, um eine Holzbaracke zu errichten.

Unter diesen Häftlingen waren unter anderem Jean Barbier, André und Louis Lacoste, Julien Poirier, Jacques Beteille, Robert Labbé, Charles Garnier, Maurice Rioux und Pierre Saulnier.

Wenn die slowenischen und die über das «Service du Travail Obligatoire» (STO) zwangsverpflichteten französischen Chauffeure mit den Häftlingen im Lastwagen vor dem Haus der Familie Mally vorbeifuhren, dann nutzte Mici die Gelegenheit, um ihnen vom Fenster aus Brot und Zigaretten zuzuwerfen.

Da sie nicht Französisch verstand, versuchten die Häftlinge, ihr durch Gesten mitzuteilen, was sie brauchten, gegebenenfalls auch durch ein paar deutsche Wörter. Unter den Häftlingen gab es nur wenige, die gut

Deutsch sprachen. Mira Bertoncelj fungierte manchmal als Dolmetscher.
Wie ich bereits erwähnt habe, half auch Zora Konič, die gegenüber dem Bahnhof wohnte, den Häftlingen. Sie erzählte mir:

Oft kamen Lastwagen vom Loibl am Bahnhofsdepot vorbei. Wir konnten sie vom Küchenfenster der Wohnung aus beobachten, in der meine Mutter eine kleine Schneiderei mit vier Lehrlingen und mir betrieb. Aus diesem Grund stand immer etwas Warmes auf dem Herd. Ich ging mit meinem Kochgeschirr zum Depot. Manchmal erlaubten mir die Wachen, den Häftlingen Essen zu geben, aber nicht immer waren sie so umgänglich.

Gemeinsam mit Mara Mozetič waren wir auch mit drei französischen STO-Chauffeuren in Verbindung. Leiter dieser Gruppe war André Depierre. Unsere Mütter bereiteten viele gute Sachen zu, die die Chauffeure ins Lager brachten. Um mir zu danken, schickten mir die französischen Häftlinge über einen der Chauffeure ein Blechdreieck, wo auf der einen Seite «Souvenir» und auf der anderen »Spomin Slovenki« [182] *eingestanzt war. Ich habe ihnen bis zum 19. Februar 1944 ständig geholfen, dem Tag, an dem mein Vater und ich von der Gestapo festgenommen und ins Gefängnis von Begunje gesperrt wurden. Jedenfalls half ihnen meine Mutter auch später noch.*

Außer den Schwestern Mally ließ auch Mimi Košir den Häftlingen Pakete zukommen, die der Chauffeur Anton Meglič ins Lager brachte.

Miha Ambrož brachte einen Brotkorb, ebenso Franc Štefe aus Naklo. Auch die Zivilarbeiter Vinko Grašič, Jože Kern, Matevž Dovžan, Marija Govekar, Anton Buč, Slavko Cevc, Francka Torč brachten Nahrungsmittel ins Loibllager. In Tržič gaben Križnar, der in der Molkerei arbeitete, Brot, und Franc Globočnik Produkte aus seinem Lebensmittelgeschäft.

Die Bäckerei Romih

Es gab damals vier Bäckereien in Tržič: Romih, Bohorič, Ambrož und Vilfan. Während die drei Letzteren nur von lokaler Bedeutung waren, so war die Bäckerei Romih auf dem SA-Platz Nr. 5 bereits im Jahr 1942 die größte in der ganzen Stadt. Der Verkauf florierte vor allem ab 1943, als die Arbeiten am Loibl begannen. Die Bäckerei belieferte die 1300 Leute (im Sommer 1944 waren es fast 2000) im Lager mit Brot. Darüber hinaus versorgte Romih neben der einheimischen Bevölkerung auch die Polizei in Tržič – an die 100 bis 200 Leute.

---

182 Einer Slowenin zur Erinnerung

KAPITEL IX

Der Bäcker Martin Romih wurde 1903 in Selcah bei Brežice geboren. Er heiratete in Tržič Marija Klofutar, geboren 1902, von Beruf Weberin. Auf Grund ihrer Tätigkeit, vor allem aber, weil sie einen ausgeprägten Geschäftssinn besaßen und die Frau Deutsch sprach, gewannen sie das Vertrauen der deutschen Behörden. Das ging natürlich nicht ohne Schmiergelder, eine gewisse gespielte Liebenswürdigkeit und allerlei kleine Dienstleistungen. Sogar der Lagerkommandant, der SS-Küchenchef und der Polizeichef vom Loibl waren unter den Gästen, wenn Frau Romih eine Abendgesellschaft veranstaltete.

Herr und Frau Romih waren sehr geschäftstüchtig und konnten ihre Bäckerei renovieren, vergrößern und modernisieren. Bis 1943 kneteten die Lehrlinge der anderen Bäckereien den Teig noch mit der Hand, während Romih bereits eine elektrische Knetmaschine besaß. Romih konnte auch die Bäckerei Zibler auf der Loiblstraße aufkaufen.

Mit dem Zuwachs an Arbeit mussten sie auch zusätzliche Arbeitskräfte einstellen, was immer schwieriger wurde. Aber sie fanden auch hier Lösungen und fanden sogar Ersatz für die Bäcker, die sich – in den meisten Fällen – den Partisanen anschlossen. Sie hatten immer sehr viel Arbeit, aber wenige Arbeitskräfte und mussten daher hart arbeiten, zehn bis zwölf Stunden pro Tag, damit die drei Tonnen Brot pro Tag – und manchmal auch mehr – hergestellt werden konnten.

Während des Krieges beschäftigte Romih vierzehn Arbeiter. Unter ihnen war sein Bruder Max, aber auch der Bruder seiner Frau, Franc, die Kroaten Milan Borić und Janko Opalički, die Slowenen Anton Pozvek (oder Poznik) aus Kamna Gorica, Leopold Jensterle aus Spodnje Danje bei Radovljica, Leopold Grohar aus Sorica, Jaka Košir aus Škofja Loka, Karl Urbančič und Tone Dolenc aus Podblica bei Selce.

Sechs von diesen schlossen sich in den Jahren 1943 und 1944 den Partisanen an. Außer den hier Aufgezählten arbeiteten mit der Zustimmung des Lagerkommandanten auch Hans Janko und ein weiterer SS-Mann namens Hans fallweise in der Bäckerei.

Am Dienstag, am Freitag und manchmal auch am Samstag kamen ein oder zwei Lastwagen vom Loibl herunter, um Brot zu holen. Drei oder vier Häftlinge mussten dann hundert Brotlaibe zu je 1,40 kg in die Lastwagen laden. Sie wurden dabei von drei oder vier SS-Leuten bewacht.

Während Martin Romih den Ladevorgang vor der Bäckerei überwachte, lud seine Frau die Deutschen zu einem Trunk oder zu einem Imbiss ein.

Der in Tržič geborene SS-Mann Vinko Slapar kam in seiner Eigenschaft als Wache mehrmals in die Bäckerei. Anfangs verhielt er sich den Häftlingen gegenüber sehr streng. Aber mit der Zeit wurde er – auf die Bitte von Frau Romih hin – weniger rigoros. Ab Ende 1944 legten bestimmte Wachen dann ein humaneres, nicht mehr so penibles Verhalten an den Tag.

Mici Mally nutzte diese Gelegenheit, um im Hof heimlich Brot, Zigaretten und manchmal auch Pakete zu verteilen. Sie nahm auch die Korrespondenz bestimmter Häftlinge in Empfang und schickte sie nach Frankreich weiter.

Über das Ernährungsamt erhielt Romih sein Mehl meist aus Mannheim. Die Lieferungen kamen mit dem Zug in Tržič an, aber ab Ende 1944 wurde das Mehl mit Lastwagen über den Loiblpass gebracht, denn die Eisenbahnverbindung über Jesenice wurde häufig von den Partisanen unterbrochen.

Die Beziehungen der Familie Romih gingen über den Stadtbereich hinaus und erstreckten sich bis zur Kreisleitung in Radovljica. Sie unterhielten ausgezeichnete Kontakte mit dem Kreisleiter, dem Kärntner Slowenen Anton Schmiedmaier aus Unterloibl, der ein ständiger Gast bei den Abendgesellschaften der Familie Romih in Tržič wurde. Dort lernte er den berühmten Zitherspieler Franc Ahačič kennen und da Schmiedmaier ein hervorragender Sänger war, sangen sie bei diesen Anlässen oft zusammen. Dieser Kontakt war sehr nützlich, denn im Jahr 1944 verschaffte ihnen Schmiedmaier ohne jegliche Gegenleistung 1800 Kilogramm Mehl.

Der deutschfreundliche Anton Jeglič, zuständig für die Versorgung, kontrollierte die Vorräte. Er war Mitglied des „Kärntner Volksbundes", der von den Nazis gegründet worden war. Er zeigte die Familie Romih mehrfach bei von Kurz, dem Bürgermeister von Tržič, an.

Wenn sie zur Verantwortung gezogen wurden, ging Frau Romih auf das Gemeindeamt und konnte mit dem Bürgermeister eine Einigung erzielen. So blieben die Klagen von Jeglič ohne Folgen. Natürlich waren die guten Beziehungen zwischen den Romihs und Schmiedmaier für Jeglič ein Dorn im Auge. Er denunzierte Schmiedmaier bei den Deutschen und es gelang ihm, dass dieser 1944 an die russische Front einrücken musste. Zu Kriegsende konnte Jeglič flüchten.

Der Gendarm Mühlbacher drohte den Romihs mehrfach, weil er gewisse Unregelmäßigkeiten vermuten würde. Aber Marija Romih konnte solche Probleme immer auf dem Gemeindeamt lösen.

KAPITEL IX

Die Rolle, die die Familie Romih spielte, war dem Kommando der Militäreinheit »Kokrški Odred«[183] bereits im Sommer 1944 bekannt. Diese Einheit operierte vorwiegend im begrenzten Umkreis zwischen der Sava im Westen, dem Fluss Kokra im Osten, der österreichischen Grenze im Norden und der Stadt Kranj im Süden. Kokrški Odred bestand aus drei Bataillonen; die Zahl der Partisanen schwankte zwischen 300 und 500 Kämpfern.

Über Marica und Boža Zibler schickten die Romihs Geld, aber auch Lebensmittel an die Partisanen von Dobrča.[184] Auch die Familie Zrimšek aus Lom, einem kleinen Ort im Nordwesten von Tržič, bot ihre Hilfe an.

Als die Partisanen sämtliche Erwachsenen aufriefen, sich der Nationalen Befreiungsarmee anzuschließen, schlug Frau Romih bei der Versammlung mit Vertretern des Komitees der Befreiungsfront der Gegend von Tržič (an der auch ich teilnahm) Folgendes vor:

„Wenn mein Mann zu Hause bleibt, dann versprechen wir, täglich fünfzig Kilogramm Brot und Mehl zu schicken, andernfalls ist es uns nicht möglich, euch zu helfen!"

Ihr Vorschlag wurde angenommen und von diesem Zeitpunkt an ließen die Romihs den Partisanen regelmäßig Brot und Mehl zukommen.

Jože Bertoncelj, der Fuhrmann von Jelendol, besorgte die Lieferungen mit seinem Karren. Borić, Opalički und Klofutar, in der Bäckerei Romih beschäftigt, waren darüber auf dem Laufenden. Durch die Unterstützung der Partisanen wurde die Hilfe für die Häftlinge nicht unterbrochen.

Bei allen Gelegenheiten schickten sie Pakete, die über Chauffeure an den Loibl kamen. Dankschreiben von Häftlingen aus Frankreich und aus anderen Ländern belegen dies.

Während des Krieges, vor allem aber danach, fragte sich die Bevölkerung von Tržič, wie die Romihs so viel Mehl, so viel Brot, Butter, Zucker haben „abzweigen" können, und das zu einer Zeit, in der die Kontrollen so streng waren. Die Antwort ist einfach: Die Warenmengen, die durch den Lagerraum der Bäckerei gingen, waren so enorm, dass Unterschlagungen – ob sie nun den Häftlingen, den Partisanen oder der Familie Romih selbst zugute kamen – auch dann nicht bemerkt wurden, wenn ihr Ausmaß beträchtlich war.[185]

---

183 Name des Flusses, der durch Krajn fließt
184 Name eines Berges nordwestlich von Tržič
185 Nach dem Krieg hat man festgestellt, dass die Bäckerei Romih den Partisanen ab September 1944 fünfzehn Tonnen Brot und etwa neuntausend Reichsmark zur Verfügung gestellt hatte. Die Menge an Brot und anderen Lebensmitteln, die ins Loibllager geliefert wurden, lässt sich nicht mehr eruieren, aber sie ist zweifellos enorm.

Mein Aufbruch zu den Partisanen

Meine Rolle im Konzentrationslager konnte für den Feind nicht lange ein Geheimnis bleiben. 1944 waren meine Tage am Loibl gezählt. Ich berichte die Ereignisse der letzten Tage, wie sie aus meinem Tagebuch hervorgehen:

27. Juni 1944:

Ich musste mich an einen Ort begeben, der im Voraus festgelegt wurde. Es gab viele Briefe, darunter auch Plakate und Flugblätter für Kärnten.

28. Juni:

Ich habe die ganze Literatur auf den Loibl gebracht. Bis Sveta Ana bin ich im Lastwagen in Begleitung von SS-Leuten gefahren, überzeugt, dass mir in ihrer Gesellschaft nichts passieren konnte, da ich keine Kontrollen zu fürchten hatte.

Auf dem Loibl prüfte ich das ganze Material, das ich ausgewählt hatte, und beschloss, wo jedes einzelne Stück aufgehängt würde und wer es bekommen sollte.

29. Juni abends:

Ich ging zu Gregor Mak auf den Bauernhof »Plaznik« im Loibltal auf der österreichischen Seite. Das gesamte Material hatte ich bei mir. Dort las ich vor, was mir für sie am interessantesten schien, dann erklärte ich ihnen meine Absicht, die Plakate auf die Anschlagtafeln der Gemeinde zu kleben und anschließend die Flugblätter auf der Straße zu verteilen. Wir stellten uns bereits mit Freude den Ärger der lokalen Nazis vor und arbeiteten einen genauen Plan aus. Nach 21 Uhr ging ich vom „Deutschen Peter" zum „Raidenwirt".

Unter dem Gewand versteckt trug ich alle möglichen Plakate und Flugblätter. Auf dem Weg fragte ich mich, ob sich die Leute, wenn sie sie lesen, fragen würden, wer das getan hätte. Auf dem Weg traf ich niemanden und war im Handumdrehen am Ziel. Aufmerksam beobachtete ich die Umgebung. Es war 21.30 Uhr, die Nacht war klar, an den Fenstern sah man kein Licht mehr. Die Anschlagtafel der Gemeinde am Pfarrhaus unter der Kirche St. Leonhard war verschlossen. Gegenüber dem Pfarrhaus stand die Volksschule, wo die Lehrerin Frl. Kulnik wohnte. Sie sprach sehr gut Slowenisch, auch wenn sie diese Sprache nur selten verwendete (ihre Eltern waren Kärntner Slowenen). Schweigend öffnete ich die Anschlagtafel, riss die in deutscher Sprache abgefassten Bekanntmachungen der Gemeinde herunter und ersetzte sie durch ein großes braunes Plakat mit dem Titel

„Slowenen und Sloweninnen", das das gesamte Anschlagbrett bedeckte. Es handelte sich um einen Appell von Franc Snoj, Minister der ehemaligen jugoslawischen Regierung, in dem er die Slowenen aufforderte, sich der »Narodno Osvobodilna Vojska«[186] (NOV) anzuschließen. Neben das Plakat klebte ich die jüngsten Nachrichten aus dem Radio.

Die Anschlagtafel war voll und ich schloss sie sorgfältig. Zufrieden über den Erfolg dieser Aktion ging ich weiter in Richtung Raidenwirt. Der Fußmarsch dauerte eine gute Viertelstunde, auf dem Weg begegnete ich niemandem. Aber bevor ich zur Baracke kam, wo ich die Nacht verbringen sollte, verstreute ich noch die restlichen Flugblätter. Ich ging zufrieden schlafen, denn ich wusste, die Nazis würden am nächsten Tag in Wut ausbrechen. Und ich schlief ruhig.

30. Juni:

Um 9 Uhr morgens ging ich in Begleitung von Tonca vom „Raidenwirt" (Antonija Schmiedmaier) und Ing. Čerin nach Ferlach. Niemand hatte das Plakat angerührt. Schüler, Arbeiter und Ortsbewohner sammelten sich vor der Anschlagtafel. Als würde mich das nicht interessieren, ging ich weiter meines Weges, aber ich sah Tonca und Čerin lächeln, als würden sie vermuten, dass dies mein Werk gewesen sei. Sie sagten nichts. Die Gendarmerie vom „Kleinen Loibl" war über den Vorfall unterrichtet worden, aber niemand entfernte das Plakat. Das war die Aufgabe der Mitglieder der örtlichen Nazi-Partei. Als wir zu Mittag vorbeikamen, waren das Plakat und die Flugblätter immer noch da. Alle, die daran vorbeigingen, lasen es neugierig. Uninteressiert ging ich durch den Tunnel nach Sveta Ana, um die Nacht im Schloss des Barons Born zu verbringen.

Samstag, 1. Juli:

In meinem Schlafraum hatte ich vier Pakete für französische Häftlinge. Gegen acht Uhr ging ich mit einem Brief zu Ivan Ivanoff. Meine Taschen waren voll und ich trug alles Mögliche unter meinem Mantel.

Ich trat vorsichtig in die Werkstatt ein, übergab ihm den Brief und alles Übrige und teilte ihm die jüngsten Neuigkeiten mit. Wir kamen überein, dass ich um halb zehn zurückkommen würde, um ihm die Nachrichten von neun Uhr mitzuteilen.

Ich beeilte mich, denn es war bereits 8.55 Uhr. Čerin überwachte den Haupteingang, der Techniker Kožuh das Fenster und ich schlich mich hinauf ins Büro unseres Chefs, Ing. Wöhrer.

---

186 Volksbefreiungsarmee

Ich schaltete das Radio ein und stellte den Empfang auf den deutschsprachigen Sender London. Die Informationen, die mir interessant schienen, notierte ich. Es war 9.10 Uhr. Ganz glücklich kam ich in mein Zimmer im zweiten Stock, holte eine große Karte der Sowjetunion und zeichnete dort die Entwicklung an der Front ein. Als ich im Erdgeschoss zurück war, wurde die Karte entrollt und die befreiten Städte eingezeichnet. Ich hatte die Karte gerade erst geöffnet, da gingen vier Polizisten mit Maschinengewehren über den Hof. Da sie nicht direkt auf das Zimmer zugingen, in dem wir unsere Zeichnungen machten, beachteten wir sie kaum. Zwei stiegen in den ersten Stock hinauf und klopften an die Tür von Ing. Wöhrer. Wir schlossen daraus, dass sie ihn suchten. Die beiden anderen warteten draußen. Zum Glück war Wöhrer bereits vor 9 Uhr nach Hause gegangen.

Da sie oben niemanden antrafen, gingen die Gestapo-Leute zum Zeichensaal. Da waren wir, Ing. Čerin, der Techniker Kožuh, Cedilnik und in der Ecke stand ich und hielt noch immer die Karte in der Hand.

Es klopfte zweimal an der Tür.

„*Herein!*", sagte Ing. Čerin.

Die Tür öffnete sich und auf der Schwelle erschien ein Gestapo-Mann von kräftigem Körperbau, Maschinengewehr in der Hand, eine Pistole und eine Handgranate am Gürtel. Hinter ihm stand noch ein Mann, von dem wir allerdings nur das Gesicht sahen.

„*Heil Hitler!*", grüßte der erste in den Raum, wo es ganz still geworden war. Keine Antwort.

„*Ist hier Herr Johann Tischler?*", rief die mächtige Stimme.

Keine Antwort, wir taten so, als hätten wir zu viel Arbeit und keine Zeit für ein Gespräch. Ein paar Augenblicke lang war es still. Ich spürte Angst in mir aufsteigen und sah mich bereits im Gefängnis. Ich zwang mich, das leere Papier vor mir anzustarren und wartete auf den Moment, wo der Gestapo-Mann auf mich zugehen und mich ergreifen würde.

„*Wen suchen Sie bitte?*", fragte Čerin.

„*Herrn Johann Tischler!*"

Seine Worte dröhnten immer stärker in meinen Ohren. Der Gestapo-Mann kam näher und näher. Nur Čerin sprach; die anderen verhielten sich schweigend, als hätte ihnen jemand den Mund zugenäht.

„*Er ist aber nicht hier!*", sagte Čerin ruhig, als er sah, dass ich mich nicht rührte.

"Heute ist Samstag und es ist möglich, dass er schon nach Hause gefahren ist. Er war im Sonntagskleid angezogen. Wenn Sie von ihm was haben wollen, dann kommen Sie am Montag. Er wird sicher wieder hier sein!"
"Nein, wir müssen ihn heute finden."
Schweigen und Nervosität auf Seiten der Gestapo-Männer.
"Wenn Sie was Dringendes haben, dann können Sie es mir geben und ich werde ihm das übergeben", fügte Čerin hinzu.

Es ist unmöglich, meine damaligen Gefühle zu beschreiben. Ich bewahrte kühlen Kopf und schaute abwechselnd das leere Blatt vor mir, den Ingenieur und den Gestapo-Mann an. Unsere Blicke trafen sich wiederholt.

Mein einziger Gedanke war, wie ich mich retten und einen Ausweg aus dieser Lage finden könnte, ohne in die Krallen dieser Bestien zu geraten. Ich war überzeugt, dass es mit mir zu Ende war.

"Sagen Sie mir bitte, wo wir ihn finden können!", sagte der Gestapo-Mann.

Čerin fasste sich schnell und sagte:
"Hoffentlich ist er noch draußen vor dem Tunnel mit zwei Arbeitern."
Dann wandte er sich an mich und sagte:
"Gehe und zeige ihnen, wo er noch sein könnte."

Ich verstand den Trick sofort und befand mich sogleich vor den beiden Gestapo-Leuten, führte sie alle vier über den Hof zu den kleinen Stiegen, die zur Wiese führten und nicht weit davon zum Tunnel. Nach etwa zweihundert Metern schien mir die Entfernung ausreichend, ich gab ihnen den Weg mit der Hand an und sagte:

"Jetzt gehen Sie über die Brücke hinaus und wo Sie einen jungen Mann mit Instrument sehen werden, der ist der richtige!"

Die Männer von der Gestapo glaubten mir und gingen weiter. Ich lief ins Büro zurück, nahm meine Sachen – alles, was ich in der Eile und in meiner Aufregung zusammenbekam –, verabschiedete mich, gab letzte Anweisungen und war bereits auf der Straße.

Ich lief die ganze Zeit, um mich so schnell wie möglich vom Tal zu entfernen. Ich schaute nicht nach links und nicht nach rechts, kam an einem Wachposten vorbei und der Weg in die Freiheit stand offen. Ein *"Heil Hitler!"* gestattete mir, auf die unbewachte Straße jenseits des Schrankens zu gelangen.

Nicht weit vom Schranken traf ich bereits auf einen ersten Lastwagen, der aus Tržič kam. Der Chauffeur Anton Meglič blieb stehen und sagte mir unauffällig, dass mich die Gendarmen von Tržič bereits seit Nachmittag des Vortages suchten. Er warnte mich, nach Hause zurückzukehren. Ich dachte nach und ging dann auf meinem Weg weiter. Ich hatte Angst, dass sie mich fangen könnten.

Es war 10.30 Uhr.

Beim Sägewerk von Švelc sah ich den Gendarmen Anton Hell aus Tržič mit einem Hund hinter einem Baum versteckt auf der Lauer nach einem Partisanenkurier. Unsere Blicke kreuzten sich und ein weiteres *„Heil Hitler!"* genügte, um meinen Weg fortzusetzen.

In Čegelše traf ich Jože Raztresen. Auch er sagte mir, dass mich die Gendarmen bereits zweimal gesucht hätten. Ich weiß nicht mehr, wann ich zu Lojze Kaplan nach Cimper kam. Ich erklärte ihm meine Lage und teilte ihm meine Absicht mit, mich den Partisanen anzuschließen. Seine Frau versprach mir, meine Angehörigen zu benachrichtigen. Aber zum Glück kam meine Mutter am selben Tag von der Almhütte Bistrica zurück. Bald war alles für meinen Aufbruch bereit.

Ich ging durch die Stadt und begab mich in die Büroräume der Schmiedewerkstatt Kajetan Ahačič, wo der Professor Simon Milač arbeitete, mit dem ich seit langem in Kontakt war. Nachdem ich ihn kurz über meine Lage informiert hatte, vertraute ich ihm meine Sachen an, die ich nach dem Krieg noch würde brauchen können. Wir einigten uns in aller Eile, dann verabschiedeten wir uns voneinander.

Durch Querstraßen kam ich über Virje zur Post. Dort sah ich die Gestapo-Leute, die auf den Loibl gekommen waren, um mich festzunehmen. Ich bat den Briefträger Janez Perko, alle Briefe und Pakete für die Häftlinge, die an mich adressiert waren, nach Frankreich zurückzuschicken. Er antwortete, dass die Gestapo einen Haufen Fragen über meine Person gestellt hätte. Er ließ mich durch die Hintertür hinaus und ich lief, so schnell mich meine Beine tragen konnten.

Ich kam an der Apotheke vorbei, die an der Straße nach Bled stand, und ging über »Za vodo« zu Janez Jerman, wo der Treffpunkt war.

Meine Mutter brachte mir einen Rucksack und damit war ich zum Aufbruch bereit.

Am Nachmittag ging ich nach Sveti Jurij (St. Georg) und präsentierte mich bei Jože Brankovič, mit dem ich verwandt war. Er begleitete mich von Stolce bis auf die Bistrica-Alm hinauf, wohin meine Mutter in der Zwischenzeit zurückgekehrt war.

Ich war kaum eine halbe Stunde in der Hütte, als die Partisanen kamen.

Verbindung mit der Befreiungsfront

Im August 1944, also bereits bald nach meiner Flucht, übertrug mir das Regionalkomitee der Befreiungsfront Tržič die Verantwortung für Propaganda und Agitation. Aus dem Untergrund setzte ich mich sofort mit dem Zivillager in Verbindung.

Von nun an war ich unter dem Pseudonym »Žaromill« bekannt.

Die Partisanen interessierten sich vor allem für die Anzahl der Bewaffneten und der Zivilarbeiter, insbesondere bei den Fahrten im Lastwagen zwischen dem Lager und der Stadt Tržič. Meine Kontaktpersonen im Lager waren Ing. Čerin, Jelena Vilman und der Magazinleiter Peter Novak. Jelena Vilman arbeitete damals für Granigg, den Chef des Zivillagers. Sie unterrichtete mich davon, dass zahlreiche Häftlinge fliehen und sich den Partisanen anschließen wollten, was dann am 17. September tatsächlich der Fall war.

Die Küchenhilfe Angela Bizjak aus Sveta Ana fungierte als Botin. Sie brachte den Partisanen auch Nachrichten oder Pakete.

Am 14. September machte mir Jelena genaue Angaben über die Abfahrt der Lastwagen mit den Arbeitern nach Tržič.

Im Lauf des Jahres 1944 änderte sich die Anzahl der Zivilarbeiter auf dem Loibl ständig. Insbesondere im September, als die Partisanen alle Männer unter 45 Jahren aufriefen, sich bis spätestens 15. September bei der Befreiungsfront zu melden.

Manche Arbeiter kamen dem Appell freiwillig nach, andere wurden mobilisiert.

Am 15. September verhängten die Deutschen in Tržič eine nächtliche Ausgangssperre von 19 bis 7 Uhr morgens. Damals arbeiteten noch 251 Zivilarbeiter auf der slowenischen Seite des Loiblpasses, darunter waren 125 Slowenen, 63 Italiener, 27 Deutsche, 32 Kroaten, zwei Polen, ein Grieche und ein Tscheche.

150 von ihnen kehrten an Samstagen regelmäßig zwischen zwei und drei Uhr nachmittags nach Hause zurück. Manche waren bewaffnet. Es waren auch Kollaborateure mit dem Nazi-Regime dabei.

Mobilisierung der Zivilarbeiter

Die Mobilisierung der Loibl-Arbeiter war für Samstag, den 23. September, geplant, aber die Aktion musste auf Grund anderer Einsätze der Kämpfer der 1. und 2. Partisanenbataillons verschoben werden. Sie fand eine Woche später am 30. September statt.

Ich habe diese Operation auch in einem Bericht an das Regionalkomitee beschrieben.

Ich wusste, welcher Chauffeur an jenem Tag Dienst hatte und der Plan stand bald fest. Mit sechzehn Kämpfern des 2. Bataillons, bewaffnet mit zwei „Breda", einer Maschinenpistole und Gewehren, sowie sechs Partisanen des Bezirksausschusses, die mit fünf Maschinenpistolen bewaffnet waren, gingen wir zu Mittag auf die Straße. Mit fünf Mann legten wir einen Hinterhalt, während die anderen Kämpfer, mit Gewehren bewaffnet, im Hintergrund die Seitenwege bewachten, um Personen aufzuhalten, die dort zufällig vorbeikommen konnten.

Um 12.30 Uhr war alles bereit.

Unruhig warteten wir lange Zeit, aber es kam kein Lastwagen vorbei.

Aus der Stadt kamen Leute, vor allem Arbeiter. Wir hielten sie an und versammelten sie gut bewacht auf den Seitenwegen.

Um zirka 13.30 Uhr kamen die ersten Arbeiter, die in der Stadt zu tun hatten, vom Loibl. Wir hielten sie alle an, denn sie kamen für die Mobilisierung gerade recht. Siebzig Leute hatten wir bereits an der Straße gesammelt, aber noch immer kam kein Lastwagen. Unter den Versammelten befanden sich viele Kinder, Frauen mit Fahrrädern, Bauern mit ihren Karren und alle mussten warten.

Wir warteten eine halbe Stunde lang, wie auf glühenden Kohlen sitzend. Plötzlich rief jemand:

„Ein Polizeiwagen!"

Schnell versteckten wir uns in einer Scheune und der Wagen fuhr vorbei, ohne dass die Insassen irgendetwas bemerkten. Welch wunderbare Gelegenheit, die Polizei aus dem Hinterhalt anzugreifen, aber wir waren da, um Kämpfer für die Partisanen zu rekrutieren. Wir warteten und warteten und unsere Ungeduld wuchs. Es war bereits 14.15 Uhr, die Zahl der angehaltenen Personen stieg ständig an, aber von unserer „Beute" keine Spur.

Wir wollten unsere Pläne bereits ändern, als der Partisan Silni uns zurief, er würde Motorengeräusche hören. Nach dem vereinbarten Zeichen stürzten wir aus unserer Scheune, mit Maschinenpistolen bewaffnet, und hielten in aller Ruhe zwei Lastwagen an, aus denen – meinen Schätzungen zufolge – achtzig Personen stiegen. Sie waren alle sehr bleich und konnten nicht glauben, was mit ihnen passierte. Wir ließen sie sofort aus den Fahrzeugen steigen und befahlen dem Chauffeur, die zwei Batterien mitzunehmen. Alles, was uns nützlich sein konnte, nahmen wir vom Lastwagen herunter und schossen dann auf die Reifen und auf den Motor. Daraufhin führten wir die Insassen in einem langen Zug zu den anderen, die bereits ungeduldig warteten.

Unter den Angehaltenen gab es viele bekannte Gesichter. Sie kamen alle zu mir und erklärten mir, warum sie unbedingt nach Hause müssten, aber ich gab nicht nach. Unter ihnen waren der Gestapo-Mann Weiss und die Tochter des Organisations- und Materialverwalters, Inge Kortan. Kurz vor meinem Weggang vom Loibl hatte mir Weiss gedroht, mich der Gestapo auszuliefern.

Er kam auf mich zu und drückte mir sehr freundschaftlich die Hand. Ich erinnerte ihn an seine Drohung. Zuerst stritt er alles ab, dann bat er mich um Verzeihung. Ich antwortete ihm, dass wir keine Mörder seien so wie sie und dass ihm nichts geschehen würde.

Alle Personen, die nicht unseren Kriterien entsprachen, konnten gehen; dann machten auch wir uns auf den Weg. Noch nie zuvor war die Straße von Sveta Ana so voll von Leuten gewesen. Nach Prüfung der Angehaltenen hielten wir einundsiebzig Männer, auch jüngeren Alters, für geeignet. Wir informierten sie über ihre Pflichten und sagten ihnen, wir erwarteten von ihnen, dass sie ihre Arbeit für den Okkupanten sofort einstellen. In Kal unterhalb von Kofce wählten wir schließlich 70 Männer (57 Slowenen, sieben Italiener, fünf Kroaten und ein Franzose) für die Partisanen aus.

Nach dieser Operation wandten die Polizisten von Sveta Ana aus Furcht vor neuen Aktionen dieser Art eine neue Taktik an. Sie begleiteten von nun an Ziviltransporte, um sie gegen Angriffe abzusichern. Als Gegenmaßnahme gegen diese Taktik, die im Grunde darin bestand, Zivilarbeiter als Geiseln zu nehmen, ließ das Regionalkomitee der Befreiungsfront Kranj Flugblätter verteilen, in denen der Straßenverkehr zwischen Tržič und dem Loibl untersagt wurde.

Etwa zwei Stunden nach dieser Mobilisierungsaktion begaben sich Polizisten und Mitglieder der Landwehr an den Ort des Geschehens und verhörten die Leute in der Nachbarschaft. Mit den Familien Kočevar und Tonač gingen sie sehr brutal um. Glücklicherweise entkamen der Vater Janez Kočevar und seine Tochter Dina den Brutalitäten, denn sie waren gerade an diesem Tag nach Klagenfurt gefahren, um Besorgungen zu machen, was sie mit ihren Fahrkarten beweisen konnten. Bei der Familie Tonač wurde der Bruder des Hausherrn, Anton Meglič, festgenommen, kam an den Loibl in Polizeihaft und wurde erst nach zwei Tagen wieder freigelassen.

Am 1. Oktober wurde das Zivillager mit Flugblättern übersät.
Letzter Appell. Alle in die Reihen der Befreiungsfront. Radio London bedroht die Kollaborateure.

Es gab auch ein Plakat in deutscher Sprache:
Österreicher! Zu den Waffen!

Diese Aktion wurde von Jelena Vilman, Angela Bizjak und Peter Novak ausgeführt.

Die Polizei durchstöberte das gesamte Lager, sammelte die Flugblätter ein und durchsuchte sogar die Zivilarbeiter, aber ohne jegliches Ergebnis.

Nach dem 1. Juni 1944 traten in Tržič auch die Männer der Landwehr in Aktion. Jeden Tag schickten sie Patrouillen und ließen eine Nachhut auf der Loiblstraße zurück.

Beginn der Festnahmen

Bald nach der Mobilisierung begannen im Lager groß angelegte Untersuchungen. Bereits am Tag nach der Aktion, dem 1. Oktober, schrieb ich zwei Zettel, um Verbindung mit meinen Kontaktpersonen aufzunehmen.

Der erste Zettel war für den Magazinleiter Peter Novak bestimmt, der Kontakt zur Polizei hatte, der zweite für Ing. Čerin, der mir Nachrichten zukommen ließ.

Angela Bizjak brachte die Zettel ins Lager. Sie wohnte in Sveta Ana und kehrte jeden Tag nach Hause zurück. Sie gab die beiden Papierzettel an Jelena Vilman weiter und diese in der Folge an Novak und Čerin. Auf den Zetteln schlug ich für den 2. Oktober ein Treffen im Haus von Bizjak vor, für Čerin um 17 Uhr, für Novak etwas später.

Allerdings konnte Jelena die Nachrichten nicht zeitgerecht an die genannten Personen weitergeben. So gab sie die Zettel zu Mittag im Speisesaal dem Techniker Cedilnik, als dieser zum Essen kam.

Aber als Jelena aus dem Saal ging, bemerkte sie einen Polizisten, der sie beobachtete. Sie gab Cedilnik ein Zeichen, die Zettel unter seinem Teller zu verstecken. Aber dieser versteckte sie lieber unter seinem Hemd. Der Polizist verlangte von Cedilnik, ihm zu geben, was er unter seinen Kleidern versteckt hielt. Dann begannen die Festnahmen. Zuerst wurde Cedilnik in die Polizeibaracke geführt, dann der Techniker Kožuh, den sie im Schloss festnahmen, und schließlich Ing. Čerin.

Als Jelena sah, dass sie Cedilnik mitnahmen, benachrichtigte sie zuerst den Magazinleiter Novak, dann ging sie schnell in ihr Zimmer, sammelte

KAPITEL IX

die Flugblätter und das übrige Propagandamaterial und versteckte alles unter dem Kellerboden. Allerdings konnte sie nicht den Lagerplan[187] an sich nehmen, den sie in einem Büroschrank versteckt hatte. Wenig später ließ sie der Polizeichef festnehmen und in einer Zelle der Polizeibaracke einsperren, ohne sie allerdings zu verhören. Durch das Fenster bemerkte sie Granigg, den Leiter des Zivillagers, und rief ihn zu sich. Er kam heran und fragte sie erstaunt nach dem Grund ihrer Festnahme. Sie antwortete ihm:

„Wenn Sie meinen Kopf retten wollen, dann vernichten Sie bitte alles, was Sie im Büro finden!"

Sie gab ihm die Schlüssel zu ihrem Schrank, wo sich der genaue Lagerplan befand, mit allen nützlichen Informationen, um die sie die Partisanen und insbesondere ich selbst gebeten hatten. Sie bat ihn auch, ihre Mutter von ihrer Festnahme zu benachrichtigen. Granigg nahm die Schlüssel und machte genau das, worum sie ihn gebeten hatte.

Als sie Jelena zum Wagen brachten, waren Čerin und die beiden Techniker bereits dort. Der Polizeichef fragte Kožuh, warum sich Cedilnik und Čerin bei der Mobilisierungsaktion am 30. September durch die Partisanen nicht auf dem Lastwagen befunden hätten. Kožuh antwortete ihm, dass Ing. Wöhrer bereits zu Mittag weggefahren wäre und sie wären schon mit dem ersten Lastwagen gefahren.

Bewacht von zwei Polizisten wurden die vier zunächst nach Tržič und von dort nach Kranj gebracht.

Granigg ging später zur Köchin Tršinar, gab ihr die Schlüssel und sagte:

„Zum Glück habe ich Jelena gesehen und habe alles vernichten können. Sie hatte in ihrem Schrank Lagerpläne versteckt. Wer hätte gedacht, dass sie so etwas machen würde."

Er hatte Jelena diesen Gefallen getan, denn er mochte den Polizeichef nicht. Auch Generalinspektor Putz hat sich zugunsten von Jelena ausgesprochen.

Auch Novak wurde verhaftet. Zwei Tage lang blieb er in der Polizeistelle eingesperrt und wurde von drei uniformierten Gestapo-Leuten verhört. Die Gestapo wollte wissen, welche Kontakte er zu den Partisanen,

---

187 Anica Brejc erzählte mir, dass sie ein paar Tage vor der Mobilisierung Jelena dabei half, ihr Zimmer aufzuräumen, weil der Generalinspektor Putz vorbeikommen sollte. Während Anica aufräumte, zeichnete Jelena diesen Lagerplan.

zu Ing. Čerin und zu den beiden anderen Technikern unterhielt. Um ihn unsicher zu machen, behaupteten sie, im Besitz von Dokumenten zu sein, die seine Verbindungen belegten. Auch Putz kam in die Polizeiwachstube.[188] Novak erzählte ihm, dass man ihn beschuldige, mit den Partisanen in Kontakt zu sein, was nicht stimme, und er glaube auch nicht, dass die anderen Festgenommenen solche Verbindungen hätten. Am dritten Tag wurde Novak freigelassen.

Wie bereits erwähnt, waren auf dem Zettel Zeit und Ort des Treffens zu lesen. Als ich eine Viertelstunde früher zum Treffpunkt kam, erwartete mich bereits Angela Bizjak und warnte mich, dass sieben Gendarmen auf dem Weg zum Haus waren. Zum Glück sahen sie mich nicht und ich konnte entkommen. Angela hatte mir das Leben gerettet.

In der ersten Nacht wurden die Festgenommenen in den Räumlichkeiten der Landwehr eingesperrt. Es war ihnen verboten, miteinander zu sprechen. Am nächsten Tag wurden sie ins Gestapo-Gefängnis gebracht und zu ihren Kontakten mit den Partisanen verhört.

Am 6. Oktober wurde Jelena nach Begunje überstellt, wo die Verhöre weitergingen. Sie wurde von einem Gestapo-Mann aus Radovljica namens Pilz befragt, Cedilnik hingegen von einem Slowenen.

Im Gefängnis traf Jelena eine junge Frau, die ebenfalls in Haft war. Diese erklärte ihr, wie sie sich bei den Verhören verhalten solle. Jelena versuchte, ihre Schuld zu verneinen und sich auf ihre Liebe zu mir zu berufen. Sie behauptete, wir hätten niemals über Politik gesprochen und ich hätte sie nur um den Gefallen gebeten, Čerin ein Stück Papier zu übergeben.

Aber die Gestapo-Leute wollten auch wissen, wo sie mich getroffen hätte und welche Beziehungen sie zu den anderen Festgenommenen hätte. Darüber hinaus wollten sie Informationen über eventuelle Kontakte von Cedilnik mit den Partisanen, aber dieser sagte ihnen nicht viel darüber. Nach ein paar Tagen wurde Cedilnik ins Gefängnis von Jesenice überstellt. Dort brachten ihn Männer der Landwehr jeden Tag nach Mežaklja, wo er Brennholz hacken musste.

Am 18. Oktober brachte ihn ein Gestapo-Mann in Zivil auf den Bahnhof. Er stieß ihn in einen Waggon, wo er Čerin, Kožuh und Jelena

---

188 Novak arbeitete als Magazinleiter und als Krankenpfleger. Er arbeitete nicht mit Čerin, Kožuh und Cedilnik, denn diese waren im technischen Bereich tätig. Vermutlich hat Putz zu seinen Gunsten ausgesagt, um zu seiner Freilassung beizutragen.

in Begleitung einer Wache traf. Sie fuhren bis zu einem Bahnhof in der Nähe von Salzburg. Die Männer wurden in Baracken geführt, die sie aufräumen mussten, die weiblichen Gefangenen, unter ihnen Jelena und die Partisanin Mija Fakin aus Kranj, wurden in die Vorstadt von Salzburg geschickt, wo sie in der Sägerei Gschnitzer hart arbeiten mussten, um Ersatzteile für Flugzeuge herzustellen. Mija Fakin flüchtete nach kurzer Zeit.

Frau Vilman, die Mutter von Jelena,[189] intervenierte bei den deutschen Behörden und es gelang ihr, die Tochter nach zwei Monaten nach Hause bringen zu lassen, wo Jelena dann versteckt blieb.

Im Frühjahr 1945 ging Jelena einfach ins Loibllager, um das noch versteckte Propagandamaterial zu vernichten. Das Material war noch erhalten und sie warf es bei der Köchin Tršinar ins Feuer. Als Granigg sie sah, fragte er sie erstaunt, was sie hier mache und ob sie verrückt geworden sei. Auch der Polizeichef sah sie und befahl ihr, den Loibl sofort zu verlassen. Granigg sicherte ihr zu, dass sie den Bahnhof von Tržič ohne Schwierigkeiten erreichen würde. Die Neuigkeit von Jelenas Rückkehr an den Loibl verbreitete sich rasch unter den Häftlingen. Manche sahen sie sogar, wie der Magazinleiter Novak.

Ing. Čerin, Kožuh und Cedilnik wurden einige Tage in den Baracken festgehalten, dann wurde ihnen gesagt, sie wären frei und könnten bald wieder arbeiten gehen, allerdings dürften sie nicht zu sich nach Hause fahren. Sollte einer von ihnen versuchen zu fliehen, dann würde ihre gesamte Familie ausgesiedelt werden. Sie fanden in einer Baufirma in Golling bei Salzburg Arbeit. Čerin gelang es nach ein paar Monaten, nach Hause zurückzukehren; Cedilnik kam erst im April 1945 zurück.

Am 1. und am 3. Oktober rekrutierten Partisanen und Aktivisten der Befreiungsfront weitere vierzehn Arbeiter, was der Firma Universale zusätzliche Schwierigkeiten bereitete.

Die Partisanen wollten die Mobilisierten auf die andere Seite der Sava schicken, aber das schien auf Grund ihrer großen Zahl und der Präsenz der Deutschen nicht möglich.

Am 4. Oktober nahm das Westkärntner Bataillon, das über die Karawanken nach Gorenjska gekommen war, die Slowenen bei sich auf. Die verbliebenen Rekrutierten überquerten nun die Sava.

---

189 Frau Vilman besaß in Jesenice einen Friseursalon und ein Fotogeschäft. Über die illegalen Aktivitäten ihrer Tochter im Loibllager war sie nicht informiert.

Einige der Mobilisierten verließen die Partisanen bereits in den ersten Tagen. Sie gingen zurück an den Loibl und verlangten, auf die Kärntner Seite versetzt zu werden, denn diese schien ihnen sicherer.

Nach den Festnahmen am Loibl waren meine Verbindungen zum Zivillager praktisch unterbrochen. Ich versuchte mehrfach, den Magazinleiter Novak zu treffen, aber dieser war nach den Verhören zu ängstlich geworden.

Am 6. Oktober schrieb ich:

Die Männer der Landwehr üben in der Stadt großen Druck aus. Erst am Dienstag haben sie fünf Frauen festgenommen. Im Lager St. Anna musste ich einen Fehlschlag erleiden.

Fluchtversuch jugoslawischer SS-Leute

Nach der Flucht der Häftlinge am 19. und am 29. April 1944 führten die SS-Leute in der Gegend von Oslica und von Oberwinkel (zwischen Mitterwinkel und Loibltal) zahlreiche Operationen durch und kamen einige Male am Bauernhof »Plaznik« vorbei. Dort redeten sie mit den Töchtern des Bauern, Marija (Mici) und Pavla Mak.

Der SS-Mann Šajkunović erzählte ihnen unter anderem, er hätte einen Häftling getötet, weil dieser die Linie zwischen zwei Wachposten überschritten hätte. Marija fragte ihn, wie er habe einen Menschen töten können, der vielleicht eine Familie besaß.

In den folgenden Gesprächen hatte Marija den Eindruck, dass Šajkunović seine Tat bereute, dass ihn die Erinnerung daran verfolgte, dass er ein schlechtes Gewissen hätte. Auch Jože Vavpotič (der mit Johanna Schmiedmaier, genannt Tepi, befreundet war), Jože Trefalt (der Freund von Ida Urič) und Ivan Čančalo aus Štajerska waren anwesend.

Marija informierte sogleich die Partisanen des 2. Westkärntner Bataillons.

Am 17. September flüchteten wieder drei Häftlinge, ein weiterer am 7. Oktober und sechs am 14. Oktober. Die Suchaktionen, an denen auch die eben erwähnten SS-Leute teilnahmen, verliefen ergebnislos. Als die jugoslawischen SSler von der Suche zurückkamen, kehrten sie erneut am Bauernhof »Plaznik« ein. Die Diskussion zwischen Šajkunović und Marija gestaltete sich nun noch freier und der SS-Mann gestand ihr, dass er von einer Flucht träume, um sich den Partisanen anzuschließen. Marija benachrichtigte sofort das 2. Bataillon und erhielt über einen Kurier einen Brief an Šajkunović, in dem dieser gedrängt wurde, bei seiner Flucht möglichst viele weitere SS-Leute mitzunehmen. Es wurde auch festgelegt,

KAPITEL IX

dass sie bewaffnet in ihren Uniformen über die Weiden der Korošica kommen sollten, und der Ort angegeben, an dem die Partisanen auf sie warten würden. Mitte Oktober brachte Marija diesen Brief nach Sveta Ana, wohin die vier SS-Leute versetzt worden waren. Es war Sonntag und Marijas Vater Gregor, ihre Schwester Pavla und die Mutter des Bauern P'kc begleiteten sie durch den Tunnel auf die slowenische Seite.

Šajkunović sprach mit Vavpotič, Trefalt und Čančalo über seinen Fluchtplan. Es gelang ihm, sie zum Mitmachen zu überreden. Er fragte Marija, ob er einen Koffer mit seinen persönlichen Habseligkeiten bei ihr lassen dürfe, er würde ihn nach dem Krieg wieder abholen. Einen weiteren Koffer würde er auf dem Bauernhof »Pamž« deponieren. Tatsächlich brachte er nie einen Koffer, weder auf den Plaznik-Hof noch auf den Pamž-Hof. Einen Tag vor der geplanten Flucht kehrten Šajkunović, Čančalo und Trefalt auf die Kärntner Seite zurück. Als sie zurück waren, sagten sie zu Vavpotič:

„Morgen flüchten wir!"

Šajkunović informierte den SS-Mann Balaž von ihrer Absicht und fragte ihn, ob auch er an der Flucht teilnehmen wolle. Aber dieser, wie Vavpotič später berichtete, verriet sie und denunzierte sie beim Lagerkommandanten.

Am nächsten Tag, dem 25. Oktober, gegen sieben Uhr morgens kam Čančalo ins Zimmer, öffnete den Koffer von Vavpotič, nahm die Munition heraus und sagte zu Vavpotič:

„Wir sind erledigt!!"

Dann lief er auf den Hügel hinter den Baracken hinauf, kam aber bald darauf zurück und nahm wieder seinen Posten auf dem Wachturm am Lager-Haupteingang ein. Kurz darauf kamen ein paar SS-Leute mit dem Lagerkommandanten an der Spitze und nahmen die drei anderen fest. Sie führten sie in Handschellen ins Gefängnis hinter der Wachbaracke. Als Čančalo das vom Wachturm aus sah, schoss er sich mit seiner Waffe eine Kugel in den Kopf.

Die Zivilarbeiter und einige Häftlinge sahen, wie die SS-Leute die Leiche vom Wachturm herunterbrachten. Nach einer Stunde kamen die Festgenommenen aus dem Gefängnis, wo man ihnen alles abgenommen hatte, auch ihre SS-Abzeichen.

Am selben Tag wurden sie in Begleitung der SS-Wachen Brietzke und Köbernik nach Tržič gebracht und dort nahmen sie den Zug Richtung Konzentrationslager Mauthausen.

Balaž wurde vom Loibl abkommandiert, einerseits um ihn von den anderen jugoslawischen SS-Leuten zu entfernen, andererseits, damit er seine Aussage bestätige. Die drei ehemaligen SSler blieben bis zum Ende in Mauthausen gefangen, also bis 5. Mai 1945.

Die Bäuerin Uršula Čašelj vom Pamž-Hof berichtete nach dem Krieg, sie wäre am Tag der Festnahme der SS-Leute mit ihrem vierzehnjährigen Sohn Stanko nach Ferlach gegangen. Als sie in der Nähe des Lagers vorbeikam, fragte sie der Kommandant Gruschwitz, ob sie den Koffer eines „unserer Jungen" holen könne. Sie akzeptierte, denn sie wusste nicht, dass die SS-Leute bereits verhaftet waren. Der Kommandant richtete dieselbe Frage an den Sohn der Bäuerin. Der reagierte ein wenig ängstlich, aber dann überlegte sich Gruschwitz die Sache und sagte zu ihm:

„Du bist noch zu jung! Misch dich vor allem nicht in diese Dinge und nimm nichts von den unsrigen!"

Als sie am Abend nach Hause zurückkehrten, war es schon dunkel und sie hatten keine Fackel. Die Polizeiwache im Lager hörte sie in der Dunkelheit und begann zu schießen. Sofort wurde von allen Seiten geschossen. Uršula schrie: *„Wir sind die Familie Čašelj! Nicht schießen!"*

Die Gewehrsalven verstummten und Gruschwitz sagte ihnen, sie sollten sich nicht fürchten. Er fragte sie, ob sie verletzt wären. Uršula entschuldigte sich, dass sie kein Licht mitgenommen hatte.

Als die Familie am Abend beim Essen saß, kamen zwei SS-Leute angerannt und sagten, dass Stanko den Koffer nicht mehr holen müsse. Erst jetzt erfuhren sie, dass Šajkunović und die anderen an diesem Tag festgenommen worden waren.

Nach dem Krieg erzählte mir der SS-Mann Slapar, die SS-Leute hätten die Leiche von Čančalo vom Turm heruntergebracht und ins SS-Lager getragen. Dort hätten sie ihn komplett ausgezogen, weil er für sie die SS-Uniform entehrt hätte, dann hätten sie ihn in einen Holzsarg gelegt und in der Wäscherei abgestellt. Sie hätten den Sarg auf den Friedhof von Tržič geschickt und er wäre dort ohne Trauerfeier vom Totengräber Zavelcina in einem Sammelgrab beigesetzt worden. Im Totenbuch ist er in der Liste der deutschen Toten verzeichnet.

Am Tag seiner Festnahme schickte Šajkunović eine Postkarte an Marija Mak nach Kärnten (wahrscheinlich vom Gefängnis aus), in der er ihr schrieb, dass er ins Konzentrationslager Mauthausen deportiert würde. Die Karte kam über das Postamt Tržič zu Marija. Auch von Mauthausen aus meldete er sich und schrieb als Einleitung:

KAPITEL IX

Ich schreibe dir diese Worte von der Toilette aus, denn das ist die einzige Möglichkeit ...
Er schrieb auch, dass er nicht wisse, was aus ihm werden würde. Nach dem Krieg kehrte er nach Kroatien zurück und wanderte 1960 nach Australien aus. Dort begann er zu trinken und starb in der Folge.

Gleich nach dem Krieg kam Jože Trefalt von Mauthausen nach Klagenfurt und bat Marija Mak vom Plaznik-Hof, ihm bei der Überquerung der Drau behilflich zu sein, denn er wollte seine Freundin Ida Urič in Unterloibl (Loibltal) wieder sehen. Marija meinte, auf Grund der Bewachung durch die englische Armee könne er den Fluss nur schwimmend durchqueren. Das tat er dann auch. Nach einem kurzen Aufenthalt in Unterloibl ging er mit Hilfe der jugoslawischen Kuriere Piki und Jože, die ihrerseits nach Kärnten unterwegs waren, nach Jugoslawien.

Im Jahr 1957 berichtete die Mutter von Ivan Čančalo, Ivana Grajfoner aus Trate bei Maribor, sie hätte von ihrem Sohn einen Brief erhalten, der das Datum 10. Oktober 1944 trug und in dem zu lesen stand:

Ich habe es in meiner militärischen Laufbahn bei der SS so weit gebracht, dass ich jetzt, wegen dieser Angelegenheit, in einer Zelle sitze und misshandelt werde. Es bereue es, dass ich bei gewissen Dingen mitgemacht habe, und ich bin betrübt, dass die Partisanen nicht kommen und ich mich ihnen nicht anschließen kann.[190]

Diesem Brief ist auch ein Foto beigefügt, auf dem zwei kroatische Kollegen mit einem Kreuz markiert sind, scheinbar seine beiden besten Freunde. Ohne Zweifel waren sie es, die ihn verrieten, als er zur Flucht bereit war.

Einen Tag nach dem gemeinsamen Fluchtversuch suchten die SS-Leute Pavel, den Sohn der Familie Mak vom Plaznik-Hof, der von den Partisanen nach Hause gekommen war. Aber die beiden Schwestern Marija und Pavla und ihre Mutter Zofija verhielten sich geschickt und es gelang den SS-Leuten nicht, Pavel zu finden, obwohl er sich im Haus befand. Er hatte sich auf dem Dachboden in einer Truhe versteckt. Die Schwestern luden die SSler in ihr Zimmer im Erdgeschoss ein und diskutierten freundschaftlich mit ihnen, nachdem diese dort alles durch-

---

190 Vermutlich wurde dieser Brief an die Mutter von Čančalo nicht von ihrem Sohn geschrieben, sondern von einem seiner Freunde. Das Datum 10.10.1944 ist falsch. 1945 wäre logischer. Diese Informationen, die sich in den Archiven finden, wurden ohne Zweifel fehlerhaft übertragen.

wühlt hatten. In der Zwischenzeit holte die Mutter Pavel und führte ihn in die Küche. Kurz darauf stiegen die SS-Leute auf den Dachboden hinauf und öffneten sofort die Truhe. Sie fanden nichts und gingen weiter. Für die Mitglieder der Familie bedeutete das eine große Erleichterung.

Aber als die Frauen bereits dachten, sie hätten die Soldaten überlistet, kamen am späten Nachmittag vierzehn SS-Leute auf den Bauernhof »Plaznik« zurück. Sie befahlen Marija und Pavla, sie nach Sveta Ana zu begleiten. Es war der SS-Mann Zimmermann, der diesen Befehl ausgab. In der Diskussion mit Marija, die den Grund dafür erfahren wollte, sagte er, sie habe nichts zu befürchten und würde bald zurück sein.

Damals wussten die Frauen noch nicht, dass Šajkunović und die anderen in Haft waren.

Im Lager wurden sie vom Kommandanten Winkler getrennt verhört. Winkler wollte wissen, welches Verhältnis sie zu den SS-Leuten hätten und was es mit dem Koffer auf sich hätte, den Šajkunović bei ihnen gelassen hätte. Sie rechtfertigten sich, dass sie mit den SS-Leuten nichts anderes als diskutiert hätten, dass diese am Vortag betrunken gewesen wären und dass Šajkunović niemals einen Koffer zu ihnen gebracht hätte, was ja auch stimmte. Nach zwei Stunden Verhör brachten die SS-Leute die beiden Schwestern wieder nach Hause. Es war bereits stockdunkel. Ihre Mutter Zofija war erleichtert über ihre Rückkehr, denn sie hatte damals schon drei Söhne bei den Partisanen: Jože, Franc und Pavel.

Die Gendarmerieposten

Am 16. Dezember 1941 erklärte der deutsche Staatsminister Dr. Frick bei der Bestellung von Friedrich Rainer zum Gauleiter von Kärnten und Oberkrain, dass die steilen Karawankengipfel auf erfinderische Weise überwunden werden, dass auch im Winter Verbindungswege offen stehen und dass sich die Wirtschaft von Ljubljana dem Wirtschaftsleben in Klagenfurt angleichen müsse.

Zu jener Zeit gab es noch keine offizielle Erklärung zum Bau eines Tunnels durch die Karawanken. Erst am 27. September 1942 kündigte Dr. Rainer bei einer Rede in Kranj an, der Führer hätte auf seine Bitte hin die Errichtung eins Tunnels genehmigt.[191] Um die Durchführung der Arbeiten abzusichern, wurde 1942 beschlossen, zwischen Kranj und

---

191 Auszüge aus dieser Rede im Originalwortlaut befinden sich im Anhang (Anmerkung des Übersetzers)

Ferlach eine Reihe von Gendarmerieposten zu errichten: Naklo, Duplje, Križe, Tržič, Sveta Ana (ab 29.7.1942), Lom, Jelendol (Puterhof), Leše, Golnik, Podbrezje, auf der Passhöhe, am Kleinen Loibl und in Unterloibl.

Die größten Standorte befanden sich in Sveta Ana (34 Mann) und in Tržič (mehr als 20 Mann). Außerdem gab es in Tržič eine Militär- bzw. Polizeikompanie und ein Gestapo-Quartier.

Die Besatzung von Sveta Ana wurde im Sommer 1943 auf 22 Mann verringert, die Gendarmerieposten in Lom und bald auch in Leše wurden geschlossen.

Die Anzahl der Gendarmen war dort niemals hoch. In Jelendol wurden für die Nachtwachen auch ein paar Einheimische eingesetzt.

Auf der österreichischen Seite kamen im Loibltal und in Windisch-Bleiberg auch Einheiten der Landwache zum Einsatz.

Bedingt durch häufige Partisanenaktionen in Kärnten und Gorenjska waren manche deutsche Posten ständig bedroht. Es gab auch Opfer. In Kovor bei Tržič wurde ein Gendarmerieposten errichtet, der aber kein glückliches Dasein führte: Bereits im Sommer 1944 töteten die Partisanen fünf Gendarmen und verletzten drei weitere.

Die Gendarmen zogen sich am 4. November aus Kovor zurück und die Landwehr verwandelte die Pfarre in einen gut organisierten Stützpunkt. Sie führten in der gesamten Gegend von Tržič Ermittlungen durch und entlasteten damit die deutschen Militäreinheiten. Der Gendarmerieposten von Križe, der acht Mann zählte, wurde durch örtliche Hilfspolizisten verstärkt.

Das einzige allgemeine Krankenhaus, in dem auch deutsche Militärangehörige behandelt wurden, befand sich in Golnik. Dort wurde auch die 5. Kompanie des SS-Regiments „Todt" hingeschickt. Sie blieb bis Mai 1945. Um eine Wiederholung der Ereignisse von Kovor zu vermeiden, ordnete der Kreisleiter von Radovljica an, den Gendarmerieposten Jelendol mit 5. September zu räumen.

In Sveta Ana, wo die Partisanen im Sommer 1944 unter anderem den Postenkommandanten getötet hatten, wurde die Zahl der Gendarmen am 4. November 1944 von 12 auf 17 erhöht, denn es kam die Besatzung des aufgelassenen Postens von Kovor hinzu.

Anfang Dezember 1944 kamen 27 Polizisten aus dem Grenzgebiet von Primorska nach Sveta Ana. Sie wurden im Haus des Bürgermeisters Wilhelm Schubert untergebracht.

Im Februar 1945 wurde ihre Zahl auf 22 verringert. Ihre Aufgabe bestand darin, die Gendarmen von Sveta Ana bei der Überwachung des Straßenabschnitts Čegeljše-Lajb zu unterstützen.

Nahe dem Bürgermeisterhaus wurden auch zwei Bunker errichtet und mit Scheinwerfern ausgestattet, denn man fürchtete die Partisanen sehr. Manche Gendarmen sollen auch versucht haben, mit den Partisanen in Kontakt zu treten, aber die Einheimischen trauten ihnen nicht. Bei einem Hinterhalt in Čegeljše wurde der Partisanenkurier Šiman Lausegger getötet; dessen Bruder Franc konnte entkommen.

Auf der slowenischen Seite des Loibls wurde die Sicherung der Baustellen und des Lagers im Jahr 1944 von 80 SS-Leuten und 120 Gendarmen und Polizisten übernommen. Dazu kamen im November 1944 noch 40 Mann des 13. SS-Polizeiregiments.

Der Gendarmerieposten auf der Passhöhe war in einem österreichischen Gebäude untergebracht und blieb, ebenso wie der Posten am Kleinen Loibl, bis Kriegsende bestehen.

1944 gab es 100 SS-Leute und Gendarmen, aber auch Polizisten, die die Baustellen und das Lager auf der Nordseite überwachten. Anfang April 1945 waren es dann 85, am 21. April nur noch 75.

Nach der Sprengung der Teufelsbrücke am 25. Juni 1944 und einer Partisanenaktion im Loibltal am 25. August 1944 wurde auch im Jagdhaus „Zum Dreier", nicht weit von der Kirche St. Leonhard, eine Polizeistation eingerichtet. Die Polizisten blieben dort bis zum 7. Mai 1945 und setzten das Gebäude bei ihrem Rückzug in Brand.

Die Landwache im Loibltal wurde im Spätsommer 1944 aufgelöst, denn die Angehörigen wurden in die Wehrmacht eingezogen.

Am Kleinen Loibl waren 1944 durchschnittlich zehn bis zwölf Polizisten und Gendarmen stationiert. Am 9. März 1945 nahmen die Partisanen in Windisch-Bleiberg vier Gendarmen gefangen; der Kommandant Woschank wurde auf der Flucht getötet.

Die Deutschen erhöhten erneut die Zahl der Wachposten am Kleinen Loibl; am 21. April 1945 waren dort zwölf Gendarmen und acht Soldaten im Einsatz. In Windisch-Bleiberg wurden die Schule und das Pfarrhaus 1944 in Militärposten umgewandelt und mit zwei Bunkern und Stacheldrahtverhau abgesichert. Am 1. September 1944 waren dort 18 Soldaten stationiert. Ihre Zahl blieb praktisch konstant.

Bei der Partisanenoffensive vom 12. April 1945 hat sich der gesamte Posten mit allen Waffen ergeben.

Im Bodental waren 1944 beim Serainik acht bis zwölf Gendarmen stationiert. Ihre Anzahl stieg gegen Jahresende, weil der Posten durch Polizisten verstärkt wurde. Auch dieser Posten ergab sich am 15. April 1945 und das Wachpersonal schloss sich den Partisanen von Windisch-Bleiberg an.

Die Auflösung der Wachposten von Windisch-Bleiberg und Bodental wie auch die Gründung der deutsch-österreichischen Partisanenkompanie waren die Hauptgründe für die Verlegung der Häftlinge vom Nordlager (Kärnten) ins Südlager (Gorenjska). Die Verlegung erfolgte am 16. April. In Unterloibl standen zwei Zollgebäude. Dort waren bis Kriegsende 170 SS-Leute und Polizisten stationiert. Das 13. SS-Polizeiregiment wurde zehn Kilometer vom Loibl entfernt in Ferlach stationiert.

Im Tal von Mitter- und Oberwinkel befanden sich drei Gendarmerieposten. Das Tal liegt rechts vom Loibltal[192], die Gendarmen konnten von dort aus leicht den Loibl erreichen. In Zell-Pfarre gab es im Herbst 1944 zwei Posten mit 17 bis 19 Gendarmen, die beim Kalischnik wohnten, wo sie zwei Bunker errichteten. Außer den Gewehren waren die Posten mit einem Maschinengewehr und zwei Maschinenpistolen ausgestattet. Auf dem Hügel »Mrzli vrh« waren 18 Soldaten und Kriegsinvaliden in einem Holzgebäude untergebracht. Sie waren nur mit Gewehren bewaffnet.

In Waidisch/Bajtiše wurde im Sommer 1944 ein Gendarmerieposten im Gemeindeamt eingerichtet und 1945 durch einen Militärposten ersetzt. Bei ihrer Offensive vom 20. April 1945 nahmen die Partisanen zehn Soldaten und einen Unteroffizier samt ihren Waffen gefangen.

Lagerkommandant Winkler erklärte später:

Unter meinem Kommando standen 170 SS-Leute und 50 Polizisten. Die Polizisten standen unter meinem direkten Befehl. Auf die 170 SS-Leute kamen 32 Unteroffiziere. Beim Lager gab es einen Polizeikommandanten, der für die Polizeikompanie außerhalb des Lagers verantwortlich war. Bis Mitte März 1945 erhielt ich meine Befehle aus Mauthausen vom SS-Standartenführer Ziereis, später dann aus Laibach vom SS-Gruppenführer General Erwin Rösener.

Der letzte Transport

Am Karsamstag, dem 31. März 1945, erreichte der letzte Häftlingstransport den Loibl. Diesmal kam er nicht aus Mauthausen, sondern direkt vom Gefängnis in Begunje.

---

192   Von der Südseite aus gesehen (Anmerkung des Übersetzers)

Unter den Häftlingen waren 56 Slowenen. In der Mehrheit handelte sich um Partisanen oder deren Sympathisanten. Die anderen waren – von den Deutschen bewusst eingeschleust – zwei oder drei Partisanendeserteure und fünf Blaugardisten[193], unter ihnen der Pfarrer von Komenda, der 47 Jahre alte Andrej Križman.

Fast die Hälfte der Häftlinge kam aus dem Gestapo-Gefängnis Kamnik in Begunje, andere aus Jesenice, Škofja Loka, Bled, Kranj, Radovljica, Litija und Šentvid. Der älteste Häftling des Transports war 53 Jahre alt, der jüngste siebzehneinhalb.[194]

Am Abend des 30. März rief ein SS-Mann die Gefangenen namentlich auf und befahl ihnen, aus ihren Zellen zu kommen. Manche der älteren Häftlinge waren sehr besorgt, denn sie fürchteten, erschossen zu werden. Sie wussten, wie im Gefängnis von Begunje Geiseln ausgewählt wurden. 48 Männer wurden in einen eigenen Raum geführt, wo ihnen der SS-Mann Brandl mitteilte, sie würden nach Deutschland geschickt, um dort zu arbeiten.

Am nächsten Morgen kamen zehn weitere Häftlinge aus Bled (Slowenien) hinzu, die bis dahin in der Nähe des Parkhotels Bunker gebaut und Gräben ausgehoben hatten. Ein Trupp von 15 SS-Polizisten, bestehend vorwiegend aus Russen, die mit dem General Vlassov[195] gekämpft hatten, marschierten mit den 56 Gefangenen auf den Bahnhof von Lesce. Nur zwei blieben im Gefängnis.

Als sie auf den Eisenbahnzug warteten, wurde der Ort von den Alliierten bombardiert. Kaum waren die Schienen wieder frei, stiegen die Häftlinge in den Zug und wurden über Kranj nach Tržič gebracht.

Während sie in Kranj auf die Weiterfahrt warteten, gaben ihnen die Einwohner der Stadt durch die Zugfenster Zigaretten und Osterbäckereien. Im Laufe des Tages kamen Frauen von Häftlingen nach Begunje und erfuhren, dass ihre Männer unterwegs an den Loiblpass waren. Auch in Tržič wussten die Leute bereits davon, und zwar noch vor Ankunft des Zuges.

In Tržič haben die SS-Leute vom Loibl die Häftlinge in Empfang genommen und in Fünferreihen durch die Stadt marschieren lassen. Die

---

193   Auch Tschetniks genannt. Es handelte sich um serbische Monarchisten, die unter deutscher Führung Seite an Seite mit den Domobranzen gegen die Partisanen kämpften.
194   Es handelte sich um den verwundeten Partisanen Franc Bernik aus Nožiče bei Kamnik.
195   Der russische Partisanengeneral Andrej Vlassov kollaborierte 1942 mit den Deutschen. Er wurde gefangen, zum Tod verurteilt und 1946 gehängt.

Stadtbewohner warfen ihnen Nahrung und Zigaretten zu, aber die Häftlinge konnten nicht alles an sich nehmen, weil sie von den SS-Leuten mit Gewehren bedroht und angriffen wurden.

Bei der Bäckerei Romih erhielten sie einen vollen Brotkorb. Der Zug marschierte auf der Hauptstraße in Richtung Sveta Ana. Manche Einheimische, vor allem Kinder, schlugen einen Parallelweg in Richtung Čegeljše ein und erwarteten die Häftlinge erneut an der Straße, um ihnen noch weitere Nahrung und Zigaretten zu geben.

Im Loibllager empfing sie Kommandant Winkler. Nach einer kurzen Ansprache und einer Reihe von Drohungen wurde ein Häftlingskommando gebildet, das in Dreierreihen durch den Tunnel auf die Nordseite weitermarschierte. Am Eingang des Nordlagers wurden sie von den SS-Leuten empfangen, an der Spitze standen Rapportführer Sachse und der Lagerälteste Rudolf Brucker.

Kaum hatten sie den Lagereingang passiert, da wurden sie bereits geschlagen, insbesondere von Brucker und Sachse. Letzterer tobte sich mit einem fast ein Meter langen Stock auf dem Rücken der Häftlinge aus.

Als der Pfarrer Križman durch die Tür kam, grüßte er die Deutschen mit einem Lächeln. Das regte einen SS-Mann so sehr auf, dass er ihn schlug und ihm Fußtritte versetzte.

Im Lager mussten sie sich in einer Reihe aufstellen. Als der zwanzigjährige Franc Vršnak aus Kranj die umliegenden Berge betrachtete, stürzte sich ein junger, magerer SS-Mann auf ihn und gab ihm mit seinen schweren Bergschuhen einen Fußtritt zwischen die Beine, dass er zusammenbrach und das Bewusstsein verlor.

Dann wurden die Häftlinge zur Quarantäne in die obere Baracke geführt, die leer stand und von den anderen Baracken durch einen Stacheldraht getrennt war. So war der Kontakt mit anderen Häftlingen unmöglich.

In einer Ecke stand ein weiterer SS-Mann Wache. Janez Tratnik aus Domžale wurde Schreiber, sein Assistent wurde Alojz Pečnik aus Litija. Nur der Lagerälteste, die SS-Leute und Rapportführer Sachse durften in diese Baracke eintreten.

Die Häftlinge durften die Quarantäne-Baracke nicht verlassen, es sei denn, um die fünfzig Meter weiter unten gelegenen Aborte zu benutzen, aber das nur am Tag. Der Weg war mit zwei Reihen Stacheldraht umzäunt. Während der Quarantänezeit blieben sie in ihren Zivilkleidern. Später nahmen ihnen die Kapos und der Lagerälteste ihre Kleider, ihre

Schuhe und ihre Zigaretten ab. Brucker nahm das Hemd von Janez Šubic an sich. Alojz Noč konnte eines seiner Hemden gegen ein Stück Brot tauschen, denn er trug zwei.

Am ersten Tag hatten sie nichts zu essen und sie bekamen auch keine Decken, so dass sie bald froren. Außerdem bekamen sie kein Besteck, sondern ein Stück Holz, aus dem sie sich selbst Löffel machten. Ohne Schneidwerkzeuge war das gar nicht so einfach.

In dieser Zeit waren sie von der Arbeit befreit, aber sie mussten zur selben Zeit wie die anderen aufstehen und bei der Baracke, drinnen oder draußen, warten. Da sie nicht arbeiteten, erhielten sie nur eine Mahlzeit pro Tag, im Allgemeinen zu Mittag. Da die Baracken seit langer Zeit nicht bewohnt waren, gab es überall Wanzen, die sie erbarmungslos bissen.

Am schwersten litt Franc Rasperger darunter, der vor dem Krieg als Gendarm in Sveta Ana Dienst gemacht hatte. Von der ersten Woche an war er am ganzen Körper gerötet und seine Mithäftlinge dachten, er würde das nicht überleben.

Viele wagten nicht zu sprechen, denn es gab unter ihnen auch Blaugardisten und Angehörige der Heimwehr.[196] Die Partisanen Janez Borc und Franc Avbelj machten auf die Präsenz dieser Gruppen aufmerksam, insbesondere auf den Pfarrer Križman, auf Marinšek, Gubanc, Ovsenik und Pušavec.

Am ersten Abend führte Brucker den Häftling Valentin Narat, der seit Oktober 1943 am Loibl war, in die Quarantänebaracke und ließ seinen Sohn rufen, der ebenfalls Valentin hieß. Bis dahin hatte der Sohn nicht gewusst, dass der Vater am Loibl war. Sie drückten einander die Hand und der Vater sagte mit ganz leiser Stimme:

„Vielleicht sehen wir uns heute zum letzten Mal."

Dann wurde der Sohn wieder abgeführt.

Aber dank dem Gendarmen Franc Zupan aus Tržič wurden die beiden sogar zwei Tage vor den anderen Häftlingen befreit.

---

196 Unter „Heimwehr" (anfänglich Selbstschutz, dann Landwehr) sind die slowenischen Domobranzen zu verstehen. Diese wurden in Gorenjska nach der Kapitulation Italiens im September 1943 auch Weißgardisten genannt. Die Heimwehr bzw. Landwehr war eine slowenische Militärorganisation, die von der Gestapo bewaffnet, eingekleidet und bezahlt wurde, um an der Seite der Deutschen gegen die Partisanen von Gorenjska zu kämpfen. Sie standen unter dem Befehl des SS-Oberscharführers Erich Dichtl, der dem General Erwin Rösener unterstellt war.

KAPITEL IX

Zu Ostern bekam jeder Häftling entweder zwei mittelgroße Kartoffeln oder eine große, ungeschält, mit schmutzigem Wasser und einem Stück Brot. Da die Erdäpfel bereits austrieben, kratzten die Häftlinge mit ihren Nägeln daran, um die Schale zu entfernen. Das störte den Rapportführer Sachse. Zuerst verlangte er zornig, die Häftlinge sollten die Kartoffeln so essen, wie sie waren, dann befahl er ihnen, alle auf einen Tisch zu legen. Er sprang dann mit seinen Bergschuhen auf den Erdäpfeln herum.

Pfarrer Križman ermahnte die Christen, am Ostersonntag zu beichten. Aber der Partisan Kokalj (Zorko) sagte ihm ins Gesicht:

„Auch ich bin ein großer Sünder, genauso wie du, sonst wäre ich nicht hier!"

Es gab natürlich keine Beichte. Križman forderte sie zum Gebet auf.

„Beten wir nun!"

Manche taten es, andere wollten mit Križman nichts zu tun haben, denn sie kannten ihn zu gut.

In der Quarantänezeit ersparten die SS-Leute, insbesondere Rapportführer Sachse, den Häftlingen keineswegs die „sportlichen Übungen". Sie mussten sich auf den Boden legen, wie Frösche springen, mussten den Befehlen gehorchen:

Auf, nieder!

Und dann wurden sie ohne Grund geschlagen.

Nach einer Woche wurden die 56 Häftlinge auf die Südseite nach Slowenien geschickt. Dort mussten sie ihre Zivilkleider ablegen und die gestreiften Häftlingsanzüge anziehen. Sie durften nur ihre Jacke, ihre Unterwäsche und ihre Schuhe behalten. Aber da nicht genügend viele Häftlingsanzüge vorhanden waren, behielten manche ihre Zivilkleider an. Alle persönlichen Gegenstände wurden ihnen allerdings abgenommen.

Ovijač musste seiner Füllfeder und seine Uhr, Marinšek seinen Ehering hergeben.

Bevor sich die Häftlinge umzogen, mussten sie sich waschen und rasieren, auf den Kopf wurde ihnen eine „Autobahn"[197] geschnitten. Dann kam Kommandant Winkler in ihre Baracke. Er wollte wissen, wie viele Häftlinge für wie lange Zeit bei den Partisanen gewesen wären, und je nach ihrer Antwort teilte er sie in zwei Gruppen. Dann sagte er:

„Wenn Tito gewinnt, werdet ihr nie Weißbrot essen, mit uns esst ihr zumindest Schwarzbrot."

---

197 Eine der zahlreichen Bezeichnungen für die Tonsur am Kopf. In anderen Lagern wurde diese Tonsur auch „Himmlerstraße" genannt.

Tratnik übersetzte.

Daraufhin bekamen sie ihre Häftlingsnummern (von 1 bis 56), ihre Namen wurden eingedeutscht (Cerar = Zerar) und sie erhielten ein rotes Dreieck mit dem Buchstaben „J".

Als Križman gefragt wurde, ob er zu den Partisanen gehöre, antwortete er, er wäre Tschetnik. Auf die Frage nach dem Grund antwortete er, er glaube, dass die Tschetniks wieder die Macht übernehmen würden.

Sie wurden in Baracke Nr. 4 untergebracht, wo bereits 78 Häftlinge „wohnten". Stubenältester war der deutsche Berufsverbrecher Kurt Liese. Es gab Probleme, weil zu wenige Liegen vorhanden waren, und die Häftlinge mussten zu zweit in einem Bett schlafen. Der Pfarrer Križman teilte seine Liege mit Marenčič, Gubanc mit Ovijač usw. Sie wurden am anderen Ende des Zimmers untergebracht und hatten somit nur wenig Kontakt mit den übrigen Häftlingen. Es entstanden kleine Gruppen, von denen sich manche von den Partisanen her kannten, andere hatten sich durch illegale Tätigkeiten oder im Gefängnis kennengelernt. Franc Kokalj (Zorko) und Pavel Starin (Palček) trafen Ciril Sešek, Albin Smolnikar und Miha Gostič (Gnola) wieder, die bereits seit Mai oder Juni 1944 im Lager waren. Gostič sagte zu Kokalj:

„Zorko, jetzt bist du in der Hölle!"

Was nicht gerade tröstlich war.

Ältere Häftlinge warnten die jüngeren sofort vor den Stubenältesten und anderen, sie erklärten ihnen, dass diese versuchen würden, sie durch mehr Nahrung und weniger Arbeit für sich einzunehmen, sich aber als Gegenleistung die Erfüllung ihrer sexuellen Wünsche erwarteten.

Die frisch Geschorenen sahen in ihren gestreiften Häftlingsanzügen völlig anders aus, aber der Pfarrer Križman tröstete sie mit den Worten:

„Nicht das Kleid macht den Mönch!"

Križman hatte Meinungsverschiedenheiten mit Jože Homan, denn sie kannten einander bereits von früher.

Um sich zu beklagen, sagte Križman: *„Unser Volk blutet, ja, es blutet!"*
Homan gab zurück: *„Ja, aber wer ist daran schuld?"*

Von da an diskutierten sie nicht mehr weiter.

Als die Neuankömmlinge zur Arbeit im Tunnel gingen, sahen sie, wie sich Häftlinge auf einen Lastwagen stürzten, der aus Kärnten kam und Brot brachte. Der Ort war nicht beleuchtet. Die SS-Leute schlugen sie mit ihren Gewehrkolben. Die Slowenen sahen auch, dass die französischen Häftlinge am besten organisiert und dass sie in einer besseren Lage waren als sie selbst.

Mitte April wurden fast alle zu anderen Arbeiten abkommandiert: zum Ausheben oder zur Befestigung von Schützengräben, zum Anlegen von Bunkern, zur Errichtung von Stacheldrähten in Tunnelnähe auf der Südseite und auf den Wiesen von Lajb. Einige arbeiteten auch auf dem Abladeplatz vor dem Tunnel.

Sie machten diese Arbeit bis zum Nachmittag des 4. Mai, als der Befehl kam, wieder ins Lager zurückzukehren. Auf dem Weg erfuhren sie von einer Wache, dass die Partisanen das Gefängnis Begunje angegriffen und sämtliche Gefangene befreit hätten. Von diesem Tag an wurden die Häftlinge nicht mehr zur Arbeit geschickt.

Bei der Arbeit in Lajb wollten einzelne Wachen die Häftlinge zur Flucht überreden. Manche machten ihnen ganz spontan einen solchen Vorschlag. So wollte der Kommandoführer dem Häftling Marenčič behilflich sein, indem er ihm Zivilkleider brachte. Das Schicksal wollte es anders, denn Marenčič wurde noch am selben Tag ins Lager zurückbeordert.

Eine Wache wollte auch den französischen Häftling Jean Granger überreden zu fliehen. Das geht aus einem Brief vom 4.12.1964 hervor, der in den Archiven der «Amicale de Mauthausen» aufbewahrt ist:

Unter den SS-Leuten gab es einen jungen Apothekersohn aus der Wiener Vorstadt. Er hatte sich, wie ich glaube, zur SS gemeldet, weil er den Familienbesitz retten und seinen Eltern ein ruhiges Leben sichern wollte. Er war jung, gelassen, sprach ein wenig Französisch, schlug nie jemanden und nahm an unserem Unglück Anteil.

Gegen Ende des Lagers, als wir in Sveta Ana Befestigungsanlagen errichteten, nahm er mich beiseite und sagte:

„Sie können weglaufen. Ich schieße erst, wenn sie genügend weit entfernt sind, und dann nicht in Ihre Richtung. Ich werde die Suche in eine falsche Richtung lenken."

Es war unmöglich: der Schnee, die Holzpantoffeln. Ich dankte ihm und sagte, es freue mich zu sehen, dass er ein Mensch geblieben ist.

Zurückgeschickte Transporte

Am 4. April schickte die Gestapo-Verwaltung des Gefängnisses von Begunje etwa 75 Häftlinge an den Loibl. Es handelte sich vor allem um junge Leute, die zwischen 1928 und 1930 geboren wurden. Sie wurden wieder von Angehörigen der Einheiten des Generals Vlassov bewacht.

Ein Lastwagen und ein Autobus fuhren nach Tržič, aber zwischen den Orten Pivka und Naklo gerieten sie in einen von Partisanen ausgeführten Luftangriff. Die Wachen befahlen den Häftlingen, auszusteigen und sich auf die Straße zu legen, während sie sich unter den Fahrzeugen versteckten.

In Lajb und unterhalb des Anwesens »Jur« sahen die Gefangenen die ersten Häftlinge bei der Errichtung militärischer Befestigungsanlagen.

Im Lager mussten sie auf dem Appellplatz antreten. Bald kamen der Kommandant und seine Helfer und prüften die Neuankömmlinge. Es gab eine sehr heftige Diskussion zwischen dem Transportleiter und dem Lagerkommandanten, denn dieser wusste nicht, was er mit den Jugendlichen machen sollte. Er ging in die Schreibstube und telefonierte.

Während seiner Abwesenheit kam einem der Häftlinge folgende Idee: Er riet den Schwächsten unter ihnen und all jenen, die besonders jung aussahen, sich vorne hinzustellen, damit der ganze Trupp noch kindlicher wirkte.

Als Winkler zurückkam und die Häftlinge erneut prüfte, sagte er zum Transportverantwortlichen:

„Mit Kindern und Krüppeln können wir nichts anfangen!"

Damit war der Appell und die Diskussion darüber beendet. Die Gefangenen verließen das Lager und wurden zur Gestapo nach Kranj zurückgeschickt. Sie kamen noch in derselben Nacht nach Begunje. Ebenso erging es Gefangenen, die aus Ljubljana kamen. Aus den Erzählungen von Črtomir Zorc, dem Direktor der Textilschule von Kranj, geht hervor, dass etwa 75 Häftlinge aus Gefängnissen in Ljubljana an den Loibl gebracht wurden.

Er erinnert sich unter anderem:

So kamen wir vor das Konzentrationslager Loiblpass. Am Eingang ließen sie uns warten. In diesem Moment wurde uns bewusst, was uns erwartete. Das Wetter war schön und frühlingshaft. Bis zu diesem Zeitpunkt hatten wir keine Ahnung und waren sogar glücklich, in Gorenjska zu sein, aber als wir die Gruppen von abgezehrten, ausgehungerten Häftlingen in Begleitung von wohlgenährten Kapos und mit Gewehren bewaffneten SS-Leuten sahen, da sah alles ganz anders aus. Die Häftlinge kamen zum Eingang.

Der Kapo rief: „Mützen ab!"

So mussten sie die Wachposten grüßen.

Wir sahen, wie sich die Häftlinge im Lager auf den Boden warfen, um mit Löffeln, die sie bei sich trugen, Wurzeln im Gras zu finden.

KAPITEL IX

Zuerst wussten wir nicht, was das zu bedeuten hätte. Erst später fanden wir eine Erklärung: Mangel an Vitaminen. Keiner sprach ein Wort. Wir wussten nur, dass es Franzosen waren. Wir wurden unruhig und fragten uns, ob uns dasselbe Schicksal erwartete.

Als der Offizier, der uns begleitete, mit dem Kommandanten diskutierte, sahen wir, dass irgendetwas nicht stimmte. Die beiden gestikulierten und schrien. Dann kam er zu uns und sagte:

„Nachdem sie euch hier nicht wollen, müssen wir uns neu organisieren!"

Nun trat der Ingenieur Marko Bleiweis, ein großer, imposanter junger Mann, vor und ging auf den Offizier zu. Er sprach Deutsch und trat als unser Sprecher auf, obwohl ihn niemand dazu bestimmt hatte. Er schlug dem Offizier vor, uns in ein anderes Arbeitslager zu überstellen. Vielleicht telefonierten die Deutschen mit Ljubljana. Ein höherer deutscher Offizier kam in einem Auto angefahren. Man munkelte, dass es sich um einen General handelte. Er befahl, mit dem Lagerbüro im Tal zu telefonieren, so erzählte uns Bleiweis in der Folge. Sie riefen die Baufirma Sittler in Kranj an und baten sie, uns als Arbeiter zu übernehmen. Wir warteten einige Stunden, dann kamen drei oder vier Wagen der Firma und nahmen uns mit.

X ZUSAMMENBRUCH

Verlegung nach Tržič

Die deutschen Militäreinheiten, die in den Karawanken an verschiedenen Orten verteilt waren, hatten die Aufgabe, die Verbindungswege von Jugoslawien nach Österreich abzusichern. Der deutsche Generalstab war sich bewusst, dass angesichts der vorrückenden Partisanenstreitkräfte nur ein Rückzug über die Karawanken möglich war. Auf der Südseite des Loibls, vom Tunnel bis nach Lajb, begannen sie Schützengräben auszuheben, Bunker zu bauen, Betonverstärkungen für die Kanonen anzulegen und Maschinengewehre aufzustellen. Die Wände der Schützengräben wurden mit Fichtenästen abgestützt, damit sie nicht einbrachen. Für diese Arbeiten wurden meistens Häftlinge herangezogen, die in Kommandos von zwanzig bis dreißig Mann arbeiteten. Jedes Kommando wurde von einem Kapo befehligt; SS-Leute, Gendarmen und Polizisten übernahmen die Bewachung. Bei technischen Arbeiten kamen auch Zivilarbeiter zum Einsatz, wie Rudolf Ivković, Janez Barlič und andere.

Aus einem Brief, den der französische Häftling Jean Bouthenot am 3. Februar 1945 an den über das «Service du Travail Obligatoire» (STO) rekrutierten Chauffeur André Depierre und seine Verlobte, Marija Špeh aus Tržič, schrieb, lässt sich schließen, dass die Firma Universale die Befestigungsarbeiten finanzierte. Bouthenot, der die Information vom deutschen Werkstattleiter bekommen hatte, schrieb:

... sie sagen, wir würden zwei oder drei Wochen lang Bunker bauen, vielleicht sogar vier ...

Die Befestigungsarbeiten gingen schnell voran, sie dauerten von Anfang März bis zum 5. Mai. In Gruppen aufgeteilt, hoben die Häftlinge Schützengräben aus und bauten Bunker auf der Wiese zwischen dem Lager und der Kirche. Etwas weiter südlich vom Lager errichteten sie am Straßenrand Querbalken, ebenso auf der steilen Wiesenböschung von Lajb, und zwar an beiden Seiten der Straße.

Am 11. April konnte Louis Balsan an Mici Mally schreiben, dass er nicht wüsste, ob er weiterhin Brot abholen könne, er wisse aber, dass eine Gruppe von Häftlingen bald in der Hauptschule von Tržič untergebracht würde.

Diese Verlegung von Häftlingen wurde damit begründet, dass das 1. Bataillon der Westkärntner Partisanen am 12. April die Militärposten im Pfarrhaus und in der Schule von Windisch-Bleiberg zerstört hatte.

Am 14. und 15. April ergaben sich die Gendarmen und Soldaten im Bodental beim Serainik in der Nähe des Jagdhauses und schlossen sich den Partisanen an. Sie stellten eine eigene Kompanie auf die Beine, die von Leutnant Anton Felber befehligt wurde. Auch die Gendarmen der kleinen Kärntner Ortschaft Strugarjach/Strugarji ergaben sich.

Angesichts einer so spürbaren Schwächung der Verteidigungslinie auf der Kärntner Seite fürchtete die Lagerleitung einen Angriff gegen die Polizisten und SS-Leute im Lager und beschloss, sämtliche Häftlinge ins Südlager zu verlegen, denn nunmehr trennte sie nur noch das Gebiet von Kozji vrh, also der Wald des Boden- und des Loibltals, von den Partisanen, die bis an die Zähne bewaffnet waren.

Die Verlegung erfolgte am 16. April. Die Häftlinge mussten die Schienen, die in den Tunnel führten, von der Nord- auf die Südseite transportieren. Jedenfalls blieben auf der Nordseite Waffen zurück, denn das Zivillager war noch in Betrieb und die Arbeiten am Tunnelportal mussten fertiggestellt werden. Daher wurden täglich auch Häftlinge vom Südlager geschickt. Man erwartete einen Angriff durch die Partisanen. In der ersten Nacht schliefen alle Häftlinge im Südlager; am 17. April wurden alle – mit Ausnahme der Jugoslawen – nach Tržič gebracht. Die Jugoslawen schickte man im Südlager in Baracke Nr. 4, wo nunmehr 134 Häftlinge untergebracht waren. Zu den 72 Jugoslawen gehörten auch die 56 Slowenen des letzten Häftlingstransportes.

In Tržič wurden die Häftlinge in einem provisorischen Lager in der Hauptschule, umgeben von Stacheldraht, von SS-Leuten bewacht.

SS-Hauptscharführer Zimmermann wurde zum Kommandanten dieses neuen Lagers ernannt. Das Verhältnis zu den Häftlingen änderte sich deutlich, diese durften nun von der Bevölkerung der Stadt sogar Pakete in Empfang nehmen. Die Franzosen und Polen bildeten zahlenmäßig die stärksten Gruppen, es gab aber auch ein paar Luxemburger, Tschechen und andere. Auch der Lagerälteste Rudolf Brucker war da, aber nicht bis zum Ende, und der Stubenälteste des Nordlagers Florent Stadler wurde Stubenältester in einer Schulklasse, die man in einen Schlafsaal umfunktioniert hatte.

Auch der Luxemburger Edy Kapgen wurde Stubenältester und Emmanuel Servais wurde Schreiber. Die Häftlinge waren über diese Verlegung froh, denn in der Schule schliefen sie endlich im Trockenen. Das Verhalten der Wachen war erträglicher geworden und der Kontakt mit den Einheimischen, die ihnen materielle Hilfe brachten, richtete ihre Moral auf.

KAPITEL X

Nach den Berichten von Franc Šprajcar (Ljubomir), der die Informationen an das Regionalkomitee der Partisanen in Tržič weitergab, sieht es so aus, als hätten die Häftlinge nicht weit von Tržič, in Richtung Loiblstraße, Schützengräben ausgehoben. Das Kommando, das vor der Post arbeitete, stellte spitze Eisenstangen als Panzerabwehr auf. Sie betonierten auch doppelte Querstangen ein, die miteinander verbunden waren. Die einen waren gegen den Loibl, die anderen gegen Kranj gerichtet. Beim Rückzug der Deutschen und der „Quislingstruppen"[198] mussten sie abgeschweißt werden.

Auch Bäume wurden gefällt, um mit dem Holz die Brücken auf der Loiblstraße zu verstärken. Die Befestigungsanlagen mussten spätestens am 1. Juni 1945 fertig sein. Verschiedene Kommandos arbeiteten an der Befestigung von Tržič und Umgebung.

In Hofnarca wurden vom Haus der Familie Jagodic bis zum Bürogebäude der Textilfabrik tiefe Schützengräben ausgehoben. Eine Gruppe von Häftlingen errichtete Gräben oberhalb von Kovtrn'ca, auf der alten Straße von Tržič nach Bistrica. Auf dem Dach des Mädchenheimes, wo Polizisten postiert waren, wurde eine Fliegerabwehrkanone aufgestellt.

Als die Arbeiten bei der Post beendet waren, wurden die Häftlinge zum Haus Debevc in Zgornja Preska geschickt. Von dort aus mussten sie über den Rasen, über die Wasserpumpe von Spodnja Preska bis zum Bach Tržiška Bistrica Gräben ausheben. Entlang der Wiese wurden in Form eines Halbkreises 150 Zentimeter lange und 80 Zentimeter breite, doppelte Gräben ausgehoben, und zwar im rechten Winkel zur Straße. Zwischen den beiden Gräben wurde ein Weg angelegt. Die Gräben waren zehn bis zwanzig Meter voneinander entfernt.

Die Kinder von Spodnja Preska brachten den Häftlingen zu essen, aber die Kapos jagten sie weg. Nur ein polnischer Kapo erlaubte es ihnen. Dreimal in der Woche brachten sie ihnen verschiedene Gerichte.

Marija Nosan, aber nicht nur sie, brachte den Häftlingen in Kovtrn'ca, die Schwestern Anica und Mici Mally vor der Post Nahrung. Auch Jožica Premrou half ihnen.

Vom Klima der gegenseitigen Hilfe und der guten Stimmung unter den Häftlingen zeugen auch die Briefe der Luxemburger Emmanuel Ser-

---

198 So wurden die Kollaborateure von den Slowenen genannt. Der Name geht auf den Führer der „Nationalen Sammlung" in Norwegen (Nasjonal Samling), Vidkun Quisling, zurück, der ein Freund des Nazismus war.

vais und Florent Stadler, des Franzosen Robert Labbé und des Polen „Poka", aber auch Berichte von Franzosen, die gleich nach dem Krieg verfasst wurden:

Bernard Aujolas:

In der Nacht brachten uns die Zivilisten Brot und Zigaretten, was wir erst am Morgen bemerkten. Als wir an den Loibl zurückkamen, warfen uns die Leute Brot und Zigaretten durch die Fenster. Die SS-Leute waren wütend und drohten, uns alle zu töten.

Der Luxemburger Albert Raths schrieb, dass die Einwohner von Tržič den Häftlingen sehr behilflich waren. Sie hätten sich bei ihnen wie zu Hause gefühlt. Wenn sie am Abend aufgereiht ins Lager zurückkamen, dann machten ihnen die Leute Zeichen, sie würden ihnen etwas mitbringen, und am nächsten Morgen fanden die Häftlinge unter ihren Werkzeugen Nahrung versteckt. Die Leute machten ihnen auch durch Gesten verständlich, dass der Krieg bald zu Ende wäre.

Am 25. April 1945 ließen die französischen Häftlinge Marija Romih einen Brief zukommen, der an die Bewohner von Tržič adressiert war. Sie versuchten, mit den Partisanen in Verbindung zu kommen und hofften, diese würden sie in Tržič befreien. Die Leitung des französischen Widerstandes im Lager vertraute Julien Poirier die Aufgabe an, über Kontakte mit der Zivilbevölkerung – insbesondere Mici Mally und Marija Romih – Verbindung mit den Partisanen herzustellen.

Allerdings war die Bewegungsfreiheit der Bevölkerung durch die ständige Überwachung der Stadt und ihrer Umgebung stark eingeschränkt und der Brief konnte nicht an die Partisanen weitergegeben werden, sondern blieb bei Mici Mally.

Im Brief stand geschrieben:

Bewohner von Tržič! Liebe Freunde! Über diesen Brief danken wir euch für den Empfang, den ihr den Franzosen bereitet habt, die von den Deutschen auf den Boden eurer Heimat deportiert wurden. Diese Sympathie war für uns eine sehr starke moralische Unterstützung. Gleichzeitig haben wir eure materielle Hilfe sehr geschätzt, denn wir wussten um die Schwierigkeiten, die ihr mit eurer eigenen Versorgung habt. Ebenso geschätzt haben wir die Hilfe und Unterstützung für eure jugoslawischen Landsleute.

Eure moralische und materielle Solidarität wird stets ein unzerstörbares Band zwischen Jugoslawien und Frankreich bleiben, denn sie hat sich in einer historischen Stunde bewährt, als nämlich unsere beiden Völker gemeinsam für ihre nationale und soziale Freiheit kämpften. Wir, französische Pa-

trioten, die nach Tržič deportiert wurden, hoffen, dass sich die so entstandene Freundschaft mit der Bevölkerung in Hinkunft noch verstärken wird. Wir glauben auch, dass wir dank dieser Verbindung gemeinsam an der Lösung der Probleme arbeiten können, die für die Deportierten am Loibl und in Tržič am Ende ihrer Gefangenschaft entstehen könnten.

Liebe Freunde! Wir wären sehr glücklich, wenn wir von euch politische Nachrichten über Frankreich und die übrige Welt erhalten könnten, und wir wären euch sehr dankbar, wenn ihr diese Nachrichten auf demselben Weg, wie ihr diesen Brief erhalten habt, an den Empfänger Jean Pierre schicken könnt. Wir versichern euch, liebe Freunde, unserer brüderlichen Zuneigung und unserer aufrichtigen Dankbarkeit. Alle französischen Landsleute, Deportierte in Tržič.

Rioux und Frontzcak bestätigten, dass sich unter den Häftlingen, die von der österreichischen Seite nach Tržič gekommen waren, auch der Chef des lagerinternen Widerstandes, Maurice Colin, befand. Lagerkommandant Zimmermann hätte Colin über die Absichten der SS-Leute informiert. Zimmermann wusste, dass Deutschland den Krieg verlor, denn er hatte die Radionachrichten der Partisanen aus der Gegend von Tržič gehört. So versuchte er, mit ihnen in Verbindung zu kommen. Er hatte erfahren, dass Himmler für den Fall einer Niederlage am 5. April befohlen hatte, alle Häftlinge, mit Ausnahme der Deutschen, zu erschießen.

Zimmermann benachrichtigte die Partisanen Ende April, dass es, noch bevor die SS-Leute das Lager verlassen würden, zu einem solchen Massenmord kommen könnte. Sie würden die Häftlinge alle in den Tunnel führen, die Portale sprengen und die Häftlinge dann im Tunnel vergasen.

Die Leitung des Lagerwiderstandes wurde informiert und begann sich zu organisieren. Obwohl sie bemüht war, die Verbreitung dieser Nachricht zu unterbinden, um Panik unter den Häftlingen zu vermeiden, waren viele von ihnen auf dem Laufenden. Am 4. Mai wurde Zimmermann von der SS wegen Verrats festgenommen, aber er konnte in der Nacht flüchten und damit einem sicheren Tod entgehen.

Kommandant Winkler:

Am 5. Mai 1945 bekam ich den Befehl, den SS-Mann Zimmermann hängen zu lassen. Ich wusste nicht warum, obwohl er unter meinem Kommando stand. Ich konnte diesen Befehl nicht ausführen, denn es gelang Zimmermann zu flüchten, bevor …

Abb. 37: Nordseite am 26. Mai 1945, links vom Tunnelportal die Materialbaracke, rechts die Schmiedebaracke, Foto Britische Armee, Landry.

Am Morgen des 5. Mai, einem Samstag, mussten die Häftlinge in Reih und Glied vor der Hauptschule antreten, und sie wurden zu Fuß auf den Loibl gebracht. Noch einmal zeigte sich die Unterstützung der Einwohner von Tržič, trotz der wütenden Blicke der Wachen. Gleichzeitig mit den Häftlingen schlug auch eine größere Anzahl von SS-Leuten den Weg in Richtung Loibl ein. Kaum waren sie weg, bezog die Landwehr (Domobranzen) in der Hauptschule Quartier.

Was wurde aus dem Konzentrationslager und aus den anderen Gebäuden auf der Nordseite nach der Verlegung der Häftlinge?

Im April 1945 verließen zunächst die Angestellten und die Ingenieure der Firma Universale das Nordlager; die Häftlinge wurden in der Folge ins Südlager verlegt.

Louis Breton in «Mes bagnes de la Loire au Danube»:

Gegen den 14. oder den 20. April ließen uns die SS-Leute antreten und holten etwa zwanzig Häftlinge heraus. Sie sagten uns, wir müssten die SS-Leute begleiten, um die Baracken im Nordlager abzumontieren. Zweifellos wollten sie auf der österreichischen Seite keine Spuren hinterlassen. Wir

KAPITEL X

machten uns mit fünf SS-Wachen und Fanfan als Dolmetscher auf; in der Gruppe waren ungefähr zehn Franzosen.

Wir durchqueren den Tunnel und kommen ins Nordlager. Alles liegt verlassen da. Das Arbeitsmaterial – Schubkarren, Kabel, Seilwinden, Maschinen usw. – liegt für den Abtransport an andere Baustellen bereit. Die Baracken der Zivilarbeiter sind leer, kein Leben mehr auf der Nordseite. Wir schlagen den Weg ein, der ins Lager führt.

Sie lassen uns zwei Kommandos bilden und wir beginnen mit dem Abtransport des Mobiliars aus den Speiseräumen von zwei Baracken: Nummer 2 und Nummer 3. Tische, Bänke, Metallschränke werden zwischen den Baracken 1 und 2 aufgestapelt. Dann entfernen wir die Latten, die das Teerpapier an der Decke halten. Wir gehen nunmehr täglich auf die Nordseite. Das Abmontieren geht nur sehr langsam voran. Die SS-Leute haben wie immer den Finger am Abzug, aber sie reden laut miteinander, was früher nur selten vorkam. Léon Zub, der ein bisschen Deutsch versteht, und Fanfan sagen uns, dass sie sich angesichts des unaufhaltsamen Vormarsches der Alliierten an allen Fronten Fragen stellten. Trotzdem dächten sie noch, Hitler würde seine berühmte neue Waffe hervorholen, die er versprochen hätte, und die Situation würde sich wieder umkehren.

Unter den SS-Leuten, die uns bewachten, befand sich ein junger Jugoslawe, der uns freundlich gesinnt war. Ich wusste, dass er unserer Organisation über Louis Garnier Informationen lieferte, die für uns in Hinblick auf eine mögliche Befreiung wertvoll sein konnten.

Jeden Tag kamen wir auf dem Weg zur Baustelle an einer Baracke vorbei, die als Küche für die Zivilarbeiter gedient hatte. Wir hatten bemerkt, dass noch ein Haufen Erdäpfel in der Küche lag. Wir fragten uns, wie wir zumindest zu einem Teil dieser Kartoffeln kommen könnten, die die Häftlinge sicher sehr geschätzt hätten. Gemeinsam mit Léon beschlossen wir, Fanfan zu beauftragen, den kleinen Jugoslawen zu fragen, ob er uns bis zur Abortbaracke begleitete und von dort aus die Erdäpfel holen ließe. Wir hatten nämlich bemerkt, dass die Abortbaracke gut geschützt vor den Blicken der SS-Leute stand, die unseren Arbeitsort bewachten.

Der Jugoslawe akzeptierte den Vorschlag und fragte den SS-Wachführer, ob er uns zum Abort begleiten könne. Er blieb vor dem Eingang der Abortbaracke stehen, damit ihn die anderen SS-Leute sehen konnten, und wir liefen in die alte Küche. Wir brachen das Vorhängeschloss auf und Zub zog seinen Mantel aus. Dann schnürten wir die Ärmel zu und füllten den Mantel mit Erdäpfeln an, bis er an die vierzig Kilogramm schwer war. Wir trugen den

Mantel zu zweit und liefen sehr schnell zurück, als wir plötzlich eine Diskussion in deutscher Sprache hörten. Zub verstand recht gut und sagte mir einfach:

«Nous sommes foutus!» [199]

Wir kamen hinter der Baracke hervor und sahen den SS-Führer. Sicher war ihm die Zeit zu lang geworden und er war heruntergekommen, um zu sehen, was vor sich ging.

Er war wütend, stritt mit unserem Freund, der um Antworten nicht verlegen war. Seine Wut richtete sich nun gegen uns und wir legten den Rest des Weges unter Kolbenhieben und Fußtritten zurück, um wieder zur Arbeit zu kommen. Allerdings ließen wir unser wertvolles Bündel nicht aus.

Er ließ uns die Kartoffeln in einen Metallschrank leeren, zwang meinen Freund Zub, sich mit dem Bauch auf einen Hocker zu legen, und schlug ihn mit aller Kraft auf die Arschbacken. Er schrie, jeder von uns würde 25 solcher Schläge bekommen. Die SS-Leute, die an dem Spektakel teilnahmen, schienen zum ersten Mal mit dieser Art von Bestrafung nicht einverstanden zu sein. Mein armer Léon biss die Zähne zusammen, er stöhnte vor Schmerz. Er bekam seine 25 Schläge. Dann kam ich an die Reihe, während die anderen SS-Leute stritten. Ich stieß dieselben Schmerzensschreie aus. Bei jedem Schlag hatte ich den Eindruck, meine Arschbacken würden zerreißen, ich spürte, wie sich Streifen bildeten, die immer mehr anschwollen. Ich hatte das „Glück", nur 18 Schläge zu bekommen, denn am Ende war der SS-Führer selbst „erschöpft". Er drohte uns mit einer Meldung beim Lagerkommandanten und wir wussten, wenn er das tut, dann laufen wir Gefahr, gehängt zu werden.

Wir konnten nur noch warten – und dabei arbeiten. Jede Bewegung war schmerzhaft, die Hose klebte am Hintern. Die SS-Leute diskutierten weiter untereinander, wir versuchten, zu verstehen, wer sich durchsetzte. Schließlich behielt die Vernunft die Oberhand: Der SS-Mann denunzierte uns nicht.

Am Nachmittag, als wir die Arbeit wieder aufnahmen, war unsere Überraschung groß. Der SS-Mann rief uns, ließ uns über Fanfan sagen, wir sollten die Erdäpfel in der Glut des abmontierten und verbrannten Barackenholzes braten, was wir dann unter seiner Aufsicht auch taten. Als wir damit fertig waren, ließ er uns sagen, wir sollten die Kartoffeln unter den Häftlingen aufteilen. Da wir uns nicht von der Stelle bewegen wollten, baten wir Fanfan, ein paar französische und polnische Mithäftlinge zu fragen, ob wir

---

199 Bedeutet hier so viel wie: Verdammte Scheiße! (Anmerkung des Übersetzers)

auch einen Teil für die SS-Leute bereitstellen sollten. Die Häftlinge waren damit einverstanden. Wir bereiteten also sechsundzwanzig Erdäpfelhaufen zu je einem Kilo vor und Fanfan sagte dem SS-Mann, es wären auch für sie Kartoffeln da. Dieser rief alle zusammen. Aber es war unmöglich, alle unsere Erdäpfel sofort zu verschlingen. Wir haben sie dann vor der abendlichen Rückkehr auf die Südseite gegessen, denn wir wussten, was es bedeutete, im Südlager mit Kartoffeln in den Taschen entdeckt zu werden. Eine Durchsuchung war jederzeit möglich.

Jean Granger schrieb, dass die Häftlinge unter SS-Aufsicht die Baracken anzünden mussten.

Die Mitglieder der Familie Čašelj vom Pamž-Hof berichteten, dass die SS-Leute die Häftlinge auf die Südseite evakuiert hätten. Vor dem Abmarsch mussten sie das Dach und die Dachbalken von Baracke Nr. 3 abmontieren, die sie mit Bitumenkarton verbrannten.

Der Rest des Lagers blieb nach dem Krieg noch eine Zeit lang bestehen und erst die englische Armee zerstörte das Lager vollends. Sie kamen mit Jeeps und Militärlastwagen, befestigten die Baracken an den Fahrzeugen und rissen sie aus dem Boden. Dann luden sie sie auf die Lastwagen, brachten sie nach Kärnten und machten daraus vor allem Brennholz.

Die Familie Čašelj vom Pamž-Hof bekam von den Engländern ein paar Bretter.

Der Zivilarbeiter Lojze Ahlin blieb in Dollich/Dole bei Ferlach. Er war anwesend, als die Engländer diese Arbeiten durchführten. Alles wurde auf den Bahnhof von Maria Rain/Žihpolje gebracht, bis auf eine Baracke, die in Dollich abgestellt wurde.

Auf die Anfrage des Internationalen Mauthausenkomitees nahm die Kärntner Landesregierung auf Betreiben des österreichischen Innenministeriums zweimal zum Status des Konzentrationslagers am Loiblpass Stellung:

In einem Schreiben vom 27. August 1954 bestätigt die Landesregierung, dass es im Bundesland Kärnten am Loibl ein Konzentrationslager – eine Außenstelle des Konzentrationslagers Mauthausen – gegeben habe. Gebäude dieses Lagers hätten sich auch auf der anderen Seite der jugoslawischen Grenze befunden. Es sei allerdings nicht mehr möglich festzustellen, wer im Jahr 1945 die Objekte übernommen hat und was mit ihnen geschehen ist. Zum aktuellen Zeitpunkt (1954) gebe es keine hölzernen Gebäude mehr, es seien nur mehr einige Fundamente aus Beton übrig.

In einem weiteren Schreiben vom 31. August wird hinzugefügt, die Landesregierung habe nach Befragung des Bürgermeisters der Gemeinde Windisch-Bleiberg erfahren, dass die englischen Besatzungsmächte die Holzteile des Konzentrationslagers auf dem Loibl weggetragen und weggeführt hätten. Wie die Besatzungsmacht diese Teile verwendet habe, sei unbekannt und ließe sich nicht mehr feststellen.

Die letzten Tage des Lagers

Im April 1945 gab es noch ungefähr 1039 Häftlinge am Loibl. 539 von ihnen waren Franzosen, 108 Jugoslawen (90 Slowenen), es gab etwa 300 Polen und 20 Russen, eine geringe Zahl Deutscher und Österreicher, Italiener, Luxemburger, Spanier, Tschechen, Ungarn und andere.

Die Anzahl der Deportierten, die zwischen 17. April und 5. Mai in Tržič arbeiteten, steht nicht mit Sicherheit fest; Schätzungen zufolge waren es zwischen 200 und 300.

In diesem Monat wurden die Areale vor den beiden Tunnelportalen ausgestattet; die Schienen und die Wasserleitungsrohre zwischen der Passhöhe und der Štruca wurden bis zum Nordlager abmontiert und nach Österreich gebracht, während die meisten Häftlinge noch mit Befestigungsarbeiten beschäftigt waren.

Die Zahl der Zivilarbeiter nahm rasch ab und am 1. Mai hatten die meisten deutschen Beamten und fast alle leitenden Angestellten der Firma Universale die Baustelle bereits verlassen. Die Zivillager waren an beiden Seiten der Grenze immer noch in Betrieb. Dort wohnten nach wie vor Slowenen, Kroaten, Italiener, ein paar Franzosen und Arbeiter anderer Nationalitäten.

Die Küche im Schloss des Barons Born wurde geräumt, das Personal wurde ins Zivillager verlegt. Da nicht genügend Fleisch vorhanden war, gingen manche Polizeioffiziere auf Gämsenjagd.

Als der Förster von Sveta Ana, Janez Dolinšek, das erfuhr, beklagte er sich sofort bei der Polizeiverwaltung. Seine Beschwerde wurde als unverschämt angesehen und der Förster wurde bei der Tür hinausgeworfen.

In der zweiten Aprilhälfte mussten zwei Bauern des Pamž-Hofes, Primož Čašelj und sein Sohn Stanko, mit einem Ochsenwagen Nahrung vom Südlager ins Nordlager bringen, um die Zivilarbeiter und die verbliebenen Wachen zu versorgen.

Nach dem 16. April berief Kommandant Winkler eine Versammlung ein und forderte von den deutschen Häftlingen (Deutsche und Österreicher), also von den Stubenältesten, den Kapos, den Oberkapos, dem Lagerältesten und den anderen, eine deutsche Uniform anzuziehen und sich dem „Volkssturm"[200] anzuschließen.

Er machte sie darauf aufmerksam, dass all jene, die sich dieser Aufforderung widersetzten, „beseitigt" würden und SS-Oberscharführer Zorn erinnerte sie daran, dass es sich hier um einen Befehl von Himmler handle.

Von nun an begaben sich die Häftlinge aus Deutschland und Österreich jeden Tag zum Training ins SS-Lager, wo sie schießen lernten und eine militärische Ausbildung bekamen. Am Abend kehrten sie in ihre Baracken zurück und erhielten als Ausgleich zusätzliche Nahrung.

Da die jüngeren SS-Leute bereits an der Front waren, übernahmen Wehrmachtssoldaten fortgeschrittenen Alters ihren Platz. Sie wurden der SS unterstellt.

Gegen Ende April nahm die Landwehr in Tržič ganz einfach 21 Männer fest und hielt sie am Bahnhof gefangen. Unter ihnen war der polnische Loibl-Zivilarbeiter Vladimir Gladoš.

Am nächsten Tag wurden sie nach Kovor gebracht.

Vor dem 5. Mai verließen sämtliche deutsche Häftlinge das Lager. Nur zwei blieben im Krankenrevier zurück. Der Schreiber Janez Tratnik strich aus seiner Liste alle Namen deutscher Deportierter aus, wie zum Beispiel:

Stubenältester Kurt Liese, die Häftlinge Albert Salzmann, Oskar Golla und Heinrich Sommerkamp, die alle als Berufsverbrecher gekennzeichnet waren.

Ivan Šubič sah traurig zu, wie sein kariertes Hemd auf Reisen ging. Ein Kapo hatte es ihm gestohlen, als er im Nordlager in Quarantäne war.

Nach Hitlers Selbstmord tauchten im SS-Lager schwarze Flaggen auf und die deutsche Fahne wurde auf Halbmast gesetzt, allerdings nicht lange.

Stanko Šipka sagte später:

Ich war in der Baracke und sah, dass draußen schwarze Flaggen gehisst waren. Ich fragte einen jugoslawischen Wachposten nach dem Grund. Er antwortete mir:

„Hitler, Ende."

---

200 Der Deutsche Volkssturm wurde von der nationalsozialistischen Regierung gegen Kriegsende einberufen, um die regulären Truppen der deutschen Wehrmacht zu verstärken. Dort sollten alle bislang noch nicht kämpfenden waffenfähigen Männer im Alter zwischen 16 und 60 Jahren eingezogen werden, um den Kernbereich des Deutschen Reiches zu verteidigen.

Ich benachrichtigte sofort meine Kameraden, dass es mit Hitler zu Ende war.
Josy Wirol erzählte mir dazu Folgendes:
Eines Tages im April wurde in Tržič an dem Ort, wo wir arbeiteten, eine schwarze Fahne aufgezogen. Die französischen Häftlinge baten mich, die Wache zu fragen, was das zu bedeuten hätte. Die Wache antwortete mir:
„Wenn bei euch der Staatschef stirbt, dann hisst ihr auch eine schwarze Fahne."
So erfuhren wir vom Tod Hitlers.

Am 3. Mai war Dr. Fill als Vertreter der Firma Universale noch immer auf dem Loibl zugegen. Das beweist ein Brief, den er an den französischen Techniker André Bourgeot schickte. Die Frau von Bourgeot hatte nämlich am 24. April im Krankenhaus Golnik ein Mädchen zur Welt gebracht. Dr. Fill übermittelte ihm im Namen der Firma seine Glückwünsche.

Am Morgen des 4. Mai, einem Freitag, kehrten die Häftlinge, die an den Befestigungsanlagen gearbeitet hatten, ins Lager zurück. Am selben Tag arbeiteten noch folgende Beschäftigte im Lohnbüro:

August Erat aus Bled, Janez Barlič aus Blagovica, der Chauffeur Čuk, der Verwalter Weiss und andere.

Am 7. Mai waren am Loibl noch einige italienische Arbeiter tätig und es lässt sich feststellen, dass am 6. Mai auf der Nordseite folgende Leute anwesend waren:

Janez Gradišnik, Ludvik Kastelic, die Italiener Mario Barbieri und Aldo Ferrari, die Franzosen Mary, Henri Miallon, Bonis Remy und Jean Virieux.

Die Wachen erfuhren, dass die Partisanen Begunje befreit hatten, und auch die Deportierten wurden davon informiert.

Für sie waren es die letzten Arbeitstage.

Die Freilassung von fünf Monarchisten, ehemaligen Mitgliedern der Landwehr

Früh am Morgen des 5. Mai bekamen die Monarchisten Križman, Ovsenik, Gubanc und Marinšek Zivilkleider. Sie packten in aller Eile ihre Sachen, ohne jemandem etwas zu sagen. Križman zog wieder sein Priestergewand an.

Zweifellos hatte die Leitung der Landwehr vorher Zivilkleider an den Loibl geschickt und sich mit dem SS-Kommando über ihre Entlassung geeinigt. Bald darauf kamen drei Wagen vor das Lager. Darin saßen der Bischof von Ljubljana, Gregorij Rožman, und Dr. Albin Šmajd, der vor dem Krieg in Radovljica als Rechtsanwalt tätig war. Šmajd ging zum Lagerkommandanten Winkler, daraufhin begaben sich beide zum Lagereingang. Zur selben Zeit holte der Lagerälteste die Monarchisten, die schon zur Abfahrt bereit waren.

Bevor er wegging, bot Križman seine Wäsche Matevž Martinc an, der sie Ivan Borc schenkte. Sie beeilten sich, an den Ausgang zu kommen, nahmen in den Autos Platz und fuhren in Richtung Kärnten ab. Keiner der Häftlinge, die sich nicht ganz in ihrer Nähe befanden, wussten von ihrer Abfahrt.

Franc Vršnak erinnert sich, dass Marinšek nervös seine Sachen zusammenlegte. Gubanc, der mit Jože Ovijač auf derselben Liege schlief, ging still und gesenkten Hauptes weg.

Gubanc wurde allerdings in Kärnten von den Engländern festgenommen und nach Jesenice gebracht und von dort nach Škofja Loka. Dort traf er Ovijač wieder, aber diesmal in einer ganz anderen Situation: Ovijač hielt Wache.

Kurz nach Abfahrt der Monarchisten sagte Valentin Narat Vater zu seinem Sohn, er solle sich für eine baldige Abfahrt bereithalten. Tatsächlich holte sie der Gendarm Franc Zupan aus Tržič noch am selben Abend ab.

In den Tagen nach dem 5. Mai machte sich ein großer Teil der bäuerlichen Bevölkerung in Richtung Loibl auf, ebenso wie die deutschen Truppen, gefolgt von den Kollaborateuren und ihren Familien. Auf Grund der Propaganda der Landwehr glaubten sie, die Partisanen, und vor allem die Kommunisten, wollten sie alle töten.

Die Loiblstraße war voll von Autos, Lastwagen, Pferde- und Ochsengespannen, die mit den unterschiedlichsten Gütern beladen waren, wie Kleider, Bettwäsche, Haushaltsgeräte, landwirtschaftliche Maschinen, Räder, Hühner in Körben, Schweine und Vieh, das an den Fuhrwerken hinten angebunden war. Der Zug bewegte sich langsam über die schmale Straße hin zum Loibl und dann durch den Tunnel weiter nach Kärnten.

Am Morgen des 5. Mai wurde noch ein Häftlingskommando zur Arbeit an den Tunnel geschickt. Georges Cholle schrieb 1952 an seinen Freund in Jesenice, Toni Župančič:

Am 5. Mai gegen 11 Uhr versammelten sie uns auf dem Platz und schickten uns zum Lager. Das war unser letzter Arbeitstag. Zwei Tage später, am 7. Mai gegen 16.30 Uhr, verließen wir den Ort ...

Louis Breton schrieb:

In den letzten 48 Stunden war das Lager in unserer Hand, aber auf den Wachtürmen standen noch immer SS-Wachen ...

Branko Danković aus Belgrad erzählte mir:

Wir arbeiteten am Morgen, dann führten sie uns ins Lager. Eine kleine Gruppe arbeitete noch auf dem Bauplatz und musste die letzten Maschinen abmontieren, die Werkzeuge einsammeln und alles für den Transport auf die Kärntner Seite vorbereiten. Dann kamen auch sie ins Lager zurück.

Alija Šahinović beschrieb den letzten Arbeitstag folgendermaßen:

Ich arbeitete vor dem Tunnel und beobachtete die Soldaten und die Zivilarbeiter mit den beladenen Wägen. Gegen zwölf Uhr hätten sie uns das Mittagessen bringen sollen. Stattdessen kam ein SS-Mann und rief uns zu, anzutreten. Sie führten uns ins Lager und gaben uns dort zu essen. Danach verlangten sie von uns, dass wir auf dem Appellplatz blieben.

Der Franzose Gabriel Bombardier schrieb:

Über die jugoslawischen Partisanen hatten wir erfahren, dass das Ende des Kriegs nahe bevorstand. Der Zivilarbeiter Srečko (Felix), der mit den Maurern arbeitete, informierte uns über die Lage. Auch die Leitung des französischen Widerstandes im Lager wurde sehr genau informiert. Als wir in die Baracken zurückkamen, stellten wir zu unserem großen Erstaunen fest, dass kein Lagerältester, keine Stubenältesten, keine Kapos mehr da waren, kurz, keiner dieser Kriminellen, die über unser Leben verfügten. Um etwa drei Uhr Nachmittag mussten wir uns alle auf dem Appellplatz versammeln, auch die Kranken aus der Sanitätsbaracke, die dazu in der Lage waren. Die SS-Leute verlangten nicht, dass wir uns in Reih und Glied aufstellten, wie sie das bisher immer getan hatten. Kommandant Winkler kam zum ersten Mal ohne Pistole und stellte sich vor Baracke Nr. 2 auf. Alle Häftlinge mussten sich in Richtung Norden drehen, während wir bisher immer in die entgegengesetzte Richtung geschaut hatten. Winkler rief die Dolmetscher zu sich, sagte ihnen, sie müssten gut achtgeben, was er sage, und dann übersetzen. Banek Prunon dolmetschte für die Franzosen, Franc Pirker für die Slowenen; es gab auch jemanden, der ins Serbokroatische übersetzte. Winkler sagte, der Krieg sei zu Ende und von diesem Moment an wären wir freie Menschen (es war das erste Mal, dass er uns nicht als „Häftlinge" bezeichnete). Wir sollten aber noch ein paar Tage im Lager bleiben, bis uns eine Alliierten-Organisation übernehmen würde. Er riet uns, ruhig zu bleiben und selbst auf Ordnung und Disziplin zu achten.

Da die Deportierten bemerkt hatten, dass ihre Folterknechte, die Kapos und die Stubenältesten, immer öfter SS-Uniformen anzogen und regelmäßig Märsche und Schießübungen machten, wurde innerhalb der nationalen Widerstandsorganisation ein Komitee zur Lagerverwaltung geschaffen. Mitglieder waren Emile Pasquier, Georges Loirat, Pierre Gaudin, Gaston Charlet, Robert

Theeten, Dr. František Janouch, Louis Balsan und andere. Als der Kommandant mit seiner Ansprache zu Ende war, gingen sie vor und stellten sich um ihn auf. Pasquier sagte ihm mit Hilfe des Dolmetschers, dass das Komitee die Lagerverwaltung in die Hand nehmen wolle und dass das bereits von den Deportierten so beschlossen war. Er sprach Französisch, die Dolmetscher übersetzten. Er nannte die Gründe für die Schaffung eines solchen Komitees, das Ziel und er wollte auch die Zustimmung des Kommandanten. Dieser wurde bleich, aber er nahm den Vorschlag an. Die Deportierten sagten ihm auch, dass bereits seit eineinhalb Jahren eine Lagerorganisation bestünde. Winkler zeigte sich überrascht und meinte, er sei darüber niemals informiert worden. Die Deportierten konnten kaum glauben, dass sich ein SS-Kommandant so verändern könne – er, der sich wie eine blutrünstige Bestie verhalten und über ihr Leben verfügt hatte. Pasquier rief die Deportierten nun zu Selbstdisziplin, zur Sauberkeit im Lager und zu einem besonnenen Verhalten auf.

Er schlug einige Schweigeminuten zum Andenken an die Kameraden vor, die im Laufe der Gefangenschaft ums Leben gekommen waren, und für den amerikanischen Präsidenten Roosevelt wegen seines Einsatzes für den Frieden. Der Kommandant versprach, die Wachen von den Türmen herabsteigen zu lassen, wenn sie sich ruhig verhielten, aber er machte sie darauf aufmerksam, dass sie noch unter seinem Befehl standen. Bald entfernten sich die Wachen tatsächlich.

Die Mitglieder des Komitees forderten bessere hygienische Bedingungen und größere Essportionen. Die Deportierten übernahmen die Küche und das Lebensmittelmagazin und bewachten diese Räume. Sie waren also halb frei, aber noch nicht gerettet, denn sie waren noch immer im Lager, sie wussten nicht, welche Absichten die SS-Leute hatten, und vor allem trauten sie ihnen nicht. Am Abend kehrten die SSler wieder auf die Wachtürme zurück.

Josy Wirol:

Als sie uns am Nachmittag des 5. Mai von der Hauptschule in Tržič ins Lager zurückbrachten, informierte uns Kommandant Winkler, dass das Ende des Krieges bevorstand. Er zeigte uns ein Stück Papier, auf dem geschrieben stand, dass kein Häftling das Lager lebend verlassen dürfe. Gezeichnet: Himmler. Dann fügte er hinzu: Das wird nicht in Kraft treten. Ihr habt gut gearbeitet und habt mir keine Schwierigkeiten gemacht. Ihr könnt nach Hause gehen, meine Männer werden euch begleiten, bis euch das amerikanische Rote Kreuz übernimmt.

Am Sonntag, dem 6. Mai, wurde niemand mehr zur Arbeit geschickt. Es war ein wunderschöner Frühlingstag. Das Zeichen zum Aufstehen wurde erst um acht Uhr morgens gegeben und nicht wie bisher um halb fünf. Im Lager herrschte völlige Freiheit.

In der Nacht hatte die freiwillige Wache einige Kameraden entdeckt, die aus dem Magazin Lebensmittel stehlen wollten. Die Lebensmittel wurden unter allen Deportierten verteilt und die Schuldigen wurden nicht bestraft. Im Komitee stieß eine solche Tat auf Verständnis, denn die Deportierten litten seit Monaten an Hunger.

Die Deportierten gingen in kleinen Gruppen im Lager spazieren und sprachen über ihre Zukunft. Manche bewunderten die Schönheit der alpinen Landschaft, dort, wo sie so lange gelebt und gelitten hatten, wo sie geschlagen wurden, wo sie Entbehrungen erduldet hatten wie ein ausgehungertes Wolfsrudel.

Mit Sorge beobachteten sie, wie eine große Menge Leute über die Straße vom Tal heraufkam, am Lager in Richtung Loibl hinauf vorbei- und schließlich durch den Tunnel weiterzog. Sie betrachteten die Zivilisten und die Soldaten auf der Flucht, die Deutschen, die Tschetniks, die Männer der Ustascha und der Landwehr, die, bis zu den Zähnen bewaffnet, schrien und manchmal auf einen unsichtbaren Feind schossen.

Die Wachen standen wieder auf den Türmen. Als sich ein paar Deportierte dem Stacheldraht näherten, sprachen ihnen Zivilarbeiter, die noch am Loibl geblieben waren, Mut zu; sie sollten durchhalten, in ein paar Stunden wären sie frei.

Manche Jugoslawen versammelten sich hinter Baracke Nr. 5 und begannen Volkslieder und Partisanenlieder zu singen. Stanko Šipka erzählte mir später, die Jugoslawen hätten die Hymne »Hej Slovani« und »Partizan sam, tim se dičim« gesungen.[201]

Ivana Vavpotič aus Šmarca bei Kamnik und eine weitere Frau kamen auf den Loibl, um die Deportierten zu besuchen. Sie standen auf der anderen Seite des Stacheldrahtes und freuten sich, als sie Jože Vavpotič[202] und Ivan Borc gegenüberstanden, die ihren Gruß erwiderten. Als sie zu nahe an den Stacheldraht kamen, rief ihnen eine Wache zu:

„*Verschwindet, oder ich schieße euch nieder!*"

Von Zeit zu Zeit blieben Leute aus dem Flüchtlingszug stehen und fragten mit erstauntem Blick, was das zu bedeuten habe, aber die Wachen wiesen sie zurück.

---

201 Es leben die Slawen – Ich bin stolz, Partisan zu sein
202 Kein Verwandtschaftsverhältnis zum SS-Mann Vavpotič

An diesem Tag wurde Miro Brajnik, ein Angestellter des Postamtes von Naklo, befreit. Auch Milko Madrujkić verließ das Lager: Vermutlich haben ihn die Tschetniks mitgenommen.

Am selben Tag kam der ehemalige jugoslawische Minister Šušteršič, begleitet von seiner Frau und seiner Tochter, mit dem Vormittagszug in Tržič an. Der Zug war voller Flüchtlinge. Er sah die Schwestern Mally auf dem Hauptplatz und war erstaunt, dass sie nicht flüchteten. Dann setzte er seinen Weg in Richtung Loibl fort. Am Abend beobachteten die Deportierten, wie sich ihre Folterknechte, die bereits seit letztem Abend nicht mehr im Lager waren, für die Abfahrt bereitmachten, die in der Nacht vor sich gehen sollte – zumindest dachten sie so. Die Deportierten bekamen zusätzliche Nahrung, aber der Kommandant wies den Wunsch des Komitees nach mehr Medikamenten mit dem Vorwand zurück, er brauche diese für die Abreise seiner eigenen Truppe.

Im Krankenrevier lagen noch 21 Kranke. Der Gesundheitszustand von vier Polen wurde als sehr ernst angesehen. Der Franzose Jean Gesland begann unter starken Schmerzen an der rechten Wade zu leiden und der tschechische Arzt Dr. Janouch diagnostizierte eine Infektion der Blutgefäße. Er verordnete ihm ganz ruhiges Liegen. So musste sich Gesland in ein schmutziges, stinkendes Bett legen.

Zwei Tage vorher war der Franzose Pierre Gaudin zum zweiten Mal ins Krankenrevier gekommen. Seinen ersten Krankenaufenthalt hatte er Ende Oktober in der Sanitätsbaracke auf der Südseite verbracht, allerdings nur wenige Tage lang.

Dank der Hilfe des Dentisten Roger Puybouffat, der vor dem Krieg mit Dr. Krupowicz befreundet war, wurde Gaudin auf dem Küchentisch operiert. Dr. Ramsauer hielt sich zwar noch am Loibl auf, aber im Krankenrevier zeigte er sich nicht mehr. Das Schicksal der Kranken interessierte ihn nicht.

Häftlinge aus dem Lager Klagenfurt

Am Morgen des 7. Mai brachten die SS-Leute 80 Häftlinge aus Klagenfurt ins Loibl-Lager Süd. Unter ihnen befanden sich auch zwei Slowenen, Janko Janežič aus Prelog bei Domžale und Rudi Veljak, ein Slowene aus Triest, den die Deutschen als Italiener betrachteten, sowie ein 20 Jahre alter Serbe.

Dieses Konzentrationslager stand in Lendorf, sechs Kilometer von Klagenfurt in Richtung Feldkirchen. Es hieß „Nebenlager Klagenfurt".

Dort befand sich die „SS-Junkerschule", die von etwa hundert SS-Offiziersanwärtern unterschiedlichen Grades besucht wurde. Kommandant dieser SS-Eliteschule war ein Standartenführer aus Kärnten.

Die SS-Leute wohnten in Gebäuden, die von Mauern umgeben waren. Die Häftlingsbaracken standen auf dem Hof. Sie waren von Stacheldraht umzäunt und von zwei Wachtürmen umgeben. Das Lager bestand seit 19. November 1943.

Lagerkommandant war SS-Hauptsturmführer Konradi aus Österreich. Er nahm sich noch vor der Ankunft der Partisanen und der Engländer das Leben. Rapportführer war ein SS-Mann namens Kurz.

Lagerältester war der deutsche politische Häftling Erich Brose (Häftlingsnummer 399) und später ein Tscheche, während der Wiener Stepanek die Funktion des Lagerschreibers erfüllte. Stepanek nahm sich am 26. Juni 1944 das Leben, weil ihn ein politischer Häftling beschuldigte, ausländische Radiosender zu hören.

Die Häftlinge waren Deutsche, Österreicher, Tschechen, Polen, Italiener, Russen, Spanier, Franzosen, Slowenen und der bereits erwähnte Serbe. Leitende Funktionen hatten ausschließlich Deutsche, Österreicher und Spanier über.

Während ihrer Haft mussten die Deportierten Flugabwehr-Gräben ausheben, sie bauten für die SS-Leute ein Schwimmbad und ein Wasserreservoir zum Löschen von Bränden, sie errichteten Stallungen für die Pferde, eine Reitbahn sowie Baracken für spät rekrutierte SS-Angehörige. Nach den Luftangriffen auf Klagenfurt und Umgebung wurde ein Sondertrupp geschaffen, das „Bahnhofkommando". Diese Häftlinge mussten die Löcher auffüllen und planieren, die durch den Luftangriff rund um den Bahnhof entstanden waren, und Schienen verlegen.

Bis Ende Mai 1944 waren nur 80 Häftlinge im Lager, im Jänner 1945 dann 130, dann wurde ihre Zahl wieder auf 80 verringert.

Auch der Landwirt Franc Henigman (geboren 1924, Häftlingsnummer 50866) soll in diesem Lager interniert gewesen sein. Er soll am 16. Mai 1944 als jugoslawischer politischer Häftling von Mauthausen nach Lendorf deportiert worden sein.

Aus dem Dokument E/20/Nr. 17, das im Archiv der KZ-Gedenkstätte Mauthausen im österreichischen Innenministerium aufliegt, geht hervor, dass im Zeitraum von 19. März bis 30. April 1945 die Häftlinge im Lager Klagenfurt von 15 SS-Leuten, und zwar einem Offizier und vierzehn SS-Soldaten bewacht wurden.

Das Verhalten der SSler in diesem Lager war nicht so brutal wie am Loiblpass. Obwohl es sich um ein Nebenlager von Mauthausen handelte, war das Essen besser; manchmal bekamen die Häftlinge dieselben Speisen wie die SS-Leute. Unter den Wachen befanden sich zahlreiche Deutsch-Jugoslawen.

Nachdem Ende April und insbesondere Anfang Mai 1945 ein Rücktransport der Häftlinge nach Mauthausen nicht mehr möglich war, beschloss der Lagerkommandant, alle Deportierten an den Loibl zu schicken. Sie nahmen sofort vier Häftlinge deutscher Nationalität, ließen sie SS-Uniformen anziehen und schickten sie zur SS nach Lendorf – ohne irgendwelche Formalitäten und ohne dass die Häftlinge einen Eid ablegten.

Als die Engländer nach Lendorf kamen, entwaffneten sie die SS-Leute in den Schulgebäuden und brachten sie nach Wolfsberg.

Janko Janežič beschrieb seinen Aufenthalt im Lager von Klagenfurt, wo er am 6. Mai 1944 hinkam, und in der Folge seine Ankunft in Ljubljana folgendermaßen:

In der Lagerbaracke in Klagenfurt waren wir ungefähr achtzig Häftlinge. Bewacht wurden wir von verwundeten oder dienstuntauglichen SS-Leuten. Da ich mich als Maurer ausgegeben hatte, war ich für Arbeiten im unterirdischen Krankenrevier und im Bunker unterhalb der Kaserne sowie für Schuttentfernung am Bahnhof zuständig. Vor dem 6. Mai mussten wir die Häftlings- und die Wachbaracken im Lager demolieren. Dann stiegen wir unter der Aufsicht von zwölf Wachen auf zwei Lastwagen und wurden in Richtung Loibl gebracht. Während der Fahrt bekamen wir nichts zu essen. Am „Kleinen Loibl" stieß unser Lastwagen in einer engen Kurve gegen eine Mauer und stürzte um. Er war für die Weiterfahrt zu stark beschädigt und wir mussten aussteigen. Auch der zweite Lastwagen musste geräumt werden und wir wurden in einem Haus zusammengepfercht, wo wir auf dem Dachboden und sogar auf dem Boden schliefen.[203]

Am Morgen des 7. Mai durchquerten wir zu Fuß den Tunnel, um auf die slowenische Seite zu gelangen. Wir blieben nur wenige Stunden im Lager. Ein SS-Mann hielt eine Ansprache.

Karel Mlakar aus Rove bei Domžale gab mir seine Zivilkleider. Am selben Tag wurde ich gemeinsam mit Rudi Veljak, einem Slowenen aus Triest, freigelassen. Weil auf der Straße Männer der Landwehr die freigelassenen De-

---

[203] Es handelte sich um eine Kaserne, in der während des Krieges das Gemeindeamt von Windisch-Bleiberg ebenso wie ein Waffendepot untergebracht waren.

portierten kontrollierten, mischten wir uns unter die Menge, die in Richtung Loibl unterwegs war.

Vor der Kirche zweigten wir in den Wald ab und stiegen auf die Passhöhe hinauf, wo wir von einem Wachposten angehalten wurden. Als der Wachkommandant kam, erzählten wir, woher wir kämen und dass wir die Absicht hätten, nach Kärnten zu gehen. Er antwortete uns, das wäre nicht gut, und schickte uns zurück. Wir gingen also wieder auf der Südseite hinunter und nutzten die Unachtsamkeit der Wachen, um durch den Tunnel schließlich doch noch auf die Kärntner Seite zu gelangen. Dort wurden wir sofort von den Partisanen rekrutiert. Sie wollten, dass wir uns ihnen anschlössen, was uns aber nicht behagte. Wir machten uns wieder auf den Weg und kamen über Eisenkappel und Jezersko am 12. Mai bei Cerklje zu Hause an.

Mein Haftgefährte Veljak hätte das Lager mit einer Gruppe „ausländischer" Deportierter schon vor mir verlassen können, aber ich ließ ihn aus der Gruppe heraustreten und schlug ihm vor, mit mir zu kommen.

Was die Existenz des „Nebenlagers Klagenfurt" betrifft, so wandte sich das „Internationale Mauthausen-Komitee" am 17. September 1954 mit der Bitte um Informationen an das österreichische Innenministerium, das die Anfrage an die Kärntner Landesregierung weiterleitete. Diese antwortete am 19. Oktober im Namen des Landeshauptmannes mit einem Brief mit der Aktennummer zl.11.176-1/1954, gezeichnet „Newole".

In diesem Brief wurde behauptet, dass in Klagenfurt niemals ein Nebenlager des KZ Mauthausen bestanden hätte. Es handle sich dabei offensichtlich um eine Verwechslung mit dem einstigen Loibl-Lager, über das die Landesregierung bereits in den Schreiben vom 27. und vom 31. August berichtet habe.

Eine solche Darstellung entsprach keineswegs der Wahrheit!

Das Konzentrationslager Klagenfurt wurde von der österreichischen Regierung bewusst ignoriert, obwohl es mehr als eineinhalb Jahre bestanden hatte. Es scheint allerdings, dass die SS-Leute die Häftlinge illegal nach Klagenfurt brachten, damit sie nach den alliierten Bombenangriffen, die im Jänner 1944 begonnen hatten, den Schutt wegräumten und die Schienen neu legten.

Das Ende des Lagers

Am Montag, dem 7. Mai, standen die Deportierten um sieben Uhr auf. An diesem Tag war das Frühstück ein bisschen reichhaltiger als sonst. Eine unüberschaubare Menge an Flüchtlingen war immer noch in Richtung Tunnel unterwegs. Leider wurden die Deportierten noch immer kaum informiert, weder über ihre eventuelle Abfahrt noch über den Vormarsch der alliierten Kräfte in Österreich.

Später zog das Widerstandskomitee im Lager zwanzig Deportierte aus den Küchen ab, um Brennholz zu holen.

Gegen zwei Uhr nachmittags mussten sich die Deportierten auf Befehl von Kommandant Winkler nach Nationalitäten geordnet aufstellen; er sagte ihnen, sie sollten sich für den Aufbruch nach Kärnten bereitmachen.

Die Jugoslawen mussten in die Baracke Nr. 4 zurückgehen, die vom Lagereingang am weitesten entfernt war.

Die Vertreter des Widerstandskomitees (ein Franzose, ein Pole und ein Slowene) verlangten vom Kommandanten, dass alle transportunfähigen Kranken in Erwartung ihrer künftigen Verlegung im Krankenrevier bleiben durften. Sie wollten die Zusicherung, dass keinem von ihnen etwas geschehen würde und dass zwei Freiwillige bei ihnen bleiben könnten.

Die beiden Freiwilligen waren Dr. Janouch und der Dentist Puybouffat. Im Krankenrevier blieben einundzwanzig Schwerkranke zurück. Der Kommandant akzeptierte die Vorschläge.

Franc Pirker fragte ihn, ob auch die Jugoslawen nach Hause zurückkehren könnten. Winkler antwortete, dass sie noch nicht frei wären, dass sie noch warten müssten und dass sie nach wie vor unter seinem Befehl stünden. Sie sollten sich ruhig verhalten, jeder Ungehorsam würde bestraft.

Bald verbreitete sich unter den Häftlingen das Gerücht, die „Ausländer" könnten unverzüglich das Lager verlassen. Die Lagerverwaltung öffnete sogleich die Lebensmittelmagazine.

Die Deportierten eilten zur Verteilung der Nahrungsmittel. Jeder bekam ein Brot und eine Konservenbüchse. Die Jugoslawen bekamen nichts, nur Muženič gelang es, zu seiner Ration zu kommen, indem er sich unter die Franzosen mischte. Dann kehrte er zu seinen Landsleuten zurück.

Viele Deportierte im Lager waren auf der Suche nach Schuhen oder Pantoffeln. Jeder wollte etwas finden, um leichter voranzukommen. Einige rissen Leintücher in Stücke, um sich daraus Reisebündel herzustellen. Es herrschte ein allgemeines Durcheinander, alle waren sehr nervös. Der Kommandant beobachtete das Treiben, ohne mit der Wimper zu zucken.

Einige unter den Deportierten glaubten zu wissen, dass die Reise nach Klagenfurt, Udine und Triest gehen würde. Jeder wollte mehr wissen als der andere und verhielt sich auch dementsprechend.

Die Leitungskomitees der französischen und der polnischen Lagerorganisation stellten in aller Eile Nationalflaggen her. Sie einigten sich auch darauf, einige möglichst robuste Kameraden auszuwählen, die am Rande des Zuges marschieren sollten, für den Fall, dass das Verhalten der SS-Leute bedrohlich würde.

Vor dem Lagereingang traten 44 SS-Leute unter dem Kommando von Rapportführer Sebastian Binder in Reih und Glied an. Die Wachen auf den Türmen blieben auf ihrem Posten.

Um 16 Uhr öffnete sich das Lagertor, und der Zug der Deportierten setzte sich, flankiert von den Wachen, in Viererreihen langsam in Bewegung. Vorher waren einige Deportierte noch ins Krankenrevier gegangen, um sich von ihren kranken Kameraden zu verabschieden.

Die Deportierten verabschiedeten sich auch, mit Tränen in den Augen, von den Jugoslawen. Die Tore des Lagers schlossen sich wieder, zurück blieben 102 Jugoslawen und 21 Kranke.

Die SS-Offiziere, Lagerkommandant Winkler und Doktor Ramsauer blieben noch im Lager. Winkler war in ständigem Kontakt mit den deutschen Behörden von Gorenjska und mit der Leitung der Landwehr.

Als der Zug den Weg in Richtung Tunnel einschlug, entrollten die Franzosen und die Polen ihre Fahnen und sangen die Marseillaise.

Auch die Jugoslawen stellten nach dem Vorbild der Franzosen und Polen eigene Fahnen her. Stanislav Walgoni, ein Elektriker aus Litija, beschaffte den Stoff. Bei ihrer Befreiung hätten sie mit schwingenden Fahnen in Richtung Tržič marschieren wollen. Leider mussten sie im Lager bleiben, denn die SS-Leitung stellte sich ihre Freilassung anders vor. Sie fürchtete, dass die jugoslawischen Deportierten nach Verlassen des Lagers mit den Partisanen gemeinsame Sache machen und die noch verbliebenen Angehörigen der SS und der Landwehr angreifen würden. Winkler informierte die Leitung der Landwehr in Tržič, dass die Freilassung der jugoslawischen Deportierten bevorstand.

Statt einer Massenfreilassung dachte die SS, die Deportierten in Abständen von ein paar Minuten einzeln freizulassen. In Tržič sollte sie die Landwehr in Empfang nehmen und in die Hauptschule sperren.

Gesagt, getan!

Nach dem Abmarsch der ausländischen Deportierten gab die Lagerleitung den jugoslawischen Internierten ihre Zivilsachen, Gepäck, Rucksäcke und anderes zurück, natürlich mit Ausnahme all dessen, was ihnen SS-Leute und Kapos bereits gestohlen hatten.

Nur wenige von ihnen konnten wieder ihre Zivilkleider anziehen und die gestreiften Häftlingsanzüge im Lager lassen, wie zum Beispiel Ovijač, Vršnak, Martinc, Noč usw. Wer aus Mauthausen gekommen war, erhielt nichts, denn außer dem Häftlingsanzug und den Holzpantoffeln hatte er nichts mitbekommen. Alle waren bereit zum Aufbruch und harrten ungeduldig der Dinge.

Die jugoslawische Baracke wurde von einem kroatischen SS-Mann aus Derventa bewacht.

Boško Dragić erinnert sich an ihn:

Als ich vor die Baracke kam, hörte ich auf Kroatisch:

„Boško, komm zu mir!"

Ich wagte es nicht, denn ich wusste nur zu gut, was passierte, wenn man zu nahe an eine Wache kam. Er rief mich noch einmal und sagte:

„Hoj! Keine Angst! Das Lager steht offen! Ihr werdet das Lager bald verlassen! Ich bleibe hier allein zurück! Ihr lauft weg! Ich bleibe hier, bis die Partisanen mich holen."

Ich weiß nicht, was aus ihm wurde, denn ich ging bald darauf zu Fuß nach Tržič, wo mich die Landwehr festnahm und in der Hauptschule einsperrte.

Gegen 17 Uhr begannen sich alle zu sammeln. Unter ihnen war auch Rudi Veljak, der den Buchstaben „I" von seinem Anzug abgenommen hatte. Albin Šetina aus Škofja Loka blieb im Krankenrevier.

Vor dem Lagereingang beschloss der Kommandant, zuerst die Gefangenen freizulassen, die aus Begunje kamen; das waren die ältesten. Er rief Rajko Marenčič über seine Häftlingsnummer auf, ließ ihn frei und bat ihn, sich nach einer halben Stunde vom Haus Schuberts aus telefonisch zu melden. Er wollte sichergehen, dass der Weg frei war und die Landwehr von der Freilassung der Gefangenen benachrichtigen.

Marenčič ging zu Fuß bis zu Srečnik [204] und fuhr von dort aus bis Križe mit dem Fahrrad weiter. Nach jeder Freilassung ging das Lagertor wieder zu. Nach Marenčič kam der älteste unter den verbliebenen Deportierten an die Reihe, Štefan Erbežnik, dann Andrej Svoljšak, beide aus Draga bei Sora. Der Kommandant wartete, bis der Freigelassene hinter der Kurve verschwunden war.

Von nun an wurden Zweier- oder Dreiergruppen freigelassen. Die Deportierten hatten sich vorher ausgemacht, auf halbem Weg zwischen dem

---

204   In Sveta Ana „der Zigeuner" genannt

Lager und der Stadt Tržič aufeinander zu warten. Aber auch dieses Versprechen blieb unerfüllt, denn die ersten freigelassenen Häftlinge wurden gleich wieder von der Landwehr festgenommen.

Sie waren nicht schwer zu erkennen, denn die meisten Deportierten trugen noch den Häftlingsanzug und waren geschoren. Wer Zivilkleider trug, konnte den Patrouillen der Landwehr entkommen und nach Hause zurückkehren. Diesbezügliche Berichte sind aufschlussreich:

Miha Gostič:

... vom Loibl ging ich gemeinsam mit einem Kameraden zu Fuß in Richtung Tržič, wo mich die Landwehr in die Hauptschule sperrte. Nach mir kamen noch Pavel Starin und Ciril Sešek (Repar). Zusammen mit Starin flüchtete ich aus der Schule, und wir versteckten uns beim Fleischhauer Janez Verdir.

Viktor Slamnik:

Vor mir wurde zuerst Simon Vengar freigelassen, dann Alojz Noč. Wir hatten uns vorher ausgemacht, bei der Sägerei Ankele aufeinander zu warten. Als mich Winkler nach meinem Alter fragte, machte ich mich um sechs Jahre älter und kam dadurch früher frei. Auf der Straße zur Sägerei hielt mich ein großer, starker Ustascha-Mann an und fragte:

„Wohin gehst du?"

Ich antwortete ihm, ich käme vom Loibl-Lager und kehrte zu mir nach Hause zurück. Er verlangte von mir, mit ihm zu kommen, aber ich weigerte mich und sagte, ich hätte eine Familie. In diesem Moment kam von Tržič ein Lastwagen daher. Der Ustascha-Mann sprang auf die eine Seite, ich auf die andere und so konnte ich ihm entkommen. Bei der Sägerei traf ich Vengar und die anderen. Wir beschlossen, in Richtung Dobrča zu gehen und dann nach Žirovnica.

Jože Ovijač:

Ich kam gegen Abend nach Tržič. Die Landwehr sperrte mich in der Hauptschule ein. Von dort flüchtete ich gemeinsam mit Janez Šubic aus Zgornje Pirniče über den Stacheldraht. Wir gingen zum Bahnhof, wo uns eine Frau Zigaretten und Essen gab. Dann gingen wir weiter nach Križe, Mlaka und Kokra. Am 9. Mai war ich bei mir zu Hause in Smlednik.

Jože Ovčak:

Als wir uns bei der Sägerei Ankele trafen, wurden wir von Männern der Landwehr umzingelt. Sie brachten alle nach Tržič, bis auf Plešec, Andrej Kušar und mich, denn wir versteckten uns unter den Brettern. Wir gingen sofort in Richtung Gebirge weiter und kletterten die Felsen hinauf. Dann kamen

KAPITEL X

wir nach Draga, wo die Partisanen Männer der Gestapo von Begunje und Kollaborateure bewachten. Unter ihnen erkannte ich einen aus Litija. Er war gefesselt, abgemagert und sah nicht gut aus. Sie sagten mir, das wäre ein Verräter, der sich in Begunje ganz miserabel verhalten hätte. Früher hätte ich mir so etwas von ihm nicht vorstellen können.

Manche Deportierte entkamen der Landwehr dadurch, dass sie sich bei Sveta Ana unter den Flüchtlingszug in Richtung Loibl mischten und versuchten, über Kärnten nach Hause zu kommen.

Janez Makovec erzählte mir:

Auf der Wiese vor dem Tunnel saßen drei Deportierte. Sie riefen mir zu, mich zu ihnen zu setzen, damit wir gemeinsam weitergehen könnten. Sie waren aus Kamnik. Wir haben uns dann in Kärnten wieder getrennt. Makovec fuhr mit einem Lastwagen über die Drau und bei Maria Rain schloss er sich einer Partisanenkompanie an.

Franc Kokalj:

Ich wurde gemeinsam mit Emil Holcar aus Županje njive bei Kamniška Bistrica freigelassen. Wir trugen Zivilkleidung und hatten unsere Reisebündel. Auf der Straße mischten wir uns unter die Flüchtlinge. Im Tunnel begleiteten wir eine Frau, die ein Kind in einem Kinderwagen vor sich herschob. Bald zweigten wir in Richtung Baba-Alm ab, gingen auf der Kärntner Seite über Zell, St. Margareten und Eisenkappel zum Seebergsattel/ Jezerski vrh und in Slowenien weiter durch das Kokra-Tal. Am Abend des nächsten Tages kamen wir nach Hause.

Matevž Martinc:

Ich ging zu Fuß nach Tržič. Auf der Straße von Strahinj nahmen mich zwei Vlassov-Leute fest und brachten mich zum Gendarmerieposten Naklo. Der deutsche Kommandant fragte mich, woher ich käme. Als er meine Antwort hörte, wollte er einen Ausweis sehen. Ich zeigte ihm meinen geschorenen Kopf und sagte:

„Das ist mein Ausweis!"

Er antwortete mir: „Geh, wohin es dir beliebt!"

Die Brüder Lojze und Jože Homan:

… Ravnikar, Bizjak und wir beide kamen nach Tržič. Dort nahmen uns die Männer der Landwehr fest. Ein Unteroffizier der deutschen Luftwaffe sah unsere gestreiften Anzüge und unsere Holzpantoffeln und sie ließen uns wiederum frei. Irgendwo zwischen Križe und Duplje sprach uns eine Wache der Landwehr wütend an:

„Ihr seid geflüchtet!"

Ipavic sagte zu uns: „Gehen wir weiter!"
Die Wache wandte sich an Lojze und fragte: „Wohin geht ihr?"
Der antwortete ihm auf Deutsch: „Nach Laibach!"
Die Wache schrie: „Partisanenschwein, sprich lieber Slowenisch!"
Und er bedrohte ihn mit seiner Pistole.
Da kam ein Deutscher, nahm ihm die Waffe aus der Hand und sagte: „Lass sie!"
Wir erreichten die Partisanen bei Stražišče, denn wir wollten wegen der Präsenz der Landwehr nicht nach Škofja Loka gehen.

Als Franc Bešter und Jernej Mrak am Lagerausgang auf ihre Freilassung warteten, schloss Winkler die Türen und sagte ihnen:

„Von jetzt an wird keiner mehr freigelassen!"

Kurz darauf kamen Mitglieder der Landwehr im Lastwagen und ließen vierzig Deportierte aufsteigen, um sie nach Tržič zu fahren.

Franc Bešter:

Die beiden Lastwagen fuhren nur sehr langsam, denn die Straße war voller Flüchtlinge. Neben uns saß eine SS-Wache in Uniform. In der Hauptschule, wo wir bewacht wurden, wandte ich mich an den Kommandanten und bat ihn, meine Schwester besuchen zu dürfen, die im Haus Kovar unter der Kirche wohnte. Er gab mir die Erlaubnis. Franc Pirker, Jernej Mrak und Peter Janežič begleiteten mich, eskortiert von zwei Männern der Landwehr. Wir überquerten die alte Kirchenstraße. Als meine Schwester mich sah, setzte sie sich vor Angst nieder. Ich sagte ihr, wir wären frei, aber sie glaubte mir nicht, denn wir waren in Begleitung zweier Wachen. Sie sagten ihr, wir könnten die Nacht bei ihr verbringen, aber sie müsse auf ihren Kopf schwören, dass wir um sieben Uhr morgens zurück sein würden. Sie gab mir Zivilkleider, die ihrem Mann gehörten, und statt in die Schule zurückzukehren, ging ich nach Bistrica.

Branko Danković:

Ich war in der Hauptschule gefangen. In der Nacht kamen Leute der Landwehr und versuchten uns zu überreden, uns ihnen anzuschließen. Sie gestatteten uns, im Radio die Nachrichten aus London und aus Moskau zu hören. Am nächsten Tag hatten sie wieder Dienst, aber bevor sie gingen, sagte ihr Kommandant zu uns:

„Ihr seid frei und könnt nach Hause gehen!"

Wir waren von einer unbeschreiblichen Freude erfüllt. Wir sammelten uns in kleinen Gruppen und hielten uns für den Abmarsch bereit. In meiner Gruppe waren die fünf jüngsten Kameraden.

In Pristava kreuzten wir einen Zug von Deutschen, Tschetniks und Ustascha-Leuten. Wir verließen schnell die Straße. Am Abend kamen wir nach Križe. Alles war leer. Eine junge Frau kam uns aus einem Innenhof entgegen und fragte uns:

"Kameraden, kommt ihr vom Loibl?"

Sie schlug uns vor, in ihrem Haus auf die Befreiung zu warten. Aus Vorsicht ließen wir uns im Dachboden nieder und sie brachte uns zu essen. Von dort hörten wir eine wilde Schießerei zwischen den deutschen Truppen und ihren Kollaborateuren auf der einen, den Partisaneneinheiten, die von Süden her vordrangen, auf der anderen Seite. Am Abend hörten wir dann: hurra, hurra!

Unsere Gastgeberin ging über den Hof den Befreiern entgegen. Sie trug eine Fahne mit einem fünfzackigen Stern. Wir liefen hinter ihr her. Wir umarmten uns und reichten einander die Hände.

Nachdem die Landwehr mit den Deportierten nach Tržič gefahren war, blieben im Lager noch einige Deportierte zurück und warteten auf ihre Freilassung durch den Kommandanten. Da sie fürchteten, auf die Landwehr zu treffen, begannen sie Pläne zu schmieden, wie sie die Stadt Tržič vermeiden und ohne Zwischenfälle nach Hause kommen könnten.

Anton Kastrevc:

Ein Zivilarbeiter gab mir ein ziemlich abgenutztes Gewand. Ich behielt nur die Lagermütze und das Armband mit meiner Häftlingsnummer, um beweisen zu können, dass ich Lagerhäftling war. Blažič ging in Richtung Tržič, ich mischte mich unter die Menge der Flüchtlinge. Unter ihnen waren zahlreiche Landwehr-Leute aus Novo Mesto. Die Wache vor dem Tunnel ließ mich nicht durch. Aber beim zweiten Versuch gelang es mir. Ich ging nach Ferlach zu Plavc, der einen großen Bauernhof besaß. Er sagte, ich könne bei ihm bleiben. Er war Kärntner Slowene, der Hof stand rechts von Ferlach.

Im Gasthaus "Beim Just" saßen ein SS-Mann, außerdem der Stubenälteste von Baracke Nr. 4[205], dann ein weiterer SS-Mann aus Wien sowie ein Partisan und eine Partisanin und tranken Most. Der SS-Mann erkannte mich, zweifellos wegen meiner Tonsur. Der Wiener drückte mir sogar die Hand und meinte, als wolle er sich dafür entschuldigen, er wäre zwangsweise zur SS eingezogen worden. Bald darauf bekamen wir die Nachricht, dass 6000 SS-Leute Ferlach umzingelt und bereits mit Razzien begonnen hätten. Ich versteckte mich. In der Nacht kam es zu einer schrecklichen Schießerei, bei der

---

205 Vermutlich Edi Sackmann

sowohl Deutsche als auch Partisanen ihr Leben verloren. Als alles wieder ruhig war, ging ich zu Plavc zurück. Endlich beschloss ich, nach Hause zurückzukehren. Auf der Straße durch das Loibltal kam ein verirrtes Pferd auf mich zu, ich gab ihm den Namen Ferdo. Als wir wieder auf unsere Seite des Tunnels kamen, hielt uns eine Partisanenbrigade aus Bosnien-Herzegowina an. Ich musste ihnen beweisen, dass ich ein Lagerhäftling war. Nach Velika Bučna vas (bei Novo Mesto) kam ich gegen den 17. Mai.

Mihael Mirković:

Ich ging in Richtung Tunnel, dann zweigte ich links gegen die Selenitza hin ab. In der ersten Nacht verirrte ich mich und schlief unter freiem Himmel. Auf der Selenitza lag noch Schnee. Am nächsten Morgen stieß ich auf eine Partisanenpatrouille ...

Ema Sešek, verehelichte Škerjanc und Tochter des Häftlings Ciril Sešek aus Radomlje, beschreibt das Wiedersehen mit dem Vater folgendermaßen:

Er kam zu Fuß vom Loibl, aber er ging nicht direkt nach Hause, sondern blieb für kurze Zeit bei seinem Vater Drolc in Preserje. Dort wollte er warten, bis es dunkel wurde, damit die Ortsbewohner nicht sehen konnten, wie sehr er sich verändert hatte. Seine Haare, früher einmal schwarz und voll, waren grau und dünn wie Seidenfäden geworden, sein Gesicht war abgezehrt und ausdruckslos. Er trug noch immer den Häftlingsanzug. Meine Tante Franca, die bei uns wohnte, erfuhr, dass er sich in Preserje aufhielt. Sie ging mich mit meinem kleinen Bruder Ciril holen.

Auf dem Weg sammelten wir Zigarettenstummel, damit er sich daraus Zigaretten drehen konnte. Als wir ihn sahen, fiel uns alles, was wir mitgebracht hatten, aus der Hand. Ich war sechs Jahre alt. Ich entfernte mich von ihm und wusste nicht, was ich sagen sollte. Ciril war drei, er rief:

„Das ist ein Bettler!"

Wir liefen ins Haus und weinten.

Der Bürgermeister von Tržič und die SS-Führer verlassen die Stadt

Am 6. Mai erhielt Kommandant Winkler von der Kreisleitung von Radovljica den Befehl, den Autobus mit Chauffeur, den ihm die Lagerdirektion im Herbst 1943 geborgt hatte, für den Bürgermeister von Tržič, Hugo von Kurz, zur Verfügung zu stellen.

Er beauftragte den Zivilchauffeur Jože und den SS-Mann Vinko Slapar aus Tržič, sich am nächsten Morgen, dem 7. Mai, beim Bürgermeister einzufinden, der im Schloss von Andrej Gassner im Zentrum von Tržič wohnte. Slapar fungierte als Reiseleiter. Die beiden bekamen den Auftrag, nach erfolgter Mission wieder an den Loibl zurückzufahren, denn der Autobus wurde noch gebraucht, um die SS-Truppe zu evakuieren. Slapar erzählte mir später, wie sie ihre Aufgabe erfüllten:

Ich kam zwischen sieben und acht Uhr morgens nach Tržič. Dort ließ ich mich beim Bürgermeister ankündigen. Sofort wurden alle möglichen Decken, Kissen und andere Bettwäsche aus dem Schloss gebracht und in den Autobus geworfen. Sie nahmen auch drei Kisten mit Zigaretten der Marke „Drina" mit. Ich war recht erstaunt, denn es gab nichts von großem Wert, wie Juwelen, Gemälde oder Ähnliches. Vor dem Schloss standen noch ein besonderer Wagen und zwei Lastwagen. Der Bürgermeister und seine Familie stiegen in den Wagen, während Georg Mayerhofer[206], der Geschäftsführer des Tržičer Transportunternehmens »Jože Kovač«, im ersten Lastwagen Platz nahm. Der Direktor der Schuhfabrik »Peko«, Podhaisky, stieg in den anderen Lastwagen, der mit Schuhen angefüllt war. Der Bürgermeister musste sich bereits mit ihm abgesprochen haben, denn alles stand zur Abfahrt bereit. Trotzdem war ich ein bisschen überrascht, dass mir der Kommandant keinen schriftlichen Befehl mitgegeben hatte und dass ich als Bewaffnung nur eine Pistole mitbekam. Der Chauffeur war nicht bewaffnet. Wir fuhren gegen zehn Uhr los. An der Spitze der Kolonne fuhr das Auto des Bürgermeisters, dahinter unser Autobus und schließlich die beiden Lastwagen. Auf der anderen Seite des Tunnels kamen wir nur mit Mühe voran, denn die Straße war voll von Flüchtlingen auf dem Weg nach Kärnten. Irgendwo vor Klagenfurt verloren wir die Lastwagen aus dem Blick, aber wir fuhren dicht hinter dem Bürgermeister. Nördlich von Klagenfurt gerieten wir in einen Luftangriff der Engländer aus geringer Höhe. Wir sprangen in den Straßengraben und setzten unsere Fahrt fort, als die Attacke zu Ende war. Von Kurz sagte uns nicht, wohin die Fahrt ginge. Vor Bischofshofen zweigten wir in Richtung Mauterndorf ab, das schien nun unser Reiseziel zu sein. Aber ich weiß nicht, ob der Bürgermeister dort zu Hause war. In Mauterndorf hielten wir vor einem großen Hotelgebäude an und entluden den Autobus. Ich erinnere mich nicht mehr, ob sie ihre Sachen

---

206 Mayerhofer wurde 1893 in Kärnten geboren. Er war Mitglied der NSDAP. Im Dezember 1943 kam er an den Loibl und nahm die Stelle des Leiters des Transportunternehmens von Tržič ein. Die Deutschen hatten dieses Unternehmen, das dem Slowenen Jože Kovač gehörte, konfisziert. Mayerhofer war ein Freund des Bürgermeisters von Tržič, Hugo von Kurz.

ins Hotel oder in ein benachbartes Haus auf dem Hauptplatz trugen. Gegen Abend hatten wir alles ausgeladen. Der Bürgermeister kam zu mir und fragte:

„*Slapar, fahren Sie jetzt wieder zurück?*"
„*Ja! Das ist der Befehl des Kommandanten!*"

Er verabschiedete mich mit einem „Gott sei mit dir", sonst sagte er nichts mehr.

Wir wollten dieselbe Straße fahren, auf der wir gekommen waren, aber im Dunkel verfuhren wir uns. Wir fuhren die ganze Nacht. Früh am Morgen, in Neumarkt an der Grenze zwischen der Steiermark und Kärnten oder in St. Veit an der Glan hielt uns die Militärpolizei an. Sie wollten unsere Papiere sehen, aber wir hatten keine. Sie sperrten uns in ein Zimmer, wo wir auf den Kommandanten warten mussten. Ich wiederholte ihm, dass ich keinen Ausweis hatte, nicht einmal einen schriftlichen Befehl, den Bürgermeister von Tržič, Hugo von Kurz, nach Mauterndorf zu bringen.

Schließlich sagte er zu mir: „Geht zum Teufel!"

Und so fuhren wir weiter.

Wegen der vielen Flüchtlinge auf der Straße konnten wir nur unter großen Schwierigkeiten auf den Loibl zurückkehren. Ins Lager kamen wir am 8. Mai, ungefähr um acht Uhr morgens. Ich war überrascht, die Lagereingänge offen zu sehen. Keine Wache stand mehr auf den Türmen und nur einzelne SS-Leute irrten im SS-Lager umher. Unter diesen war auch der Kommandant Winkler.

Der Buchhalter Dienelt, ein SS-Mann, befahl mir, sofort ein Fass Diesel und einige andere Sachen aufzuladen. Sie nahmen im Autobus viele Lebensmittel mit: Brot, Margarine, Konserven, Zucker, Mehl und anderes. Nur die Getränke fehlten. Alles ging in größter Eile vor sich. Ich hörte sagen, dass nur die Kranken im Lager zurückblieben.

Als der Autobus beladen war, fuhren wir – der Chauffeur Jože, der SS-Buchhalter Dienelt, der SS-Verwalter Unterscharführer Werner Hänsler und ich – vom Lager ab. Mit Ausnahme des Chauffeurs waren wir alle mit Pistolen bewaffnet.

Der Kommandant blieb noch mit einem Teil der Kompanie am Loibl. Wir rollten langsam durch den Tunnel, vorbei an den Flüchtlingen, die ziellos dahingingen. Ich verstand nicht, wohin sie gehen wollten.

Auf der Straße im Loibltal überholte uns Kommandant Winkler mit seiner Kompanie, allerdings ohne anzuhalten. In der Nähe der Kirche St. Leonhard meinte jemand, es wäre vielleicht klug, unsere SS-Abzeichen zu entfernen, was wir auch taten. Wir warfen auch unsere Militärjacken und un-

sere Waffen weg. Auf der Straße bei Kirschentheuer/Kožentavra sahen wir ein großes Plakat der Partisanen mit der Aufschrift:
„Werft die Waffen weg! Freier Weg in die Heimat!"
Auf der Straße lagen haufenweise Waffen. Die ganze Umgebung war voller Soldaten. Nach Kirschentheuer kam es zu einem Stau. Zwei französische Deportierte hielten uns an und bedrohten uns mit ihren Waffen, denn sie hatten den Autobus wiedererkannt. Sie nahmen mir meine Armbanduhr ab. Dann führten sie mich in den Keller eines Gasthauses in der Nähe der Drau. Ich weiß nicht, was mit den drei anderen geschah. Sie lieferten mich den Partisanen von Tržič aus. Nach einigen Stunden brachten mich diese nach Feistritz im Rosental/Bistrica v Rožu und hielten mich in der Schule gefangen.
Bericht von Karl Weber:
Die SS-Kompanie hat das Loiblpass-Südlager am Mittwoch, dem 9. Mai,[207] zwischen 10 und 11 Uhr morgens verlassen. Doktor Ramsauer, in SS-Uniform, fuhr auf einem Motorrad und stellte die Verbindung sicher. Auf der Straße nahm er seine Dekorationen ab. Das letzte Mal habe ich ihn in Unterloibl gesehen ... Die Kompanie kam in der Nacht vom 9. zum 10. nach Unterloibl. Um acht Uhr morgens gingen sie weiter. Winkler marschierte stets an der Spitze.

Die Kranken in der Hölle der Landwehr

Nachdem die jugoslawischen Deportierten das Lager verlassen hatten, blieben am 7. Mai nur noch 19 kranke Häftlinge und zwei Freiwillige zurück, die sich im Krankenrevier um sie kümmerten. Die Kranken waren Franzosen, Polen, Deutsche, Jugoslawen und ein Tscheche.

Marija Dovžan, die in den letzten Tagen des Lagers für die Zivilarbeiter kochte, sagte später, sie hätte nach dem Abmarsch der ausländischen Deportierten Doktor Ramsauer in seinem weißen Arztkittel auf einer Bank in der Nähe des Krankenreviers sitzen gesehen.

Die deutschen Zivilarbeiter und die Polizisten schlachteten die letzten verbliebenen Schweine und gaben auch den italienischen Zivilarbeitern, die ihnen dabei geholfen hatten, Fleisch zu essen.

Zum Glück betreute der französische Häftling Roger Lecoutre, der noch gehen konnte, seine schwerkranken Kameraden. Es war von Beruf Koch und kümmerte sich um das Essen. Die Kranken blieben auf ihren Strohsäcken liegen.

---

207 Weber ist hier ein Irrtum unterlaufen, denn die SS-Leute verließen das Lager am 8. Mai 1945

Abb. 38: Die ehemaligen slowenischen Häftlinge nach der Befreiung, v.l.n.r stehend: Lojze Homan und Jernej Mrak, sitzend: Jože Homan und Jože Ravnikar.

Am 8. Mai kamen Ravnikar und die Brüder Homan in Škofja Loka an. Sie benachrichtigten sofort den Chauffeur Jurij Štucin und die Familie Šetina, dass Albin Šetina krank am Loibl zurückgeblieben war. Štucin fuhr sofort los, um ihn zu holen. Um ohne Schwierigkeiten ins Lager zu gelangen, ließ er sich von Martin Remic, einem Mitglied der Gestapo, begleiten, der noch eine deutsche Uniform trug. Die beiden Männer wollten sich wahrscheinlich auch in den Augen der Partisanen reinwaschen. Štucin hatte sich für eine Zeit lang den Partisanen angeschlossen, aber er hatte sie verlassen, um als Chauffeur im Loibllager zu arbeiten.

Jedenfalls war er den Häftlingen häufig zu Hilfe gekommen, indem er sie mit Nahrung, mit Zigaretten oder mit Nachrichten versorgte.

Martin Remic und Jurij Štucin holten Šetina ab und brachten ihn nach Hause in Stara Loka.

Remic wurde von der Landwehr erschossen, damit er nicht mehr sprechen könne.

9. Mai 1945:

Elf deutsche und polnische Deportierte verließen das Lager und mischten sich in den Flüchtlingsstrom in Richtung Kärnten. So blieben nur noch neun Deportierte im Krankenrevier zurück, es handelte sich um:

Dr. František Janouch, Roger Puybouffat, Roland Lecoutre, Georges Meyniel, Pierre Gaudin, Jean Gesland sowie drei Polen, Czeslaw Brel, Marjan Krulikowski und Waclaw Gonsior [208].

Was in den folgenden Tagen in der Sanitätsbaracke passierte, berichten die französischen Deportierten Jean Gesland (Häftlingsnummer 60741), der sich auf Grund einer Tuberkulose im Krankenrevier befand, und Pierre Gaudin (Häftlingsnummer 89458).

Bericht von Pierre Gaudin:

7. Mai 1945:

Die gesunden Häftlinge verließen das Lager, nur wenige Insassen mussten im Krankenrevier bleiben. Unter ihnen war auch ich. Mit uns blieb der tschechische Arzt Janouch und der Krankenpfleger Puybouffat. Wir waren überrascht, als wir in den Küchen Lebensmittel aller Art vorfanden, darunter Zucker, den wir nie bekommen hatten, Teigwaren, Reis, kurz alles, was wir zu unserer Verpflegung niemals erhalten hatten. Außerdem entdeckten wir mehr als hundert Tonnen Kartoffeln, während wir immer nur ganz magere Rationen bekommen hatten. Wir fanden auch Medikamente in großen Mengen, die alle unsere Leiden schon seit langem hätten lindern können.

Bericht von Dauphin:

Die SS-Kompanie hat das Südlager Loiblpass verlassen und dabei beachtliche Mengen an Lebensmitteln zurückgelassen: 2500 Laib Brot, eine Tonne Margarine, Zucker- und Griessäcke usw.

Bericht von Jean Gesland – Dienstag, 8. Mai:

Wir werden natürlich nicht offiziell geweckt, aber jeder steht früh auf. Gegen neun Uhr fahren die SS-Leute mit dem Kommandanten an der Spitze ab. Wir können endlich aufatmen … Vier deutsche Häftlinge, gegen ihren Willen mit einer SS-Uniform ausstaffiert, haben kurz vorher die Flucht ergriffen. Kaum ist die SS weg, beginnen die Plünderungen. Die Flüchtlinge profitieren von den unfreiwilligen Wartezeiten, wenn der Zug zum Stillstand kommt, und bedienen sich im Lager. Und alles kommt vorbei.

Alle unsere geflüchtigen Kameraden eilen in die Küche und schaffen beachtliche Mengen an Lebensmitteln herbei. Sie müssen oft hin- und herlaufen. Unser Lebensunterhalt ist trotz der zahllosen Plünderer, die unter schweren Lasten gebückt gehen, für lange Zeit gesichert. Und das geht den ganzen

---

208 Gonsior (geboren am 8. Mai 1909, Häftlingsnummer 79302) war mit dem Transport vom 25. August 1944 ins Lager gekommen. Krank und völlig erschöpft starb er am 12. Mai 1945. Dr. Janouch begrub ihn in der Nähe des Lagers.

Tag und auch den nächsten so weiter, Tag und Nacht, ohne Unterbrechung. Und der Kommandant hat sich in den letzten Tagen geweigert, die Nahrungsrationen zu verbessern!
Mittwoch, 9. Mai:
Immer dasselbe Schauspiel, ununterbrochen: die Massenflucht und die Plünderungen ohne Ende. Wir verbringen einen ruhigen Tag inmitten dieses Getöses, das vom Tal heraufkommt. Der Berg in seiner Erhabenheit scheint sich des Lärms nicht einmal gewahr zu werden. Allerdings bemerken wir, dass die Leute, die zur Plünderung ins Lager kommen, immer aggressiver werden. Manche treten unter irgendeinem Vorwand ins Krankenrevier ein, wollen trinken oder essen oder etwas mitnehmen. Andere sprechen uns durch den Stacheldraht an. Sie erzählen von Partisanenbanditen, die es zu vernichten gelte, weil sie der Grund all ihres Unglücks seien ... Sie wenden sich mit erhobenem Revolver in Richtung Süden mit einer Geste der Drohung, der Rache. Wir hören, wie sie voller Ärger und Hass sind, in ihren Augen ist grenzenlose Wut ... Dann taucht ein höchstens zwölfjähriger Junge im Krankenrevier auf, in jeder Hand hält er einen Revolver, den Finger am Abzug. Seine Augen treten aus den Höhlen hervor, er betrachtet uns verstört, fast blind vor Hass. Er geht auf mich zu, während ich nackt in der Sonne liege, und richtet seinen Revolver in meine Richtung. Ich bin allein und spüre eine panische Angst in mir aufsteigen. Ich habe das Gefühl, dass ich jetzt von diesem Lausbuben getötet werde, gerade in diesem Moment, wo ich nach so vielen Jahren des Elends, der Leiden und der Verzweiflung endlich bald wieder meine Lieben sehen kann. Zum Glück hat ihn Janouch – immer wieder Janouch – gesehen und taucht hinter ihm auf. Er drückt ihm die beiden Arme zusammen und hindert ihn am Schießen. Wir würden ihn gerne entwaffnen und bestrafen, wie er es verdient, aber wir fürchten, das könnte zu schrecklichen Repressalien seitens der ganzen Bande führen, die vielleicht ihre Aufregung an uns Wehrlosen abreagiert ... Von diesem Tag an wird das Knattern der Maschinengewehre, der Gewehre und Revolver, das Pfeifen der Raketen und Granaten immer stärker. Die Berge sind mit Rauch bedeckt, der Geruch von Schießpulver breitet sich überall aus ... Überall schießen Flammen empor und beleuchten die Berge. Und immer noch der unversiegbare Strom der Flüchtlinge, der sich durch die Landschaft windet, manchmal ruckartig anhält und sich dann wieder mühsam weiterschlängelt. Die Militärfahrzeuge werden immer zahlreicher.
Nur noch wenige sind im Krankenrevier zurückgeblieben. Die meisten unserer deutschen und polnischen Haftgefährten haben ihre Bündel gepackt

KAPITEL X

und haben sich dem Flüchtlingszug angeschlossen, auch sie mit unbekanntem Ziel. Wir sind nur noch ein paar Franzosen und zwei Polen, die im Sterben liegen. Janouch ist am Dienstag nach Tržič hinuntergegangen. Er hat mit dem Krankenhaus Golnik telefoniert und gefragt, ob sie uns holen kämen. Antwort:

Wenig Platz, wenige Lebensmittel, vor allem aber kein Benzin. Wir werden versuchen, uns welches zu besorgen, und wenn uns das gelingt, dann kommen wir euch holen, sobald die Straße wieder frei und befahrbar ist.

Er kommt am Abend zurück, erschöpft von zwanzig Kilometern Fußmarsch im Gebirge, gegen den Flüchtlingsstrom. Er hat noch seinen Häftlingsanzug getragen und ist aus diesem Grund von einem deutschen Offizier angesprochen worden, der von ihm alle möglichen lächerlichen Erklärungen haben wollte, als wären die Deutschen hier noch die Herren ... Heute ist er wieder nach Tržič gegangen. Er hat dort gesehen, dass wir vom Krankenhaus trotz der Versprechungen keine Hilfe erwarten könnten. Aber diesmal hat er sich alte Zivilfetzen umgehängt, damit er nicht wieder angesprochen wird. Er ist am Abend erschöpft zurückgekommen. Das Spital von Golnik konnte sich zwar das notwendige Benzin beschaffen, aber jeglicher Autoverkehr ist auf der einzigen Straße, die zum Tunnel führt, noch immer unmöglich. Die Straße ist durch die unaufhörliche, erbärmliche Massenflucht noch immer verstopft. Und die letzten gehtüchtigen Kameraden machen sich auf eigene Faust auf den Weg. Unsere Glückwünsche begleiten sie ...

Donnerstag, 10. Mai:

Unsere Kameraden sind nicht mehr zurückgekommen. Es ist ihnen also gelungen, den Tunnel zu durchqueren ... Wir warten immer noch auf das Ende dieses erbärmlichen Zuges, auf das Ende der Plünderungen unserer Baracken, auf das Ende der Gewehr- und MG-Salven, der Kanonenschüsse aus allen Richtungen. Plötzlich bemerken wir, dass die Baracke 5 in Flammen steht. Zehn Minuten genügen, um diesen Ort so vieler Monate von Leiden zum Verschwinden zu bringen. Wir lassen sie brennen, ohne zu versuchen, irgendetwas zu retten. Wir fürchten, dass das Feuer auf die anderen Baracken überschlägt, vor allem auf die Baracke, in die wir uns geflüchtet haben. Wir machen uns bereit, in jedem Moment fliehen zu können. Janouch teilt jedem von uns eine Aufgabe zu und durchschneidet den Stacheldraht in unserer Nähe, um eine Passage zu öffnen. Aber das Problem der beiden sterbenden Polen macht ihm Sorgen. Er möchte sie nicht zurücklassen, aber es wäre unmöglich, sie mitzunehmen, denn wir sind selbst alle entkräftet und können uns kaum voranschleppen. Bei mir fürchtet er eine Embolie, wenn ich die geringste An-

Abb. 39: Parade der französischen Brigade «Liberté» in Richtung Tržič am 1. Juni 1945.

strengung auf mich nehme. Wir strecken uns angekleidet auf den Strohsäcken aus und können nicht schlafen.

Freitag, 11. Mai:

Immer noch der Flüchtlingszug, immer noch der Kanonendonner. Am frühen Nachmittag verschlingen die Flammen Baracke 1 und wir bemerken einen Mann, der unter der Lagerküche eine Brandbombe legt. Roger (Puyboufat) läuft hin, um sie zu entfernen, bevor sie explodiert, aber er wird von einem Weißgardisten[209] gesehen, der ihn mit seinem Revolver bedroht und zuruft, die Partisanen wären Wilde, die es zu vernichten gelte, und man werde sie auch ausnahmslos vernichten (es ist Janouch, der übersetzt). Ein paar Stunden später finden wir an derselben Stelle eine weitere Brandbombe. Es steht nun außer Zweifel, dass die Weißgardisten das ganze Lager anzünden wollen, und wir laufen Gefahr, in unserer Baracke gegrillt zu werden … Die Nacht bricht an und in der Dunkelheit nimmt unsere Angst zu. Rund um uns hören wir überall Schüsse. Eine Granate sprengt das Dach einer der Polizeibaracken

---

209 Die genaue Bezeichnung ist „Landwehr". Allerdings war dieses Wort den Partisanen und den Slowenen im Allgemeinen unbekannt. Sie nannten sie „Belogardisten", eine Bezeichnung, die von Gesland richtigerweise mit «Gardes blancs» (Weißgardisten) übersetzt wurde.

weg. Kaum liegen wir wieder auf unseren Strohsäcken, ist die Nacht in gleißendes Licht getaucht. Der Wachposten mit seiner ganzen Munition steht in Flammen. Kartuschen, Granaten, Bomben explodieren, ein Hagel von Geschossen geht rund um uns nieder. Ganz plötzlich verliert sich der Flüchtlingsstrom auf allen Seiten und manche laufen in den Tod, den sie vermeiden wollten. Die Explosionen sind so stark, dass wir auf den Boden fallen. Wir würden gern die Felsen in der Nähe der Passage erreichen, die Janouch in den Stacheldraht geschnitten hat. Aber es ist zu spät, nach draußen zu gehen. Die beiden Polen betrachten uns voller Angst. Wir liegen schon lange unter den Betten auf dem Bauch, ohne dass ein Ende der Explosionen absehbar wäre. Geschosse durchlöchern das Dach unserer Baracke. Die Fensterscheiben sind zerbrochen. Da zerreißt ein Lichtstrahl die Dunkelheit und ein Knall, stärker noch als alle bisherigen, lässt unsere Baracke erzittern und reißt Türen und Fenster aus. Das Getöse kommt von der Straße. Ich wage mich vor und schaue: Aus einem Lastwagen, beladen mit Munition, lodert eine ungeheure Flamme in den Himmel. Die Geschosse explodieren ganz in unserer Nähe. Die Hitze droht uns zu ersticken, brennende Geschosse fallen auf das Dach, durchschlagen die Wände. Fliehen? Es ist zu spät. Die wenigen Meter, die uns von den Felsen trennen, lassen sich nicht überwinden. Und dann ... da sind immer noch die beiden Polen ... Durch die Flammen, die langsam schwächer werden, sehen wir zerstörte Autowracks, die zerfetzten Kadaver von Pferden ... Die Abstände zwischen den Explosionen werden länger, langsam wird es ruhiger.

Samstag, 12. Mai:

Wir betrachten das unvergessliche Schauspiel dieser unbeschreiblichen Zerstörungswut. In einem Umkreis von mehr als hundert Metern von dem explodierten Lastwagen ist alles schwarz, glosend und in Rauch gehüllt. Nichts als Trümmer, Wracks, verbogene Eisenstücke. Niemand wagt es, sich zu nähern, und dennoch bildet sich der unversiegbare Flüchtlingsstrom langsam neu, in einem weiten Bogen um das gefährliche Feuer. Die Leute gehen nahe an unserer Baracke vorbei ... Die Sonne geht über einem wolkenlosen Himmel auf. Im ganzen Tal ist nur Rauch zu sehen. Wir steigen aus unseren Betten ... Gegen elf Uhr hören wir wieder Gewehr- und Kanonensalven. In der Nacht sehen wir die Lagerfeuer der Weißgardisten, die – etwa achthundert Meter vom Tunnelportal entfernt – vom Ablageplatz aus, wohin der Schutt aus dem Tunnel geführt wurde, Schüsse abgeben. Sie beschießen ohne Unterbrechung die Straßeneinmündung und wir befinden uns genau in der Schusslinie. Zu unserem Glück schießen sie nicht weit ... Der Strom ist versiegt, die Straße ist wieder leer ... Die Salven gehen in alle Richtungen ab. Ein paar Maschinen-

gewehre müssen nur ein paar Meter von uns entfernt aufgestellt sein. Ihr Knattern zerreißt uns die Ohren ... Wie lange schon und wie lange noch liegen wir unter unseren Betten ... 15 Stunden. Langsam lässt die Schießerei nach. Wir wagen uns in unser Observatorium vor und sehen, wie die letzten Gruppen der Weißgardisten den Ablageplatz im Gänsemarsch verlassen. Sie marschieren mit schussbereiten Gewehren und Maschinengewehren in Richtung Tunnel. Bei jedem Schritt drehen sie sich um. Wohin der Blick auch schweift, überall im Gebirge sind Brände zu sehen. Langsam wird es ruhiger. Es scheint, die Royalisten wären endgültig fortgegangen ... Einer der Polen, der ältere, scheint nun im Koma zu liegen. Janouch möchte, dass wir mit dem anderen das Lager verlassen.[210] Er meint, wir würden auf der Straße Partisanen treffen, die uns helfen könnten ... Schließlich entscheidet er, dass wir uns mit dem jüngeren der beiden Polen auf den Weg machen, dass wir ihn, so gut es geht, auf einem Strohsack transportieren und dass er uns nach kurzer Zeit nachkommen würde, wenn er den Sterbenden, Gott weiß wie, begraben hätte. Ich ziehe einen Strohsack ab, um den Stoff als Tragbahre zu verwenden. Während ich damit beschäftigt bin, kündigt uns Gaudin einen Pferdewagen an, der aus dem Tunnel kommt und in Richtung Tržič unterwegs ist. Das ist unsere unerwartete Rettung. In wenigen Sekunden sind wir alle zur Stelle. Wir durchbrechen den Stacheldraht, um den Weg zu verkürzen. Janouch hat seine Entscheidung getroffen: Wir nehmen den jüngeren der beiden Polen auf dem Strohsack-Überzug mit und er bleibt gemeinsam mit Roger beim älteren zurück. Wir laufen hinter dem Pferdewagen her und erreichen ihn. Auf dem Wagen sitzen zwei junge und ein alter Jugoslawe. Sie verstehen uns nicht, aber sie nehmen uns ohne Probleme mit. Wir heben den jungen Polen auf den Wagen, dessen Gesicht wieder voller Hoffnung ist. Dann geben wir den Wageninsassen ein paar Lebensmittel und der Wagen fährt weiter, begleitet von Maschinengewehrkugeln, die ein verspäteter Verrückter zu seinem Vergnügen auf uns abschießt. Aber dank einer Straßenkrümmung sind wir bald außer Reichweite ... Der Wagen fährt langsam weiter, die Hinterräder werden durch zwei große Holzscheiben gebremst, die die jungen Jugoslawen mit aller Kraft dagegen drücken. Wir werden auf der Straße hin- und hergeworfen, denn überall liegen Hindernisse verstreut ... Bald befiehlt uns eine kehlige Stimme, die ich nicht verstehe, anzuhalten. Das sind die ersten Partisanen, die wir treffen. Sie be-

---

210 Aus den Archivdokumenten und den verschiedenen Berichten geht hervor, dass vor der Räumung des Lagers drei polnische Deportierte im Krankenrevier lagen. Bis zum heutigen Tag wissen wir nicht, wie der dritte Pole nach Tržič gebracht wurde.

fragen unsere Wagenlenker, aber diese verstehen sie nicht besser als wir und die Erklärungen im Kauderwelsch mehrerer Sprachen oder Dialekte sind mühsam. So wird es die ganze Fahrt hindurch weitergehen. Sie lassen uns schließlich unseren Weg fortsetzen.

Ein bisschen weiter weg tauchen plötzlich Männer an unserer Seite auf: ein Partisanenposten. Er ist so gut in den Felsen versteckt, dass es unmöglich ist, ihn zu entdecken. Dieselbe Befragung, dieselben Schwierigkeiten mit unseren Wagenlenkern wie vorher. Noch weiter unten werden wir wieder angehalten, diesmal am Rand von Sveta Ana. Wir sehen die Hausdächer des Ortes. Aber diesmal müssen wir aus dem Wagen steigen und werden in ein Haus geführt, das von Partisanen besetzt ist. Bewaffnete Männer und Frauen mit entschlossenem Blick, die einen in Zivil, die anderen mit allen möglichen Uniformstücken bekleidet, Offiziere ohne Galon, deren Autorität sich in ihrem Verhalten zeigt ... Schließlich kommt ein junger Mann mit energischem, intelligentem Gesichtsausdruck. Er wendet sich in verschiedenen Sprachen an uns, er spricht auch ein bisschen Französisch. Ich versuche mit viel Mühe, ihm verständlich zu machen, dass wir freigelassene politische Häftlinge sind, auf uns gestellt, weil wir krank sind, und dass wir nach Tržič wollen, um uns dort ärztlich behandeln zu lassen. Er gibt mir zu verstehen, dass wir in wenigen Augenblicken weiterfahren könnten, und lässt uns heißen Kaffee bringen. Ich betrachte das Kommen und Gehen von Männern und Frauen, die einen harten, siegreichen Kampf hinter sich haben und nun vorsichtig den Feind verfolgen, von dem sie ihre Heimat befreien wollen ... Wir nehmen unseren Weg wieder auf und kommen nur schwer voran inmitten von Trümmern aller Art, die von der wilden Verbissenheit zeugen, mit der die Feinde gekämpft haben. Leichen von Männern und Frauen, Pferdekadaver, umgestürzte, aufgerissene Wägen, Munition, Waffen, Kanonen, verbrannte Lastwagen, Schriftstücke, Lebensmittel, Wäsche, Schuhe, verstreute Zigaretten, Fahrräder, Schreibmaschinen ... Vieh und Pferde, die wie durch ein Wunder noch am Leben waren und überall herumirrten. Was für ein Gemetzel! Wir müssen ständig die Straße für die Durchfahrt des Wagens räumen.

Mit Sicherheit sind wir die Ersten, die nach der Schlacht diese einzige Straße, die das Tal hinunterführt, befahren. Die Schlaglöcher sind wie Gift für unseren kleinen Polen, der Blut zu spucken beginnt. Trotz der milden Sommernacht friert er. Zwischen zwei Hustenanfällen fragt er nach Janouch und ich antworte ihm, Janouch würde morgen wieder bei uns sein. Sein Gesichtsausdruck erhellt sich. Wir erreichen die ersten Häuser von Tržič. Sie stehen in Flammen. Wir verbringen das Ende der Nacht in einem Partisanenposten.

Schließlich beschreibt Gesland ausführlich die Begeisterung, mit der die Kranken in Tržič empfangen werden, das Mitgefühl der Leute und das große Fest, das die Stadtbewohner am 13. Mai veranstalteten, um ihre Befreiung zu feiern. In der Zwischenzeit begrub Dr. Janouch am Loibl den verstorbenen Polen und stieß wieder zu der Gruppe in Tržič, wo er sich sofort um den jungen Polen kümmerte, der ihn sehnsüchtig erwartet hatte. Die Stadtbewohner brachten ihn auf einer Tragbahre ins Krankenhaus Golnik. Janouch organisierte am 13. Mai auch den Transport eines weiteren Polen und zweier französischer Deportierter in dieses Spital.

In Tržič zeichneten sich die Schwestern Mally, Marija Romih und die Schwestern Marta und Beti Stransky erneut durch die Hilfe aus, die sie den Deportierten leisteten. Gesland erwähnt auch Štefka Kalan und Justina Meglič.

In den Krankenhausarchiven von Golnik habe ich gesehen, dass die Franzosen Georges Meyniel und Pierre Gaudin sowie die Polen Cselaw Brel und Marjan Krulikowski am 13. Mai dort eingeliefert wurden.

Pierre Gaudin schrieb später unter anderem:

Am Abend des 12. Mai transportierten mich Lagerkameraden gemeinsam mit anderen Kranken liegend in einem Partisanen-Karren. Am nächsten Tag wurde ich mit Meyniel ins Krankenhaus Golnik gebracht, wo wir mehr als drei Wochen zur Genesung blieben. Schließlich wurde ich nach einem Aufenthalt im Auffanglager Ljubljana nach Italien geschickt. Über Bologna und Rom kam ich nach Neapel, wo ich schließlich auf ein Torpedoboot stieg und am 12. Juni 1945 in Marseille landete.

Roger Puybouffat schloss sich am 21. Mai 1945 der französischen Brigade «Liberté» an. Die Brigade kam aus Kärnten und war in Radvoljica einquartiert. Er kehrte mit der Brigade nach Frankreich zurück.

Jean Gesland erreichte Frankreich über Österreich und Italien, wie ein Brief an Mici Mally zeigt.

Die beiden Polen waren von all diesen Deportierten am schwersten krank. Jean Gesland schrieb ja, dass der Jüngere Blut spuckte.

Es handelte sich um:

1) Marjan Krulikowski, geboren am 27.2.1924 in Lodz, politischer Häftling, Häftlingsnummer 77609. Er kam mit dem Transport vom 12. Juli 1944 an den Loibl. Bei seiner Aufnahme im Krankenhaus Golnik wurde Lungenschwindsucht (Phthisis) diagnostiziert. Für ihn kam jede Hilfe zu spät; er starb am 6. Juli 1945.

2) Cseslaw Brel (Bryl), geboren am 13.10.1913 in Podgorz, politischer

Häftling, Häftlingsnummer 79510. Er kam mit dem Transport vom 22. Juli 1944 an den Loibl. Auch er war auf beiden Lungenflügeln an Phthisis erkrankt. Er verließ das Krankenhaus am 9. Juni zweifellos auf eigenen Wunsch, denn im Krankenbericht stand, dass sich sein Zustand verschlechtert hatte und dass er nach Polen heimgeschickt wurde.

Beim Rückzug der deutschen Truppen und der Kollaborateure, vor allem aber der Zivilbevölkerung, die alles Mögliche mitnahm und dann am Straßenrand zurückließ, konnten die Bewohner von Sveta Ana, vor allem jene, die nahe an der Straße wohnten, unter anderem viele Lebensmittel, Kleider und Nähmaschinen aufsammeln. Bis zur Ankunft der Partisanen nutzte Antonija Schmiedmaier, auch Ridovčeva Tonca genannt, die Waffenruhe, um zurückgelassene Schreibmaschinen aufzuklauben und auf die Kärntner Seite zu bringen.

Der Wachposten Jožef Meglič aus Sveta Ana, der im Kraftwerk Sveta Ana den Wasserzufluss kontrollierte, wurde am 12. Mai gegen acht Uhr erschossen, weil er weggeworfenes Material eingesammelt hatte. Wer ihn erschossen hat, die Partisanen oder die Landwehr, darüber gehen die Meinungen auseinander. Auch auf der Kärntner Seite, im Loibltal, wurde viel zurückgelassenes Material gesammelt, das aber von den Engländern bald nach ihrer Ankunft konfisziert wurde. Die Engländer wurden über jeden einzelnen Fall informiert, denn die Einheimischen denunzierten einander gegenseitig. Nur den Schmiedmaiers wurde nichts weggenommen.

Aufstellung und Demobilisation der Brigaden Liberté und Stary

Josy Wirol:

Vor dem Abmarsch der Deportierten vom Lager, am 7. Mai, ließen Polizei, Gendarmerie und SS-Einheiten die Straße von den Flüchtlingen räumen, um den Weg zum Tunnel frei zu bekommen. Die Deportierten gingen in Viererreihen langsam die Straße hinauf. 44 gut bewaffnete SS-Leute begleiteten sie. Das Kommando übernahm Rapportführer Sebastian Binder. Im Zug marschierten ungefähr 950 Deportierte, etwa 540 von ihnen waren Franzosen.

Als der Zug die Straße entlangmarschierte, entrollten die Franzosen und Polen ihre Fahnen und sangen die Marseillaise, die im ganzen Tal zu hören war. Die SS-Leute waren überrascht, aber sie griffen nicht ein. Die Aktivisten, die von der Widerstandsorganisation beauftragt waren, die Wachen zu kontrollieren, verteilten sich auf beiden Seiten des Zuges. Sie fürchteten im-

mer noch, in den Tunnel gelockt und dort hingerichtet zu werden. Bei der Kirche Sveta Ana stand Mara Mežek und gab Sebastian Binder, von dem sie schwanger war, ein Zeichen des Abschieds.

Die Leitung der Widerstandsorganisation war erleichtert, als sie sah, dass auch die Wachen in den Tunnel mitgingen. Am Portal auf der Kärntner Seite ertönte die Marseillaise von Neuem.

Die Bewohner des Loibltals betrachteten erstaunt die ausgehungerten, erschöpften Deportierten in ihren gestreiften Anzügen und hörten das Klappern ihrer Holzpantoffeln auf der staubigen Straße. Unter dem Kleinen Loibl, auf der Wiese vor der Kirche, ruhten sich die Häftlinge zum ersten Mal aus und manche aßen ihre Vorräte, Brot und Konservenbüchsen.

Etwa hundert Meter von ihnen entfernt befanden sich ein Gendarmerieposten und der Verwaltungssitz von Windisch-Bleiberg. Binder ging hinein, um weitere Direktiven zu erhalten, aber man sagte ihm, die Partisanen wären bereits in Ferlach und in verschiedenen Orten des Rosentals. Er fürchtete, seinen Befehl nicht ausführen zu können, der lautete, die Deportierten den alliierten Truppen und nicht den Partisanen zu übergeben.

Gegen 19 Uhr zweigte der Zug in Richtung Unterloibl ab. Immer mehr Deportierte hatten Schwierigkeiten, weiterzumarschieren. Obwohl ihnen die Stärkeren unter ihnen zu Hilfe kamen und obwohl sie die SS-Leute zum Weitergehen drängten, kam der Zug nur langsam voran.

In Unterloibl schlugen sie die Richtung Unterbergen ein. Am besten organisiert waren die Franzosen. Sie bildeten einen Block im Zug. An den Seiten marschierten die Aktivisten der Widerstandsorganisation, die die Moral der Deportierten aufrechterhielten, ihnen behilflich waren und dabei gleichzeitig die Wachen kontrollierten. Die Häftlingsorganisation platzierte neben jeder SS-Wache zwei Vertrauensleute, um die Wachen bei Gefahr zu entwaffnen.

Gegen 23 Uhr hielt der Zug ungefähr fünfhundert Meter unterhalb des Ortes Unterbergen auf der Straße an. Auf der Wiese nahe dem alten Bahnhof und dem Grandhotel „Karawankenhof", wo während des Krieges das militärische Ausbildungszentrum des „Reichsarbeitsdienstes" (RAD)[211] untergebracht war, aßen sie die verbliebenen Lebensmittelvor-

---

211 Ab 1943 zogen die Deutschen junge Slowenen, die zwischen 1920 und 1925 geboren waren, zur Wehrmacht ein. Diese mussten erst sechs Monate militärische Ausbildung beim RAD absolvieren und wurden dann an die Front geschickt. Viele dieser jungen Männer desertierten und schlossen sich den Partisanen an.

räte auf und schliefen bald ein. Manche schliefen auch im Wartesaal des kleinen Bahnhofes.

Kaum hatten sie sich ausgestreckt, hörten sie Detonationen und sahen Leuchtraketen. Die SS-Leute befahlen ihnen, sich in den Straßengraben zu legen. Die Deportierten dachten sogleich, dass die Gewehrsalven nur von den Partisanen kommen könnten, denn in einer Entfernung von sechshundert Metern lag der Nordabhang des Singerberges/Žingarica. Die Organisation zweifelte an einer Attacke durch die Partisanen, denn dabei wären auch die Deportierten zu potentiellen Opfern geworden.

Eine Gruppe von vier oder fünf Deportierten, und zwar die Luxemburger Erny Brimeyer und Josy Wirol sowie die Franzosen Peter Ernst, Daniel Hallant und vielleicht auch Jean Messer, entfernten sich vom Zug und versuchten, in der Nacht Verbindung mit den Partisanen herzustellen.

Sie gingen durch den Wald auf die Ortschaften Dornach/Trnje und Babniak/Babnjak zu. Bei St. Johann im Rosental/Št. Janž v Rožu wurden sie von einer Patrouille der Kärntner Partisanen oder Partisanen der Sektion Kokra, die aus Gorenjska kamen, angehalten. Jemand rief:

„Halt! Wer da?"

Sie antworteten: *„Deportierte vom Loibl."*

„Wir sind von Titos Armee!", antworteten die Partisanen.

Sie grüßten und umarmten einander und die Deportierten berichteten, wie sie den Zug verlassen hatten, wie viele SS-Leute den Zug bewachten und wie sie bewaffnet waren. Die Partisanen informierten sogleich ihre Leitung, die sich in der Ortschaft Sinach/Sine oberhalb von Feistritz im Rosental befand.

Am nächsten Tag, dem 8. Mai, gegen vier Uhr früh war die Schießerei zu Ende. Der Deportiertenzug setzte sich gegen fünf Uhr in Bewegung. Sie marschierten noch einen Kilometer auf der Straße, dann stießen sie auf einen fahrenden Lastwagen, der Lebensmittel transportierte. Trotz der Präsenz der SS-Leute plünderten sie ihn im Vorübergehen. Im Getümmel warf ein SS-Mann eine Rauchbombe.

Binder fragte eine Frau, ob er ohne Probleme die Drau-Brücke überqueren könne, aber die antwortete ihm mit Nein, denn „in der Früh ist schon alles befreit worden". Deshalb schleppte Binder den Zug über Wiesen und Felder in Richtung Kappel an der Drau/Kapla ob Dravi und weiter nach St. Johann. Als er hinter Weizelsdorf/Svetna vas wieder auf die Straße kam, verirrte sich Binder.

Abb. 40: Französische und polnische Häftlinge in Feistritz im Rosental am 8. Mai 1945.

Janez Weiss, ein slowenischer Partisan aus Kärnten, ging an diesem Morgen von Feistritz zu sich nach Hause nach St. Johann. Er erzählte mir Folgendes über seine Begegnung mit dem Zug:

In Hundsdorf/Psinja vas kamen mir tausend Deportierte vom Loibllager entgegen. Sie wurden von schwer bewaffneten SS-Leuten begleitet. Ich sagte mir: "Geht nur weiter, ihr werdet in Feistritz einen schönen Empfang erleben." Als ich nach St. Johann kam, hörte ich einen Ruf aus tausend Kehlen: "Tito! Tito!"
Der Ruf hallte durch das ganze Tal.

Der Deportierten-Zug durchquerte das Rosental. Knapp vor Feistritz griffen die Partisanen an. Die SS-Leute waren überrascht und fanden nicht die Zeit zur Gegenwehr. Zwei Wachen wurden erschossen, die anderen wurden von den Deportierten überwältigt und entwaffnet. Einige wollten in den Wald flüchten, aber die Partisanen fingen sie und nahmen sie gefangen. Es war ungefähr neun Uhr. Die Freude war unbeschreiblich. Die Deportierten schlossen die Partisanen in ihre Arme, küssten sie und drückten ihre Hände. Sie bewunderten ihre Uniformen mit dem roten Stern und ihre Bewaffnung.

Die französischen und die polnischen Fahnen flatterten erneut im Wind und die Marseillaise erklang wieder. In Begleitung von zwei Partisanen marschierten sie nach Feistritz.

Die SS-Gefangenen wurden in einem Schulgebäude eingeschlossen. Manche Deportierten wollten gleich mit ihnen abrechnen, aber die Partisanen gaben ihnen zu verstehen, dass man sie zuerst verhören und dann vor ein Gericht stellen müsse. Angesichts der herannahenden Ereignisse ließen die Partisanen die SS-Leute unter der Bewachung der Deportierten.

Da der Krieg weiterging, informierte die Widerstandsorganisation die Leitung der Partisaneneinheit Kokra (Kokrški odred) von der Entscheidung, eine Brigade aus Freiwilligen zu bilden, die aus Deportierten zusammengesetzt war. Die Partisanen nahmen den Vorschlag an.

Von den 539 Franzosen meldeten sich 122 meist jüngere Deportierte zur Brigade; nur die Kranken, die stark Geschwächten und jene, die sich im Lager nicht korrekt verhalten hatten, wurden zurückgewiesen.

Maurice Colin, der Chef der Befreiungsbewegung, wurde zum Kommandanten bestimmt, Peter Ernst zum Sprecher.

Da es unter den Deportierten viele Polen gab, bildeten auch diese eine Kompanie mit dem Namen „Stary". 118 Freiwillige meldeten sich dazu, unter ihnen 75 Polen (die meisten aus Lodz), 20 Russen, vier Tschechen, ein Slowake, ein Ungar, zwei Spanier und andere.

Später kamen noch einige Polen hinzu, die als Kriegsgefangene auf Kärntner Bauernhöfen arbeiteten, außerdem drei junge Russinnen und eine Polin, die in Kärnten gefangen waren.

Jożef Rżetelski wurde zum Kommandanten der Kompanie (später als Brigade bezeichnet) ernannt.

Gegen zwölf Uhr erfuhren die Kokra-Partisanen in Feistritz, dass die Engländer vom Westen her kamen, und sie bestiegen den Eisenbahnzug nach Klagenfurt. Da sie Chauffeure brauchten, nahmen sie zehn Deportierte (acht Franzosen und zwei Polen) mit. In Feistritz blieben nur ein paar Wachen und ein paar Kämpfer zurück, um die Ordnung aufrechtzuerhalten.

Auch die französische und die polnische Brigade hatten ihr Hauptquartier in Feistritz.

Unter den Deportierten, die möglichst schnell zu den Alliierten wollten, um von dort aus nach Hause zu kommen, waren natürlich viele Erschöpfte, Kranke und Familienväter. Andere waren einfach aus politischen Gründen gegen die – vorwiegend kommunistische –

Brigadenleitung. Kurz nach Abfahrt der Kokra-Partisanen verabschiedeten sie sich und begaben sich in Begleitung einiger Partisanen nach Rosenbach.

Georges Cholle beschrieb mir im Oktober 1945 den Weg, den sie in der Folge zurücklegten:

Wir begaben uns dann zum Bahnhof von Rosenbach, wo wir erneut auf Deutsche trafen. Sie sprengten einen Teil der Panzerabwehrkanonen in die Luft, dann nahm sich ihr Kommandant in seinem Wagen das Leben und verbrannte dort. In Rosenbach nahmen wir einen Zug, der uns nach Villach bringen sollte. Während wir schliefen, legten Männer der Landwehr in der Nacht eine Bombe unter den Zug, um ihn in die Luft zu sprengen. Noch einmal retteten uns die Tito-Partisanen das Leben. Wir können ihnen niemals genug danken. Am nächsten Morgen, dem 9. Mai, fuhren wir mit dem Zug nach Villach, wo uns die englische Armee gut aufnahm und ein paar Tage lang beherbergte. Am 11. Mai wurden wir in Lastwagen nach Udine gebracht, wo wir zwei Tage blieben. Wir fuhren durch Norditalien und kamen am 14. Mai nach Forlì. Von dort ging die Reise weiter nach Rom, acht Tage später nach Neapel und an Bord eines französischen Torpedobootes am 5. Juni nach Marseille. Ich kam am 10. Juni nach Hause und fand meine Familie bei guter Gesundheit.

Bericht von Bernard Aujolas:

Zuerst gingen wir nach Rosenbach. Französische Zivilisten, die dort arbeiteten, zeigten uns eine Abkürzung. Wir überquerten Wiesen und Felder. Bevor wir in den Ort kamen, trafen wir auf deutsche Soldaten mit vier Panzerabwehrkanonen. Balsan gab dem deutschen Offizier zu verstehen, dass wir im Namen der Partisanen und der 8. englischen Armee unterwegs waren und dass wir den Ort einschließen würden. Der Offizier ließ die Kanonen zerstören, schickte seine Leute im Zug nach Villach und nahm sich das Leben. Auf dem Bahnhof von Rosenbach stellten wir einen Zug zusammen, aber es gab keine Lokomotive.

In der Nacht wurden wir von Ustascha-Leuten angegriffen. Zum Glück hatte uns ein Partisanenleutnant acht Mann als Begleitung zugewiesen. Am nächsten Tag, dem 9. Mai, bekamen wir eine Dampflokomotive und fuhren im Zug nach Villach. Die Reise in die Heimat dauerte einen Monat. Ein englischer Major begleitete uns durch Italien. In Neapel stiegen wir auf ein Schiff und kamen am 8. Juni nach Marseille.

Louis Breton, Kommandant der MG-Schützen der Brigade Liberté, beschreibt den Weg, den die freiwilligen Kämpfer zurücklegten:

KAPITEL X

Die Partisanen schickten uns alle zu dieser kleinen Ortschaft. Unsere gefangenen SS-Leute wurden unter Partisanenbewachung in der Schule untergebracht. Den eben gegründeten Kampfgruppen wurden Quartiere zugewiesen, ebenso den anderen Franzosen, die nach einer kurzen Betreuung möglichst rasch in die Heimat gebracht werden sollten. Einige Kameraden wurden als Begleiter bestimmt und bekamen die Aufgabe, bestimmte Elemente zu überwachen und bei der Rückkehr der französischen Justiz zu übergeben.

Zu diesen Elementen, die mit dem Feind zusammengearbeitet hatten, gehörte der berüchtigte – bereits erwähnte – Stadler ... Uns, die wir noch blieben, sagten die Jugoslawen, wir sollten zwecks Bekleidung und Bewaffnung einfach so wie sie verfahren: den Deutschen nehmen. Wir sind zuerst in die Schule gegangen, wo unsere SS-Leute saßen. Wir haben ihnen alle ihre Kleider abgenommen und sie gegen unsere gestreiften Anzüge getauscht.

In unseren Sträflingsgewändern sahen sie weit weniger brillant aus. Der Kleiderwechsel ging ohne Brutalität vor sich, aber auch ohne Schonung, wie ihr euch vorstellen könnt.

Unter den verfügbaren Waffen trafen wir eine Auswahl. Maurice Colin wurde von uns allen zum Kommandanten unserer Brigade erklärt, die wir „Brigade Liberté" nannten. Als Adjutanten bestimmten wir Louis Garnier und Albert Morin. Wir bildeten drei Kampftruppen, wobei wir nach Möglichkeit das Alter der Kameraden und ihre militärische Erfahrung berücksichtigten. Ich hatte die Ehre, zum Kommandanten der MG-Schützen ernannt zu werden.

Die Partisanen hatten an die Bevölkerung appelliert, uns Essen zu bringen. Am Abend kam eine Ladung Kartoffeln, Konserven, Fleisch, kurz alles, was die Köche brauchten, um sich an die Arbeit zu machen. Wir haben allen unseren Jungen geraten, sehr gut aufzupassen und nicht zu versuchen, ihren Hunger zu stillen, denn wir wussten, dass dieser Hunger ein schlechter Ratgeber war. Leider konnten wir nicht alle überwachen und manche waren bereits in den ersten Tagen krank.

Wir mussten uns vor unseren jugoslawischen Freunden, mit denen wir unseren Kampf weiterführten, kenntlich machen. So suchten wir in der Schule, in der Unterkunft der Deutschen, nach farbigen Tüchern; sogar Hakenkreuz-Fahnen konnten wir gebrauchen. Wir schnitten rote Sterne aus und stellten im Ausmaß von ein paar Quadratzentimetern kleine Fähnchen mit der Trikolore her, die wir auf unseren Feldmützen anhefteten.

Bei all diesen Vorbereitungen hörten wir nur einige Kilometer von uns entfernt Truppenbewegungen und Schlachtenlärm.

Abb. 41: Die Leiter der Brigade Liberté: Louis Garnier, Maurice Colin und Albert Morin.

In der ersten Nacht blieben wir im Quartier, aber ich glaube, dass die Kämpfer in diesem Moment der Freude, der Übererregung und der großen Erschöpfung nur schlecht schlafen konnten.

Wir wussten, dass Teile der Wehrmacht kapituliert hatten, aber erst am Morgen des 9. Mai erfuhren wir, dass der Krieg nach der bedingungslosen Kapitulation Deutschlands zu Ende war.

Während die Vorbereitungen weitergingen, studierten unser Kommandant Maurice Colin, Louis Garnier und Albert Morin gemeinsam mit den Jugoslawen die verschiedenen Einsätze, die sich in der Nacht als nötig erweisen konnten, und die Art und Weise, wie wir ihnen am besten behilflich sein könnten.

In der vergangenen Nacht war es zu ernsthaften Zusammenstößen zwischen Partisanen und SS-Truppen gekommen, die auf der Flucht vor den Russen waren und weder in die Hände der Russen noch in die Hände der Partisanen fallen wollten, sondern die englischen und amerikanischen Truppen erreichen wollten, die auf dem Vormarsch waren, um die Verbindung zwischen den Alliierten herzustellen.

KAPITEL X

Wir verließen am Abend mit unseren jugoslawischen Freunden unser Quartier, glücklich, wieder frei zu sein und dem Appell der Widerstandsorganisation und des Generals de Gaulle Folge zu leisten, „überall dort zu kämpfen, wo sich der Feind aufhält", mit allen Mitteln, bis zum vollständigen Sieg.

In dieser Nacht ließen uns unsere jugoslawischen Freunde hinter ihren Kampflinien patrouillieren. Um jede Verwechslung zu vermeiden, hatten wir unsere Kennwörter gut gelernt, aber wiederholt stießen wir auf Partisanen, die von unserer Präsenz nichts wussten, und das schaffte gewisse Probleme. Aber nach ein paar Tagen war die Verbindung mit der 16. Division der 3. jugoslawischen Armee hergestellt, die sehr gut bewaffnet und organisiert war.

Ich ehre den Mut all dieser Partisanen, Männer und vor allem Frauen, die sich mit derselben Ausdauer schlugen wie ihre männlichen Kampfgefährten.

Am frühen Morgen kümmerten sie sich bereits um die Bergung der Verletzten, versorgten sie, wuschen ihre Wäsche, beschäftigten sich mit Fragen der Verwaltung. Alle Männer hatten den größten Respekt vor ihnen.

Dieses mutige Volk hat keine so überquellende Freude erleben dürfen wie unsere Bevölkerung. Es hat zu sehr gelitten, in diesem erbitterten Kampf zu viele der Seinen verloren: Eineinhalb Millionen Männer, Frauen und Kinder sind im Kampf gegen die Nazis gefallen oder wurden von ihnen ermordet.

Als der Krieg am 3. Juni, dem zweiten Jahrestag der Ankunft der ersten Deportierten, dann tatsächlich zu Ende war, wurden wir von der gesamten Bevölkerung in Tržič triumphal empfangen. Dort haben wir die Bekanntschaft von Männern und Frauen gemacht, die jahrelang Widerstand geleistet hatten.

Ein Brief, den der Deportierte André Lacaze, der Autor des Romans «Le Tunnel», am 9. Mai aus Feistritz an seine Eltern schickte, gibt Auskunft, wie viele Freiwillige die französische Brigade Liberté zählte:

Viele unserer Kameraden vom Loiblpass kehren direkt nach Hause zurück, wir sind nur 122 Gaullisten und Kommunisten ...

Die Freiwilligen bewachten den Eisenbahntunnel, der die Karawanken bei Rosenbach durchquert, und übernahmen auch andere Kontrolltätigkeiten. Nach der Ankunft der Engländer bereiteten sie sich auf die Verlegung nach Radovljica vor und kamen dort am 21. Mai an. In Radovljica bewachten sie eine Brücke, die ein paar Landwehr-Männer in die Luft sprengen wollten, besuchten die Stadt Bled, nahmen am Umzug vom 25. Mai teil und kamen am 3. Juni nach Tržič.

Dank an die Bevölkerung von Tržič

Die Einwohner von Tržič erinnern sich noch an die Brigade Liberté. Sie kam am Morgen des 3. Juni zu Fuß von Radovljica. Dieser Tag wurde deshalb gewählt, weil genau zwei Jahre vorher die ersten Häftlinge an den Loibl deportiert worden waren. Die Brigade wollte auf diese Weise der Bevölkerung von Tržič und den Partisanen für ihre moralische, politische und materielle Unterstützung während der harten Zeiten im Lager danken.

Tržič bereitete ein ganz besonders feierliches Ereignis vor. Die Stadt wurde mit Fahnen und Blumen geschmückt und vor der Kirche Sveti-Andrej (St. Andreas) wurde ein Maibaum aufgestellt. Alle waren da, insbesondere die Jugend.

Partisanen, Vertreter des Stadtkomitees der Befreiungsfront und viele Bürger erwarteten die Brigade Liberté bereits im Gasthof Peskar in Bistrica. Von dort aus zogen sie alle nach Tržič.

In den ersten Reihen marschierten die Mitglieder des Stadtkomitees, gefolgt von 104 bewaffneten Franzosen. An der Spitze des Zuges gingen zwei Fahnenträger mit der slowenischen und der französischen Flagge mit der Aufschrift „Brigade Liberté", in der Mitte marschierte der Politkommissar Louis Garnier.

Hinter ihm führte der Kommandant Maurice Colin die Kämpfer an. Sie marschierten in Dreierreihen und trugen ein großes Transparent mit der Aufschrift:

Živijo Francosko-Jugoslovansko Zaveznistvo [212]

Unzählige Erwachsene und Jugendliche folgten den Franzosen mit Transparenten, auf denen zu lesen stand:

Es lebe Marschall Tito! Es lebe die Kommunistische Partei Jugoslawiens! Es lebe Triest! Es lebe Stalin! Und anderes ...

Auf dem Hauptplatz veranstalteten Partisanen und Brigadisten eine Militärparade, dann begaben sie sich gemeinsam auf den Friedhof, wo sie der Opfer des Ersten Weltkriegs und des Krieges, der eben erst zu Ende gegangen war, gedachten.

Granger hatte einem SS-Koch einen Fotoapparat abgenommen und machte damit Fotos von der Brigade Liberté in Kärnten und in Radovljica, von den Resten des Loibllagers, von der Gedenkveranstaltung auf dem Friedhof und von der Partisanen-Parade.

---

212 Es lebe die französisch-jugoslawische Allianz.

KAPITEL X

Vom Balkon des Gemeindeamtes aus sprachen der Kommandant der Befreiungsfront (OF) Recar und der Politkommissar Garnier zur Bevölkerung. Am Abend fand im großen Saal der Textilfabrik ein Ball statt, der die ganze Nacht dauerte.

Nach ihrer Rückkehr nach Radovljica bereitete sich die Brigade Liberté auf die Abfahrt nach Ljubljana vor, wo sie am 5. Juni ankam. Am nächsten Tag nahmen die Kämpfer den Zug nach Triest und fuhren über Udine, Bologna und Verona bis nach Bozen. Von dort aus ging die Bahnfahrt weiter nach Feldkirch in Vorarlberg, das in der französischen Besatzungszone lag. Am 20. Juni kamen sie in Paris an.

Jožef Rżetelski, der Kommandant der polnischen Brigade Stary, erzählte seine Geschichte dem polnischen Journalisten Jerzy Woydyłło, der 1971 ein kleines Buch mit dem Titel „Kompania Starego" herausbrachte. Die Geschichte wird recht oberflächlich erzählt, viele Ereignisse wurden vom Autor frei erfunden oder zumindest journalistisch aufbereitet.

Ausgehend von diesem Buch, aber auf der Grundlage genauerer Recherchen, insbesondere was die Geschehnisse im Rosental betrifft, möchte ich möglichst getreu das Leben und die Aktivitäten dieser Polen bis zu ihrer Rückkehr in die Heimat nachzeichnen.

8. Mai:

Die Polen verfassen gemeinsam mit den Partisanen den Text für den Eid, den sie auf die Brigade ablegen:

Ich, der Unterzeichnete … melde mich als Freiwilliger, um mich den Partisanenkräften der polnischen Kompanie „Stary" anzuschließen, als Teil der Armee des Marschalls Tito, die an der Seite der Roten Armee für die Freiheit Jugoslawiens und für das internationale Proletariat kämpft. Im vollen Bewusstsein ihres Zieles schwöre ich, allen meinen Verpflichtungen nachzukommen und die Befehle meiner Vorgesetzten ohne Widerspruch auszuführen.

Rżetelski, Stanisław Jaworski und Wladyslaw Grylak unterzeichneten als Erste. Es folgten die Unterschriften von 75 weiteren Polen, dann unterschrieben die Spanier Manuel Alaman und Francisco Muela, daraufhin 17 Russen, vier Tschechen und ein Slowake und schließlich der Ungar Andreas Baraczko. Die Partisanen machten die Mitglieder der Kompanie darauf aufmerksam, dass sich unter den feindlichen Truppen auch serbische Tschetniks, kroatische Ustascha-Leute und Männer der Landwehr befänden.

Die Kompanie wurde nun auf „Brigade Stary" umbenannt. Die Brigade war aus vier Kompanien zusammengesetzt:

- Leszek (Kommandant Antoni Janic)
- Ciernia (Kommandant Stanislaw Jaworski)
- Franciszek Prozek (Kommandant Kazimierż Chybicki), bestehend aus Polen
- Meiszana (Kommandant Karol Swetka), bestehend aus Russen und anderen.

Der militärische Gruß wurde eingeführt. Auf ihrer Feldmütze wurde der Rote Stern, auf dem Ärmel ein weiß-rotes Abzeichen, die polnische Flagge, befestigt.

Eine Gruppe von geschwächten und kranken Polen machte sich gemeinsam mit anderen Deportierten in Begleitung von Partisanen nach Rosenbach auf, um die Alliierten zu erreichen.

Die 3. (polnische) Kompanie wurde durch das Rosental in Richtung Draubrücke geschickt und kam nach Weizelsdorf, wo sie für die Bewachung des Ortes zuständig war.

Auf dem Weg grüßten sie die Bevölkerung in den slowenischen Dörfern. Die Leute sprachen ihnen Mut zu und baten sie herzlich, bei ihnen zu bleiben, denn sie hätten gehört, dass die Deutschen wieder zurückkämen und dass Banden der Landwehr in der Gegend unterwegs wären.

In Weizelsdorf wurden sie mit der Bewachung des Bahnhofs und der Depots betraut. Sie entdeckten dort Waffen aller Art, die die Deutschen zurückgelassen hatten.

9. Mai:

Ein Kurier der Brigadenführung benachrichtigte sie von der Kapitulation Deutschlands. Unbeschreibliche Freude brach aus und in einer Schweigeminute wurde der Opfer des Lagers gedacht.

Am selben Abend berichteten Patrouillen, dass auf der Seite von Ferlach und auf der Loiblstraße Kanonenschüsse zu hören waren, dass das Knattern der Maschinengewehre stärker wurde und dass deutsche Einheiten herannahten. Die polnischen Einheiten nahmen rund um den Ort Position ein und kontrollierten sämtliche Wege. Partisanen-Patrouillen bestätigten, dass deutsche Einheiten mit 12.000 Mann vom Süden her kamen.

10. Mai:

Gegen Mittag waren auf der Straße nach Ferlach Rauchschwaden sichtbar. Mit dem Fernglas konnte man das Herannahen einer großen feindlichen Kolonne beobachten. Außer den Soldaten der Wehrmacht waren auch Gendarmen, Polizisten, NSDAP-Funktionäre, deutsche Zivilisten, Tschetniks, Ustatscha-Leute und Einheiten der Landwehr dabei. Als sie in die Nähe von Weizelsdorf kamen, griffen sie die Polen mit Maschinengewehren an. Die Deutschen verstreuten sich und versteckten sich dann in einem Feld, stellten ein paar Sturmpanzer zusammen und schossen blind gegen die polnischen Positionen, aber sie hüteten sich vor einem Angriff. In der Nacht gingen die Kämpfer der 2. Kompanie unter dem Befehl von Jaworski auf Geländeerkundung. Zehn Soldaten gingen, mit zwei Maschinenpistolen bewaffnet, in Richtung Kirschentheuer. Sechzehn weitere stellten sich mit Maschinenpistolen am Waldrand auf.

Am 11. Mai schrieb Jaworski folgenden Bericht:

Als wir den Wald in einem Umkreis von eineinhalb Kilometern kontrollierten, fanden wir einen Koffer mit dem persönlichen Besitz eines hohen deutschen Würdenträgers. Die Kompanie besetzte strategische Punkte. Die ganze Nacht bereiteten wir uns auf einen Kampf vor, aber es blieb alles ruhig. Auf Befehl der Brigadeleitung kehrte die Kompanie um vier Uhr früh in den Ort zurück.

Am 12. Mai flog ein englisches Aufklärungsflugzeug im Tiefflug an uns vorüber und verschwand in Richtung Osten. Kurz darauf fuhr ein englischer Panzer in Richtung St. Johann den deutschen Streitkräften entgegen. Die Polen beobachteten ihn. Er wurde von einer deutschen Panzerabwehrkanone beschossen und ging in Flammen auf. Ein Engländer sprang aus dem Panzer und versteckte sich dahinter. Einige Polen eilten ihm zu Hilfe und retteten ihn. Sie schickten ihn nach St. Johann. Der Engländer riet ihnen, sich zurückzuziehen, denn das Tal sollte bombardiert werden, was aber dann nicht geschah. Hingegen kam es zu einem Schusswechsel, der den ganzen Tag und die ganze Nacht andauerte. Auf den bombardierten Straßen lagen zahlreiche Waffen, denn die Deutschen warfen alles weg, was ihren Rückzug verlangsamen konnte.

15. Mai:
Der Krieg war nun auch im Rosental zu Ende. Die polnische Brigade zog sich von Weizelsdorf nach St. Jakob im Rosental/Št. Jakob v Rožu zurück.

Nach dem 15. Mai:
Die militärische Disziplin wurde sowohl bei den Franzosen als auch bei den Polen lockerer. Man sprach nur noch von der Rückkehr in die Heimat. Es kam zu Streitigkeiten, die noch auf die Zeit im Lager zurückgingen, aber auch zu Prügeleien. Wer gerade nicht Wachdienst hatte und auch sonst keine anderen Verpflichtungen, ging ohne Erlaubnis in Orte wie Rosegg/Rožek, Augsdorf/Loga vas oder Velden am Wörthersee.

Der Wunsch nach einem normalen Leben wurde immer stärker. Es kam sogar vor, dass ein Brigadeangehöriger ohne Genehmigung ein Auto nahm und damit spazieren fuhr. Jedenfalls wurden die täglichen Aufgaben erfüllt. Die slowenische Ortsbevölkerung beschwerte sich mehrfach bei der jeweiligen Partisanenleitung über das Verhalten der Brigadeangehörigen. Manche ältere Deportierte begannen, Lebensmittel im Rucksack und in den Schränken zu horten. Ein solches Verhalten war natürlich auf ihre Lebensbedingungen im Lager zurückzuführen, wo sie ständig an Hunger gelitten hatten. Jedenfalls wurden in der Folge gemeinsame Vorräte angelegt.

Deportierte zahlreicher anderer befreiter Arbeitslager wie auch über STO rekrutierte französische Zwangsarbeiter irrten in der Gegend umher und kamen auch nach St. Jakob. Auch sie trugen zur Schwächung der Disziplin innerhalb der Brigaden bei, denn sie waren auf der Suche nach einem Weg in die Heimat in alle Richtungen verstreut. Es gab unter diesen Deportierten und Zwangsarbeitern Italiener, Jugoslawen, Franzosen, Polen und andere.

Sie sprachen von den materiellen und politischen Schwierigkeiten Polens, von der Gefahr, die Alliierten könnten den Krieg gegeneinander weiterführen, aber auch von Arbeitsmöglichkeiten in Amerika, Kanada usw. Manchmal versuchten Deportierte, die Polen zu überreden, weiter nach Westen zu gehen, denn sie würden dort auf polnische Einheiten stoßen. Alle diese Gerüchte stifteten Verwirrung unter den Deportierten der Brigade, denn sie wussten nicht mehr, was stimmte und was sie glauben sollten. Unter diesen Umständen versammelte sich das Brigadekomitee und beschloss, der falschen Propaganda ein Ende zu setzen und den Soldaten einen konkreten Plan zur Heimkehr zu unterbreiten.

20. Mai:

Die Brigaden Liberté und Stary erhielten den Befehl, Kärnten zu verlassen und sich mit den jugoslawischen Partisanen zurückzuziehen. Dem Wunsch der Deportierten entsprechend wurden die SS-Leute des Loiblpass-Lagers vom Gefangenenlager nach Rosenbach gebracht, wo sie einen bewachten Waggon bestiegen. In zwei weiteren Waggons nahmen die französischen Brigadeangehörigen Platz. Der Zug, der insgesamt recht lang war, fuhr durch den Tunnel zwischen Rosenbach und Jesenice. Nach Radovljica stiegen die Mitglieder der Brigade Liberté aus, während die Gefangenen weiter nach Škofja Loka fuhren.

Die polnische Brigade Stary zog sich zu Fuß über den Wurzenpass/Korensko Sedlo aus Kärnten zurück und stieß bei Radovljica wieder auf die französische Brigade.

25. Mai am Morgen:
Die beiden Brigaden nahmen an einer Militärparade anlässlich des Geburtstags von Marschall Tito in Radovljica teil. Die Polen zeichneten sich besonders aus und wurden von den Organisatoren der Parade ganz besonders beglückwünscht.

Am selben Tag sprach Wladyslaw Grylak mit dem Politkommissar des Stadtkommandos Radovljica über die Heimkehr der Deportierten.

Die polnischen Brigadeangehörigen arbeiteten während ihres Aufenthalts mit Einheiten der Jugoslawischen Volksarmee bei Säuberungsaktionen im Hinterland zusammen, sie bildeten Patrouillen gegen faschistische Banden, die in kleinen Gruppen durch die Wälder und über das Gebirge versuchten, nach Österreich zu gelangen.

Sie waren diszipliniert und ihre Mission war recht erfolgreich. Ihre Patrouillen kamen im Westen bis zur Pokljuka und im Osten bis unter den Hochstuhl / Veliki Stol.

30. Mai:
Auf Befehl des Kommandanten der 16. Division wurde die Brigade Stary nach Ljubljana verlegt. Dort wurde alles Notwendige für die Rückkehr in die Heimat vorbereitet.

Die Militärbehörden gestatteten ihnen, ihre gesamte Ausrüstung mitzunehmen. Sie begründeten dies folgendermaßen:

Die Waffen gehören euch. Ihr habt sie den Deutschen abgenommen und ihr habt das Recht, sie mit euch in euer Land mitzunehmen.

Am Abend des 1. Juni 1945:
Sie verließen Ljubljana mit dem Zug und kamen über Spielfeld nach Österreich, wo ihre Dokumente von jugoslawischen und englischen Offizieren kontrolliert wurden. Nach einem dreitägigen Aufenthalt in Wien, wo sie von der sowjetischen Armee ein Visum bekamen, gingen sie zu Fuß in Richtung Bratislava, denn die Eisenbahnlinie war hinter Schwechat unterbrochen.

Von dort fuhren sie, ohne zu bezahlen, in einem Güterzug bis Fischamend, dann mussten sie wieder zu Fuß weitergehen. Die Deutschen kappten bei ihrem Rückzug die Eisenbahnschwellen, um den Vormarsch der Sowjetarmee zu verlangsamen.

In Bratislava stießen sie auf die ersten großen Probleme. Mit den Dokumenten der polnischen Militärmission in Wien gingen sie zum Militärkommando, das sich um ihre Unterbringung kümmerte. Früh am nächsten Morgen weckte sie eine sowjetische Patrouille auf und verlangte, dass sich die ganze Brigade mit ihrer gesamten Ausrüstung beim Stadtkommandanten präsentiere. Singend und voller Stolz marschierten sie hinter den sowjetischen Soldaten her.

Im großen Innenhof warteten Offiziere auf sie. Nach Überprüfung der Papiere sagten sie ihnen, alles sei in Ordnung, sie könnten ihren Weg nach Hause fortsetzen. Sie müssten nur ihre Waffen zurücklassen. Die Proteste, die Erklärungen, ihre Zugehörigkeit zur Partei nützten nichts. Nur zwei Brigadeangehörigen gelang es, ihre Pistolen zu verstecken und nach Polen mitzunehmen.

Die Reise durch die tschechische Republik war sehr anstrengend, denn die meiste Zeit waren sie zu Fuß unterwegs. Sie waren müde und hungrig.

13. Juni:

Sie kamen an den Grenzposten von Cieszyn am Fluss Olsa. Die Fahne über dem Kopf schwingend betraten sie den Boden ihrer Heimat. Sie waren noch dreiundsiebzig. Der Kommandant hielt eine letzte Ansprache und die Brigade marschierte mit ihrer Fahne, die sie aus Slowenien mitgebracht hatte, zum letzten Mal im Paradeschritt. Dann erklärte Rżetelski die Brigade für aufgelöst.

Die Partisanensterne auf den Feldmützen wurden durch rot-weiße Bänder ersetzt.

Auf Antrag des Präsidenten der Föderativen Volksrepublik Jugoslawien, Josip Broz Tito, wurde der Kommandant der Brigade Stary, Jożef Franciszek Rżetelski, am 28. Juni 1965 mit der Tapferkeitsmedaille mit Silberstern für Dienste am Volk ausgezeichnet.

Bei einem freundschaftlichen Treffen in Lodz wurden am 22. und am 30. Jänner 1966 an 44 weitere Mitglieder dieser Brigade Auszeichnungen verteilt.

Für die Hilfe, die die französische Brigade Liberté bei den Kämpfen für den endgültigen Sieg über den Faschismus geleistet hatte, und für ihren Beitrag zur Freiheit verlieh der damalige jugoslawische Botschafter, Ivo Vejvoda, am 8. Dezember 1968 in Paris an 104 Mitglieder der Brigade Medaillen und Urkunden, die vom Präsidenten Tito unterzeichnet waren.

Auch acht Deportierte, die vom Loibl geflüchtet waren und sich den Partisanen angeschlossen hatten, wurden geehrt. Leider war die französische Liste nicht vollständig, denn die «Amicale des déportés de Mauthausen», die die Liste zusammengestellt hatte, kannte zu diesem Zeitpunkt weder die Namen noch die Adressen von sechs Deportierten (Célarié, Pellissier, Arnould, Baulaz, Moreau und Becquer). Allein aus diesem Grund wurden sie damals nicht dekoriert.

Festnahme von Dr. Ramsauer

Bei der Befreiungsaktion im Rosental nahmen die Partisanen fast alle SS-Leute fest, die den Deportiertenzug eskortierten, und überstellten sie am 21. Mai nach Slowenien.

Unter den Gefangenen war kein einziger SS-Führer (wie der Lagerkommandant, der Lagerarzt, der Rapportführer oder der Kommandochef). Ebenso fehlten die deutschen Berufsverbrecher (Lagerälteste, Stubenälteste, Oberkapos und Kapos), denn sie waren in deutschen Uniformen an die Front geschickt worden.

Allerdings hielten die Partisanen zwischen Kirschentheuer und der Drau-Brücke einen SS-Autobus an, in dem vier SS-Leute saßen, unter ihnen Vinko Slapar aus Tržič. Sie wurden von den Partisanen festgenommen.

Von den Deportierten, die nicht bei den Partisanen in Feistritz im Rosental blieben, sondern über Rosenbach nach Villach weiterfuhren, von wo aus sie der englische Kommandant ein paar Tage später in Richtung Heimat schickte, meldeten sich sechs Franzosen freiwillig, um den englischen Behörden in verschiedenen deutschen Gefangenenlagern bei der Identifizierung der Schlächter vom Loibl behilflich zu sein.

Die sechs Franzosen waren: Louis Balsan, Gaston Charlet, Maurice Felix, Jean Charlet de Sauvage, Charles Garnier und Albert Wolff.

In dieser Gruppe nahm Louis Balsan eine führende Rolle ein, denn er sprach Englisch und Deutsch. Balsan und Wolff waren beide ledig und blieben noch einen Monat lang bei den Engländern; die anderen fuhren nach vier Tagen weiter in Richtung Heimat.

Bericht von Lacaze:

Gegen 10 Uhr hielten wir in der Gegend von Ferlach einen Reisebus an, der vom Loiblpass kam. In diesem Bus saßen ungefähr dreißig SS-Leute. Wir erkannten Doktor Ramsauer, Cheffer, Ulrich, Hetzeler, den Rumänen mit dem Schnurrbart, den großen SS-Waffenmeister, den SS-Koch Kirschbaum, den SS-Mann Donau und seine Geliebte, Hanke, Mayer usw. Nur Kirschbaum und seine Frau oder Geliebte wurden auf Wunsch der jugoslawischen Behörden freigelassen.

Der Kommandant des 3. Bataillons beauftragt insbesondere die Franzosen mit der Bewachung dieser SS-Leute. Wir haben das Vergnügen, „Grüne

Abb. 42: Aufnahme von SS-Mann Porschel in Wehrmachtsuniform bei seiner Verhaftung durch die britische Armee.

Bohne" (Hanke) und Mayer um ein Essgeschirr angestellt zu sehen. Ramsauer wird zur Behandlung der Verletzten herangezogen und kann sich relativ frei bewegen. Die anderen sind in einem Gefängnis eingesperrt.

Balsan kam in die Schule von St. Jakob, wo die Brigade Liberté einquartiert war. Er traf dort wieder auf Colin und Peter, die zum Hauptmann bzw. zum Adjutanten der Brigade ernannt worden waren; ebenso kam er mit vielen polnischen Kameraden und einigen Franzosen zusammen.

Désiré Picard, der in Rosenbach seinen Dienst versah, teilte ihm mit, sie hätten SS-Leute vom Lager gefangen, insbesondere Dr. Ramsauer. Balsan begab sich sofort an Ort und Stelle. Leider waren die deutschen Gefangenen schon verlegt worden.

Bericht von Balsan:

Wir erfahren, dass die SS-Leute unter der Bewachung der Tito-Leute weggefahren sind, aber ein englischer Offizier hätte darauf bestanden, dass Dr. Ramsauer bei den kranken Zivilgefangenen bliebe ... Nach vielfältigen Interventionen in zahlreichen englischen Einheiten kommen wir zu dem Schluss, dass Ramsauer das Lager sehr früh am Morgen in einer Wehrmachtsuniform ohne Abzeichen, aber mit einer Rot-Kreuz-Binde verlassen hat, und zwar als Begleiter eines Ambulanzwagens mit fünfzehn Zivilisten, die wahrscheinlich in ein Zivilkrankenhaus in der Gegend fuhren … Wir befragen Hetzeler, der uns bestätigt, dass Ramsauer in der Früh mit diesen Zivilisten abgefahren ist und dass er sich seiner Meinung nach aus dem Staub machen konnte.

Es wird uns erklärt, dass ein Besuch im Haus seiner Eltern, Radetzkystraße 16, ergeben hätte, dass sich die ganze Familie im kärntnerischen Eisentratten befände.

Balsan folgte den Spuren von Ramsauer. Später erzählt er:

In einem kleinen Haus trafen wir ein junges Mädchen, das bereit war, uns zu dem Bergbauernhaus zu führen, wo die Ramsauers wohnten … Wir treten in das Haus ein und durchsuchen es von oben bis unten. Wir finden nur die Eltern von Frau Ramsauer, Herrn und Frau Schmied, und die beiden Töchter.

Wir erfahren, dass sich Frau Ramsauer mit dem Doktor und mit Frau Samer in einem Hotel in Gmünd befände. Wir besuchen dieses Hotel und finden Frau Ramsauer … Diese Frau scheint kein Herz zu haben. Sie drückt ihr Bedauern darüber aus, dass sie die Nazis über den Ausgang eines Krieges getäuscht hätten, den sie zu gewinnen hofften. Sie verteidigt ihren Mann und erklärt, er wäre immer sehr gut zu den Gefangenen gewesen und er wäre nur gezwungenermaßen als Arzt in einem Konzentrationslager tätig gewesen …

Ohne dass wir danach fragen, erklärt sie, ihr Mann hätte niemals Benzininjektionen verabreicht, er hätte nie Gefangene geschlagen, sondern er hätte sich mit ganzem Einsatz für sie verwendet, was ihm sogar Vorwürfe seitens seiner Vorgesetzten eingebracht hätte.

Aber Dr. Ramsauer genoss seine Freiheit nicht lange. Bald wurde er von Soldaten der englischen Armee erneut festgenommen. Balsan schrieb später in sein Notizbuch:

Er wurde am Sonntag, dem 27., festgenommen, als er nach einer Flucht nach Jugoslawien und seiner Rückkehr nach Eisentratten Dr. Samer in Gmünd fragen wollte, wo sich seine Frau aufhielte … Die englischen Offiziere, die das Hotel besetzt hielten, erfuhren dies und ließen Ramsauer im Gebirge suchen und festnehmen.

Über den Besuch des englischen Generals McCreery schrieb Balsan Folgendes:

Um 9 Uhr Besuch in Longstop-Barracks, um den Besuch von General McCreery, dem Kommandanten der 8. britischen Armee, vorzubereiten. 750 französische Kriegsgefangene, unter ihnen etwa dreißig Belgier, die bei

Abb. 43: Besuch des englischen Generals McCreery in Longstop-Barracks.

der Verteidigung der Festungsanlagen von Lüttich dabei waren.

Die ehemaligen Kriegsgefangenen sind in Form eines Hufeisens in Zehnerreihen aufgestellt, 300 im Zentrum, je 200 an den Seiten. Um Viertel nach zwei kommen die Automobile des Generals und seines Gefolges. Die Wachposten präsentieren die Waffen.

Als sich der General etwa fünfzig Meter von uns entfernt befindet, gebe ich das Kommando «Garde à vous!»[213] *... Ich grüße für die Franzosen ... Die Zeremonie hat fünfzehn bis zwanzig Minuten gedauert. Für uns war es ein sehr schöner Moment.*

---

213 Habt Acht!

KAPITEL X

Der Kriegsverbrecherprozess

Im November 1946 baten die englischen Behörden die «Amicale des déportés de Mauthausen», Zeugenaussagen zu den Verbrechen der Schlächter des Konzentrationslagers Mauthausen und seiner Nebenlager zu sammeln, insbesondere des Lagers am Loiblpass, denn dort waren die Franzosen in der Mehrheit gewesen. Die Organisation übergab der englischen Justiz 250 schriftliche, mit Unterschrift versehene Zeugenberichte. Das Ermittlungsverfahren wurde am 11. August 1947 abgeschlossen und die entsprechenden Anklagen stützten sich auf 53 ausgewählte, schriftliche Zeugenaussagen. Die Übersetzung dieser Berichte vom Französischen ins Englische übernahm Karl Lavrenčič.

Der Prozess vor dem britischen Kriegsgerichtshof begann am Dienstag, dem 2. September 1947, gegen zehn Uhr im großen Saal des Klagenfurter Landesgerichts.

Es war ein öffentlicher Prozess, aber Zuhörer benötigten einen vom Landesgericht ausgestellten Passierschein.

Die Richter wurden am 25. August 1947 vom Generalleutnant der englischen Streitkräfte in Österreich ernannt; das Gericht war folgendermaßen zusammengesetzt:

- Oberstleutnant D. F. Yate-Lee, ständiger Präsident des englischen Militärgerichts in Österreich, Angehöriger des "Bedfordshire and Hertfordshire Regiment"
- Major J. Longbottom, Richter, Angehöriger des Regiments "West York"
- Hauptmann J. D. Lofting, Richter, Angehöriger der "Royal Ulster Rifles"
- F. Honig Esq., englischer Zivilrichter und Rechtsberater
- die Hauptleute Baudet und Canet, Richter, französische Militärangehörige
- Hauptmann J. K. B. Couder, stellvertretender Richter, Angehöriger des "Royal Hampshire Regiment"

Öffentlicher Ankläger war Major W. H. Gaudie. Die Vorvernehmungen wurden von den Hauptleuten J. A. German und L. Hilman durchgeführt.

Sämtliche schriftliche Erklärungen in den Vorvernehmungen wurden – mit Ausnahme der Erklärung von Walter Brietzke – unterzeichnet.

Auf der Anklagebank saßen zehn SS-Leute und zwei Häftlinge: ein deutscher Stubenältester und ein Kapo deutscher Herkunft, aber französischer Nationalität.

Abb. 44: Die Repräsentanten des englischen Kriegsgerichtes, unter ihnen zwei französische Militärrichter.

Nach der feierlichen Vereidigung des Vorsitzenden, der Richter und der Dolmetscher rief der Zivilrichter jeden Angeklagten einzeln auf und fragte, ob er sich als schuldig bekenne.

Alle antworteten, sie fühlten sich im Sinne der Anklage nicht schuldig. Da die Verteidiger der Angeklagten keine Vertagung des Prozesses beantragten, hielt der öffentliche Ankläger Gaudie die Eröffnungsrede, in der er darauf hinwies, dass der Prozess nach britischem Recht geführt würde und dass es seine Aufgabe sei, die Schuld der Angeklagten zu beweisen.

Im Saal waren auch 21 französische Zeugen und der tschechische Arzt, alles ehemalige Häftlinge.[214]

Der Vertreter der Anklage beschrieb den Status des Loiblpass-Lagers:
Es ist von größter Wichtigkeit, die Beziehung zu verstehen, in der das Lager Mauthausen und das Lager Loiblpass zueinander standen. In meinem

---

214 Louis Balsan, Jean Barbier, Gabriel Bombardier, Jean Bouthenot, Jean Briquet, Armand Busquet, François Chaffin, Roland Decroix, Joseph Duchatelle, Pierre Duverdier, Charles Garnier, Michel Gasior, Pierre Gaudin, André Hantz, Roland Lecoutre, Claude Merlane, Albert Morin, Marc Pincemin, Henri Rivière, Maurice Rioux, Robert Theeten und der tschechische Arzt František Janouch

KAPITEL X

Plädoyer werde ich die vergleichsweise geringe Anzahl von Mordopfern im Loiblpass-Lager erwähnen und Sie werden über diese Zahl erstaunt sein, wenn Sie von den schrecklichen Brutalitäten und der unmenschlichen Behandlung hören, die die Insassen dieses Lagers erdulden mussten. Damit möchte ich die Tatsache unterstreichen, dass es ständig Häftlingstransporte von Mauthausen an den Loibl gab und dass man der Einfachheit halber beschlossen hatte, alle Häftlinge, die zur Hinrichtung verurteilt oder nicht mehr arbeitsfähig waren, nach Mauthausen zurückzuschicken, wo sie den Tod fanden.

Dann beschrieb der Ankläger die Verbrechen jedes einzelnen Angeklagten.

In der Anklageschrift gegen den Lagerkommandanten Winkler stand geschrieben, dass er die Deportierten völlig vernachlässigt habe, obwohl er für ihre Arbeitsbedingungen verantwortlich war. Er sei zumindest für den Tod eines Häftlings direkt verantwortlich. Außerdem habe er von den Wachen ein brutales Verhalten gegenüber den Deportierten gefordert.

Über Dr. Ramsauer sagte der Ankläger, dieser habe als Lagerarzt den Deportierten Benzininjektionen verabreicht, was für die Opfer den sicheren Tod bedeutete. Außerdem habe er sich einfach geweigert, Behandlungen durchzuführen, oder er habe diese Behandlungen so nachlässig vorgenommen, dass seine böse Absicht klar zu erkennen war.

Zum Arzt und Gefangenen Krupowicz soll er gesagt haben;

„Ich bin hier, um zu studieren, und nicht, um diese Banditen zu behandeln!"

Dann beschrieb der Ankläger Walter Brietzke als einen fanatischen Nazi und einen brutalen Sadisten, dem es auch gelang, die Wachen zum Mord anzustacheln: Die SS-Leute zwangen die Häftlinge, die Postenlinie der Baustelle zu überschreiten, und töteten sie dann unter dem Vorwand, es handle sich um einen Fluchtversuch. Brietzke wurde beschuldigt, zahlreiche Häftlinge geschlagen und getötet zu haben.

Über Gruschwitz wurde gesagt, seine Spezialität sei es gewesen, Hunde auf die Häftlinge zu hetzen.

Karl Sachse war für die Disziplin im Nordlager und in den Häftlingskommandos verantwortlich. Er wurde beschuldigt, die Häftlinge im Winter gezwungen zu haben, sich in den Schnee zu legen, was bei manchen Häftlingen zum Tod geführt hätte.

Die übrigen SS-Leute wurden auf Grund der Zeugen für ihr Verhalten gegenüber den Häftlingen verantwortlich gemacht.

Abb. 45: Die Angeklagten (v.l.n.r.), im Vordergrund: Sigbert Ramsauer, Jakob Winkler, Walter Brietzke, Paul Gruschwitz während des Prozesses.

Die SS-Wache Robert Flaig zwang zum Beispiel die Häftlinge, rohe Schnecken zu essen.

Friedrich Porschel stellte eine Gruppe von Häftlingen, die im Wald Bäume fällten, so auf, dass sie nur schwer den fallenden Bäumen ausweichen konnten.

Der Ankläger sagte schließlich, es gebe noch eine große Zahl von schriftlichen Zeugenaussagen, die mit weiteren Episoden zur Vervollständigung des Gesamtbildes beitrügen.

Am selben Tag wurde François Chaffin als Zeuge aufgerufen. Er hatte die ganze Zeit am Loiblpass verbracht, von den Anfängen des Lagers bis zum Ende. Er beschrieb die unmenschlichen Lebensbedingungen, die ähnlich wie in anderen Konzentrationslagern waren.

In seiner Aussage beschuldigte er vor allem den Kommandanten Winkler und die SS-Leute Sachse und Gruschwitz. Er sagte, es waren vor allem diese drei, die ihn und seine Lagergefährten mit Holzstücken und Gummischläuchen schlugen; Sachse wäre dabei besonders brutal vorgegangen, weil er die Häftlinge nicht nur schlug, sondern auch mit Füßen trat.

Die Häftlinge mussten schwerste Arbeiten verrichten, für die sie in der Mehrzahl nicht geeignet waren. Sie mussten eine ganze Nacht lang im

Scheinwerferlicht, kontrolliert von einer Wache mit Maschinenpistole, stillstehen. Gruschwitz befahl mehrfach ohne Grund, ihn – Chaffin – zu schlagen und einmal hätte er sogar 35 Hiebe hintereinander bekommen. Er erklärte auch, es habe am Loiblpass ein Krematorium gegeben, wo seinen Erinnerungen zufolge acht bis zehn Tote eingeäschert wurden.

Da einige seiner Aussagen widersprüchlich waren, stellte ihm der Verteidiger eine zusätzliche Frage und der Prozess wurde am nächsten Tag fortgesetzt.

Die Einvernahmen der Zeugen ging am Dienstag, dem 22. September, weiter, dann wurde das Wort wieder den Verteidigern erteilt.

Was Dr. Ramsauer betrifft, verfügte das Gericht über zehn Zeugenaussagen, darunter die Aussagen des Leiters des Krankenhauses Golnik, Dr. Samonigg, des Kärntner Slowenen Anton Kuschnig und einer Angestellten des Krankenhauses, Frau Irma Vidic.

Der Direktor der Firma Universale, Anton Göbl, und Ing. Josef Seidenglanz sagten zugunsten von Kommandant Winkler aus.

Was Sachse betrifft, gab es drei Zeugen; im Fall Köbernik sagte Mirko Rajković aus, der nach dem Krieg in Kärnten blieb.

Im Fall Gärtner gab es zwei Zeugen, einer davon war der SS-Mann Jakob Bucher.

Die Verhandlung dauerte bis 10. Oktober 1947.

Am 10. November 1947 verkündete das Gericht folgendes Urteil:

SS-Hauptsturmführer Jakob Winkler:	Tod durch Erhängen
SS-Arzt Hauptsturmführer Sigbert Ramsauer:	lebenslängliche Haft
SS-Oberscharführer Walter Brietzke:	Tod durch Erhängen
SS-Oberscharführer Paul Gruschwitz:	12 Jahre Haft
SS-Unterscharführer Karl Sachse:	20 Jahre Haft
SS-Unterscharführer Otto Bindrich:	5 Jahre Haft
SS-Unterscharführer Friedrich Porschel:	3 Jahre Haft
SS-Unterscharführer Robert Flaig:	Freispruch
SS-Unterscharführer Hugo Köbernik:	9 Jahre Haft
SS-Unterscharführer Franz Kessner:	Freispruch
Stubenältester Max Skirde:	6 Jahre Haft
Kapo Johann Gärtner:[215]	4 Jahre Haft

---

215 Gärtner wurde 1949 an die französischen Militärbehörden ausgeliefert und von diesen am September 1950 für Verbrechen, die nichts mit dem Loibllager zu tun hatten, zu zehn Jahren Zwangsarbeit verurteilt.

Das Urteil wurde am 22. Februar 1948 durch den Generalleutnant der englischen Streitkräfte in Österreich bestätigt. Die endgültigen Urteile wurden von ihm am 9. März, die beiden Todesurteile am 10. März unterzeichnet.

Bei der offiziellen Urteilsverkündung gab das Gericht im Fall Ramsauer folgende Begründung:

Im Krankenrevier verweigerte er den Häftlingen die nötige Behandlung, insbesondere jenen Häftlingen, die an Lungenschwindsucht erkrankt waren. Statt sie zu behandeln, schickte er sie nach Mauthausen zurück, wo die meisten Schwerkranken nicht mehr ankamen. Er wies viele schwerkranke Häftlinge aus dem Krankenrevier und schickte sie zur Arbeit zurück.

Er war damit einverstanden, dass infolge der Flucht dreier russischer Häftlinge sämtliche kranken Russen aus dem Krankenrevier verwiesen wurden.

Im Krankenrevier war er für den Tod von zumindest fünf Häftlingen direkt verantwortlich:

1) Ein Häftling, der an Durchfall litt, wurde nicht behandelt, obwohl ihm der Arzt hätte ein Serum verabreichen können. Der Häftling wurde damit zum Sterben verurteilt.
2) Ein Häftling wurde ins Krankenrevier gebracht, nachdem er sich bei der Arbeit die Wirbelsäule gebrochen hatte. Ramsauer schätzte, dass er nicht länger als zwei Tage bis zwei Wochen zu leben hätte und tötete ihn auf eigene Initiative durch eine tödliche Spritze.
3) Ein Häftling wurde durch eine Benzin- und Peroxininjektion getötet. Das Gericht konnte nicht feststellen, ob der Häftling bei geeigneter Behandlung hätte überleben können.
4) Ein Häftling mit gebrochenem Bein wartete acht bis zehn Tage, bis sich Ramsauer zu einer Operation entschloss. Dann überlegte er sich die Entscheidung noch einmal und sagte: *„Eine Operation wäre absurd."* Und er tötete ihn mit einer Benzinspritze.
5) Der fünfte Mord wurde nicht spezifiziert.

Der Prozess wurde, wie bereits erwähnt, nach englischem Recht geführt. Dieses unterscheidet sich in wesentlichen Punkten vom französischen Verfahren: Zur Urteilsfindung werden im englischen Verfahren nur die schriftlichen Aussagen herangezogen und die Zeugen werden nur zu Geschehnissen befragt, die sie in diesen Aussagen angegeben haben.

Eine Besonderheit dieses Prozesses bestand auch darin, dass nur Franzosen und ein Tscheche als Zeugen auftraten, obwohl am Loibl Häftlinge zahlreicher Nationalitäten gefangen gehalten waren.

Als die Deportierten die Urteile hörten, waren sie sehr enttäuscht. Ihre Enttäuschung wäre noch größer gewesen, wenn sie gewusst hätten, dass außer den beiden zum Tode Verurteilten – die Hinrichtungen durch Erhängen erfolgten am 10. März 1948 – alle Angeklagten sehr bald wegen „guter Führung" freigelassen wurden.

Zu Weihnachten 1951 hatten die meisten ihre Haftstrafen bereits abgebüßt und selbst Ramsauer erhielt dank eines ärztlichen Attests von Freundeshand einen Strafnachlass und wurde im März 1954 aus der Haft entlassen.

Einige Jahre später mussten einige SS-Leute vom Loiblpass vor Gericht erscheinen:

Jože Vavpotič wurde 1956 in Ljubljana entdeckt. Das Gericht verurteilte ihn in zweiter Instanz zu zehn Jahren Haft.

Der ehemalige SS-Sturmmann von der Nordseite, Andreas Vogel, wurde nach einem Prozess in Klagenfurt am 18. Dezember 1969 freigesprochen. Von den acht Geschworenen sprachen sich nur zwei für eine Verurteilung aus, obwohl Vogel den russischen Häftling Fjodor Malyschenkov am 30. Mai 1944 getötet hatte. Vogel hatte jahrelang versteckt in Deutschland gelebt und wurde dann an die österreichischen Behörden ausgeliefert. Beim Prozess gab er sein Verbrechen zu und erklärte, er habe freiwillig und ohne Grund gehandelt, weil er Kommunisten unermesslich hasste.[216]

SS-Unterscharführer Hans Goggl, der erste Rapportführer im Loiblpass-Lager und für seinen Sadismus bekannt, wurde nach einem Prozess in Linz am 5. Mai 1972 freigesprochen. Er stand allerdings nicht wegen seiner Verbrechen am Loibl vor Gericht, sondern auf Grund von Taten, die er im Lager Ebensee[217] begangen hatte.

1993 wurde eine SS-Wache vom Loibl, Georg Lindert, in den Vereinigten Staaten entdeckt. Von April bis Mai 1995 wurden einige ehemalige Loibl-Deportierte verhört, unter ihnen der Slowene Franc Vidmar (aus Ribnica) und der Franzose Joseph Dubuc (aus Seignosse). Der Prozess wurde vom amerikanischen Justizministerium (U.S. Department of Justice) geführt.

---

216 Siehe Zeitungsartikel im Anhang
217 Außenlager von Mauthausen, wohin Goggl im Sommer 1944 versetzt wurde.

Aus den Dokumenten, die wir vom "U.S. Department of Justice – Northern District of Ohio" erhalten haben, geht Folgendes hervor:

Die Vereinigten Staaten bringen diese Klage ein, um Georg Lindert die amerikanische Staatsbürgerschaft abzuerkennen ... Die Regierung vertritt die Meinung, dass Lindert am Vernichtungsprogramm der Nazis teilgenommen hat und daher nicht über die moralischen Eigenschaften verfügt, die zur Erlangung der amerikanischen Staatsbürgerschaft erforderlich sind.

Im Lauf eines mehr als dreiwöchigen Prozesses, in dem mehr als dreihundert Schriftstücke mit insgesamt Tausenden von Seiten geprüft wurden, konnten die Vereinigten Staaten nicht genügend Beweise vorlegen, um die amerikanische Staatsangehörigkeit Linderts aufzuheben.

Über das weitere Schicksal Linderts ist nichts mehr bekannt.

Und was wurde aus den anderen SS-Leuten, Stubenältesten und Kapos?

Viele von ihnen sind heute nicht mehr am Leben. Die anderen blieben straffrei und genießen ihre Freiheit in der Überzeugung, dass alles schon vergessen ist.

Epilog

Am 8. August 1954 ließ die slowenische Regierung auf dem Gelände des ehemaligen Zivillagers ein imposantes Denkmal errichten, das ein Skelett mit zum Himmel erhobenen Armen darstellt. Auf dem Sockel steht die Inschrift: „J'accuse!".[218] Diese Statue ist das Werk des Bildhauers Boris Kobe.

Der Ort, an dem das Konzentrationslager stand, wurde von Slowenien bald zur historischen Gedenkstätte erklärt. Betonblöcke veranschaulichen den Standort jeder einzelnen Baracke, eine Tafel gibt in mehreren Sprachen entsprechende Erläuterungen. Der Stacheldrahtverhau wurde durch Fichten ersetzt, die heute das ehemalige Lager umgeben. Sogar das Krematorium ist noch zu sehen, durch ein Stahlgitter geschützt erinnert es am Bett des Gebirgsbaches an die Deportierten, die hier eingeäschert wurden.

Der Tunnel wäre fast unvollendet geblieben, denn die Deportierten hatten die Arbeiten nach Möglichkeit sabotiert, und die Betonschicht am Tunnelgewölbe drohte abzubröckeln. Nach langen Verhandlungen entschieden sich die slowenischen und österreichischen Behörden für eine Renovierung. Die Straße wurde asphaltiert, die Stromleitung neu instal-

---

218 Ich klage an!

Abb. 46: Das Areal des ehemaligen Südlagers im März 2002; noch erkennbar die Fundamentreste der diversen Baracken.

liert und der Innenbelag renoviert. Die offizielle Tunneleröffnung fand 1964 statt.

Auf österreichischer Seite gibt es keine sichtbaren Zeichen mehr, die auf die Existenz eines Konzentrationslagers hindeuteten. Überreste des Lagers und das Gelände, auf dem es stand, können nur von den ehemaligen Deportierten selbst und von den älteren Bewohnern des Loibltals gefunden werden. Der Ort ist bereits mit Vegetation zugewachsen und auf dem Lagergelände selbst sind nur noch die Fundamente der Küchenbaracke und der Lageraborte sowie ein paar Stufen des Wachpostens übrig geblieben. Wenn man genauer hinsieht, kann man noch die terrassenförmigen Standorte der Baracken erkennen.

Auch die Befestigungsgräben im ehemaligen SS-Lager sind noch sichtbar.

Erst im Jahr 1995 beantragte der österreichische Verein „Mauthausen Aktiv" bei den österreichischen Behörden die Anbringung zweier großer Gedenktafeln am Tunnelportal, auf denen erklärt wird, was dieser Ort einmal war.

Nichtsdestoweniger hat sich die Mentalität in dieser Region bisher kaum verändert und ich möchte als Beispiel nur darauf verweisen, wie das

Abb. 47: Blick auf das slowenische Mahnmal, April 2007.

Land Kärnten heute diesen Ort der Erinnerung respektiert. Das Gelände, auf dem die Lagerküche stand, dient als Ablagerungsplatz für Tonnen von Schutt, und dies trotz wiederholter Proteste verschiedener Vereinigungen, die das Andenken an die Deportierten bewahren wollen.

Kein Kommentar!

Seit Jahren veranstaltet die «Amicale Française des Déportés de Mauthausen» Gedenkreisen an den Loibl und hält damit die Erinnerung all jener wach, die an diesen Ort deportiert wurden.

Anfangs waren es die ehemaligen Lagerhäftlinge, die an diesen Reisen teilnahmen. Manchmal wurden sie von ihren Kindern begleitet. Aber mit den Jahren haben sich die Reihen gelichtet und heute sind es die Enkelkinder, die sich mit ihren Großvätern auf die Reise machen.

Jedes Jahr im Juni wird in Österreich – auf Betreiben des Vereins „Mauthausen Komitee Kärnten/Koroška" – eine Gedenkfeier veranstaltet, an der etwa hundert Menschen teilnehmen. Die Ansprachen werden in mehreren Sprachen verlesen.

Auch in Slowenien nehmen mehrere hundert Leute, insbesondere Deportiertenverbände aller Nationalitäten und ehemalige slowenische Partisanen, an einer Feier teil, bei der sie stolz ihre Flaggen zeigen.

Die «Amicale de Mauthausen» verabsäumt es bei dieser Gelegenheit nie, an den Tunnelportalen, am Krematorium und am slowenischen Denkmal Kränze niederzulegen und das Grab von Mici und Anica Mally mit Blumen zu schmücken.

Dafür sei ihnen an dieser Stelle gedankt!

ANHANG

Zahl der Deportierten nach Herkunftsland

Deutsche und Österreicher 70
Belgier 4
Spanier 8
Franzosen* 800
Griechen 4
Holländer 2
Italiener 22
Ungarn jüdischer Abstammung 15
Letten 1
Luxemburger 9
Norweger 13
Polen 450
Russen 182
Schweizer 1
Tschechen 17
Jugoslawen** 144
Staatenlose 3

---

*   Mit Sicherheit waren es 774. In dieser Zahl sind auch die Ausländer enthalten, die in Frankreich festgenommen und von den Deutschen als Franzosen klassifiziert wurden. Dazu kommen noch die französischen Häftlinge, die am 7. Mai 1945 von Klagenfurt an den Loibl überstellt wurden. Die genaue Zahl dieser Deportierten ist nicht bekannt.

** In dieser Zahl sind weder die 75 Gefangenen enthalten, die am 4. April 1945 vom Gefängnis Begunje an den Loibl gebracht und noch am selben Tag wieder zurückgeschickt wurden, noch die ungefähr 75 Gefangenen aus Ljubljana, die der Lagerkommandant Winkler im April 1945 ebenfalls abwies.

Rede und Proklamation des Gauleiters und Reichsstatthalters Dr. Rainer

gehalten bei der Grosskundgebung am 27. September 1942 in Krainburg (Auszüge)***

Oberkrainer und Oberkrainerinnen!

Zu vielen Tausenden seid Ihr heute hier zusammengekommen, heraus aus Euren Tälern und Ortschaften, von Euren Arbeitsstätten und Wohnungen. Ihr seid hier als die berufenen Vertreter der ganzen oberkrainerischen Bevölkerung, zu denen ich spreche als der vom Führer berufene Gauleiter und Reichsstatthalter, der in seinem Auftrage dafür zu sorgen hat, daß dieses Land wieder heimfindet in das Großdeutsche Reich, zu dem es durch tausend Jahre gehört hat.
(...)
STRASSENTUNNEL AM LOIBL
Mit Kärnten stand Oberkrain immer in blühenden Handelsbeziehungen. Der Loibl war die wichtigste Handelsstraße; dreimal sollte der Straßentunnel schon gebaut werden, diesmal wird es dazu kommen, denn der Führer hat über meine Bitte die Erbauung des Loibler Straßentunnels bewilligt. Kärnten und Krain kämpften gemeinsam gegen die Türken, im Jahre 1578 kam Generaloberst Georg Khevenhüller mit Kärntner Truppen über den Loibl und schützte gemeinsam mit den Oberkrainern das Land gegen die Türken. Und während des Weltkrieges kämpften Oberkrainer mit den Alpenländern im tapferen Eisernen Korps Schulter an Schulter bis zum bitteren Ende.

So hielten Kärntner und Krainer zusammen wie Brüder, bis in einer Zeit deutscher Schwäche slawische aufgehetzte Nationalisten sich gegen das Reich und die Einheit des Abendlandes zu erheben begannen. Laibach wurde zur Brutstätte des Chauvinismus und von dort her kam alles Unheil. Größenwahnsinnig gewordene Politiker, ehrgeizige Advokaten und vom Machtdünkel besessene Kirchenfürsten vergifteten das gute Verhältnis zwischen Kärnten und Krain. Schon damals war der Sitz aller dieser panslawistischen Bestrebungen Moskau, genau so wie heute Stalin

---

*** Ein Abdruck der gesamten Rede befindet sich im Privatarchiv von Janko Tišler

von Moskau aus seine Blutbefehle gibt und unschuldige Menschen dieses Landes in Elend und Tod stürzt. Nach dem Zusammenbruch der österreichisch-ungarischen Monarchie griffen Laibacher Imperialisten gierig nach Kärnten und mit der Waffe in der Hand mußte der Kärntner sein Land verteidigen und damit für das Reich behaupten. Oberkrain aber trat damals aus seiner tausendjährigen Verbundenheit mit dem Reiche heraus und unter die Herrschaft des Balkans. Ein ungebildeter, roher, stets zu Raub und Mord wie zu politischer Brandstiftung neigender Stamm der Serben glaubte, mit Gewalt ein südslawisches Volk in einem südslawischen Staate ins Leben setzen zu können. Nach 23 Jahren zerplatzte dieser unnatürlich aufgeblähte Frosch, wie es ein slowenisches Laibacher Blatt vorhergesagt hatte. Deutsche Truppen rückten auf Befehl des Führers in dieses Land, freundlich willkommen geheißen von einer Bevölkerung, der die Erinnerung an die große Reichsvergangenheit noch nicht geschwunden war. Mit diesem Tage, den noch viele Generationen hier in Oberkrain segnen werden, trat nach kurzer Unterbrechung die tausendjährige Verbundenheit mit dem Deutschtum, dem deutschen Staate und Reiche, mit Europa und seinen Sitten, seiner Kultur und seinem Geiste wieder in ihre Rechte. Die Verfälschung der Oberkrainer Geschichte ist durch Tatsachen widerlegt. Feierlich weise ich hier die Geschichtslügen Laibacher Politiker zurück und verkünde die tausendjährige historische und kulturelle Verbundenheit von Oberkrain mit dem Deutschtum, das germanische Bluterbe seiner Bewohner und die Reichsaufgabe, die diese Mark in Gegenwart und Zukunft genau so furchtlos und treu wie in den Jahrhunderten der Vergangenheit zu erfüllen bereit ist.
(...)

DAS LOIBL-KZ

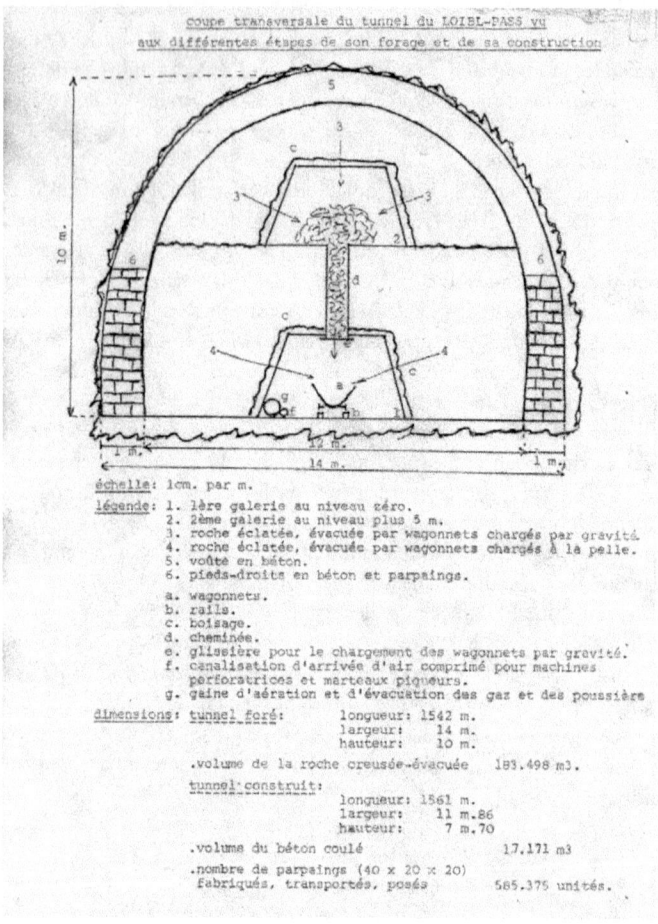

Abb. 48: Skizze des Tunnelquerschnittes nach Angaben des französichen Loibl-Überlebenden Jean Mathieu.

Querschnitt des Tunnels unter dem Loiblpass in den verschiedenen Bauphasen

Legende: 1. erster Stollen auf Niveau 0
2. zweiter Stollen auf Niveau plus 5 m
3. abgesprengtes Felsgestein, das durch Schwerkraft auf die Waggons geladen wird
4. abgesprengtes Felsgestein, das mit der Schaufel auf die Waggons geladen wird
5. Betongewölbe

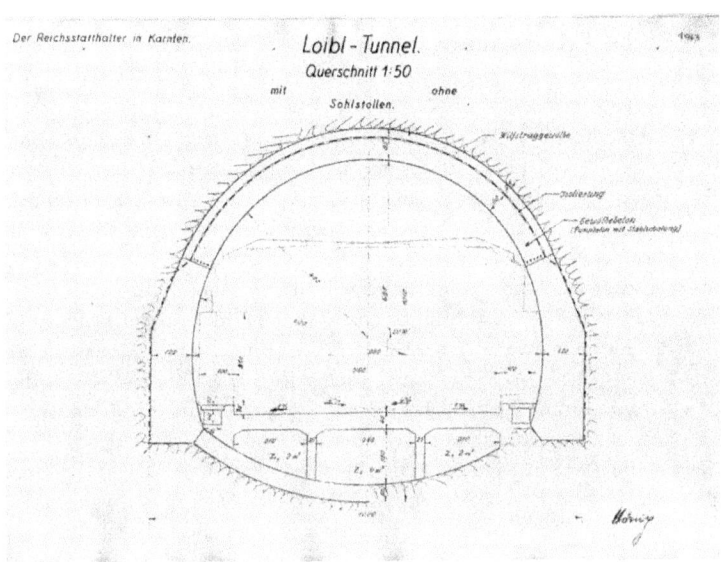

Abb. 49: Tunnelquerschnitt. Kopie eines Bauplans.

      6. Beton-Widerlager und Mauersteine
      a. kleine Waggons
      b. Schienen
      c. Verzimmerung
      d. Schacht
      e. Rutsche zum Entladen der Waggons durch die Schwerkraft
      f. Pressluftleitung für Bohrmaschinen und Presslufthämmer
      g. Luft-, Gas- und Staubabzug

Dimensionen: Tunnelgrabung: Länge: 1.542 m
                                      Breite: 14 m
                                      Höhe: 10 m
            Volumen des abgegrabenen Felsgesteins: 183.498 m^3
            Tunnelbau: Länge: 1.561 m
                                      Breite: 11,86 m
                                      Höhe: 7,70 m
            Betonvolumen: 17.171 m^3
            Zahl der Mauersteine (40 x 20 x 20)
            hergestellt, transportiert, verlegt   585.375 Stück

Sigbert Ramsauer

Geboren am 19. Oktober 1909 in Klagenfurt, trägt er bereits im Alter von vierzehn Jahren am Klagenfurter Gymnasium das Hakenkreuz zur Schau. Er beginnt sein Medizinstudium an der Universität Innsbruck und schließt es an der Universität Wien ab. In dieser Zeit wird er Mitglied der Nationalsozialistischen Partei (NSDAP).

Nach dem Studium tritt er freiwillig der Waffen-SS bei.

1940 wird er zum Militärdienst einberufen und macht in Prag ein Praktikum in einem Krankenhaus für SS-Leute. Ein paar Monate später kommt er als Wehrmachtsarzt nach Kielce bei Warschau. Nach der Kriegserklärung Deutschlands an die Sowjetunion wird er mit seiner Einheit an die russische Front nach Ržev bei Moskau geschickt.

1941/42 wird er nach Berlin abkommandiert, wo er neue Befehle erhält. Er besucht das Konzentrationslager Oranienburg und wird in der Folge Militärarzt im Konzentrationslager Mauthausen und im Außenlager Gusen.

1942 wird er für zwei Monate ins KZ Dachau versetzt, wo er vor allem Blinddarmoperationen durchführt.

In Dachau führt er außerdem verschiedene medizinische Experimente an Häftlingen durch, insbesondere Euthanasie durch Benzininjektionen ins Herz.

Anfang 1943 wird er für relativ kurze Zeit ins Konzentrationslager Neuengamme bei Hamburg abkommandiert, wo er lernt, wie man Häftlinge schlägt.

Er kehrt zurück nach Mauthausen und von dort wird er Ende Juli/Anfang August 1943 an den Loibl geschickt.

Seine Frau Liselotte, geboren am 10.9.1919, wohnt eine Zeit lang mit ihren beiden Töchtern in der Nähe des Konzentrationslagers auf der slowenischen Seite.

Während des Klagenfurter Prozesses 1947 reicht Frau Ramsauer die Scheidung ein.

Nach Absitzen seiner Haftstrafe eröffnet Ramsauer eine Arztpraxis in Klagenfurt, Karfreitagstraße 6. Er heiratet in zweiter Ehe eine geflüchtete Ungarin, die mit ihm als Krankenschwester in der Arztpraxis tätig ist.

Es ist betrüblich, dass das englisch-französische Kriegsgericht, das ihn 1947 in Klagenfurt verurteilte, zu seinem Werdegang als Arzt in den verschiedenen Konzentrationslagern keine Ermittlungen anstellen ließ, sondern sich ausschließlich für seine Tätigkeit im Loibllager interessierte.

Ramsauer brach nie mit seiner SS-Vergangenheit. Jedes Jahr nahm er am Treffen ehemaliger österreichischer SS-Leute auf dem „Ulrichsberg" in der Nähe von Klagenfurt teil.

Er starb friedlich 1991.

Promemoria gegen den Angeklagten Dr. Ramsauer ****

Als Promemoria gebe ich unter Eid folgende Erklärungen zu Protokoll:
Am 11. Februar 1939 wurde ich aus politischen Gründen festgenommen und ins Konzentrationslager Dachau deportiert. Am 26. September 1939 wurde ich in einem Massentransport ins Konzentrationslager Buchenwald überstellt und am 6. Juli 1941 ins Konzentrationslager Mauthausen, wo ich als Häftlingsarzt im Krankenrevier des Konzentrationslagers Gusen tätig war. Dort lernte ich im Jahre 1942 den damaligen SS-Untersturmführer und Lagerarzt Dr. Ramsauer kennen.

Ich beschuldige Dr. Ramsauer, den Tod von mehr als 700 Häftlingen verursacht zu haben. Ich erinnere mich noch sehr gut an die Visiten von Dr. Ramsauer, fast jeden Morgen um neun Uhr, im Krankenrevier, wo die Häftlinge lagen. Bei dieser Gelegenheit ging er durch sämtliche Krankensäle, begleitet von einem Häftling, Dr. Gruber, einem Linzer Professor, der zu dieser Zeit sein ständiger Assistent war. Bei seinen täglichen Visiten ließ er die Namen von 60–80 Häftlingen in eine Liste schreiben und fügte hinzu:

„Ich komme in zwei Stunden wieder und möchte die Häftlinge in der Reihenfolge der Liste vor Baracke 27 sehen."

Die Liste wurde in der Schreibstube des Krankenreviers aufgehängt. Damit war seine Visite zu Ende.

Nach genau zwei Stunden kam Ramsauer wieder und ließ die Häftlinge einzeln in den Operationssaal eintreten. Dort befahl er ihnen, sich auf den Operationstisch zu legen. Er betäubte sie – einen nach dem anderen – mit Äther und verabreichte ihnen 20-cm³-Benzininjektionen ins Herz. Um die Häftlinge zu töten, verwendete er Benzin, Zyankali und dreißigprozentiges Wasserstoffperoxid.

Durch eine zweite Tür wurden die Häftlinge nun vorübergehend in einen kleinen Hof geworfen. In der frischen Luft kamen manche wieder zu Bewusstsein. In zahlreichen Fällen wurde klar, dass Dr. Ramsauer die tödliche Dosis nicht ins Herz, sondern in die Lunge gespritzt hatte. Die Häftlinge starben dann unter Qualen.

**** Die vorliegende Aussage, die Viktor Opresnigg an Louis Balsan schickte (vgl. «Le Ver Luisant», Seite 85) wurde im Klagenfurter Prozess 1947 nicht berücksichtigt, weil die hier geschilderten Tatbestände nicht unmittelbar die Geschehnisse am Loiblpass betrafen (Anmerkung des Übersetzers)

Wenn Ramsauer das Lager betrat, brach unter den Häftlingen Panik aus. Alle hofften nur darauf, dass Dr. Ramsauer das Lager wieder verlassen würde. Die Zahl der Häftlinge, die Dr. Ramsauer ums Leben brachte, wurde immer größer. Häftlinge, die unter Ernst Mallen aus Dortmund bereits fünf Jahre Lagerhaft hinter sich hatten, wollten ein Attentat gegen Dr. Ramsauer verüben. Dank meines Einflusses auf die Häftlinge gelang es mir, den Anschlag abzuwenden: Ich gab zu bedenken, dass die SS-Lagerleitung, sollte das Attentat gelingen, sämtliche Häftlinge im Lager massakrieren würde.

Ich möchte insbesondere hinzufügen, dass es zu jener Zeit nur wenige Fälle von Tuberkulose im Lager gab. Verbreitet waren hingegen Flecktyphus und andere Lagerkrankheiten. Ich möchte damit sagen, dass Dr. Ramsauer keine Skrupel hatte, Häftlinge, die eben erst von einer Bronchopneumonie geheilt oder auf dem Weg der Genesung waren, umzubringen. Die Tätigkeit Dr. Ramsauers bestand einzig und allein in der massenweisen Vernichtung von Häftlingen.

Operationen führte er nur sehr selten durch und wenn, dann dauerten sie Stunden, so dass – auch in diesen Fällen – der Patient daran starb.

Eines Tages machte Dr. Ramsauer ein Experiment, bei dem er drei Häftlinge tötete: den ersten durch eine Benzinspritze, den zweiten durch Einspritzen von dreißigprozentigem Wasserstoffperoxid, den dritten durch Zyankali. Er wollte durch das Mikroskop beobachten, welche Art von Zerstörung diese drei Substanzen auf dem Gewebe des Herzmuskels anrichteten.

Ich möchte hier ein Beispiel von vielen anführen: Dr. Ramsauer kam eines Tages zur Visite und blieb vor dem Bett des Häftlings Johann Maletz stehen. Über der Fieberkurve des Kranken war die Bezeichnung „Politischer Häftling" zu lesen. Ramsauer fragte den Patienten, aus welchem Grund er sich im Konzentrationslager befände. Dieser antwortete, er wäre aus politischen Gründen hier. Dr. Ramsauer ließ den Namen von seinem Assistenten aufschreiben und um zwei Uhr Nachmittag desselben Tages lag der Häftling zwischen anderen Opfern tot im Hof.

Kurz bevor Dr. Ramsauer vom Lager „an die Front" geschickt wurde, kam er ins Krankenrevier und suchte unter den Kranken alle jene aus, die auf der Brust Tätowierungen trugen. Er fand fünf Häftlinge, die er nur deshalb tötete, um ihre Haut zu bekommen. Er gab dem Sezierpersonal den Befehl, die Haut der fünf Toten zu gerben, und wollte sie später selbst abholen. Wir alle zögerten die Ausführung des Befehls bis zur

Abberufung Ramsauers hinaus. Er verließ das Lager voller Wut darüber, dass er seine Häute nicht bekommen hatte. Später ließen wir sie verschwinden.

Als die Abberufung Ramsauers im Lager bekannt wurde, feierten die Häftlinge unter sich ein Fest.

Zur Bestätigung meiner Behauptungen bin ich jederzeit bereit, weitere Zeugen vor das Kriegsgericht zu bringen.

Unterzeichnet: Dr. Opresnigg Viktor
Klagenfurt, 14. September 1947

VOLKSSTIMME, 19. Dezember 1969

Mordgeständnis, aber dennoch Freispruch

Aus Haß russischen Kriegsgefangenen erschossen – Geschworene verneinten Schuld

Klagenfurt, 18. Dezember

Daß ein vollgeständiger Mörder, der für seine Tat keine Entschuldigungen wie Befehlsnotstand geltend macht, von den Geschworenen freigesprochen wird, ist ein in der Justizgeschichte Österreichs wohl einzigartiger Fall. Er hat sich Donnerstag in Klagenfurt ereignet, wobei freilich zu sagen ist, daß der Mörder ein ehemaliger SS-Mann ist. Das Urteil, das vom Vorsitzenden ausgesetzt wurde, wodurch es zu einem neuen Prozeß kommen wird, kann eine Erklärung nur darin finden, daß die in Österreich und anderswo praktizierte Milde gegen noch viel größere Verbrecher und die jahrelang geprägte „Schlußstrich"-Atmosphäre daran maßgeblich beteiligt waren.

Zu verantworten hatte sich der jetzt 46jährige Andreas Vogel aus Krottendorf bei Voitsberg, weil er am 30. Mai 1944 bei der Nordrampe des damals in Bau befindlichen Loiblpaßtunnels den russischen Kriegsgefangenen Fjodor Malyschnekow durch zwei Schüsse ermordet hat. Das Verbrechen war durch westdeutsche Untersuchungsbehörden aufgegriffen worden, denen auffiel, daß die seinerzeitige amtliche Darstellung, es habe sich um einen Fluchtversuch gehandelt, unmöglich stimmen kann.

Andreas Vogel, ein aus Kroatien stammender Volksdeutscher, war, als er ausgeforscht wurde, sofort geständig. Er gab zu, den Russen völlig freiwillig und ohne Grund erschossen zu haben. Wie er sagte, habe ihn die Tat immer wieder beschäftigt, und er habe deshalb sofort das Geständnis abgelegt. Er habe die Kommunisten unbeschreiblich gehaßt und aus diesem Grund „ohne Aufforderung und ohne Befehl" den russischen Kriegsgefangenen erschossen.

Er wiederholte dieses Geständnis vor Gericht. Der russische Kriegsgefangene sei am Wachturm Vogels vorbeigekommen, um ein Brett zu holen, worauf ihn Vogel zuerst in den Rücken und dann in den Kopf schoß. Die SS-Vorgesetzten stellten die ganze Sache dann in ihrer Meldung als eine „Erschießung auf der Flucht" dar.

Der Staatsanwalt plädierte zwar angesichts der Haltung des Angeklagten und dessen damaliger Jugend für ein mildes Urteil, wies jedoch darauf hin, daß die grundlose Erschießung eines Häftlings aus Haß und ohne Befehl geahndet werden müsse. Die Geschworenen waren anderer Meinung. Nur zwei bejahten die Hauptfrage, während sechs verneinten, so daß ein Freispruch zustande kam, den selbst angesichts berüchtigter Urteile in Kriegsverbrecherprozessen in Österreich in diesem Fall niemand erwartet hat.

Bibliografie

Amicale de Mauthausen: Mauthausen – Des pierres qui parlent. Paris 1982
Amicale de Mauthausen: Mauthausen – Kommando du Loibl Pass. Paris 1985
Balsan, Louis: Le Ver Luisant. Issoudun 1973
Bernadac, Christian: Le Neuvième Cercle. Paris 1975
Breton, Louis: Mes bagnes de la Loire au Danube. Orléans 1986
Charlet, Gaston: Karawanken, le bagne dans la neige. Limoges 1955
Cilenšek, Rado: Ljubelj – podruznica Mauthausna. Ljubljana 1988
Fédération Nationale des Déportés et Internés Résistants et Patriotes: La déportation. Paris 1968
Guilbert, Henri: L'impossible oubli-pourquoi. 1945–1970. Supplément au numéro 363 du Patriote Résistant de janvier 1970
Jan, Ivan: Kokrški ordred – III. Ljubljana 1980
Lacaze, André: Le Tunnel. Paris 1978
Maršalek, Hans: Die Geschichte des Konzentrationslagers Mauthausen. Wien 1980
Nikola, Franz: Nebenlager Klagenfurt. Wien 1967 (Schriftstück AMM/B/18/2)
Rabitsch, Gisela: Konzentrationslager in Österreich (1938–45). Überblick und Geschehen. Wien (Diss.) 1967
Tišler, Janko: »Dnevnik« za čas od 17. oktobra 1943 do 5. junija 1944 (Tagebuchaufzeichnungen)
Tišler, Janko/Rovšek, Jože: Mauthausen na Ljubelju. Koncentracijsko taborisce na slovensko-avstrijski meji. Klagenfurt/Celovec 1995
Tišler, Janko/Rovšek, Jože: Mauthausen am Loibl. Das Konzentrationslager an der slowenisch-österreichischen Grenze. Übersetzung von Lilly Jaroschka, unveröffentlichtes Manuskript. Klagenfurt/Celovec 1998
Vojnović, Aleksander: Mauthausen na Karavakama – tunel ceste 333. In: Vjesnik INA – Industrija nafte (10. bis 22. November 1983)
Woydyłło, Jerzy: Kompania Starego. Warschau 1971
Zausnig, Josef: Der Loibl-Tunnel. Das vergessene KZ an der Südgrenze Österreichs. Klagenfurt 1995

Weitere Quellen

Zeugenberichte
Kärntner Slowenen
Einwohner aus der Gegend von Sveta Ana (heute: Podljubelj), Tržič usw.
Zivilarbeiter
Polizisten und jugoslawische SS-Leute
ehemalige Häftlinge aus Frankreich, Jugoslawien, Norwegen, Polen und Luxemburg

Archive
Public Record Office London (Schriftstücke WO 235/578-583)
Amicale des Déportés de Mauthausen
Gemeindeamt Tržič
Krankenhaus Golnik (Zeitraum 1943–1945)
Kranj (Archiv zur Region Gorenjska)
IZDG (Ljubljana)
Mauthausen-Archiv des österreichischen Innenministeriums (BMI)
Privatarchiv von Janko Tišler im »Muzej novejše zgodovine Slovenije« (Museum der Zeitgeschichte) in Ljubljana

ANHANG

Bildverzeichnis

Titelbild: Privatarchiv Janko Tišler, Krize
Abb. 1: Muzej novejše zgodovine Slovenije/Fototeka
Abb. 2: Muzej novejše zgodovine Slovenije/Fototeka
Abb. 3: Muzej novejše zgodovine Slovenije/Fototeka
Abb. 4: Muzej novejše zgodovine Slovenije/Fototeka
Abb. 5: Muzej novejše zgodovine Slovenije/Fototeka
Abb. 6: Muzej novejše zgodovine Slovenije/Fototeka
Abb. 7: Muzej novejše zgodovine Slovenije/Fototeka
Abb. 8: Privatarchiv Janko Tišler, Krize
Abb. 9: Muzej novejše zgodovine Slovenije/Fototeka
Abb. 10: Privatarchiv Janko Tišler, Krize
Abb. 11: Fotoarchiv der KZ-Gedenkstätte Mauthausen
Abb. 12: Fotoarchiv der KZ-Gedenkstätte Mauthausen
Abb. 13: Muzej novejše zgodovine Slovenije/Fototeka
Abb. 14: Fotoarchiv der KZ-Gedenkstätte Mauthausen
Abb. 15: Privatarchiv Janko Tišler, Krize
Abb. 16: Muzej novejše zgodovine Slovenije/Fototeka
Abb. 17: Muzej novejše zgodovine Slovenije/Fototeka
Abb. 18: Privatarchiv Janko Tišler, Krize
Abb. 19: Ministère de la Défense – Direction pour la Mémoire,
    le Patrimoine et les Archives
Abb. 20: Privatarchiv Janko Tišler, Krize
Abb. 21: Privatarchiv Janko Tišler, Krize
Abb. 22: Muzej novejše zgodovine Slovenije/Fototeka
Abb. 23: Muzej novejše zgodovine Slovenije/Fototeka
Abb. 24: Fotoarchiv der KZ-Gedenkstätte Mauthausen
Abb. 25: Privatarchiv Janko Tišler, Krize
Abb. 26: Privatarchiv Janko Tišler, Krize
Abb. 27: Privatarchiv Janko Tišler, Krize
Abb. 28: Privatarchiv Janko Tišler, Krize
Abb. 29: Muzej novejše zgodovine Slovenije/Fototeka
Abb. 30: Privatarchiv Janko Tišler, Krize
Abb. 31: Fotoarchiv der KZ-Gedenkstätte Mauthausen
Abb. 32: Privatarchiv Janko Tišler, Krize
Abb. 33: Muzej novejše zgodovine Slovenije/Fototeka

Abb. 34: Privatarchiv Janko Tišler, Krize
Abb. 35: Fédération Nationale des Déportés & Internés,
    Résistants & Patriotes (FNDIRP)
Abb. 36: Privatarchiv Janko Tišler, Krize
Abb. 37: Privatarchiv Janko Tišler, Krize
Abb. 38: Fotoarchiv der KZ-Gedenkstätte Mauthausen
Abb. 39: Muzej novejše zgodovine Slovenije/Fototeka
Abb. 40: Fotoarchiv der KZ-Gedenkstätte Mauthausen
Abb. 41: Fotoarchiv der KZ-Gedenkstätte Mauthausen
Abb. 42: Privatarchiv Janko Tišler, Krize
Abb. 43: Privatarchiv Janko Tišler, Krize
Abb. 44: Muzej novejše zgodovine Slovenije/Fototeka
Abb. 45: Muzej novejše zgodovine Slovenije/Fototeka
Abb. 46: Fotoarchiv der KZ-Gedenkstätte Mauthausen,
    Foto: Stephan Matyus
Abb. 47: Fotoarchiv der KZ-Gedenkstätte Mauthausen,
    Foto: Stephan Matyus
Abb. 48: Privatarchiv Janko Tišler, Krize
Abb. 49: Privatarchiv Janko Tišler, Krize
Hintere Umschlagseite: Fotoarchiv der KZ-Gedenkstätte
    Mauthausen, Foto: Stephan Matyus

ANHANG

Namensverzeichnis

Abel, Victor 169
About, Henry 196
Adamek, Friedrich 34
Ahačič, Franc 228, 346
Ahačič, Kajetan 352
Ahačič, Metod 39
Ahačič, Peter 294
Ahlin, Lojze 173, 385
Alaman, Manuel 427
Albouy, Kleber 192
Alliot, Daniel 236
Ambrož, Miha 100, 344
Ancelot, Pierre 159, 241
Ankele, Ignac 35, 73, 78, 154, 400
Antonitsch (Fleischer) 46, 87
Arch, Bruna (Kosmač) 69
Arnould, Maurice 153, 167, 194, 213, 235, 243, 302, 309, 319,
                                      320, 325, 327, 433
Arnoux, Christian 167
Aubert, Marcel 167, 190, 281, 282, 283, 313, 327, 329, 330, 332,
                                      333, 334
Augustin (SS-Mann) 163, 336, 337
Aujolas, Bernard 149, 171, 178, 182, 196, 236, 241, 380, 422
Avbelj, Franc 370
Avsenek, Valentin 43, 44
Bachmayer, Georg 328
Balaž (SS-Mann) 361, 362
Balcerzak, Joseph 166
Balsan, Louis ... 46, 123, 124, 125, 133, 134, 146, 149, 150, 155, 156,
      169, 194, 209, 235, 236, 237, 238, 243, 244, 247, 255, 268, 377,
                              391, 422, 433, 434, 435
Baraczko, Andreas 427
Barbier, Jean 133, 141, 165, 205, 236, 250, 254, 288, 336, 343
Barbieri, Mario 388
Barbo, Francka 229

Barbo, Janez 118, 229
Barbotti, René 170
Barlič, Janez 108, 240, 377, 388
Baudet (französischer Hauptmann) 437
Baulaz, René 167, 319, 320, 321, 324, 326, 327, 433
Beck, Pepi.. 128
Becquer, Camille 142, 156, 157, 167, 313, 329, 330, 335, 433
Belhar, Anton 87
Belhar, Else 87
Bendzel, Henrik 187
Berbel, Dominique 194, 195, 198, 232, 243, 287
Bergant, Ivan 155, 163, 237, 284, 336, 337, 338
Bernadac, Christian 298
Bernik, Franc 368
Bertoncelj, Franc 38, 168, 229, 327
Bertoncelj, Jože....................................... 347
Bertoncelj, Mira 344
Bertrand, Roger 167
Besneux, Marcel 211
Bešter, Franc 231, 331, 336, 402
Beteille, Jacques 165, 343
Beton, Anton (Bojan) 34, 339
Bevk, Franc.. 47, 282
Binder, Sebastian 33, 75, 84, 85, 131, 140, 164, 210, 213, 398,
                                                     417, 418, 419
Bindrich, Otto 86, 90, 441
Bipp, Friedolin (Fritz) ... 121, 122, 125, 144, 145, 151, 152, 156, 171,
                                                210, 211, 213, 297
Bizjak, Angela 47, 307, 308, 340, 353, 356, 358, 401
Blachowicz, Janek (Jan) 190, 259
Blaszczyk, Jan 259, 268
Blažević, Mirko.. 307
Blažič, Jože 403
Bleiweis, Marko 375
Blondeau, Robert 166
Blouin, Yves (Jean) 164, 176, 188
Bœuf, Auguste 130
Bohinc, Alojz 129

Boixel, Georges 130
Bombardier, Gabriel 390
Bon, Bernard 101
Borc, Janez (Ivan) 370, 389, 392
Borek, Isidore 166
Borić, Milan 345, 347
Born (Baron) 27, 32, 35, 37, 39, 73, 208, 210, 223, 323, 349, 386
Boronšek, Franc 52, 93
Böttlicher, H. (Rechtsanwalt) 254
Bourgeot, André 50, 68, 94, 209, 388
Bourgeot, Simone 50, 388
Bouthenot, Jean 167, 255, 377
Brajnik, Miro 393
Brandl (SS-Mann) 368
Brankovič, Jože 352
Breidenstein, Viktor 185, 186
Brejc, Anica 47, 247, 252, 357
Brel, Czeslaw 409, 416
Breton, Louis 162, 164, 182, 186, 193, 196, 200, 203, 214, 233,
               234, 258, 263, 269, 288, 331, 382, 389, 422
Breux, Louis 127, 129
Brietzke, Walter 89, 94, 140, 183, 196, 198, 199, 204, 242, 243,
               361, 437, 439, 440, 441
Brigue, Jean 169
Brimeyer, Erny 419
Briquet, Jean 119
Brodar (Politiker) 74
Brose, Erich 394
Brucker, Rudolf . . . 112, 179, 180, 181, 184, 186, 190, 192, 214, 217,
               218, 289, 297, 369, 370, 378
Buč, Anton 344
Bucher, Jakob 441
Bučinel, Greta 47
Busquet, Armand 130
Cagni, Giuseppe 71, 72
Cambournac, Maurice 101
Cambournac, Raymond 101
Čančalo, Ivan 92, 360, 361, 362, 363

Canet (französischer Hauptmann) 437
Caniotti, Claude 244
Caquelet, Josef 164
Carballa, Joseph 127, 166
Čarman, Marija 32, 47
Čašelj, Primož 51, 55, 93, 95, 176, 209, 385, 386
Čašelj, Stanko 176, 214, 386
Čašelj, Uršula 362
Čatar, Rok 47
Cazalet, Pierre 254
Čede-Iztok, Alojz 167, 319, 322, 324, 326, 327
Cedilnik (slowenischer Techniker) 39, 74, 350, 356, 357, 358, 359
Cehman, Terezija 252
Célarié, Georges ... 151, 167, 190, 210, 211, 213, 235, 281, 318, 319,
                                         320, 324, 325, 327, 433
Cenc (Vorarbeiter aus Österreich) 40
Cenčič, Leonard 108, 240
Čenstohovski (polnischer Häftling) 108
Čerin, Vinko 39, 73, 74, 166, 207, 208, 221, 349, 350, 351, 353,
                                         356, 357, 358, 359
Certain, Jean 244
Cevc, Slavko 344
Chaffin, François 140, 155, 202, 203, 204, 205, 206, 211, 274,
                                         275, 440, 441
Chambonneau, Léonard 130
Charlet, Gaston ... 106, 117, 134, 152, 231, 234, 236, 244, 245, 251,
                                         255, 298, 308, 315, 390, 433
Charpentier, Octave 164
Cheffer (SS-Mann) 433
Chevallier, Jean Baptiste (Elie) 314, 315, 316, 317, 318, 320
Cholle, Georges 156, 157, 158, 165, 224, 255, 389, 422
Chudik, Uljan 252, 253
Chybicki, Kazimierż 428
Closset, Marcel 101, 250
Cognet, Auguste 313
Colin, Maurice 186, 217, 261, 268, 381, 421, 423, 424, 426, 434
Couder, J. K. B. 437
Courtat, Raphaël 198, 204

Čuk, Anton 74, 388
Cvajnar, Anton 51
Cvajnar, Franc 229
Da-Gas, Gino 328
Dandl, Jakob 91, 92
Danković, Branko 161, 232, 390, 402
Danter, Johann 69, 71, 121, 126, 138
De Lantscheere, Jean 101
Decroix, Roland 134, 135, 136, 251
Degueldre, Olivier 164
Dejak, Franc 229
Dellwig (SS-Mann) 248, 249
Demol, Roland 168, 170
Demšar, Fortunat 118
Depierre, André 229, 230, 255, 344, 377
Dichtl, Erich 370
Dickkopf (Sektretärin) 35
Dienelt (Buchhalter) 82, 406
Dignan, Georges 188
Dobrin, Franc 47
Dobrin, Janez 47
Dobringer, Janez 38
Dolenc, Tone 345
Dolinar, Jože 295
Dolinšek, Janez 386
Dolžan, Matevž 47, 295
Donau, Wilhelm 87, 130, 184, 185, 187, 217, 433
Dorlac, Louis 130
Doujak, Pepi 207
Dovjak, Jože (Šimejev) 285
Dovžan, Jaka („Bunder") 155
Dovžan, Marija 47, 67, 75, 407
Dovžan, Matevž 344
Dragić, Boško 232, 399
Dubois, Lucien 155, 265
Duboz, Marc 168
Dubuc, Joseph 130, 443
Duchauffour, Marc 169

Dufaut, Robert 309
Duhaut, Gustave 101
Duhaut, Marcel 101
Duplaix, René 211
Durlain, Paul 164
Duval, Robert 168
Duverdier, Pierre 229
Dvoržak, Anton 38, 43
Dzieza, Léon 166
Ebner, Kaspar 35
Eder, Anton 38
Elsner, Walter 230
Emery, Joseph 166
Engelsberger, Maria 171
Epinette, Jacques 254
Erat, August 33, 35, 388
Erbežnik, Štefan 399
Ernst, Peter 126, 419, 421
Escoli (italienischer Zivilarbeiter) 170
Espallargas, Michel 106, 168, 211, 213, 214, 224
Fakin, Mija 359
Falenski, Stanislas 254
Fedoran, Štefan 299, 300, 302, 303, 306, 307, 308, 399
Felber, Anton 378
Félix, Léon 243
Ferenzi, Antonio 250, 251
Ferrari, Aldo 388
Filipov, Andrej 249
Fill, Richard 50, 144, 388
Fischer, Josef 244
Flaig, Robert 91, 440, 441
Flak, Stanislav 171
Frontczak, André 84, 130, 182, 184, 185, 186, 187, 217, 237, 265
Fryc, Ignacy 241, 242
Furlan, Ivan 308
Gallardi, Silvio 274
Garnier, Charles 152, 165, 167, 232, 343, 433

Garnier, Louis 186, 204, 206, 233, 263, 264, 267, 268, 383, 423, 424, 426, 427
Gärtner, Hans 50, 127, 167, 182, 300, 301, 441
Gasior, Michel 133, 134, 136
Gassner, Andrej 405
Gaudernak (Ing.) 39, 221
Gaudie, W. H. 437, 438
Gaudin, Pierre 157, 158, 296, 297, 390, 393, 409, 414, 416
Gauvin, Jacques 168
Geilberger, Erna 228
Geisen, Léon 200, 216
Gerdovič, Bruno 109, 110
German, J. A. 140, 437
Gesland, Jean 393, 409, 412, 416
Gier, Adrien 151, 168
Gladoš, Vladimir 253, 387
Globočnik, Franc 344
Globočnik, Karel (Silni) 312, 354
Göbl, Anton 33, 50, 441
Goggl, Hans 85, 131, 140, 144, 155, 210, 443
Gole, Jože 226
Golla, Oskar 387
Golmajer, Cenka 228
Gonsior, Waclaw 409
Gorin, Jean 169
Gorjanc, Marija 33
Gornik (Bauer) 285
Gorzynski, Wladislaw 254
Gossens, Jean 169
Gostič, Miha 109, 162, 169, 372, 400
Govekar, Marija 67, 75, 344
Gradišnik, Janez 388
Gradnik, Ivan 318
Grajfoner, Ivana 363
Granger, Jean 134, 137, 155, 156, 165, 166, 167, 190, 208, 219, 220, 252, 262, 263, 268, 281, 299, 301, 306, 309, 373, 385, 426
Granigg (Leiter des Zivillagers Süd) 46, 353, 357, 359
Grašič, Vinko 153, 240, 344

Grau (Gestapochef) 227
Grčar, Bojan 34
Grigorjev (russischer Häftling) 164
Grilc, Miha 52, 71, 217, 229, 284, 315
Grmek, Stane 339
Grohar, Leopold 345
Gros, Jožica 228
Gross, Emil 329, 330, 331, 332
Gruber (Ing.) 49
Grulin, Nicolas 166
Gruschwitz, Paul 89, 140, 193, 194, 198, 205, 243, 249, 337, 362,
                                                    439, 440, 441
Grylak, Wladyslaw 427, 431
Gubanc (slowenischer Häftling) 370, 372, 388, 389
Guiller, Maurice 131, 132
Guillet, Ernest 168
Gukorski, Johann 241
Guldner, Moihange 335
Hafner, Janez 129, 130
Hallant, Daniel 141, 419
Haluszka, Andrzej 236
Halužan, Jože 47
Hanke, Josef 36, 86, 163, 320, 336, 337, 433, 434
Hänsler, Werner 82, 83, 406
Hardy, Julien 158, 166
Hausemer, Nicky 117
Hector, Jean 123, 150, 300
Hell, Anton 352
Henigman, Franc 394
Hennion, Raoul 167, 229, 299
Hetzeler (SS-Mann) 433, 435
Hilman, L. 437
Holcar, Emil 401
Homan, Jože 110, 161, 331, 372, 401, 408
Homan, Lojze 110, 160, 331, 401, 408
Honig Esq., F. 437

Huret, Georges 85, 134, 135, 150, 153, 166, 193, 194, 224, 237, 244, 250, 280, 281, 297, 298, 300, 306, 308, 309, 310, 312, 313, 320, 327, 334, 335
Ifković, Rudolf 37, 143, 377
Ihanec, Janez 131, 137, 199, 231, 259, 290
Ilovar, Franc 159
Indihar, Viktor 229
Intihar, Franc 229
Ipavic (jugoslawischer Häftling) 402
Ivanoff, Ivan ... 168, 207, 208, 222, 223, 224, 228, 283, 339, 340, 349
Jacquemin, René („Fatalitas") 167, 237, 282, 283
Jacus, Natale 244
Jagielski, Josef 268
Jagodic, Franc (Krstan) 294, 379
Jamnik, Jože 95, 296
Jamnik, Peter 41, 308
Jan, Jože 44
Janez (Zivilarbeiter und Holzschnitzer) 55
Janežič, Janko 393, 395
Janežič, Peter 402
Janic, Antoni 428
Janko, Hans 345
Janouch, František 111, 136, 137, 138, 391, 393, 397, 409, 410, 411, 412, 414, 415, 416
Jauoin, Gilbert 168
Javor, Ivan (Igor) 279
Jaworski, Stanislaw 185, 427, 428, 429
Jeglič, Anton 346
Jensterle, Leopold 345
Jereb, Janez 118
Jerman, Janez 352
Jokić (Mineur) 52
Jorgić, Čedomir 113, 162, 258
Jouannic, Albert 167, 298, 301, 302, 303, 306, 309, 319, 324
Juraga, Ante 287
Juvan, Franc 94, 96, 159, 198
Kalan, Štefka 113, 416
Kališnik, Mira 155

Kalita, Anton 166
Kamper, Victor 51
Kapgen, Edy 117, 215, 378
Kaplan, Lojze 352
Karlsen, Hans (Arthur) 243, 244
Karpischek, Otto 33
Kastelic, Ludvik 388
Kastrevc, Anton 113, 129, 160, 403
Kauffman, Paul August ... 156, 157, 158, 166, 221, 222, 224, 306, 309
Kavčič, Rudi 208, 229, 282
Keller (SS-Mann) 91
Kern, Jože 153, 163, 344
Kessner, Franz 91, 441
Kirschbaum, Alois 87, 129, 187, 433
Kizler, Heinrich 243
Kleinginter (SS-Krankenpfleger) 243
Klemenc, Jože 118, 155
Klofutar, Marija 345, 347
Klosinski, Stanislaw 268
Klossowski, Siegmund 101, 130
Knaflič, Alojz 168, 215, 229, 284
Knoblauch (Sekretärin) 35
Kobe, Boris 444
Köbernik, Hugo 91, 194, 361, 441
Kočevar, Dina 355
Kočevar, Janez 355
Kodrič (Partisanenkommandant) 312
Kohle, Paul 183, 200, 243
Kokalj, Franc (Zorko) 371, 372, 401
Kokot, Josef (Jožko) 114
Končar, Jakob 54
Konič, Zora 99, 344
Konradi (Lagerkommandant im KZ Lendorf) 394
Kortan, Franz 35
Kortan, Inge 35, 355
Košir, Jaka 99, 100, 345
Košir, Mimi 344
Kowalski, Czeslaw 241, 242

Kožuh, Janez 39, 74, 349, 350, 356, 357, 358, 359
Krajnik, Janez 38
Kralj, Dorca 207
Kralj, Leopold 36
Kralj, Rosa 36
Krb, Franz 121, 144, 156, 181
Križman, Andrej 368, 369, 370, 371, 372, 388, 389
Kromar, Marija 228
Kronner, Theresia 228
Kruk, Mihael 241
Krulikowski, Marjan 409, 416
Krupowicz, Josef ... 134, 135, 136, 178, 243, 244, 247, 251, 253, 393, 439
Kubiak, Czeslaw 166
Kulnik (Volksschullehrerin) 348
Kumar, Janez 71
Kurnik, Franc 82
Kurz (SS-Rapportführer) 394
Kurz, Hugo von 58, 346, 404, 405, 406
Kušar, Andrej 400
Kušar, Karl 47
Kuschnig, Anton 441
Labbé, Robert 165, 343, 380
Lacaze, André 210, 211, 298, 308, 425, 433
Lach, Johanna 228
Lacoste, André 165
Lacoste, Henri 101
Lacoste, Louis 165, 343
Laffon, Christian 193, 205
Lamovcev, Pavel 293, 295
Landry (Hauptmann der britischen Armee) 209
Langlade, Jean 117
Langos, Josef 187
Lapajne, Julij 118
Lau, Rudolf 235, 257, 258
Lausegger, Franc 366
Lausegger, Šiman 366
Lavrenčič, Karl 437

Lebrun, Bernard 185
Lecomte, Roger 265
Lecoutre, Roland 262, 407, 409
Lecuron, Alfred 49, 150, 280, 281
Leibovici, Félix 128, 224, 274
Leif, Jules 171, 274, 282, 283
Leitner (stellvertretender Leiter des Zivillagers) 54
Lentz, Roger 211
Letheilleux, Georges 171
Levert, Charles 101
Levert, Marius 101
Levičnik, Zdenko 167
Lewandowski, Wladyslav 185
Liese, Kurt 121, 125, 126, 129, 170, 179, 372, 387
Linage, Marius 130
Lindert, Georg 443, 444
Lods, Henri 117
Lofting, J.D. 437
Loirat, Georges 262, 390
Lombard, René 169, 235
Longbottom, J. 437
Lorenzini, Louis 325
Loulier, Jean 169
Lucat, Georges 46, 229
Lučki, Franc 71
Ludolph, Julius 32, 45, 81, 82, 100, 140, 144, 145, 151, 165
Machepy, Gaston 179, 289
Madrujkić, Milko 393
Majchrowicz, Julian 238
Mak, Franc 285, 291, 292, 333
Mak, Gregor 292, 348
Mak, Jože 292, 310, 333
Mak, Marija (Mici) (Anžonova) 155, 292, 360, 362, 363
Mak, Pavel 363
Mak, Pavla 360
Mak, Zofija 292
Makovec, Janez 52, 401
Male, Folti 311

Male, Janko 294
Male, Ludvik 294
Male, Marija 310
Male, Marta 291
Male, Uršula 310, 311
Mali, Janko (Žan) 318
Mali, Jože (Zajmen) 318
Mally, Anica 182, 344, 379, 393, 416, 447
Mally, Mici ... 118, 138, 165, 343, 344, 346, 377, 379, 380, 393, 416, 447
Maly, Theodor 334
Malyschenkov, Fjodor 250, 443
Mandjouranis, Nikolas 169
Marais, Léon 158
Marchand, Louis 211
Marenčič, Rajko 372, 373, 399
Marinšek, Janko 370, 371, 388, 389
Markič, Janez 32, 36
Martinc, Matevž 389, 399, 401
Marwall, Leopold 35
Mary (französischer Häftling) 388
Mascle, Marcel 130
Massini (italienischer Partisanenkommandant) 312, 313
Matthieu, Jean 168
Maugenest, Martial 117
Maurer, August 87, 88, 91, 95, 96
Maurer, Elly 91
Maurice, Herman 226
Maurice, Félix 189
Mayer, Ernst («Trompe la mort») 86, 127, 140, 157, 273, 433
Mayer, Léon 129
Mayerhofer, Georg 405
McCreery (englischer General) 435, 436
Meglič, Anton (Tonač) 344, 351, 355
Meglič, Jožef 417
Meglič, Justina 416
Ménard, André 167, 313, 329, 330, 333, 334
Ménard, Berthe 335

Mešič, Emil 71
Messant, André 130, 131, 132, 133
Messer, Jean 185, 265, 419
Metzke (Kapo) 187
Meyniel, Georges 409, 416
Mežek, Mara 67, 75, 164, 418
Miallon, Henri 388
Michaud, Arthur 127
Milač, Simon 207, 227, 352
Millet, André 194, 195, 198, 199
Mirković, Mihael 404
Mlakar, Karel 395
Močnik, Marko 37
Močnik, Nana 94
Mokorel, Janko 47
Monamy, Jean 127, 166
Moreau, André 167, 313, 329, 330, 331, 335, 433
Morin, Albert 232, 233, 263, 264, 266, 267, 423, 424
Moritz, Franz 37, 51
Moser, Erument 51
Mozetič, Mara 344
Mrak, Jernej 402, 408
Muchitsch (Zivilarbeiter aus Klagenfurt) 36
Muela, Francisco 427
Mühlbacher (Gendarm aus Tržič) 118, 346
Mulej, Tine 333
Müllneritsch, Brigitte 227
Murat, Maurice 38, 170
Musquere, Guy 171
Muženič, Mario 131, 160, 258, 340, 397
Nadišar (Fotograf) 208
Nadižar, Franc 118, 159
Narat, Valentin (Sohn) 370, 389
Narat, Valentin (Vater) 93, 370, 389
Nestler (technischer Assistent) 51
Nicolas, André 226
Noč, Alojz 370, 399, 400
Nosan (Vertrauensmann von Tišler) 227

Nosan, Marija 379
Nourry, Jacques 167, 329, 335
Novak, Peter 45, 46, 47, 69, 71, 253, 353, 356, 357, 358, 359, 360
Novič, Boža (geborene Zibler) 306, 347
Odar, Alojz 129, 231, 335, 336, 337, 338, 339
Offredi, Charles 155, 156, 157, 158, 166, 325
Oman, Peter 43
Opalički, Janko 345, 347
Opara, Franc 108, 163, 164, 229
Opel (Küchenverantwortlicher) 47
Opresnigg, Viktor 133
Orange, Edmond 251, 252
Oraže, Albin 285
Oraže, Jože 327
Oraže, Tomaž 72
Orehek, Tomaž 47
Orešnik, Maks 229
Orlenek, Vladimir 293, 294
Ostaszenski, Henryk 250, 253, 254
Ovčak, Jože 400
Ovijač, Jože 371, 372, 389, 399, 400
Ovsenik (slowenischer Häftling) 370, 388
Ožura, Anton 228
Pacini, Charles 156, 166, 224
Pagès, Jean 166, 224, 297, 298, 302, 303, 304, 313, 320
Pasquier, Emile 158, 191, 262, 268, 390
Pavelić, Ante 79
Pečnik, Alojz 369
Pellissier, Alfred 150, 166, 167, 433
Péllissier, Fortuné 318, 319, 320, 321, 325
Percht (Leiter des Zivillagers Süd) 45, 46, 252
Perdrieux, Rodolphe 167
Perko, Janez 228, 352
Perkovič, Jure 229
Perlinski, Tadek (Tadeus) 186
Pernar, Mile 229
Perrin, Marcel 182
Perroncel, André 128, 337

Pesche, Jean 165, 166, 224
Peterlin (Bäcker) 191
Petit, Gabriel 169
Petodnigg (Bürgermeister) 88
Picard, Désiré 169, 434
Pichon, Michel 259
Pilz (Gestapo-Mann) 358
Pimpaud, Edmond 166, 224, 297, 298, 302, 303, 304, 306, 309,
                                              310, 311, 313, 320
Pirker, Franc 137, 231, 390, 397, 402
Pivec, Janez 113
Pivk, Mihael 168
Plahutnik, Franc 70
Plavc (Hofbesitzer bei Ferlach) 403, 404
Plazer, Karl 53
Pleše, Andrej 400
Podhaisky (Direktor der Schufabrik) 405
Podjed, Matevž 229, 272
Podrekar, Ivan 165, 229
Pogačar, Rok 228
Poglajen, Anton 37
Poirier, Julien 164, 165, 195, 343, 380
Pokletzkij, Grigorij 293, 294
Polus, Andrzej 185, 269
Pomaski, Zygmund 249, 250, 254
Pommerehnke, Karl Heinz 121, 124, 149, 210, 288
Porschel, Friedrich 86, 434, 440, 441
Poschenreiter, Karl 37
Poschinger, Kristelj 88, 96
Poschinger, Ljudmila 332
Poschinger, Peter (Spodnji Strah) 93, 176
Pospišil, Josef 111, 238, 239
Pozvek, Anton 345
Prattes, Roman 164
Preml, Janko (Vojko) 318
Premrou, Jožica 68, 228, 379
Primožič, Gustelj 164
Primožič, Slavko 39

Pruneau, Emile 155, 156, 181
Prunon, Banek 390
Pušavec, Ludvik 370
Puschleiter (Polier aus Österreich) 51
Putz (Generalinspektor) 45, 306, 357
Puybouffat, Roger 138, 157, 232, 393, 397, 409, 412, 416
Pužel, Jože 113, 137, 197, 232, 287, 290
Quisling, Vidkun 379
Rabič, Klemen 335
Radon, Flore 295
Ragot, Michel 170, 335
Rainer, Friedrich 65, 66, 67, 68, 132, 208, 364
Rajković, Mirko 52, 441
Ramsauer, Sigbert 45, 69, 70, 71, 72, 85, 116, 126, 131, 133, 136,
    137, 139, 141, 164, 177, 180, 193, 194, 231, 243, 244, 246, 247,
    249, 250, 251, 254, 257, 267, 288, 331, 332, 339, 393, 398, 407,
                     433, 434, 435, 439, 440, 441, 442, 443
Rasperger, Franc 370
Raths, Albert 114, 117, 199, 200, 380
Raubal, Adolf 31
Ravnikar, Jože 401, 408
Raztresen, Jože 352
Recar (Kommandant der Befreiungsfront) 427
Recer, Franc 51, 185
Reinelt (SS-Mann) 205
Rein (SS-Mann) 88
Reitz, Hubert 157, 164
Remic, Martin 408
Remy, Bonis 388
Ribbentrop, Joachim von 236
Righetti, Bruno 156
Rigot, Alfons 170
Rioux, Maurice 164, 165, 181, 182, 214, 288, 340, 341, 343, 381
Rippel (Chauffeur) 57, 58
Robin, André 224, 226
Roblek, Janez 291, 294, 310, 311, 338
Roblek, Katarina 292
Roither, Franz 34, 143

Rokitzky (polnischer Häftlingsarzt) 138, 179, 188, 206, 253
Rolland (französischer Häftling) 157
Romih, Marija 165, 343, 344, 345, 347, 369, 380, 416
Romih, Martin 87, 118, 165, 343, 344, 345, 347, 369
Rösener, Erwin 65, 66, 132, 208, 367, 370
Roth, Paul Henri 153
Rovert, Georges 170
Rožman, Gregorij 67, 388
Russel, Roger 229
Ržetelski, Jožef 122, 183, 186, 190, 241, 259, 268, 421, 427, 432
Sachse, Karl 90, 138, 140, 178, 180, 194, 195, 196, 198, 199,
    200, 201, 205, 206, 253, 254, 268, 287, 296, 297, 369, 371, 439,
    440, 441
Sackmann, Eduard 121, 122, 213, 258, 403
Šahinović, Alija 102, 109, 112, 137, 161, 197, 220, 331, 390
Šajkunović (jugoslawischer SS-Mann) 92, 360, 361, 362, 364
Sajovic, Franc 153
Salberger, Nadislav 208
Saliamonis, Léon 85
Salzmann, Albert 387
Santar, Hermann 37
Samonigg, Hermann 72, 73, 441
Santoni, François («Fanfan») 181, 258, 383, 384, 385
Sarrazin, Georges 255, 256
Sarre, Jean-Paul 117
Sašek (polnischer Häftling) 108
Saulnier, Pierre 165, 263, 343
Sauvage, Jean Charlet de 85, 123, 142, 144, 145, 146, 147, 148,
    149, 150, 165, 182, 211, 274, 433
Sbicca, Oswald 313
Schall, Christian 52
Scheller, Herbert 121, 125, 183, 185, 212, 216
Schmid (Oberingenieur) 38, 65, 66
Schmidt, Georg 36
Schmiedl, Thekla 67, 73, 74, 207
Schmiedmaier, Anton 346
Schmiedmaier, Antonija (Ridovčeva Tonca) 349, 417
Schmiedmaier, Johanna (Tepi) 360

Schmiedmaier, Nikolas 292
Schubert, Wilhelm 47, 77, 365, 399
Schweickhardt, Gustav 78
Schweiger (Depotverantwortlicher) 54
Schweiss, Anton 181, 296, 297
Scislowski, Piotr 93, 284, 285, 286, 287
Seidenglanz, Josef 33, 34, 43, 65, 66, 69, 143, 441
Servais, Emmanuel 378, 379
Servolle, Léopold 167, 182
Sešek, Ciril (Repar) 372, 400, 404
Sešek, Ema 404
Šetina, Albin 399, 408
Siegel, Walter 79
Siller, Hans 82
Šipka, Stanko 136, 137, 160, 161, 387, 392
Sitar (SS-Mann) 93, 242
Skirde, Max ... 107, 121, 123, 124, 140, 145, 182, 248, 288, 297, 441
Škrbec (Dekan) 67
Skubicz, Antoni 166
Skušek, Franc 118
Slamnik, Viktor 400
Slapar, Vinko 84, 87, 105, 315, 331, 346, 362, 404, 406, 433
Smaguč (Postdirektor von Tržič) 227
Šmajd, Albin 67, 388
Šmidovnik, Anton 71
Smole (Briefträger) 228
Smolle, Amandus 31
Smolnikar, Albin 372
Smolnikar, Ivan 52
Smolnikar, Rudolf 37
Smrajc, Franc 118
Snoj, Franc 349
Snoj, Jakob 53
Soklič, Anica 50
Sommerkamp, Heinrich 387
Špeh, Marija 230, 377
Špicar (Bauer) 51
Špirić (slowenischer Häftling) 113

Spitzer, Max 37, 170, 208, 229, 329, 335
Šprajcar, Franc (Ljubomir) 379
Srečko, Felix) 390
Srečnik („der Zigeuner") 399
Staab, Michael (August) 126, 170, 182
Stadler, Florent 123, 124, 146, 166, 181, 182, 186, 190, 191, 192,
193, 213, 217, 218, 264, 378, 380, 423
Staffel, Franz 284, 288
Starin, Pavel (Palček) 372, 400
Starman (Bürger von Tržič) 165
Stavros, Michaelidis 131
Štefe, Danica 222, 228
Štefe, Franc 344
Stegnar, Anica 207
Steiner, Leutnant 77
Stepanek (Lagerschreiber im KZ Lendorf) 394
Stiegelbauer, Fritz 52
Stilp, Max 107, 126, 129, 151, 153, 158, 213, 336
Stöffler (Arzt im Krankenhaus Golnik) 296
Stoll (Baumeister) 51
Stoll, Egon 170
Stransky, Beti 416
Stransky, Marta 416
Štucin, Jurij 229, 408
Styni (Professor) 39
Šubic, Janez 370, 400
Suhadolnik, Ivan 93, 295, 331
Šukič, Mato 185
Šušteršič (jugoslawischer Ex-Minister) 393
Svoljšak, Andrej 399
Swetka, Karol 428
Taillandier, André 243
Tambon, Louis 150, 182, 274
Tehovnik, Ivan 229
Teiner, Rudolf 53
Tétard, Pierre 211, 236
Theeten, Robert 140, 390
Thiery, Maxime 177, 240, 241

Till (Sekretärin) 35
Tinlot, Louis 184
Tišler, Janko 30, 39, 50, 56, 60, 66, 121, 154, 159, 179, 282, 299,
307, 332, 340
Todt, Fritz 31
Tomasch (Ing.) 43
Tomasi, Jakob 54
Tomk, Friedl 333
Toporiš (Briefträger) 228
Torč, Francka 344
Tournier, Henry 251
Tratnik, Janez 369, 372, 387
Trefalt, Jože 93, 360, 361, 363
Tršinar, Kristina 45, 46, 47, 247, 252, 253, 306, 308, 357, 359
Tschauko, Peter 88
Tsotsorija, Patlomy 244, 245, 246, 247, 248, 249
Turunski, Štefan 169, 219, 235, 335, 336, 338, 339
Ugrin, Grgo 136, 160, 232
Ulloa, Antoine 101
Ulloa, Jean 186
Ulloa, Richard 101
Ulrich (SS-Mann) 433
Urban, Franz 38, 191
Urbančič, Karl 345
Urh, Miha 312
Užnik, Albin 285, 286
Užnik, Ludvik 327
Valant, Ivan 43, 44, 74, 75
Valjavec, Valentina 45, 46, 69, 300
Vanelli, Lelio 170
Vasserd, Raymond 128
Vavpotič, Ivana 392
Vavpotič, Jože (Häftling) 392
Vavpotič, Jože (SS-Mann) 92, 93, 94, 95, 242, 360, 361, 443
Vejvoda, Ivo 432
Veljak, Rudi 393, 395, 396, 399
Vengar, Simon 400
Verdir, Janez 400

Verhoeven, Henri 189
Verlič, Janez 70
Vidic, Irma 441
Vidmar, Franc 188, 443
Vidmar, Jože 161, 163, 165
Villette, Jean 118
Vilman, Jelena 35, 47, 300, 306, 308, 353, 356, 359
Virieux, Jean 388
Vlassov, Andrej 368, 373, 401
Vogel, Andreas 250, 443
Voigt (Hofbesitzer) 327
Volodja (russischer Kriegsgefangener) 168
Voroen, Jean 54
Vostrikov-Aykanoff, Viktor 271, 272, 273, 279, 280
Vozel, Vincent 171
Vrhunc, Franc 70
Vršnak, Franc 369, 389, 399
Vrzel, Maks 47
Vuasso, Marcel 274
Wadek (polnischer Häftling) 188
Waldhauser, Aloisia 34, 49, 50, 51
Waldhauser, Anton 34, 49, 50
Walendziac, Edek 185
Walgoni, Stanislav 398
Wallersdorfer, Franz 228
Walter, Josef 227
Weber, Karl 45, 121, 210, 211, 213, 253, 254, 407
Weigel, Hans 86, 129, 187, 210
Weiss (Gestapo-Mann) 74, 75, 355, 388
Weiss, Janez 420
Wickenhäuser, Friedrich 82, 83
Windt, Kurt 130, 236, 237, 274, 282
Winkens, Fritz 121, 126, 157, 159, 211, 213
Winkler, Jakob 45, 46, 59, 67, 82, 83, 84, 85, 89, 91, 110, 116,
    117, 131, 139, 140, 141, 143, 152, 155, 157, 164, 169, 171, 180,
    205, 206, 210, 231, 239, 242, 248, 249, 252, 253, 258, 283, 288,
    290, 291, 297, 300, 337, 364, 367, 369, 371, 374, 381, 386, 389,
        390, 391, 397, 398, 400, 402, 404, 406, 407, 439, 440, 441

Wirol, Josy 51, 113, 115, 190, 199, 200, 214, 215, 216, 388, 391, 417, 419
Wlodarczyk, Kazimir 164
Wöhrer (Ing.) 34, 35, 39, 56, 65, 349, 350, 357
Woldrich, Rudolf 35
Wolff, Albert 433
Wolski, Ignacy 185
Wörtmann, Ilse 35
Woschank (Gendarmeriekommandant) 366
Woschitz, Ferdinand 36
Woydyłło, Jerzy 427
Wricke, Kurt 180, 181
Yate-Lee, D.F. 437
Zalokar, Jaka 335
Zankel (Barackenbauleiter) 32, 37
Zavelcina (Totengräber) 362
Završnik, Franc 71, 294
Zebal, Frau 81
Zeilinger, Alfons 36
Zeiner (Mechaniker und Schmied) 51
Zibler, Marica 347
Ziegler, Fritz 128
Ziereis, Franz 139, 146, 273, 274, 276, 325, 367
Zimmermann (SS-Mann) 364, 378, 381
Živic, Milan 43
Znojek, Bronislaw 268
Zorc, Črtomir 374
Zorn, Josef 89, 387
Zub, Léon 265, 267, 383, 384
Zupan, Angela 228, 370, 389
Zupanc, Jože 52
Župančič, Anton (Toni) 38, 163, 165, 224, 389

www.ingramcontent.com/pod-product-compliance
Lightning Source LLC
Chambersburg PA
CBHW050241230426
43664CB00012B/1781